Tutankhamon Caravaggio Van Gogh

Marco Goldin

Tutankhamon
Caravaggio
Van Gogh

La sera
e i notturni
dagli Egizi
al Novecento

to Oliver
with thanks

Linea d'**ombra**

In copertina
Vincent van Gogh
Sentiero di notte in Provenza, 1890
Otterlo, collezione
del Kröller-Müller Museum

Tutankhamon
Caravaggio Van Gogh

La sera e i notturni
dagli Egizi al Novecento

Vicenza, Basilica Palladiana
24 dicembre 2014 - 2 giugno 2015

Sindaco di Vicenza
Achille Variati

Vicesindaco e Assessore
alla crescita
Jacopo Bulgarini d'Elci

Direttore Settori Musei, Cultura
e promozione della crescita
Loretta Simoni

Linea d'**ombra**

Main sponsor

Special sponsor

Linea d'**ombra**

Direttore
Marco Goldin

Area tecnica, web, editoriale
Davide Martinelli

Ufficio prestiti e iconografico
Caterina Barbini, *responsabile*
Giulia Ongaro

Settore prenotazioni
Ketty Niero, *responsabile*
Roberta Giacomini
Raffaella Piria

Merchandising
Monica Braun

Area amministrazione,
contabilità e personale
Francesca Povelato, *responsabile*
Anna Iacoboni
Anna Maria Vitale

Grafica
Evelina Laviano

Redazione
Silvia Zancanella

Stage
Marta Marcolin

Responsabile personale in mostra
Eugenio Astone

Allestimento della mostra

Ideazione
Marco Goldin
Edoardo Gherardi

Progetto esecutivo
Edoardo Gherardi
con la collaborazione di
Nicola Frigo

Realizzazione allestimenti e vetrine
Tecton Società Cooperativa
Reggio Emilia

Impianti illuminotecnici
Zumtobel - Varna (Bolzano)

Impianto di climatizzazione
Gaetano Paolin s.p.a. - Padova

Realizzazione bookshop e
biglietteria
TMA - S. Elena (Padova)

Realizzazione padiglione
guardaroba
Giplanet - Piove di Sacco
(Padova)

Allestimento grafico in mostra
Segnobit Pubblicità - Creazzo
(Vicenza)

Condition reports
Laboratorio di Restauro
Nuova Alleanza - Ponzano
(Treviso)

Trasportatore ufficiale
Arterìa

Assicurazione ufficiale
Willis

Servizio di pulizia
Soc. Coop Mirror - Verona

Responsabile sicurezza
in mostra
Roberto Scandiuzzi

Servizio guardie armate
Rangers, gruppo Battistolli -
Vicenza

Ufficio stampa
Studio Esseci
di Sergio Campagnolo
Padova
www.studioesseci.net

Sistemi software
Domenico Marangoni

Sito internet
www.lineadombra.it
a cura di Humble

Audioguide a cura di
Antenna International

Catalogo
Progetto grafico
Evelina Laviano

Redazione
Silvia Zancanella

Traduzione dall'inglese
Viviana Tonon

Traduzioni dall'ungherese
dall'olandese e dal tedesco
a cura dello Studio De Novo
Padova

Realizzazione
Grafiche Antiga
Crocetta del Montello (Treviso)

Coordinamento
Piero De Luca
con la collaborazione di
Marianna Antiga

In collaborazione con

Con la partecipazione di

Accoglienza turistica

Dopo i successi di Raffaello verso Picasso. Storie di sguardi, volti e figure *e di* Verso Monet. Storia del paesaggio dal Seicento al Novecento, *la Basilica Palladiana di Vicenza ospita la terza grande mostra,* Tutankhamon Caravaggio Van Gogh. La sera e i notturni dagli Egizi al Novecento.

Oltre cento capolavori dell'arte provenienti da grandi musei e collezioni private di tutto il mondo sono ospitati nel monumento simbolo di Vicenza che, dopo il lungo e delicato restauro, dalla sua riapertura il 5 ottobre del 2012 ad oggi ha accolto oltre 650.000 visitatori.

Si rinnova quindi la collaborazione tra il Comune di Vicenza, la Fondazione Teatro Comunale, Linea d'ombra e il curatore Marco Goldin, la Fondazione Cassa di Risparmio di Verona, Vicenza, Belluno e Ancona e gli sponsor privati: una sinergia che ha portato negli ultimi anni la nostra città ad essere sempre più conosciuta e apprezzata come meta culturale e turistica.

Fino al 2 giugno 2015 la bellezza sarà quindi protagonista in Basilica, riconosciuta nel 2014 come Monumento Nazionale da una legge del Parlamento, con tante opere straordinarie. E i visitatori potranno ammirare la nostra città anche dall'alto, grazie all'eccezionale apertura della magnifica terrazza durante tutto il periodo della mostra. Un motivo in più per venire a Vicenza: per rivederla, o per scoprirla per la prima volta.

Achille Variati
Sindaco di Vicenza

Tutankhamon Caravaggio Van Gogh. La sera e i notturni dagli Egizi al Novecento *abbraccia una porzione vastissima e trasversale della produzione artistica e culturale della civiltà umana, intessendo un ordito inusuale e originale di relazioni, di scambi e di rinvii tra le opere selezionate che vanno ben oltre l'idea di esposizione di pezzi d'arte.*

Una mostra che invita, come la realtà globale in cui viviamo, a mettere in questione i nostri pregiudizi e le nostre idées reçues, *per far fronte, con un rinnovato atletismo, alle sfide che ci lancia la quotidianità.*

*Il visitatore è infatti invitato ad abbandonare lo spirito del borghese per adottare l'*animus *del viaggiatore, a trasformarsi in etnografo e pioniere, in* trekker *e in alpinista, a dotarsi di nuovi strumenti di orientamento e di tattiche e strategie di scoperta, ad allertare i sensi e acuire lo sguardo per intravedere, nella trama di uno sfondo denso e incognito, le tracce dei sentieri, i segni delle scoperte, i segnali del pericolo.*

L'etnologo-visitatore dovrà farsi trovare pronto a compiere gli esercizi di acrobatica e di funambolismo necessari per condurre i salti logici, seguire le associazioni impensabili, ridefinire gli equilibri visivi, per esplorare la foresta notturna che cresce e si sviluppa lungo il sentiero dei secoli e sulla cartografia del mondo.

Un addestramento piscoginnico di notevole complessità, che alla fine del percorso ci auguriamo possa aver trasformato ciascun visitatore, dal più colto al più inesperto, in un nuovo praticante delle scienze antropologiche, conferendogli un pacchetto di esperienze e di strumenti minimi per interpretare non solo gli infiniti legami possibili tra i significati e le opere, ma anche le infinite connessioni possibili tra gli oggetti, gli individui e il mondo.

Flavio Albanese
Presidente Fondazione Teatro Comunale
Città di Vicenza

In economia e in finanza si parla spesso di "best practice" vale a dire di buone pratiche o migliori prassi.

Credo che tale terminologia, senza alcuna forzatura, possa essere adottata anche nel mondo della cultura.

Di "buone pratiche" parlerei infatti per il consolidato sodalizio tra Comune di Vicenza e Fondazione Cariverona nel campo dell'arte e in particolare delle grandi mostre.

Le rassegne che via via si sono succedute in quello splendido scrigno architettonico che è la Basilica Palladiana sono state un successo certificato di visitatori con significative e molteplici ricadute sull'economia locale. Inoltre si sono rivelate occasioni, per migliaia di persone, di conoscere i gioielli d'arte e di cultura (palazzi, ville, musei, teatri e molto altro) che in misura incredibile segnano la città e la provincia vicentina. Si è trattato per molti di una vera e propria "scoperta" di giacimenti culturali inaspettati che ha moltiplicato attenzione e favorito ritorni in altre occasioni intelligentemente programmate dalla Civica amministrazione.

Dunque anche in questa nuova mostra promossa dal Comune di Vicenza, ideata e realizzata da Marco Goldin, non poteva mancare l'affiancamento di Fondazione Cariverona che secondo il proprio dettato statutario – è bene di tanto in tanto ricordarlo – persegue "scopi di utilità sociale e di promozione dello sviluppo economico" delle comunità e dei territori dove essa opera.

Concludo con i ringraziamenti che non sono di rito. All'Amministrazione comunale e in particolare al Sindaco Achille Variati; agli organizzatori che si sono prodigati in idee, proposte e realizzazioni rendendo possibile questa nuova occasione d'incontro e di scambio culturale. Sono certo che Vicenza e la sua provincia troveranno ulteriori ragioni per far conoscere ai tanti visitatori della mostra un patrimonio d'arte unico al mondo.

Paolo Biasi
Presidente Fondazione Cassa di Risparmio
di Verona Vicenza Belluno e Ancona

Con il sostegno alla mostra Tutankhamon Caravaggio Van Gogh. La sera e i notturni dagli Egizi al Novecento prosegue l'esplorazione, intrapresa con Linea d'ombra, sui sentieri della "Bellezza", dopo l'esposizione dedicata alla storia del paesaggio dal Seicento al Novecento, la rassegna sulla Golden Age incentrata sulla Ragazza con l'orecchino di perla, nonché la concomitante personale dell'artista contemporaneo Antonio López García.

Questo percorso è il frutto di una fattiva collaborazione imprenditoriale con Marco Goldin, nello specifico allineata su un progetto di valorizzazione che muove da oltre cento capolavori provenienti da musei e collezioni di tutto il mondo, ospitati nel monumento nazionale simbolo di Vicenza, la Basilica Palladiana patrimonio dell'umanità.

Trovo che la grande fascinazione di Tutankhamon Caravaggio Van Gogh. La sera e i notturni dagli Egizi al Novecento stia nella ricchezza di suggestioni e rappresentazioni del viaggio, interiore, nella notte dei tempi, fino ai tempi nostri.

Il riposo, l'attesa, il ricordo, la quiete e la riflessione sono resi possibili da questa tregua quotidiana che ci sottrae alla luce per aprire scenari interiori altrimenti impensabili. Dunque, la sera e la notte entrambe disposizioni umane, esperienza psicologica simbolo di un viaggio che avviene.

Come uomo, imprenditore e appassionato d'arte sono fiero di poter collaborare a un progetto tanto ambizioso e tanto intimo, permettendomi di dedicarlo a tutti coloro che condividono la memoria di una perdita e la speranza di un'attesa.

Massimo Zanetti
Fondatore e Presidente
Massimo Zanetti Beverage Group

UniCredit da tempo s'impegna attivamente a favore della cultura e sostiene in particolare le iniziative che avvicinano l'arte a un pubblico ampio e nuovo.

Per questo dal 2011 la banca sostiene le mostre create da Linea d'ombra che, percorrendo filoni tematici di grande interesse, portano in Italia famosi capolavori internazionali, rendendoli così maggiormente raggiungibili e mettendoli a disposizione degli appassionati con allestimenti di forte impatto visivo ed emotivo.

La bellissima Basilica Palladiana ospiterà per questa mostra 113 capolavori di epoche differenti, seguendo il tempo della notte, del crepuscolo e dell'alba. Un soggetto da sempre affascinante e ricco di significati, da quelli allegorici ai più reali. La notte è al tempo stesso un momento di mistero o di inquietudine, ma anche di riposo e di riflessione, che permette poi di ripartire con nuove idee e maggiori energie all'alba. Tante sono quindi le riflessioni e le emozioni che questa esposizione può suscitare nei visitatori, facendo dialogare fra loro immagini dell'antichità e opere più recenti, fino al Novecento.

Siamo quindi felici di sostenere anche questa importante mostra curata da Marco Goldin che porta la grande arte internazionale a Vicenza, città alla quale siamo molto legati sia per la nostra storia di banca commerciale che per il nostro sostegno alla cultura. Questa bella iniziativa ci permette infatti di essere vicini a comunità e territori, offrendo sempre nuove esperienze di cultura e di conoscenza.

Federico Ghizzoni
Amministratore Delegato UniCredit

Musei prestatorl

Danimarca
Copenaghen, Ordrupgaard

Francia
Antibes, Museé Picasso

Germania
Lubecca, die Lübecker Museen, Museum Behnhaus Drägerhaus

Gran Bretagna
Cardiff, Amgueddfa Cymru - National Museum Wales
Liverpool Museums - Walker Art Gallery
Southampton City Art Gallery

Italia
Brescia, Pinacoteca Tosio Martinengo
Roma, Galleria Nazionale d'Arte Antica di Palazzo Barberini
Roma, Museo Nazionale del Palazzo di Venezia
Venezia, Fondazione Giorgio Cini
Diocesi di Vicenza, Parrocchia di S. Croce in S. Giacomo Maggiore detta dei Carmini

Paesi Bassi
Amsterdam, Van Gogh Museum
Eindhoven, Van Abbemuseum

L'Aia, Gemeentemuseum
Otterlo, Kröller-Müller Museum
Rotterdam, Museum Boijmans Van Beuningen
Utrecht, Centraal Museum

Spagna
Bilbao, Museo de Bellas Artes
Madrid, Fundación Obra Social y Monte de Piedad
Madrid, Museo Nacional Centro de Arte Reina Sofía

Stati Uniti
Boston, Museum of Fine Arts
Columbus Museum of Art
Detroit Institute of Arts
Hartford, Wadsworth Atheneum Museum of Art
Indianapolis Museum of Art
Minneapolis, Curtis Galleries
Washington, National Gallery of Art

Svizzera
Winterthur, Kunstmuseum

Ungheria
Budapest, Szépmuvészeti Muzeum

Ringraziamenti

Grazie al Sindaco di Vicenza, Achille Variati, per il suo interessamento costante al progetto. Così come al Vicesindaco Jacopo Bulgarini d'Elci. Un ringraziamento al Presidente della Fondazione Cassa di Risparmio di Verona Vicenza Belluno e Ancona, Paolo Biasi. Così come al Direttore generale, Fausto Sinagra. Ugualmente, per l'appoggio fondamentale, a Massimo Zanetti, Fondatore e Presidente del Massimo Zanetti Beverage Group e a Federico Ghizzoni, Amministratore delegato di UniCredit. Grazie al Presidente della Fondazione Teatro Comunale della città di Vicenza, Flavio Albanese.

Ma sono moltissime le persone che, nei diversi modi, hanno consentito, con il loro aiuto, che questo progetto potesse diventare realtà: Iole Adami, Antonio Addari, Andrea Alessi, Louise Amkær, Cinzia Ammannato, Luca Ancetti, Jean-Louis Andral, Daniele Andreose, Carlo Antiga, Franco Antiga, Marianna Antiga, Mario Antiga, Silvio Antiga, Massimiliano Apolloni, Romi Arm, Davide Armellini, László Baán, Ilde Bacciocchi, Luca Massimo Barbero, Alexander Bastek, Karen Baumgartner, Graham W. J. Beal, Astrid Becker, Ida Beggiato, Luigi Bertinato, Mattia Bertolini, Loris Binotto, Gerti Bitani, Ida Bortoluzzi, Riccardo Brazzale, Tiziano Bullato, Godfrey Burke, Anna Bursaux, Mary Busick, Lucía Cabezón, José Guirao Cabrera, Ida Cadorin, Sergio Campagnolo, Alvise di Canossa, Adriano Carnero, Anna Carta, Sante Casonato, Laura Castelletti, Francesca Catena, Guido Cecchetto, Luisa Cervati, Elena Cimenti, Pier Giacomo Cirella, Martha Clawson, Alessandra Cocco, Renzo Cocco, Gilberto Colla, Stefano Colli Lanzi, Giovanna Combatti, Marco Comellini, Diego Conte, Tim Craven, Gabriele Curato, Sherry D'Asto Peglow, Francesca Da Re, Giuseppe Da Re, Giovanna Dal Bon, Erika Dalla Valle, Monica De Bortoli, Piero De Luca, Giovanni Donadini, Andreina Draghi, Charles Esche, Sjarel Ex, Daniela Faburlani, Corrado Facco, Oliver Fairclough, Marc Fehlmann, Antonella Finotto, Renzo Firpo, Anne-Birgitte Fonsmark, Franco Fraccon, Patrizia Francescato, Sergio Frigo, Frank E. Fowler, Alberto Fumagalli, Cristiana Galante, Giulia Gambaro, Rita Gardini, Francesco Gasparini, Carlo Gentilin, Ario Gervasutti, Katherine Getchell, Ap Gewald, Annamaria Giacomin, Marianna Giollo, Sabrina Di Giorgio, Renato Franco Giugliano, Jesús García González, Maria Aboin González, Simone Guerriero, Beatriz Hidalgo Caldas, Jenns Howoldt, Franklin Kelly, Martine Kilburn, Adrie Kok, Liz Kreijn, Edwin Jacobs, Giuseppe Iannaccone, Marco Labozzetta, Mary Adam Landa, Isabelle Le Druillennec, Ellen W. Lee, Andrea Lombardini, Antonio López García, Maria López, Patrizia Lorigiola, Susan Lubowsky Talbott, Elena Lucchesi Ragni, Lisa M. MacDougall, Guseppe Mastropietro, Angela Mattiazzo, Patrick McMahon, Nannette V. Maciejunes, Carla Mainoldi, Massimo Maggio, Gian Marco Mancassola, Franca Maran, Mauro Martello, Mauro Mazzero, Vito Mazzero, Paloma Martín, Alessandro Martoni, Phil Mer, Alessandro Mognon, Annalisa Mosele, Cinzia Mozer, Sara Musiani, Francesco Nicoli, Alessandro Nodari, Nadia Olivieri, Carla Padoan, Maria Patijn, Rossella Patrizio, Antonino Pegoraro, Federico Pelle, Lisette Pelsers, Sandra Penketh, Allen Phillips, Fabio Pietrangelillo, Claudia Pilotti, Denise Pirovano, Pasquale Pititto, Daniela Porro, Earl A. Powell III, Anne-Sophie K. Rasmussen, Elvis Shkambi, Doria Ricci, Roberta Riccioni, Carmelo Riccobono, Esther-Maria Rittwagen, Vladimiro Riva, Ernesto Rizzetto, Malcolm Rogers, Claudio Rorato, Grazia Rostello, Patrizia Rovaris, Renzo Ruggieri, Patrizia Rughetti, Axel Rüger, Alessandro Russello, Dóra Sallay, Salvador Salort-Pons, Piero Salvatori, Diego Sammarco, Anna Sandri, Enrico Santi, Antonio Sarnari, Franco Sarnari, Silvia Sartori, Jennifer Seeds, Massimiliano Serra, Iole Siena, Chiara Signorini, Marino Smiderle, Clare Smith, Ilaria Spagnolo, Jenny Sponberg, Masha Starec, André Straatman, Sandra Tatsakis, Benno Tempel, Rosanna Tognon, Elena Tonin, Viviana Tonon, Donata Tornabuoni, Michela Tornelli, Eleonora Toscano, Alessandro Trettenero, Carlotta Trombin, Lydia Vagts, Dominique H. Vasseur, Charles L. Venable, Franca Vettore, Javier Viar Olloqui, Judit Kata Virág, Marcia Vissers, Rinus Vonhof, Siobhan Wheeler, Godfrey Worsdale, Chiara Zanetti, Alessandro Zangrando, Mauro Zanin, Ezio Zonta.

Sommario

a mio papà, naturalmente

Il momento del principio

L'ombra che si stacca
da terra
è chi ti cammina
avanti
e ti è padre
e figlio
e padre ancora
quando il volo
nessuno
lo può trattenere.

Inspiegabilmente
credi di poterlo fermare
ancorare in un punto
                    del mondo o del tempo
e tenerlo lì
dove prima hai pensato
che sarebbe stato
per sempre.

E invece no,
viene un momento
in cui si capisce
                    nel mondo e nel tempo
che il volo esiste
e tu non lo puoi fermare
                    nel fondo del tempo

ma il padre ti cammina
avanti
sempre

prima del tempo
e nel tempo
quando vedi e
ugualmente non vedi

egli ti precede
nel cammino della moltitudine
e si prende cura,
ti affidi
quando è notte.

Nessuno ti renderà gli anni, nessuno ti restituirà a te stesso; andrà il tempo della vita per la via intrapresa e non tornerà indietro né arresterà il suo corso; non farà rumore, non darà segno della sua velocità; scorrerà in silenzio; non si allungherà per editto di re o favore di popolo; correrà come è partito dal primo giorno, non farà mai fermate, mai soste.

[...] Dato che la natura ci lascia condividere il possesso di ogni tempo, perché non elevarci con tutto l'animo da questo esiguo ed effimero volgere di tempo a quei pensieri che sono immensi, sono eterni, sono comuni a chi è migliore di noi?

Seneca, *La brevità della vita*

L'amore si avvicina di più a se stesso
quando il luogo e l'ora non importano più.
I vecchi dovrebbero essere esploratori
il luogo e l'ora non importano
noi dobbiamo muovere senza fine
verso un'altra intensità
per un'unione più completa, comunione più profonda
attraverso il buio, il freddo e la vuota desolazione,
il grido dell'onda, il grido del vento, la grande acqua
della procellaria e del delfino. Nella mia fine è il mio principio.

Thomas S. Eliot, *East Coker*

Tutto pieno d'echi e silenzi è il pomeriggio, qui. E di più, solo l'abbaiare di un cane. La sua voce risale ripida la china del bosco, di verde in verde. Questo silenzio, e nient'altro. Un'emozione indicibile tornare quassù, ancora una volta, passato un anno ormai. Avevo lasciato questa casa che cominciava quasi l'autunno, la luce si annunciava diversa, la luce della metà di settembre, e molte cose sono successe da allora. Molte, da avere un po' modificato il mio sentimento del mondo. O, più prossimo, il mio sentimento del tempo e lo sguardo sulle persone e sulla natura. Come di chi veda con occhi appena diversi, quando qualcosa senti che possa averti arricchito, anche se nato da una mancanza, da ciò che chiamiamo assenza.

Sono entrato in questa casa, nel pomeriggio di una domenica di luglio, e già pronunciare, ad alta voce mentre scrivo, queste parole, è un battere forte alla fonte del tempo. Le domeniche pomeriggio di luglio, da bambini, al mare, mentre veniva il suono delle cicale dall'erba alta dietro la spiaggia. Quando tutti erano con noi e non mancava nessuno, e il dilagare del tempo era l'infinita, amata strada dentro i giochi e i sogni. Tutto sembrava possibile, e che il tempo non dovesse finire mai. E sempre si potesse stare così, tra le cicale e poi le lucciole la sera, al suono di piccole onde che si spandevano sulla sabbia.

Sono entrato in questa casa, nel pomeriggio di una domenica di luglio, per cominciare questo libro. A lungo, per mesi, ho atteso che potesse venire questo momento, invocandolo quasi, eppure con uguale desiderio e timore. Avendo provato forte, pungente, il bisogno di raccontare, una volta di più, ciò che dentro di me accade. Attraverso la pittura, il racconto che appunto ne faccio. Ma nello stesso istante, avendo paura di cominciare a scrivere, perché forse non sarei stato capace, mi dicevo, di scrivere pienamente, e fino in fondo, quanto per via di sentimento avrei invece voluto dire. Mi dispongo adesso in questo modo, nel modo che so, a raccontare i colori della notte attraverso la pittura. E non solo della notte buia, o piena di stelle, o tatuata dalla luna, ma anche di ciò che la notte precede o di quanto la segue di un poco, dentro il primo chiarore dell'alba. Raccontare la notte come un fatto e un accadimento dello spirito, come la pressione di un più forte sentimento, che non si riesce del tutto a governare e che anzi mette a soqquadro.

Non posso nascondere come questa mostra, e il progetto che l'ha preceduta, siano nati da un contatto ruvido con la vita, il segno dell'urticarsi e del passare in mezzo a un mazzo di spine. Soprattutto in questi ultimi anni, non so fare mostre diverse. E a ben vedere, in ogni mostra che ho preparato, ho sempre almeno cercato – anche lì dove apparentemente poteva non sembrare –, in qualche angolo, in qualche anfratto, il luogo dove poter incontrare e toccare la vita. La sua carne, anche graffiata, tradita e trafitta, eppure in essa lo spazio di una visione, di un profumo e di un silenzio. Leggerezza e gracilità, terrore e contemplazione, colore e cenere. Le ali di una farfalla, che sono un volo e presto poltiglia di cielo. Ho cercato dovunque tutto questo, e solo così ho lavorato.

Solo così mi è sembrato utile e giusto appendere quadri alle pareti di un museo, scrivere parole su una pagina bianca. Solo così.

Non posso quindi nascondere come questa mostra sia, o possa essere anche, una pagina di diario nel corso della mia vita. E che io abbia desiderato farla così, rispetto a una prima idea, perché nel mezzo, a un certo punto, si è nuovamente intromessa la vita. E non sono riuscito a scansarla, a farmi da parte perché non mi incontrasse. Da qualche anno avevo nel cassetto l'abbozzo di un progetto dedicato alla sera e alla notte, e attendevo il momento in cui l'avrei potuto realizzare, farlo diventare finalmente una cosa viva, sostanziata dalle opere, dai capolavori. E certo non sapevo, non potevo sapere, che questa attesa, questo mio sospendere quel racconto, aveva un senso, poiché mancava ancora il motivo più intimo e profondo, legato all'esperienza dei giorni. E delle ore.

Poi quel tempo è venuto, e mentre esso scorreva, e ogni giorno di più mi accorgevo che andava verso lo sconosciuto e l'ineluttabile, ho tirato fuori dal cassetto quella vecchia pagina e ho cominciato a rileggerla. Al lume di una luce nuova, piena dello spirito dei viventi e dei morenti, di coloro che vanno e di coloro che restano indietro. Ho sentito, per la prima volta, come quelle righe battessero all'unisono con il mio cuore. Ma specialmente all'unisono con il suo cuore, che provavo a fare uguale al mio. Un battito dopo l'altro, senza sentire, in silenzio. È stato così che ho deciso di raccontare la sera e la notte, appoggiandomi ancora una volta alla pittura, in un modo appena diverso, morbido come può esserlo il damasco di una sera in Oriente, ardito come può diventare una notte nel mezzo di una tormenta di neve. Raccontare la sera e la notte tenendo però vicina non più soltanto la pittura a me cara, ma iniziando il viaggio da un punto molto più lontano. Quella notte piena di eternità che lungo la valle del Nilo tanti uomini, i Faraoni o i dignitari così come gli abitanti della valle del Fayum, avevano posto davanti a sé come uno sguardo aperto sull'immensità. Vita, morte, infinito, tutto insieme dentro quella luce che dal crepuscolo diventava sera e poi buio. Così spesso tempestato di stelle, e di lune quando veniva la luna, e di venti notturni quando il vento modellava la sabbia del deserto.

È stato in quel momento che mi sono detto: sì, adesso puoi partire. Puoi cominciare quest'altro viaggio, sentire questa nuova vita premere da ogni lato. Notte di te, notte del tempo, notti di noi insieme, bambino che ti guarda, adulto che ti segue e ti riconosce prima che sia notte ancora. Già, riconoscersi ancora una volta prima che sia notte ancora, prima che sia il viaggio nel tempo. Salutarsi, darsi la mano, tenersi a lungo la mano, la stessa mano che mi davi bambino. È stato lì, nel punto ormai di lasciarsi, che ho deciso per te di raccontare la notte così. Così come tante persone adesso la vedranno. Perché ancora una volta tu potessi vedere, e lo so che vedrai, come avevo trasformato la vita e la sua emozione in colori prima ancora che in parole. E porre anche un sigillo, però. Per te, fatto di queste parole che ho scritto, come un augurio per il lungo viaggio. Come una domanda alla quale non si può dare del tutto risposta:

da qualche parte ti è
arrivata la vita
strappata da una notte
che non sai
– non hai mai saputo –
e che forse si conosce
                    – ma noi non sappiamo –
quando si è presi
per contatto o dispersione
da un'altra notte
e tutto in un cerchio
si conduce
e tu non sai
                    – non puoi sapere –
da che parte si tenda
il filo
e cosa sia
significhi
il nascere e il morire

in che punto
e verso quale punto
qui e altrove
un profumo di pioggia
dorata
si disperda.

Sono entrato in questa casa, nel pomeriggio di una domenica di luglio e ho aperto le finestre una dopo l'altra, perché entrasse la luce e rivelasse tutte le stanze, per come le avevo lasciate un anno fa. Nel piccolo giardino l'erba è alta e da tempo nessuno la viene a tagliare. Qualche fiore giallo, dal lungo gambo, cresce e si muove nel vento che annuncia il temporale. A guardare verso nord, in direzione della montagna che sovrasta il piccolo paese, si vedono nuvole di un azzurro scurissimo, pieno di blu e di nero, e un po' di bianco lungo i loro confini. Si sente l'aria elettrica e pesante di un temporale estivo imminente, senza che si possa fare niente per trattenerlo. Di tuono in tuono.

Salgo un piano dopo l'altro, lasciando che a ogni finestra aperta si sparga la luce nella casa. E ogni volta che torno, è la scoperta conosciuta della vita che qui c'era. Di tutte le persone, amate, che vi hanno abitato. Non potrei cominciare che da questo distendersi della luce, quella che dal portico entra nella casa e la rende ancora una volta una cosa viva.

Sono entrato in questa casa nel pomeriggio di una domenica di luglio, e il verde tutto attorno mi stringe come un mare calmo. Porto le borse con le arance, per la colazione del mattino. Ogni anno sempre così. Mi dà il senso di una vita normale, quieta. Apro i balconi della grande stanza nella quale da due anni ho deciso di scrivere, scendendo dal mio studio all'ultimo piano. Sul davanzale della finestra accanto al mio piccolo tavolo di scrittura, api morte durante la stagione più fredda, e sullo spigolo del muro un nido costruito e ormai abbandonato.

Da qui si vedono le montagne, qui accanto è la finestra da dove si sporge Angelina per darmi, una volta ancora, il bentornato a scrivere in un'altra estate su queste colline. Ripetere i gesti, rifare i giorni, come aspettare che venga sera e leggere mentre nella stanza entra la luce della luna che sale da est. Attacco alla spina il nuovo portatile, sarà il primo libro che gli scriverò addosso, dentro. Il filo è più lungo e arriva molto meglio di quello vecchio. E mi piace così tanto, mentre scrivo, sentire Francesco che carica qualcosa in macchina nel cortile qui dietro, o parla con qualcuno che lo viene a trovare. La vita normale di questo piccolo paese sotto la montagna.

E quando guardo verso destra, oltre la finestra vedo la cuccia vuota del cane che con noi ha vissuto dieci anni, qui. Attila, venuto poi a morire in città nel mese della Madonna e dei lumini, delle rose bianche vicino all'orto e al grande prato verde. Ah, le sere di maggio, quando l'estate è ancora tutta davanti a te e il primo calore della stagione allunga la luce del giorno fino a sera.

Sono entrato in questa casa nel pomeriggio di una domenica di luglio, e subito sono salito al primo piano, a guardare la stanza dei giochi, del sonno, dei pupazzi tutti ordinatamente seduti sui letti. Uno dopo l'altro arruolati per due bambine felici di correre sui prati, su verso i castagni di Sandrino. A risentire le voci, qualche pianto, le lunghe risate, a vedere gli occhi accigliati, le facce imbronciate, il pianoforte suonato. L'acqua a ribollire nella vasca per il bagno la sera. A vedere dalla finestra di qui, com'era la neve alta nel giardino quando d'inverno in certe giornate senza sosta cadeva. E il caminetto spandeva nella casa il suo calore e la sua luce. La vita normale in questo piccolo paese sotto la montagna. Prima che venga il momento di lasciarlo, e andare.

E in questa domenica pomeriggio di metà luglio, il colore delle ortensie risplende, in più punti galleggia nel giardino come un'onda ferma, una corrente calma e tutta piena dell'azzurro e del viola della sera. Non si potrebbe volere altro che questo. E il muro alto di pietra tutto ricoperto di gelsomino ancora fiorito, perché qui l'estate viene più tardi e la sera si sente il vento che scende dalle montagne. Fiori bianchi di gelsomino, appena un profumo ormai, un lievissimo profumo che devi con tutta la tua attenzione ascoltare, e poi risplende e risuona, piano, pianissimo. E in quel folto di pianta che si arrampica dopo anni sul muro, stanno invisibili, e assordanti nel loro bellissimo canto, i passeri a centinaia. E sono di tanto in tanto un volo fino al culmine della betulla e lasciano il cielo tutto segnato da quella striscia d'ali e richiami. Dalla casa tutto questo si può vedere, mentre si annuncia la sera.

Sono entrato in questa casa nel pomeriggio di una domenica di luglio. Ho esitato a lungo prima di salire all'ultimo piano, perché sapevo che ti avrei incontrato. E non è facile incontrare colui che è assente, non è più, il già partito e il mai più ritornante nella forma in cui l'abbiamo conosciuto. Sono spesso i luoghi, gli odori, certi rumori e i silenzi, un fuoco, a tenerci in contatto, molto più che le immagini, l'effigie. Molto più di quanto apparentemente sembrerebbe ricondurci, volto perfetto, a colui che più non è.

Forse non avevi mai dormito prima in questa casa, non ricordo. La casa della loro infanzia, delle mie salite sulle montagne, dei profumi di legna sparsi nell'aria quando d'inverno viene a nevicare e il bianco copre ogni cosa e tutto nel bianco si fa. Eri venuto tante volte con lei, ma lo scorso anno, l'ultima estate, siamo stati da soli tu e io, una settimana. Io scrivevo, tu riposavi sotto la betulla e ogni tanto lasciavo la sedia dove adesso sto e mi sporgevo dalla finestra qui vicino per controllare che tutto andasse bene. Quello, il tuo punto nel mondo, poco prima che fosse vento e meraviglia.

E sono infine salito all'ultimo piano e sono entrato nella stanza, dopo avere disceso brevi gradini in legno di betulla, vedi la coincidenza. Avevamo deciso che questa sarebbe stata la tua stanza, con il bagno tutto per te comodo a fianco, solo a pochi passi. Sul letto ci sono ancora i miei vecchi pigiami, che ti avevo offerto in dono prima che tu lasciassi questa casa. Tu ne avevi preso uno soltanto e con quello sotto il braccio hai sceso per l'ultima volta le scale di questa casa. Gli altri, sono rimasti lì, sul materasso a cui qualcuno ha tolto le lenzuola. Nessuno ha pensato di rimetterli a posto. Per me sono il segno della tua presenza ancora qui, tu e io insieme, nello stesso pigiama. E ogni tanto, mentre smetto di scrivere per dieci minuti, salgo un piano di scale, proprio qui sopra, e passo in camera a vedere se ci sei, e guardo proprio i pigiami. Che ho lasciato in mezzo al letto, nella confusione solita delle cose che ci butto sopra, come fosse un armadio.

(Non ho resistito e sono salito un momento a rivedere la stanza, prima di continuare a scrivere. Stavo per parlarti dell'altra cosa che mi avvolge di te, in questo chiarore pieno che è del tardo pomeriggio estivo, quando il sole si accende prima che venga sera. Avevi bisogno di una luce per leggere la sera e di un comodino sopra cui posare i libri e il tuo orologio. Avevo recuperato una vecchia lampada, che era stata il nostro primo lume. Ma non riuscivo a trovare qualcosa che assomigliasse a un comodino. Allora mi sono arrampicato lungo la ripida scala, sopra la tua camera, dove abbiamo messo tutti i loro vecchi giochi. Sono sceso con una scatola di legno che ha un'oca dipinta sopra, un'oca che tiene un ombrello per ripararsi dal sole. L'ho posata accanto al tuo letto, direttamente sul pavimento, e lì sopra hai appoggiato le tue cose. Mi piaceva che tu avessi come comodino qualcosa con cui loro avevano giocato da bambine.

Ma solo adesso, capisci, salendo per vedere più da vicino, ho fatto una scoperta. La scatola di legno con l'oca e l'ombrello, si apre. Non me n'ero accorto, la scorsa estate. L'ho dunque aperta e dentro ho trovato due berretti colorati, che loro hanno portato a lungo, da bambine. Il primo con tre fiocchi e Pluto, Paperino e Topolino. Pieno di colori, di tutti i colori dei bambini. Il secondo, un berretto di felpa rosa, con la protezione per le orecchie e un nastro che scende a chiudere. Si capisce il berretto di una bambina di un anno, o poco più.

Mi sembrava. E allora sono sceso in cucina, dove sapevo avrei trovato delle vecchie foto. Mi sembrava. E in effetti era così. Ho trovato la foto che cercavo. Lei era piccola, un anno e mezzo di vita direi. Era una giornata grigia, aveva fatto da poco neve, e la bambina, con lo sguardo serio, stava al centro di una strada del paese, vicino a casa, avvolta in un grande cappottone di un viola chiaro. Morbido. In testa, proprio il berretto rosa con scritto tutto attorno sweety. *Sono ancora più contento, a sapere che hai dormito accanto a loro, in quei giorni. Dormito accanto ai loro berretti di bambine, quando le hai conosciute e così tanto amate.*

Poi veniva la sera e dentro la tua stanza entravano le stelle. La luce fioca si spandeva sul muro piano, nel silenzio di questa valle. Facevi fatica a dormire, ma alla fine il sonno ti prendeva. Io entravo piano nella tua stanza, ti guardavo accanto alla notte che non aveva rumori se non di silenzi. Ti rimboccavo le coperte e spegnevo il piccolo lume. Eri tornato bambino e ti lasciavi condurre. Non chiudevo subito la finestra, perché volevo che quella sera, quella prima, dolce notte fosse lì vicino a te. E poi sapevo che ti piaceva sentire l'aria che dalla notte arriva, e ti prende, ti porta, ti solleva in un volo. Ti ho tenuto la mano, davanti alla notte.

Ha fatto adesso una breve pioggia col sole. Se da dove sei, guardi, è spuntato l'arcobaleno.)

Il vecchio e la betulla

Un uomo che non sapeva quanto tempo avrebbe vissuto ancora, stava disteso sotto una betulla. Nel piccolo giardino di una casa tutta in pietra, vecchia di qualche secolo, sotto una prima linea di montagne. Però senza rocce, e invece coperte di boschi di castagni e poi poco più su di carpini e faggi, e infine pini e larici, superati i mille metri. Il giardino di un piccolo paese, con un nome difficile da pronunciare, e un po' lungo, aveva sempre pensato, fin da quando lo frequentava con la moglie, per venire a prendere un po' di fresco su una prima altura di colline dopo la pianura. Ci veniva nelle sere d'estate, risalendo in auto la strada che passava proprio accanto alla casa nella quale adesso stava. Per giungere infine a un luogo che si chiama Bosco delle penne mozze, perché tra gli alberi molte steli in ferro ricordano gli alpini caduti in guerra.

Stava disteso sotto quella betulla, su un lettino di colore blu, di quelli che si usano in spiaggia per prendere il sole, con il tettuccio che ripara dai raggi dell'estate. Ma normalmente non lo usava, e piuttosto metteva un berretto, mentre il tettuccio rovesciato all'indietro serviva per appoggiare i giornali, che però solo di tanto in tanto leggeva. A terra, sull'erba del piccolo prato, accanto alle radici appena affioranti della betulla, un bicchiere sempre pieno di the alla pesca, coperto da un piattino perché non vi entrassero le foglie. L'uomo amava il the alla pesca, e anche alla menta. E poco più indietro, superati tre gradini, una radio stava posata sulla pietra bianca, mentre una musica si spandeva nell'aria. Di tanto in tanto le notizie del giornale radio interrompevano la musica. Saliti quei gradini, un bellissimo portico, tutto pieno di piante sempreverdi. E sotto il portico, a un tavolo di ferro, rettangolare, ben disegnato, l'uomo consumava il suo pranzo, che il figlio ogni giorno gli preparava. Era quella l'altra parte del giardino, con un muro non tanto alto che divideva la casa dalla proprietà confinante. Un muro ricoperto dal gelsomino, che a giugno profuma e colora le notti, fino a rimanerne commossi, e qualche volta viene da piangere.

I sottili capelli bianchi, e radi, si spargevano in disordine sul grande asciugamano rosso che ricopriva il lettino blu. Per lunghi attimi l'uomo respirava profondamente l'aria che scendeva dalla montagna, piena di una luce chiara e fatta tutta di vento, che muoveva in un soffio le foglie della betulla che gli faceva ombra. Poi si scuoteva e ascoltava la musica, e ricordava tempi diversi, lontani, ormai irraggiungibili. E chiudeva gli occhi, e si addormentava un poco. Nel mattino d'agosto gli pareva bello stare nel piccolo giardino a sentire come la vita fosse una cosa piena, che mentre sembrava sfuggirgli tra le dita – e forse così era davvero – gli lasciava in dono tutta una dolcezza di luci e silenzi e voci che salivano da un tempo fondo, che però lui ricordava bene. Provava una nostalgia acuta, straziante per quello che ancora aveva nella sua vita. Prima che potesse perdersi, pensava.

E allora, sotto la betulla, cominciava a mettere in fila tutte quelle cose, che erano soprattutto persone, i loro volti, i sorrisi, gli occhi stupiti davanti a una nuova giornata. E cercava di farlo con ordine, ma non era possibile, perché sempre in quell'ordine si intrometteva una grande commozione, che più di qualche volta lo faceva piangere. In silenzio, senza che nessuno vedesse. Non voleva mostrare questa sua debolezza, perché fino a un certo punto della sua vita nessuno l'aveva mai visto piangere. Si ricordava però di una volta, in casa, quando una sera, dopo una discussione in famiglia, apparentemente senza motivo gli venne da piangere e cominciarono dei lunghi singhiozzi che non riusciva a fermare, mentre i figli lo guardavano stupiti, quasi increduli per quello che stava accadendo. Ma lui continuava a piangerc, perché sentiva dentro di sé la paura del futuro e un senso di sgomento lo prendeva, fino a fargli piegare le ginocchia e a doversi sedere in camera sua, sul letto.

Di tanto in tanto, sotto la betulla bisognava spostare il lettino di colore blu. Perché il sole cambiava posizione nel cielo, e occorreva che lui invece rimanesse custodito nell'ombra del grande albero. Quando si rimetteva disteso, chiudeva subito gli occhi, la testa gli girava un po' e alzava le braccia nell'aria e con le mani cercava di afferrare qualcosa. O forse cercava solo una direzione, la via da percorrere. Orientandosi prima un po' a destra, verso il grande portone di legno, e poi invece a sinistra, verso le montagne e il loro cielo chiaro e azzurro. Perché all'uomo, a quel vecchio dai capelli bianchi e radi, sembrava davvero di essere tornato bambino. I vecchi sono come i bambini, si diceva. Io sono così. I bambini non sanno ancora quale sia la strada. E a lui, alla fine della vita, sembrava proprio di non sapere più quale fosse il cammino. Si perdeva in questi pensieri, che molto spesso avevano come confine il chiarore di una prima notte, quella che si vede da un bordo, da una minima cengia di montagna, che aveva molto amato. Mentre si rifiuta il salto nel vuoto, la caduta. La volontà di sopravvivere, di resistere nonostante tutto.

Ma gli sembrava, nello stesso momento, di non avere più voglia di resistere e che quel bordo di notte l'avrebbe presto accolto. Si sorprendeva di non essere più come una volta così attaccato alla vita. Lo prendeva una forte malinconia, e spesso gli veniva da piangere. Sentiva nostalgia per quello che ancora apparteneva alla sua vita, per quello che sempre l'aveva accompagnata. Pensava se a tutti, sul punto o quasi di morire, o almeno questo a lui sembrava, capitasse la stessa cosa. Ma poi si ritraeva da questo pensiero, poiché non lo consolava di essere semmai simile ad altri. Questo non gli eliminava la pena.

Allora ritornava a quando, oltre vent'anni prima, lasciava la città nelle domeniche pomeriggio d'estate. A cercare l'aria più fresca tra le colline, dove adesso stava, nella casa di uno tra i suoi figli. E il viaggio sembrava a lui e alla moglie non così breve. Era il trasferirsi ai piedi di prime montagne, e questo adesso ricordava. Aveva allora passato da poco i sessant'anni e si sentiva in un momento della vita in cui si è presi come in un cerchio, senza sapere da quale parte ci si debba rivolgere. Se alla certezza del passato o all'incertezza del futuro. Era spaesato, confuso, sospeso in uno spazio in cui ancora capiva di appartenere alla vita ma ugualmente di poterla lasciare.

Tornava a quelle domeniche pomeriggio, quando la strada poco per volta s'inerpicava e costeggiava prima due laghi, che si vedevano, d'improvviso, proprio nel punto in cui una iniziale, breve salita si concludeva. Arrivato lì, immancabilmente si voltava verso la moglie seduta in auto accanto a lui e le diceva: ecco, ci siamo. Poteva così esprimere, anche se nel suo modo misurato e un poco reticente, una gioia. In quel punto, lo sguardo correva sulla destra, in basso, verso l'acqua azzurra e verde del primo dei due laghi, ma soprattutto davanti. La lunga linea delle montagne, tutta piena di boschi, appariva dinanzi a loro. E lui non parlava più, ma solo pensava a quando i suoi figli erano stati bambini e li portava in montagna, a correre sui prati d'estate o sulla neve d'inverno. Sentiva una grande commozione salire dentro di sé, ma siccome non aveva mai voluto dare a vedere questo lato del suo carattere, la ricacciava dentro. Nessuno, o quasi, avrebbe capito.

Sotto la betulla, il pensiero dei figli lo prendeva. Parlando con se stesso, in silenzio si diceva che tutto questo doveva essere normale. Sempre si cerca il proprio sangue quando si pensa di dover lasciare il mondo, e allora si vorrebbe ricordare quanto più sia possibile. L'uomo pensava: non si ricorda mai abbastanza. Ma diventato lui vecchio, provava questa forte nostalgia per i suoi figli bambini, che non aveva visto per tutto il tempo che avrebbe voluto. Se lo ripeteva, come a consolarsi, come a giustificarsi dopo tanti anni: non sempre si riesce a essere dove si vorrebbe, e con chi si vorrebbe stare. Allora rivedeva i grandi prati di montagna, lui poco prima dei quarant'anni, e i suoi bambini che si rotolavano nell'erba alta, sporcandosi di terra e di vento. Risentiva il profumo dei fiori persi in quell'erba, o svettanti, e immaginava l'odore del fieno nelle grandi stalle. Ancora una volta, gli veniva da piangere.

Tutta questa forza della vita gli veniva addosso, sotto la betulla, e non lo lasciava in pace un momento. L'uomo soffriva, ma ugualmente era felice. Pensava alla notte, alle manciate di stelle gettate nella volta del cielo sopra quei prati. E con le mani protese nell'aria, muovendo le dita come fa un suonatore, provava a ripetere il gesto di chi possa accendere quei piccoli fuochi. Pensava: sarà il mio ultimo gesto di creazione su questa terra, qualsiasi altra cosa mi succederà. Ho acceso il buio di esili braci, ho congiunto con fili luminosi punti diversi nella notte. Mi sono perduto nella nebbia della sera.

Il vecchio non aveva altro pensiero che questo: come sarà infine la notte? Lungo quale delle sue strade mi incamminerò? Da quale parte mi faranno entrare? E potrò portare con me qualcosa di me? Oppure dentro il corpo della notte, di ogni cosa mi svuoterò? E sarò solo io, e niente altro, e nessun altro? Sopraffatto da questi pensieri, ogni tanto sotto la betulla si addormentava. Non voleva, proprio non voleva dare a vedere tutto questo. Si diceva: non devo preoccupare nessuno.

Era in quel momento, quando nel dormiveglia confondeva il passato e il presente, che ai suoi occhi apparivano due bambine che correvano sui prati. All'uomo sembrava che quei prati fossero proprio lì vicini. Erba alta ancora da tagliare, profumo di fiori come quando i suoi figli correvano tanti anni prima. Ma adesso erano i figli dei suoi figli, così gli sembrava. Nel dormiveglia, gli stringeva il cuore pensare alle due bambine. La più grande aveva lunghi capelli biondi e occhi color del mare, e scendeva a perdifiato da una collina, tutta vestita di rosso. La sorella più piccola aveva i capelli neri e gli occhi verdi come di uno stagno dove gracidano le rane, e le correva dietro senza riuscire a raggiungerla. Il vecchio, nel sogno, le seguiva con lo sguardo e non voleva perderle di vista. Sentiva i loro cuori battere forte, pieni di una felicità che non si sa di avere. Perché è qualcosa di naturale, di cui non si conosce l'origine.

Quando si svegliò, l'uomo si raccolse su se stesso, rimanendo seduto sul lettino di colore blu. Guardava verso il cielo, verso nord, verso i boschi dai quali scendeva un torrente. Adesso ricordava bene quelle due bambine, alcuni anni prima, entrare nell'acqua fredda e fare il bagno in estate. Come aveva fatto lui nella sua campagna piatta, prima che venisse la seconda guerra. Camminavano scalze, stavano sempre in mezzo alla neve in inverno, parlavano con gli animali. Le aveva viste una volta andare a caccia di gamberi dentro quel torrente, o tuffarsi da una roccia in un punto in cui l'acqua un poco si allargava, a creare una grande vasca naturale. Conosceva il loro amore per l'acqua e sapeva che avevano imparato a nuotare ancora piccolissime, anzi una di loro, la maggiore, era nata nell'acqua. Pensava che in quel giardino dove adesso lui stava, le bambine erano cresciute e avevano giocato a lungo. Gli piaceva questa vicinanza, come mai gli era capitato prima. I vecchi sono come i bambini, continuava a ripetersi. Ma tutto questo si capisce da vecchi e non si sa da bambini, aggiungeva. Questa nuova innocenza gli sembrava adesso una delle conquiste della vecchiaia.

L'uomo aveva paura della morte. Non voleva lasciare chi aveva a lungo amato. Anche se forse non l'aveva sempre dimostrato. Sentiva come la morte imminente accendesse tutti i legami di una forza diversa, mai sentita. Avrebbe voluto trovare parole, e si sforzava di cercarle dentro di sé, ma non riusciva a definire fino in fondo quel sentimento. Adesso sì pensava a come si sentivano tutti gli altri, tutti coloro che sanno di dover morire. Avrebbe voluto paragonare la sua esperienza alla loro. Ma non si poteva fare nulla.

Si guardava attorno e faceva un piccolo inventario delle cose che molte volte, salendo lassù, gli era capitato di vedere. Ma non aveva mai pensato che ci sarebbe stata un'ultima volta in cui avrebbe visto la casa, il giardino, le montagne e il torrente. Quel cielo. Non si pensa mai che ci possa essere un'ultima volta di tutto, pensava. E i suoi occhi, dello stesso colore verde della bambina, si aggiravano un po' stanchi e tristi, dentro quella breve immensità. Ma anche, solo per un momento che fu un soffio, e solo lui se ne accorse, felici. Perché aveva potuto ricordare il dondolo sul quale si era seduto, la fontana da cui usciva dell'acqua fresca, il gelsomino immenso, altissimo. E poi le ortensie color del cielo di sera, la pietra su cui gli piaceva camminare scalzo, il piccolo divano sotto il portico, sul quale si era addormentato molte volte leggendo il giornale. Pensava: ma è fatta di queste cose la vita? Non ci aveva mai riflettuto a lungo, prima.

A un certo momento, si era d'agosto, sul finire ormai della mattina, l'uomo si scosse e decise che era venuto il momento di interrompere per un poco tutti quei pensieri. Non riusciva più a sopportare quello sguardo rivolto insieme all'infinito e ai suoi ricordi. Si aspettava, l'avrebbe voluto, di vedere da un momento all'altro quelle due bambine girare l'angolo del giardino e saltargli in braccio. Portargli una piccola tartaruga, quella a cui avevano fatto con tanti pianti il funerale proprio sotto la betulla, o il loro piccolo cane. E ascoltare dal nonno le storie di quando lui era bambino con il suo grande cane. Ciò non fu possibile, le bambine erano ormai cresciute e adesso erano altrove. L'uomo vide suo figlio che lo chiamava per il pranzo, e fu molto contento di salire i tre gradini e sedersi sotto il portico a piedi scalzi, come una volta. La montagna rifletteva un po' d'ombra, nel mezzo del cielo azzurro e del sole.

Nei tre mesi seguenti, accaddero molte cose. Alcune non si sono mai conosciute. Fino a che il vecchio che aveva riposato d'estate nel giardino sotto la betulla, non fu preso tra le sue braccia dal tempo. Con un sorriso, disse qualcuno. In un sabato mattina d'autunno, con la luce fredda e chiara che veniva dalle montagne. Il vecchio aveva fatto capire che avrebbe voluto partire in dicembre, ma quel giorno di novembre aveva il profumo dell'inverno alle porte. Se l'avesse potuto vedere, avrebbe fatto di sì con la testa. Solo dopo, casualmente, si venne a sapere che a qualcuno aveva detto: me ne sto andando.

La mia sera e le mie stelle

Da Sampieri a Palavas, da Yellowstone a Port Campbell.

La notte e i fuochi sulle Prealpi.

Perché il mio scrivere di pittura nasce da lì.

E nasce solo così.

Rientro e chiudo la finestra.

Mi portano il lume e mi augurano la buona notte.

E la mia voce contenta augura la buona notte.

Possa la mia vita essere questo:

il giorno pieno di sole, o soave di pioggia,

o tempestoso come se finisse il Mondo,

la sera soave e i gruppi che passano

guardati con interesse dalla finestra,

l'ultimo sguardo amico dato alla calma degli alberi,

e poi, chiusa la finestra, acceso il lume,

senza leggere niente, senza pensare a niente, senza neppure dormire,

sentire la vita scorrere in me come un fiume nel suo letto,

e là fuori un grande silenzio, come un dio che dorme.

Fernando Pessoa, *Il guardiano di greggi*

Per venti giorni ho sospeso la scrittura. Adesso sono tornato in questa casa. È un'estate strana, di molta pioggia e fredda, soprattutto quassù, sotto alle montagne. Anche adesso, mentre scrivo le prime righe di questo nuovo capitolo, piove. Una pioggia appena offuscata, un po' nebbiosa, con nuvole leggere e larghe, quasi trasparenti, che scendono fino ai boschi appena al di là del mio vedere da qui. Boschi nella pienezza del loro verde ancora, e che domani magari saranno presi dal primo raggio di sole appena dopo il momento dell'alba. La natura muta di continuo, nella sua evoluzione senza sosta, casa che abitiamo, ciò che si pone davanti a noi come un mistero. Nel quale siamo e stiamo, che vive dentro di noi e ogni giorno ci porta e ci conduce.

Per venti giorni ho sospeso la scrittura. Adesso sono tornato in questa casa. In questo periodo di assenza ho visto molte notti diverse, lontane, mi sono immerso in loro. Ne ho sentito la forza primitiva, come una corrente che sale dal fondo del tempo e delle ere. Come sempre, una volta ancora, la vita ha scelto per me. E non posso adesso non scriverne, perché queste notti vedute e vissute premono con forza per uscire, per essere almeno per frammenti dette. Sono quanto si aggiunge a un cammino, lo rende più chiaro, lo perfeziona. Mi fanno sentire la potenza e la fragilità, il senso dell'eterno e la brevità del tempo insieme. Quello che mi affascina e mi spaura, detto nelle loro luci diverse da quelle del giorno pieno, quello spazio che non è assenza di luce ma luce priva di accecamenti e invece distesa e diffusa, a spargersi profumata e coprente in ogni luogo del buio apparente.

La spiaggia del Lido di Jesolo negli anni sessanta

Ho prima accompagnato Maddalena in Francia, poi sono andato dall'altra parte del mondo, a trovare Veronica in Australia. In questo modo si è riempito il mio tempo di assenza da questa casa. Guardando la notte che si annunciava, salire come un velo sul mare Mediterraneo a Palavas. E conficcato poi dentro l'ignoto di buio e luna a Port Campbell. Non sapevo, non avrei potuto sapere, che mentre avevo già cominciato a scrivere della notte, mi sarei trovato d'improvviso, in punti così lontani del mondo, in punti così lontani del tempo, dentro le notti degli emisferi. A tenere una mano mentre dal drappo slabbrato delle nuvole usciva il bianco immenso della luna. Non sapevo sarebbe accaduto, anche solo sarebbe potuto accadere. Ma ho sentito questo come un dono, mi sono seduto a contemplare la vastità della notte, ascoltare le sue voci, i suoi smisurati silenzi.

(Ma nella prima notte che ricordo, ci sei tu. Ero bambino, forse tre anni, forse quattro, e avevo un desiderio strano. Ti chiedevo di portarmi a vedere le luci che si vedevano al di sopra dei campanili delle chiese. Così una sera, dopo cena, forse autunno forse primavera, mi hai detto: Marco, andiamo. E siamo saliti in macchina, vagando nelle strade notturne della città, e dal basso mi indicavi i puntini rossi in alto sopra i campanili. Ho un ricordo più preciso degli altri, quando ci siamo fermati in cima al cavalcavia accanto alla stazione ferroviaria e da lì si poteva vedere, quasi alla stessa altezza, la luce sopra il campanile della chiesa degli Oblati. La notte mi piaceva per quei piccoli

segni di luce che restavano sospesi, e galleggiavano immobili nel buio. Mi incantavo e mi preparavo a sognare. Chissà, forse a pregare.

Ma c'era un'altra cosa che in quegli stessi anni, si era allora d'estate, facevo qualche volta la sera assieme a te. C'è una foto, nella quale avrò forse sei o forse sette anni, in bianco e nero, nella quale tutta la nostra famiglia, assieme ai nonni materni, è ritratta all'uscita da una pizzeria al mare. Il mese di luglio, sicuramente. Sento ancora il profumo che da quella sera viene. Io ti chiedevo di portarmi in spiaggia, vestito come si usava allora per andare a cena fuori: i pantaloni corti, una maglietta bianca, i sandali blu. Ti chiedevo di portarmi in spiaggia per vedere la notte davanti al mare, per sentire l'odore del mare che mi è sempre piaciuto tanto.

Ma soprattutto, ti chiedevo di portarmi in spiaggia per vedere la luce del faro nel punto in cui il fiume entrava in quel mare. Lì accanto c'era anche un ristorante nel quale, qualche volta, i nonni che potevano permetterselo ci portavano a mangiare la frittura di pesce. La luce del faro, e restare in attesa del momento in cui si sarebbe presentata di nuovo, dopo il suo giro. Illuminare un po' il mare lontano e un po' la sabbia, che sembra un'altra cosa quando è fredda di notte sotto i piedi. Il faro era per me come i campanili in città e la luce segnava uno spazio del cielo, un cammino come quello di Peter Pan e Wendy nel cielo di Londra, in mezzo a una polvere di stelle. C'eri sempre tu ad accompagnarmi, quando chiedevo di poter vedere le luci alte nella notte. Chiedevo di poter stare seduto mentre tutto della notte mi avvolgeva. Senza sapere nulla più che la notte non mi faceva paura, perché le persone che amavo erano lì con me, io bambino.

Mi piace ricordare le parole di Lucrezio, nel De Rerum Natura, quando parla dell'immenso, che è come la notte:

Tutto ciò che esiste è dunque illimitato in ogni senso;
infatti diversamente dovrebbe avere un estremo.
Ma appare evidente che nessuna entità può avere un estremo,
se al di là di essa non vi sia qualcosa che la limiti, così che appaia
un punto che la facoltà dei sensi non riesce a seguire né a superare.
Ora poiché si deve riconoscere che fuori del tutto
non può esistere nulla, l'universo non ha estremo, né confine, né misura.
Né importa in quale sua parte tu sia situato;
sempre, in qualunque luogo uno si fermi,
da ogni lato lascia ugualmente infinito l'universo.)

Avevo appena cominciato ad andarci, ma già avevo nostalgia della sera giungente in contrada

Quartarella, Sicilia sud-orientale. Come fosse ciò che si vede una volta e poi svanisce per troppa bellezza. Per un sentimento che trabocca e travolge. La luna che si levava, i profumi della notte, il silenzio immenso come non si può immaginare lontano da lì. Sono sicuro, non ho dubbio alcuno, che la vera esperienza della notte sia per me cominciata poco prima dei trent'anni attorno a Scicli, in un tempo in cui si vedevano ancora chiarissimi i segni di come era stata la città negli anni del dopoguerra, per esempio con l'incredibile quartiere nelle grotte di Chiafura.

Mi ero sistemato in una casa alta nella campagna, arsa e sparsa di carrubi, gazze filanti bianche e nere e muretti a secco a delimitare le strade. La mia stanza era tutta bianca, con un letto bianco e un copriletto di pizzo bianco. Sulla parete di fondo, stava appeso un grande quadro, nel quale l'azzurro svaporava come in una specie di nebbia mattutina sul mare. Segni, tracce, umidità rappresa dell'aria. Dalla finestra aperta si vedeva quella campagna tempestata di carrubi del verde buio di un'ombra che s'inerpica tra i rami. Uscendo dalla camera si entrava in un salotto e poi in un'altra stanza, infine una porta finestra immetteva su una grande terrazza. Da lì, dall'alto di quella terra che era come un cuoio sdrucito, si vedeva il mare. L'azzurro del Mediterraneo alcuni chilometri più in basso, in una visione che era sospensione e battito del cuore.

Tornato nella mia stanza, mi ero seduto a lungo sul let-

Le grotte di Chiafura a Scicli

Alberto Gianquinto
Jesolo, tramonto, 1976
collezione privata

La casa di Piero
Guccione in Contrada
Quartarella

La fornace Penna
in Contrada Pisciotto
Sampieri, Scicli

Pagina a fianco
Mare d'inverno
a Punta Corvo
Cava d'Aliga, Scicli

La riserva naturale
di Costa di Carro
tra Cava d'Aliga
e Sampieri, Scicli

to, guardando fuori dalla finestra aperta il volo intrecciato delle gazze, il loro posarsi. Ma venuto un primo cedere della luce, ero tornato sulla terrazza da cui si vedeva il mare. La luce della sera ai suoi primi passi si posava. Si posava in un barlume di rosa sull'acqua ferma lontana. Uno specchio in cui solo l'acqua rifletteva se stessa. Volevo sedermi per terra, sulla pietra bianca ancora calda per il sole della giornata. Osservavo la profondità della luce, il suo morire poco a poco nella luce della notte. Una luce divisa in file ordinate e verticali di aste arrotondate lungo il parapetto. Sono rimasto seduto a lungo, finché la sera si è fatta del tutto. Fatta la sera. Compiuta. Non si poteva in quel momento, dentro quello spazio adesso morbidissimo e fluttuante in onde e onde, immaginare cos'era stato il potere occultante del giorno pieno, da annullare la natura e le cose.

Dopo cena, ho trovato la notte apparsa. Bastava guardarc in alto per restare travolti da quello che per me era difficile pensare esistesse. La notte stellata in Sicilia era così diversa da quelle che ero abituato a vedere, dentro le quali ero abituato a stare. Un pulviscolo, una polvere, eppure in una chiarezza che mi prendeva alla gola. Ero quasi tramortito da tutta quella bellezza, da quella manifestazione d'infinito. Certo, era una notte stellata in un punto del mondo, Sicilia, ma era tante altre cose nello stesso tempo. E sopra tutto, il respiro placato del mondo, dell'universo. La nostra relazione con gli spazi immensi del cosmo, il pensiero della nostra dispersione un giorno, l'essere noi stessi polvere e pulviscolo. O stella ancora.

Sì, la bellezza c'entrava, ma non riusciva questa parola nel mio cuore a dire che in minima parte quello a cui stavo assistendo. Di più, quello dentro cui vivevo. Era un manto apparentemente senza fine di stelle, infiniti punti da collegare uno a uno, mentre ciò che appare è la visione lontana del mondo. Stando rincantucciato in quella notte stellata, mi sembrava che nel buio della notte si vedesse molto meglio che nel giorno pieno, il regno dell'azzurro scoccato. Mi sembrava che il buio illuminato di luce fosse in Sicilia il punto del vedere più nitido. E poi il silenzio, rotto appena, e solo di tanto in tanto, da qualche animale in distanza. Per il resto, soltanto silenzio, e notte e infinito.

Mi sono fatto cullare a lungo, giorno dopo giorno, viaggio dopo viaggio, da questo silenzio, da questo movimento del tempo. E ho legato alla notte di Sicilia, di quella parte tanto amata di Sicilia, l'amore per alcune persone, che sono parte importante della mia vita. Alcuni pittori. Con cui ho condiviso proprio il senso e l'emozione della notte, passando da contrada Quartarella a contrada Gerrantini, una grande casa con un grande cortile interno, lastricata di pietre nere e bianche, davanti a eucalipti altissimi e svettanti nel cielo carico d'azzurro. Una pergola davanti alla casa, un tavolo quadrato sopra cui ho scritto molte pagine. Una pergola davanti alla casa, panche di legno attorno a quel tavolo. Ho sentito da quella postazione nel mondo il premere della notte meravigliosa, immensa, inavvicinabile se non d'anfratti. Ma non la notte e basta, non le stelle e basta, e invece quello che desidero di più, che sento come la cosa più vera della vita, ciò per cui vale vivere. Il motivo per cui, dall'esperienza della notte, ho voluto che tutto questo diventasse un racconto fatto con i quadri. Il contatto, il passaggio di vento, lo sfregamento, l'abrasione. Tra l'infinito dello spazio e del tempo e le storie d'ognuno. Ho avuto la tentazione, per un momento, di scrivere storie minime, ma per nessuno al mondo può essere minima la propria storia, minima la propria vita.

Da questo contatto, e solo da questo, nasce per me il racconto della pittura. Per questo è per me indispensabile dire qui almeno alcune delle notti della mia vita da cui tutto proviene. Non potrei fare diversamente, e niente avrebbe il senso della verità. Può essere poco, può essere per qualcuno il nulla, ma per me è quel tanto, invece, che dà forma alla verità, alla mia verità. Al mio essere in questo punto del transito terrestre, al mio voler raccontare in questo modo, e proprio in questo modo, la notte dipinta.

E dopo una larga curva verso sinistra, improvvisamente si apre il mare. Un grande lago azzurro che risuona da lontano di silenzi, una baia che protegge. Nelle sere in quelle terre, quando viene da quel mare il senso della notte, e si allungano profumi e ancora silenzi, poco dopo quella curva, quando la strada prende a scendere, sulla sinistra si imbocca un sentiero di campagna e nella campagna si entra. Poi la stradina improvvisamente si inerpica, fino a giungere a un vecchio podere. Ho usato d'incanto il presente, perché mi sono sentito trasportato lì, dentro la prima notte, ormai sono passati venticinque anni, che è stata per me

stigmate, unzione. Una cena con amici in quel casolare trasformato in trattoria e pizzeria. Ma la notte era tempestata di stelle, il firmamento si spandeva in tutta la sua estensione, misteriosa e miracolosa. Come un respiro. Equilibrio perfetto, matematica della volta celeste, rette e circonferenze, geometria dei cieli.

Il giorno era stato molto caldo, e quel calore era ancora trattenuto dai muretti bassi che cingevano tutto il casolare. Da un lato guardando il mare. Da lì in alto si vedeva il nero della sera, si vedeva il nero del mare. Ma non come una cosa uniforme e piatta, e invece l'irradiarsi di piccole luci, di fiati e fioriture. Sul mare, le luci di qualche nave che passava al largo e solcava il Mediterraneo. Ma era il cielo che si dilatava in tutta la sua altezza, irraggiungibile.

Ho lasciato gli amici a tavola e sono uscito a camminare sulla terra compatta. Che risuonava ai passi, sopra qualche sasso. Mi sono disteso su un muretto ancora caldo per il sole del giorno, e con lo sguardo all'insù sono rimasto a lungo. Compreso tra la terra e il cielo, mentre lo sguardo inseguiva le costellazioni, l'Orsa Maggiore. Mentre sentivo le voci di persone a me care, gli occhi seguivano il moto del cielo, fino quasi a una sospensione dello sguardo, a una sua assenza. Il cielo non era nemmeno più il confine apparente del mondo, ma era diventato il luogo di ogni possibile slancio verso il frantumarsi del tempo, e da quel frantumarsi venivano stelle. In una pioggia di luci, di apparizioni, di piccoli lampi e fuochi, sempre di silenzi. Sentivo di essere insieme fuori e dentro il tempo, di essere io stesso notte. Perché mi sembrava che essere al cospetto della notte significasse essere nella notte, dentro la notte. Mi era sembrato, in quella notte a Sampieri, che la visione si trasformasse in respiro. Cercavo dentro di me le ragioni della meraviglia della notte apparsa.

Solo tre settimane fa, all'inizio di questo mese d'agosto, ero davanti al mare a Palavas, una sera. Guardando nello spegnersi della luce quel luogo, che era stato caro a Courbet, e mentre il cielo

Il porto a Palavas

Vincent van Gogh, *Notte stellata sul Rodano*, 1888, Parigi, Musée d'Orsay dono di M. e Mme Robert Kahn-Sriber, in memoria di M. e Mme Fernand Moch, 1975

Pagina a fianco
Twelve Apostles, Victoria, Australia

Il faro di Aireys Inlet, Victoria, Australia

si accendeva di piccoli fuochi dentro nuvole scure, mi sono venute in mente le parole di Seneca, nel primo capitolo delle *Naturales Quaestiones*, quelle che adesso qui trascrivo e che contengono anche un verso dell'*Eneide* virgiliana:

«Per ora ritengo che fuochi di questo tipo prendano forma quando l'aria è battuta piuttosto violentemente, ovvero quando una massa d'aria s'inclina da una parte e non ripiega ma anzi si dibatte: da questo scuotimento hanno origine le travi, i globi, le fiaccole, le vampe. Ma quando la collisione è stata piuttosto leggera e, per così dire, c'è stato un semplice sfregamento, ne escono luci più deboli,

e le stelle volano trascinando la loro chioma.

Allora fuochi molto sottili disegnano e allungano nel cielo deboli scie luminose.»

Era esattamente quello che io stavo vedendo in quel momento, all'approssimarsi poi della notte, con un temporale che sembrava giungere dal largo del mare, mentre sempre di più si nascondeva la volta del cielo. Eppure qualche prima stella resisteva sopra di me, quando da lontano si sentiva il rumore del tuono. È quel tipo di notte in cui si attende che possa capitare qualcosa di violento, e l'attesa è carica di odori fortissimi nell'aria, di energie che si sprigionano ovunque, assieme all'odore del mare. Fisso su questa spiaggia, Gustave Courbet dipinse alcuni quadri meravigliosi subito dopo la metà del suo secolo, quando stava a Montpellier ospite di Bruyas. Nella luce del giorno pieno, con un grande cielo a dominare oltre la metà dello spazio del quadro. Un cielo azzurro attraversato da formazioni di nuvole bianche e esse stesse azzurre, come un graffio, un'esile trafittura. E in basso appena piccole dune, cespugli, sabbia, una terra rossa che sembra quella di Cézanne nei dintorni di Aix. Solo al centro, più visibile dal centro verso sinistra che non quasi nascosta a destra, la linea del mare, il Mediterraneo a Palavas. E alcuni piccolissimi puntini bianchi, nella distanza delle correnti attraversate, da mostrarsi come vele gonfiate dal vento.

Ero su quella spiaggia, ma era notte. Si approssimava il temporale. Sentivo fortissima però, pur nella diversità dell'ora, la presenza di quel pittore straordinario, potente, vitale, attaccato ai gangli della materia e capace di esprimere l'intensità della vita. Visione mai filtrata e invece diretta sempre al centro dell'essere, al centro del cuore. Pulsazioni, tachicardie dello sguardo, sguardo che è un abbraccio, gettarsi con il corpo dentro lo spazio della natura. Sentivo che questo ancor di più poteva appartenere alla notte, al mio essere e stare nella notte, un secolo e mezzo dopo, davanti al mare di Palavas.

Immaginavo il pittore che usciva da Montpellier, usciva dalle strade e imboccava i sentieri, fino a che compariva il mare. La forza e la meraviglia. Fino a che veniva la notte, la notte vellutata, la notte che ti prende come un guanto, la notte che è damasco dell'aria, velluto e seta, mentre il temporale continua a battere lontano e forse qui a Palavas non giungerà. Batte la sua grancassa sul largo del mare, si accendono lampi come fuochi, si stria il cielo, si spacca in nere linee di tempesta e stelle d'improvviso apparse. Resto seduto ancora un po', io sono qui, dentro la notte apparsa, seduto sul ciglio del mare, sulla sabbia fredda.

Sento voci che si avvicinano e mi chiamano, ancora una volta lo spazio della notte è distensione dentro il mistero dello spazio invisibile e sconosciuto, e amore della prossimità. Ancora una volta, è l'amore che mi conduce dentro la notte. Prima di alzarmi, per un momento, solo per un momento, penso a un luogo non lontano da qui e penso a un altro pittore, che ha fatto della notte spesso il suo centro. Certo, ne parlerò, e già nel prossimo capitolo, ma sulla sabbia di Palavas, davanti al Mediterraneo, Vincent van Gogh mi viene incontro come danzando sull'acqua, preso nel mezzo di quei piccoli fuochi, al capezzale delle stelle. Abbiamo scavalcato ieri il Rodano, appena fuori Arles, ed è stato un tuffo al cuore, una stilettata anche se era giorno fatto e nel cielo non si vedevano le stelle. E ugualmente attraversando il fiume, ho pensato a dove si tendessero quelle stelle, fino a Saint-Rémy, fino alle Alpilles. E allora tutta quella vita, tutto quel magma di fango e notti, di luci e acque, mi è venuto addosso, per diventare solo silenzio. E in quel momento, in quel momento sì, mi sono alzato e ho lasciato la costa del mar Mediterraneo a Palavas.

Poi ho preso un aereo, e ho volato da Venezia fino ad atterrare in Australia, a Melbourne. Non avevo pensato che quei dieci giorni sarebbero stati un'immersione nelle notti più profonde del tempo,

La luna a Port Campbell
Victoria, Australia

Pagina a fianco
Loch Ard, Victoria, Australia

in luoghi in cui non esisteva presenza e solo comparivano il cielo, le stelle, la luna, il rumore del mare. La forza dei primordi. Lo sono stati, quei giorni così. E mi hanno così connesso in modo certo inatteso e inaspettato, ma pieno di una meravigliosa sorpresa, a quello che la mia scrittura aveva lasciato abbandonato alla fine di luglio. Tutto lì mi parlava di queste notti dello spirito e della carne, mi parlava di stupore e terrore, di visione e assenza. Mi sono sentito accolto nel grembo del mondo, avvolto in un mantello, mentre seduto davanti all'oceano sentivo spuntare sopra di me la luna. Potrei riscrivere adesso tutto quel grumo di notti, ma preferisco riprendere un fascio di appunti, come un piccolo diario, che ho tenuto in quei dieci giorni sulla strada e sull'oceano, e metterli qui, in questo punto del libro, lasciando solo sulla pagina il segno

di uno spazio, per dire che adesso tutto comincia. Tirare fuori dal mio diario australiano di Victoria solo quello che ho scritto sulla notte, durante la notte. Perché di notti molto si è vissuto laggiù.

La M1 è la strada che da Melbourne ci porta prima a Geelong, sulle rive della Corio Bay, e poi a Torquay, punto di partenza della Great Ocean Road. Sul finire dell'inverno è oggi una giornata di pioggia rada, spostata un poco dal vento, di grigio e azzurro insieme, fin dalla sabbia di Anglesea e dal faro di Aireys Inlet. Poi il Memorial Arch e tutta una corsa fino a Lorne e Apollo Bay, bellissime. Poi la strada piega a destra, verso l'interno, dentro i boschi della penisola di Otway e di nuovo giù a incontrare l'oceano della Shipwreck Coast. Fermandosi continuamente perché ogni luogo è un sogno, ogni luogo è una spiaggia verso l'immenso, una scogliera a picco sul mare. Ogni luogo qui è la forza e il destino. Abbiamo deciso di vedere il tramonto ai Twelve Apostles, prima di fermarci a dormire a Port Campbell. Prima di sera il cielo è diverso, si apre mentre viene poco per volta una luce violacea e noi attraversiamo le passerelle alte sugli scogli e poi ci presentiamo in faccia ai grandi denti sulla spiaggia e sul mare, rocce che sembrano emergere dall'altra parte della terra, misteriose. Il sole scompare in pochi minuti e si inabissa nel mare, che da qui in avanti è tutta una lunga corsa senza più alcun freno, fino ai ghiacci del Polo. Essere qui, sul punto del farsi della sera, del giungere delle prime tenebre, su un avamposto di roccia e sabbia, avendo davanti solo l'immenso. Solo lo spazio infinito del mare e del cielo, che sempre meno si vedono. Mentre per stanotte è annunciata la grande luna d'agosto.

Per dieci minuti guidiamo l'auto lungo una strada che costeggia l'oceano, al buio, senza nessuna luce, il cielo è tornato nuvoloso. Cerchiamo un alloggio nel piccolo villaggio di Port Campbell, una main street con un paio di ristoranti e case sparse tra la campagna e il mare, una piccola chiesa battista in legno chiaro, una grande ansa dell'oceano che viene a toccare, in una sua rada inattesa, le prime case del paese. Appena riparate dalla bufera. Dopo cena a piedi torniamo verso il motel, le luci subito scompaiono, niente di più che la notte.

Eccola qui, la notte inarrivabile dove tutto lo spazio del mondo preme attorno a te, preme sopra di te. Eccola qui, questa notte nella quale si sente lontana la risacca del grande mare, notte in cui le nuvole si muovono veloci, un gomitolo dopo l'altro, spinte dal vento. Eccola qui, questa notte senza confini, tutta buia. Questo buio che ha movimenti di silenzi, improvvise dolcezze, odori e profumi, strade che vanno verso non sai dove, curve dei sentieri che poi scompaiono, giochi di bambini, bambini che piangono, una luce che s'accende d'improvviso, una bandiera che sventola, un filo di fumo da un camino, i

gabbiani che volano, un vecchio che attraversa la strada, una fioritura gialla, il rumore di un motore, un distributore sgangherato, un prato appena tagliato, l'odore dell'erba, i nostri passi, le nostre rare parole per non toccare la perfezione. Tutto in questa notte a Port Campbell.

Fino a che in alto, lontanissima eppure vicinissima, facendosi largo tra le nuvole che il vento continua a muovere, appare la luna. La grande luna d'agosto. E in tutto il mondo la guardano e noi la guardiamo adesso qui a Port Campbell, un villaggio di poche case in faccia all'oceano, sulla strada verso il Polo. E mentre la guardo qui, so che fra alcune ore la guarderanno a Parigi e dopo poche ore ancora la guarderanno a Manhattan. E poi qualcuno la guarderà sulle pianure dell'Oklahoma, sui campi

dell'Ohio, tra i boschi di Yellowstone, dai picchi in Colorado, sulla costa di Big Sur in California. Penso a come sarà stanotte questa luna salendo verso il passo di Praderadego, e se ci sarà qualcuno che salirà lassù per guardarla e da lì ugualmente vedere la valle che in un mare di lumini si stende di sotto. La luna d'agosto si è presa la notte, e in questo spazio che tu senti premere da ogni lato e che da ogni lato preme contro di noi, però ci avvolge, asseconda i nostri passi, perfino circonda i nostri silenzi, in questo spazio si sente la bellezza dello stare al mondo. La bellezza di essere apparsi, di essere stati nominati tra gli abitanti del mondo. Milioni di milioni dal principio del tempo, in una processione che non ha fine.

Vedere la notte a Port Campbell, stare in questa notte, averne paura perché non la si vede fino a un confine, e perché un confine non c'è. No, non avrei potuto sapere, mai l'avrei detto che tutto questo sarebbe capitato qui, stasera, in questo punto del tempo e della nostra vita, mentre il mio pensiero andava già alla notte. Un pensiero a lungo coltivato e che ora trova una sua maggiore chiarezza, una forza di verità e destino. Si capisce, stando qui, sentendo l'oceano immenso pulsare, sentendo la luna che dall'alto si china verso la terra, si capisce che sarebbe stato impossibile non raccontare tutto questo, non raccontare ciò che insieme è terrore e meraviglia.

La notte viene al ritmo del respiro, prima l'inspirazione e poi l'espirazione, sistole e diastole.

Scogliera vicino a Loch Ard
Victoria, Australia

Il cimitero di Loch Ard
Victoria, Australia

Pagina a fianco
Lavers Hill, Victoria, Australia

Copertina dell'album
di Neil Young
American Stars 'n Bars, 1977

Neil Young
(Christopher Felver)

Il ritmo, ecco la parola che cercavo. La notte ha un suo ritmo, si espande tutta e poi si raccoglie e la si vede solo in anfratti, gole, ma poi sono radure, distensioni dello spazio, vastità dei mari, la *platitude*. Tutto questo è qui, a Port Campbell, in questo punto del tempo e della nostra vita. Come un miracolo, come un segreto.

Poi è venuta mattina e abbiamo lasciato il piccolo motel diretti a Loch Ard Gorge, qui vicino. La luce del giorno illumina con uno splendido sole uno dei luoghi più incantevoli di tutta l'Australia. Ma pur nel giorno pieno, questo posto evoca la notte. Partito da Edimburgo nel febbraio del 1878, il Loch Ard dopo oltre tre mesi di navigazione è giunto ormai in prossimità del porto di Melbourne, il suo punto di approdo. Oltre cinquanta persone a bordo, molte attirate dalla corsa all'oro australiana. La sera del 31 maggio è in corso a bordo una grande festa, per celebrare l'arrivo del giorno dopo, il cielo è ancora sereno. Ma poco per volta, mano a mano che la sera entra nella notte, il tempo peggiora e la costa scompare alla vista del capitano che guida il vascello. Nebbia, pioggia, onde sempre più alte e l'impossibilità di governare la nave per quell'eroico capitano, che senza stelle, senza luna, senza fuochi e fiocchi nel cielo, alle quattro di quella notte sente infrangersi la sua nave contro le rocce che sono adesso davanti a noi. In quella notte, che William Turner avrebbe potuto dipingere, come tante scene di naufragi ha in effetti dipinto, si salveranno soltanto due di quelle persone, un uomo e una donna. Sbattuti dalle onde sulla spiaggia, svenuti. L'uomo, fattasi mattina e allontanatosi il buio, dovrà risalire la ripida scogliera, che adesso noi scendiamo su passerelle, per andare a chiedere aiuto.

Di quella notte tragica, che noi adesso ricordiamo nel sole del mattino, rimane alto sulla scogliera il cimitero che raccoglie i corpi di coloro che furono ritrovati. Il vento in tutti questi anni ha pettinato gli arbusti, e le pietre tombali, come quelle di una Spoon River dall'altra parte del mondo, hanno ancora chiaramente visibili i nomi di coloro che in quella notte si persero. Come per esempio Arthur Mitchell e Reginald Jones, che smarrirono le loro vite nel naufragio del Loch Ard, come si legge sulla pietra tombale alta sull'oceano, in mezzo al verde della scogliera. A Loch Ard Gorge la notte del naufragio torna ogni notte con il salire del vento. L'abbiamo vista, l'abbiamo sentita.

A lungo abbiamo camminato sui sentieri lì attorno, fino al momento in cui è venuto il tempo di tornare. La strada a ritroso lungo la costa e poi risalire i primi boschi della foresta di Otway, a cercare lungo la strada, nella solitudine e nel silenzio, un posto dove mangiare qualcosa. Già tardi, nelle

Il faro di Cape Otway
Victoria, Australia

Nel parco di Yellowstone
Wyoming, Stati Uniti

Pagina a fianco
Fish Creek, Victoria, Australia

ore che precedono l'imbrunire. Fino a che, nel punto di una svolta della strada verso destra, prima di infilarci ancor di più nel bosco, a Lavers Hill, d'improvviso una piccola costruzione di legno, come se ne trovano anche negli Stati Uniti, un caffè. Pali di legno con i fili dell'elettricità, un pick up davanti all'ingresso, un piccolo portico con due tavoli. Pensavo a quando avrei rivisto le stelle nel cielo infinito del Wyoming, scendendo di notte da Yellowstone verso Cody, ma appena aperta la porta del caffè solitario a Lavers Hill, nello stato di Victoria in Australia, una musica a me cara e famigliare mi è venuta incontro, e mi ha avvolto. Mi sono seduto a un tavolo, ho ordinato qualcosa da mangiare e ho continuato ad ascoltare. Mentre al di là del vetro la luce cominciava lentamente a discendere, e io sapevo che dovevo fare presto per raggiungere prima del tramonto avvenuto il faro di Cape Otway, non riuscivo a capire come potessi essere entrato in questo posto sperduto nel mondo accolto dalla musica di Neil Young, il cantautore prediletto della mia giovinezza. Accolto da una canzone che meglio di ogni altra entrava dentro il mio senso della notte, nemmeno qualcuno avesse preparato un copione.

Da un *Greatest Hits*, andava *Star of Bethlehem*, che il musicista canadese aveva inciso nel 1974, ma che poi era stata da lui inserita in un album celebre del 1977, *American Stars 'n Bars*. Stavo sulla mia sedia continuamente guardando fuori e osservando nella piccola sala, accanto a un francese e a sua figlia, la signora che ci preparava da mangiare, mentre la canzone continuava. Cosa ci poteva essere di più perfetto, dentro quella impossibile casualità, mentre cercavo dentro di me le stelle che forse avrei visto apparire più tardi, che questa canzone? Pensavo a chi avesse potuto preparare un simile destino, mentre finiva la canzone e le ultime parole erano, «certo, ancora una luce sta splendendo, dalla lampada giù fino alla stanza, forse la stella di Betlemme.» Una simile perfezione forse non esiste al mondo, pensavo, eppure era tutto vero, come quella stella di Betlemme della musica, prima che passasse *Cowgirl in the Sand*. Prima che noi, usciti a malavoglia da quel caffè, scendessimo a vedere un tramonto quasi senza eguali sulla punta di Cape Otway, dalla cima del faro. Mentre dilagava la sera e si spandeva sopra tutto l'oceano, noi stavamo in quel punto, alti nel cielo, sospesi sopra il tempo, quando sulla superficie del mare scendeva un fiotto di luce chiara da oltre le nuvole. Taceva in silenzio tutto l'universo. La notte ancora una volta fasciava. Mi sentivo ugualmente ancorato e perso.

(In quel caffè di Lavers Hill, mentre stava per venire la sera, ho pensato subito ai grandi spazi americani che ho vissuto, al momento in cui giungeva la sera, e poi la notte. Mi sono ricordato di alcune righe che avevo scritto alcuni anni prima, in preda a un'emozione simile, mentre mi avvicinavo all'uscita del parco di Yellowstone, Wyoming, per scendere di nuovo fino a Cody al motel nel quale stavo: «Bisogna venirci, qui a Yellowstone, per capire. E vorrei dire le mie parole in tutte le lingue del mondo, perché tutti gli abitanti del mondo potessero leggerle e comprenderle. Vorrei incontrare tutti gli abitanti del mondo, stringere loro la mano sotto l'Eagle Peak, mentre si discende in canoa lo Yellowstone River. E poi vorrei stare solo, mentre arrivo al Dunraven Pass sotto al monte Washburn, e ancora una volta il bianco della neve fa capolino sui prati bruciati che strapiombano dalle vette nel vento dei secoli. Prima ancora che fosse l'uomo con la sua storia. Il bianco della neve che mi fa pensare all'inverno profondo tra queste terre. Terre sprofondate allora sotto il bianco della neve, e nessuna presenza che si manifesti agli occhi se non il bianco della neve.

E poi è venuta poco a poco la sera. E ho disceso le strade che nel mattino avevo percorso pieno di gioia e di felicità nel cuore. Ho incontrato ancora gente che si guardava intorno. Come me stupita. Mio Dio, quanta bellezza. Ma adesso che la luce è un lago immenso disteso su questa terra, i passi devono essere più lenti, e allora rientrando da Fishing Bridge sto in attesa di un azzurro più freddo sulle sponde del grande mare. Prima di risalire la strada fino al Sylvan Pass e poi giù, nel silenzio del tramonto avvenuto, sotto l'Avalanche Peak, fino a Cody. Precipitare di nevi e prati insieme, avanti che sia notte su questa terra.»

Quell'America che avevo visto e respirato, percorso nei suoi sentieri, nel suo fango di torba e neve, ali di farfalla e fiori, era la stessa che avevo adesso davanti a me, in Australia. Spazi immensi e infiniti della notte, dove occorre stare attenti a non perdersi. Dove tu puoi sentire da dove arrivi e verso dove andrai, anche se non si conoscono i luoghi. Ma si ascolta il loro silenzio.)

Certi pittori, hanno saputo dipingere la notte così. Per questo amo quei pittori, amo la pittura e per questo amo raccontarla in questo modo. Tutta impastata nella vita, senza che nulla in essa possa venire dimenticato, possa essere abbandonato. La pittura ha memoria della vita. Ne fa anzi la sua sostanza, il suo solo motivo.

Poi abbiamo deciso di viaggiare verso Wilsons Promontory, facendo una deviazione sulla lunga strada che da Melbourne porta a Sidney. Volevo altre notti, e restava in me il ricordo e il pensiero di quelle vissute tra le montagne del Wyoming, che adesso si univano, passati solo pochi giorni, alla gran-

de luna davanti all'oceano a Port Campbell. Così abbiamo percorso la South Gippsland Highway fino a Meeniyan, e invece di andare fino a Foster e poi da lì scendere verso sud a Wilsons Prom, abbiamo girato a destra e imboccato una bellissima strada che in mezzo al verde degli alberi ci ha condotto fino a Fish Creek. Bisogna vedere cosa sono questi villaggi di poche case, raccolti attorno a una strada e poi l'acqua di un torrente che scorre, i boschi, la distanza che sembra non finire mai, strade che vanno e vanno, vuote di ogni presenza. E i cartelli per gli stop dei bus che portano i bambini a scuola, e tu capisci che in quel vuoto, da qualche fattoria, la mattina le mamme accompagnano i loro figli fino alla strada principale, la sola linea d'asfalto che percorre queste terre lontane e sconosciute. Dopo che nella notte sono usciti gli animali dalle tane e tutto il loro cammino si intreccia con la foresta, con i grandi prati che il vento modella giorno dopo giorno, da sempre.

A Fish Creek un breve pasto nel sole e poi abbiamo ripreso a guidare lungo la strada, senza incontrare mai nessuno, fino al momento in cui siamo ufficialmente entrati nel parco nazionale di Wilsons Prom. Non si può capire quale sia tutta la bellezza di questo luogo, se non si viene qui e lasciata la macchina si cammina lungo i sentieri. E tu senti che da ogni parte sei condotto verso il centro del mondo, eppure verso il suo limite, il suo confine di ultimi boschi, di ultime scogliere, di ultime sabbie e poi il mare, poi l'oceano, infine l'immenso.

In una giornata di luce chiara, d'azzurro nel cielo scoccato, tutto qui è perfezione, nitore, assoluto. Stanno attorno a noi gli animali, e non si curano se non per poco della nostra presenza. Siamo i soli, dentro questa vastità di verde che prelude al colore del mare. A volte non vedi, ma tu senti che il cammino si conduce verso quella direzione. Non puoi sbagliare, alzi lo sguardo e le correnti del vento solcano il cielo, tutto lo attraversano, e parlano e soffiano e conducono nella teoria dei voli tutti gli uccelli che da qui partono, che qui ritornano.

Poi c'è un punto, più o meno a metà del promontorio, dove il Darby River sfocia nel mare. L'acqua immobile, come una coperta d'olio su cui ombre si sospendono, si lascia condurre verso l'oceano, e piccoli ponti di legno dipinti di bianco attraversano questa immobilità del piccolo fiume. Da lì, e proprio da lì, parte un sentiero che sale ripido verso la cima di una costa aperta ai venti, sottobosco verde, alberi bruciati, tronchi e rami che si tendono, e stanno, dentro l'azzurro del cielo che risuona. Quando si arriva in alto, dopo mezz'ora di cammino, improvvisamente si vede il mare. Ma prima tu lo senti, senti che ver-

rà il mare. Tu senti che molti sono venuti prima di te, e molti altri dopo verranno. Penso d'improvviso al naufragio del Loch Ard e ogni cosa insieme giunge, ogni cosa si presenta della vita qui a Wilsons Prom.

Una lunga pista nel cielo sembra condurci, alti, sospesi, fino a Tongue Point. Dall'alto di dove sono, di dove siamo, si vede in basso la grande spianata d'acqua della Darby Bay, e una larga spiaggia di sabbia chiara su cui si spaccano le onde. E in un largo giro, torniamo al punto del principio e da lì esploriamo un sentiero che ci porta, finalmente, verso la spiaggia dove il tramonto sta per accadere. Così, in un giorno d'agosto della nostra vita, sulla Darby Beach, soli al mondo in quel punto d'Australia, aspettiamo che la luce cada dietro la linea dell'orizzonte, dietro la linea del mare. E sentiamo il freddo improvviso della terra, il vento prenderci in modo diverso, la sabbia scuotersi in un giro d'aria. Su questa spiaggia non c'è nessuno e la sola cosa che si accende, in un primo lieve buio, è la schiuma

Tramonti in Victoria, Australia

Pagina a fianco
Verso Cima Vallon Scuro, Prealpi
trevigiane

Verso Col de Moi, Prealpi
trevigiane

Brent de l'art, scendendo
dal passo San Boldo, Prealpi
bellunesi

bianchissima delle onde che si depositano, cantando. La sera ti prende come lo scuotersi di un giglio di campo.

Poi viene il momento di lasciare questa spiaggia, a malincuore. E riprendere un sentiero stretto tra le dune di sabbia, fino a che il mare più non si vede e a piedi si costeggia, nell'assenza quasi della luce, ma non ancora del tutto, il Darby River. E animali sono intorno a noi, placati, silenziosi, a prendere l'erba. Dobbiamo mettere in moto la macchina, e non l'avremmo voluto. Piano, ci dirigiamo di nuovo verso nord, verso l'uscita di Wilsons Prom. Vorremmo fermarci ogni momento, a vedere l'accendersi dei primi fuochi, delle prime luci, di qualche fattoria lontana, mentre la strada è un buio che tutto penetra e avvolge, sigilla. Ripassiamo da Fish Creek, nell'interno, e poi verso Inverloch, nuovamente sull'oceano e dove ci fermeremo per la notte. Poco più di un'ora, il nostro viaggio. E quando arriviamo, alti un poco sulla distesa nera del grande mare, una sospensione di stelle ovunque. Le stelle a Inverloch, le stelle della nostra vita, qui, adesso, nel momento in cui la giornata finisce. Viene solo voglia di rincantucciarsi dentro la notte, presi dal silenzio per ascoltare il silenzio. Penso solo a come sia difficile dipingere una notte come questa, in faccia all'immenso. Dipingere l'impatto dell'aria, il vorticare dei lumi e delle stelle, il distendersi delle correnti, le ceneri umide dove i colori per qualche ora si sospendono, le polveri come le ali di una farfalla. Fare delle stelle a Inverloch, stanotte, ciò che è accaduto e ciò che accadrà. Il passato e il futuro in una sola immagine, presente e tuttavia sparente. Ciò che si fissa e quanto scompare. Fare delle stelle a Inverloch, stanotte, la forza e la bellezza dello stupore che ci coglie. Mi dico, essere noi queste stelle, dentro un fiato, un respiro sottile, essere noi stessi parte del mondo, suo vapore e colore, sua carne. Essere.

Infine. Ciò che per me adesso forse è più notte. Ciò che più di ogni altra cosa poteva stare alla base di questo mio racconto sulla pittura serale e notturna. Al principio di un desiderio forte, che da alcuni anni si manifestava e che adesso può finalmente accadere. Diventare una mostra. Assieme al motivo di un'assenza, all'idea che ho già espresso di raccontare della notte anche il senso del viaggio, dello sprofondamento, del tendersi lontano.

Partendo da qui, dalla casa nella quale scrivo, si possono prendere molte strade per salire sulle montagne. Salire sulle Prealpi. Una lunga linea che dalla piana del Cansiglio, dal monte Pizzoc e

dal Col Visentin, arriva dall'altra parte al monte Grappa, o, più prossima e a me più cara, la zona di Pianezze, di malga Mariech e del monte Endimione. Si possono scegliere diverse strade per salire in quota. Prima i boschi di carpini, castagni, faggi, poi i pini e i larici. Le macchie di ciclamini nel bosco, come adesso, in questa stagione, quando tutto profuma e si spande nell'aria. Puoi prendere una delle strade, partendo dal paese oppure salendo in montagna da uno dei paesi vicini. Salire per giungere a posti che pochi conoscono e hanno nomi legati alla tradizione di queste genti, di queste terre. Luoghi che sono terrazze affacciate sulla valle, affacciate sui laghi di Revine, sulla valle del Piave, sul Montello appena più lontano.

Puoi salire e arrivare al Pian de le Femene, alla Posa, al passo San Boldo, al monte Cimone, al passo di Praderadego, a malga Mont, a Posa Puner, a malga Canidi, a malga Federa. Montagna povera, dove se non vai la domenica, non trovi mai nessuno e cammini solitario anche per un'intera giornata. Così puoi scegliere, se preferisci dall'alto guardare la bellezza della valle giù in basso, oppure restare chiuso tra le montagne, apparentemente privo di orizzonti se non il cielo, e solo sentire il suono e il profumo dei boschi, l'odore della resina, lo scorrere di qualche piccola acqua, l'apparire dei bucaneve quando giunge la primavera. E poi il silenzio, e soprattutto la neve.

La neve su queste terre, nel paese dove i camini fumano d'inverno, la legna brucia nei focolari, i passi sulle strade deserte che stridono la notte sulla neve ghiacciata. Bisogna venirci per capire, quanto sia forte il legame che ti stringe alla terra, a queste montagne alle quali sali per sentieri riparati e nascosti, e di tanto in tanto il folto del bosco si apre e tu puoi vedere lontano. La neve viene di notte, cade lenta ad ammantare il verde dei prati, le rocce sparse, i tetti delle stalle e dei fienili, i grandi castagni. La neve rischiara la valle e si illumina quando di notte, dopo la neve, dopo il bianco, splende in alto il bianco candido della luna.

(Ci sono sere, fredde sere di gennaio o di febbraio, nelle quali torno, con la luce sul berretto che illumina davanti a me la neve, da una mia salita in un'altra montagna, non lontana da qui, dopo un giro di sci alpinismo. Torno mentre magari nevica e gli sci entrano in quel poco di neve fresca e lasciano una loro traccia leggera. Torno e vedo dall'alto le luci del paese, le luci delle case, riesco a distinguere qualche fuoco nel camino. A volte mi fermo, quando la discesa si apre e dalla montagna che sto discendendo rapidamente, si può vedere tutta l'immagine del mondo. Lì, dentro la notte chiara del bianco della neve, sto benissimo. E sto così perché sono nello spazio immenso della montagna, nel suo buio notturno, e davanti a me ho le luci che si fanno sempre più vicine. Sono casa, sono persone, sono storie, sono amori. Non avrei altro da dire, altro se non ripetere che per me scrivere di pittura è scrivere proprio di questo, la casa e l'infinito. La casa è il punto da cui si parte, e poi ci si disperde ma sempre si sente la nostalgia del luogo nel quale siamo nati, dal quale siamo partiti. E tutto ci riconduce lì, soprattutto in una notte di neve, soprattutto in una notte del tempo.)

Quando stava per venire l'inverno, la domenica passavamo tutti insieme il pomeriggio nei boschi su a Posa Puner, oltre i 1300 metri di quota. A volte, in un lungo giro, andavamo a piedi fino a malga Mariech, e poi tornavamo indietro, passando dalla piccola malga Federa, nella quale resistevano alcuni asini. Ci piaceva mangiare, la domenica sera, al rifugio. Non c'era quasi più nessuno, solo due o tre tavoli occupati. Le bambine erano ancora piccole, a casa ci aspettava Attila, il loro cane. La cena, e alla fine una torta di pochi minuti prima. Era sera, fuori stava per venire la notte. Se tu aprivi la porta a vetri, ti veniva incontro il primo freddo, quasi l'inverno. È per me uno dei momenti più belli dell'anno, dentro l'aria pulita di una giornata di novembre, il cielo terso nel quale si sparge il vento, vengono certi profumi che sono quelli della legna che brucia nelle case.

La valle dei lamponi
dietro il rifugio dei Loff
Prealpi trevigiane

Prati in fiore a Cison
di Valmarino
Prealpi trevigiane

Uscivamo tutti e quattro dal rifugio, e non si poteva non andare. Non andare a vedere quanto risaliva dalla valle. Un grande fuoco, un riflesso come un falò. Tutta la valle, mille metri più in basso, brulicava di luci e tu potevi vedere gli incroci delle strade, le finestre con le luci accese, le piccole piazze dei paesi, i campanili delle chiese, la casa delle barche sulla riva del lago. E in distanza, verso oriente, il punto in alto nel cielo di un rifugio sopra un'altra montagna. Potevi vedere tutto questo, restando lì, nel primo freddo di novembre. Pensando a quando sarebbe venuta la neve, a quando il bianco della neve avrebbe coperto ogni cosa, e sarebbe rimasto solo il bianco con le sue luci.

Come poteva essere la notte? Quella notte, mai generica. Quella e non altre. E mi chiedevo se dovesse essere ogni volta così, io travolto da una commozione che era lo spazio attorno a me, la sua distensione, la sua grandezza, il sentire di appartenere al luogo dell'immenso, al regno della neve ed essere io una cosa minima. In alto, affacciati su tutto quel discendere del cielo che si chinava, la domenica sera, potevo ricordare altre domeniche della mia vita. La domenica sera, quando si tornava a casa, in città, con i genitori, dalla casa dei nonni. E adesso ero lì, io stesso diventato padre, due figlie piccole, bambine, accanto alla loro mamma guardare le luci che splendevano lontane, in basso, distanti da noi eppure visibili, tutte riconoscibili. Ho pensato che quella fosse la notte perfetta. La notte da vivere e da raccontare. Raccontarla per la sua essenza d'amore, diventata il punto di partenza e il punto di arrivo. Cercare immagini, dovunque nel mondo, che potessero dire di quella notte il senso, e il mistero. Essere, esserci. Tenere per mano due bambine, e guardare in questo modo lo spazio infinito. Per questo non smetto di raccontare la pittura, e la scrivo. Per questo, la notte la racconto in questa mostra così.

Come una madreperla,
come un velluto

Certe sere in certe parole.

Fonti da Ungaretti e Campana a Bertolucci.

Da Whitman a Vincent van Gogh

Mi contraddico?
Molto bene, allora, mi contraddico.
Sono largo, contengo moltitudini.
Sempre un intreccio di identità, sempre distinguere,
sempre una generazione di vita.

Walt Whitman, *Poesia di Walt Whitman, un americano*

Se non mi trovi in un posto, cercami in un altro
io da qualche parte mi fermo ad aspettare te.

Walt Whitman, *Poesia per te, chiunque tu sia*

Quasi negli stessi momenti in cui Ungaretti è impegnato, al fronte, a scrivere le poesie che compariranno poi nel 1916 nella prima edizione de *Il porto sepolto*, stampata da Ettore Serra a Udine in ottanta esemplari, Dino Campana consegna a Soffici e Papini, a Firenze, un manoscritto sudicio e tutto rovinato. Sono i *Canti Orfici*, uno dei libri capitali della poesia italiana novecentesca, che verranno riscritti due volte perché perduti, fino alla pubblicazione in proprio, a Marradi, Appennino Tosco-Emiliano dove Campana era nato, nel 1914. Sono gli anni, ma ancor di più i mesi poiché si tratta quasi di una cronaca che segue il ritmo del calendario, in cui Ungaretti, anche lui in contatto con «Lacerba» dal 1915, consegna alla poesia italiana versi che saranno uno spartiacque dirompente tra un prima e un poi. Quei versi che saranno stampati da Vallecchi, nel 1919 a guerra conclusa, sotto il titolo evocativo di *Allegria di naufragi* e che comprendono anche le poesie del *Porto sepolto*.

Campana si è immerso a lungo, anche con tutto il suo corpo, e offrendo quel suo corpo, nella notte fatta di velluti e damaschi, di madreperle e scie di colorata umidità, ceneri sospese nell'aria. La notte è stata per lui casa da abitare, buio tempestato da cui farsi avvolgere, nella ricchezza di un ritmo incredibilmente flessuoso e rimbalzante della scrittura, già incredibilmente moderno. Con quel suo impianto con ogni evidenza post-simbolista, derivato da Carducci, e del quale Gianfranco Contini, in un saggio del 1947, segnalava la preziosità di una scrittura proprio vellutata, «barbaricamente sontuosa». Ma il silenzio grattato dal male assoluto della guerra, trasferito dentro un'opera di sublime scarnificazione del sentimento e della parola bastante a se stessa, resa quasi muta, fa di Ungaretti l'altro polo, che occorre nominare anche se qui, in queste pagine, ciò che voglio ricordare è proprio il dono che Campana fa della sua notte al mondo, giungendo a una poesia straordinaria che sarà presto anche il nostro punto d'approdo.

Dunque, mentre il poeta di Marradi licenzia i suoi *Canti Orfici*, nei quali emerge in modo clamoroso la forza di un lirismo mai balbettante e invece sempre arrotondato, uno strepitoso andamento anche musicale della frase poetica, assieme alla straordinaria capacità di costruire, con le parole, immagini, Ungaretti percorre una via diversa. Che per un momento mi pare qui giusto accennare, così da intendere dove porti la lezione di Campana. Forse nel 1914, al più tardi nel 1915, dunque nel momento preciso in cui appaiono i *Canti Orfici*, Ungaretti per esempio licenzia una poesia che ha per titolo *Agonia*, dalla quale emerge il desiderio di "accontentarsi" di una sintassi nuda, a cui sia stato possibile togliere ogni peso. Fa parte della sezione introduttiva de *Il porto sepolto*, intitolata *Ultime*:

Morire come le allodole assetate
sul miraggio

O come la quaglia
passato il mare
nei primi cespugli
perché di volare
non ha più voglia

Ma non vivere di lamento
come un cardellino accecato.

Questo ritmo sincopato, che scioglie immagini meravigliose, lo ritroviamo per esempio anche in *Notte di maggio*, compresa nella stessa sezione:

Il cielo pone in capo
ai minareti
ghirlande di lumini

Ritmo sincopato eppure estremamente legato e consequenziale, che ritroviamo in tutto il libro e anche nella poesia che sta certamente al centro del *Porto sepolto*, *I fiumi*. Ma viene anche in tante immagini fulminanti e straziate, dedicate alle ore della fine del giorno. Tra il 20 e il 22 maggio 1916, da Versa, scrive prima *Tramonto* e poi *Stasera*, che in una prima redazione era *Finestra a mare*. È lo scampare momentaneo alla brutalità della guerra, l'armonia cosmica violata dagli uomini, in quel miraggio d'Oriente diventato ormai fiaba:

Il carnato del cielo
sveglia oasi
al nomade d'amore

Oppure è un'immagine di notte soffusa, piena di dolcezza, nella pienezza delle battaglie:

Balaustrata di brezza
per appoggiare stasera
la mia malinconia

Quel desiderio di resistere, e di radicarsi alla vita, che la notte del 23 dicembre del 1915, da Cima Quattro, gli aveva fatto scrivere *Veglia*:

Un'intera nottata
buttato vicino
a un compagno
massacrato
con la sua bocca

digrignata
volta al plenilunio
con la congestione
delle sue mani
penetrata
nel mio silenzio
ho scritto
lettere piene d'amore

Non sono mai stato
tanto
attaccato alla vita

Le ultime righe de *I fiumi* accennano anch'esse alla notte, che è quindi una condizione esistenziale e non la descrizione di uno spazio, dopo che Ungaretti, con felici immagini, ha passato in rassegna tutti i fiumi della sua vita, dal Serchio all'Isonzo.

Questi sono i miei fiumi
contati nell'Isonzo

Questa è la mia nostalgia
che in ognuno
mi traspare
ora ch'è notte

Che la mia vita mi pare
una corolla
di tenebre

Da Cotici, il 16 agosto del 1916, il poeta ci consegna l'idea di una notte assoluta, una notte del tempo, quasi una purificazione, la ricerca di un istante di armonia. Passato tutto però dalla vicenda dolorosa, e ancorata in un punto preciso di quel tempo, e di quello spazio, che assimila la vita alla notte, rendendola «una corolla / di tenebre». Una notte che ha un suo punto di ancoraggio nella storia, una notte quindi che unisce l'esperienza privata, intima, alla nozione appunto della storia.

E se dunque Ungaretti invia il suo "messaggio" dal fronte, facendo poesia insieme di denuncia e di introspezione silenziosa, molto spesso legata alla notte, ci ricordiamo che nel 1940, pubblicando i suoi *Otto studi*, Carlo Bo lamentava a proposito di Campana che «non sappiamo nulla del suo messaggio.» Ma quale messaggio cerca Bo nella poesia di Dino Campana? Un aspetto contenutistico? Il rafforzamento di una lezione morale? Il "messaggio" in Campana è tutto nelle immagini, nella creazione di quello straordinario *climax* ascendente che porta alla folgorazione finale in molti suoi componimenti. E in questo senso la sua cosiddetta "frase lunga" serve proprio a creare quel tempo di attesa, di febbrile tensione e visionarietà che è tipico della sua produzione poetica e in prosa. In verità, nel mescolarsi di queste due forme.

Esempio straordinario in questo senso, e uno dei più alti raggiungimenti della poesia italiana del secolo, è *L'invetriata*, scritta nel 1914, proprio quando Ungaretti, tanto diversamente, si intratteneva sul tema della notte all'aprirsi della guerra. Campana spalanca con la sua composizione un mondo che in pittura sarà quello del segno e del colore al posto della cosa. Il non appesantire la descrizione con l'impatto eccessivo della realtà, da cui pure egli parte, pensando alla «sera fumosa d'estate.» La sua «piaga rossa languente» si assimila ai tramonti rossi tahitiani che invadono le sabbie di Gauguin, così come ai rossi assoluti e ugualmente screziati di Rothko molti decenni dopo. Leggiamola tutta, intanto, questa poesia.

La sera fumosa d'estate
dall'alta invetriata mesce chiarori nell'ombra
e mi lascia nel cuore un suggello ardente.
Ma chi ha (sul terrazzo sul fiume s'accende una lampada) chi ha
a la Madonnina del Ponte chi è chi è che ha acceso la lampada? – C'è
nella stanza un odor di putredine: c'è
nella stanza una piaga rossa languente.
Le stelle sono bottoni di madreperla e la sera si veste di velluto;
e tremola la sera fatua: è fatua la sera e tremola ma c'è
nel cuore della sera c'è,
sempre una piaga rossa languente.

Se anche per Campana, comunque, la notte rappresenta una condizione esistenziale, essa si manifesta sotto forme diverse, fortemente pittoriche, che per me hanno contato molto nella preparazione della mostra e di questo libro che le è collegato. Per tale motivo sta qui, all'inizio di questo capitolo. La poesia è tutta un susseguirsi di immagini che la costruiscono: «la sera fumosa d'estate», poi i «chiarori nell'ombra», la lampada che si accende «sul terrazzo sul fiume», l'«odor di putredine» come una sinestesia, le stelle che «sono bottoni di madreperla», «la sera fatua» e infine la «piaga rossa languente.» In un crescendo che va dalla identificazione di una situazione e di un luogo, anche nominato come la «Madonnina del Ponte» (a Marradi, e dunque il fiume visto dalla terrazza è il Lemone), fino allo sprofondamento in quel «cuore della sera» che è il punto verso cui tutto converge, dentro cui tutto si inabissa, diventato appunto «una piaga rossa languente.»

E come Campana costruisce questo crescendo impetuoso e però dolcissimo? Lo fa con l'iterazione della forma interrogativa, con una ricchezza verbale fondata sulla ripetizione («chi ha, chi ha», a cui succede il «chi è, chi è»), in un discorso paratattico che intende sostenere una sorta di ipnosi sonora, che d'incanto si trasforma in ipnosi coloristica. Il rosso che continuamente ritorna e che apre al senso e al sentimento della sera. Il colore identifica non un luogo a questo punto, e piuttosto attribuisce profondità a uno spazio interiore. Perché sempre più si comprende come la sera, che prelude alla notte, sia in Campana una questione di smisurati silenzi, di un colore che s'incide nel cuore. Ciò che nemmeno si fissa, ma diventa un plancton che fluttua e trova infine una sua ansa di sospensione. A questo contribuisce la bella figura chiasmatica finale («e tremola la sera fatua: è fatua la sera e tremola»), che ribadendo e variando quel movimento serale, dà l'illusione insieme di una bellezza che compare e di una che scompare. Poche altre poesie sembrano essere conseguenza di certa pittura, e poche altre, come questa, ne anticipano tanta nel corso del XX secolo. Come movimento che, partendo dalla realtà, sembra infine dimenticarla, o forse metterla d'un lato, per aprire, nel corpo della notte, la grande avventura della commozione e dello spirito.

Quando esce *Sirio*, nel 1929, una *plaquette* di quattordici poesie, Attilio Bertolucci ha soltanto diciotto anni, ma subito le sue prime righe hanno il tono di una rivelazione. Che già cinque anni dopo, nella rivista «Pan», farà scrivere così a Eugenio Montale, recensendo la seconda raccolta, *Fuochi in novembre*: «Bertolucci ha quel che si dice un temperamento; ha vena, fantasia e respiro.» Anche solo per restare al tema di questa mostra e di questo libro, una di queste poesie d'esordio si intitola *Notte* e ha già, come una sorta di previsione di sentimento, quell'aggancio meraviglioso alla storia di un quotidiano nel quale fioriscono senza sosta immagini:

Orsola, fresca luce azzurrina,
lunga veste che appena ti allarghi
sui fianchi, speranza, illusione
di occhi riarsi, di mani tremanti.
Piccola suora, donna,
apparsa fra luci d'incendio
nella notte, in mezzo alle case,
quando passano dietro ai vetri
balenando uomini, dannati.
Stella, mattino ridente intravisto,
chiaro sogno al di là della luce
degli uomini, al di là del buio ch'è in cielo.

Sono passati solo quindici anni dalla poesia visionaria de *L'invetriata*, e da quella Bertolucci pare aver tratto il lato più legato al territorio feriale nel quale nasce il motivo del racconto. E Bertolucci sta qui, per me, a rappresentare in parole come la notte possa non essere solo come il damasco di Campana e neppure solo come l'espansione cosmica che di qui a poco troveremo in Whitman e nelle lettere di Van Gogh. Egli è il poeta dell'attimo, delle minime variazioni, delle stagioni, della luce che morbidamente si sposta. È il viaggio confidente e caro entro i limiti carezzati e noti di una quotidianità tuttavia misteriosa. Viaggio intimamente connaturato al tempo, tempo e natura che si riflettono nel cuore docile e silenzioso delle cose e dell'uomo. Evoca una luce che accoglie e abbraccia, più che allontanare e disperdere. Luce includente e non escludente, che mitiga la paura dell'ignoto e tiene in contatto, invariabilmente, con il tempo dell'infanzia. E la parola poetica è dunque nel proprio tempo, nella propria storia, prima ancora che nello spazio. Perché lo spazio è il luogo preservato nella memoria, che si accende di lampi e bagliori e fa vicini i giorni. Il viaggio nella vita di Bertolucci è fatto più per avvicinare che per allontanare, per cercare conferme più che vivere avventure davanti allo sconosciuto della geografia. A questa intima pelle dell'anima tende il poeta, a lumi lievi e

Attilio Bertolucci, estate 1980

71

abbassati, che quasi sempre intersecano il muschio della natura. Che non è solo fondale, ma soprattutto contenitore di storie minime.

La sera che in mostra è rappresentata da pittori come Andrew Wyeth, Antonio López García, Piero Guccione, io la immagino e la contemplo anche perché esiste la poesia di Bertolucci, il quale è scrittore che apre da subito a quel tragitto fatto tutto d'emozione che è l'ora del tramonto, prima del venire della sera e della notte. Un immaginare la luce che lo porta molto spesso, all'interno della stessa composizione, a svolgere un percorso che vada dal mattino alla sera. La poesia, anche in pochi versi, compie questo viaggio della luce fino alla chiusura dentro l'accogliente notte della provincia. A volte perfino una monotonia, che scandisce il venire sera:

Presto è sera,
le luci si accendono,
tu ti addormenti
al monotono compitare dei bambini.

Ma quello che conta, è che la notte porti con sé la storia degli uomini e delle donne, vi sia intimamente associata. La notte non è il vuoto, ma è tutta abitata. Dai respiri, dai sussurri, dai silenzi, dalle piccole visioni. Ancora da *Fuochi in novembre*:

Tu cantavi, malinconica
come una prigioniera orientale
sotto il cielo azzurro…
Io ascoltavo battere il mio cuore.

Confidente, piena del senso di un abbraccio, la notte si manifesta al battito di questo cuore, di questi cuori che le si affidano. Le storie che fanno risuonare l'incanto dello stare al mondo, anche quando a essere protagonista è unicamente lo spazio naturale:

Fra breve il tramonto
coprirà di porpora le nuvole,
serena la sera scenderà
battendo gli zoccoli sulla strada.

Oppure nel tempo invernale, tanto amato da Bertolucci, ai mille metri di Casarola, in zona d'Appennino parmense:

Vennero i freddi,
con bianchi pennacchi e azzurre spade
spopolarono le contrade.
Il riverbero dei fuochi splendé calmo nei vetri.
La luna era sugli spogli orti invernali.

Ma è in un libro straordinario del 1951, stranamente meno considerato di altri, *Lettera da casa*, che Attilio Bertolucci fonda una volta per sempre il rapporto che nella sua poesia avviene tra la notte e chi la abita, tra la notte e coloro che in essa vivono la loro semplice vita. Il ritmo delle nascite, degli amori e delle morti. La notte tutto questo contiene. E la notte, talvolta, si mostra eguale alla morte, ne è il segno marcato e tuttavia dolcissimo. Ecco due esempi, dapprima *Fine stagione*:

Il mio dolore è quieto,
sta con me, non va via,
mi fa compagnia
il suo caro segreto.

Gli anni sono in me
illuminati e tristi,
oh, perché non venisti,
non tornasti, perché?

Questa sera l'inverno
è più chiaro a occidente,
forse la stagione morente
ci saluta in eterno.

E poi, soprattutto, *Per N. lontana*, quando il ricordo di una persona assente si somma al ritmo caro e lento del trascorrere del tempo:

Un altro giorno, un'altra notte ancora
senza il caro conforto dei tuoi occhi
mentre l'ala del tempo più e più sfiora
i tuoi capelli lontani.

Estivo è ormai questo silenzio intorno
alla mia casa di campagna e il sonno
dei vivi e dei morti quando il giorno
se ne va.

Tema che si riaffaccia in una delle poesie più belle di tutta la raccolta, *Al fratello*, quando la sera
è simbolo anche di una mancanza. Lo spazio della sera è il luogo in cui si dicono pudicamente i sentimenti. La sera autorizza questo candore, questo nitore commosso davanti a occhi che non si trovano più.
Quanta pittura straordinaria di Andrew Wyeth nasce da questo incanto doloroso:

Un giorno amaro l'infinita cerchia
dei colli
veste di luce declinante,
e già trabocca sulla pianura
un autunno di foglie.

Più freddi dispiega ora i suoi vessilli
d'ombra il tramonto,
un chiaro lume nasce
dove tu dolce manchi
all'antica abitudine serale.

Ma la notte è anche il momento in cui si torna. Indizio e segnale che il tempo del ritorno a casa
è venuto. Ed è questo uno dei motivi più belli di tutta la poesia di Bertolucci, spesso associato appunto
all'elemento notturno. Andare verso casa, comprendere come la notte sia vista dallo spalto noto della
propria casa, sotto una mareggiata di stelle. Pensiamo, anche in questa mostra, al meraviglioso giardino
della propria casa a Tomelloso, dipinto da López García nel 1980.

Finché veniva la luna
con la sua lucerna
ad ammonirci di tornare,
bruna ormai l'aria.

Attilio Bertolucci a Casarola, sullo sfondo della casa e del Gruppo Soprano, estate anni settanta

Fin quando non sia addirittura la natura, con la sua dolcissima forza misteriosa notturna, a volerti abbracciare:

Ma se viene la sera, se il cielo
impallidisce fra distanti torri
nella luna che sorge, le gaggìe
si fanno incontro umide di pianto
ad abbracciarti.

E poi la sera annuncia il rapporto con chi si ama, con chi ci è caro. E Bertolucci mostra questa attitudine meravigliosa a descrivere un tale sentimento protratto:

Ma ti ritroverò, di là del ponte aperto
alla pioggia di questa sera
smarrita in tanti occhi ignoti,
luce violetta della primavera?
Anche la rondine è tornata e il tempo
cammina veloce, le ali
acute filano su e giù
azzurre sui fanali
che l'acqua batte ancora e ancora.

Fino a che la sera giungente si esprime come luogo nel quale si affacci completo il trascorrere della vita. Luogo in cui tutto accade, nel quale si consuma un addio. Lo struggente passaggio delle stagioni, lo struggente passaggio della vita. Come l'azzurro al tramonto dei mari di Guccione, sopra cui tutto della vita si tesse:

Gli anni sono passati, sull'intonaco
inverdito di muffa luce e ombra
si baciano, a quest'ora che volge,
con tale disperata tenerezza
il tempo prolungando dell'addio.

75

Ma la notte definitivamente è per Bertolucci il recinto degli affetti, l'incanto famigliare, gli strazi per le partenze, gli sguardi mancati, gli abbracci cercati. La notte non è solo spazio della natura, la notte non è solo vertigine della luna o spuntare delle stelle. Nella notte abitano occhi, odori di biancheria lavata, fuochi che crepitano nel focolare, stridere di finestre chiuse, porte sbattute, una madre e un padre che si danno un saluto prima di salire le scale. Anche questa è la notte che voglio raccontare in questa mostra, e che Bertolucci ha raccontato nei suoi versi:

O tu piccola ombra familiare
sui passi del mio incerto cammino
mentre la sera che discende rare
stelle ci porta nella prima nebbia,

quale discorso il giorno che ormai muore
ha interrotto fra noi col suo silenzio
improvviso, all'ultimo bagliore
dell'azzurra officina?

Ora la casa è vicina e ti prende
la smania delle stanze chiuse dove
tra lumi e volti un tuo
grido s'accende,

celeste messaggero della notte.

In *Viaggio d'inverno* (1971), una poesia (*Un augurio, partendo*) sembra riassumere tale sembianza del chiarore notturno, rispetto agli affetti. Bertolucci pare sigillare definitivamente questo patto umanissimo tra il buio tutto macchiato di tramonti e di vita, e l'amore:

Il cielo è azzurro e grigio
ma il sole, che non si vede,
tramontando quel grigio
muta in rosa, l'azzurro
in celeste, e io fuggo,
fuggo piangendo da voi.

È il caro tempo dell'anno
che la giornata s'allunga,
voi camminando adagio
portati dal crepuscolo
che intenerisce e che fiacca,
vi allontanate da me.

Che quest'ora vi sia
propizia, o donna, o ragazzo:
il cielo che s'oscura
rivelando una lucida,
tremante fiamma qua e là,
annuncia bel tempo, domani.

Coglietene il mite augurio…
E sia il figlio ad alzare
prima gli occhi, a stupirsi
del chiarore notturno,
a darne notizia alla madre:
così vive e dura l'amore.

Ma poi occorre tornare indietro, nel tempo e in luoghi diversi. Occorre attraversare l'oceano, a
metà del XIX secolo, per incontrare una giovane nazione. Pittori e scrittori che vogliono dare corpo e
anima a questa giovinezza, a questo spazio delle immense possibilità. Un grande abbraccio alla natura,
un senso fortemente panteistico. La natura in ogni cosa, in ogni passo del cammino, in ogni sguardo, in
ogni visione, da Emerson a Thoreau. E in pittura da subito, poco dopo l'aprirsi dell'Ottocento, da John
Trumbull a Thomas Doughty, da Alvan Fisher a Thomas Cole, in anticipo sui grandi interpreti della
Hudson River School, Edwin Church in testa, si spalanca il vasto spazio americano. Un atto di fede verso
la natura, prima ancora che essa diventi paesaggio. Dalle cascate del Niagara, alle vaste pianure fino alle
Montagne Rocciose. Si spalanca l'immenso, e scrittori, poeti e pittori si misurano con la sua forza, la sua
potenza da prima ora del mondo. Sono sentinelle davanti a quella natura non conosciuta, che si presenta
davanti ai loro occhi. Sono come i primi uomini sulla faccia della terra, e devono trovare una grammatica
per esprimere ciò che pochi fino a quel momento avevano saputo dire. Certo, pur in modo diverso, al-

Alvan Fisher
Le cascate del Niagara, 1823
Hartford, Wadsworth Atheneum
Museum of Art
lascito di Mrs. Clara Hinton Gould

John Trumbull
*Le cascate del Niagara
dal versante inglese*, 1807
Hartford, Wadsworth
Atheneum Museum of Art
lascito di Daniel Wadsworth

Henry David Thoreau, 1850

Walt Whitman negli anni ottanta
dell'Ottocento

meno Caspar David Friedrich, Gustav Carus e Johan Christian Dahl in Germania e William Turner in Inghilterra.

Ma c'è un poeta americano, tanto importante nel suo tempo e tanto importante per me in questa mostra, che tocca, con il suo lavoro, le corde più profonde dell'unione tra l'uomo e lo spazio. L'unione più piena, anche, tra la brevità dell'attimo quotidiano e la sua adesione all'infinito, in quello stesso spazio. Il suo nome è Walt Whitman, e nel 1855 pubblica la prima edizione di un libro che sarà leggendario, ma che solo poco per volta, in quell'America affollata di contraddizioni, saprà ricavarsi il suo ruolo di perfetta descrizione di un mondo. Perfetta descrizione di un cuore, un corpo e un'anima dediti a quello spazio. Ralph Waldo Emerson riconobbe subito la grandezza del talento, e il 21 luglio del 1855, da Concord in Massachussetts, scrisse a Whitman una lettera colma di entusiasmo che cominciava così: «Mio caro, non sono insensibile al fantastico dono di *Foglie d'erba*, che considero oggi il più straordinario contributo di genio e saggezza dell'America.»

Non saprei trovare parole migliori, migliori di quelle di Whitman, per concepire il senso non soltanto delle sere e delle notti dipinte nel corso del suo secolo, ma anche dopo, cominciando da Homer sul finire dello stesso Ottocento, per giungere poi a Hopper e quindi a Andrew Wyeth e ai grandi pittori dell'astrazione americana, da Rothko a Noland a Morris Louis. Vive in tutti loro, nelle diverse modalità dello stile, la presenza straziata, felicissima e dolorosa a un tempo, acuminata e stracciata in tramonti e temporali, in profumi e silenzi, della natura. Che può essere bosco, oppure lago, oppure cielo. Che può essere figura distesa presa dalla prima stella del mattino. O può essere puro colore. Ma tutto questo ha a che fare con l'ardire di considerarsi sillaba del mondo, parte dello spazio, parte dell'eterno, mentre la vita nella sua brevità scorre. Whitman ha saputo dire proprio questo: il rapporto, la relazione strettissi-

Ralph Waldo Emerson

Frontespizio della raccolta
di poesie *Leaves of Grass*
seconda edizione, 1856

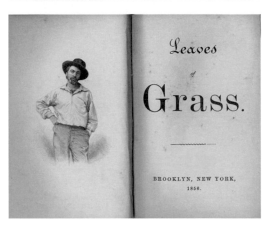

ma, tra l'emozione dello stare al mondo, le esigue misure di una luce
feriale e invece lo sprofondare, il dilagare di una luce che si spande
nell'immenso. La notte, le stelle.

Quando udii il dotto astronomo,

Quando le prove e le cifre mi furono poste davanti,

Quando mi mostrarono le carte e i diagrammi, da sommare, dividere,
e calcolare,

Quando seduto nell'anfiteatro udii l'astronomo parlare, e venire a
lungo applaudito,

Come improvvisamente, inesplicabilmente mi sentii stanco, disgustato,

Finché, alzatomi, sgusciando fuori uscii tutto solo,

Nella mistica umida aria notturna e, di tratto in tratto,

Alzavo gli occhi a contemplare in silenzio le stelle.

Il cosmo, il cielo, la notte stellata, Whitman li percepisce operando una scelta a favore della
poesia, piuttosto che dell'analisi scientifica. Il suo è il *pathos* dello stare nel mondo, esserci, e proprio in
quel punto e in quel tempo. Il suo conficcarsi quasi nella crosta della terra, dentro la neve e abbracciato
alla volta del cielo.

Questo sentimento è parte importante di questa mostra, di cui parlerò nei capitoli finali, davanti
alle opere. Ma intanto, qui, non posso non accennare a lui, al poeta Walt Whitman, un americano, come
amava definirsi nelle edizioni inaugurali di *Foglie d'erba*. Prima che il titolo definitivo di quel canto a
se stesso e all'America, e che aveva posto quale lungo *incipit* delle *Leaves of Grass*, diventasse appunto
Song of Myself. Dobbiamo andare, per capire l'impatto e l'impeto di forza avvolgente nei confronti della
natura, alla prima pagina di *Poesia di Walt Whitman, un americano*, che traggo dalla seconda edizione,
quella del 1856, accresciuta rispetto a quella dell'anno precedente e che tra l'altro inserisce quella *Poesia
del tramonto* di cui parlerò tra breve. Edizione che conserva tutte le asprezze e gli ardimenti di un rapporto diretto con il mondo e le persone, prima che le successive, fino alla cosiddetta *death-bed edition* del
1891, sigillassero un pensiero appena più ammorbidito, quasi per rispondere alle molte critiche piovute
su quell'universo così radicale.

Whitman mostra subito una strepitosa partecipazione del corpo e dell'anima al mondo creato,
ciò che comprende l'essere e il respiro:

79

Celebro me stesso,

E ciò che immagino tu immaginerai,

Perché ogni atomo che appartiene a me appartiene davvero anche a te.

Io fantastico e invito l'anima mia,

Mi adagio e fantastico a mio piacimento, soffermandomi su un filo d'erba estivo.

Le case e le stanze sono piene di profumi – le

Mensole sono colme di profumi

Io stesso ne respiro la fragranza, la riconosco e mi piace,

L'essenza potrebbe anche intossicarmi, ma io non lo permetterò.

L'atmosfera non è un profumo, non ha il sapore

dell'essenza, non ha alcun odore.

Sarà di mio gusto per sempre, ne sono innamorato,

Andrò sulla riva lungo il bosco,

senza più nascondermi e nudo,

Mi piace alla follia che entri in contatto con me.

Il vapore del mio alito,

Gli echi, increspature, sussurri brulicanti, radice d'amore, filo di

seta, innesti, vitigni

La mia respirazione e inspirazione, il battito del mio

cuore, il passaggio del sangue e dell'aria attraverso

i polmoni,

Inalare foglie verdi e foglie secche, e

la spiaggia e le rocce marine dal colore scuro,

e il fieno nei fienili,

Il suono delle parole eruttate dalla mia voce,

parole che si liberano al turbinio del vento,

Alcuni baci leggeri, alcuni abbracci,

braccia che si cingono,

Il gioco della luce e dell'ombra sugli alberi
all'agitarsi dei rami che si flettono,
La gioia in solitudine o nell'affollamento delle strade,
o lungo i campi o sui pendii dei colli,
Il senso di benessere, il tocco a mezzodì, il canto
di me che mi alzo dal letto e vado incontro al sole.

È l'incarnazione dell'uomo nella sua poesia, l'incardinarsi delle emozioni dentro la promessa che il grande spazio naturale possa contenere ogni visione, ogni passione, ogni corpo, ogni sogno, ogni futuro. E naturalmente contenere tutte le notti. Alcuni pittori straordinari, ardimentosi oltre ogni dire, hanno seguito questa strada, si sono incamminati sopra di essa. E Whitman, e non poteva essere altrimenti, dedica al tema del tramonto, della sera e della notte molti dei suoi componimenti, lasciando che la notte diventi, e sia, il posto al centro di tutto. L'adesione massima e totale rispetto al respiro cosmico. Anzi, di più, è l'identificazione totale tra l'uomo e la notte, che non è più un attributo ma sostanza stessa di cui l'uomo si compone. Respiro all'unisono.

Sono colui che cammina nella notte ancora tenera e
che avanza,
Visito la terra e il mare, trattenuti per metà dalla notte.

Vieni più vicino notte dal seno nudo! Stringiti a me
notte magnetica e ricca di sostanze!
Notte dei venti del sud! Notte delle poche grandi
stelle!
Notte immobile e ammiccante! Folle, nuda, notte d'estate!

E anche nel bellissimo *Poesia del tramonto*, inserito appunto nella seconda edizione di *Foglie d'erba*, Whitman continua a lavorare su questa identificazione. Cui si unisce il pensiero umanissimo, e per me straordinario e toccante, del rapporto con le generazioni passate e quelle future. La poesia di Whitman si fonda molto su questa giustapposizione di tempo passato e futuro, che si danno entrambi nel presente, secondo quella sublime modalità che sarà propria di Eliot nei suoi *Quattro quartetti* quasi un secolo dopo. Nella luce del tramonto che sta avvenendo, Whitman lancia quasi un'invocazione:

E tu che attraverserai da una riva all'altra
fra molti anni, sei per me e per le mie
meditazioni più di quanto possa immaginare.

[…] Altri attraverso i cancelli dei traghetti passeranno
da sponda a sponda,
Altri osserveranno l'alta marea che monta,
Altri guarderanno il traffico navale di Manhattan a nord
e a ovest, e le colline di Brooklyn a
sud e a est,
Altri guarderanno le isole, grandi e piccole,
Fra cinquant'anni altri le osserveranno
attraversando il fiume, il sole alto sull'orizzonte ancora per mezz'ora,
Fra cent'anni o fra tante centinaia
di anni, altri le osserveranno,
Si rallegreranno del tramonto, del montare dell'alta marea
e del ritrarsi dell'acqua alla bassa
marea.

Non serve né tempo né luogo – la distanza
non serve,
Io sono con voi, voi uomini e donne di una generazione
o di tutte le generazioni a venire,
Mi proietto e poi rientro – sono con te,
e so com'è.

E tutto ciò che tu provi quando guardi nel fiume e
nel cielo, l'ho provato anch'io.

[…] Queste e tante altre immagini sono state per me ciò che sono
ora per voi,
Mi protendo un attimo per dirtelo – e poi
rientro.

L'ora del tramonto tutta partecipata di Whitman è la stessa dipinta da Church, da Heade, da Lane e poi da Homer. Ma anche dal Mondrian tutto spirituale e naturalista che precede il suo periodo più noto. E quindi, tornando in America, prima Hopper e poi quel pittore miracoloso e meraviglioso che risponde al nome di Andrew Wyeth. Eppure, quella stessa notte del passato e dell'avvenire noi la sentiamo ugualmente battere nei dipinti, anch'essi presenti in questa mostra, di Rothko, Morris Louis e Noland. E proprio per questo qui inclusi. Anche nel tramonto avvenuto dipinto da Nicolas de Staël guardando l'acqua scura dagli spalti di Antibes, esattamente un secolo dopo l'uscita delle *Foglie d'erba*. Una potenza cosmica che però non ha mai nulla di generico in Whitman, e che sempre resta ancorata al dato del presente, all'emozione dell'ora e del luogo. E che spesso si alimenta della forma interrogativa, per dare senso all'ampiezza di una dichiarazione fiduciosa, tutta d'amore, di fronte al mondo:

Ora voglio sapere quale vista potrà mai essere per me più
maestosa e spettacolare della mia Manhattan
incoronata dagli alberi delle navi, del mio fiume e del mio tramonto, e
delle onde frastagliate dalla marea, dei
gabbiani che ondeggiano, della barca del fieno
al tramonto, delle chiatte ormai al buio.

E miracolosamente, i gabbiani al tramonto su Manhattan alti levati di Whitman riescono a essere allo stesso tempo quelli di Thomas Doughty, su una spiaggia del Massachusetts nel 1834, in pieno clima di verismo descrittivo davanti alla vastità del mare. E quelli, ben oltre un secolo dopo, dipinti dentro l'assoluto del cielo screziato di nuvole descritte e indescrivibili, di De Staël nel mezzo di una volta celeste a Parigi o in Provenza. L'universalità di quell'immagine che la parola di Walt Whitman offre, è il senso di come dentro lo sguardo feriale sia contenuta la vastità. Quello che questa

mostra, parlando di sere e di notti, vuole dire. Notti del tempo, da una notte della vita.

E all'ultima stazione di questo breve viaggio tra le parole che più di altre hanno acceso questa mostra, prima del prossimo capitolo che offrirà ulteriori ragioni, sta il nome di un grande pittore. Le lettere di Vincent van Gogh ne sono anzi una delle pietre fondanti, e ovviamente in tutte quelle loro parti, e sono molte, nelle quali al centro sta la notte e la sua rappresentazione. Molto spesso la sua difficoltà a essere rappresentata. Il pittore che aveva scritto «ho spesso l'impressione che la notte sia molto più viva e intensamente colorata del giorno», è il pittore che riconosce nella notte la dimensione di una vastità sconfinata dello spazio.

In una lunga e bellissima lettera, indirizzata al "caro fratello" dalla regione olandese del Drenthe nel novembre del 1883, centra perfettamente in alcune righe questa tensione emotiva: «Quando si cammina per ore e ore in questa campagna, davvero si sente che non esiste altro che quella distesa infinita di terra – la verde muffa del grano o dell'erica e quel cielo infinito. Cavalli e uomini sembrano formiche. Non ci si accorge di nulla, per quanto grande possa essere, si sa solo che c'è la terra e il cielo.» Per poi indugiare in alcune descrizioni toccanti del crepuscolo: «Immaginati una larga strada, tutta nera di fango, con una brughiera immensa sulla destra e un'altra infinita brughiera a sinistra, poche casupole nere e triangolari costruite di pezzi di torba, dalla cui finestra riluce la luce rossa di un piccolo fuoco, con qualche pozzanghera di acqua sporca, giallastra, che riflette il cielo, in cui marciscono tronchi; immaginati quella palude al crepuscolo, con un cielo bianco che la sovrastava; in ogni sua parte, un contrasto di bianco e nero.» Tutto questo, una simile e straziata disposizione dell'animo, alla fine si riflette nella pittura. Da Arles, il 18 settembre del 1888: «Mio caro Théo, se tutto ciò che facciamo si affaccia sull'infinito, se si vede il proprio lavoro trarre la sua ragion d'essere e proiettarsi al di là, si lavora più serenamente.»

Forse non è così noto, ma Van Gogh, del resto straordinario amante della letteratura, apprezzava profondamente l'opera poetica di Walt Whitman, che evocava, come scrive in una sua lettera, «un mondo di salute, di amore carnale generoso e schietto – di amicizia – di lavoro, sotto il grande firmamento stellato, qualcosa, insomma, che si potrebbe soltanto chiamare Dio e eternità, rimessi al loro posto al di sopra di questo nostro mondo.» Non a caso, dunque, ho voluto vicini questi due straordinari interpreti, che su

Vincent van Gogh
Autoritratto al cavalletto, 1888
Amsterdam, Van Gogh Museum
(Vincent van Gogh Foundation)

Jean-François Millet, *Notte stellata*, particolare, 1850-1851
New Haven, Yale University Art Gallery - Leonard C. Hanna, Jr., Class of 1913 Fund

sponde opposte del grande oceano hanno cantato l'immensità della natura, il suo confine infinito, non toccato da nulla se non dalla profondità di una grande anima. Quella che certamente li accomuna. Una profondità, e quella notturna in modo particolare («Mi occorre anche una notte stellata con dei cipressi, oppure sopra un campo di grano maturo; abbiamo delle notti molto belle qui, e io ho una continua febbre di lavoro»), che non può, per essere rappresentata, accontentarsi del vero naturale, dell'impressione esclusivamente scaturita dall'occhio. In una lettera a Théo, dell'11 agosto 1888, così annota: «Comunque so che non bisogna scoraggiarsi, perché un'utopia non diventa mai realtà. Solo, trovo che quanto ho imparato a Parigi se ne va e io ritorno alle idee che mi erano venute in campagna, prima di conoscere gli impressionisti. Non sarei per nulla stupito se fra poco essi trovassero da ridire sul mio modo di dipingere, che è stato fecondato più dalle idee di Delacroix che dalle loro. Perché invece di cercare di rendere esattamente ciò che ho davanti agli occhi, mi servo del colore in modo più arbitrario per esprimermi con intensità.»

Intensità, sì, questa è la parola chiave, per Whitman come per Van Gogh. E se leggiamo una lettera precocissima, del maggio 1876, ben prima della decisione di dedicarsi completamente all'arte, sentiamo anche in Vincent la necessità di stringere in una sola immagine, dentro un solo sentimento, la notte come spazio, la notte come stelle e la notte come presenza d'amore: «Ho visto il mare anche durante la notte di domenica scorsa. Tutto era grigio scuro, ma all'orizzonte cominciava a sorgere il giorno. Quella stessa notte, dalla finestra della mia camera ho vagato con lo sguardo sui tetti delle case che si vedono da lì e sulle cime degli olmi, scuri contro il cielo notturno. Al di sopra di quei tetti, un'unica stella, ma una stella bella, grande e amica. Ho pensato a noi tutti, e ho pensato agli anni della mia vita ormai passati, e alla nostra casa.» Pare perfino un'eco dei versi di Attilio Bertolucci, quella notte che desidero raccontare in questa mostra, ancorata fino all'estremo limite alla presenza di persone, alla vita degli uomini e delle donne, alle loro emozioni, soprattutto alle loro commozioni. Che ci rendono segno fragile dentro il fragore e il silenzio della notte.

Il sentimento della sera e del buio insegue Van Gogh da sempre, non lo priva mai della sua presenza, si specchia nei suoi occhi che percepiscono l'atmosfera: «Il terreno scuro, il cielo ancora illuminato dai bagliori del sole, già tramontato, la fila di case e di campanili che spiccano in alto, ovunque luci alle finestre, tutto riflesso nell'acqua.» E proprio come per Whitman, o per Emerson e i grandi pensatori americani, la notte per Van Gogh evoca la presenza del divino, la presenza di Dio. Il vortice delle stelle, che soprattutto negli ultimi due anni della sua vita occuperà i suoi pensieri, ma anche il silenzio tutto sospeso in fioriture e

profumi, in larghe distensioni del cielo. Quella presenza che molto spesso ritorna anche nelle lettere, soprattutto nelle prime, quando il lavoro di predicatore bussa fortemente alla porta del cuore: «Camminavamo lungo Buitenkant e lì, vicino al deposito della sabbia dell'Oosterspoor, non so dirti quanto fosse bello lì, al crepuscolo, come in un Rembrandt. E ci mise in un tale stato d'animo che cominciammo a parlare di ogni specie di cose. Rimasto alzato fino a tardi stanotte per scrivere, e questa mattina all'alba il tempo era così fantastico. Di sera c'è anche una bella vista del cantiere, dove tutto è mortalmente immobile e i lampioni

della strada ardono e il cielo in alto è pieno di stelle. Quando ogni suono cessa – si sente la voce di Dio – sotto le stelle.»

Era già stato Millet, come si sa da Van Gogh grandemente amato, a scrivere: «Se soltanto sapeste quanto è bella la notte! Ci sono momenti in cui corro fuori al calar della notte, e sempre rientro sconvolto. La sua calma e la sua grandiosità sono così terribili che scopro di averne effettivamente timore.» E subito dopo la metà del secolo, Millet aveva dipinto una meravigliosa notte stellata, oggi a New Haven, alla Yale University Art Gallery, che forse Van Gogh poté vedere quando lavorò a Parigi per Goupil. E il valore spirituale di un cielo stellato, egli ce lo ricorda una volta ancora quando, nel settembre del 1888, scrive: «Un tremendo bisogno di, posso usare questa parola – di religione – perciò di notte esco all'aperto per dipingere le stelle, e sogno sempre un quadro così.»

Del resto, quanto forte fosse in lui questo legame tra la notte e la spiritualità, lo dicono anche altri brani di lettere. Anche quando a essere nominato non è Dio, ma per esempio la figura paterna: «Di sera, ritornando da Zundert attraverso la brughiera, papà e io camminammo per un po', il sole tramontava rosso dietro i pini e il cielo serale si rifletteva sulla palude, la brughiera e la sabbia gialla e bianca e grigia erano talmente vibranti di tono e di atmosfera. Vedi, ci sono momenti della vita in cui tutto, anche dentro di noi, è pace e atmosfera, e la vita nella sua interezza sembra un sentiero attraverso la brughiera, anche se non è sempre così.» Ma talvolta la notte, le amatissime stelle, si paragonano al disperdersi nella morte: «Perché, mi dico, i punti luminosi del firmamento dovrebbero essere per noi meno accessibili dei punti neri sulla carta geografica di Francia? Come prendiamo il treno per andare a Tarascona o Rouen, così prendiamo la morte per andare su una stella.»

Ma poi prevale quel sentimento insieme per la vastità e il luogo del cammino, ciò che lo accomuna a Whitman. Nel mese di giugno del 1888, Van Gogh decide di lasciare per qualche giorno Arles e andare lungo la riva del Mediterraneo, lì vicino, a Saintes-Maries-de-la-Mer. Il 22 del mese, scri-

ve: «Mio caro Théo, ho passeggiato una notte lungo il mare sulla spiaggia deserta, non era ridente, ma neppure triste, era… bello. Il cielo di un azzurro profondo era punteggiato di nuvole d'un azzurro più profondo del blu base, di un cobalto intenso, e di altre nuvole di un azzurro più chiaro, del lattiginoso biancore delle vie lattee. Sul fondo azzurro scintillavano delle stelle chiare, verdi, gialle, bianche, rosa chiare, più luminose delle pietre preziose che vediamo anche a Parigi – perciò era il caso di dire: opali, smeraldi, lapislazzuli, rubini, zaffiri.» È la fase parossistica della descrizione, quella che poi autorizzerà i rari cieli stellati che Van Gogh dipinge tra il 1888 e il 1890, uno dei quali presente in questa mostra, e realizzato tra il 12 e il 15 maggio 1890, sul punto di lasciare Saint-Rémy per tornare a Parigi, prima di proseguire per Auvers-sur-Oise.

Walt Whitman e Vincent van Gogh si appaiano infine lungo la strada, su questo cammino che conduce alla rappresentazione della sera e della notte. Ognuno dal proprio spalto, ognuno dalla propria sponda e dal proprio fiume, ognuno dal proprio porto. Importanti ugualmente per comprendere come non esista una notte assoluta, ma una notte affiancata alla vita. Una notte con la vita e una notte della vita. Non esista il vuoto dello spazio, ma uno spazio comunque abitato, franto di luci e di stelle, stracciato di spine, affacciato sulla luna. In questo modo la notte può essere descritta, e tutto il suo fascino di armonia e mistero giungere fino a noi. La notte non è mai generica, la notte non si può raccontare in un solo modo, ma occorre percorrere i secoli, intrecciarli dentro sogni e significati perché se ne possa infine avere un'immagine. Un'immagine mai unitaria, mai univoca, e invece sempre spezzata mentre il suo profumo e il suo silenzio continuamente ritornano. Dunque non una, ma molte immagini. Noi non sappiamo perfettamente, e fino in fondo, cosa essa sia. Però mi piace provare a raccontare una notte così. Una notte come si vede in questa mostra. Ho desiderato che questo accadesse nella mia vita, un giorno.

Il piccolo principe, la notte, l'ultima stella e il volo

Antoine de Saint-Exupéry e il sentimento notturno

Ecco il mio segreto. È molto semplice: non si vede bene che col cuore.
L'essenziale è invisibile agli occhi.

Antoine de Saint-Exupéry, *Il piccolo principe*

«Sotto l'aeroplano, le colline scavavano già il loro solco d'ombra nell'oro della sera. Le pianure si facevano luminose, ma di una inconsumabile luce: in quelle regioni esse non finiscono mai di restituire il loro oro, così come dopo l'inverno non finiscono mai di restituire la loro neve.
E Fabien, il pilota che portava dall'estremo Sud verso Buenos Aires il corriere di Patagonia, riconosceva l'approssimarsi della sera agli stessi segni a cui si riconoscono le acque di un porto: a quella calma, a quelle rughe leggere che nubi tranquille disegnavano appena. Egli entrava in una rada immensa e felice. In quella calma, avrebbe potuto anche credere di fare una lenta passeggiata, quasi come un pastore. I pastori di Patagonia vanno, senza fretta, da un gregge all'altro: egli andava da una città all'altra; egli era il pastore delle piccole città. Ogni due ore ne incontrava qualcuna che scendeva a bere sulla riva dei fiumi o pascolava nella sua pianura.
Qualche volta, dopo cento chilometri di brughiere più deserte del mare, scopriva una fattoria sperduta che sembrava trascinarsi dietro, in un'ondata di praterie, il suo carico di vite umane, e allora salutava con le ali quella nave.»

Non casualmente ho trascritto qui la pagina iniziale di *Volo di notte*, lo straordinario romanzo breve che Antoine de Saint-Exupéry pubblica nel 1931, con la prefazione di André Gide. Tra l'altro musicato, in un lavoro durato dal 1937 al 1939, da Luigi Dallapiccola, e presentato nel 1940 al Maggio Fiorentino, con un *Atto* in sei scene. Schiacciato dalla notorietà, e dalla permanenza del successo planetario de *Il piccolo principe*, questo racconto è rimasto per il grande pubblico un po' in disparte, così come gli altri libri dello scrittore di Lione, pur non all'altezza del *Volo di notte*. E quando, tempo fa, ho ricominciato a pensare a una mostra come quella che avete adesso raccolta tra le pagine di questo volume, ho risentito subito, in modo fortissimo, la potenza e la dolcezza stremata delle pagine che Saint-Exupéry ha dedicato, in modi diversi, alla sera e alla notte. Creando una favola o lavorando sulla propria esperienza di aviatore, quando venne chiamato a dirigere una linea dell'Aeropostale Argentina. Tutto quanto fece parte della sua esperienza in quella circostanza, dalla trasvolata delle Ande ai vari salvataggi, sarà fondamentale per costruire non solo la trama, ma soprattutto quel vasto sentimento esistenziale e notturno che sta alla base di *Volo di notte*. E non a caso, Heidegger ha definito Saint-Exupéry «il maggiore esistenzialista del secolo.»

Un sentimento che, raccontato fin dai ritratti del Fayum e poi su verso Giorgione, Caravaggio, El Greco e poi Van Gogh, Mondrian, Rothko e Wyeth, è il pilastro su cui si fonda questa mia storia. Ed è per questo motivo che ho sentito il bisogno di parlare per un poco di questi due libri, nei quali sento la restituzione di un mondo interiore che mi colpisce. E solo per dire come il fascino che in me reca la pittura, non sia, e non possa essere, solo la sua bellezza esteriore. Ma tutto nasca dall'unione di molte cose, che alla fine diventano immagine. Immagine sopra cui porre qualche parola.

«Noi non chiediamo d'essere eterni, ma di non vedere gli atti e le cose perdere improvvisamente il loro senso. Allora il vuoto che ci sta intorno si mostra.» È questo il pensiero che Rivière, il direttore, fa senza dirlo davanti a Simona Fabien, che ha lasciato la sua casa, di notte, per andare a chiedere di persona, negli uffici della compagnia, in quale punto del cielo buio potesse essere l'uomo che aveva sposato soltanto da sei settimane. Partito con il suo aereo di corriere postale dalla Patagonia, doveva giungere a Buenos Aires in tempo per consegnare il materiale prima della partenza del corriere per l'Europa. E come lui, i piloti sugli aerei provenienti dal Cile e dal Paraguay. La notte poco per volta diventerà paura, contatto con la propria origine, fulmine, tuono, lampo all'orizzonte, cielo rovesciato nel mare, mare rovesciato nel cielo, immensità, sospensione nel nulla. Come una tempesta di Turner, come un nero di Rothko. Per questo so che senza certe pagine, senza la mia emozione davanti a queste pagine, nulla sarebbe accaduto di questa mostra. Così come so che senza il mio amore per le notti nel mondo e senza le mie storie di notti, nessuna mostra mai si sarebbe aperta.

E mentre atterra e viene la sera, alla fine della sua prima tappa scendendo su San Julian, Fabien, guardando la terra dall'alto, pensa al senso d'eternità, riflesso dentro l'amore per il quotidiano. La notte, mi sembra, più che ogni altra cosa stringe forte, scatenandolo, questo rapporto tra un sé presente e un sé assente. Tra un sé partente e un sé stante. Non saprei immaginare la sera e la notte se non così, come un legame impossibile a essere spezzato tra il desiderio di rimanere tra le care cose di tutti i giorni, i volti che amiamo, e comunque l'irrefrenabile emozione di essere per la distanza, essere per l'infinito. Cosa che il volo, e il volo notturno specialmente, sempre consente:

«Fabien, scendendo col motore a basso regime su San Julian, si sentì stanco. Tutto quello che addolcisce la vita degli uomini ingrandiva verso di lui: le case, i caffè, gli alberi della passeggiata. Egli era simile a un conquistatore che, alla sera delle sue conquiste, si chini sulle terre del suo impero e scopra l'umile felicità degli uomini. Fabien aveva bisogno di deporre le armi, di risentire il suo peso e l'indolenzimento del suo corpo – l'uomo è ricco anche delle proprie miserie – e d'essere, in quel piccolo paese, un uomo semplice che guarda fuori dalla finestra una visione ormai immutabile. Egli avrebbe accettato quel minuscolo villaggio: quando la propria scelta è fatta, ci si contenta del caso che regola la propria esistenza e si può amarlo. Esso limita l'uomo, come l'amore.»

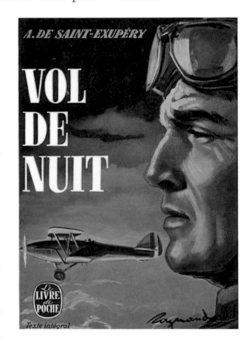

E poi giunge un momento in cui, mentre viene sera e le distanze diventano sempre più vaste e larghe da ogni parte del mondo, e tutto dilaga in ogni direzione e noi siamo in questo punto e in qualsiasi altro punto, giunge un momento in cui quello che siamo tocca l'immensità:

«Fabien avrebbe desiderato vivere lì a lungo, prendere lì la sua parte d'eternità, perché le piccole città nelle quali viveva un'ora, e i giardini chiusi dai vecchi muri che egli attraversava, gli parevano eterni per il fatto di durare al di fuori di lui. E il villaggio si apriva verso l'equipaggio e, verso questo, si apriva. E Fabien pensava alle amicizie, alle ragazze amorose, all'intimità delle tovaglie bianche, a tutte quelle cose che, lentamente, diventano familiari per l'eternità. E il villaggio scivolava già a fior d'ali, mostrando il mistero dei suoi giardini chiusi che i loro muri non proteggevano più. Ma Fabien, dopo avere atterrato, seppe di non aver visto niente, se si eccettui il movimento lento di alcuni uomini tra le loro pietre.»

La notte tutto questo contiene, l'essere della vita e per la vita, lo straccio di una bandiera vista in lontananza, come una salvezza raggiunta. O quello straccio di bandiera che nella notte non si vede più, e ci si sente perduti. Si è perduti, nella notte. Il volto di una donna che si vede prima di partire, e che si ritrova alla fine del viaggio. La notte tutto contiene ed è per questo che essa torna in immagine, ci viene incontro, ci stringe e sentiamo il bisogno non solo di vederla, ma anche di ascoltarla. Di ten-

95

dere al suo silenzio, al suo crepitare, alle sue stelle che sgomentano quando nulla ci sta attorno se non la vastità della notte stessa.

«Nondimeno la notte saliva, simile a un fumo oscuro, e colmava già le valli. Queste non si distinguevano già più dalle pianure. Però i villaggi s'illuminavano e le loro costellazioni si rispondevano. E anch'egli, facendo, con un dito, brillare a intervalli i suoi fuochi di posizione, rispondeva ai villaggi. La terra era cosparsa di richiami luminosi, poiché ogni casa accendeva la sua stella in faccia alla notte immensa, così come si volge un faro verso il mare. Tutto quel che copriva una vita umana già scintillava. E Fabien era incantato che l'ingresso nella notte somigliasse questa volta a un ingresso in porto, lento e bello.»

La notte che voglio continuare a raccontare è questa. Della commozione continua di uomini e donne nell'intimità della loro casa, delle loro stanze, nel momento dell'amore. Il momento dell'amore davanti alla notte, perché sempre l'amore fa scudo alla notte che viene. Voglio continuare a raccontare lo stare, temerari, non solo davanti, ma dentro la vastità che spaura e che ci coglie impreparati. Ci prende alla gola. Quella vastità dello spazio che prefigura il non esserci, il nostro non essere più. Che quindi è racconto di noi, ma anche di coloro che non conosciamo, non abbiamo mai conosciuto e che tuttavia fanno la stessa nostra esperienza, si siedono come noi davanti alla notte, dentro la notte, e guardano. In un punto del mondo che abbiamo o non abbiamo conosciuto, in un tempo che è il nostro o quello del passato, o quanto sarà nel futuro e più non ci riguarderà. Verso chi tenderanno lo sguardo emozionato, coloro che guardano lontano, come noi oggi cerchiamo, nella notte, di vedere nella distanza, abbracciando tutto lo spazio per sentirne l'oro e il velluto della sera, i suoi profumi, i suoi silenzi, piuttosto che le sue spine.

Fabien, appena decollato e prima di andare incontro inconsapevolmente al terrore di una notte di bufera, pensa proprio a tutto questo:

«E ora, come una vedetta nel cuore della notte, egli scopre che la notte rivela l'uomo: richiami, luci, inquietudini. Una semplice stella nell'ombra: l'isolamento di una casa. Una di quelle luci si spegne: è una casa che si chiude con il suo amore.

O sulla sua noia. È una casa che cessa di far segnali al resto del mondo. Quei contadini seduti attorno alla tavola dinanzi al loro lume, non sanno quale sia la loro speranza: essi sanno che, nella grande notte che li circonda, il loro desiderio vada così lontano. Ma Fabien lo scopre, quando giunge da mille chilometri di distanza e sente le immense ondate di fondo sollevare e abbandonare l'aeroplano che respira, quando ha attraversato dieci uragani, come paesi di guerra, e, tra quelli, vaste radure di luna, e quando, una dopo l'altra, raggiunge quelle luci con l'impressione di conquistarle. Quegli uomini credono che la loro lampada brilli per l'umile tavola attorno a cui stanno seduti, ma ad ottanta chilometri da loro, qualcuno è già toccato dal richiamo di quella luce, come se essi l'agitassero disperati da un'isola deserta, dinnanzi al mare.»

Come vedremo all'inizio del prossimo capitolo, parlando della *Fenomenologia della percezione* di Merleau-Ponty, la notte è uno spazio privo di limiti e confini, tutto compreso nella profondità rivolta verso ogni direzione. Spazio nel quale abita l'uomo. Nel quale sta l'uomo, l'uomo notturno, sul ciglio del pericolo, nel punto anzi di essere inghiottito da esso. La notte descritta ha spesso questa confidenza con il pericolo estremo, ora morbidamente espresso ora con la forza di una disperazione. E il postale dalla Patagonia sta per incontrare il pericolo che sconfigge, la notte nera, la notte senza più luci:

«Un'ora dopo, il radiotelegrafista del corriere di Patagonia si sentì sollevare dolcemente, come da una spalla. Guardò intorno a sé: nubi pesanti spegnevano le stelle. Si curvò verso la terra: cercava le luci dei villaggi, simili a quelle delle lucciole nascoste nell'erba, ma nulla brillava in quell'erba nera.

E si sentì di malumore, prevedendo una notte difficile: marce, contromarce, territori conquistati che bisognava rendere. Egli non capiva la tattica del pilota; gli pareva che più in là l'aeroplano dovesse urtare contro lo spessore della notte come contro un muro.

Ora scorgeva, in faccia all'apparecchio, un luccicore impercettibile a fior d'orizzonte: una luce di fornace. Il radiotelegrafista toccò la spalla di Fabien, ma quello non si mosse.

I primi risucchi dell'uragano lontano assalivano l'aeroplano. Dolcemente sollevate, le masse metalliche pesavano contro la carne stessa del radiotelegrafista, poi parevano svanire, fondersi; e, nella notte, per qualche secondo, egli ondeggiò solo. Allora s'aggrappò con due mani ai longheroni d'acciaio.

E siccome non scorgeva più del mondo che la lampadina rossa della carlinga, rabbrividì per quel sentirsi scendere nel cuore della notte, senza soccorso, con la sola protezione di una piccola lampada da minatore.»

Come per Merleau-Ponty, anche per Saint-Exupéry la notte è senza confini, la notte in volo

(«Per il pilota quella notte era senza sponde, poiché essa non conduceva né verso un porto – essi parevano tutti inaccessibili –, né verso l'alba»), la notte che per essere fatta immagine non ha un'unica strada. Perché la notte è uragano che viene, ma anche dolcezza della luna che splende («Rivière rileggeva i telegrammi di previsione degli scali del Nord. Essi aprivano al corriere d'Europa una strada di luna»), il fiorire delle stelle, il loro sospendersi e bastare. Ma il corriere di Patagonia ha per sé una notte diversa, la notte del coraggio, del pericolo, delle impossibilità: «Notte minacciosa, che un vento cattivo toccava e imputridiva. Notte difficile a vincere. In qualche luogo, nelle sue profondità, un aeroplano era in pericolo: e sulle rive di quella notte gli uomini si agitavano impotenti.»

E il pericolo si manifesta nella notte, la notte diventa il luogo senza più luci, senza più voci:

«Era necessario, a qualunque costo, entrare in contatto con Buenos Aires, come se, a più di millecinquecento chilometri, qualcuno potesse lanciar loro una corda in quell'abisso. In mancanza di una luce tremolante, di una lampada d'albergo quasi inutile, ma che avrebbe provato l'esistenza della terra come un faro, egli aveva almeno bisogno d'una voce, una sola, che venisse dal mondo che non esisteva già più.»

Bisogno di una voce, l'ultima, franta, quasi inascoltabile. Come l'ultima voce in una salita al Calvario di Bassano, una crocifissione straziata e acuminata di spine di Bacon, una deposizione di Luca Giordano, un buio invocante di Caravaggio, l'anacoreta di Music privato di tutto ma non del silenzio ancora vociante, il nero di Rothko nel quale tutto sembra essere andato perduto. La pittura riesce a raccontare in modo meraviglioso, assoluto, quanto le parole serbano dentro un ultimo sussulto. E allora può essere il rosso che Mark Rothko deposita sulla tela come un fuoco, o l'umidità della notte immaginata e dipinta in modo sontuoso da Morris Louis. E questa notte si collega all'alba del tempo, è un luogo primordiale, confonde il passato e il futuro, non ha terreni su cui poggiare se non la sparente ombra dell'eternità. Se ne rende conto, alla fine ormai, anche Fabien, il pilota del postale di Patagonia:

«Egli non distingueva più la massa del cielo da quella della terra, perduto in un'ombra nella quale tutto si mischiava e si confondeva, un'ombra originaria, simile a quella donde erano scaturiti i mondi.»

E ci può essere una tregua solo un momento, una tregua nella notte, nel buio. È quando si accendono piccoli lumi nell'oscurità, quando pensi, d'improvviso e senza alcuna speranza, di poterti salvare e che quella notte possa tornare la sera benedetta accompagnata dai canti e dall'oro che si spande. Tocca anche al pilota, questa esperienza:

«L'aeroplano era improvvisamente sboccato, nello stesso attimo in cui era emerso, in una calma che pareva straordinaria. Non un'onda che lo facesse inclinare. Come una barca quando passa la diga, esso entrava in acque riparate. Era preso in una parte sconosciuta di cielo, nascosta come la rada delle isole felici. Sotto di lui, la tempesta formava un altro mondo di tremila metri di spessore, percorso da raffiche, da trombe d'aria, da lampi; ma essa volgeva agli astri una faccia di neve e di cristallo.»

Un'esperienza di luce nella notte, come l'uscire della luna dalle nuvole di Washington Allston, o alcune altre lune di questa mostra: sopra la capanna e davanti ai pastori in Savoldo, sopra la città che appare in Friedrich, in una notte d'estate in Mondrian mentre il fiume va, sul legno bianco di una casa davanti all'oceano in Wyeth. Esperienze di luci nella notte, come i lampioni di Hopper a New York che spargono chiarori sulle strade deserte, o il bozzolo schiarito tra le nuvole in tempesta in Turner, o le onde illuminate di Monet, la mareggiata chiara e prima di notte di De Staël. Infine, le stelle. La stella appesa al cielo di Van Gogh in Provenza, come un diadema accanto ai cipressi, e le stelle di López García nel giardino di casa, pulviscolo che si muove e riluce. Le stelle del mondo e le stelle della vita.

Antoine de Saint-Exupéry nel 1920

Poi c'è quell'altra notte, la notte del piccolo principe, che Antoine de Saint-Exupéry pubblica nel 1943, solo pochi mesi prima di morire, inabissatosi con il suo aereo al largo della Costa Azzurra. La storia del piccolo principe è una storia di notti e di stelle, di solitudini e silenzi, e anch'essa, con la sua suggestione e il suo tono di favola, ovviamente diversa dal *Volo di notte*, sta alla base di questa mostra in modo determinante. Fin dalle prime pagine, quando il protagonista ha un incidente con il suo aeroplano e atterra nel deserto del Sahara:

«La prima notte, dormii sulla sabbia, a mille miglia da qualsiasi abitazione umana… Ero più isolato che un marinaio abbandonato in mezzo all'oceano, su una zattera, dopo un naufragio. Potete immaginare il mio stupore di essere svegliato all'alba da una strana vocetta:
"Mi disegni, per favore, una pecora?"
"Cosa?"
"Disegnami una pecora".»

E la pecora disegnata non sarà una pecora, ma una casa per lei. Ancora una volta torna il tema della casa nella notte, la casa come riparo e rifugio nella notte. Ancora una volta, anche nella favola, il rapporto è tra la casa e l'infinito, tra il senso di protezione e l'apertura nella distanza.

«"Come? Sei caduto dal cielo!"

"Sì", risposi modestamente.

"Ah! Questa è buffa…"

"Da dove vieni, ometto? Dov'è la tua casa? Dove vuoi portare la mia pecora?"

Mi rispose dopo un silenzio meditativo:

"Quello che c'è di buono, è che la cassetta che mi hai dato, le servirà da casa per la notte".»

Il piccolo principe tende al cielo, tende alle stelle, con la sua sciarpa, gialla come l'oro, sempre distesa nell'aria. Egli è venuto dal cielo e al cielo infine ritorna. Colui che è partito si deve ricordare, il piccolo principe come il giovane innamorato della figlia del vasaio di Sicione, o Vincent van Gogh appena dopo la sua morte nelle parole di Émile Bernard. E chi parte normalmente si rivolge al cielo, alla luce della sera, alla notte, alle stelle. O almeno noi pensiamo che sia così, che debba essere così. Per questo motivo le favole hanno un senso, hanno quella loro verità che nessuno potrebbe mettere in discussione. Anche il piccolo principe è partito, dopo un anno, e ha fatto rotta verso le stelle. La sua storia non è ancora finita, anzi è appena al suo principio, ma in un momento di tristezza il suo giovane amico racconta come se tutto fosse già concluso: «Sono già sei anni che il mio amico se n'è andato con la sua pecora e io cerco di descriverlo per non dimenticarlo», si legge nel *Piccolo principe*.

Il senso per me fondante e più vero del fare arte, ciò per cui l'arte stessa è nata. Ricordare l'assente, colui che è partito e non si potrà rivedere più, scomparso nelle notti. Si leggono, di Émile Bernard, queste parole, come quelle dedicate al piccolo principe, e invece è Van Gogh: «Ieri, mercoledì 30 luglio, sono arrivato a Auvers verso le 10. Théodore van Gogh, suo fratello, era lì con il dottor Gachet. Anche Tanguy (era là dalle 9). Mi accompagnava Charles Laval. La bara era già chiusa e sono arrivato troppo tardi per vederlo, lui che mi aveva lasciato, sono ormai quattro anni, pieno di ogni speranza. Sulle pareti della

Ernest Ladrey, *Ritratto di Théo*
van Gogh con i baffi, 1888
Amsterdam, Van Gogh Museum

Il dottor Gachet intorno al 1890
Amsterdam, Van Gogh Museum
(Vincent van Gogh Foundation)

Pagina a fianco
Émile Bernard, *Il funerale*
di Van Gogh, 1893
collezione privata

stanza dove giaceva il corpo, tutti gli ultimi lavori erano appesi, quasi come un'aureola, rendendo, per la grandezza del genio che vi risplendeva, questa morte ancor più dolorosa per gli artisti. Sulla bara, un semplice drappo bianco con sopra tanti fiori, dei girasoli che amava tanto, delle dalie gialle, e ancora fiori gialli dappertutto. Se vi ricordate, era il suo colore preferito, simbolo della luce che egli sognava nei cuori come nelle opere. Lì vicino anche il suo cavalletto, il seggiolino pieghevole, i pennelli erano stati posti a terra di fronte al feretro.»

Il giallo dei girasoli e delle dalie per Van Gogh, il giallo della sciarpa e delle stelle per il piccolo principe. Ma anche il giallo delle stelle di Van Gogh stesso. Prima dell'ingresso nella notte, passando per i tramonti e la sera.

«"Mi piacciono tanto i tramonti. Andiamo a vedere un tramonto…"
"Ma bisogna aspettare…"
"Aspettare che?"
"Che il sole tramonti…"
Dapprima hai avuto un'aria molto sorpresa, e poi hai riso di te stesso e mi hai detto:
"Mi credo sempre a casa mia!…"
Infatti, quando negli Stati Uniti è mezzogiorno tutto il mondo sa che il sole tramonta sulla Francia. Basterebbe poter andare in Francia in un minuto per assistere al tramonto. Sfortunatamente la Francia è molto lontana. Ma sul tuo piccolo pianeta ti bastava spostare la tua sedia di qualche passo. E guardavi il crepuscolo tutte le volte che volevi… "Un giorno ho visto il sole tramontare quarantatré volte!"
E più tardi hai soggiunto:
"Sai… quando si è molto tristi si amano i tramonti…"
"Il giorno delle quarantatré volte eri tanto triste?" Ma il piccolo principe non rispose.»

Non rispondere, per mantenere inalterato il mistero del luogo che è notte, del luogo che è dispersione. Il momento in cui la luce cede il passo e viene quell'ora che tocca il cuore e mette in contatto con qualcosa che si sente perfettamente essere al di fuori di noi, e poi in noi per altra via rientrare. Ma ogni esperienza è unica e sentiamo la singolarità delle cose rispetto all'idea di una moltitudine. Il piccolo principe, parlando della sua rosa, parla anche delle stelle. Della stella d'ognuno, quella che ci è stata donata e non ci lascia più. Quella che sappiamo essere parte di noi, e perciò essenziale, invisibile. E visibile talvolta con altri occhi, attraverso i quali, in qualche tempo, in qualche momento, in qualche luogo segreto, si torna bambini.

«"Voi siete belle, ma siete vuote", disse ancora. "Non si può morire per voi. Certamente, un qualsiasi passante crederebbe che la mia rosa vi rassomigli, ma lei, lei sola, è più importante di tutte voi, perché è lei che ho innaffiata. Perché è lei che ho messo sotto la campana di vetro. Perché è lei che ho riparata col paravento. Perché su di lei ho ucciso i bruchi (salvo i due o tre per le farfalle). Perché è lei che ho ascoltato lamentarsi o vantarsi, o anche qualche volta tacere. Perché è la mia rosa".

Copertina di *Le Petit Prince* pubblicato da Gallimard nel 1946 collezione privata, Archives Charmet

E ritornò dalla volpe.
"Addio", disse.
"Addio", disse la volpe. "Ecco il mio segreto. È molto semplice: non si vede bene che col cuore. L'essenziale è invisibile agli occhi".
"L'essenziale è invisibile agli occhi", ripeté il piccolo principe per ricordarselo.
"È il tempo che tu hai perduto per la tua rosa che ha fatto la tua rosa così importante".
"È il tempo che ho perduto per la mia rosa…" sussurrò il piccolo principe per ricordarselo.
"Solo i bambini sanno quello che cercano", disse il piccolo principe.
"Perdono tempo per una bambola di pezza, e lei diventa così importante che, se gli viene tolta, piangono…"
"Beati loro", disse il controllore.»

La *sapientia cordis*, ciò che dà accesso alla notte, al vedere il non visto, il mai visto prima. La notte si vede così, nell'intermittenza di una visione che scaturisce e si cela, nella dilatazione del silenzio, nel suo dilagare, nel sapersi orientare in tutto quello spazio che cerchiamo con le mani da ogni lato, per trovare pareti nella notte. Perché tutto non sia soltanto polvere, luce buia nella polvere. Nel capitolo XXIV del *Piccolo principe*, Saint-Exupéry ha scritto, su questo, cose bellissime, nel tono della fiaba. Che però ci aiuta a capire, ancora una volta, la dimensione quasi sacra della pittura che rappresenta la sera e la notte. Leggiamo.

«Dopo aver camminato per ore in silenzio, venne la notte e le stelle cominciarono ad accendersi. Le vedevo come in sogno, attraverso la febbre che mi era venuta per la sete. Le parole del piccolo principe danzavano nella mia memoria.

Era stanco. Si sedette. Mi sedetti accanto a lui. E dopo un silenzio disse ancora:

"Le stelle sono belle per un fiore che non si vede…"

Risposi: "Già", e guardai, senza parlare, le pieghe della sabbia sotto la luna.

"Il deserto è bello", soggiunse.

Ed era vero. Mi è sempre piaciuto il deserto. Ci si siede su una duna di sabbia. Non si vede nulla. Non si sente nulla. E tuttavia qualche cosa risplende in silenzio…

"Sì", dissi al piccolo principe, "che si tratti di una casa, delle stelle o del deserto, quello che fa la loro bellezza è invisibile".

"Sono contento", disse il piccolo principe, "che tu sia d'accordo con la mia volpe".

Incominciava ad addormentarsi, io lo presi tra le braccia e mi rimisi in cammino. Ero commosso. Mi sembrava di portare un fragile tesoro. Mi sembrava pure che non ci fosse niente di più fragile sulla Terra. Guardavo, alla luce della luna, quella fronte pallida, quegli occhi chiusi, quelle ciocche di capelli che tremavano al vento, e mi dicevo: "Questo che io vedo non è che la scorza. Il più importante è invisibile…"

E siccome le sue labbra semiaperte abbozzavano un mezzo sorriso, mi dissi ancora: "Ecco ciò che mi commuove di più in questo piccolo principe addormentato: è la sua fedeltà a un fiore, è l'immagine di una rosa che risplende in lui come la fiamma di una lampada, anche quando dorme…" E lo pensavo ancora più fragile. Bisogna ben proteggere le lampade: un colpo di vento le può spegnere.»

Essere commossi sotto la luce della luna, scoprire l'invisibile o almeno immaginare che possa esistere. E che la sua esistenza fondi il mondo almeno quanto ciò che vediamo. Fondi il nostro proprio essere, come una singolarità e come l'appartenenza alla storia delle generazioni. E tutto questo sotto il manto delle stelle, perché è nella notte che l'invisibile può miracolosamente diventare visibile. E noi essere lì, in quel punto preciso in cui questo accade. E i pittori essere lì, in quel momento e in quel luogo, quando l'invisibile diventato visibile può mutarsi in racconto. Che però della notte non scandisca i fatti e invece soltanto il suo essere. Il respiro, il silenzio, l'apparire di brevi luci, di ceneri colorate, di muffe sospese nell'aria. Tutto questo è la notte, intrisa, come in una specie di sudario, dell'amore che si manifesta e che nella notte diventa ancora più esclusivo, straziato e struggente. Nella notte i legami si saldano, appaiono più nitidi e sappiamo che quanto appare, è vero. Ci disponiamo a stringere una mano, a chiuderci in un abbraccio, a immaginare il tempo in cui la partenza avverrà. E dentro quella stessa notte saranno da trovare tracce, da lasciare piccoli fuochi che in questo modo, in ogni sera e in ogni notte del tempo, si riaccenderanno. Fuochi come stelle, perché le stelle fanno bene al cuore.

«"Da te gli uomini", disse il piccolo principe, "coltivano cinquemila rose nello stesso giardino… e non trovano quello che cercano…"
"Non lo trovano", risposi.
"E tuttavia quello che cercano potrebbe essere trovato in una sola rosa o in un po' d'acqua…"
"Certo", risposi.
E il piccolo principe soggiunse:
"Ma gli occhi sono ciechi. Bisogna cercare col cuore".»

Poi nella notte, sulle sue strade, viene il momento che tu capisci essere del saluto, del distacco, infine dell'assenza. Viene quel momento e la notte con la sua luce lo prefigura, lo accoglie, lo accompagna. Pittori straordinari di ogni tempo, temerari davanti all'immenso, hanno dipinto questo momento. Questo tempo protratto dell'addio. Ne hanno fatto racconto, vi hanno costruito immagini. Sono riusciti a dare sostanza a quella notte. E il piccolo principe, sul punto di partire: «Sarà un anno questa notte. La mia stella sarà proprio sopra al luogo dove sono caduto l'anno scorso.» Le stelle del mondo e della vita, le stelle d'ognuno, che i pittori hanno dipinto, che i pittori dipingono. E c'è poco di più, se consideriamo la strada verso l'immenso, poco di più delle stelle. Che sono come un segno, infiniti segni, nella volta del cielo. E a esse spesso ci rivolgiamo, come a parlare con qualcuno che non c'è più. O con qualcuno che un giorno verrà al posto nostro sulla terra.

«"Guarderai le stelle, la notte. È troppo piccolo da me perché ti possa mostrare dove si trova la mia stella. È meglio così. La mia stella sarà per te una delle stelle. Allora, tutte le stelle, ti piacerà guardarle… Tutte, saranno tue amiche. Quando tu guarderai il cielo, la notte, visto che io abiterò in una di esse, visto che io riderò in una di esse, allora sarà per te come se tutte le stelle ridessero. Tu avrai, tu solo, delle stelle che sanno ridere!"
E rise ancora.
"E quando ti sarai consolato (ci si consola sempre), sarai contento di avermi conosciuto. Sarai sempre il mio amico. Avrai voglia di ridere con me. E aprirai a volte la finestra, così, per il piacere".»

La pienezza della notte, l'arrivo delle stelle, un albero che cade. Finisce la storia del piccolo principe, comincia la storia della pittura, della sera e della notte.

«Si scoraggiò un poco. Ma fece ancora uno sforzo:

"Sarà bello, sai. Anch'io guarderò le stelle. Tutte le stelle saranno dei pozzi con una carrucola arruggi-nita. Tutte le stelle mi verseranno da bere…"

Io stavo zitto.

"Sarà talmente divertente! Tu avrai cinquecento milioni di sonagli, io avrò cinquecento milioni di fontane…"

E tacque anche lui perché piangeva.

"È là. Lasciami fare un passo da solo".

Si sedette perché aveva paura.

E disse ancora:

"Sai… il mio fiore… ne sono responsabile! Ed è talmente debole e talmente ingenuo. Ha quattro spine da niente per proteggersi dal mondo…"

Mi sedetti anch'io perché non potevo più stare in piedi. Disse:

"Ecco… è tutto qui…"

Esitò ancora un poco, poi si rialzò. Fece un passo. Io non potevo muovermi.

Non ci fu che un guizzo giallo vicino alla sua caviglia. Rimase immobile per un istante. Non gridò. Cadde dolcemente come cade un albero. Non fece neppure rumore sulla sabbia.»

Cosa c'è alla fine della notte? Cosa c'è nel punto in cui sorgono le stelle? Da quale parte si dirigono le strade? I pittori hanno imparato come si sta su quel bordo, su quel ciglio da cui si vede il buio e si vedono le stelle. Ho sempre immaginato una notte così, quando qualcuno parte e altri restano indietro. Qualcuno parte e fa il gesto di un saluto, prima di cambiare strada e diventare invisibile. Ho sempre immaginato una notte così, piena di stelle e tu a sentire tutta la pienezza del respiro, il battito forte della luna, il suo distendersi meraviglioso e incantato sulla superficie del mare. O sul dorso nudo di roccia di una montagna. La notte è questa, nella sua interezza, nella sua complessità, nel suo essere una parola necessaria, un profumo, un silenzio, un azzardo. La notte è questa, partire e rimanere, la presenza e l'assenza, il pieno e il vuoto. La notte è questa, e così ho desiderato raccontarla. Chiamando vicino a me certi pittori che l'hanno detta in questo modo. Perché, credo, in questo stesso mio modo l'hanno vissuta, la vivono. Li ho chiamati, hanno risposto.

Merleau-Ponty, Galileo e Van Gogh

Note sparse per una mia piccola storia

della sera e della notte

Quando il cielo sopra di me formicola di innumerevoli stelle, quando il vento
soffia nello spazio immenso, quando l'onda si frange mugghiando nella notte
profonda, quando l'etere arrossisce al di sopra della foresta e il sole rischiara il
mondo, dei vapori si alzano nella valle e io mi stendo sull'erba tra gocce di rugiada
scintillanti, ogni foglia, ogni filo d'erba deborda di vita, la terra vive e si agita
attorno a me, tutto risuona assieme in un solo accordo; allora la mia anima grida
di gioia e plana nello spazio incommensurabile tutt'intorno; non esiste più alto
né basso, non esiste più tempo, non esiste più inizio né fine, sento il soffio vivente
di Dio che tiene in mano il mondo e in cui ogni cosa viva si muove.

Philipp Otto Runge, *Lettera del 10 maggio 1802*

Le dissi che la notte era ciò che ella vedeva. Ella, la cieca. Non ho riflettuto,
non ho pensato che io, il giorno, non vedo nulla fuorché il piccolo cerchio
d'acqua dove nuoto, fuorché l'anello d'erba e d'alberi dove posso abbattere
le bestie col mio fucile, non vedo null'altro che la barriera rotonda delle montagne
e là il mio sguardo è fermato dall'azzurra muraglia dei graniti. E in ciò che io
vedo, per la maggior parte del tempo, il sole m'inganna: se guardo il cielo vedo
le nuvole e non riesco a vedere più in alto; più in alto il sole taglia il mio sguardo
e mi nasconde tutto. Ho gli occhi aperti nella notte e, poiché il sole non
m'inganna più, vedo il largo del tutto, vedo molto più chiaramente
che in pieno giorno.

Jean Giono, *Canto del mondo*

Devo ricordare che la suggestione forte, fortissima, da cui è nata la prima idea di questa esposizione, alcuni anni fa, non è venuta solo dalla mia adesione di sentimento verso la sera e la notte. Dal mio protendermi addirittura, dallo struggimento che in me provoca da sempre la distensione dello spazio notturno, ma anche dalla rilettura della *Fenomenologia dello spirito* di Maurice Merleau-Ponty, e soprattutto da alcune pagine dedicate proprio alla notte. In quei primi appunti, che poi ho tenuto per molto tempo nel cassetto come con alcuni progetti mi capita, fino a che possano diventare una mostra, da lì partivo. Poi, come sempre mi accade, i fatti della vita, le mie emozioni diverse, spostano di un poco il percorso, rendendolo in alcune sue parti diverso da come lo avevo pensato in principio. È capitato anche questa volta, e del resto non saprei procedere in altro modo se non in questo, perché il lavoro per me è il rispondere quotidianamente all'impatto della vita. Quando conoscenza ed emozione si mescolano, alla ricerca di un equilibrio.

La notte per Merleau-Ponty vive in una sua dimensione particolare, posta all'interno di una più vasta idea dello spazio. Il punto di arrivo del suo discorso sullo spazio è la notte, e quel punto di arrivo è per me il senso più pieno anche di molte *descrizioni* del buio che sono comprese in questa mostra. Quelle descrizioni che, con intenzioni fascinose, toccano poi, nell'ultima parte del percorso espositivo, anche una notte *astratta*, priva di confini visibili, priva di punti di riferimento, di ancoraggi, insomma di qualsiasi limite. Sono notti vuote di avvenimenti, fatte solo di colore, di colore steso o screziato, di colore dilagante o frammentato. Notti di quel colore che sfiora l'anima e ne offre il suono e il silenzio. Per questo motivo non ho esitato a proseguire, ho scelto di non fermarmi nel punto in cui, forse, l'uso comune del termine notte avrebbe voluto che io mi arrestassi. Quando la notte cede al potere di una parola che affonda in un luogo che non è più il conoscibile per come l'abbiamo davanti agli occhi, e diventa invece l'inconoscibile. Ma che alcuni pittori, straordinari e coraggiosi, hanno voluto mettere sulla tela. Affondando e sprofondando, galleggiando dentro buie correnti, anfratti, umidità, ceneri e apparizioni. La penultima sala della mostra, quella dove sono raccolte alcune grandi tele di Rothko e De Staël, di Noland e Morris Louis, affronta proprio questo cammino diverso.

Ma intanto la strada di Merleau-Ponty parte da un po' più lontano, con la riflessione su cosa sia la percezione dello spazio: «Abbiamo dovuto riconoscere che la percezione spaziale è un fenomeno di struttura ed è comprensibile solo all'interno di un campo percettivo che contribuisce per intero a motivarla proponendo al soggetto concreto un ancoraggio possibile.» Lo spazio non è ancora quello notturno, nel quale, come vedremo, si perdono i confini. La percezione avviene per punti motivati, e non può prescindere dalla storia di colui che percepisce lo spazio. Una sorta di memoria individuale senza la quale si avrebbe solo una percezione generica e priva di significati di vita. Per cui, il passaggio successivo è questo pensiero: «Nell'atteggiamento naturale io non ho *delle percezioni*, non pongo questo oggetto accanto a quest'altro e le loro relazioni oggettive, ho un flusso di esperienze che si implicano e si esplicano vicendevolmente tanto nella simultaneità quanto nella successione.»

Questa è la forza del pensiero di Merleau-Ponty, che con ogni evidenza entra in modo sontuoso dentro l'idea di notte che la mostra vuole raccontare. L'esperienza, appunto nella sua «simultaneità» e «successione», sta alla base del modo di percepire. Non ci potrà essere una notte sempre uguale, non ci potrà essere una notte di tutti, ma nella grammatica dell'anima l'incrostazione della vita sarà sempre vincente, con il suo carico di visioni e di memorie, di attese e di conoscenze. La notte sarà così il luogo nel quale tutto si concentra, in una formulazione che mentre respinge il caos assoluto, ordina le esperienze passando dalla moltitudine all'uno che percepisce. Manifestando così quell'armonia solenne che lega il passo quotidiano alla tensione, tanto acuita nella notte, verso l'immenso.

E la percezione avviene senza che porre un segno sulle cose e sui volti uccida, per troppa visione, quelle cose e quei volti. È un passaggio fondamentale, perché autorizza quel senso di sospensione che poi ritroveremo massimo nella notte percepita: «Noi non percepiamo quasi nessun oggetto, così come non vediamo gli occhi di un volto familiare, ma il suo sguardo e la sua espressione. C'è qui un senso latente, diffuso attraverso il paesaggio o la città, che ritroviamo in una evidenza specifica senza avere il bisogno di definirlo.» Tanto più importante, questo concetto, quando noi lo mettiamo in relazione con la notte e con il suo spazio non definibile. Ma ecco l'affermazione definitiva, che pone al centro della percezione il passato del soggetto, la sua memoria che condiziona così la percezione stessa dello spazio. Ancora una volta, questo sarà fondamentale nella comprensione della notte, priva di punti di riferimento e quindi aperta all'essere riconosciuta nella storia d'ognuno. Ancor di più, con la storia d'ognuno: «Una prima percezione senza sfondo è inconcepibile. Ogni percezione presuppone

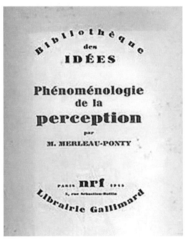

Maurice Merleau-Ponty
nel gennaio 1950

Copertina di *Phénoménologie de la perception*, prima edizione, 1945

un certo passato del soggetto che percepisce; la funzione astratta di percezione, come incontro degli oggetti, implica un atto più segreto in virtù del quale elaboriamo il nostro ambiente.»

È il momento in cui Merleau-Ponty riconosce una cosa davvero centrale per questa mostra e per le immagini che ho scelto nel comporla. La proiezione dell'individuo nello spazio, il suo desiderio, e poi la sua volontà, di essere dentro lo spazio, di essere anzi egli stesso spazio, di farne parte, di abitarlo. Ma non come un passeggero generico sul treno del mondo, e invece come l'indifferibile esperienza che avviene in un punto preciso e in un tempo identificato: «La percezione dello spazio non è una classe particolare di "stati di coscienza" o di atti, e le sue modalità esprimono sempre la vita totale del soggetto, l'energia con la quale esso si protende verso un avvenire attraverso il suo corpo e il suo mondo.» Corpo e mondo del soggetto fanno essi stessi parte dello spazio, ne condividono l'azione e l'energia, si costruiscono insieme. Il soggetto non sarebbe senza lo spazio, ma anche lo spazio sarebbe diverso senza il soggetto che a quello spazio offre il suo corpo, la sua memoria e la sua storia.

Ed eccoci al punto nodale, le righe che hanno mosso, in una sua parte non secondaria, questa mia ricerca sulla notte, i suoi luoghi, le sue storie: «Ci troviamo quindi indotti a estendere la nostra ricerca: una volta rapportata l'esperienza della spazialità alla nostra fissazione nel mondo, ci sarà una spazialità originale per ogni modalità di questa fissazione. Quando, per esempio, il mondo degli oggetti chiari e articolati si trova abolito, il nostro essere percettivo amputato del suo mondo delinea una spazialità senza cose. È ciò che accade nella notte.» Quindi, la notte è una di quelle spazialità originarie, di certo la più particolare, la più inesprimibile, proprio perché si tratta di «una spazialità senza cose». E noi siamo piuttosto abituati a considerare il mondo stipato di cose, di volti, di segni. Un mondo fatto di assenza più che di presenza, ci appartiene molto meno, perché ci serve sempre capire l'oggetto della descrizione, mentre nella notte si può anche arrivare a *descrivere* il vuoto, il nulla, appunto l'assenza di una presenza. Per questo, lo ripeto, in questa mostra ho sentito non solo il desiderio, ma la vera necessità, di includere un pittore come Rothko, che con ogni evidenza non dipinge, non ha mai dipinto, la notte fisica, la notte nella quale gli oggetti e i volti fossero riconoscibili. Fossero appunto delle presenze e non delle assenze.

E poi le frasi che si susseguono, e che ancor di più approfondiscono la notte, l'annunciano: «Essa non è un oggetto di fronte a me, ma mi avvolge, penetra attraverso tutti i miei sensi, soffoca i miei ricordi, cancella quasi la mia identità personale.» La notte è talmente potente, talmente misteriosa, vera e propria manifestazione del sacro, che perfino quanto sembrava inattaccabile di fronte allo spazio, nello spazio, e cioè la storia personale, la propria memoria, adesso retrocede. La notte dilaga in noi, prende possesso di noi, ci modifica in un'altra cosa da noi. La notte ci connette all'esperienza primordiale, costitutiva, quando la moltitudine cantata meravigliosamente da Pessoa è un dato che costruisce il mondo stesso. La notte con il suo spazio diverso cambia la percezione: «Io non sono più trincerato nel mio posto percettivo per vedere, da lì, sfilare a distanza i profili degli oggetti. La notte è senza profili, è la notte stessa che mi tocca, e la sua unità è l'unità mistica del *mana*.» Il punto di contatto con il mondo è totale, e questo può avvenire solo nella notte. Non si è più coloro che guardano le cose, non si ha più una funzione catalogativa e giudicante, ma si è presi dalla notte stessa, nella sua interezza, soffio e respiro. La notte non può essere oggetto, ma la notte contiene, e nella notte si è contenuti. La notte stende un mantello, avvolge, ripara, si prende cura. Noi siamo notte con la notte, non guardiamo più ma *siamo*.

In questo modo, tutti i sensi sono attivati per una nuova e diversa percezione della notte: «Anche delle grida o una luce lontana la popolano solo vagamente, essa si anima tutta quanta, è una profondità pura senza piani, senza superfici, senza distanza da me. Per la riflessione ogni spazio è fondato su un pensiero che ne collega le parti, ma tale pensiero non si forma in nessun luogo. Per contro, mi unisco allo spazio notturno dal cuore di questo stesso spazio.» L'essere nella notte e non davanti alla notte, l'essere per essere e non per vedere con il solo occhio fisico, ci fa comprendere la perfetta spazialità della notte. Nella quale lo spazio si apre e si distende nella sua profondità assoluta, mai spezzata, dentro una continuità che annulla piani e distanze. I pittori, alcuni pittori, sembrano aver fatto tesoro di questa indicazione. Lo spazio puro notturno, il luogo in cui non esistono fratture ma tutto si dà in una continuità meravigliosa, dove agiscono il silenzio e certi echi lontani, certe luci inarrivabili e lontanissime nella loro presenza, nel loro distanziarsi da noi. La notte che si offre ai pittori è dunque una notte che risuona internamente, fatta di risonanze e cerchi che si allargano come sulla superficie dell'acqua quando qualcuno l'accarezzi. In questo velluto di notte, in questa sua morbidezza, la pittura ha trovato incanti e li ha resi visibili. La pittura ha il potere magico di rendere visibile ciò che appare invisibile. Ha il potere di destare da una lontananza il senso del tempo e dell'infinito. La pittura della notte e nella notte, sembra avere questo potere in massimo grado. Dove meraviglia e miracolo si congiungono.

Come diceva Victor Hugo, nella notte l'anima si ingrandisce attraverso lo stupore. La visione e l'esperienza della notte, così come del cielo con i suoi fenomeni, ha da sempre toccato gli uomini, li ha fatti diversi e portati all'emozione assoluta e all'incanto partecipato. Anche Aristotele, in una pagina della *Metafisica*, tocca questo nodo cruciale: «Gli uomini hanno cominciato a filosofare, adesso come nel principio, per la meraviglia: mentre inizialmente rimanevano meravigliati davanti alle difficoltà più semplici, successivamente, progredendo poco per volta, giunsero a porsi problemi sempre più complessi: per esempio quelli riguardanti i fenomeni della luna, del sole e delle stelle, o i problemi riguardanti la nascita dell'intero universo.» Quella meraviglia che genera l'atto creativo e gli dà forza e sostanza. E la notte fonda il desiderio di trasformare quella forza, quella rapinosa visione, il sentimento di uno spazio privo di ogni limite, sia dentro di noi che fuori di noi, in immagine. Per provare a dire come l'immagine, la pittura, siano ciò che di indispensabile occorre all'uomo per descrivere il contatto con luoghi che altrimenti non si potrebbero conoscere. Così come gli uomini primitivi sentivano il bisogno, per vincere la paura, di rappresentare sui muri delle caverne ciò che li terrorizzava, allo stesso modo i pittori, dipingendo la notte, ne hanno tratto alla luce, una luce diversa, le cartilagini e i sogni, perché diventassero non più inconfessabili.

Ma per un momento andiamo alla differenza che la fisiologia sancisce tra la visione diurna e quella notturna, regolate da meccanismi diversi tra loro. In presenza di luce proveniente dal sole, le immagini vengono formandosi al centro della retina e mettono in azione i fotoricettori conici che si trovano nella fovea. Nel momento in cui scende la sera, le immagini si formano in una zona periferica della retina, attivando dei fotoricettori con una forma particolare a bastoncino, che hanno sede in un'area marginale della fovea. Da ciò deriva il fatto che la visione notturna è laterale, sostituendo alla visione diurna un altro modo di vedere, che non è assolutamente cancellazione di tutto e buio, quanto invece una ricchezza cromatica sconosciuta al giorno. Poiché durante il giorno la nostra visione è sostanzialmente frontale, entriamo in quel momento nel dominio delle cose e il nostro rapporto con lo spazio che ci sta di fronte è un rapporto fondato sulla giustezza e sulla precisione. Tutto sta nella disponibilità del nostro sguardo e in questo modo conosciamo il mondo. Ma quando viene la notte, ogni cosa cambia, passando per il momento del crepuscolo prima e poi della sera. Per questo è impossibile parlare di notte senza parlare anche di tramonto e di sera e per questo motivo questa mostra parte esattamente dal tramonto, avvenente o avvenuto. Di notte la visione è quindi laterale, si amplia a dismisura, giunge a tutte le possibili e più recondite profondità. Segue ogni strada, senza sapere di seguirla, perché la notte è anche inconsapevolezza.

Quindi, la visione notturna sembrerebbe negare il concetto tradizionale di prospettiva rinascimentale, con l'andare dello sguardo da un punto sopraelevato al punto verso cui tende l'occhio, zona di arrivo della visione stessa. Un quadro notturno ci avvolge, ci prende. Ci prende da ogni parte, non ha punti di vista autorizzati, è senza limiti e confini. La pittura della notte sembra consentire a uno spazio circolare, uno spazio tutto inclusivo, come quello, pur non notturno, che Monet aveva mirabilmente creato nei suoi anni finali a Giverny, quando le ninfee erano diventate manifestazione dell'essere. La notte stende quel mantello che troviamo per esempio nel *Salmo XVII* di Davide, laddove si dice: «Si velò di buio, come di un mantello, e come tenda, acque nere e nubi dense.»

La notte come un mantello, la notte che gira tutto intorno, ci gira intorno, e ha dunque una predisposizione multicentrica e si lascia percorrere da ogni lato. Il pittore vi cammina dentro, vedendo senza vedere, ma in essa vi sono bagliori, piccoli fuochi, accensioni, lucentezze, profumi e silenzi. La notte, l'ho detto, non è il buio totale, non è la negazione della luce, ma il suo spazio ci consente di vedere ancora, dopo la luce del giorno. Nella notte si vedono colori diversi rispetto al giorno, colori che si cercano, e si trovano, spingendosi fino ai bordi della notte, così come fa il pittore. Che percorre gli spazi, li feconda, avvicinandoli a sé, o forse sono quegli stessi spazi che si fanno nei pressi, mostrando come la notte sia anche fortemente un fatto dello spirito. Emmanuel Lévinas, nel suo libro *Parola e silenzio*, ci riporta a cosa sia il mondo della luce, della luce diurna, dal quale dunque la notte si stacca, differenziandosi. Ma è necessario partire da lì, da quella apparente pienezza, per intendere il senso più vero della luce notturna: «Il mondo della luce è un mondo di trasparenza attraverso il quale possediamo il mondo abbracciandolo. Mondo continuo, in cui la forma sposa perfettamente il contenuto: il contenuto è l'intero evento del fenomeno, è chiarito dalla forma che gli presta un senso. Mondo di solitudine in cui tutto ciò che è altro è ad un tempo mio.»

Emmanuel Lévinas nel gennaio 1988 (Ulf Andersen)

Converrà rimanere ancora un poco su questo rapporto tra la luce diurna e quella notturna. Contrariamente a quanto si potrebbe distrattamente pensare, la luce nella notte si manifesta attraverso una varietà molto maggiore rispetto a quanto non accada durante il giorno, quando il sole nella sua potenza tende a occultare le sfumature e occupa lo spazio dentro una sua clamante forza. Lo stesso chiaroscuro diurno, determinato dal sole, appare meno suggestivo e ricco di variazioni cromatiche del chiaroscuro notturno, che si apre soprattutto grazie alla luce della luna. Un chiaroscuro lunare spalanca molto di più la regione del mistero e della meraviglia. Così, mentre la luce della luna dilaga e si distende morbida sulla natura, sui volti e sulle cose, e noi possiamo guardare tranquillamente la luna stessa, il sole non lo possiamo guardare direttamente. La notte dunque si può leopardianamente *mirarla* nella sua interezza, mentre il giorno non si lascia abbracciare del tutto. Capiamo quindi che la notte ci propone di guardare in un modo diverso, molto più approfondito e lontano, dentro le profondità. Appunto, non una profondità soltanto, ma le molte profondità che si succedono. A queste profondità possiamo anche dare un altro nome, e sono le risonanze. Qualcosa che non abbia più solo a che fare con la creazione di immagini, ma che nasca dal legame tra immagine e suono. Un suono che molto spesso è quello del silenzio. In un dialogo a volte non visibile, eppure fondato su fiati e vuoti dell'aria, sospensioni, chiamate e risposte. Un dialogo che tocca quel punto centrale del rapporto tra visibile e non visibile, di cui tra brevissimo parlerò.

Ma intanto, ancora per un momento, fermiamoci a parlare delle risonanze, di questo movimento che fa l'interno sollecitato dall'esterno e che rende l'evanescenza di una visione, il colore di quella visione, e tutto si deposita nel vasto campo dell'anima, rimbalzando piano e in silenzio. Nella luce del giorno pieno, in quel suo quasi famelico procedere, le risonanze non possono esistere, sono abolite, non partecipano del processo della visione che si interiorizza. Nel giorno, l'abbiamo visto, tutto prende la via di una sensorialità scandita, univoca, affermativa. In quel momento abbiamo certezza di vedere quanto vive davanti al nostro sguardo, anzi lo riconosciamo e questo infonde in noi sicurezze. La sicurezza del vedere, però, gli toglie fascino, ambiguità, mistero, e non genera le risonanze. La notte invece ci prende da ogni lato, in ogni modo, siamo in essa condotti ed essa stessa ci fascia. La notte è la fascia che la nostra fronte cinge, attivando tutti i nostri sensi, creando una vera e propria sensorialità multiforme. Nella notte noi siamo l'uno e i molti, nella notte sentiamo forte la presenza del sacro, forse del divino, ed è per questo che amiamo così tanto la luce delle stelle, il lume della luna. Che evocano non soltanto la storia individuale, ma anche tutta la pressione di coloro che hanno vissuto prima di noi, perché la notte è il luogo in cui la storia si raccoglie.

Alfred Tomatis

Così, se il giorno vive in un suo esterno, si lascia percepire in una sua pelle e la descrizione sembra avvenire in un fuori da noi, la notte pare congiungere l'esterno con l'interno, quindi essere il luogo nel quale arrivano ancora gli echi del giorno, ma vivificati dalla luce diversa. Nell'impossibilità di essere descritta interamente, di essere afferrata, di essere infine definita dentro una certezza, la notte è più ricca del giorno, ma vive anche, nella sua indefinibilità, sul ciglio del pericolo. Perché sempre ciò che non si può descrivere fino in fondo mette in crisi le certezze, scardina dalle fondamenta il patrimonio che nasce invece dalle nostre certezze diurne. Quanto nel giorno ci pare di conoscere perfettamente, nella notte scompare e dunque siamo costretti a vivere una nuova dimensione anche conoscitiva. Oltre che una diversissima condizione emozionale. Per questo i pittori, dipingendo la notte, o le storie ambientate nella notte, devono far ricorso a un nuovo alfabeto, a una nuova grammatica, che li metta in contatto con il punto dell'origine.

Noi sentiamo che nella notte si animano presenze, la cui riconoscibilità non sempre è facile. Sono presenze che vengono dal fondo del tempo, o sono presenze più simili a sostanze della commozione e dell'emozione. Esse vagano dentro la luce notturna, filamentosa e chiara, e ci vengono incontro, senza che noi possiamo prevederlo. Per questo motivo nella notte, molto più che nel giorno, si attua una visione inattesa, fatta di stupori improvvisi, di folgorazioni istantanee. In una notte così si procede con tutti i sensi allertati, ed è forte la componente anche tattile dei paesaggi notturni che i pittori dipingono.

Una notte così concepita non può che rimandare, tra l'altro, alla vita prima della nascita, e a tutte le informazioni di suono e visione che vengono al feto nell'utero materno. Ne parla in modo molto interessante Alfred Tomatis nel suo libro *La vita uterina*, uscito a Parigi nel 1981. Il mettersi in ascolto del feto, che poi feconderà la vita adulta e che nasce proprio in quella notte prima del tempo: «L'ascolto preesiste, e determina la sua funzione, che a sua volta decide la costruzione dell'apparato uditivo. L'orecchio inizia, dunque, a formarsi sulla base di questa modulazione primaria, trama sonora di vita sulla quale si innestano i fenomeni acustici che sono le rappresentazioni sensibili più notevoli o, quanto meno, le più notate. È quindi questa modulazione iniziale che risuona al rumore che arriva all'orecchio, considerato come un organo vivo destinato a installare questo primo *imprinting*. Più che un abbozzo, questo effetto sonoro precede il risveglio e la sensazione integrata. Non è ancora controllabile, ma è là, presente e stranamente manifesto. Questi primi effetti sonori diventeranno per l'adulto l'oggetto stesso di una ricerca permanente. L'essere umano non avrà pace fino a quando non avrà trovato questa nozione primaria precedente a ogni altra impronta. Tutto quello che si imprimerà si inscriverà nei suoi neuroni come proveniente dall'esterno; tutto ciò che si accumulerà nel corso di questo rapporto primario genererà la sua costituzione di uomo partecipe della storia degli uomini.»

La notte quindi, e il rapporto che abbiamo con essa, è la ricerca di quella «nozione primaria precedente a ogni altra impronta», perché lo svolgersi delle immagini avviene in quel liquido vischioso che ci ha visti nascere. Nel quale riconosciamo l'antecedente rispetto a noi, così come viene riconosciuto dentro l'utero, nella dimensione della notte: «L'universo uterino inizia così a essere esplorato in modo costante [*dal feto*] e le informazioni raccolte vengono accumulate nei ricettacoli costituiti per le mani. Durante l'esplorazione, si propaga la sensazione di una percezione precedente, di un "già conosciuto" che emerge in funzione della maturazione anatomica e che viene raddoppiata da una maturazione psicologica legata al desiderio di inondare gli stadi superiori di "ricordi" raccolti negli strati periferici.»

Abbiamo dunque acquisito la nozione come questa tattilità che abbiamo riconosciuto nella frequentazione della notte, nasca dentro la prima notte consapevole della nostra vita, la notte uterina. Che pure rimanda a una notte ancora precedente, che è la notte giungente dal tempo. La notte è quindi definitivamente il luogo delle "memorizzazioni arcaiche", per questo la notte è il luogo del tutto possibile. Ma seguiamo adesso un ultimo ragionamento di Tomatis, sulle memorie che accadono partendo dalla notte uterina: «Si dovrà aspettare a lungo perché una nuova sensazione sia raccolta a livello del cervello, senza memoria di quel ricordo. Un tocco ne ricorda un altro, un suono risveglia mille apparizioni. Vi è una vera reminiscenza, una sorta di isteresi, che così spesso si ritrova nelle reazioni isteriche. Non sono altro che dei risvegli, delle riemersioni di quanto è stato immagazzinato e riportato attraverso il sistema nervoso, che sfocia in risposte che sfuggono, da parte del soggetto, a ogni processo di analisi. Ogni eccitazione risveglia innanzi tutto la memoria arcaica ancor prima di essere raccolta e analizzata per se stessa e risponde a ciò che è custodito. D'altro canto la parola "isteria", vista sotto questa angolazione, dà la sua vera colorazione alla malattia che si conosce in psichiatria e permette di disinserire questa dall'immagine dell'*hyster*, che ricorda l'utero cui si è condotti a riallacciarsi implicitamente. L'utero è *hyster*, in quanto conserva, custodisce.» La notte quindi

Thomas Young

Augustin-Jean Fresnel

William Hyde Wollaston

è il luogo della custodia, lo spazio in cui la protezione accade. La notte custodisce, vedendo e non vedendo, così come noi siamo portati a entrare nella notte vedendo e non vedendo. I pittori, che di questa notte devono fare a loro modo racconto, si preparano a dipingerne il visibile e l'invisibile.

Abbiamo intanto capito come esistano luci proprie alla notte, e come in quello spazio si manifestino delle ricchezze che il giorno non svela. Il sole non è l'unica fonte produttrice di luce in natura, ma anche la notte, con le sue ombre distese, produce luce. E questa luce così diversa la pittura testimonia, come vedremo nella seconda parte di questo capitolo. Ma adesso affrontiamo il tema legato a visibilità e non visibilità, partendo da alcune osservazioni molto interessanti di Baldine Saint Girons: «Il punto di partenza generale è l'opposizione tra la luce visibile e la luce invisibile. Bisogna infatti distinguere, come fa il latino, i due tipi di luce che il francese e l'italiano confondono in un unico termine. Alla luce endogena, "forza agente divinizzata", *lux* ("luce"), si oppone la fonte luminosa esogena, "mezzo d'illuminazione", *lumen*, "luce", "lume". Nella *Genesi*, la *lux* è creata la prima sera: è la condizione di visibilità del mondo e il principio che organizza le tenebre. Il *lumen*, la luce degli astri celesti, appare invece solo al quarto giorno. Del resto, a partire dall'inizio del XIX secolo, la fisica conferma la presenza di una "luce invisibile": fuori dallo spettro accessibile alla vista, esistono raggi che il prisma devia e scompone, e la cui lunghezza d'onda è stata calcolata da T. Young e A. Fresnel. Alla scoperta degli infrarossi da parte di J.W. Ritter e di W.H. Wollaston (1801) seguirono quella dei raggi ultravioletti, quella dei raggi x e quella delle sostanze radioattive. Infine, la filosofia di Michel Henry intende rompere con la tradizione filosofica e propone un altro modello di conoscenza, fondato sull'essenza invisibile e non sulla sua manifestazione. Pur mostrando la fecondità di una notte che perfeziona l'opera della rivelazione, Henry respinge la notte nell'invisibile: "La pretesa di cercare l'origine di ogni conoscenza nel visibile e nei suoi poteri (pretesa resa esplicita da Kant e ancora dominante), non rappresenta l'insieme dello sviluppo della filosofia occidentale: perde i suoi diritti."»

Tracciato così il territorio che separa – ma dentro una continuità dettata dal tramonto e poi dall'alba nel suo percorso circolare – il giorno dalla notte, comprendiamo come la notte sia fatta sì di una quota di visibile, ma molto di una parte invisibile. Nella notte c'è uno spazio che si dilata, e che con la visione laterale si spinge fino ai bordi, ai suoi margini, per usare un termine caro sempre alla studiosa francese. Così, seguendo il meccanismo dell'inspiro e dell'espiro, della sistole e della diastole, lo spazio del centro e lo spazio laterale continuamente si aggregano e si distanziano tra loro. Presenza e assenza, apparizione e scomparsa. Noi quindi non percepiamo la notte come un corpo unico, ma come una varietà in movimento. Ed è questa varietà a costruire, anche in pittura, il fascino straordinario della descrizione della notte. Che diventa, in misura tanto ampia, descrizione della notte interiore.

Dal Romanticismo di Friedrich fino a Rothko, questa notte interiore, nelle sue molteplici espressioni, ha dato alcune delle pagine più alte di tutta la vicenda dell'arte. Nata, quella pittura, dal rapporto fecondo tra la luce notturna nella natura e la luce di una notte che abita in noi, in noi si specchia. Tanto che risulta difficile dire se la luce esterna sia più o meno importante di quella interna, e alla fine non sarà mai improprio parlare di una visione notturna interna all'occhio. Una visione che tocca il cuore prima ancora che l'anima. Ma ciò che alla fine accade, e crea la meraviglia della pittura che dipinge la notte, è che le due visioni, esteriore e interiore, si sovrappongono e si sommano, generando una nuova visione, la visione della notte assoluta, che possiede le caratteristiche di entrambe. Del resto, la necessità del rimando all'interno di una coppia, la necessità del rapporto che sia un dare e un avere, un fondersi, è stata detta benissimo per esempio da Gaston Bachelard: «Le parole delle grandi cose come la notte e il giorno, come il sonno e la morte, come il cielo e la terra, prendono un senso soltanto quando designano se stesse come altrettante coppie. Di fatto, quando un essere del mondo comincia ad avere potere, è prossimo a specificarsi sia come potere maschile, sia come potere femminile. Ogni potere ha un sesso e può anche essere bisessuato ma non sarà mai neutro.»

E la notte, cancellando alcune possibilità alla visione con l'occhio fisico, ingigantisce lo spazio della visione spirituale. Poiché è la notte che visita l'occhio, che tocca il punto più profondo dell'anima, non il contrario. La notte, sfiorandolo, rende l'occhio strumento di conoscenza del suo stesso buio, delle presenze che lo abitano, come dei silenzi, delle voci, dei profumi, dei colori e delle ombre. Sembra quasi che l'occhio, nella notte, cessi la sua funzione che determina la propria visione, per farsi prendere e cullare. Perché noi siamo infine tutti immersi nella notte. Tanto che, abitanti ormai di quel grande spazio tutto risuonante, ci si interroga sull'appartenenza, nostra, a quel luogo nel quale passato e futuro si toccano. È per questo che i pittori in quello spazio magico hanno collocato molte storie tratte dalle Scritture, dalla Natività all'adorazione dei pastori, dalla visita in casa di Marta e Maria Maddalena all'orazione nell'orto degli ulivi, fino alla salita al monte Calvario, in ebraico Golgota, alla crocifissione e alla deposizione. Per questo la mostra indugia a lungo, con quadri bellissimi e famosi, su questi temi. Per sancire il senso di appartenenza della notte alla storia, della notte alla vita. La notte costruisce, lì dentro, una forte identità simbolica, disponendosi in un luogo che se è geograficamente identificato, è anche interno all'uomo. Proprio perché, come abbiamo appena visto, non può darsi un termine senza il termine che gli si avvicini, si unisca a esso.

Raimond Panikkar

Nelle sue celebri *Gifford Lectures*, Raimond Panikkar scrive parole molto belle sull'appartenenza dell'uomo al cosmo, una volta uscito dal caos, e su come l'uomo percepisca quello stesso cosmo. Ascoltiamo le sue parole, prima di addentrarci nelle tenebre del principio: «L'Uomo è molto più di una semplice parte del cosmo, come se fosse un qualsiasi altro componente; l'Uomo è molto più di un animale razionale; egli appartiene certamente al cosmo e al regno degli animali; ma il suo "regno non è di questo mondo", il suo regno (*conversatio*, *politeuma*, cittadinanza) è nei cieli; egli è il centro di quella coscienza che pervade ogni cosa e permette all'Uomo di darle voce, di "esprimere la via" (*dotoku*), come disse Dogen, il maestro *zen* del XIII secolo. Egli sta in mezzo tra il cosmico e il Divino – anche se, come abbiamo detto, "Uomo" è già una astrazione della realtà integrale; egli è, piuttosto, la "piattaforma" da cui la vediamo. Siamo più che abitanti passivi del cosmo. Siamo la torre da cui si percepisce l'intera realtà; questa è la nostra funzione e responsabilità.» Dunque, l'uomo è parte del cosmo, lo vive, ma ugualmente lo percepisce dall'alto, discernendo quanto vi appartiene e lo spazio stesso dell'uomo nel cosmo. È il momento in cui nel mondo uscito dalle tenebre vi è chiarezza, lontani dal caos primordiale da cui tutto ha tratto origine.

In uno degli *Inni Orfici*, l'immagine è quella della notte benigna, uscita dal buio e dal ribollire del tempo primo:

Notte canterò, genitrice degli dèi e degli uomini,
Notte genitrice di tutto, che chiameremo anche Cipride,
ascolta, dèa beata, dal cupo splendore, scintillante di stelle,
che ti rallegri della quiete e della calma dal molto sonno,
Letizia, gradita, che ami la veglia notturna, madre dei sogni,
che fai dimenticare gli affanni e possiedi il buon riposo dalle fatiche
datrice del sonno, amica di tutti, che guidi i cavalli, ti accendi di notte
incompiuta, terrestre e ancora celeste
periodica, danzatrice negli inseguimenti attraverso l'aria,
tu che invii sotto terra la luce e a tua volta fuggi
nell'Ade, perché la terribile Necessità domina tutto.
E ora, beata, Notte, molto felice, da tutti desiderata,
accogliente, ascoltando il suono semplice delle parole,
vieni benevola e scaccia le paure che si accendono di notte.

Ma questa notte pacificata nasce dopo che il caos primigenio si è sciolto. E in questo senso è interessante, seguendo il pensiero di Saint Girons, porre a confronto Esiodo e la sua *Teogonia*, con la *Genesi*. La notte per i Greci era una dèa che, come la Terra, era sorta dal caos:

Dunque per primo fu Chaos, e poi
Gaia dall'ampio petto, sede sicura per sempre di tutti
gli immortali che tengono le vette dell'Olimpo nevoso,
e Tartaro nebbioso nei recessi della terra dalle ampie strade,
poi Eros, il più bello fra gli dèi immortali,
che rompe le membra, e di tutti gli dèi e di tutti gli uomini
doma nel petto il cuore e il saggio consiglio.
Da Chaos nacquero Erebo e nera Nyx.
Da Nyx provennero Etere e Hemere.

Scrive dunque Saint Girons: «Diversamente dunque da quanto accade nella *Genesi*, la Notte precede la Luce (*lux* e *lumen*). Essa non è l'esito di un *Fiat lux* pronunciato da Yahvè e non si sa se abbia un padre e se questi sia Erebo. Il testo non dice come essa sia stata generata, né come sia stato generato Etere, ma precisa che Nyx (Notte) nasce dalla separazione del Chaos e, per separazione, genera una seconda serie di figli.» E prosegue dicendo come «le dicotomie si succedono» e «talora incarnano separatamente il bene e il male, talora incarnano congiuntamente l'uno o l'altro di questi valori.»

Dall'altra parte la *Genesi* mostra di distinguere tre tipi di buio: quello prima della creazione, il buio profondo che viene dopo la creazione della luce e la notte colma di stelle che giunge al quarto giorno della creazione: «In principio Dio creò il cielo e la terra. E la terra era deserta e vuota e le tenebre erano sulla superficie dell'abisso e lo spirito di Dio aleggiava sulla superficie delle acque. E Dio disse: "Sia luce", e la luce fu. E Dio vide che la luce era buona, e separò la luce dalle tenebre. E Dio chiamò la luce giorno e chiamò le tenebre notte. E fu sera e fu mattino: primo giorno.»

«Il giorno e la notte – scrive sempre Baldine Saint Girons – sono generati dal medesimo *Fiat lux*. Ma tra di essi si apre una dissimmetria, giacché il primo tipo di notte precede il giorno e si lascia dietro un immemorabile passato d'oscurità: con questa notte ha inizio ciò che non può essere stato creato o ciò la cui creazione si distingue completamente dalla creazione della luce. I giorni si moltiplicano dopo il primo giorno; e invece ciascuna notte risuscita la tenebra primordiale e unica. I giorni sono plurali; ma la notte – soltanto la notte – ha una sua ipseità.»

Dunque si torna alla prima notte della vita, alla prima notte del mondo, e in essa risiedono il peso e il fascino di quella notte assoluta che poi i pittori hanno trasformato in tutte le notti del tempo. Notti attraversate da un senso di vertigine, come essere sul punto di un precipizio. Da cui nasce il senso del Sublime davanti alla notte, la sua terribilità (Burke: «La notte è più sublime e più solenne del giorno»). Senso del Sublime che dalla seconda metà del Settecento quasi interamente definisce la notte, e che naturalmente occuperà la mia riflessione quando incontreremo pittori come Caspar David Friedrich. Ma per esempio Kant, nelle sue *Osservazioni sul sentimento del bello e del sublime*, si allontana dall'idea eccessivamente ossianica di Burke: «Sublime è la notte, bello il giorno. I temperamenti che possiedono un sentimento del sublime vengono dal calmo silenzio d'una sera d'estate, quando la luce tremolante delle stelle fende le ombre brune della notte e la luna solitaria posa all'orizzonte, portati gradatamente a un eccelso senso d'amicizia, di disprezzo del mondo, di eternità.»

E quelle ombre che sono attraversate dolcemente dalla «luce tremolante delle stelle», sono ombre fondamentali per la nascita della pittura, che sorge proprio dall'ombra, mentre una notte fuori accade. Roger de Piles scrive che «l'ombra ha dato i natali all'arte», arte che nasce dal rapporto tra un primo segno tracciato, una massa d'ombra e la scultura come luogo nel quale l'ombra si condensa, in quanto ricordo di una imminente assenza. In questo misterioso e bellissimo intreccio tra giorno e notte, tra reale e immaginario, tra presenza e assenza, tra sostanza del restare e sostanza del viaggiare lontano, nasce la pittura che descrive l'ombra e la notte. Nella *Naturalis Historia* così scrive Plinio il Vecchio: «Sugli inizi della pittura regna grande incertezza e, del resto, la questione esula dal compito nostro. Gli Egizi dicono che fu inventata da loro seimila anni prima che passasse in Grecia: vana pretesa come è di per sé chiaro. I Greci dicono, alcuni, che fu trovata a Sicione, altri a Corinto; tutti però concordano nel dire che nacque dall'uso di contornare l'ombra umana con una linea. Pertanto la prima pittura fu così.»

(Mi devo interrompere un momento, e mi scuso se lascio sospeso il filo del discorso, che riprenderà subito dopo la chiusura di questa parentesi. Ma non riesco a non dire, a non scrivere, qui nel silenzio e nella solitudine. È appena passata la mezzanotte, qui nel piccolo paese sotto le montagne. In Australia sono le otto del mattino, il giorno del compleanno di Veronica. È stata una giornata nuvolosa, poi verso sera il cielo, imbrunendo, si è rasserenato. Sopra la betulla splende una luna bianchissima, molto grande nel suo disco perfetto. Attorno, le ultime nuvole di un blu scuro si stanno diradando nel cielo blu molto più chiaro. È la luna di settembre, nell'aria tersa che mette in conto, almeno qui, l'arrivo di un primo autunno. È la luna di settembre, e solo un mese fa guardavamo nella notte un'altra luna, a Port Campbell, davanti all'oceano immenso verso il Polo Sud.

Dalla finestra si vede il silenzio del paese in basso, proprio qui sotto, e il rumore del torrente che scorre uscendo dal bosco. Nessuno passa, nessuno sembra esistere in questa notte di luna nel cielo. I lampioni spargono appena la loro luce lungo la strada, sono fuochi sospesi. Poi si vede l'ombra del bosco, la sua macchia scura che rimbalza immobile qua e là nella valle. Si vedono i colori della notte illuminati dalla luna, le vecchie case di pietra e si sa che dentro quelle case qualcuno starà dormendo, qualcuno starà sognando. La betulla non si muove sotto la luna, la notte è senza vento e le pietre bianche posate a terra nel giardino riflettono il bianco della luna. Il bianco di questa notte di luna, il bianco dell'ombra. Le notti di molti anni fa, e si stava sdraiati sull'erba a guardare il cielo. Anche le bambine non parlavano, si cercavano le stelle. Questa notte che profuma e stordisce, è settembre, è il tempo dell'olea fragrans sotto la luna. Questa notte chiara che non si vorrebbe mai chiudere la finestra e dormire. Anche se è tardi, anche se è notte.)

Copertina del trattato
Naturalis Historia
di Plinio il Vecchio

Riprendiamo, dunque. E torniamo subito a Plinio il Vecchio. Giunti al paragrafo 98 del libro XXXV della sua *Naturalis Historia*, si trova questa affermazione: «Aristeides di Tebe primo fra tutti dipinse l'anima dei suoi personaggi ed espresse i sentimenti umani, ciò che i Greci chiamano *éthe*, o perturbazioni.» Nella sua celeberrima edizione pliniana, pubblicata a Roma dai fratelli Palombi nel 1946, Silvio Ferri annota come Aristeides «abbia presentato e riassunto in sé la violenza del *pathos* scopadico e la stabilità dell'*ethos* policleteo-prassitelico: uno psicologista completo.» Colui insomma che aveva raccolto in una stessa immagine il fulcro, e anche la violenza, delle passioni e l'amore per l'armonia di un volto.

Plinio, già all'inizio di questo libro, pone preoccupato l'accento su come la pittura di ritratto – in quel primo secolo dopo Cristo, fino alla tragica eruzione del Vesuvio dell'anno 79 – si stia spostando dal suo solco naturale. Che era quello di recuperare dalla notte figure che avevano lasciato importante ricordo di sé: «La pittura di ritratto, con la quale venivano tramandate nei secoli figure al massimo grado somiglianti, è del tutto caduta in disuso. Si dedicano ora scudi bronzei, effigi d'argento, con somma indifferenza figurativa e ritrattistica; si sostituiscono le teste alle statue, tutti vogliono che si veda in prevalenza il materiale prezioso, anziché la propria immagine. […] Non si può parlare pertanto dell'effigie vivente di alcuno; essi lasciano l'immagine del loro denaro, non la propria. […] Ben altre immagini negli atrii degli antichi erano a vedersi: non opere di artisti stranieri, né bronzi o marmi, ma volti di cera erano disposti in ordine in singole nicchie,

Pitture rupestri nella Grotta di
Lascaux, paleolitico superiore

Pitture rupestri nella Grotta
di Altamira, paleolitico
superiore

destinati ad accompagnare i funerali gentilizi come immagini degli antenati; e ad ogni nuovo morto era sempre presente la folla dei familiari vissuti prima di lui. Del resto gli alberi genealogici, con le loro ramificazioni di linee, costituivano già dei quadri.»

E quando Plinio, poche righe dopo, ricorda le «immagini di animi grandi», tocca il punto certamente centrale di cosa sia il ritratto. Perché nasca, da quale situazione scaturisca. Che è quella di colmare un vuoto che ha per sede il buio, anticipare un'assenza, ampliare il futuro con una sembianza del passato e del presente. Ma su questo aspetto torneremo tra poco. Plinio fa un ulteriore passo in avanti e dice una cosa importante per sancire come il ricordo esista, sia in ognuno di noi, sillaba da pronunciare, abbia un porto da cui salpare e un approdo sicuro. Il passo è quello verso la riconoscibilità dell'immagine. L'effigie di chi è partito deve essere reale, e la partenza avviene nella notte. Per questo, adesso qui, per qualche pagina, voglio associare anche il ritratto, e il volto, alla notte, come del resto avevano fatto gli Egizi: «Penso invero che non ci sia altro maggior esempio di felicità che il desiderare sempre ognuno di sapere di quale aspetto uno fosse in vita.» Sottinteso, per abbracciarne il volto, per seguire il suo sguardo dentro il tempo notturno dell'eternità e riconoscerlo una volta ancora come parte di noi, come forma formata e aderente al mondo. Perché lo sguardo è pieno d'amore, interrompe una distanza nello spazio, la fa breve e colmabile.

Ma affinché questo accada, occorre che si parta dalla naturalità delle cose, dall'essenza più prossima dell'essere. Ancora Plinio coglie questo momento: «A ricavare direttamente in gesso l'immagine umana dal volto, fu per primo Lisistrato Sicionio: egli versava della cera entro la forma di gesso, ritoccando poi l'immagine avuta. Cominciò anche a far ritratti al naturale, mentre prima si cercava di riprodurli più belli possibili.» E quel «e facie ipsa» dà il senso profondo del rapporto con il vero delle cose, con la necessità dell'artista di entrare in contatto con il volto nella sua crudezza e nella sua assolutezza. La vita doveva essere colta nel momento stesso del suo farsi, quando sogno e memoria, presente e previsione del futuro si fissavano in quell'unico, autentico e solo sguardo.

Ma il vero punto di partenza, il luogo d'avvio di uno spirito complice e partecipe, lo troviamo al paragrafo 151, sempre del libro XXXV. È in questo breve passo che sentiamo la necessità autentica di riprodurre l'immagine cara di qualcuno. Prima che si incammini nella notte che fuori preme e fascia. Colui che parte e del quale si vogliono serbare ricordi che non siano solo frutto del pensiero, ma di più segno che rimanga come traccia. E il ritratto, da questo momento in cui il vasaio si adopera per rendere vivo un contorno, diventerà propriamente e fino in fondo proprio una traccia. Dell'amato, dell'amata, di chi si è congedato, di chi è scomparso.

«Di nient'altro servendosi che della terra stessa, Butade vasaio di Sicione si risolse per primo a realizzare ritratti in argilla, a causa della figlia, che innamoratasi di un giovane, e dovendo egli

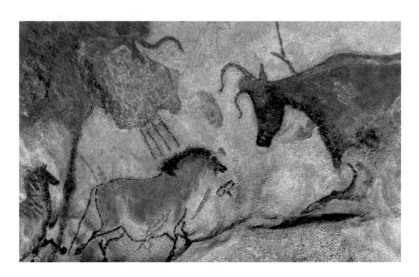
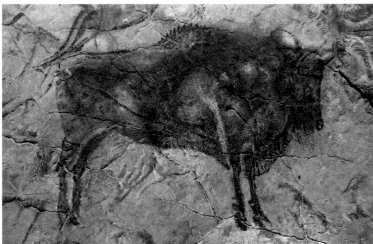

partire, alla luce di una lucerna delineò con una linea l'ombra del suo volto su una parete. Il padre di lei su queste linee, avendo impresso dell'argilla, fece un modello che lasciò seccare insieme ad altri oggetti di terracotta e poi cosse nel forno.» La bellezza, ma soprattutto l'intenzione nuova, di questo ritratto eseguito da Butade il vasaio, fece sì che venisse a lungo «conservato nel Ninfeo, finché Mummio distrusse Corinto.»

Ho voluto soffermarmi su alcune delle pagine pliniane, poiché mi pare dicano, in modo chiaro e coinvolgente, cosa sia la rappresentazione di un volto, da cosa nasca quell'intensità che ci muove a riconoscere l'urgenza che uno sguardo nella notte venga infine descritto. Fin dal tempo più lontano, e ben prima di Sicione se si guarda verso Altamira o Lascaux, il rappresentare ha significato trar fuori dal buio, vincere una paura dandole forma. Manifestare attraverso la parola o l'immagine, ha sempre avuto il senso di una rassicurazione. Guardare lo sguardo è la strada tracciata verso uno sprofondamento nell'io, nel magma notturno che accende quelle risonanze, di cui ho da poco parlato, e poi luccichii, echi. A cosa tendono, se non a questo, a questo provenire del volto dalla notte, il suo esserne circondato, le presenze in questa mostra di quadri meravigliosi di Giorgione e Tiziano, di Caravaggio ed El Greco solo per fare alcuni nomi?

Cosa chiede la figlia, al padre? Di dare vita a ciò che non muore, l'immagine eterna, il visibile oltre l'invisibile. Chiede di poter serbare il ricordo della persona amata che parte e si immette nella notte. Trattenerlo per sé, entro i confini di una sera dolcissima, di una notte diversa. Perché sia un'apparizione, un baluginare, un sogno che si accende. Chiede che in questo modo l'assenza non sia il vuoto o il nulla, ma che l'assenza sia una fragranza e un profumo. Per questo ha bisogno che il padre racconti di quella figura plasmando l'argilla, dopo che linee come di braci ancora accese si sono posate su una parete. Si può colmare, con il potere evocativo di un'immagine creata, un'assenza che pesa e talvolta strazia. Perché la figura in effigie acquisti anche un valore consolatorio.

E nel fluire della vita che sfugge, il volto di chi non c'è più o di chi si accinge a una partenza, è l'emblema della notte eterna. Lo sguardo fissato sul mondo, lo sguardo che guarda il mondo e così facendo incontra lo sguardo di chi quello sguardo osserva, ha l'ambizione dell'eternità. Tutto questo passa fortemente attraverso l'educazione all'amore. L'amore che chiede una prova, che uno sguardo vuole tenere con sé per sempre. Perché l'amore ha questa caratteristica, di cercare in tutti i modi la sopravvivenza e appunto l'eternità. La figlia del vasaio di Sicione vede l'ombra dell'amato proiettata sul muro, mentre dorme. Ed è l'amore per colui che stava per partire, e si sarebbe saputo presto lontano, a indurla a tracciare delle linee sul muro alla luce di una lanterna. Nella notte si creano le prime immagini. Nella volontà di fermare il tempo dentro uno sguardo dipinto, c'è sempre una presunzione d'eternità.

E questo vale tanto più nel rammemorare i defunti, coloro che sono partiti per un più lungo viaggio. O coloro che si sa che presto saranno presi dal tempo. È allora che si desidera più di ogni altra cosa trattenere una persona da questa parte del tempo, da questa parte della notte, costruire attraverso un'immagine, un sigillo. L'immagine che pone in primo piano, fissa un contorno che non è più confine, ma è linea da attraversare. Ed è questo, soprattutto, il lungo viaggio dello sguardo.

Tu puoi guardare in questo modo le immagini che ti sono care, che appartengono al senso della vita, sono l'incanto e lo strazio. Tu puoi guardare in questo modo gli occhi di tuo padre, mentre sorgono dal tempo fondo delle cose e della memoria. Tu puoi guardare in questo modo gli occhi di una figlia e predire a lei il futuro, come un'indovina di strada. Tu puoi guardare tutti questi occhi, occhi che in nessun modo possono lasciarti indifferente. Tutto questo si può fare perché da qualche parte del tempo, stretto in una corrente d'amore, qualcuno ha disegnato un profilo. Nella notte e per la notte. E nel profilo, l'ombra, dentro una luce tenue, come la figlia del vasaio tanti secoli fa.

Tenere stretta a sé l'immagine è non far morire, è il non volere una scomparsa. Stigma misterioso – risalente dal tempo lontanissimo nel quale noi tutti, e le cose insieme, abbiamo vissuto per rinascere – il volto s'imprime nella pittura. E il volto, l'abbiamo capito, nasce in quella zona di notte dove l'amore vince su tutto. Si dichiara, viene su una soglia, galleggia su una superficie, si pone dentro un lume che appena si scorge. Il volto viene nelle notti di tempesta, sembra di vederlo forse sotto la luce nera di una notte e solo un fioco barbaglio. Il volto si sporge da uno strapiombo, e perché dipinto, non cade mai. Il volto è il miracolo della sopravvivenza, puoi tendere la corda e mai si spezza. Il volto è l'equilibrio infinito, ciò che sorge e si manifesta e lo sguardo rischiara.

Tu puoi guardare tutti gli occhi che conosci, e guardare ancora tutti gli sguardi che hai incontrato e voluto guardare, e per questo conservarli nel tuo sguardo. Non c'è soluzione possibile allo sguardo, occorre farsi attraversare da esso, poiché rilancia il mondo e tutto quanto il mondo porta con sé. Occorre che lo sguardo non sia mai generico, ma si posi una volta per sempre. Si cerca uno sguardo che non vada in frantumi, ma sia potenza, costanza e dia fiducia. Perché lo sguardo vince la morte, percorre senza paura tutte le notti, annulla la distanza, spezza le partenze. Lo sguardo non dà tregua, ti insegue ovunque e ovunque ti trova. Lo sguardo è forza in atto, è tempo dei primordi, lo sciogliersi del tempo in un'unica sequenza. Nessuno può resistere allo sguardo ed è per questo motivo che l'immagine che lo distingue e lo celebra, ha la forza, attraverso l'amore, di vincere il tempo scegliendo la strada dell'eternità. E la notte è il suo spazio del tutto possibile. Quando la strada è ugualmente rivolta al passato e al futuro, perché ogni cosa del tempo si mescola. In questo modo tu puoi comprendere come nel volto, e negli occhi, stia tutta intera quella forza che trae fuori dall'indistinto, alimenta la notte. E fissa lo sguardo come un punto che non si cancella, non si cancellerà mai. La prima stella della sera, il corso dei pianeti.

Il concetto di imitazione di un volto, di una figura, che danno accesso alla notte, non può essere ridotto alla mera rappresentazione della verosimiglianza, se l'arte ha invece anche il compito di trasformare quel volto e farlo diventare altro nel momento in cui la notte prende il sopravvento, ci abita. Un concetto che Quintiliano, nella sua *Istituzione Oratoria*, spiega molto bene, riprendendo formulazioni pliniane: «Che cosa sarebbe stato infatti creato di nuovo se nessuno avesse fatto niente di più di quello che imitava? Non ci sarebbe nessuna pittura al di là di quella che si limitasse a circoscrivere i contorni delle ombre che fanno i corpi colpiti dal sole. E, se si considera ogni campo dello scibile umano, non esiste alcuna arte che sia rimasta tale e quale era all'inizio, nessuna è rimasta limitata all'interno dei suoi confini iniziali: a meno che forse non preferiamo condannare i nostri tempi per la loro sterilità, dal momento che non c'è più nulla che cresca: nulla cresce infatti se ci si limita soltanto all'imitazione.» È l'idea per cui gli Egizi pensavano che Ka, rappresentato come un doppio da sé che sopravvive alla sua stessa morte, avesse a che fare con l'ombra. Era anzi una forma nera, con la quale essi designavano la figura umana, secondo una tradizione che poi sarebbe appartenuta ai Greci, presso i quali queste figure nere costituirono, sino almeno alla conclusione del IV secolo, un elemento distintivo nella rappresentazione e nella raffigurazione.

E il passaggio successivo, e definitivo se pensiamo a quale scatto abbia prodotto nell'arte, ce lo indica ancora una volta Plinio il Vecchio, sempre nella *Naturalis Historia*, quando parla del pittore antico Pausias di Sicione: «Inoltre, mentre tutti gli altri, quelle parti che vogliono far risaltare le dipingono di colore biancheggiante, e di nero invece le parti che vogliono nascondere, Pausias dipinse tutto il bue in nero e la massa d'ombra la formò con l'ombra stessa: la quale ombra, essendo fondamentalmente di un unico colore, mostrava come in rilievo le parti che pure erano sul piano del quadro e mostrava come spezzati e piegati i vari piani, che pure erano rigidamente uniti e connessi: tutto ciò con arte davvero grande.» L'ombra nasce dall'ombra, come massa irradiata di luce, l'ombra non è più il contorno da cui era nata l'immagine dell'innamorato della figlia del vasaio che partiva. È un avanzamento fondamentale, perché l'arte introduce il motivo della ricchezza e della vita entro i confini di una forma che sembrava ridursi a puro scheletro.

Copertina dell'opera incompiuta
di Maurice Merleau-Ponty
Le visible et l'invisible, 1964

George Santayana nel 1944

Da quel punto, da quell'ombra che si colora, partirà la pittura della notte per il suo lunghissimo viaggio. E nella domenica del 10 ottobre 1959, molti secoli dopo Plinio, Maurice Merleau-Ponty riflette, confermando, su questo rapporto tra linea e colore, e queste sue frasi sono comprese nelle *Note di lavoro* all'interno di quel libro fondamentale che è *Il visibile e l'invisibile*: «Lo si vedrebbe se si comprendesse che dipingere, disegnare, non è produrre qualcosa dal niente, che il tracciato, la pennellata e l'opera visibile non sono se non la traccia di un movimento totale di Parola, il quale va all'Essere intero, e che questo movimento abbraccia tanto l'espressione mediante linee quanto l'espressione mediante colori, tanto la *mia* espressione quanto quella degli altri pittori.» All'interno del contorno si genera il colore della sera e della notte. La partenza è davvero avvenuta, il viaggio può cominciare.

Se il senso di questa mostra è, come effettivamente è, di offrire al visitatore, e al lettore di questo libro, le suggestioni del poeta e del filosofo, del narratore e dello studioso, assieme a quelle del pittore, è venuto il momento di raccontare la pittura della notte, per come si è formata a partire almeno dal Trecento, per giungere fino ai giorni nostri. Per cui, brevemente nelle pagine che seguono, e poi diffusamente nei sei capitoli finali, posti quasi di fronte alle opere, la pittura entra in gioco, sotto le stesse insegne dello stupore ammirato e complice che coglie, sotto un cielo notturno, il pittore e il poeta. L'antica meraviglia aristotelica, da cui per tradizione si fa nascere la filosofia, esprime qui il suo valore di cosa del principio, da cui tutto discende.

In un suo bel libro, *Il grande racconto delle stelle*, un critico di vaste aperture, come Piero Boitani, cita un pezzo di George Santayana, tratto da quel volume affascinante che è *Il senso della bellezza*, che vorrei qui riprendere. Perché si affaccia nei pressi di quel rapporto tra l'uno e il molteplice che è importante nell'analisi della pittura dedicata alla sera e alla notte. Anche come distinguibilità del particolare nella distensione universale dello spazio, raccolto, ma non chiuso, in quel recinto di buio clamante: «In primo luogo, la continuità dello spazio si spezza in punti abbastanza numerosi da dare l'idea suprema di molteplicità, e tuttavia così precisi e vividi che è impossibile non rendersi conto della loro individualità. La varietà dei segni locali, senza giungere a organizzarsi in forme, continua a essere notevole e irriducibile. Questo rende l'oggetto infinitamente più eccitante di quanto lo sarebbe una superficie piana. In secondo luogo, il contrasto sensoriale del fondo scuro – più buio nelle notti più chiare e più chiare sono le stelle che possiamo vedere – con il palpitante fulgore delle stelle stesse, non potrebbe essere superato da nessun possibile artificio. Questa bellezza materiale intensifica in modo incalcolabile, come abbiamo già rilevato, la profondità e la sublimità dell'effetto.»

Questa «sublimità dell'effetto» la troviamo subito, a partire dal Trecento, in buona parte della produzione a fresco, lì dove il desiderio degli artisti è quello di superare la naturalità della luce, per giungere a una fusione tra la luce legata alla realtà e invece una sorta di trasformazione di quel tono luminoso in preambolo visionario, anche spirituale. Ciò che si muove nel territorio del sogno e della notte, e che ha, come vedremo tra poco, il suo punto di maggiore espressione nell'opera straordinaria di Piero

Taddeo Gaddi, *L'annuncio ai pastori*, 1328-1333
Firenze, Chiesa di Santa Croce, Cappella Baroncelli

della Francesca, che a metà Quattrocento, con *Il sogno di Costantino*, tocca un vertice inarrivabile. L'affresco, per la sua caratteristica di linguaggio diverso rispetto alla pittura, induce meno il desiderio e la prossimità della realtà, il suo peso. Sono piuttosto evanescenze, dove la composizione acquea del colore incide in misura evidente. Sono quasi luminescenze, soffiature del colore, scomparse, e tutto ciò si avvicina molto all'ambientazione notturna.

E quando Taddeo Gaddi, verso la fine del terzo decennio del Trecento, illustra l'episodio dell'annuncio ai pastori nella Cappella Baroncelli in Santa Croce a Firenze, si muove subito proprio in quell'ambito legato al sogno. Secchezza del paesaggio notturno e visionarietà si fondono in questo primissimo testo pittorico dedicato al buio e alle storie che in esso accadono. L'emergenza della luce, che giunge dall'apparizione dell'angelo in alto dentro la nuvola, spinge fin verso il bordo della scena il pastore sorpreso nel momento del sonno che si trasforma in sogno. In questo modo, fatto di luce quasi plasticata in tutto il primo piano, il paesaggio è spinto in fondo nel buio, e gli alberelli giotteschi sulla cima e sul dorso della montagna scabra sono presi interamente dalla notte scura. Già qui Taddeo Gaddi parla del nero in modo assolutamente moderno, quasi profetico, come fosse un Rothko in anticipo di secoli. Il nero, un non-colore, viene trasformato dal contatto appena e dalla carezza della luce che gli giunge lateralmente, dalla nuvola di luce nella quale abita l'angelo annunciante. Per cui quel nero si modifica, riverbera, tutto vivificato in sottolineature lievi dell'ombra, aprendo in questo modo la sua superficie a un campo che è disteso ma anche cromaticamente vario, allarmato

Fratelli de Limbourg, *Cristo nell'orto di Getsemani* (da *Très riches Heures du duc de Berry*), 1413-1416 Chantilly, Musée Condée

Antonio di Puccio Pisano, detto Pisanello, *La visione di Sant'Eustachio* 1435, Londra, National Gallery

Pagina a fianco
Filippo Lippi, *Annunciazione* 1448, Londra, National Gallery

e allertato. Il nero non soltanto assorbe la luce, ma anche tutta la riflette, in una doppia funzione che va dall'interno verso l'esterno e viceversa.

Quasi un secolo dopo, più o meno all'aprirsi del secondo decennio del XV secolo, i fratelli de Limbourg nelle loro *Très riches Heures du duc de Berry*, realizzano anche l'immagine di un *Cristo nell'orto di Getsemani*, di una folgorante bellezza e sospensione nel tempo. Al quoziente di realtà presente nell'affresco di Taddeo Gaddi, di certo anche per la completa diversità della tecnica e del supporto, e della stessa dimensione dell'opera, si sostituisce un vero e proprio sprofondamento nel sogno notturno. E questo pur in presenza di uno tra gli episodi più intimamente dolorosi della vita di Cristo. La notte ancora una volta è spinta in fondo, in una luminescenza meravigliosa sparsa di una dilagante polvere di stelle. La fonte luminosa è qui rappresentata dall'aureola di Gesù, che si irraggia nel cielo notturno, e a essa rispondono due piccoli fuochi a terra, mentre i soldati sembrano caduti in un sonno privo di risveglio. La notte diventa il regno del mistero, del silenzio infinito, delle ombre colorate, del tessuto come di velluto, di una trama di racconto che ha a che fare con il sogno. Apparizioni nella notte che sono foglie dorate nella *Visione di Sant'Eustachio* di Pisanello, dipinta due decenni dopo, e nella quale la notte è abitata da animali e fiori, entro i termini di un racconto che sa di fiaba.

È quindi a partire dal Quattrocento, e meglio dalla sua metà in avanti, che si affaccia in Europa quella che potremmo definire la prospettiva di una pittura della notte, quella che Panofksy definì «il notturno assoluto». Una delle caratteristiche di queste notti dipinte è, come abbiamo appena visto del resto nei de Limbourg, il silenzio. Lo sentiamo potente, fragilissimo e tutto contemplato, per esempio nella bellissima *Annunciazione* di Filippo Lippi oggi alla National Gallery di Londra. Ma ancor di più lo sentiamo in quello che è certamente il capolavoro dell'arte notturna in quel secolo, l'affresco della chiesa di San Francesco in Arezzo con *Il sogno di Costantino* di Piero della Francesca. Quello nel quale Vasari trova la volontà di Piero di rendere «in parte luminose le più oscure tenebre della notte.» Nelle sue meditazioni meravigliose, quasi da romanzo, che Roberto Longhi dedica a quest'opera, egli

la giudica un'immagine inattesa e senza precedenti nell'arte italiana, nella quale si uniscono il reale e l'altrove. Poche pitture di notti raggiungono un tale livello di concentrazione e di ascolto, di sospensione dentro una materia che non sai mai se sia tutta vita o tutta sogno, o molto più probabilmente attinga in egual misura alle spiagge della vita e a quelle del sogno.

Un angelo appare in sogno a Costantino, e gli porta una croce, simbolo della sua vittoria in battaglia la giornata seguente. Attorno a questa apparizione, attorno a questo annuncio, si sviluppa, come in Taddeo Gaddi più di un secolo prima, una luce che non è più un bozzolo ma si dilata e si spande nella notte. Cogliendo dapprima il bianco e il rosso della coperta dell'imperatore, il suo sguardo lontano nel sonno e nel sogno, la cupola rosata della tenda, i due faldoni che si aprono, i servitori nelle loro diverse e immobili posizioni, di protezione e sorpresa. E poi l'aria notturna attraversata da un brivido di luce riflessa, che si adagia tra le cuspidi delle altre tende nella distanza. Ciò che stordisce in questa visione è che la storia viva dentro un'intimità come mai si era vista prima. Intimità dettata da quel volo sospeso e trattenuto dell'angelo, al cui ordine muto tutti a loro volta si sospendono. Non c'è nulla che non stia dentro un equilibrio sommo e perfetto, nulla che si possa modificare, o spostare. Porrei questa immagine benedetta, e toccata dalla grazia, a capo di tutta la pittura notturna.

Anche se Vasari, commentando da par suo *La liberazione di San Pietro* di Raffaello nella Stanza di Eliodoro in Vaticano, assegna a questa immagine, essa stessa meravigliosa, la definizione di notturno: «Ti par vedere il fumo della torcia, lo splendor dell'angelo con le scure tenebre della notte, sì naturale e sì vere che non diresti mai ch'ella fussi dipinta, avendo espresso tanto propriamente sì difficile immaginazione. Qui si scorgono nell'arme l'ombre, gli sbattimenti, i reflessi e le fumosità del calor de' lumi lavorati con ombra sì abbacinata, che invero si può dire che egli fosse il maestro de gli altri. E, per cosa che contraffaccia la notte più simile di quante la pittura ne facesse già mai, questa è la più divina e da tutti tenuta la più rara.» Continua anche in Raffaello, come era stato in Piero, il desiderio di transitare, in una stessa immagine, all'interno di una sola storia, dalla luce naturale a quella divina. Ed è anche per questo che a partire dalla fine del XV secolo, e non solo in Italia, i racconti dentro i luoghi di una notte abitata si susseguono. Per tale motivo la mostra, nella sua seconda sezione, fa ampie soste su questo, specialmente considerando gli episodi della vita di Cristo. Inoltre, sappiamo

bene come nell'Occidente cristiano la pittura religiosa abbia decisamente influenzato il nostro modo di vedere e sentire la notte, il suo magico mistero. In questo senso gli episodi iniziali e finali dei Vangeli toccano il punto più alto della nostra sensibilità.

I pittori veneziani, da Giorgione a Tiziano, da Savoldo a Tintoretto fino ai Bassano, si segnalano per essere tra i più stupefacenti dipintori di notti abitate. In loro vince il desiderio che la notte sia tutta colore, approfondimento di luci diverse, ceneri, fuochi, umidità, fioriture, nebbie, tramonti infuocati, piogge che dilavano il buio e la sera. Su questa strepitosa superficie di pittura, come poche altre mai, essi instaurano una rappresentazione che è al tempo stesso figlia della quotidiana realtà e illusionistica, sconvolgente per la sua modernità. Fuochi sparsi nelle notti, santi martirizzati, natività, adorazioni dei pastori, crocifissioni, indimenticabili deposizioni dalla croce e ingresso del corpo nel sepolcro. Tutto converge verso la creazione di un'immagine che è insieme muschio e falò, umidità della notte e incendio. Situazione ben diversa dalla spigolosità delle notti vissute nel Nord, da Grünewald ad Altdorfer, nelle quali la visionarietà e il senso del simbolo parlano di una diversa verità.

E come un'apparizione attesa da lungo nella storia della pittura in quel momento, si staglia alta una luna, dentro un cielo cobalto sparso di nuvole che tutte la serrano d'attorno. È la *Pietà* di Sebastiano del Piombo, uno dei pittori più straordinari del Cinquecento, così grande da saper unire in una sola immagine la cultura figurativa della terra natale, Venezia, e quella acquisita a Roma, nel segno di Raffaello e Michelangelo. Aveva frequentato quasi certamente la bottega dei Bellini e conosciuto l'arte di Giorgione e del primissimo Tiziano, prima di lasciare la Laguna nel 1510. Si portava insomma nello zaino, scendendo verso la città eterna, quel gusto legato a una resa luminosa e atmosferica del paesaggio. Un colore che si diluiva e dilagava, mimando il senso di alture dentro l'azzurra lontananza, di nebbie nel primo mattino, di notti e fuochi accesi. Portava tutto questo con sé, come un segno del destino. Ma giunto a Roma non poté non fare i conti con la strabiliante forza scultorea di Michelan-

Pagina a fianco
Piero della Francesca
Il sogno di Costantino, 1444-1458
Arezzo, Chiesa di San Francesco

Raffaello Sanzio, *La liberazione di San Pietro*, 1511-1514
Roma, Musei Vaticani, Stanza di Eliodoro

Mathias Grünewald
Resurrezione e gloria di Cristo
1511-1516, Colmar, Musée d'Unterlinden

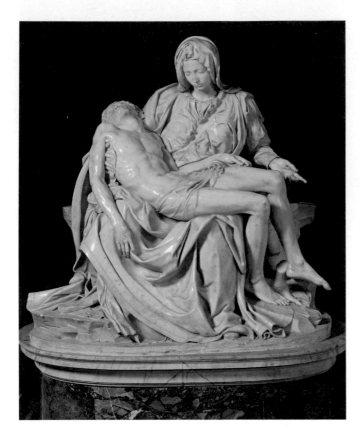

Michelangelo Buonarroti
Pietà, 1497-1499
Roma, Basilica di San
Pietro in Vaticano

Sebastiano Luciani
detto Sebastiano del
Piombo, *Pietà*, 1516
Proprietà Comune di
Viterbo, Museo Civico

gelo, con la purezza di Raffaello. Per cui quando, su commissione del prelato Giovanni Botonti, egli pose mano alla *Pietà* per la cappella in San Francesco alla Rocca, non solo dipinse uno dei primi, veri notturni del Rinascimento, ma dipinse, di più, uno dei notturni più belli e coinvolgenti di tutta la storia dell'arte. E lo dipinse come l'unione miracolosa, e meravigliosa, tra la cultura veneziana e quella romana, avendo dato un saggio incantato e straziato di cosa fosse la bellezza che nasce dallo spaesamento e dallo stupore.

Nata da un dialogo con Michelangelo, più che da un suo cartone preparatorio, come invece voleva Vasari, la *Pietà* di Sebastiano è sì una *imago pietatis*, ma dentro quel cerchio memorabile che travalica il senso esclusivamente religioso per vivere in uno spazio nuovo e diverso, anche struggentemente umano. Quello di un giovane corpo morto, disteso ai piedi di una madre che leva il proprio sguardo verso quel cielo e verso quella luna. Così, si apre una fessura tra le due figure, un fiato di spazio. Perché Maria, avvolta nello stesso cobalto dell'aria serale, si rivolge al cielo, pregando il Signore di trattenere ancora per un momento dalla parte della vita quel suo figlio, lì a terra davanti a lei. E non più tenuto nel suo grembo, tra le sue braccia, come voleva la più usuale iconografia, a cominciare dalla *Pietà* michelangiolesca del 1497-1499 in Vaticano, che a Sebastiano sarà pure stata di qualche memoria.

L'apparizione bianchissima, come di una madreperla che splende, del lenzuolo su cui è posato il corpo di Cristo, è un abbaglio come poche volte si è visto in tutta la storia della pittura. Modernissima apparizione, cenere di bianche ali di farfalla. Lo farà Andrew Wyeth, e lo si vedrà nell'ultima sezione di questa mostra, avendo lui lasciato appoggiare su un cuscino di neve il corpo della signora Sanderson, nella sua magica *Mattina di Natale* del 1944 (cat. n. 111). Quel bianco nitore che restituisce alla terra il bianco di una luna così lontana. Che sta sollevata sul mondo, che per velature e trasparenze dell'aria notturna conduce il suo lume più in basso, a incontrare un probabile incendio oltre la collina. O l'estenuarsi di un tramonto ancora mentre la notte segue la sua strada. È certamente qui, in questo brano incandescente di natura notturna, che il pittore ritorna alle sue origini, a quella pittura veneziana che metteva la dilatazione del colore, in un precoce naturalismo, al centro di tutto.

punto di arrivo della prima fase dell'amore verso la notte. Per cui, da Leon Battista Alberti a Casti-glione a Bembo, non sono poche le pagine che descrivono questo sentimento legato all'assenza della luce e alla definizione di altri lumi. Oppure, se pensiamo alla Francia, sono ovviamente celebri le pagine di Ronsard che scrive tra l'altro *Hymne à la nuit* e *Hymne du ciel*. Quindi, mentre in pittura la notte dipinta tocca alcuni tra i suoi vertici, da Tiziano e Tintoretto fino ai Bassano e Caravaggio in Italia, e da Rembrandt a El Greco nel resto d'Europa, si assiste a questa mescolanza affascinante tra letteratura e pittura.

Abbiamo compreso finora come la notte generi luci dilaganti e distese, profondissime, in con-tro-relazione rispetto alle luci che il giorno propone scandite in nuclei d'ombra, e che si generano qua e là nella natura illuminata dal sole. Ma nella pittura questa situazione non produce una opposizione manifesta, quanto uno scambio che talvolta accade, e sono i momenti in cui il visibile del giorno entra nell'invisibile della notte. Ma anche questo invisibile notturno feconda, in anfratti e angoli riservati, la forza della luce diurna. Non possiamo quindi considerare, perché così non l'ha mai considerata la pittura, la notte come l'opposizione al giorno. E Merleau-Ponty ha detto cose bellissime su questo rap-porto tra visibile e invisibile, così importante per la pittura e per la pittura della notte: «Quando dico dunque che ogni visibile è invisibile, che la percezione è impercezione, che la coscienza ha un *puntum caecum*, che vedere è sempre vedere più di quanto si veda – non si deve intenderlo nel senso di una *contraddizione* – Non si deve immaginare che io aggiunga al visibile perfettamente definito come in Sé un non-visibile (che sarebbe solo assenza oggettiva) (cioè presenza oggettiva *altrove*, in un *altrove* in sé) – Si deve comprendere che è la visibilità stessa a comportare una non visibilità. [...] Il mondo percepito (come la pittura) è l'insieme delle vie del mio corpo, e non una moltitudine di individui spazio-temporali – L'invisibile del visibile. È la sua appartenenza a un raggio di mondo.»

La multiformità dello spazio che si articola nella riflessione di Merleau-Ponty, tra visibile e invisibile, segna anche nuove, possibili identità per tutte le pitture notturne, e non soltanto quelle legate a una dissoluzione dell'immagine. In questo senso, la pittura religiosa notturna è un elemento determinante per trasferire la semplice idea di racconto, ma anche di ostensione di un mondo che deve educare i fedeli, nel cortile magico della poesia. È proprio per questo motivo che ci è impossibile considerare un'adorazione di Savoldo, i santi di Caravaggio, una deposizione di Bassano, una croci-fissione di Veronese, semplici *exempla*, e non piuttosto pagine di poesia della notte. A questo clima darà però un contributo fondamentale, di spirito e inedite conoscenze, quanto veniva generandosi grazie alle nuove scoperte geografiche e al progresso della scienza. È giunto il momento, anche se brevemente, di parlarne.

Più che non si creda, e ancor prima che l'astronomia facesse da cassa di risonanza a un altro

Edvard Munch, *Notte bianca*, particolare, 1901
Oslo, Nasjonalmuseet for kunst arkitektur og design Nasjonalgalleriet

Anselm Kiefer
Stella cadente, 1998
Austin, Blanton Museum of Art

Amerigo Vespucci

Vasco de Gama

modo di vedere lo spazio e la natura, e non solamente nel tempo notturno, sono i viaggi verso paesi lontani ad accendere curiosità e conoscenze, soprattutto per quanto riguarda una visione diversa del cielo. È la vera presa di contatto con l'infinito, scrutato, nell'emozione che travolge, dal ponte di un veliero. Da qui, da questo sentimento nuovo nei confronti del cielo, della luna, delle stelle, nascerà poi, attraverso i successivi passaggi, l'amore per le tante notti stellate dipinte nel corso dell'Ottocento, da quella di metà secolo, anticipatrice e bellissima, di Jean-François Millet fino a quelle di Van Gogh e Munch, fino a quelle di Kiefer. Piero Boitani, nel suo libro dedicato alle stelle che ho già ricordato, fissa in questo modo quei momenti aurorali di travolgente commozione sotto l'immenso della volta del cielo: «Non c'è niente di più emozionante del momento in cui Vasco de Gama, nei *Lusiadi* di Camões, vede per la prima volta, nel "nuovo" emisfero, una "nuova"

costellazione, la Croce del Sud, mentre le Orse infine si bagnano nell'Oceano. Quell'emozione, la conosceva bene Amerigo Vespucci, che vegliava la notte in piedi sulla tolda della sua nave, "desideroso d'essere l'autore che segnassi a la stella del firmamento dello altro polo", e guardava incantato il "Canopo chiaro" e il "Canopo scuro", e osservava "molte altre bellissime stelle", delle quali annotava i movimenti in un suo "libretto".»

Ma la pittura che si fa sulla notte entra specialmente in contatto con alcune scienze che aprono, è corretto dirlo, nuovi confini e nuovi orizzonti. Ovviamente mi riferisco all'utilizzo di strumenti meccanici che favoriscono una visione diversa dello spazio naturale, e cosmico. Quegli strumenti meccanici che, per esempio, e a partire dalla camera ottica, rivoluzionano la nozione di paesaggio in Olanda nel Seicento, con pittori raccolti attorno alla bellezza nuova generata da Jacob van Ruisdael. Quella che viene messa violentemente in crisi è la tradizionale prospettiva centrale, che si contorce su se stessa e assume proporzioni diverse. Pensiamo alla prospettiva a volo d'uccello, al gioco meraviglioso di una prospettiva atmosferica che si sposta quindi sul versante della poesia cosmica. In tutto questo cambiamento entrano in campo diversi elementi, nel momento in cui, solo per fare un esempio, la cartografia militare viene utilizzata, proprio in Olanda in modo significativo, per aiutare la pittura.

Quella cartografia che, del resto, si sviluppa anche grazie ai viaggi che gli esploratori compivano. Era una visione, oggetto di assoluta precisione, che veniva richiesta da quel nuovo mondo, nel quale il vedere attraverso lo strumento meccanico stava diventando qualcosa di irrinunciabile. Ma è ovvio che il cannocchiale si ponga al centro di tutto questo nuovo modo di vedere.

Cannocchiale che, come qualsiasi invenzione che ribalti il concetto del rapporto con il mondo, venne accolto da molti come elemento disturbante rispetto alla visione a occhio nudo del cielo e delle stelle. La disputa era tra la visione pura garantita dall'occhio, e la visione meccanica addirittura in odore di magia. Come se il cannocchiale potesse svelare qualcosa che, non appartenendo al regno terreno, sconfinasse in un sovrannaturale però caricato di significati legati appunto alla magia, dunque anche alla superstizione. Tali da vanificare il rapporto scientifico con il cosmo e portarlo verso l'ambito religioso.

Ma a evitare che questo accada, provvedono una serie di libri che, scritti dai grandi scienziati dell'epoca, tolgono all'osservazione del cielo un possibile quoziente religioso, per aprire campi di indagine sempre più vasti e liberi, profondi. Lo stesso Victor Hugo, ancora secoli dopo, si interrogava, nel suo *Promontorium Somnii*, sullo statuto della visione generata da uno strumento meccanico, nel rapporto che non ha mai fine tra realtà e assenza della realtà: «Distinguevo che cosa? Impossibile dirlo. Era fosco, fugace e impalpabile all'occhio. Se nulla avesse una forma, sarebbe stata quella. L'effetto di profondità e di perdita del reale era terribile. E tuttavia il reale era là.»

Ma tra la seconda parte del Cinquecento e il principio del secolo successivo, alcuni libri, davvero epocali, contribuiscono a cambiare non solo il senso dell'osservazione del cielo e degli astri, ma più in generale la concezione che l'uomo ha del cosmo. Quello che era nato dal caos primordiale e che così tante volte è stato associato alla notte. Quel tempo ancestrale che non è solo disordine, ma organizzata unione degli opposti. È in questo modo che nella notte si vede affiorare l'inconscio,

Niccolò Copernico   Giovanni Keplero   Giordano Bruno   Galileo Galilei

che sigilla in una sola immagine tempi e spazi dell'eterno con i tempi e gli spazi del tempo personale. Uomo e universo sono all'interno del medesimo scorrere del tempo. I due, sono uno. Per cui nulla è così profondo come la notte, perché in essa accadono miracoli. Della congiunzione tra l'essere nel tempo e l'essere per il tempo.

Nel 1543 esce il *De revolutionibus orbium celestium* di Copernico, seguito trent'anni dopo dal *De stella nova* di Tycho Brahe. Tre anni prima della fine del secolo compare il *Mysterium cosmographicum* di Keplero, mentre prima di essere bruciato sul rogo Giordano Bruno pubblica il suo *De l'infinito universo e mondi*. Già entro il XVII secolo, tra la fine del primo decennio e l'inizio del quarto, Galileo esce con il *Sidereus Nuncius* e il *Dialogo sopra i due massimi sistemi del mondo*. Ora è ovvio come non sia questa la sede per affrontare dal punto di vista scientifico temi simili, ma anche questo semplice elenco può servire a comprendere come la pittura orientata verso la notte, e la sua osservazione, potesse contare su nuovissime basi scientifiche e di esperienza dello sguardo. Nel *Sidereus Nuncius*, Galileo tocca proprio questo aspetto, legato alla nuova visione che allontana il solo dato per dir così poetico, nel migliore dei casi affiancandolo alla scienza: «Grande cosa è certamente alla immensa solitudine delle stelle fisse che fino a oggi si potevano scorgere con la facoltà naturale, aggiungerne e far manifeste all'occhio umano altre innumeri, prima non mai vedute e che il numero delle antiche e note superano più di dieci volte. Quello che osservammo è l'essenza o materia della Via Lattea, la quale attraverso il cannocchiale si può vedere in modo così palmare che tutte le discussioni, per tanti secoli cruccio dei filosofi, si dissipano con la certezza della sensata esperienza, e noi siamo liberati da sterili dispute.» È fin troppo ovvio che «la certezza della sensata esperienza» inciderà in modo non secondario anche nella pittura da qui in avanti.

Il Seicento però è sì il secolo nel quale lo spazio notturno prende possesso a pieno titolo del paesaggio naturale, così come del resto il paesaggio moderno nasce proprio in quella prima parte di secolo in Olanda, da Goltzius a Van Goyen, da Jacob van Ruisdael a Hobbema, ma è anche il tempo di Caravaggio. Che nel 1610 muore, lasciando dietro di sé una scia di nuove notti che toccheranno geografie diverse della pittura in Europa. Tanto che risulta difficile consentire con Poussin quando affermò che Caravaggio fosse «venuto al mondo per distruggere la pittura». Certo, allontanandosi dal grado di finitezza che compare nell'arte fiamminga, e in Italia da Giovanni Bellini e Antonello da Messina in avanti, Caravaggio poté sembrare a Poussin – cultore, almeno fino a un certo momento della sua vita, di una pittura quasi marmorizzata nella sua eleganza – uno stravolgitore dei canoni della bellezza classica. Rendendo drammatico il chiaroscuro, utilizza luci violente, sciabolate, che mentre rilevano l'impatto luminoso a fiotti, quasi dilavando la superficie della tela, creano grandi sacche di buio, nelle quali ci si perde. Una sorta di luce ossessiva che genera un buio altrettanto ossessivo, che così apre a una sorta di tempo fuori dal tempo. Come se la sua quotidianità, la famosa realtà caravaggesca, vivesse per eccesso di presenza fuori dal tempo, entro un buio creato come un intarsio mobile e immobile insieme. In Caravaggio, ma è così anche nel Van Gogh delle notti stellate, si attua un effetto quasi di congestione, una sovrapposizione continua di luci e tenebre, come un parossismo e una tachicardia tra luce e buio. Una pittura fatta non solo dell'immagine del colore, ma anche di suoni, del porre l'orecchio sul confine della vita, fatta di ampi gesti a sigillare fonti luminose e fonti di suoni. È in questo modo che davanti a un dipinto di Caravaggio, la nostra emozione quasi rimbomba.

Poi in quella parte di Seicento che succede a Caravaggio, almeno l'esperienza fatta al lume di una candela di Georges de La Tour. Con l'aria soffocante e priva di respiro di interni costruiti come sul damasco, accesi dei rossi soprattutto, con una eleganza e una trattenuta drammaticità che supera quella di Van Honthorst. Perché in De La Tour viene costruendosi una situazione che tende sempre a segnare un punto di non ritorno, una strada verso l'uscita dal tempo, sotto le insegne dell'eternità. È per questo che il lume della candela, acceso nella notte di un interno, illumina in modo quasi ipnotico i volti, per trarli nella sospensione che si trasferisce nell'immenso. E fonti luminose accendono altre notti, da quella che abbiamo già visto in De Limbourg, ad Altdorfer, a El Greco, a Rembrandt, ovviamente Elsheimer. Tutti artisti che segnano lo splendido cammino notturno della pittura al di fuori dell'Italia. Rembrandt facendolo anche, come vedremo in una delle sezioni di questa mostra, con la sua straordinaria, e irripetibile, attività di incisore.

Franz Joseph Haydn   Wolfgang Amadeus Mozart

Ludwig van Beethoven   Frédéric Chopin

A partire dal Settecento, e ormai definitivamente nell'Ottocento, il cosiddetto secolo della natura, la pittura religiosa ambientata nella notte e la pittura dedicata alla notte si separano. Proprio per questo motivo la mostra dedica un'intera sezione, la quarta, alla pittura di paesaggio notturna del XIX secolo, partendo dalle esperienze di Friedrich e Turner, per giungere al passaggio del secolo, e oltre, alle opere straordinarie di Mondrian e Klee, quando la luna è sempre di più un fatto dello spirito, lo stato dell'anima. Ciò che sempre più si sente, avvicinandosi l'età romantica, è il riferimento, diretto o indiretto, alla morte. La sera e la notte, foscolianamente, diventano spesso personificazione della morte stessa. L'unico notturno di Cézanne, tra l'altro presente in mostra (cat. n. 106), mette in scena per esempio uno stranissimo omicidio. Ma è ovviamente dentro il tempo romantico che occorre andare a scoprire la sostanza più vera del binomio sera (notte) e morte.

Poiché è nel romanticismo che si svela il passaggio dall'infinito solo concentrato nella vastità della natura e del cielo, all'infinito invece che risiede nella nostra propria interiorità. Fare, come si diceva, l'interno uguale all'esterno, nel manifestarsi di sospese risonanze. E tra fine Settecento e inizio Ottocento, come è ben noto, anche la musica entra a pieno titolo nello spazio dilagante e diffuso della notte. Da Haydn a Mozart, fino a Beethoven e Chopin, sono innumerevoli le composizioni, anche famosissime e diremmo pop con un linguaggio contemporaneo (pensiamo soltanto alla *Sonata al chiaro di luna*, pubblicata nel 1801) che si muovono in questo ambito, generando suggestioni innumerevoli che per esempio si intrecciano in modo perfetto con tutti i chiari di luna dipinti da Friedrich.

La risonanza interiore domina tutto il clima culturale, dalla pittura alla musica, dalla letteratura alla filosofia, con una unità d'insieme come poche altre volte si è visto nella storia delle idee e dei sentimenti. Per esempio, un grande filosofo come Kant, perfetto interprete di questo sentire, nella *Storia universale della natura e teoria dei cieli*, titolo che sembra precorrere gli interessi goethiani sulla natura, scrive: «La vista del cielo stellato in una notte chiarissima dà un rapimento che soltanto anime nobili possono provare. Nell'universale silenzio della natura e nella tranquillità della mente un intelletto misterioso e arcano parla allo spirito immortale una lingua ineffabile e trasmette concetti

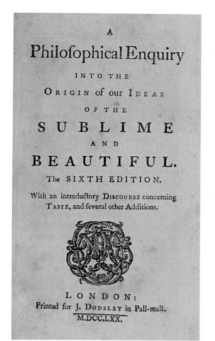

inarticolati che si possono sentire, ma non descrivere.» Sarà questa una delle idee cardine sia della letteratura che della pittura successive, vale a dire l'inafferrabilità, e l'inesprimibilità dei sentimenti. Per un eccesso di intensità, per il loro essere il risultato del raggiungimento del Sublime. Che è il tema del famosissimo trattato, ovunque citato, di Edmund Burke, che nel 1757 pubblica *A Philosophical Enquiry into the Origin of our Ideas of the Sublime and Beautiful*. Anche per Burke, la visione del cielo e delle stelle è motivo fondante di questo nuovo sentimento che muove l'uomo al cospetto del cosmo infinito: «Il cielo stellato, sebbene cada frequentemente sotto il nostro sguardo, suscita sempre un'idea di grandiosità, che non può essere dovuta a qualcosa che si trovi nelle stelle stesse, considerate separatamente. La causa sta certamente nel loro numero. Il disordine apparente aumenta la grandiosità, poiché l'aspetto dell'ordine è altamente contrario alla nostra idea della magnificenza. Inoltre le stelle si trovano in tale apparente confusione, che riesce impossibile contarle nelle circostanze ordinarie. Questo conferisce loro il vantaggio di una sorta d'infinità.»

Nel corso del Settecento, il trattato di Longino sul Sublime venne posto al centro di un dibattito particolarmente serrato. Soprattutto un passo dava l'idea di una nuova adesione, precisamente alla natura, tanto da porre il sublime naturale in contrasto con il sublime retorico: «Ecco perché siamo naturalmente portati ad ammirare non già, per Zeus!, i piccoli corsi d'acqua – pur così limpidi e utili – ma il Nilo, l'Istro, il Reno e ancor di più l'Oceano. E la fiamma che noi accendiamo e che sa conservarsi senza spegnere il suo chiarore, non ci colpisce più dei fuochi celesti, che pure spesso s'oscurano; né la consideriamo degna d'ammirazione più dei crateri dell'Etna, le cui eruzioni succhiano dall'abisso macigni e intere rupi, riversando talvolta fiumi di quel fuoco che nasce dalla terra, spinto da se stesso.»

A parte le belle immagini, Longino pone l'accento sul rapporto tra gli aspetti di una natura prossima all'uomo, quotidiana nelle sue misure, e una natura fatta di grandi fenomeni naturali. Nel Settecento, la bilancia si sposta dalla parte di una percezione della natura nella sua totalità, di uno spazio consacrato al senso dell'infinito e delle vaste dimensioni. Il Sublime nasce dentro questo spirito. Per esempio Addison, nel 1712, offre la propria riflessione, prima di Burke, rispetto a tale inclinazione: «Con *grandezza* io non intendo soltanto la massa di un oggetto isolato, ma l'estensione di tutto ciò che si vede, considerata senza soluzioni di continuità. Queste sono le prospettive offerte da un'aperta campagna, da un vasto deserto, da un enorme massiccio montuoso, da rupi e da immensi precipizi o da un'ampia distesa d'acqua: che non ci colpiscono soltanto per la novità o per la bellezza del loro aspetto, ma per quella sorta di rude magnificenza che appare in parecchie opere della natura.» E conclude questi pensieri toccando il punto di una vastità dell'immaginazione: «La nostra immaginazione

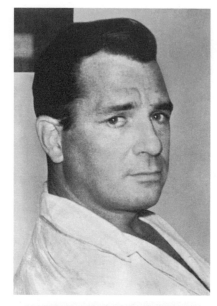

ama essere colmata da un oggetto e ama cogliere qualcosa che è troppo grande per le sue capacità. La mente umana odia naturalmente tutto ciò che somiglia a una costrizione.»

L'idea che la notte sia legata all'infinito, è ovviamente uno dei cardini di questa filosofia dell'anima e degli spazi, che sarà poi tanto connaturata alla poesia romantica, per esempio a quella di Shelley, vicina per il suo spirito a molti quadri di William Turner:

L'ombre rannuvolate della mezzanotte
qui finalmente trovano riposo,
sia perché i venti ormai deboli tacciono,
sia perché anche la luna è ormai precipitata
nel proprio abisso; e perfino l'oceano conosce
una tregua al suo moto irrequieto, e comunque
si sposti o s'affatichi o si lamenti,
anche l'oceano si concede il sonno.

In questa situazione agiscono dunque tutti quegli elementi che Burke aveva indicato appartenere al campo del Sublime, e la notte è tra i primi. La notte soprattutto in presenza delle stelle o con il lume caldo della luna. Presenza che non è indifferente nemmeno per i pittori americani, sempre in questo XIX secolo, il cui sentimento per le grandi distanze, per il cosmo immenso, ha condotto a opere spesso di straordinaria bellezza, da Washington Allston fino a Church, e poi risalendo il secolo fino a Homer, e Hopper poi nel Novecento, prima di Andrew Wyeth. Ma l'idea del Sublime naturale che è di Emerson e subito dopo di Whitman, non accenna a morire in America, luogo in cui i grandi spazi accadono e si mescolano con la terra di un diario quotidiano. Eccolo, lo straordinario Sublime americano cantato da Jack Kerouac in *On the Road*, in pieno XX secolo: «Così in America quando il sole va giù e io siedo sul vecchio diroccato molo sul fiume a guardare i lunghi, lunghissimi cieli sopra il New Jersey e avverto tutta quella terra nuda che si svolge in un'unica incredibile enorme massa fino alla Costa Occidentale, e tutta quella strada che va, tutta la gente che sogna nell'immensità di essa, e so che nello Iowa a quell'ora i bambini stanno certo piangendo nella terra in cui lasciano piangere i bambini, e che stanotte usciranno le stelle, e non

Camille Pissarro
*Boulevard Montmartre
di sera*, 1897
Londra, National Gallery
acquisto, Courtauld Fund
1925

Claude Monet, *Leicester
Square, la notte* 1901, Parigi
collezione privata

sapete che Dio è l'Orsa Maggiore?, e la stella della sera deve star tramontando e spargendo il suo fioco scintillio sulla prateria, il che avviene proprio prima dell'arrivo della notte completa che benedice la terra, oscura tutti i fiumi, avvolge i picchi e rimbocca le ultime spiagge.»

E il primo eroe goethiano, Werther, prima di suicidarsi guarda anche lui il cielo con le sue stelle: «Vedo, vedo ancora attraverso le nuvole che passano veloci nella tempesta, qualche stella del firmamento! No, voi non cadrete! L'Eterno vi porta nel cuore, voi e me insieme.» Ma la visione di Goethe, modernissima e toccante, alta e proveniente da una classicità reinterpretata, si volge a un dato quasi panteistico, togliendo al romanticismo quella disperazione orante che invece in lui si trasforma in adesione cosmica, in continua sinestesia, nella rispondenza senza fine con il cielo, la luna, le stelle. E tuttavia anche con il colore delle foglie in autunno, con i piselli raccolti nell'orto, insomma con il segno delle stagioni che passano e sempre ritornano. Lo si vedrà nelle opere della maturità e dunque nel *Faust*. Lo si vedrà nel Goethe per esempio studioso delle piante e della loro forma originaria, nel Goethe studioso delle nuvole. Predisposizione particolare quella del grande scrittore tedesco, che tiene insieme scienza e poesia, attitudine non così comune né allora né dopo. Del resto Newton, con la pubblicazione di *Philosophiae naturalis principia mathematica* nel 1787, aveva chiarito ogni equivoco, allontanandosi dall'empirismo d'osservazione e sposando ovviamente una visione che prevedeva la registrazione scientifica dei fenomeni viventi.

Il XIX secolo intanto trascorre dalle posizioni di Friedrich e Turner, alla nuova e tuttavia rassicurante pittura, entro i confini del naturalismo, di Corot e degli altri compagni legati al gruppo di Barbizon. Una sincera descrizione della natura che rompe brutalmente gli schemi con il paesaggio accademico che trionfava ancora nei *Salon*, e che aveva quale modello riconosciuto non Turner, troppo atmosferico e legato al Sublime, ma Constable, le cui opere si vedono anche a Parigi. In tutti loro il momento serale, preceduto dal tramonto, vince di gran lunga sull'aspetto notturno, così come sarà poi per gli impressionisti, che sono gran pittori di crepuscoli e tramonti e molto meno interessati alla notte. Se si esclude ovviamente la figura di Vincent van Gogh. Sono rari i notturni di Pissarro e Monet, che fra tutti i pittori della nuova scuola sembrano comunque frequentare un po' di più le ore notturne, peraltro nella parte finale della loro vita. Pissarro con alcune vedute dei boulevard parigini nel 1897 e Monet con una manciata di notturni londinesi tra 1899 e 1901.

Eppure l'osservazione del cielo, nella seconda parte del secolo soprattutto, diventa popolare, grazie anche all'opera di alcuni divulgatori che, come per i panorami in America rispetto alle sconosciute terre dell'Ovest, il Far West, fanno scendere l'astronomia e la nascente astrofisica al livello della gente comune. Anche attraverso pubblicazioni che mescolano nozioni scientifiche con illustrazioni in grado di catturare, pittoricamente, l'attenzione del popolo e di generare in tutti uno stupore quasi infantile. I pianeti, le stelle, le comete, le nebulose sono descritti con immagini che suscitano enorme ammirazione e che gareggiano con la bellezza della pittura. La quale quindi deve trovare una sua diversa strada per descrivere il mistero della notte. Cosa che farà benissimo Van Gogh, che assegna alla notte stessa una straziata forza parossistica.

Ma la pittura che entra nella notte, e ne evoca suggestioni e fascino, deve combattere anche con una pericolosa avversaria, la fotografia. La sua invenzione, nel 1827 con la prima immagine di Niépce, e poi nel 1839 con la prolusione di Arago, muta completamente il rapporto dell'uomo con lo spazio e con la propria esperienza relazionale. E mano a mano che essa, con il progresso della tecnica e con l'introduzione a fine secolo della radiografia, si svincola dalle prime, faticose elaborazioni, guadagnando in libertà, il rapporto che la lega alla pittura diventerà sempre più ambiguo, mettendo in difficoltà gli artisti. Che si troveranno un ingombrante compagno di strada, in grado di mostrare tutto il mostrabile, con una velocità improponibile per la pittura. Ma non solo di mostrare, quanto anche di rovesciare il rapporto con il mondo notturno, nel quale cresce una continua relazione tra il primo piano e il fondo, tra la presenza e la probabile assenza.

La fotografia si muove tra profondità e superficie, e questa sarà esattamente la relazione spaziale che troveremo, nella penultima sezione della mostra, nelle opere di Rothko, Noland e Morris Louis. La fotografia che abbraccia la notte confonde il passato e il futuro, scambia il ritmo del tempo, in un luogo che non è più fisico ma scavalca tutte le generazioni e si pone in attesa. Secondo le belle intuizioni di Roland Barthes, la fotografia certifica che una cosa è stata, una persona è esistita, che l'accaduto è effettivamente accaduto. Per cui noi sentiamo in essa, anche quando tocca e incontra

Filippo Tommaso Marinetti

Copertina proclama
Uccidiamo il chiaro di luna!
edizioni futuriste di «Poesia»

la notte con il suo buio, che la realtà, con il suo peso, esiste in quell'immagine. Ma chi sceglie di osservare quell'immagine, la fotografia, entra in un mondo che è fatto di mistero, limite sconosciuto della vita prima e dopo la vita. Nel suo centro. Nella notte la fotografia sembra confondere i vivi e i morti, allontanando il loro tempo in un altro tempo. La fotografia così concepita, come mezzo di descrizione del buio, dei suoi anfratti, riconosce e disconosce insieme. Rappresenta ma anche spezza le catene della rappresentazione, e si astrae. Proprio come i neri e i grigi della notte di Rothko. Proprio come le fioriture di buio di Morris Louis. Proprio come l'alba dalle dita rosate non di Omero ma di Kenneth Noland, America, XX secolo.

E come uno stacco si era manifestato tra il XVII e il XVIII secolo, nel venir meno del racconto religioso dentro la notte ambientata, uno stacco profondo si attua al passaggio tra Ottocento e Novecento. Nell'aprile 1909, Marinetti dichiara: «Uccidiamo il chiaro di luna!», e sancisce prepotentemente, con violenza, la fine del tempo romantico, che si era disteso in forme diverse lungo tutto il secolo. La luna che era stata di Friedrich e di Leopardi, viene allontanata dal mondo. Potrebbe anche non sorgere più, non bagnare più con la sua luce le vaste distese del mondo. Le sue plaghe. Quel mondo che aveva avuto in Van Gogh, in Gauguin, in Munch, in Mondrian gli ultimi rappresentanti, alti, altissimi, di un'arte che aveva posseduto l'ardire di dipingere il cielo, la luna, le stelle in modo nuovo, nuovissimo rispetto anche al pur nobile realismo di Corot. O di Homer in America. Il Novecento rompe drammaticamente con la visione ottocentesca della natura e del cosmo intero, della notte.

Dopo le avanguardie, la Prima guerra mondiale traccia un solco diverso per le immagini notturne, e i cieli formicolanti e terremotati di Meidner ne sono gli esempi più veri. Il XX secolo sarà molto meno il secolo della natura, affidato a una interiorizzazione degli spazi che genererà comunque alcune opere di straordinario impatto e profondità. Ciò che manca, sarà il senso ottocentesco della coralità. I pittori sono figure solitarie, che trasformano la luna e le stelle in altra cosa da noi. Sono strisce di comete, sono profumi, sono silenzi, sono ipnotiche notti di città.

Così nel XX secolo, comunque, molti pittori continuano a dipingere la sera e la notte nelle loro diverse emergenze di sentimento e colore, di luci e meteorologia. Dagli espressionisti a Matisse, con le sue meravigliose finestre buie, da Klee a Kandinskij, anche se quest'ultimo più raramente e con un tono quasi sincopato. Poi le città vuote e silenziose di Hopper, oppure le sue praterie e i suoi villaggi. A mostrare un'America che emergeva dalla notte ancora con quel suo tono insieme epico e virginale, costruito però dentro una scatola di cellophane. Quella notte che poi riprenderà un altro grande americano come Andrew Wyeth, su cui questa mostra si soffermerà a lungo. Meravigliosa sopravvivenza della luna,

che non è più Friedrich, non è più Leopardi e nemmeno Klee e il suo astro incastonato. Pittore nel quale sopravvive l'orgoglio del figurare, astraendo per via di sentimento partecipe. O ancora i grandi astrattisti americani, che più volte fin qui ho nominato. Oppure un altro pittore affascinante come Nicolas de Staël, quando i suoi mari si appoggiano contro il cielo e la luna sorge lontana, in un altro mondo che si riflette ma non si vede. Oppure Kiefer, o Richter, o López García. Ognuno a suo modo compreso dentro quel respiro, quel fiato che ci ha condotti anche stasera a guardare da qualche parte nel mondo una luna piena in settembre. Ognuno attaccato con il suo sentimento, con il suo sguardo, con il suo cuore, a questa cosa che ancora ci scuote, ci prende e ci spaura. Ci fa sognare. Quando magari in silenzio, mentre nessuno ci vede, appoggiando il mento sulle mani, o sedendo con la schiena appoggiata su vecchie pietre, guardiamo in alto per vedere se da qualche parte nel cielo una stella ci conduca.

La notte segue il fiume

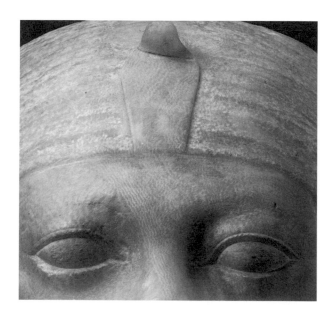

Gli Egizi e il lungo viaggio

Per oggi è tutto quello che ho da portare –
Questo, e insieme il mio cuore –
Questo, e il mio cuore e i campi –
E i prati tutto intorno –
Contali uno per uno – dovessi dimenticarmene io
Qualcuno dovrà ricordarne la somma –
Questo, e il mio cuore, e tutte le api
Che abitano il trifoglio.

Emily Dickinson

Devo fare una confessione, e farla proprio qui, all'inizio di questo capitolo. È venuto un momento, nella preparazione di questa mostra, in cui qualcosa è cambiato. O meglio, si è aggiunto. È diventato un nuovo inizio. Ho avuto il bisogno di approfondire un lato della notte, un suo confine, che fino ad allora era detto solo con gli esempi della pittura. Quel bordo di buio che fa diventare la notte veramente eterna. Qualcosa che ha a che fare con l'assenza, con il viaggio, il viaggio verso un altrove.
Come si cammina in quella notte?
E dentro quali luci?, mi chiedevo.
Quale potrà essere il punto di passaggio, la porta d'ingresso?
Un lungo viaggio, presi dalla corrente di un grande fiume. Ho avuto il bisogno di appoggiarmi ad altro che non fosse la sola pittura, e specialmente il tema da me tanto amato della deposizione del corpo di Cristo dentro il bianco lenzuolo. Bianca bandiera nella sera di Galilea.
Ho sentito il bisogno di un punto da cui far salpare la barca, d'improvviso, o quasi. Uno scoglio

Veduta delle Piramidi di
Cheope, Chephren e Micerino
(Piramidi di Giza), Egitto, Antico
Regno, 2613-2181 a.C.

diverso. Allora mi sono rivolto altrove, rispetto alla pittura che ha fatto la nostra storia di uomini occidentali dal XIII secolo in avanti. Avevo bisogno di qualcosa d'altro, per raccontare il senso della notte come passaggio, ma non come assenza definitiva. Avevo bisogno proprio di questo. Il lungo viaggio che prende il via, davvero sciogliendo le vele, dentro un altro tempo, dentro un'altra notte. Cercavo pertugi, varchi, aperture, mai chiusure dentro una notte fatta apparentemente solo di buio. Cercavo una notte abitata, dove la vita continuasse, nella quale le azioni e i gesti potessero proseguire, vivere ancora. Una notte abitata dai volti ancora, dai sorrisi, dai trasalimenti, dagli amori. Una notte che si potesse leggere, non fosse difficile da spiegare e si lasciasse prendere e ricordare. Pensavo insomma a una notte abitata ancora dalla vita.

E così mi sono rivolto alle sepolture dei faraoni e dei re in Egitto. Alle loro e a quelle delle loro famiglie. E poi quelle dei dignitari, dei sacerdoti. Infine, e per me la cosa quasi più bella, ai volti della gente comune, che aveva abitato una valle vicina al corso del Nilo. Volti che sono rimasti impressi in me da lungo. E con tanta emozione ogni volta li rivedo, ogni volta li riguardo. Lì, in Egitto, nella Valle dei Templi o altrove, la notte nell'eterno è come un proseguire della vita. Un viaggio che non ha fine, e nel quale sempre si porta quanto era appartenuto in vita. Questo mi piaceva, pensando al principio di descrizione della notte, in questa mostra. Un augurio, per i re e per i nobili, che le condizioni vissute nella vita terrena potessero proseguire nella notte oltre il mondo. Ma un augurio anche, per quella gente sconosciuta, che la loro effige dipinta su piccole tavolette potesse oltrepassare il tempo e la sua notte. O il rivedersi prima in Osiride, in cui si ritrova il destino di morte e resurrezione di ogni uomo. Resurrezione, come orientarsi nel fluire del tempo. Tutto il tempo.

La statuaria egiziana assegna un valore quasi magico alle immagini del defunto, nel momento in cui egli è il partente, colui che si accinge a viaggiare a lungo dentro la notte. Trattenendo di sé ancora l'espressione piena, e bellissima, della vita, come nella splendida *Testa del re Menkaure (Micerino)* (cat. n. 3), che fu il costruttore della terza, e più piccola, piramide di Giza, durante la quarta Dinastia. Fortemente naturalistica, tutta appartenente alla vita, colmata in uno sguardo che si affaccia sul mondo e lo percorre, questa piccola gemma dà perfettamente l'idea di cosa sia il motivo di un essere per il tempo e nel tempo. Così come il volto emblematico del re Tutankhamon (cat. n. 18), nella sua raffinatezza semplice insieme di elogio e di memoria dolcissima. Per questo ho scelto di porre il suo nome nel titolo di questa mostra. Per dire come il viaggio notturno cominci da qui, cominci sulle rive del Nilo e abbia il volto di un ragazzo diventato re da bambino. In questa effige regale, noi non sentiamo alcuna differenza di tono e di sentimento con i ritratti fatti al popolo e di cui parlerò lungamente tra poco. Di fronte alla notte, l'immagine, pur avendo una sua precisa identità, si offre nuda al passaggio, nuda al vento che

154

giunge e prende. È in questa immagine fatta per ricordare che noi sentiamo tutta la forza, la potenza e la pressione del volto che si consegna al tempo. Non so, ma credo fortemente che non ci potesse essere modo diverso da questo, per cominciare a parlare di notte.

E poi forse non attesa, ma perfettamente motivata, questa sezione si arricchisce di un legno policromo di uno straordinario, immenso artista contemporaneo, Antonio López García. I cui quadri, invece, incontreremo in alcune delle prossime sezioni. Qui perché il suo amore per gli affreschi di Pompei, per la scultura greca e, appunto, egizia, testimonia di una attenzione per un mondo di risorti, persone collocate nel luogo in cui la vita e la morte si sommano, dando luogo così a una nuova, dilagante realtà. L'esposizione della sua *Donna addormentata. Il sogno* (cat. n. 19), del 1963, accanto a Menkaure e Tutankhamon, prova come quel lontanissimo senso di piena e calda umanità, e di regalità insieme, abbia continuato ad agire come una sorta di fiume carsico, riaffiorando di tanto in tanto nell'opera di alcuni artisti fuori del comune.

Ma anche da segnalare è la straordinaria vicinanza del legno policromo di López García con un altro legno policromo, di autore ignoto, conservato nel Museo di San Martino a Napoli. Realizzata con ogni probabilità tra il 1325 e il 1335, la *Vergine puerpera* è un'immagine praticamente identica, secondo un'iconografia di provenienza siriana derivante dai Vangeli apocrifi, e ampiamente presente in ambito

medievale, anche se non così frequente nella statuaria. Di dimensioni analoghe alla *Donna addormentata*, doveva far parte di un gruppo molto più ampio di carattere presepiale.

Però, pur preso dalla realtà e dalla descrizione che egli ne poteva fare, l'artista spagnolo non cade preda del verismo vernacolare, non del naturalismo di radice appunto popolare, né del freddo e catalogante accademismo. Cerca invece, come in quest'opera di quotidiana sensualità, morbida, la verità nell'apparizione. Esattamente nello stesso modo in cui gli scultori egiziani evocavano per il dopo morte l'immagine di faraoni e re. Facendo diventare semplice la complessità dei rapporti della vita. Un rapporto, in Antonio López, che si snoda lineare, ma misterioso, tra il sé che scolpisce o dipinge e il sé delle persone ritratte. Un filo si allaccia tra lui e i suoi modelli, creando una dimensione del tempo affascinante e stordente, nell'unione incandescente eppure silenziosa di sguardi. Che proprio dal tempo antico sorge. Nei personaggi rappresentati, che molto spesso appartengono alla cerchia famigliare, egli vive la vicenda dell'anima e in essa riflette tutto il suo tempo, dall'infanzia al presente, dal passato al futuro, dalla memoria alla previsione. Tutto, incanti e sogni, sta raccolto in questo volto addormentato nella notte del

Autore ignoto
Vergine puerpera, 1325-1335 circa
Napoli, Museo di San Martino

Antonio López García
Donna addormentata (Il sogno), 1963
cat. n. 19

tempo. Questo volto notturno in cui la vita accade. E tu non sai più, allora, quale sia il tempo e quale sia il luogo, se sia la valle del Nilo o una casa di Madrid tremila anni dopo.

E questo sentimento si manifesta anche in un altro straordinario ritratto, realizzato in quarzite, e compreso in questa sezione, tutta composta, per il resto, di opere di grande pregio provenienti dalla vasta collezione del Museum of Fine Arts di Boston. È il *Ritratto di un nobile della XII Dinastia*, detto "Testa Josephson" (cat. n. 7), appartenente alla tarda dodicesima Dinastia. Se per gli antichi Egizi, dal Vecchio Regno in avanti, la rappresentazione si affidava a un ideale di bellezza senza età e senza tempo, come a creare una sorta di tipo universale, e questo valeva indistintamente per i re, per i nobili e per la gente comune, qualcosa cambia a partire dalla parte centrale della dodicesima Dinastia del Regno di mezzo. E prima che, con l'avvento del Nuovo Regno, si ritorni alla fabbricazione di immagini che celebrano il mito di una giovinezza senza tempo e senza consunzione. Lo splendido *Ritratto di un nobile* mostra invece un aggancio vero con la vita, ed è l'immagine di un uomo quasi anziano. In esso cogliamo quella disposizione ancora naturalistica nel ritrarre un volto e farlo tutto appartenente alla vita. In quel momento e in quel luogo, secondo la legge di un *hic et nunc* che celebra l'istante che precede l'ingresso nella notte. Scelti così questi volti, assieme ad altri oggetti dell'uso comune, si capisce perché questa sezione sia stata in questo modo composta. Per celebrare quel ciglio, quella faglia sottilissima dove il giorno e la notte, il prima e il poi, la presenza e l'assenza, insieme compaiono. Per dire della notte, della sua esistenza, un suo lontanissimo principio. E in questo modo, prima adesso di approssimarci a quella valle vicina al Nilo, sancire il senso di tante apparizioni.

Perché poi, sul finire di quella civiltà, e nel momento in cui Plinio, come abbiamo visto, traccia nella sua *Naturalis Historia* il mito del vasaio di Sicione che per amore della figlia trasforma in verità di volto e corpo le baluginanti e notturne linee sul muro, in Egitto si apre una tra le pagine più straordinarie, e non così conosciute per la loro stessa essenza di silenzio, che la storia delle civiltà, e la storia dell'arte intera, ricordino. Anche se, è giusto non dimenticarlo, i ritratti del Fayum sono stati ricevuti nel mondo storico-artistico con una qualche difficoltà, sicuramente per la loro origine incerta, talvolta confusa, ma anche per la nozione di artigianalità che si sono sempre portati dietro. Come se fosse loro mancato lo splendore di una "manifattura" rinascimentale, più legata invece all'idea della bottega del falegname, del vasaio o del tessitore.

Sotto il nome di "ritratti del Fayum" si condensa quel vasto magma di ritratti sia collocati, e quasi adagiati, su mummie e sudari, sia bastanti a se stessi come splendide tavolette votive, al tempo dell'Egitto romano. Tra la metà del I secolo dopo Cristo e la fine dell'Impero, attorno a questa etichetta convergono ritratti anche non provenienti dalla regione del Fayum, ma che a essa sono stati associati. Posta a oriente del corso del Nilo, a sud di Menfi, il Fayum era una depressione facilmente preda delle inondazioni, e per questo motivo fulcro di una importante rete di irrigazione, a partire dalla dodicesima Dinastia per giungere

Ritratto di giovane uomo con ciborio e fiori
I-II secolo d.C.
Parigi, Musée du Louvre

fino ai Tolomei. Luogo estremamente umido e ricco di vegetazione, dunque non adatto alla resistenza di testimonianze archeologiche, vide così la collocazione delle tombe in zone all'estremità del territorio, più asciutte, tanto da permettere al clima di svolgere la sua azione secolare e benefica sui reperti.

Le tombe che contenevano le mummie e i ritratti ebbero la fortuna di trovarsi in un'area che, già alla fine dell'Impero romano, per la sua posizione decentrata non fece parte degli itinerari dedicati ai saccheggi e alle razzie. Va inoltre ricordato come l'usanza dei ritratti non appartenne solo alla regione del Fayum, poiché reperti sono stati rinvenuti più a sud, ad Antinoopolis e fino a Tebe, oppure a nord, a Saqqara e a Menfi. Le notizie più antiche circa i ritratti del Fayum sono quelle giunte in Occidente in seguito ai viaggi d'inizio Seicento di Pietro Della Valle, con il ritrovamento, appunto a Saqqara, di due mummie del III secolo dopo Cristo e oggi conservate a Dresda. Bisognerà attendere la fine dell'Ottocento, per comprendere come questi dipinti potessero costituire materia di studio davvero straordinaria e ricchissima, e si fossero posti quale *incipit* insuperabile della lunga storia del volto e dello sguardo appartenenti alla notte.

Quando l'antiquario viennese Theodor von Graf, nel 1889, organizzò una esposizione che fece sosta in varie città europee, enorme fu lo stupore provato davanti agli occhi dei tanti uomini e donne e bambini rappresentati. Un intero mondo, un coro, una folla, una processione di sguardi silenziosi si manifestava d'improvviso al cospetto di una incredulità che era quella del pubblico occidentale.

Come è noto, i ritratti del Fayum sorgono dalla lunghissima tradizione funeraria egizia, ma vivono di una complessità storica che li fa essere il risultato di una contaminazione, che infine diviene splendida armonia distinguibile, tra il mondo egizio e quello greco. Trattengono, dell'idea egizia, il senso della continuità tra la vita e la morte, una notte che prosegue, come se le tracce dei viventi si radicassero nei morenti e in coloro che sono già morti. Ma trattengono anche, diversamente, l'idea greca di una rottura che si viene producendo con il passaggio dalla vita alla morte. In questo modo sanciscono l'essere sospeso di un volto, ne dicono la rappresentazione fatta tutta di silenzio, apparire senza voce, con gli occhi che guardano il mondo e ne disegnano i confini visibili, prima che siano quelli invisibili. C'è una tale modernità in questi volti, che a buon diritto i ritratti del Fayum si pongono, lontanissimi, al principio dell'emancipazione dello sguardo. Dal senso della maschera rituale, una delle quali, bellissima, compresa in questa sezione (*Maschera di mummia*, cat. n. 22), a quello di immagine bene individuata di una persona. L'*hic et nunc* dello sguardo rivolto verso la notte, ma anche dalla notte sorgente, passa in ogni modo dal Fayum, abbracciando nello stesso momento il *qui e ora* del loro tempo e l'eternità di un tempo tutto tempo e privo di variazioni.

E possono fare ciò perché sono qualcosa di veramente diverso e nuovo. Essi non hanno nulla di simbolico, non sono stilizzazioni, ma si affacciano a quella finestra della vita davanti alla quale sta il vero incarnato di un uomo e una donna che sono stati vivi. Hanno passato il loro tempo sulla terra, ne hanno conosciuto gli urti e le circostanze, hanno falciato il grano e hanno pescato nel grande fiume, si sono adornati di perle o hanno tenuto fiori tra i capelli. Così come sono, possono essere considerati i più antichi ritratti di persone che sentiamo ancora oggi, infinitamente distanti da noi, essere appartenute alla vita. Chi li ha eseguiti, le tante mani anonime che non conosciamo, le ha rappresentate come realtà della realtà, non badando al rango sociale, ma innestando in una tradizione funeraria certamente simbolica, il gusto per una descrizione pittorica fortemente mimetica. Nella quale la raffigurazione, il presentarsi di un volto, hanno un valore da considerarsi in quanto tale. Perché la riconoscibilità del volto è un dono da esporre sulle piccole tavolette utilizzate quasi sempre come fondi per la pittura.

Anche se le prove dell'antico ritratto greco sono andate perdute, dalle fonti storiche sappiamo bene come la rappresentazione del volto non fosse infrequente nell'epoca ellenistica. Spesso si trattava di un'opera di rammemorazione indirizzata verso colui che più non era nel mondo dei viventi. Ma a partire soprattutto dall'avanzato III secolo, la volontà mimetica dei ritratti del Fayum comincia a cedere e si va verso una maggiore genericità, che poco interessa alla nostra ricerca, avviandosi verso le cosiddette "figure piatte" dei bizantini. Con quel volto non individuato che apparirà anche nell'arte copta.

Ma se è vero che tradizione funeraria egizia e modelli greci si intrecciano, è giusto considerare come questi ritratti vengano realizzati al tempo della romanità. L'epoca del Fayum è anche il tempo che conduce verso la fine del paganesimo, mentre si viene costruendo un grande sincretismo religioso, da cui emerge quell'ampia inquietudine dell'uomo rispetto al senso della vita, della morte, del passaggio. L'idea di entrare nel corso della notte come un largo fiume. Non a caso, nel pensiero egizio la morte era sempre stata considerata un viaggio e il trasbordare era l'immagine che sanciva l'attraversamento dal luogo della vita a quello della morte. I ritratti del Fayum nascono entro un clima tanto suggestivo e pieno di echi, in un'epoca in cui il senso della morte accaduta e accadente è al centro della civiltà. Non si può non riconoscere come esista un legame indifferibile, fatto di ragionamento ed emozione, tra il Fayum e appunto la morte.

È nella forma del sudario che viene rappresentato il momento in cui il trasbordo trova il suo compimento, l'arrivo in un mondo nuovo. Che è l'aldilà vagheggiato già in vita, come luogo della vita vera che continua dopo il breve soggiorno terreno. Perché tutto nasce da una continuità e non da una rottura. E sui volti dei ritratti del Fayum si allunga, apparentemente minacciosa, la zampa nera di Anubis, il dio dotato di testa di sciacallo. Ma questo immaginato pericolo potrà diventare una sorta di lasciapassare, una introduzione guidata a quel mondo notturno al quale il defunto si avvicina. Perché in Egitto è quello lo spazio della vera vita, spazio dunque che si fa culla, profumo, risveglio e profumato brusio.

Ed è interessante notare come la definizione *non essere più*, che è il senso della morte, cioè il non appartenere più alla vita, al mondo dei fenomeni, per gli Egizi non può far sorgere lo stesso concetto. Il *non essere più* sancirebbe una separazione tra il luogo della vita e l'aldilà, che invece sono da

una continuità e non da una separazione. Per questo motivo i morti egizi sono nella perenne condizione dei partenti, di coloro che levano il proprio corpo e cercano una distanza che sia prossimità. I morti non vengono cancellati con la sepoltura, la loro forma vitale non viene occultata, ma sono rinnovati, diventano nuovi per una nuova vita. E mentre la corrente li trascina via in un buio, li prende in un gorgo dolcissimo, ciò che rimane, nel punto del maggiore equilibrio, è il loro volto dipinto. Tutto si dà entro questo equilibrio che annulla le tensioni estreme, creando una zona neutra che è il punto preciso in cui il volto si colloca. E lo sguardo comunica da quel ponte di notte. Non c'è forza del *pathos* e ogni cosa sorge dalla sua stessa essenza. La semplicità come esito finale del gesto.

Del resto possiamo pensare a come tutti i riti egizi che riguardino la mummificazione e l'imbalsamazione, dall'eviscerare il corpo all'esporlo al sole, avevano certamente come scopo quello di costruire una sorta di nuova pelle che proteggesse da un mondo altro, da un mondo/caos che spezzasse gli equilibri del mondo dal quale la persona proveniva. Spezzasse anche quel tragitto già impostato che garantiva la continuità dell'esperienza e la continuità del volto. Che non a caso veniva dipinto, quasi fosse un oblò dal quale guardare, sulla tela del sudario. I ritratti del Fayum hanno perciò gli sguardi così aperti, occhi ampi e sgranati – come in quello bellissimo esposto in questa sezione – a catturare sempre tutto della vita mentre comprendono di essere sguardi-per-la-morte. Comprendono di trovarsi sul punto di essere condotti, forse ricondotti, all'ordine definito del creato. Per questo motivo hanno bisogno di vedere e vedere bene. Nella notte che si avvicina, occorre guardare con occhi limpidi. E per questo motivo, uno di essi apre tutto il percorso della mostra (*Ritratto funerario di giovane uomo*, cat. n. 1) .

Perché i ritratti del Fayum non cessano di interrogarci sul senso della vita dell'uomo? Perché questi ritratti, di una modernità perfino imbarazzante, dipinti come sono stati ormai due millenni fa, stanno alla base di ogni considerazione sulla rappresentazione di un volto, di qualsiasi riflessione dedicata allo sguardo? Perché non smettono di commuoverci, di toccarci in profondità, di provocare in noi il pensiero della finitezza e dell'eterno? Del confine e dell'infinito? Perché capiamo che essi sono sì stati realizzati nell'Egitto romano, ma hanno un significato che travalica i luoghi? Un significato che si addossa ai tempi futuri e li sovrasta, li copre tutti con un unico, vasto e dilagante respiro? È stato Alberto Giacometti, uno tra i massimi artisti del XX secolo, a mettere l'accento su una sorta di introvabilità di questi volti del Fayum, sul loro essere non definibili, perché appartenenti al tempo di sempre e al tempo di mai, perché abitanti in tutti i luoghi e in nessun luogo. E la notte ha questo potere evocativo e magico. Quelle teste, ha scritto Giacometti, erano «legate da un punto interiore che ci guarda attraverso gli occhi.» Sono moltitudini che ci vengono incontro, eppure ognuno isolato in una sua propria unicità. Sillabe.

In effetti essi sono una incomparabile trama di sguardi, un iniziale catalogo d'occhi che proviene dalla storia, e ci induce a riflettere sul senso meraviglioso del ritratto ben prima che giungano per esempio

Raffaello o Giorgione. Sono sguardi che ci osservano da una loro postazione in faccia all'immenso, prima e dentro la notte, un luogo quasi sospeso, innominabile perché senza nome. Che non appartiene né alla vita né alla morte, in una condizione non purgatoriale ma limbica, che ci commuove oltre ogni dire. Perché la loro non è una prossimità, pur se lo potrebbe sembrare. Hanno inscritto un loro tempo e un loro spazio, che è fino in fondo lo spazio dell'essere. Con i ritratti del Fayum infatti, occorre lasciare indietro quelle che normalmente sono le ragioni di una quotidianità costruita sui gesti, sulle iterazioni, sugli oggetti, sulle consuetudini. Si penetra invece nella regione che è dello spirito, dove l'intimità è amore e dove lo sguardo genera protezione. Non si fatica a dire come si entri a pieno titolo nella dimensione del sacro. Un sacro che non si nutre però di ritualità, quanto piuttosto si compone d'altro: un alone che circonfonde, un lume che ugualmente distingue e indistingue, una temperatura costante. Ed entro tutto questo noi sentiamo battere, come la pioggia sui vetri, gli occhi che si aprono allo sguardo. Uno sguardo che è tutto, e soltanto, silenzio.

È per questo che i ritratti del Fayum sono pura essenza, sono tempo e luogo assoluti. Provengono da un ciglio di notte eppure dalla notte stessa. Notte del tempo. Non hanno ambientazioni se non di questa notte del tempo. Sono appunto figure convocate su una soglia, il *limen*, da una mano misteriosa e su quella soglia si offrono alla visione e alla conoscenza. Nulla al di fuori dello sguardo, niente che possa turbare questa fissità. Perché entro questa fissità sorge l'immagine, dapprima negli occhi delle figure e poi negli occhi di chi le figure osserva. E l'immagine che sale è quella dell'ignoto, perché non si può non ricordare come questi siano volti costruiti per il dopo morte, santini devozionali posti nelle tombe per agevolare un transito. Passaggio che avviene nella solitudine di un silenzio che chiede pudore, mai frastuono ma sempre invece un contatto tra l'essere e lo sguardo. Silenzio che non appartiene nemmeno più al tempo della vita, al tempo della loro vita, ma è connaturato all'eterno e si lascia descrivere come il silenzio di sempre, di un tempo che precede e segue la vita di coloro che sono effigiati. E ciò che si manifesta con la massima urgenza, entro i confini di silenzio di questi sguardi, è la nota di una insistita, lunghissima, commovente umanità.

E infatti Robert Turcan, nel suo bel libro dedicato ai culti orientali nel mondo romano, ci dice come sembri «che l'Egitto abbia insegnato all'Occidente il raccoglimento e una certa spiritualità nella devozione», dando quasi una sigillatura di pensiero proprio ai ritratti del Fayum. È affascinante notare come questa idea di silenzio sospeso che accompagna i volti lungo il Nilo, volti che sono quelli di persone che si apprestano a varcare un confine, abbia un suo punto d'appoggio in quegli occhi già aperti sul dopo mondo, su un territorio che però quegli occhi non potranno mai raccontare a chi la soglia non ha ancora varcato. La notte eterna è così. Per cui ci dobbiamo accontentare di un atto di presunzione e vedere in quegli sguardi ciò che non sappiamo cosa sia. Una buia luce che non vediamo. Dobbiamo guardare sguardi che guardano il non da noi guardabile. Si tratta del massimo atto di fede, ma che siamo disposti ad assecondare proprio perché in quegli occhi sentiamo tutto del profondo,

tutto della vita, tutto della morte e in altre parole percepiamo tutto dell'essere, in assenza. Tutto quindi della notte.

Con Emmanuel Lévinas, nel suo *Il tempo e l'altro*, si potrebbe parlare di «eccezionale epifania del volto». Un'epifania che continuamente accade, non ha punti di sosta, proprio perché i ritratti del Fayum sono sì un'esperienza singolare, ma ugualmente plurale. Sono il porsi sulla soglia in perfetta solitudine, ma sappiamo anche che prima e poi, come nei versi danteschi o eliotiani, o perché no di Fernando Pessoa, la teoria dei vivi che diventano morti è proseguita e proseguirà in eterno. E dunque su quella soglia, su quel trampolino, si presenteranno altri silenzi e altre solitudini. Così l'ombra e la notte sul muro catturate da Butade il vasaio, e raccontate da Plinio, può anche farsi eco, trasmettersi di una breve luce che si fa suono che rimbalza, creando illusioni e rifrazioni.

Ma converrà fermarsi ancora un momento sul concetto di singolare e plurale. Perché credo non sia un caso che i ritratti del Fayum debbano la debordante loro potenza di evocazione, al fatto di enunciare insieme la prima persona singolare e la prima persona plurale. E sottraendosi per un momento al corso degli eventi, nominare anche il *voi*, con una funzione escludente che non trova spazio invece nell'*io* e nel *noi*, totalmente includenti. I volti così raccontati sono la forza di un unico respiro e la potenza assoluta di una moltitudine che si incammina. Non c'è esitazione in questo cammino e lo sguardo è indirizzato verso quel punto che noi non vediamo e non conosciamo, e solo loro vedono e stanno per conoscere. Il volto diventa così magicamente esso stesso la soglia, esso stesso la notte. Con il loro unico sguardo, i personaggi del Fayum vedono la vita e nello stesso tempo vedono la morte. Partecipano già in vita della morte e così facendo offrono della vita un'immagine diversa. Sono preda insieme della brevità e dell'eternità. Sono volti che appartengono al tutto e al nulla, e pur dichiarandosi si tengono in disparte in quel loro abito trasparente di silenzio. Del resto, la stessa tavolozza era assai casta ed essenziale, limitata a quattro soli colori: il bianco, il nero, l'ocra gialla e la terra rossa. Solo per dipingere abiti e ornamenti, come per esempio i semplicissimi ma meravigliosi gioielli delle donne, potevano aggiungersi altri colori. E tra tutti, legato al carattere di un elemento inalterabile ed eterno, ovviamente l'oro.

Tenendosi in disparte, quelle figure toccano un doppio dell'assenza, ciò che fa scattare il desiderio di mimesi, chiamata a disegnare il profilo dell'assente. E ancora una volta si tornerebbe al mito pliniano. Perché il ritratto è propriamente questo: far diventare l'assenza, una presenza, come ci ricorda in un suo libro Jean-Pierre Vernant: «Imitare, simulare la presenza effettiva di un assente.» Abbiamo dunque ormai compreso come l'assenza, così a lungo evocata nei ritratti del Fayum, sia la struttura dell'immagine come si andrà sviluppando successivamente nella pittura occidentale. Da qui il senso più vero della raffigurazione e dell'imitazione di un volto assente: il desiderio di garantirne la presenza in assenza, il desiderio di serbare di un volto la forza dello sguardo che si distende nel tempo infinito. E la notte sembra essere il luogo in cui maggiormente si celebra un'assenza. Il ritratto valica i secoli, non ne ha timore. Come è nella frase celebre di Leon Battista Alberti, che nel suo *De Pictura* parla della sovrana forza evocatrice della pittura, tale da poter fare presenti gli assenti: «Tiene in sé la pittura forza divina non solo quanto si dice dell'amicizia, quale fa gli uomini assenti essere presenti, ma più i morti dopo molti secoli essere quasi vivi.» Si tratta di un rovescia- mento dell'idea di tempo, poiché l'eternità si fissa in un volto, sommamente in uno sguardo e attraverso di esso noi siamo in grado di guardare il tempo, siamo in grado di coprire fino in fondo l'assenza. Dalla ricono- scibilità di una figura, viene il riconoscere anche se stessi come parte di un tutto.

E se questo accade, è perché il volto e il suo sguardo sono la sigla di una persona. L'agguantare con ferocia dolcissima il tempo, occhi prensili che si agganciano misteriosamente al tempo. Il volto è la trasmis- sione istantanea dei dati della conoscenza e nel volto ci si specchia. In questo modo si ritrasmette a dismisura, dentro l'infinità del tempo, l'esistenza che appartiene al volto del ritratto e che per un tempo determinato diventerà anche la nostra esistenza. La nostra perché ne abbiamo fatto esperienza. Attraversando lo sguardo dei ritratti del Fayum, noi attraversiamo la vita e la morte di quegli sguardi, noi siamo con loro condotti nella notte, ne facciamo esperienza. Scendiamo con essi nel profondo, ci sentiamo attratti verso un luogo, siamo condotti a immergerci nel tempo, siamo in balia delle correnti e non possiamo difenderci. Fino a che, mira- colosamente si direbbe, la corrente s'interrompe, il flusso si spegne e siamo condotti – forse si potrebbe dire *spiaggiati* – al punto di partenza, a quel punto dove tutto ha avuto inizio. E quel punto non può che essere, nuovamente, lo sguardo che vede nella notte. Uno sguardo da cui non ci attendiamo risposte, concentrato com'è soltanto sull'essenza. E noi, guardando lo sguardo, siamo per un momento dentro una sublime perfe- zione d'amore, ugualmente vicina e distante dallo svolgersi del tempo.

E pur se i ritratti del Fayum sembrano appartenere a un desiderio di privata e intima ramme- morazione, più che alla grande vicenda delle anime eterne, essi ci offrono la possibilità di comprendere l'eternità e l'infinitezza di un volto. Lo sguardo che da esso procede, proiettandosi in avanti come a rece- pire tutto il mondo in sé, è sguardo che abbraccia la totalità e così facendo entra a far parte, sillaba, del mondo. In questa complessità, e ugualmente semplicità, di rapporto sta il verso prezioso dello sguardo. Prezioso e insieme mai del tutto definibile, talvolta cangiante eppure fisso su un punto. Lo sguardo del Fayum rivolto alla notte imminente, anticipando la grande ritrattistica occidentale, racchiude in sé tutte le vicende della vita, tutte le esperienze. E così facendo, le sospende, le isola, dà loro un nome. E nomi- nandole, le sottrae al potere del disfacimento, che diventa invece passaggio, cambiamento di luogo. Lo sguardo in questo modo non è altro che se stesso, non appartiene a niente e nessuno, è l'assoluto. Lo sguardo del Fayum più che annunciare un congedo, anzi *il* congedo, è il congedo stesso. E il congedo avviene davanti alla notte, al suo simulacro. Non si descrive come un aggettivo, ma come verbo che si decide all'azione, quella del levarsi e partire. È sguardo in atto e non in potenza.

Antonin Artaud nel 1930

E per una reazione meravigliosa, tutta interna alle cose, lo sguardo dà accesso all'anima, è anzi la porta dell'anima. La dice, la mostra più che descriverla. Il volto staccatosi dal corpo inizia una sua vita autonoma, che non è maschera ma sempre resta precisione di uno sguardo realmente accaduto. È questo il miracolo della pittura che senza sosta si ripete. Riuscire a far vivere il volto in una sua atemporalità, nell'infinitudine priva di punti di riferimento e tuttavia avere ancora addosso il profumo di terre e temporali. Il volto così facendo diventa entità indipendente, va al di là dell'uomo per giungere in un tempo diverso. Il volto è ciò che permane, il non distruttibile, ciò che non marcisce e dai tempi del Fayum ci viene tramandato duemila anni dopo. In un testo scritto per presentare una propria mostra di disegni alla Galerie Pierre nel 1947, e riproposto nel catalogo della mostra al Musée Cantini di Marsiglia nel 1995 (*Oeuvres sur papier*), Artaud annota: «Il volto umano è una forza vuota, un campo di morte, la vecchia rivendicazione rivoluzionaria di una forma che non è mai stata corrispondente al suo corpo, che si separava per essere altro dal corpo.» Essere altro dal corpo, ecco la forza di annuncio del volto, la sua epifania, che lo sguardo fa diventare realtà. E nella notte si viaggia senza corpo, solo evanescenze, fuochi. Ma nella notte il volto vede, gli occhi riconoscono il non prima veduto, il non mai veduto. Sguardo e notte non potrebbero vivere separati.

In questo equilibrio, precario oltre ogni dire, tra la rappresentazione della vita e la rappresentazione della morte nello stesso volto, la rappresentazione della notte in un volto, sta il senso più vero dello sguardo che nasce nel Fayum egiziano. Il ritratto nomina il volto, lo incardina in un'immagine, lo sottrae già in vita al flusso del tempo, isolandolo nell'eternità di un assoluto e sospeso silenzio. Realizzato così, il volto è al riparo dalle tempeste. È uno sguardo che guarda la vita avendo già fatto esperienza della notte e del buio. Ciò che a nessuno è concesso.

Figure sul limitare della vita

Da una finestra viene la notte

Il mio letto è così vuoto che mi sveglio ogni momento;
Cresce il freddo d'ora in ora, soffia il vento della notte.
Fa frusciare le mie tende con un suono come il mare;
Oh, se quelle fossero onde, e se a te mi riportassero!

Anonimo cinese

Poi la notte si vede in distanza, ma non troppo. La notte entra, o esce, da una finestra lasciata aperta. Da una finestra accanto a colonne in pietra, tornite. O da un arco che si affaccia proprio su di lei, la notte giungente, sparsa di nuvole frastagliate come golfi bianchissimi. Un grande arco entro cui si inscrivono immagini. O da un'altra finestra, con profili di metallo, e la corda di una tapparella lungo il muro. A volte scrostato, con macchie di umidità che salgono. Molti secoli dopo, in una casa che sta davanti a una città che scorre. Da finestre così entra la notte. E da finestre come queste prende il via la seconda sezione della mostra, quella in cui, dopo il lungo viaggio compiuto dai re, dai dignitari e dagli abitanti della valle del Fayum dentro la notte del tempo, quel medesimo stato del buio accoglie le molte altre storie della vita. E in misura tutta particolare, le storie sacre. Ho già parlato di questo nel capitolo centrale del libro, e quindi adesso sarà di più, così come accadrà nei prossimi e finali, un camminare davanti alle opere, per dare giustificazioni e vivere il sentimento di certe apparizioni. Vivere la loro presenza che si accende e ci lascia sospesi, ci conduce in tanti posti nel mondo.

Poiché giunge sempre per me il momento in cui la distanza dai dipinti non è più sopportabile, e le parole possono venire solo in presenza delle immagini e dei loro colori. Le immagini e la loro verità. Viene quel momento in cui non puoi dare ascolto se non ai volti che ti passano davanti, al loro respiro. Al loro stare in un angolo, oppure nell'aprirsi dello spazio. Se non alla natura che sfila e continuamente si allontana, per poi tornare ad avvicinarsi. In questa memoria dello sguardo si forma la pittura, e in questa memoria nasce per me il desiderio di raccontarla. Come un fatto necessario per la vita e per lo spirito. Quando ciò che tu vedi fuori trova una sua corrispondenza dolcissima, e malinconica a volte, con quanto vivi dentro.

Non saprei raccontare in modo diverso la pittura. Di più, sono quasi condotto per mano, senza volerlo, verso quei pittori che sento avere il mio stesso sentimento del mondo. Siano essi portati a descrivere figurando, o siano essi portati a descrivere astraendo. Non mi sono mai posto la questione se la pittura debba essere in un modo piuttosto che in un altro, se si debba prender parte per la prima o per la seconda. Amo ugualmente, e con la medesima intensità, Giorgione e Rothko, Savoldo e Kiefer, Caravaggio e De Staël. Non trovo in loro, e in molti altri, alcuna distanza, alcuna impossibilità a essere posti vicini, sulla grande, immensa lavagna del mondo e della pittura. Sulla lavagna sopra la quale ognuno traccia i segni della propria anima, dell'emozione legata alla conoscenza.

Per questo non mi sono mai sottratto al racconto, anche personale, di ciò che mi ha mosso a fare delle mostre così, a fare delle mostre forse diverse da altre, né migliori né peggiori, però tutte affondate dentro un'emozione che a volte rischia di spazzarmi via. Ma voglio scrivere lo stesso, anche su questo ciglio a volte pericoloso, sofferto. Ma voglio fare mostre come questa, perché altre non ne saprei fare. Farle se non così, mettendo al centro di tutto il battito del cuore, l'emozione che non dà tregua e mi insegue senza darmi vie di fuga. L'unica strada è per me mostrare dei quadri, appesi alle pareti di un museo. E mostrarli senza paura di sparigliare le carte, spezzare talvolta i canoni consueti, da tutti accettati. Mai per la voglia di stupire, ma sempre e solo perché la pittura sia l'adesione a un sentimento, ne sia il racconto e non mai la spiegazione.

Non desidero spiegare niente a nessuno, ho solo la gioia di mostrare che una finestra di Giorgione, oltre la quale sta il velluto di una notte chiara, la possa appendere accanto a una finestra dipinta da López García quasi cinquecento anni dopo, quando una tangenziale butta la notte della periferia di Madrid dentro quella stessa finestra aperta. Penso che si possano fare mostre anche così, dove, sulla stessa parete, a Bellini non debba per forza succedere Giorgione, e dopo di lui Tiziano. Certo, anche questo, ma non solo. Penso che valga la pena vivere e lavorare in questo modo, dentro alla verità d'ognuno. Dentro all'emozione d'ognuno. Per questo motivo, e per nessun altro, questa sezione ha al suo principio un quadro di Giorgione e uno di Tiziano, ma accanto a loro due finestre notturne di uno straordinario pittore contemporaneo, proprio lui, Antonio López García. Che abbiamo già incontrato nella sezione precedente, in veste di scultore accanto a Tutankhamon. Ma altri di questi contatti, di questi passaggi d'aria, troveremo sia in questa sezione che nelle prossime. Fino a che tutto, come un riassunto delle emozioni, si concluderà nell'ultima, grande sala.

Ma noi siamo qui, adesso, a incontrare Giorgione, a parlare un poco di lui. Perché Giorgione,

Giovanni Bellini
Madonna con il Bambino
(Madonna di Alzano, detta anche
Madonna Morelli o Madonna
Agliardi), 1487-1488 circa
Bergamo, Accademia Carrara

Leonardo da Vinci
Ritratto di Ginevra de' Benci
1474-1478 circa
Washington, National
Gallery of Art
Ailsa Mellon Bruce Fund

come scriveva Adolfo Venturi in un suo libro del 1913, è particolarmente predisposto all'espressione pittorica della notte. E
soprattutto – e per questo motivo sta in un punto che è d'avvio
e di immediata riconoscibilità di un senso e un sentimento –,
una notte che ha poco o nulla di naturalistico e invece vive di
una sua evidentissima forza che tiene insieme, in un solo colore
e in una sola immagine, poesia e simbolo. L'ho detto subito,
questa mostra – anche se qualcuno potrebbe immaginarla fatta diversamente – non vuole raccontare la sera e la notte dal
punto di vista del semplice paesaggio. Non vuole, insomma,
parlare semplicemente di luna e di stelle, che pur saranno il
motivo dominante della quarta sezione, quando entreremo nel
cuore del vero e proprio secolo dedicato alla descrizione del
paesaggio, il diciannovesimo.

Giorgione quindi è pittore di una notte solo parzialmente naturalistica, e su questa luce particolare, e unica, del
grande pittore veneto, spendeva parole molto belle, nel 1978,
Cesare Brandi: «La luce non è mai incidente in Giorgione,
s'accende piuttosto in determinati punti, cala come una pioggia d'oro: il colore in quei punti, senza sapere perché e per
come, scatta al massimo: s'illumina – mi si conceda l'audace
imprestito – d'immenso. Insomma c'è qualcosa, e di fondamentale, in Giorgione, che non si riduce alla luce e all'ombra
fenomenica, naturalisticamente reimmesse dall'esterno nel dipinto.» E questo lo vediamo espresso in modo meraviglioso
nel *Doppio ritratto* presente in mostra (cat. n. 24), con quella
luce notturna che si stende alle spalle dei due personaggi. È
la qualità misteriosa della luce di Giorgione, che la toglie dal
potere della realtà che era stata, fino a qualche attimo prima,
quella di Giovanni Bellini e di Antonello. Per questo motivo
quello spazio di notte apre, in pittura, il percorso di questa
esposizione, poiché dà il senso di una notte che è della realtà e
dell'apparizione insieme, ed è quindi anche sogno.

E Brandi evidenzia subito quale sia la derivazione per questo tipo di luce: «Inoltre, la pittura di Giorgione non tende al monocromatico, anche se è sotto una regia accurata di intensità, né si posa principalmente sulla luce, come emissione di raggi da una fonte unica, secondo che si vede in Antonello o in Giovanni Bellini. Si potrebbe parlare, senza nessuna risoluzione critica, di un mistero nella pittura di Giorgione, e già il Vasari, che l'accusò benissimo anche se non aveva il prontuario critico per risolverlo, accennò al chiaroscuro leonardesco.» Leonardo, che è a Venezia nei primi mesi del 1500, crea quella luce diffusa nell'atmosfera, e quasi in essa disciolta, che è l'attributo fondamentale per la pittura notturna, e ancora una volta quel drappo esile di notte nel *Doppio ritratto* lo dice con sublime chiarezza.

E qui, come in molti altri suoi dipinti, l'elemento caratterizzante è l'ombra, un'ombra che nasce all'interno dello spazio pittorico e non giunge da un altrove. È così che noi sentiamo in Giorgione una profondità, che si manifesta per un rapporto diverso tra quell'ombra e la luce. E se questo è vero, sentiamo che in lui il colore, parco eppure sontuoso, non si dà come superficie ma è trama della profondità stessa. Ancora una volta, quella finestra che si affaccia sulla notte misteriosa, una notte dello spirito, ne è conferma. Essa dà il senso dell'infinito e il colore di quella luce più lontana trae forza fino alla vicinanza dell'oro della manica. Sillaba di colore che si sospende, alzandosi d'improvviso, dal piano dell'ombra. E quest'ombra sembra governare anche gli sguardi dei personaggi, la loro malinconia così bene espressa davanti alla notte.

Del resto, tra la visita di Leonardo a Venezia nel 1500 e il 1503, Giorgione è affaccendato attorno ad alcune figure ritratte di busto, nelle quali può esprimere, facendo ricorso alla presa di co-

Giorgio da Castelfranco
detto Giorgione, *Ritratto
di giovane,* 1502 circa, Budapest

Szépmuvészeti Muzeum
dono di János Lázló Pyrker
1836

Giorgio da Castelfranco
detto Giorgione, *Doppio ritratto*
1502 circa, cat. n. 24

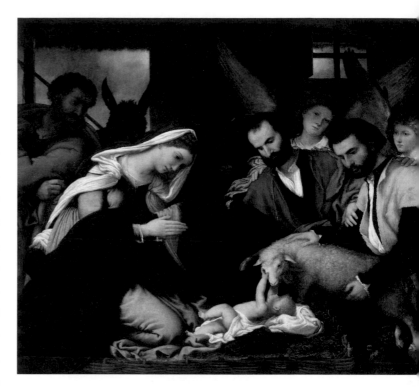

scienza neoplatonica, la vita interiore dei personaggi rappresentati. Non sarà per esempio inutile ricordare, accanto a questo *Doppio ritratto*, il *Ritratto di giovane*, il cosiddetto Brocardo, del Museo delle Belle Arti di Budapest. Dentro quella strabiliante, e simile, espressività dei lumi che quasi sembrano anticipare il luminismo caravaggesco. Ma il clima neoplatonico, e una idealizzazione che può nascere dai temi contenuti negli *Asolani* di Bembo, stampati nel 1505 ma scritti tra 1497 e 1502, allontana questi ritratti giorgioneschi da quelli, improntati a un più schietto realismo, di Antonello e Giovanni Bellini.

E questi lumi notturni giorgioneschi avranno un impatto non indifferente su molta pittura successiva sempre dedicata alla notte. In Savoldo, e per esempio in quel capolavoro che è l'*Adorazione dei pastori* della Pinacoteca Tosio Martinengo (cat. n. 27). Con il lume alto della luna stretta tra le nuvole, che diffonde tutto il suo chiarore nell'atmosfera serale, che così lascia che l'ombra si generi dall'interno di un colore che adesso è diventato profondità di un'ombra/colore. Con quella meravigliosa inquadratura di un pastore che si appoggia con il gomito su una finestrella alle spalle della mangiatoia, mentre dietro di lui, nel libero spazio della notte, un azzurro chiarore fa galleggiare nuvole e montagne. E dopo l'esempio così nuovo di Giorgione, nel secondo e terzo decennio del XVI secolo da Savoldo appunto a Sebastiano del Piombo, da Tiziano a Lotto a Tintoretto, la pittura dedicata alla notte raggiunge alcuni dei suoi vertici. E questo, ormai l'abbiamo capito, associandosi al tema religioso. Tiziano coglie la lezione giorgionesca di quell'ombra che affiora, galleggiando, nella trama disfatta del colore, soprattutto nell'ultima parte della sua vita. In Tintoretto è invece l'ombra ad assorbire il colore, in uno spazio fortemente prospettico come per esempio accade in *Ercole scaccia il fauno dal letto di Onfale* (cat. n. 45). E anche Caravaggio, successivamente, parte da Giorgione quando vediamo come la sua luce nasca prepotentemente dall'ombra.

Ma prima di tornare a Caravaggio, vorrei fermarmi per un momento soltanto su alcune finestre, quasi sempre notturne, che Antonio López García realizza, nel corso di un intero decennio, tra l'inizio degli anni settanta e l'inizio degli anni ottanta. E, tra queste, specialmente la *Grande finestra* del 1972-1973 (cat. n. 26), che sulla nostra parete è posta accanto alla *Santa Caterina d'Alessandria in preghiera* di Tiziano (cat. n. 25). Sorprende, e affascina, come il grande pittore spagnolo abbia creato un'immagine la cui struttura centrale è in tutto e per tutto riconducibile proprio al dipinto tizianesco,

che per questo motivo ho voluto porgli accanto. Il pittore cinquecentesco colloca il legno della croce a dividere esattamente in due lo spazio della notte. In questo modo ponendo in contatto il luogo di una grande aula con un paesaggio un po' sconnesso di vegetazione, e di più lontane montagne. Il legno della croce s'inscrive nella notte e va a infilarsi, in alto, in quel bellissimo particolare di nuvole bianche stracciate e graffiate, che illuminano, illividendolo con il loro chiarore, il cielo notturno.

Nella sua casa di Madrid, molti secoli dopo, Antonio López García realizza, dentro una notte diversa, qualcosa di simile. Una finestra con dei battenti in alluminio è appoggiata, la maniglia non completamente in verticale, come se un po' dell'aria della notte potesse da una fessura entrare in quella casa. I vetri, specchiando, rimandano l'immagine dell'interno disadorno. Ed è così che il battente centrale della finestra, come il legno della croce di Tiziano, salendo dal basso verso l'alto incrocia il gessato, bianco lucore di una lampadina, come erano state le nuvole nel quadro del Cinquecento. E la tapparella, che fa un arancione dentro il colore della notte nella stanza, è il legno orizzontale della croce di Tiziano. Lo stesso artificio costruttivo che sigilla lo spazio del paesaggio quasi temporalesco da un lato, e l'interno di una casa fuori della quale preme la notte, illuminata da una lampadina elettrica.

La notte dipinta da López García è insieme la realtà e l'invenzione della realtà, la verità e il sogno. Essa preme da fuori per scavalcare lo spazio della finestra, eppure non si vede. E non vedendo-

si, lascia che a manifestarsi sia l'immagine riflessa di una stanza, nella quale tuttavia la notte è compresa. Così insieme vivono la notte per l'eterno e la notte screziata del bianco di una lampadina in un interno borghese. La notte non ancora avvenuta e la notte sul punto di accadere del tutto. La finestra è lo specchio e lo specchio è un artificio che il pittore spagnolo ha usato qualche volta, secondo un'intenzione ovviamente derivata da Velázquez. Per creare la realtà e il suo doppio, la realtà e il suo sogno.

E quale cosa migliore della notte per individuare, e descrivere, questo spazio che vive tra il luogo sotto vuoto di un appartamento tutto illuminato dalla luce elettrica e il luogo della notte che sembra anch'esso rischiarato da quella lampadina sospesa? Nulla esiste per come è, e per questo la pittura può considerarsi solo lo strumento per avvicinarsi al reale, che poi sobbalza, si sospende, si trasforma. E infatti Antonio López ha dichiarato: «Il risultato non è mai la realtà», intendendo che il risultato sarà la verità dell'artista, la sua psicologia, il senso meraviglioso e dilagante della sua profondità interiore. Tutto deve essere ricondotto all'apparizione, come questa finestra notturna. Alla comparsa del mistero, all'evidenza della non evidenza. Perché è nel punto, e nel momento, in cui il reale sembra offrirsi nel suo massimo splendore, che quel reale, per eccessiva ostensione, scompare. E López García ha dipinto la notte in questo modo, dopo Giorgione, dopo Tiziano, dopo Caravaggio ed El Greco. L'ha dipinta dalla parte del mistero, dalla parte della sua emersione come un fiato, come un respiro sottile, come una cenere buia rappresa e liscia. L'ha dipinta perché, comparendo, non scomparisse.

E dopo questo inizio, la sezione si addentra nel racconto delle storie sacre ambientate nella notte. Abbiamo già nominato la bellezza damascata, tutta lunare, dell'*Adorazione dei pastori* dipinta da Savoldo, ma accanto a essa compare un soggetto analogo, realizzato da El Greco quasi

mezzo secolo dopo, sul finire del Cinquecento, quando da un decennio egli è arrivato in Spagna. Questo tema appare per l'artista una sorta di ossessione, e molte sono le versioni da lui realizzate, a cominciare dalla scena inclusa nel cosiddetto *Trittico di Modena*, per alcuni dipinto a Venezia attorno al 1570 e per altri invece una delle ultime opere cretesi prima del trasferimento in Laguna, dove sarebbe stato portato per le esigue, e trasportabili, dimensioni. Quel che è certo è che questa *Adorazione dei pastori* (cat. n. 29) vive ancora di quello che è stato definito il «bilinguismo» iniziale del Greco, quando il mondo delle icone apre alla sua «maniera greca», mentre preme comunque, per i rapporti e gli esempi che giungevano anche a Creta, la maniera italiana, ovviamente quella veneziana. In questa tavoletta, oggi conservata alla Galleria Estense di Modena, una luce affocata di tramonto che scorre al di là della capanna, tiene però un tono ancora di icasticità che deriva, appunto, dal clima delle icone. Ma sarà di lì a poco, con l'arrivo a Venezia probabilmente nei primi mesi del 1567, e con la sua frequentazione della bottega tizianesca, che El Greco comincerà ad aprirsi al nuovo verbo pittorico, che lo vedrà vicino, ovviamente e come vedremo subito, a Jacopo Bassano e soprattutto a Tintoretto.

La sua predilezione per Tintoretto, di cui vede le opere a San Rocco dopo il suo rientro da Roma nel 1573, e prima della partenza per Toledo quattro anni dopo, è siglata anche da una dichiarazione molto precisa, quando accenna alla «mejor pintura che hay hoy en el mundo», riferendosi proprio al grande maestro veneziano. Quel clima che si sviluppa a Venezia, sotto la spinta proprio di Tintoretto, e di Tiziano, nel secondo Cinquecento. Quando viene trasformandosi in modo tanto significativo il rapporto tra la luce e lo spazio che l'accoglie, una luce che trasmigra dalla purezza della chiarità fino ai tramonti e alle notti, che molto spesso si accendono di lumi come torce e candele, così da rompere l'equilibrio della sola luce naturale. Tutto questo diventa fondamentale per la mia idea di mostra e di percorso, perché è in questo momento che si aprono altre luci, quelle appunto notturne, che rompono la normale concezione prospettica e si fanno spinta verso un luogo diverso, di totale introiezione. Pallucchini, con parole molto belle, affermava come tutto questo derivasse «da una svalutazione del concetto di spazio rinascimentale e dall'avvio ad una concezione irrazionale protesa verso quel senso di mistero, che talvolta diviene il vortice allucinante nel quale sembra perdersi l'uomo dell'età manieristica.»

Così nell'*Adorazione dei pastori* di Palazzo Barberini, El Greco crea uno spazio tutto turbato, entro una sorta di antro, o di grotta, che replica la disposizione che abbiamo appena visto in Tiziano, quando al di là del grande arco il cielo notturno aveva il dardeggiare bianchissimo delle nuvole rapprese. Allo stesso modo, la notte di El Greco sta fuori, e preme, nell'apparizione candida di un lampo che scheggia il cielo, e discende in cascata dal gruppo di angeli che in alto reggono il cartiglio con la gloria di Dio. Ma a questo apparire di un elemento notturno e luminoso sovrannaturale, si associa l'umanissima scena in basso dei pastori che si stringono attorno al Bambino appena nato, attorno a Maria inginocchiata e avvolta nella sua tunica di un rosso di reminiscenza veneziana. Questa associazione tra elemento divino ed elemento quotidiano, ambientata nella notte santa, ci torna utile subito, quando, seguendo la sequenza delle opere sulle pareti, ci imbattiamo in un altro straordinario pittore che ha fatto delle ambientazioni notturne, in quella Venezia, o in quel Veneto, del secondo Cinquecento, una delle sue sigle. In modo specialissimo nello scorcio finale della sua lunga vita: Jacopo Bassano.

Ma per un momento, prima di giungere da lui, facciamo un rapido passo in avanti, solo qualche anno, seguendo i diversi episodi della vita di Cristo. Incontriamo così dapprima, in una luce che annuncia la sera, nel lontanante paesaggio d'impronta veneta, la samaritana (cat. n. 31) al cospetto di Gesù, in un quadro molto bello, e molto famoso, dipinto da Annibale Carracci quando già si era trasferito da Bologna a Roma e aveva iniziato a lavorare agli affreschi in Palazzo Farnese. La desinenza correggesca, e anche raffaellesca, delle figure, quel loro tondeggiare classicheggiante, si unisce mirabilmente all'interesse proprio per il paesaggio veneto del secolo che si sta concludendo, il XVI, così da dare vita a una scena in cui morbidamente l'ombra si diffonde e si distende dove prima era il potere della luce, la sua effervescenza.

Pur attratto dalla pittura di Carracci, e ovviamente attento al clima veneziano, Caravaggio lo troviamo, nello scorcio finale del Cinquecento, come scrive Giovan Pietro Bellori nelle sue celebri *Vite* nel 1672, attento a «ingagliardire gli oscuri». Roberto Longhi individua mirabilmente i movimenti caravaggeschi nel momento in cui, attorno al 1597-1598, si attua questa svolta che include l'ombra, nei dipinti, in modo tanto evidente: «Anche il Caravaggio avvertiva il pericolo di ricadere nell'apologetica del corpo umano, sublimata da Raffaello e da Michelangelo, e persino nel chiaroscuro melodrammatico del Tintoretto. Ma ciò che gli andava balenando era ormai non tanto il "rilievo dei corpi" quanto la forma delle tenebre che li interrompono. Lì era il grumo drammatico

della realtà più complessa ch'egli ora intravedeva dopo le calme specchiature dell'adolescenza. E la storia dei fatti sacri, di cui ora s'impadroniva, gli appariva come un seguito di drammi brevi e risolutivi la cui punta non può indugiarsi sulla durata sentimentale della trasparenza, anzi inevitabilmente s'investe del lato abrupto della luce rilevante fra gli strappi inconoscibili dell'ombra. Uomini e santi, torturatori e màrtiri si sarebbero ora impigliati in quel tragico scherzo. Per restar fedele alla natura fisica del mondo, occorreva far sì che il calcolo dell'ombra apparisse come casuale, e non già causato dai corpi.»

Questo dunque accade nelle storie sacre, anche per Caravaggio, e si capirà allora per quale motivo questa sezione, volendo dar conto di una pittura entro la quale sorgono la sera e la notte, sorgono le tenebre, indugi a lungo proprio sul sacro abitato dalla notte. *Marta e Maria Maddalena*, del Detroit Institute of Arts (cat. n. 32), è uno tra i dipinti inaugurali di questa tendenza in Caravaggio, subito prima dei grandi quadri per San Luigi dei Francesi, e per questo è compreso nella mostra. Servirà quindi soffermarsi almeno un po' su questa tela, che indica anche come il buio, o la notte, entrino effettivamente nelle stanze, le visitino, le abitino. Quella notte che, ripetiamolo ancora una volta, non è solo naturalistico riprodurre la luna e le stelle, ma, talvolta di più, impatto nella coscienza.

Come detto, è questo il periodo, siamo tra 1597 e 1598, in cui si attua un vero mutamento nella visione di Caravaggio, soprattutto nel rapporto tra la luce e l'ombra. E subito lo vediamo nella collocazione spaziale, e luministica, di Marta e Maria Maddalena, la prima avvolta, e quasi invasa, dall'ombra, la seconda preda della luce. Luce che, tra l'altro, tocca anche lo specchio su cui la Maddalena posa la sua mano sinistra, secondo un'immagine che appartiene alla *Seconda Lettera ai Corinzi* di San Paolo, nella quale si nomina lo specchio in relazione alla conoscenza dell'elemento divino. Il grumo d'ombra alle spalle delle due donne, e quel bagliore di luce umida, verdastra, acquatica sul lato sinistro, attorno alla testa di Maria, dicono della lezione veneta cinquecentesca e prima, *per li rami*, del chiaroscuro di Leonardo.

Dentro questa temperie si forma quindi la notte caravaggesca, che, come vedremo tra poco, aveva avuto un precedente *en-plein-air* nell'*Estasi di San Francesco d'Assisi* di Hartford, ugualmente presente in mostra (cat. n. 40). E presente proprio per dire di questi due distinti movimenti all'inizio del percorso di Caravaggio. Così la bella composizione del quadro va da questo sprofondamento entro

le misure del chiaroscuro ancora parzialmente atmosferico, seppure contenuto in un interno come nell'opera di Detroit, alla carnalità e alla vita delle figure di Maria ma soprattutto della Maddalena, esposta nella sua luce che rivela. Quella vicinanza preveggente con Courbet di cui ha parlato Longhi, in una delle sue audaci, e meravigliose, pagine. Ombra, luce dell'ombra, notte, questa di Caravaggio, che crea un nuovo spazio, un luogo nuovo, che mette insieme il reale e la sua verità con la potenza drammatica, umanissima, di apparizioni *astratte*. Tutte volte a costituire grumi e di più golfi di buio, insenature, rocce inavvistate, profondissimi mar dei Sargassi. Alghe sparse, costellazioni buie dove le stelle siano state cancellate e sola si veda, nella sua immensità, una notte priva di confini.

La cultura figurativa veneziana cinquecentesca, prima con Giorgione e Tiziano, e poi con Tintoretto, ha contato non poco nella costruzione di una pittura della sera e della notte. Assieme ai pittori appena citati, ce n'è un altro che ha giocato un ruolo per nulla secondario in questa vicenda, e il suo nome è Jacopo Bassano, figlio di un pittore e a sua volta padre di altri pittori, come Francesco

e Leandro, che hanno costituito una bottega di straordinaria importanza in quel secolo. Roberto Longhi, parlando proprio di uno dei due quadri di Jacopo presenti in questa mostra, la *Salita al Calvario* proveniente da Budapest (cat. n. 34), scriveva della «ripresa di manierismo in chiave luministica e drammatica.» Il quadro è stato realizzato appena passata la metà del Cinquecento, quando Tiziano e Tintoretto virano verso quella sensibilissima, e tutta partecipata, attenzione al dato chiaroscurale. Quella che a Pallucchini, dicendo di Tintoretto, fa annotare come «il colore veneziano si tramuta in angoscia chiaroscurale.» Siamo in pieno manierismo, che però a Venezia si associa all'inestinguibile dato naturalistico, sulla scia per esempio di due straordinari pittori del contado come Lotto e Savoldo.

Del resto, Jacopo Bassano venne inviato dal padre Francesco a Venezia, a respirare direttamente l'aria del nuovo. Il suo alunnato con Bonifacio Veronese non è, come si può intuire, meno importante della conoscenza diretta della pittura per esempio di Tiziano, ma anche del Pordenone. In quest'ultimo poteva scoprire quella gam-

ma alta dei volumi dei corpi, quei movimenti ampi delle masse, che gli dovevano servire per unirli alla pastosità del colore tizianesco. Tutto questo lo si vede molto bene proprio nella *Salita al Calvario*, dove una notte imminente invade la scena, con lo svariare delle nuvole che come bianchi laghi sospesi dominano il cielo. Gli influssi emiliani, leggi Parmigianino, sono del tutto evidenti, dando così luogo a quella specialissima unione tra manierismo e paesaggismo lagunare. Ma si sente alle spalle anche la visione dei corpi propria del Pordenone, come nella figura inginocchiata in primo piano alla destra del Cristo, che dopo essere caduto si rivolge verso la Veronica, confidente e calma anche nel tumulto. È questo un quadro sensazionale, nel quale vive una tensione emotiva fortissima, vicina a quella di Rosso Fiorentino, ha azzardato Pallucchini. Sia come sia, sentiamo in quest'opera che la notte va compiendosi dentro un'aria di mistero, con il raggiungimento quasi di un grado di astrazione della forma, che pur provenendo dal clamore del Pordenone, si associa a una caratteristica di silenzio che Jacopo fa solo sua. Bloccando in una sospensione il senso di una vicenda che si fa quasi metafisica e nella quale sentiamo ancora, fragrante, la lontana memoria di Savoldo e Lotto.

E nelle sue *Le maraviglie dell'arte*, nel 1648, Ridolfi ricordava questo amore di Jacopo per i temi della Passione, che a lungo ha dipinto, creando spesso veri e propri capolavori, nei quali l'umanissima nota della commozione trabocca, nell'inseguire proprio le luci notturne che tanto ci interessano in questa mostra: «Molte attioni de la passione del Redentore; l'oratione nell'horto; tradito da Giuda, preso da ministri, condotto à Caifasso, coronato di spine, crocefisso e tolto di croce; fingendo tali soggetti di notte tempo con pochi lumi ed ombre gagliarde illuminati da faci e da torchi.»

Perché, di certo sentendo il fascino del Tiziano ultimo e del Tintoretto per esempio del sensazionale *Cristo portato al sepolcro* di Edimburgo, Jacopo Bassano ci consegna due versioni meravigliose della *Deposizione*, la seconda delle quali, proveniente dalla vicentina Chiesa dei Carmini, compresa in questa esposizione (cat. n. 39). La prima essendo quella del 1574 di Santa Maria in Vanzo a Padova. Sono dunque, davvero, gli anni in cui si afferma la pittura notturna a Venezia e praticamente in

diretta, all'interno di un suo volumetto sulla città di Bassano, così scrive nel 1577 Lorenzo Marucini, a proposito di Jacopo: «Questo è in Figure eccellentissimo, e in Paesi divino, inventore del vero pingere delle notti in tela.» E un altro bassanese, Giovanni Battista Volpato, un secolo dopo, mentre analizza la «quarta sua ultima maniera tutta piena di artifici», parla della pratica di un «lume serrato». Anche i commentatori del tempo, e adesso di nuovo Volpato, insistono su questa peculiarità, entro cui si afferma definitivamente il notturno in pittura. Non poteva che essere a Venezia, dove da Bellini e poi da Giorgione in avanti il gusto per la rappresentazione naturale si incuneava nelle maglie di una adesione luminosa senza precedenti, alla quale un colore più libero forniva non prima immaginati gradi di libertà. Il colorismo di Jacopo Bassano «si rende superiore di forza e vaghezza a qualsivoglia pittore perché con la scarsezza de' lumi ed abbondanza delle mezze tinte e privazione de' neri accorda panni velati, lacche, rossi e così bianchi, verdi azzurri in modo che l'occhio non resta punto offeso, anzi con somma dilettazione aggredito.»

E la pala della chiesa dei Carmini si affaccia precisamente su questo spalto di colore e di notte. La luce naturale in distanza, mentre il giorno declina. La luce artificiale delle due torce accese che spuntano una a destra e una a sinistra. La luce sovrannaturale che bagna il lenzuolo sopra cui appare il corpo di Cristo. È una notte della vita e del tempo, una notte in cui tutto accade, e che Bassano realizza dentro una sua istanza di paesaggio e spirito insieme. Mentre la vita si esaurisce, la vita più lontano continua. Mentre nella notte si tocca l'eterno, in quella stessa notte si conclude una giornata. Il corpo di Maria è accasciato, vinto dal dolore, mentre le donne attorno osservano quel dolore, scomposte dentro il buio acceso di fuochi, sparso di tramonti, illuminato dalle torce, illividito dal lume di un telo bianco. La chiarità della notte appare così, umana presenza dentro l'umano buio, prima che qualcuno deterga quelle tenebre, quando lontano nel cielo restano ancora orizzonti di nuvole. La notte è così, il punto in cui, da qualche parte, s'incontra il destino.

Ed esattamente negli stessi anni, forse negli stessi mesi, in cui Jacopo Bassano dipinge questa notte muschiosa e dolorosa, Paolo Veronese dipinge una sua *Crocifissione* (cat. n. 36) raccolta dentro un bozzolo temporalesco di buio scavato nell'oro di un'apparizione, secondo la parola evangelica. Giunta al termine del percorso di Veronese, questa scena elimina da sé il senso scenografico e teatrale, per entrare nel cuore delle tenebre, dentro cui avviene ciò che doveva avvenire. Probabilmente sulla scia del Concilio tridentino, Veronese instilla nella sua pittura questo senso fortemente spirituale, dove la notte è un grande telo che si stende, un mantello, il luogo dell'umana pietà, al confine del tempo.

Cosa diversa dalla notte di Poussin, che tutto sembra ingoiare, a metà del secolo seguente. Quando il pittore francese realizza una grande *Crocifissione* (cat. n. 35) di impianto orizzontale, che lo spossa a tal punto da rifiutare una successiva commissione per una salita al Calvario: «La Crocifissione – scrive a Jacques Stella che vorrebbe l'altro quadro – mi ha fatto stare male, ho provato molta pena, ma un Cristo portacroce finirebbe con l'uccidermi.» La scena vibra dentro un'oscurità quasi esagerata, che il recente restauro ha di nuovo portato al suo stato iniziale. In quella profondissima notte, Poussin orchestra quasi una scenografia, come sua consuetudine in quegli anni quaranta del XVII secolo, con la continua, ritmica apparizione dei manti rossi che sono la sola nota di colore acceso in tutto quel buio. Fino al rosso, e quasi arancione di un tramonto, del ladrone appeso a destra, e, per equilibrio nello spazio, allo stesso arancione della veste di colui che sta salendo la croce di sinistra, per togliere il secondo ladrone dal legno. Poussin immagina una notte senza luna, davanti alla quale tutto accade. Una notte fatta di buio che rimbomba, un'eco che si spande sulla montagna e rimbalza. Così come le figure a terra rimbalzano in un loro ritmo di indifferenza a quanto sta accadendo sotto quell'invisibile sole nero, che ha reso priva di luce la terra. In questa visione lontanante, dove tutto è una splendida macchina orchestrata, dove il dolore si imprime senza la fissità dei primi piani, Poussin racconta le sue tenebre tatuate solo di nero.

E per questo motivo ho voluto associarvi, accanto sulla parete, una crocifissione diversa, che per la sua drammaticità, esattamente tre secoli dopo, svuota la scena e la riduce a bocche spalancate appese come scimmie, lasciando la tela quasi del tutto grezza. Francis Bacon dipinge, in un quadro di una potenza e di una sensibilità oltre ogni limite, il *Frammento di una Crocifissione* (cat. n. 37), a dire l'impossibilità di essere credibile, come artista, di fronte al racconto di una notte che ha spaccato la linea del cielo. E il cielo non c'è più, e quello che c'è, è soltanto il colore della tela come fosse sabbia del deserto, spazio che deve rimanere vuoto.

Ma la cosa interessante, per la quale ho scelto proprio il quadro di Poussin nella sua nerissima notte, e proprio questo dipinto di Bacon accanto, è che quelle boc-che urlanti abbarbicate sulla croce, sanguinanti, vennero al grande pittore di Dublino sì dalla visione del film *La corazzata Potëmkin*, nella scena famosa della bambinaia, ma anche da altro. E quell'altro sono le visite numerose a Chantilly, al Musée Condé, proprio per vedere un quadro di Poussin, del 1625-1629, che lo toccava molto, per la bocca urlante della madre in primo piano. Si tratta del *Massa-cro degli innocenti*, quando una mamma implora il soldato, urlando e aggrappandosi in ginocchio, di non colpire il suo bambino, già a terra e schiacciato dal piede di lui.

Un quadro di enorme drammaticità, in anticipo su *Guernica*, che in Bacon si trasforma in bocche che sono come artigli sangui-nanti, filo spinato, grumo di carne reclinato come una testa morente,

Roberto Longhi

dentro il legno di quella croce che ha al suo interno, nella sua anima, già tutta la notte. Perché con un espediente straordinario, il pittore non crea la notte al di fuori e al di là della croce, come aveva fatto Poussin, come aveva fatto Veronese, come avevano fatto, e faranno, tanti altri artisti. Bacon decide che la notte è, e sarà, tutta raccolta direttamente nella croce, dentro la croce. La croce essa stessa notte, e in questo modo, nuovissimo, egli la dipinge. Perché non sia solo una presenza ma, molto di più, un'ap-parizione. La pittura ha scartato di lato, è uscita dal suo binario e adesso rappresenta la notte come corpo. Per questo motivo Bacon non poteva mancare al fondo di questa parete.

E poi si esce dalla vita di Cristo, lasciata lì galleggiante nella notte. Volevo mostrare anche altro, in altre notti, in altri punti del tempo. Volevo raccontare un'altra storia, di qualcuno che fosse stato preso dal buio, preso nel buio. Mai pesante in quelle notti, e invece sempre leggero, svuotato di sé, evanescente eppure presente, e ho pensato alla figura di San Francesco. Lui dipinto, lui sul punto di accadere, lui nel momento del sogno e dell'estasi. Quando ci si presenta al cospetto della

Michelangelo Merisi da
Caravaggio, *Buona Ventura*
1593-1594, Roma, Pinacoteca
Capitolina

notte, e senti che ti avvolge e ti ripara, come un mantello di lana, caldo, gettato sulle spalle in un freddo
d'inverno, da qualche parte nel tempo. In qualche
posto del mondo.

Commentando *L'estasi di San Francesco
d'Assisi* dipinta da Caravaggio attorno al 1594 (cat.
n. 40), Roberto Longhi scrive: «L'angelo color di luna rievoca le cose prime, ma nel santo la tonaca
è già più vastamente intaccata dall'ombra e le mani bruciano d'impasto febbrile sotto il cielo a lame
di tramonto funereo. Tutto il paesaggio, anzi, con il frate compagno in penombra presso l'acquitrino
dove guadano i viandanti, smarritisi fuor della città velata dalla notte, è un alto pensiero di "descrizione dell'oscurità" che scavalca direttamente dal Savoldo all'Elsheimer.» Questo quadro sta al principio
dell'ultima parete di questa sezione, con la sola eccezione contemporanea, certo inattesa posso com-
prenderlo, di due opere dipinte, esattamente vent'anni fa, da un grande pittore come Zoran Music
(cat. nn. 42, 43). E prima che la parete stessa venga a sigillarsi, nuovamente inattesa posso immaginare,
con una grande figura femminile, nell'atto di essere presa, nel paesaggio, dal tramonto e poi dal buio,
realizzata da Thomas Gainsborough nel 1769 (cat. n. 47). Ma andiamo con ordine.

Il *San Francesco* di Hartford rappresenta il primo soggetto caravaggesco di carattere religioso e il primo quadro in cui le figure siano più d'una. Ma, ed è ciò che qui più interessa, la prima
immagine in cui compaia, non dirò un paesaggio in senso stretto, ma almeno una ambientazione
paesaggistica. Nella quale facciano la loro apparizione, insieme, il lume metafisico del divino, la luce
naturale che si sparge sull'acqua e ovviamente il buio giungente che tutto domina nel mezzo piano
e nel piano di fondo. Ma occorre cominciare dalle ali dell'angelo, che prendono la notte tutta d'un
fiato e la tengono in una sua brunita dispersione, come lo straccio bianco di una bandiera che stia
per essere ammainata, ma non del tutto. Da questo traffico e ronzio di notte, tra acque ed estasi,
tra paludi e piccoli prati appena fioriti, vengono il silenzio del santo e il silenzio dell'angelo. Il loro
parlare senza parole, il loro guardarsi senza sguardi.

Questo quadro che è tutto un fiato, tutto un respiro, tutto un silenzio, sta all'inizio di questa
sequenza che comprende anche altre opere su San Francesco di El Greco, Gentileschi e Zurbarán,
ognuna con una sua specificità, ognuna con una sua luce di poesia. Ognuna, soprattutto, con un suo
ingresso nella notte. Dapprincipio, l'aria vivida, lacustre, appena spaventevole, di un buio che si fa da
raggi lunari invisibili, che si posano galleggiando su uno specchio d'acqua. Mentre dalla notte emerge
un'estasi che si fa sogno, un sogno che si fa visione. In questa altissima tensione spirituale, muta, percorsa da sguardi che si cercano e si interrompono, vive il primo tempo notturno di Caravaggio, quasi

Juan Martínez Montañés
Cristo della Misericordia, 1603-1604
Cattedrale di Siviglia

Gregorio Fernández
Cristo giacente, 1625-1630
Valladolid, Museo National
Colegio de San Gregorio

soave, profumato, fatto di distanze e di eterno più che di violente spallate, muscolose, e di presente.

Il senso di una ferialità che però confina con il luogo dell'eterno, e nel quale la notte non è soltanto impatto naturalistico, non è soltanto connotazione del paesaggio, ma è anche, e forse di più, sintesi di un sentimento, accostarsi all'anima. Questa mescolanza, questa unione, la vediamo anche nel *San Francesco in preghiera davanti al crocifisso* (cat. n. 41), che El Greco, una volta lasciata l'Italia per Toledo, dipinge appunto in Spagna. Il santo, nel suo quadro, vive entro una dimensione più protetta e colloquiale, di inarcata misura quotidiana, mentre un ultimo triangolo di cielo manda la sua luce serale che va spegnendosi per diventare completamente notte. Da qualche parte, lì in alto, si sente apparire la luna, che trascorre come un velo sulla guancia di Francesco, e poi giù sulla spalla e sulle mani incrociate.

È quello stare su un confine, dentro un bozzolo di notte, che vediamo anche, in modi diversi, in Gentileschi (*San Francesco sorretto da un angelo,* cat. n. 44) e in Zurbarán (*San Francesco,* cat. n. 46). In Gentileschi nel replicare, subito dopo Caravaggio, il delicato rapporto tra Francesco e l'angelo, in questo caso dentro una sproporzione di forza e un incanto di dolcezza che si esprime nel rosa delle gote dell'angelo e delle sue ali. Nel recuperare la connotazione profondamente umana dell'episodio delle stigmate alla Verna, nel settembre del 1224, egli predilige appunto, nella prima di almeno quattro versioni del medesimo soggetto, la tentazione per la nota feriale davanti all'imperscrutabilità del divino. La notte prende sul ciglio della notte stessa, buio che nasce dal buio, però pieno di apparizioni e fuochi in distanza.

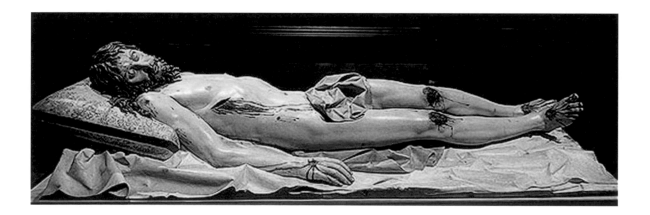

In Zurbarán invece, nella secchezza scabra di un'ombra che si fa notte nella notte, sul punto di un attraversamento, quando lo sguardo è rivolto verso il cielo che non vediamo. Perché Francesco adesso viene dalla notte, ne fa già parte, e il pittore spagnolo dipinge un'apparizione più che la vita. Dipinge la notte eterna come un evento dell'anima, come un fatto dello sguardo alto levato. Entro misure che ricordano da vicino la scultura policroma sivigliana del primo quarto del XVII secolo, a cominciare dalla straordinaria plasticità della figura e dal suo essere collocata, come su un basamento, entro una nicchia architettonicamente strutturata. La luce giunge dall'alto e crea l'ombra che si proietta sul muro a destra, lasciando la figura del santo come un doppio di quella stessa ombra, che insieme accoglie e rilancia.

Quel guscio di buio entro cui stanno posate, oltre tre secoli dopo, le figure di *Anacoreta* di Zoran Music. Nuovo Santo Francesco, uomo denudato di tutto, spogliato e gettato a terra, invisibile. Così come il santo di Caravaggio, di Gentileschi, del Greco, di Zurbarán, l'uomo di Music non è senza qualità, ma è piuttosto l'uomo che ritorna di Primo Levi. Guardate se questo è un uomo, e anche Music aveva visitato l'orrore dei campi di sterminio, a Dachau. Aveva disegnato, di nascosto, i poveri corpi dei morti nei campi. Li aveva disegnati per non morire, li aveva disegnati prima della notte, dentro la notte. Si era di marzo, Music osserva l'oscena catasta di quei morti, dei morti non ancora morti, dei morti non più morti. L'osserva sbandare, scricchiolare come fa una catasta di legna sempre sul punto di cadere. Qualche occhio sporgente dice ancora di un barlume indesiderato di vita. L'incavo delle orbite, la bocca spalancata, i denti dilaniati dalla sofferenza. Le mani raccolte sul petto, proprio come di un San Francesco davanti al teschio. Il sesso che discende lungo le gambe, le teste che si sono cercate forse in un ultimo desiderio d'amore.

Ah, cos'era l'amore a Dachau? Cosa l'amore ad Auschwitz? A Bergen-Belsen, a Treblinka.

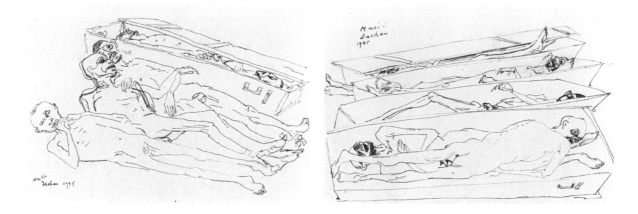

E prima di addormentarsi, Music vede questo, lo spettacolo infernale sulla terra che lui stesso ha disegnato. Disegnare per non morire. Sì, proprio così, disegnare per non morire, per continuare a respirare. Fissa su quei foglietti la lucidità e la tenerezza, la fine, lo slancio, il cadere, di tante deposizioni dalla croce. Senza che ci sia Maria ad accogliere le braccia tumefatte dei morti, il loro muto, scandaloso sguardo. Il corpo di Cristo non è vegliato dalla Madonna sotto la luna, avvolto nel suo candido lenzuolo, come aveva fatto nella sua *Pietà* Sebastiano del Piombo nel 1516. No, secoli sono passati, e Music disegna la lucidità della follia, con pochi segni traccia gli ultimi singulti di un universo in decomposizione.

Si era di marzo. La notte era caduta la neve. Music al mattino trovò quella catasta senza più

Antonio Zoran Music
Traghetto, 1949
collezione privata

Pagina a fianco in alto
Antonio Zoran Music
Non siamo gli ultimi, 1970
collezione privata

Motivo vegetale, 1972
collezione privata

Pagina a fianco in basso
Antonio Zoran Music
San Marco, 1987
collezione privata

Città, 1998
Neuchâtel, Collezione
collezione privata

sussulti, coperta di un bianco velo come quello che di pizzo copre i morti prima del per sempre.
Sì, per sempre. Ma nelle casse del campo, nelle casse di Dachau, legno come fosse cartone gonfio e
pregno di pioggia e fango, i morti stavano incrociati a due a due, l'uno sopra l'altro, nella pietà che
non conosce giustizia. I morti erano fiori bianchi spuntati nel bianco della neve. Morti ormai senza
più carne, fatti già spirito di colore azzurro, nel mattino presto levato. Fiori che squarciavano l'aria,
rendendola tutta occupata di silenzi, attoniti silenzi, di colui che guardava dalla finestra sporca come
dal vetro di un treno in corsa. Era una matassa di respiro strozzato, occhi a cui era stata tolta la luce.
Occhi rivolti già tutti sulla notte.

     Poi per Music continuarono a venire apparizioni. Dapprima le colline umbre, piccole tarsie
quasi quadrate che emergevano da una nebbia del tempo. Poi i traghetti avvolti nel rosa di un luogo
mai del tutto esistente, quindi le colline senesi, fatte di striature di terra e opaco cielo, pittura bidimensionale che accennava al senso del vuoto, alla presenza dell'assenza. Si capiva che Music conti-

214

nuava a coltivare, anche senza dipingere figure, questo stare perennemente su un confine, questo stare immobile davanti al buio. Escrescenze della luce, sua manifestazione, come nelle terre dalmate, nelle macchie cosmiche che presto divennero non più stelle ma morti fioriti ancora una volta. Si era al principio degli anni settanta e il pittore goriziano («Ma lei lo sa che Gorizia significa piccola montagna?») riportava alla luce quei corpi lontani ormai venticinque anni. Come sorti da un sogno, da una memoria sballata e sbagliata, da una ragnatela di natura, che diede una delle serie più belle di tutta la pittura italiana del XX secolo, i quadri del *Motivo vegetale*. Essi si intrecciarono con la serie *Non siamo gli ultimi*, così da rendere gli anni settanta di Music un colmo di bellezza e dramma smagrito, emaciato, lunare. Perle infilate nel cielo delle nuvole.

È tutto questo che vi ho raccontato, non inutilmente spero, che ha preparato, assieme a certi paesaggi italiani nei quali sono come dei fiori di neve; assieme a certi canali della Giudecca fatti di nebbia dorata dei mattini di settembre; assieme a taluni *atelier* d'azzurro e oro; assieme alle facciate di San Marco piene dell'oro di Costantinopoli; assieme a ultime città sparse di stelle notturne, che ha preparato, con tutto questo, l'apparire di alcune figure ultime, come quelle di San Francesco sul confine del buio. Come quelle dipinte da Caravaggio, da El Greco, da Gentileschi, da Zurbarán. Per questo, e solo per questo, ho voluto Music accanto a loro. Come una verità, adesso. Adesso e non nel Seicento.

Come gli uomini vuoti di Eliot, gli anacoreti di Music chiudono un viaggio, danno senso a un cammino. Essi non temono il vuoto, non hanno paura della notte, si aggirano nei suoi pressi. Sono

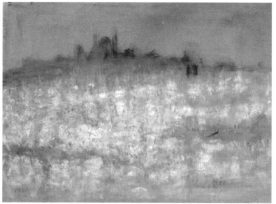

corpi, sono figure piallate dal tempo, circonfuse da una luce che è di pietà e di avviso insieme. Chinano il capo, perché molto hanno vissuto e troppo hanno visto. Conoscono del tempo tutti i confini, sono solo essenza e grumi di notte che sale attorno. Non sono coloro che si presentano, perché hanno avuto la ventura di soffrire il dolore del mondo. Lo raccontano con l'esatta, semplice esistenza. Crisalidi e farfalle, elitre, seta sfilata, baco, nebbia della sera di novembre a Venezia. Figure immobili, che talvolta sembrano volersi allontanare dal vestito della sindone. Sono dei San Francesco di un nuovo secolo, hanno perso il saio, non hanno nemmeno sandali, hanno piedi scalzi, corpi cadenti, pelle sbiancata. Non hanno angeli che danzino loro vicini. Nessun angelo volava sul cielo di Dachau.

(Thomas Gainsborough, nel 1769, invia quattro opere alla prima esposizione alla Royal Academy a Londra: il ritratto che chiude questa seconda sezione della mostra, *Isabella, viscontessa Molyneux* (cat. n. 47), e poi un altro ritratto a figura intera, di George Rivers, oggi conservato a Cleveland, un vasto paesaggio e una testa di ragazzo di formato decisamente più contenuto. Mentre vive il riferimento ovvio al magistero di Van Dyck in tutta la ritrattistica di Gainsborough, esempio che del resto avvolge l'intera pittura inglese del XVIII secolo, non è così frequente una figura intera davanti al paesaggio. Per il quale, un riferimento potrebbe forse essere il famoso ritratto della moglie dipinto da Rubens, e oggi conservato al Gulbenkian di Lisbona.

«Se la gente mi lasciasse un po' in pace con i suoi dannati ritratti», aveva scritto proprio nei mesi in cui andava compiendo il ritratto di lady Molyneux. Egli era in effetti gran pittore di paesaggi, che trascorsero verso l'amore che per essi mostrerà Constable più di Turner, ma l'attività ritrattistica gli diede fama, ed egli vi si dedicò con grande scrupolo e intensità. E quando univa la figura, spesso femminile, al suo amore per la natura, potevano allora nascere veri capolavori come il quadro di Liverpool adesso esposto. Quella grande tela veniva alla fine di un decennio che si era aperto, nell'ambito paesaggistico, con una splendida immagine di tramonto, con una luce quasi di zolfo nel cielo, della Tate Britain di Londra. Un angolo di campagna, dove i cavalli che trainano un

Thomas Gainsborough
*Paesaggio boschivo con carretto,
lattaia e mandriano*, esposto alla
"Society of Artists" nel 1766
collezione privata

carretto con una famiglia sul cassone, si abbeverano a un ruscello. Quella stessa luce, ma più concentrata, più raggomitolata nel cielo, la troviamo alle spalle della viscontessa Molyneux, mentre il suo sguardo si perde nel vuoto. Lei sta sul bordo di quella sera che viene, il suo abito di raso riluce di un ultimo lume del giorno, mentre a larghi gorghi la notte si approssima, dopo il tramonto avvenuto. Una notte fatta d'autunno inoltrato, con il rosso delle foglie a vibrare come un mantello, nel punto di sostituirsi al nero scialle della donna, tenuto aperto, in un largo gesto, solenne, come ad accogliere la notte giungente.

Il Seicento si è portato via le storie sacre, le storie di Cristo crocifisso e deposto, le storie di San Francesco su un bordo di notte. Siamo in pieno Settecento, il mondo è cambiato e sul ciglio di questa notte non agisce più uno sguardo trafitto, né uno sguardo preso dall'estasi mistica, dall'esperienza del divino. Chi sta su questo frangersi di buio arrossato è una donna che appartiene all'alta società inglese. Il saio di Santo Francesco, Gainsborough l'ha sostituito con la seta frusciante, con le perle che adornano il collo bianchissimo. Il mondo è cambiato, e per questo serviva questa immagine, bellissima, per non dimenticarlo. Prima che fosse l'ingresso nel secolo della natura, il XIX, quando il paesaggio guadagna tutta la scena e nessuno, o quasi, potrà disturbare il levarsi della luna e il sospendersi delle stelle. Il venire sera.)

24. Giorgio da Castelfranco, detto Giorgione
Doppio ritratto, 1502 circa
olio su tela, cm 80 x 75
Roma, Museo Nazionale del Palazzo di Venezia

25. Tiziano Vecellio
Santa Caterina d'Alessandria in preghiera, 1567 circa
olio su tela, cm 119,1 x 100
Boston, Museum of Fine Arts
1948 Fund e Otis Norcross Fund

26. Antonio López García
Grande finestra, 1972-1973
olio su tavola, cm 241 x 187
collezione privata

27. Giovanni Gerolamo Savoldo
Adorazione dei pastori, 1540
olio su tavola, cm 192 x 178
Brescia, Pinacoteca Tosio Martinengo

28. Antonio López García
Finestra di notte, Chamartín, 1980
(ritoccato nel 2010-2011)
olio su tavola, cm 139 x 117
collezione privata

Pagina precedente
29. Doménikos Theotokópoulos, detto El Greco
Adorazione dei pastori, 1596 circa
olio su tela, cm 111 x 47
Roma, Galleria Nazionale di Arte Antica
Palazzo Barberini

30. Jacopo Negretti, detto Palma il Vecchio
Marte, Venere e Cupido nella luce del tramonto
1518-1520, olio su tela, cm 91,4 x 137,2
Cardiff, Ar fenthyg gan/prestito
dell'Amgueddfa Cymru-National Museum
Wales

31. Annibale Carracci
Cristo e la samaritana, 1596-1597 circa
olio su tela, cm 76,5 x 63,5
Budapest, Szépmuvészeti Muzeum
acquistato da Goudstikker, Amsterdam 1908

Pagine seguenti
32. Michelangelo Merisi da Caravaggio
Marta e Maria Maddalena, 1598 circa
olio e tempera su tela, cm 100 x 134,5
Detroit Institute of Arts
dono della Kresge Foundation e di Mrs. Edsel B. Ford

33. Giovanni Francesco Barbieri, detto Guercino
Agonia di Cristo nell'orto, 1640-1645 circa
olio su tela, cm 232,1 x 162,5
Cardiff, Ar fenthyg gan/prestito dell'Amgueddfa
Cymru-National Museum Wales

34. Jacopo Da Ponte, detto Jacopo Bassano
Salita al Calvario, 1552 circa
olio su tela, cm 94 x 114
Budapest, Szépmuvészeti Muzeum
dono di Jenö Boross, New York

35. Nicolas Poussin
Crocifissione, 1645-1646
olio su tela, cm 148,6 x 218
Hartford, Wadsworth Atheneum
Museum of Art
The Ella Gallup Sumner e Mary Catlin
Sumner Collection Fund

Pagine seguenti
36. Paolo Caliari, detto Veronese
Crocifissione, 1580 circa
olio su tela, cm 149 x 90
Budapest, Szépmuvészeti Muzeum
collezione Esterházy, 1871

37. Francis Bacon
Frammento di una Crocifissione, 1950
olio e cotone grezzo su tela
cm 139,7 x 108,6
Eindhoven, collezione
Van Abbemuseum

233

234

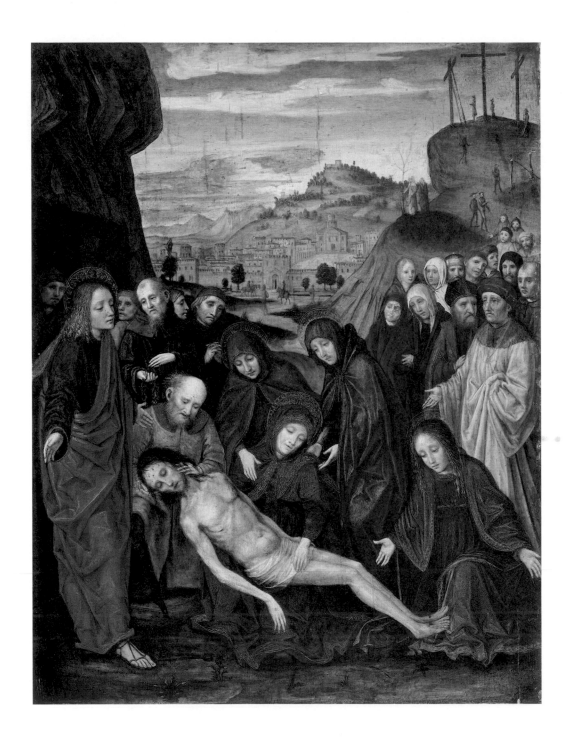

38. Ambrogio da Fossano, detto Bergognone
Compianto sul Cristo morto, 1485 circa
tempera e olio su tavola, cm 64,7 x 49,3
Budapest, Szépmuvészeti Muzeum
collezione Esterházy, 1871

39. Jacopo Da Ponte, detto Jacopo Bassano
Deposizione, 1580 circa
olio su tela, cm 258 x 143
Diocesi di Vicenza, Parrocchia di Santa Croce
in San Giacomo Maggiore detta dei Carmini

Pagine precedenti
40. Michelangelo Merisi da Caravaggio
L'estasi di San Francesco d'Assisi, 1594 circa
olio su tela, cm 93,9 x 129,5
Hartford, Wadsworth Atheneum Museum of Art
The Ella Gallup Sumner e Mary Catlin Sumner Collection Fund

41. Doménikos Theotokópoulos, detto El Greco
*San Francesco in preghiera davanti
al crocifisso*, 1585 circa
olio su tela, cm 105,5 x 86,5
Museo de Bellas Artes de Bilbao

42. Antonio Zoran Music
Anacoreta, 1994
olio su tela, cm 162 x 130
collezione privata

43. Antonio Zoran Music
Anacoreta, 1994
olio su tela, cm 162 x 130
collezione privata

44. Orazio Gentileschi
San Francesco sorretto da un angelo, 1600 circa
olio su tela, cm 139,4 x 101
Boston, Museum of Fine Arts
Charles H. Bayley Picture e Painting Fund

Pagine precedenti
45. Jacopo Robusti
detto Tintoretto
*Ercole scaccia il fauno
dal letto di Onfale*, 1585 circa
olio su tela, cm 112 x 106
Budapest, Szépmuvészeti
Muzeum
dalle collezioni imperiali degli
Asburgo, 1932

46. Francisco de Zurbarán
San Francesco
1640-1645 circa
olio su tela, cm 207 x 106,7
Boston, Museum of Fine Arts
Herbert James Pratt Fund

47. Thomas Gainsborough
*Isabella, viscontessa
Molyneux*, 1769
olio su tela, cm 236 x 155
National Museums of
Liverpool Walker Art Gallery
donato da H.M. Government, 1975

Il bianco e il nero della notte

Una mano incide una lastra

Un tempo il color nero si stimava non bello,
O almeno non aveva il nome di Bellezza:
Ora invece è di questa il legittimo erede.

William Shakespeare, *Sonetti*

Alla fine del Quattrocento l'incisione fa il suo ingresso sontuoso e importante nella vicenda dell'arte, accanto alla pittura e al disegno, alla scultura e alla ceramica. Il nuovo procedimento che si impone, con le sue varie e meravigliose tecniche, troverà una fondamentale variazione solo all'inizio del XIX secolo, con la nascita della litografia, che modificherà ovviamente la percezione di un mondo che fino a quel momento era stato quasi segreto e alchemico. Un mondo a parte, come è stato sempre considerato. Ma in una sua pur breve intermittenza all'interno di questo percorso di mostra, l'incisione non poteva mancare. Poiché con i suoi inchiostri essa si configura come arte della notte spinta fino al limite più alto e pieno di fascino estremo, per quel rapporto, che diventa talvolta scontro, e talvolta perfetta compenetrazione degli opposti, tra la luce e il suo buio.

Dapprima fu il segno, che così tanto appartiene all'incisione e alla sua formazione. Il segno fin dal tempo, Paleolitico superiore, dei tracciati nelle caverne di Altamira e Lascaux. Per riprodurre il visibile, la vita e la paura che essa generava. Plinio il Vecchio, molto tempo dopo, attribuisce ad Apollodoro l'invenzione della skiagraphía e inoltre definisce Pausias di Sicione il «primo pittore dell'ombra nell'ombra.» Nella sua *Storia delle arti antiche*, leggiamo: «Inoltre, mentre tutti gli altri, quelle parti che vogliono far risaltare, le dipingono di colore biancheggiante e di nero invece le parti che vogliono nascondere, Pausias dipinse tutto il bue in nero e la massa d'ombra la formò con l'ombra stessa: la quale ombra, essendo fondamentalmente di un solo colore, mostrava come in rilievo le parti che pure erano sul piano del quadro e mostrava come spezzati e piegati i vari piani, che pure erano rigidamente uniti e connessi: tutto ciò con arte davvero grande.» Dal che apprendiamo come l'ombra, che sarà elemento costitutivo dell'incisione, non sia più semplicemente legata a un contorno, e quindi alla linea, ma diventi invece il luogo entro cui il buio dilaga, si allarga come in cerchi continui, mai però evaporando.

Sarebbe stato impossibile, qui e ora, tratteggiare una storia dell'incisione in tutte le sue implicazioni notturne. Impossibile perché sarebbe servita una mostra solo per questo, pur se mi sarebbe piaciuto. E non è escluso che la si possa fare, questa mostra, in futuro, per trarre l'incisione stessa fuori dalle secche del solo specialismo, delle sole conventicole degli appassionati. Per cui di fronte all'impossibilità di rendere un panorama ampio, mi sono chiesto come potevo comportarmi, perché in ogni modo volevo che l'incisione partecipasse di questa storia della notte, dilatata nel tempo e articolata, da quella spirituale degli Egizi fino a quella dissolta nella sua trama di colore impossibile e non esistente di Mark Rothko. Ho così estratto due nomi, che mi pareva stringessero entro i loro fogli le caratteristiche riassuntive di essere l'uno il creatore di un buio che gareggia mirabilmente con quello damascato e sontuoso della pittura, e l'altro il creatore di uno spazio architettonico sghembo, sbandante e inventato, che pare corrispondere, in modo quasi pre-romantico, allo spazio dell'anima.

E in Rembrandt la notorietà dell'acquafortista, sublime come nessun altro in tutta la storia

Jan Lievens
La resurrezione di Lazzaro, 1631
Amsterdam, Rijksmuseum

dell'arte, pose a lungo un freno a quella del pittore, che poi si rivelò senza più alcuna cautela specialmente a partire dall'Ottocento. Egli utilizzava lastre di rame molto sottili, non oltre un millimetro,
e per questo erano particolarmente adatte alla stampa con il torchio a mano. Capitava molte volte
che dopo averle utilizzate, le levigasse e le brunisse per poterle così usare una seconda volta. È per
questo motivo che talvolta si scorgono nei suoi disegni sulla lastra, tracce di immagini precedenti.
Situazione che conferisce un senso di estremo fascino, e apparente disordine, alle nuove raffigurazioni. In alcune circostanze si è potuto verificare come Rembrandt tagliasse la lastra dopo averla
incisa, per ottenere il formato desiderato solo successivamente alla creazione della storia. Sul fondo
quasi sempre mescolava un colore biancastro, per poter ottenere, nel disegno, una somiglianza con
la stampa finale. La miscela sulla quale lavorava con le punte, veniva tenuta piuttosto morbida, per
rendere il più facile possibile lo scorrere proprio di quelle punte, così che l'effetto fosse quanto più
vicino al disegnare su un foglio.

Ovviamente una parte importante ai fini della resa finale era quella relativa all'uso dell'a-
cido, che andava a scavare i segni determinati dall'incisione. L'uso di bagni acidi in diverse gradazioni, e anche l'incisione delle singole aree del disegno in fasi successive, con lo scopo di dif-
ferenziare il buio dei toni e il loro spessore, era modalità nota prima di Rembrandt. Eppure, egli
usò poco queste tecniche, anche quando assunse nella sua bottega, nel 1630, il grafico Jan Joris
van Vliet. Più che attraverso la chimica, i valori pittorici
e talvolta tonali sono raggiunti con un tratteggio che si
infittisce o si dirada, oppure con la tecnica detta della
puntasecca. La quale ha sempre consentito, a Rembrandt
come ad alcuni altri straordinari suoi interpreti, di toccare vette ineguagliate di poesia e sospensione. Si tratta
di incidere direttamente con un ago sulla lastra e questo
segno è riconoscibile da una sfumatura che sborda lungo
la linea d'incisione, con quella che in gergo si definisce
"barba". Occorre anche dire come Rembrandt tenesse in
grande considerazione il lavoro continuo su una lastra,
per cui di molte sue incisioni esistono diverse versioni, i
cosiddetti "stati", che spesso raggiungono i sei o gli otto,
o addirittura gli undici in un foglio denominato *Autoritratto con cappello morbido e mantello di stoffa operata*,
del 1631. Questa tecnica mirabile gli ha consentito di toc-

care punti fino ad allora inespressi nella disposizione della notte su una lastra, e poi, rovesciata, su un foglio. Lo vediamo subito, addentrandoci in alcune sue opere, nelle quali il rapporto tra la luce e il suo buio si esplicita all'interno di alcuni episodi della vita di Cristo, dall'annuncio ai pastori fino alla crocifissione.

I modelli italiani, conosciuti in riproduzione negli studi dei suoi maestri Van Swanenburg e Lastman, contano non poco nell'educazione rembrandtiana. Così come i cicli di incisioni di Jacques Callot, che immettono il suo pensiero figurativo dentro un'umanità dolente che aprirà all'interesse forte per una descrizione di tipo realistico, soprattutto con le incisioni del principio degli anni quaranta. Ma all'inizio del decennio precedente, quando già da qualche anno ha lasciato i suoi maestri, la sua opera incisa si gioca su riferimenti di impianto barocco, dove il gioco della luce e dell'ombra muove le figure e occupa tutta la scena.

Lo si vede bene già in *La resurrezione di Lazzaro* (1632, cat. n. 48), che riprende un dipinto del medesimo soggetto dell'anno precedente, e realizzato probabilmente come risposta, o in competizione, con uno analogo dell'amico Jan Lievens, con il quale aveva aperto uno studio a Leida alla metà degli anni venti. Anche Lievens, tra l'altro, trae dal suo dipinto un'incisione. Nel foglio di Rembrandt, ciò che emerge è una gamma infinita e morbidissima di grigi e di neri, che modula così il chiaroscuro vellutato attraverso una maggiore o minore profondità delle linee incise. Ed è meraviglioso il rapporto tra l'interno buio della grotta nella quale era stato posto il corpo di Lazzaro e il lume abbagliante che proviene dallo spazio esterno. Come l'essere soffuso di una rivelazione divina, mediata dalla figura del Cristo in piedi che leva la mano, e partecipa insieme della notte e della luce.

Solo due anni più tardi, dentro un impianto ben più barocco, questa intensità di rapporto tra luce e buio si esprime benissimo nell'*Annuncio ai pastori* (cat. n. 50). È un'incisione fondamentale nel percorso di Rembrandt, poiché segna un punto di attraversamento e ugualmente d'inizio. Entro un paesaggio fantastico, realizzato al tempo di Lorrain e Poussin, egli dà vita per la prima volta a contrasti tonali così forti e audaci, tali da aprire una nuova fase nell'incisione sua, che darà frutti soprattutto nel decennio successivo. Ma è dal punto di vista tecnico, ancor di più, che questa incisione si pone al principio di un cammino. Rembrandt infatti associa l'utilizzo dell'acquaforte, della puntasecca e del bulino per creare dei neri quasi damascati, flessuosi e fruscianti come seta, tali da ricordare, per il loro effetto, l'uso della mezzatinta, tecnica che invece non utilizzò mai.

E quei neri stupefacenti emergono in una delle sue incisioni più celebri, *Cristo benedice i fanciulli e guarisce gli infermi* (cat. n. 53), la cosiddetta Stampa da cento fiorini, nominata in questo modo per il valore altissimo che subito le venne dato. Considerata già in quegli anni di mezzo secolo la composizione più ambiziosa e complessa di Rembrandt, l'artista vi gettò, con ardore uguale alla passione, una tale potenza d'immaginazione, una tale eroica disposizione a governare lo spazio, da poter gareggiare con quell'altra sua opera somma che è *La ronda di notte*, questa volta in pittura. La scena che viene rappresentata non ha un riscontro preciso nella Sacre Scritture, poiché Rembrandt riunisce in una sola immagine diversi episodi, specialmente gli infermi che sul lato destro attendono un gesto o una parola, l'apparizione del Verbo, il suo vibrare nell'aria argentata davanti alla notte oscura. O sul lato sinistro, le due madri con i bambini, che si protendono e stanno.

Eppure, anche se contiene molte storie, questo foglio mirabile non fa mai prevalere l'aspetto descrittivo e narrativo, e invece sospende dentro una luce nera che sale dal fondo un silenzio immenso, infinito. Tutto qui è assoggettato a quella che sembra di poter nominare come una legge suprema, indiscutibile: il chiaroscuro. Quel lago di notte buia, buissima, alle spalle della figura di Cristo, ricorda il grumo di notte dipinto esattamente negli stessi anni da Poussin a Roma nella *Crocifissione* presente in questa mostra (cat. n. 35). È una notte che nasce su un confine e poi appare come un precipizio, un baratro, una profondità recondita e sconosciuta. Rembrandt tesse la sua tela senza che si sfilacci mai, perché poi lascia invece aperture dentro le maglie larghe della luce, dentro l'argento di cui si compone, vibrando, il luogo che accoglie le storie. E le fa mute, prive di movimento, perché tutto si indirizzi verso quel nero che scandisce lo spazio, rendendolo magico e segreto.

Quel nero che riappare, tragico e rivelatore, pochi anni dopo, in *Le tre croci* (cat. n. 55), una delle incisioni più potenti dell'intera storia di questa disciplina. Aveva scritto Davide nel *Salmo 21*: «Dio mio, Dio mio, getta su di me il tuo sguardo; / perché mi hai abbandonato?», che riecheggia in: «Eloì, Eloì, lemà sabactàni», cioè «Dio mio, Dio mio, perché mi hai abbandonato?», che sentiamo pronunciare da Gesù nel Vangelo di Marco, nel momento in cui chiede, dopo averlo già fatto nell'orto di Getsemani, che per lui possa passare quel momento. Restare ancora, umanamente, dalla parte della vita. E il Vangelo di Marco, a differenza di quello di Luca, descrive quel momento in maniera più drammatica, angosciata, nella straziata condivisione dell'umano e del divino. Non è quindi casuale che Rembrandt, nel volgersi, quasi completamente riscrivendola, all'immagine del quarto stato di *Le tre croci*, abbia in mente proprio il Vangelo di Marco. Ascoltiamolo:

«Allora costrinsero un tale che passava, un certo Simone di Cirene che veniva dalla campagna, padre di Alessandro e Rufo, a portare la croce. Condussero dunque Gesù al luogo del Golgota, che significa luogo del cranio, e gli offrirono vino mescolato con mirra, ma egli non ne prese.
Poi lo crocifissero e si divisero le sue vesti, tirando a sorte su di esse quello che ciascuno dovesse prendere. Erano le nove del mattino quando lo crocifissero. E l'iscrizione con il motivo della condanna diceva: Il re dei Giudei. Con lui crocifissero anche due ladroni, uno alla sua destra e uno alla sinistra.
I passanti lo insultavano e, scuotendo il capo, esclamavano: "Ehi, tu che distruggi il tempio e lo riedifichi in tre giorni, salva te stesso scendendo dalla croce!". Ugualmente anche i sommi sacerdoti con gli scribi, facendosi beffe di lui, dicevano. "Ha salvato altri, non può salvare se stesso? Il Cristo, il re d'Israele, scenda ora dalla croce perché vediamo e crediamo". E anche quelli che erano stati crocifissi con lui lo insultavano.
Venuto mezzogiorno, si fece buio su tutta la terra, fino alle tre del pomeriggio. Alle tre Gesù gridò con voce forte: Eloì, Eloì, lemà sabactàni?, che significa: Dio mio, Dio mio, perché mi hai abbandonato? Alcuni presenti, udito ciò, dicevano: "Ecco, chiama Elia!". Uno corse a inzuppare di aceto una spugna e, postala su un canna, gli dava da bere, dicendo: "Aspettate, vediamo se viene Elia a toglierlo dalla croce". Ma Gesù, dando un forte grido, spirò.
Il velo del tempio si squarciò in due, dall'alto in basso.
Allora il centurione che gli stava di fronte, vistolo spirare in quel modo, disse: "Veramente quest'uomo era Figlio di Dio".»

Il racconto, tutto intriso di forza drammatica, dell'evangelista Marco, nella presenza di tanti personaggi, serve a Rembrandt per costruire una storia che tra il primo e il quarto stato di *Le tre croci*, modifica ampiamente il suo senso. Tutta eseguita a puntasecca, questa incisione racchiude in sé meravigliosi effetti pittorici, quasi incredibilmente ottenuti nel passaggio da una descrizione iniziale (primo, secondo e terzo stato) fortemente narrativa, alla quasi astrazione buia dell'ultimo stato, quando un drappo di notte cala sulla scena, e quasi la nasconde. Dapprincipio i personaggi sono riconoscibili, i soldati con il centurione convertito a sinistra, le donne con la Vergine e la Maddalena, assieme a Giovanni, sulla destra, il buon ladrone con le braccia protese verso il cielo, come a cercare un contatto, il ladrone malvagio raggomitolato su se stesso attorno al legno della croce, quasi in un sussulto, un singulto del suo corpo. E il corpo di Cristo, eretto sul legno, schiacciato sopra di esso, colpito da una luce bianchissima che discende dall'alto.

Poi però a questo chiarore, a questa riconoscibilità dei personaggi, succede altro. Rembrandt decide quasi di cancellare, lavorando al brunitoio, le immagini di prima e con il bulino scurisce tutta la scena. Soprattutto le zone ai lati della croce, tanto che alcune figure, adesso, emergono appena, quasi irriconoscibili, da quel buio, da quella notte. Il centurione scompare, Giovanni apre le braccia, la Vergine svenuta e sorretta è come presa da una polla di buio. Le storie scompaiono, nulla più importa se non la notte. Perfino il ladrone malvagio vi è inghiottito, da un fiotto di tenebra che esattamente lo sigilla, annientandolo. Diagonali di ultime luci e di notti che si intrecciano, intersecandosi, e sono croci, corpi giacenti, astri e costellazioni invisibili. E poi cerchi, luci accasciate e immemoriali, frantumarsi di tutto in un silenzio che appare, si manifesta, vive, galleggia e si sospende. Questa notte di Rembrandt è insieme il tempo dei primordi, la forza del gesto e la maculazione dell'ombra.

Ha scritto nel 1962 Marguerite Yourcenar: «Guardiamole queste *Carceri*, che sono, con le *Pitture nere* di Goya, una delle opere più segrete che ci abbia lasciato in eredità un uomo del XVIII secolo. Innanzitutto, si tratta di un sogno. Nessun esperto di materia onirica esiterà un attimo in presenza di queste pagine contraddistinte dalle principali caratteristiche dello stato di sogno: la negazione del tempo, lo sfalsamento dello spazio, la levitazione suggerita, l'ebbrezza dell'impossibile raggiunto o superato, un terrore più vicino all'estasi di quanto non pensino quelli che, dal di fuori, analizzano i

prodotti del visionario, l'assenza di legame o di contatto visibile tra le parti o i personaggi del sogno, e infine la fatale e inevitabile bellezza. Poi, e per dare alla formula baudelairiana il suo senso più concreto, è un sogno di pietra. La pietra tagliata in maniera formidabile e messa in opera da mano umana costituisce pressoché l'unica materia delle *Carceri*; accanto ad essa, appaiono unicamente qua e là il legno di una trave, il ferro di un martinetto o di una catena; contrariamente a quanto si verificava nelle *Vedute* e nelle *Antichità*, pietra, ferro e legno hanno cessato di essere sostanze essenziali per essere solo una parte costituente dell'edificio senza rapporto con la vita delle cose. La bestia e la pianta vengono eliminate da questi interni in cui regna esclusivamente la logica o la follia umana; neppure un po' di muschio ricopre questi muri nudi. Gli elementi stessi sono assenti o strettamente soggiogati: la terra non appare mai, ricoperta com'è da pavimenti o selciati indistruttibili; l'aria non circola; nessun alito, nella tavola VIII in cui compaiono dei trofei, anima la seta sbrindellata delle bandiere; un'immobilità perfetta regna in questi grandi spazi chiusi.»

Una scelta di otto fogli dalle *Carceri d'invenzione* di Piranesi, completa questa sezione. Facendolo dal punto di vista di una notte che scompagina, penetrandovi, i luoghi di un'architettura svuotata della sua forza albertiana di razionalità, e invece presa nel senso rovinistico e oppressivo di spazi iterati fino all'estremo limite. Quel limite frequentato proprio da lei, dalla notte, come una rinnovata, e lontanissima, caverna platonica. E in quell'universo fatto quasi solo di pietra, come ricordava la Yourcenar, l'architettura perde il suo ruolo, e si piega a diventare, e a essere, identità di un terrore che è stupore e meraviglia. Soprassalto dell'anima turbata, specificità del sublime, come adesso vedremo.

Qui Piranesi immerge le sue forme non nell'acido che incide la lastra, ma direttamente nel succo e nell'inchiostro della notte, dando vita allo spazio fantastico nel quale difficilmente possiamo riconoscere la trama pungente della realtà. È piuttosto una realtà che così non abbiamo mai visto, mai abbiamo incontrato. Una sorta di grande azione teatrale, un luogo nel quale i piani e gli orizzonti sono molteplici, così come le prospettive. Chi ha creato quel nuovo spazio, in anticipo sui tempi e sulla storia, doveva essere un uomo appassionato e combattuto, lontano dagli esiti di una normalità ancora illuminista. E forse non basta sapere, come ci è stato riferito da uno dei suoi primi biografi, Legrand, che la malaria, contratta nel 1742, dunque poco prima che egli si ponesse a incidere proprio le *Car-*

ceri d'invenzione, potesse avere avuto un effetto detonante sulla sua psiche. Tale da indurlo a creare quel mondo visionario fatto di allucinazioni, barbagli di luce e molto di più fiotti irresistibili di notti. Mondo del sogno in cui ogni cosa viene rilanciata entro prospettive sghembe, sbandanti da ogni lato, spesso insostenibili per la loro audacia. Che ha sempre a che fare con una vertigine che colloca alti sui limiti di una cengia, il filo teso di un equilibrista, sotto il quale campeggia, e lampeggia, il vuoto. Ciò che Piranesi costruisce, immediatamente sembra distruggere, in un'ansia che è insieme classificatoria e di dilagante dispersione. Perché così è la mente quando sogna.

I quattordici fogli delle *Invenzioni capric di Carceri*, come da Piranesi sono titolate dapprincipio, vengono pubblicati a Roma da Giovanni Bouchard nel 1750, e sono stati probabilmente realizzati a Venezia, al tempo del secondo rientro nella città di nascita, tra il 1745 e il 1747. Ma Piranesi non cessa, negli anni a seguire, di rielaborare le matrici, proprio per giungere a una resa più fortemente chiaroscurata delle immagini, con inchiostrazioni diverse. E diverse, e graduate, morsure dell'acido, come del resto insegnava la tecnica calcografica. Assieme alle aggiunte con il bulino, come abbiamo appena visto praticate anche da Rembrandt proprio per scurire parti delle lastre.

È così che, nel 1761, vede la luce la seconda edizione, adesso detta delle *Carceri d'invenzione*, avendovi Piranesi aggiunto due nuove tavole. Così Norman Rosenthal commenta questo ispessimento degli scuri: «Nel 1761 Piranesi rilavorò ossessivamente gran parte delle sue quattor-

dici incisioni, aggiungendone due nuove e rendendo più tenebrosa, o addirittura più sinistra, la loro architettura, ammassandovi scale e passaggi che sembrano non portare in alcun luogo, con interni prevalentemente a volta e senza aperture sul cielo, anditi e portali che danno su un'oscurità ancora maggiore, così che i prigionieri e i visitatori intrappolati in questi strani ambienti sembrano destinati a non poterne più fuggire. Sono tutti lì, in un loro isolato mondo di sogno da cui non c'è risveglio.»

Era stato Giuliano Briganti, nel suo bel libro *I pittori dell'immaginario. Arte e rivoluzione psicologica*, a inserire Piranesi al principio di una strada lungo la quale veniva formandosi proprio quella rivoluzione psicologica costruita sui bordi di un ribollente abisso dell'interiorità, e che avrebbe fatto la fortuna di pre-romantici e romantici. Nel collocarlo accanto a Füssli e a Blake, e in anticipo sul mondo del simbolismo di area francese di Moreau prima e Redon poi, Briganti evocava anche il *sublime* raccontato da Burke nel 1757, e di cui abbiamo parlato in uno dei capitoli precedenti. Lo storico intravedeva nelle *Carceri* «la prima concreta attuazione del Sublime», che non poteva non discendere anche da un primo sconquasso architettonico e spaziale che già l'età barocca aveva piuttosto bene evidenziato. Ma Piranesi, dentro quelle luci notturne che invadono nelle loro diagonali, e nei loro risucchi d'aria buia, tutto lo spazio probabilmente derivato dal Carcere Mamertino, fa un passo ulteriore, avanzando nella storia con decisione. Spaccando, e quasi frantumando il reale, egli apre la strada a molta arte ottocentesca, fino a far sentire il suo respiro dentro il Cubismo dapprima ma poi anche dentro un'arte della surrealtà da cui partiranno, negli anni quaranta del XX secolo, artisti straordinari come Pollock, come Gorky, come Rothko, per cancellare definitivamente la nozione di spazio devoto alla realtà del vedere. Un luogo a se stesso bastante, entro le proprie misure costruito, lontano dunque dalla realtà, e nel quale l'idea della notte, incisa o dipinta, non è per nulla secondaria. Perché la notte, come abbiamo ormai capito, crea un mondo a parte, nel quale profondità e superficie – e Rothko lo insegna più di ogni altro – agiscono come detonatori silenziosi di una nuova figura dell'arte. A questo servirà anche la reiterazione dell'immagine, che Piranesi impone quasi come un luogo kafkiano in anticipo. Una reiterazione dell'immagine che, inutile perfino ricordarlo, larga fortuna avrà sia nell'Ottocento che nel Novecento.

Illusionismo spaziale in Piranesi che, se diamo ascolto alle parole di Rosenthal, nasce anche dalla riflessione attorno alle teorie vichiane. Del resto Vico, più o meno contemporaneo di Piranesi, poteva in effetti risultare utilissimo per dimostrare un precoce superamento dell'illuminismo, a favore di una sorta di pre-romanticismo, nel quale l'osservazione scientifica veniva oltrepassata in virtù di ciò che il filosofo napoletano definiva "fantasia". Non possiamo sapere se Piranesi, prima di rilavorare le *Carceri*, abbia o no letto le pagine di Vico. Prima cioè di immergere le sue architetture in un'atmosfera molto meno descrittiva e invece più fumigante di notte. Notti beninteso dello spirito, notti sprofondate nel mondo dell'interiorità più lontana, disarcionata e franta, illividita, colma perfino di troppi orizzonti. Ma è, quella della lettura di quelle pagine, un'ipotesi suggestiva, alla quale mi piace aderire.

L'affermazione vichiana, «Verum esse, ipsum factum», calza come poche altre per la trasformazione del reale operata da Piranesi. Trasformazione che poggia anche su un senso malinconico e conclusivo, su una riduzione del tempo, su una sua slabbratura. Come se la realtà, fatta adesso di rovine dentro i singulti della notte, fosse bruciata. Una bruciatura, una ossificazione, una riduzione del colore, o del non colore, al grado zero. Essenzializzazione dell'immagine, riscrittura del reale, proprio un grado zero della pittura. Per esempio quello che grandi artisti contemporanei, forse Rothko da un lato e forse Kiefer dall'altro, hanno fatto. Così Piranesi si mostra in un suo spazio di forte anticipo sugli esiti della storia, e la sua notte che da ogni lato sbanda, in quello spazio sotterraneo delle carceri, si appaia a quella che vedremo in Rothko negli ultimi mesi della sua vita. Si appaia alla bruciatura quasi monocroma di Kiefer, che rilegge la malinconia piranesiana rielaborando, come vedremo nel capitolo successivo, i segni di un'umanità dolente, e ancor più che malinconica, uscita dal nazismo. Così il grande artista veneziano apre davvero, e fino in fondo, una porta non più richiudibile sui misteri della notte come luogo di uno spirito fremente e convulso.

Pagina precedente
48. Rembrandt van Rijn
La resurrezione di Lazzaro, 1632 circa
acquaforte e puntasecca, mm 362 x 258
Rotterdam, Museum Boijmans
Van Beuningen

49. Rembrandt van Rijn
La morte di Maria, 1639
acquaforte e puntasecca, mm 393 x 313
Rotterdam, Museum Boijmans Van Beuningen

50. Rembrandt van Rijn
L'annuncio ai pastori, 1634
acquaforte, bulino e puntasecca, mm 260 x 218
Rotterdam, Museum Boijmans Van Beuningen

51. Rembrandt van Rijn
L'adorazione dei pastori con la lanterna, 1654 circa
acquaforte, mm 103 x 128
Rotterdam, Museum Boijmans Van Beuningen

52. Rembrandt van Rijn
Riposo durante la fuga in Egitto, notturno, 1644 circa
acquaforte e puntasecca, mm 91 x 58
Rotterdam, Museum Boijmans Van Beuningen

53. Rembrandt van Rijn
Cristo benedice i fanciulli e guarisce gli infermi
(*La stampa da Cento Fiorini*), 1648 circa
acquaforte, bulino e puntasecca, mm 278 x 392
Rotterdam, Museum Boijmans Van Beuningen

54. Rembrandt van Rijn
Cristo nell'orto di Getsemani, 1652 circa
acquaforte e puntasecca, mm 118 x 84
Rotterdam, Museum Boijmans
Van Beuningen

Pagine seguenti
55. Rembrandt van Rijn
Le tre croci, 1653-1655 circa
puntasecca, mm 384 x 451
Rotterdam, Museum Boijmans
Van Beuningen

56. Giovanni Battista Piranesi
Capriccio con scale e pilone circolare
da *Le carceri d'invenzione*, 1761
incisione all'acquaforte e bulino su rame, mm 560 x 420
Venezia, Fondazione Giorgio Cini
Gabinetto dei Disegni e delle Stampe

57. Giovanni Battista Piranesi
Capriccio con arcate e piazza monumentale
da *Le carceri d'invenzione*, 1761
incisione all'acquaforte e bulino su rame, mm 560 x 420
Venezia, Fondazione Giorgio Cini
Gabinetto dei Disegni e delle Stampe

58. Giovanni Battista Piranesi
Capriccio di scale e arcate con fumo bianco
da *Le carceri d'invenzione*, 1761
incisione all'acquaforte e bulino su rame, mm 560 x 420
Venezia, Fondazione Giorgio Cini
Gabinetto dei Disegni e delle Stampe

59. Giovanni Battista Piranesi
Capriccio con arcata ornata da conchiglia
da *Le carceri d'invenzione*, 1761
incisione all'acquaforte e bulino su rame, mm 560 x 420
Venezia, Fondazione Giorgio Cini
Gabinetto dei Disegni e delle Stampe

60. Giovanni Battista Piranesi
Capriccio con scale e ponte levatoio
da *Le carceri d'invenzione*, 1761
incisione all'acquaforte e bulino su rame, mm 560 x 420
Venezia, Fondazione Giorgio Cini
Gabinetto dei Disegni e delle Stampe

61. Giovanni Battista Piranesi
Capriccio con scalone e trofei
da *Le carceri d'invenzione*, 1761
incisione all'acquaforte e bulino su rame, mm 560 x 420
Venezia, Fondazione Giorgio Cini
Gabinetto dei Disegni e delle Stampe

62. Giovanni Battista Piranesi
Capriccio con pozzo
da *Le carceri d'invenzione*, 1761
incisione all'acquaforte e bulino su rame, mm 560 x 420
Venezia, Fondazione Giorgio Cini
Gabinetto dei Disegni e delle Stampe

63. Giovanni Battista Piranesi
Capriccio di scale, arcate e capriate
da *Le carceri d'invenzione*, 1761
incisione all'acquaforte e bulino su rame, mm 560 x 420
Venezia, Fondazione Giorgio Cini
Gabinetto dei Disegni e delle Stampe

Di lune e di stelle. E di tramonti prima

Il secolo della natura mentre viene sera

Come quando le stelle nel cielo, intorno alla luna che riluce,

appaiono in pieno splendore, mentre l'aria è senza vento;

e si stagliano tutte le rupi e le cime dei colli e delle valli;

e uno spazio senza fine si spalanca sotto la volta del cielo,

e si vedono tutte le stelle, ed è felice il pastore nel suo cuore:

molti falò splendevano tra le navi e il letto di Xanto,

quando i Troiani accesero i fuochi davanti alle mura di Ilio.

Omero, *Iliade*

Non sarà inutile, adesso, soffermarci per un certo tempo, anche lungo, nella prima parte di questo capitolo, sull'età romantica. Che corrisponde al momento in cui la notte si offre in tutto il suo splendore, e in tutta la sua poetica complessità, ai pittori. Così come questo avviene nella musica e nella letteratura, e dunque in tutto il pensiero occidentale. La notte diventa il luogo in cui ogni cosa si compie e verso cui si è condotti, senza scorciatoie, senza vie d'uscita, nella pienezza di un sentimento. Siamo quindi giunti a quella parte di mostra in cui il paesaggio notturno prende il sopravvento, l'Ottocento, il cosiddetto secolo della natura. Prima dello strappo violento delle avanguardie all'alba del nuovo secolo, quando verrà messa in crisi l'esistenza stessa del concetto di paesaggio. Ma adesso la notte, al principio del XIX secolo, si espone nella sua assolutezza, nell'essere il centro di ciò che è guardato, ma soprattutto di ciò che è vissuto. Sarà un pittore immenso, Caspar David Friedrich, a eleggere la notte a spazio della vita, spazio della pittura mirabile. La notte ma soprattutto la luna, la cui presenza ammanta ognuna delle sue notti, le rende luogo dello scambio tra l'esterno della natura, e specialmente dei cieli, e l'interno che corrisponde ai movimenti dell'anima. Ma prima di arrivare all'opera di Friedrich,

Karl Wilhelm Friedrich
von Schlegel

Charles Baudelaire

rappresentato in questa esposizione da quattro dipinti, sarà necessario avvicinarsi, storicamente, al romanticismo.

Non si danno precisi confini cronologici entro i quali stabilire l'inizio e la conclusione del romanticismo. Schlegel ha detto che esso apre la modernità, e su questo tutti sono d'accordo. Baudelaire, nel suo *Salon de 1846*, affermava: «Chi dice romanticismo dice arte moderna, ossia intimità, spiritualità, colore, aspirazione all'infinito, espressi con tutti i mezzi presenti nelle arti.» Ma lo spirito romantico si agita già in diversa misura nella parte finale del Settecento, in Germania ma soprattutto in Inghilterra, e continua a vivere ancora quando il dettato del realismo pare avere invaso tutte le contrade d'Europa e non solo. Con l'avvento del romanticismo, passata l'età della più che fiduciosa rappresentazione della realtà incarnata nell'Illuminismo settecentesco, si spezza definitivamente quella fiducia che regolava il rapporto tra l'uomo e la designazione, e descrizione, del mondo. La mimesi non può essere lo scopo, il raggiungimento finale, il solo motivo.

Se scorriamo di qualche decennio, e ci portiamo addirittura verso fine secolo, troviamo una lettera importante, inviata a Théo da Nuenen alla fine di ottobre del 1885, nella quale Vincent van Gogh parla con accenti precisi dell'imitazione della natura e dei colori, preservando l'importanza assoluta del romanticismo, che sta alla base del vedere e del sentire. Rileggiamone alcuni brani: «Della natura conserverò una certa sequenza e una certa esattezza nel disporre i toni, e studio la natura in modo da non fare sciocchezze e restare nei limiti del ragionevole; tuttavia non mi importa che il mio colore sia proprio lo stesso, purché sia bello sulla tela, tanto bello quanto in natura.» È un primo passo per definire lo straniamento rispetto al dato naturale e per autorizzare quel concetto di "romanticismo" che Van Gogh sintetizza così: «Forse che questa tu la chiami una tendenza pericolosa verso il romanticismo, una mancanza di fedeltà al realismo, un peindre du chic, un dare maggior valore alla tavolozza del colorista che alla natura? Beh, que soit. Delacroix, Millet, Corot, Dupré, Daubigny, Breton e altri quaranta nomi, non sono forse essi il cuore e l'anima della pittura di questo secolo e non sono forse tutti radicati nel romanticismo anche se lo hanno superato? Il romanticismo fa parte del nostro tempo e i pittori devono pure avere immaginazione e sentimento. Per fortuna il realismo e il naturalismo non ne sono indenni.»

Con estrema intelligenza, e con eguale intuito, Van Gogh tocca alla perfezione il punto dell'unione tra verità ed espressione, nel superamento dell'ideale classico e nell'immettersi che la pittura, ma non solo, fa nel romanticismo. Occorre la verità del reale ma occorre anche il suo superamento attraverso l'espressione, a significare l'interpretazione, il soggettivo dentro la nuda realtà. E verso il finale della lettera, così prosegue: «È quella proprio la vera pittura e il risultato è più bello dell'esatta imitazione delle cose. Pensare a una cosa e far sì che l'ambiente appartenga a essa e da essa derivi. […] Si inizia con una impari lotta per seguire la natura e tutto va male; si finisce col creare tranquillamente dalla propria tavolozza e la natura va d'accordo e segue quanto si fa. Questi due opposti sono però inscindibili. La lotta, anche se può sembrare futile, dà intimità con la natura, e una conoscenza più completa delle cose. Anche se credo che i quadri migliori siano più o meno dipinti a mente, non posso evitare di aggiungere che mai si può

Eduard Eichens, *Il poeta Georg Philipp Friedrich von Hardenberg Novalis* 1845, Parigi, Bibliothèque nationale de France

studiare troppo o con troppo sforzo la natura. Le immaginazioni più grandi e più potenti hanno sempre al tempo stesso derivato direttamente dalla natura cose da far ammutolire.» Van Gogh sintetizza mirabilmente, come sempre nelle sue lettere, il passaggio che era avvenuto, e che egli poi sovvertirà dal fondo più remoto della coscienza franta e irrisolta, dalla veduta al paesaggio, dalla ragione al sentimento, dall'occhio al cuore. Senza voler troppo semplificare, come spesso si è tentati di fare ragionando per formule quando si parla di romanticismo, si tratta di comprendere come l'interno e l'esterno, della natura e dell'uomo, si pongano in diretto e continuo contatto, nella continua loro fluttuazione.

Novalis ha certamente dato del romanticismo una delle definizioni più limpide, nel riconoscere questo rapporto emergente tra conscio e inconscio, tra finito e infinito: «Nel dare il significato più nobile a ciò che è mondano, una veste misteriosa a ciò che è comune, le peculiarità dell'ignoto a ciò che è noto, la parvenza dell'infinito a ciò che è finito: in questo modo posso rendere tutto ciò romantico. L'operazione contraria va applicata a quelle cose che sono nobili, ignote, mistiche, infinite: esse vengono chiarite attraverso l'associazione guadagnando i significati colloquiali dell'espressione.» E poi il passaggio successivo, che ascoltando Novalis ancora così bene si potrebbe applicare a Caspar David Friedrich: «Esiste anche un mondo esterno dentro di noi, che è unito al nostro essere più profondo, nello stesso modo in cui il mondo esterno fuori di noi è unito al nostro essere esteriore; il primo e l'ultimo sono collegati nello stesso modo in cui lo sono i nostri esseri esteriore e interiore. Perciò possiamo percepire l'essere interno e l'anima della natura solo attraverso il pensiero, come percepiamo l'essere esterno e la forma fisica della natura solo tramite le sensazioni.» Del resto, anche in ambito inglese viene espresso il medesimo concetto e con parole del tutto simili. Coleridge, nella sua *Biografia letteraria*, scrive così: «Fare dell'esterno interno, e dell'interno esterno, fare della natura pensiero e del pensiero natura: questo è il mistero del genio nelle arti.»

Il pittore insomma, sulla scorta di queste e altre idee simili come subito vedremo, dà vita a un nuovo paesaggio, creando un vero e proprio paesaggio psicologico. In uno scritto molto bello del 1950, *Il limbo di Constable*, apparso in «Paragone», Francesco Arcangeli, parlando di Thomas Jones e dunque di uno di quegli artisti inglesi che hanno fondato la nuova visione romantica, con quei suoi fazzolettini di carta dipinta, scrive di un «paesaggio come stanza di sentimenti», che è esattamente la definizione che lega, per sempre si direbbe, il vedere all'essere, il vedere al sentire e stringe gli occhi al cuore. Il romanticismo spalanca quindi a una descrizione della natura come analisi del sé, e il passaggio è forte, ma non improvviso, dalla verità illuministica allo squadernamento dell'io problematico. Questo tipo di visione nuova, tutta partecipata, spargerà i suoi semi anche molto lontano nel tempo, se pensiamo, già in pieno Novecento, per esempio al lavoro di Monet a Giverny sulle ninfee. E prima ancora, ultimo decennio del XIX secolo, l'arrovellarsi suo dedicato alle cosiddette serie. Lì, dovunque, miracolosamente e meravigliosamente, viene scomparendo la cosa vista, da cui tuttavia ogni cosa origina, e ci si tuffa nel paesaggio dell'interiorità, che per nuove vie anticiperà poi alcune parti dell'astrazione novecentesca, soprattutto americana.

L'essere, la natura romantica, priva di un centro prospettico che risaliva addirittura all'Alberti, ma anche priva degli agganci ugualmente prospettici delle vedute canalettiane; l'essere, quella stessa natura, mancante della fiducia in uno spazio ordinato, organizzato, porta la riflessione sulla pittura e sulla rappresentazione della natura, anche sulla scia degli scritti di Rousseau e Schelling solo per fare due nomi, a contatto con l'intimità del mondo. In questo modo la distanza sembra quasi vo-

ler essere annullata, tra l'anima in sé e l'anima dell'universo, mentre con immagini di potentissima forza spirituale e cosmica – pensiamo in questa mostra alle lune sublimi di Friedrich, e a Turner – questa stessa distanza si ingigantisce, dando luogo a stravolgimenti dell'atmosfera, sue dilatazioni e sommovimenti. Goethe aveva detto, esemplificando benissimo e riferendosi alla natura: «Circondati e avvinti da lei, non ci è dato uscire dal suo abbraccio, tutti i viventi sono in lei e lei in tutti.»

Franz Gerhard von Kugelgen
Il pittore Caspar David Friedrich, 1800-1820 circa
Amburgo, Hamburger Kunsthalle

Scritte sotto l'influsso proprio di Goethe, e quasi come omaggio a lui, le *Lettere sulla pittura di paesaggio* di Carl Gustav Carus sono un altro dei testi costitutivi del romanticismo e si soffermano ancora una volta su questo rapporto tra interno ed esterno, fondando quasi il paesaggio come una cosmogonia. Nella prima delle *Lettere* leggiamo: «Come si potrebbe conoscere in profondità e percepire interiormente il bello, che altro non è che il tutto nella sua compiutezza [κοσμος], se non venisse compreso con tutta l'anima? Certo, sono fermamente convinto che senza un'emozione dell'animo tutta l'arte sarebbe morta e sepolta, che sommare freddamente contrasti e concetti intellettuali farebbe venire alla luce solo una storpiatura poetica. [...] Lasciamo dunque vagare i pensieri per le vaste contrade del bello e abbandoniamoci in piena libertà a questa gioia interiore. Come godremo con piacere non minore della veduta dalla cima di un monte dopo aver percorso l'intricato fondovalle, in quanto la nostra impressione d'insieme risulterà arricchita dal godimento che abbiamo provato nei singoli luoghi, che, per così dire, si rinnova e si ravviva.»

Nelle *Nove lettere sulla pittura di paesaggio*, Brion-Guerry riferisce di un episodio che, nel 1816, vede protagonisti nel corso di un loro incontro Wolfgang Goethe e Caspar David Friedrich. Al grande scrittore che invitava il pittore a preoccuparsi di studiare in modo scientifico e pragmatico la struttura e la forma delle nuvole, Friedrich rispose: «Sarebbe la morte della pittura di paesaggio.» Una sorta di cortocircuito si scatenava in quel momento nella pittura, perché veniva a sovvertirsi un assunto che stava alla base dell'arte universale. Lo stesso Carus, nell'ottava tra le *Lettere*, dava questa indicazione al giovane pittore: «Gli si devono spiegare le leggi particolari dei fenomeni atmosferici, i differenti tipi di nuvole, la loro formazione e dispersione, il loro movimento.» Con ciò ritenendo indispensabile, per fare della buona pittura, porsi quasi nella condizione dello scienziato osservatore, di colui che crede prima di tutto alla realtà delle cose, ed esaminandole le rende degne di essere descritte.

Appariva però questa posizione, a Friedrich, non sufficientemente aperta a dire anche altro rispetto alla pedissequa osservazione del reale. Lui, il pittore che dopo la sua morte nel 1840 dovette subire un lunghissimo oblio, fino alla nuova rivelazione grazie alla grande mostra berlinese del 1906

dedicata alla pittura tedesca. Non si conosce davvero il motivo di questa inspiegabile dimenticanza, ma come avvenne per Turner nella parte finale della sua vita, si può immaginare che le loro posizioni così avanzate non facessero gioco presso un uditorio ancora vincolato alle vecchie strutture dell'arte, ai suoi gangli schematici. Questo da un lato, mentre l'avvento prepotente del realismo in tutta Europa, ancor prima della morte di Friedrich, spostò comunque l'asse delle preferenze pittoriche, e i canoni dello spiritualismo cari all'artista tedesco non corrisposero più alle tendenze moderne. Quantunque, già a fine Ottocento, quindi in un momento ancora di silenzio sull'opera friedrichiana, un critico più attento di altri, come Cornelius Gorlitt, avesse richiamato alcuni aspetti in modo positivo: «A dispetto della meticolosità con cui lavorava, Friedrich metteva grande impegno nei suoi studi dalla natura e ciò gli permise di infondere una verità immutabile in ogni cosa, la verità alla quale si rivolgeva, la verità di tono, l'atmosfera della natura così come è prodotta dall'alternarsi delle stagioni, del tempo, della luce.» Era una interpretazione ancora legata a una visione post-naturalistica, che risentiva ampiamente di quanto era accaduto, almeno dagli anni trenta del XIX secolo, in Francia. In questo senso vanno lette anche altre pagine, che non si soffermavano sul sentimento romantico di Friedrich. Tra queste quelle di due importanti curatori tedeschi d'inizio Novecento, Alfred Lichtwark e Hugo von Tschudi. Quest'ultimo per esempio annotava: «Ciò che Phillip Otto Runge ha previsto come arte del futuro – una rappresentazione del paesaggio attraverso giochi perpetuamente in movimento della luce e dell'aria – ora appare per la prima volta sul suolo tedesco. Poiché ciò che è essenziale in queste tele è l'espressione della viva atmosfera, della natura durante il mutamento delle stagioni e delle ore del giorno, motivi completamente nuovi fanno la loro comparsa tra una moltitudine di oggetti degni di rappresentazione.»

Von Tschudi cita Runge, il quale, partito da una fascinazione, comprensibile per il tempo, per Omero e Ossian, sentì poco per volta come i soggetti storici non potessero del tutto rappresentare il senso del presente e scelse di ricercare un nuovo tipo di descrizione pittorica, più aderente a un clima in cui la natura mostrava di essere un riferimento fondamentale, scevra di riferimenti alla storia e alla leggenda. Stabilitosi nel 1802 a Dresda, assegnava ai soggetti storici l'aggettivo "confusi", mentre formulò a se stesso una domanda: «Non sarebbe possibile raggiungere un culmine, in questa nuova arte – chiamala pure paesaggismo se vuoi –, e potrebbe forse essere più bella di quella precedente?» Fattasi la domanda, Runge si rispose con una pala d'altare profana, intitolata *Mattino*, con uno stile molto descrittivo e dettagliato, che dà al tema del paesaggio un significato che si inquadra in uno schema cosmico, derivato da uno spiritualismo comunque poco libero, che poco o nulla ha a che vedere con le vette raggiunte da Friedrich.

Perché Friedrich, in modo poetico e toccante, tutto coinvolto, sostituisce all'osservazione scientifica e microscopica la vasta contemplazione, trascorrendo dall'elemento fisico a quello psichico. Non concentrandosi più solo sulla pelle della pittura, ma dilagando verso quella profondità che sarà l'oggetto vero del suo progredire, del suo essere così intimamente pittore. L'idea è quella di uno spazio che si moltiplichi, si crei nuovo mentre lo si descrive e racconta. Uno spazio che, dissolvendosi, è precisamente il luogo del viaggio nella natura e nel cosmo. E nelle sue *Osservazioni su una collezione di dipinti di artisti per la maggior parte viventi o deceduti di recente*, così scriveva a proposito di questo artista nuovo: «Il compito dell'artista non consiste nella fedele rappresentazione del cielo, dell'acqua, delle rocce e degli alberi; la sua anima e la sua sensibilità devono al contrario rispecchiarsi nella natura. Riconoscere, penetrare, accogliere e riprodurre lo spirito della natura con tutto il cuore e con tutta l'anima è il compito di un'opera d'arte.» Quindi, con un linguaggio di precisa presa sulla realtà, tendere alle regioni, e alle ragioni, dello spirito. Tanto che le figure che ci volgono la schiena e guardano il paesaggio, fanno acquisire allo spazio un senso sacro. Esse sono coloro che, guardando, ne custodiscono il mistero, nella relazione costante con il sé. Sono visioni nelle quali la dimensione dello spazio si attua nuova, nel rapporto tra la vicinanza, che allude anche all'anima dell'uomo, e la distanza, che ha tutta presente la dimensione appunto del sacro.

L'età romantica quindi ricerca un nuovo spazio, che Friedrich e Turner incarnano così meravigliosamente nell'opera, autorizzandoci a parlare di quel loro viaggio che si fa viaggio nella profondità psicologica. In una lettera inviata a Goethe il 27 marzo del 1801, Friedrich così analizza la potenza di questa profondità psicologica, il territorio dell'inconscio: «In pratica, anche il poeta parte dall'inconscio, infatti deve considerarsi fortunato se riesce, attraverso una chiara consapevolezza del suo operare, soltanto ad andare abbastanza lontano per trovare la prima, oscura idea della totalità del suo lavoro, che rimane immutata nel prodotto realizzato. Senza un'idea oscura ma potente nella sua totalità, e che precede qualsiasi tecnica, nessun'opera di poesia potrebbe nascere e la poesia, mi sembra, consiste nella straordinaria capacità di esprimere e comunicare ciò che è inconscio, il che significa tradurre tutto ciò in un oggetto.» Per cui le singole parti descritte nella natura, servono a Friedrich per dare il senso di una totalità: «Ogni cosa fa parte dell'insieme e non può essere trascurata.»

La trama di questa pittura tiene legati a sé tutti gli elementi che la compongono e si rompe, come abbiamo già detto, il senso della prospettiva tradizionale. Il piano del vicino e quello del lontano si uniscono, ed è esattamente il contrario di quanto Leon Battista Alberti scrive nel suo *De re edificatoria*: «Se uno di questi elementi viene eliminato, reso più grande o più piccolo, o collocato nel posto sbagliato, allora si perderà l'armonia generale dell'insieme.» Ma occorre fare attenzione, perché rompere il senso della prospettiva tradizionale non è annullarla del tutto. Friedrich terremota lo spazio prospettico, ma non lo distrugge fino in fondo. Vuole che nel suo quadro lo spazio si prolunghi verso un infinito orizzonte, desiderando che alla precisione cristallina e nitida che certo gli deriva

Pierre Francastel

dalla tradizione tedesca precedente, si associ la dimensione affascinante dell'indefinito. Così, lavorando sulle luci che governano gli spazi della sua pittura, tutta poeticamente la organizzano. Stretti insieme, l'universo e la sua anima e l'uomo e la sua anima, creano l'immagine definitiva che l'arte di Friedrich ci ha consegnato.

Nel suo libro celebre, *Lo spazio figurativo dal Rinascimento al Cubismo,* Pierre Francastel ci dice come non vi sia rottura completa con l'intenzione quattrocentesca: «Il Romanticismo, più che non rompa con Raffaello, si accosta ai grandi barocchi, ai veneziani, ai fiamminghi. Allarga o precisa la scelta tra le tendenze più che non respinga in blocco la tradizione. Conserva accuratamente l'inquadratura, i piani distinti, perfino gli schemi di composizione. Il tentativo di accentuare drammaticamente i contrasti atmosferici discende dalle scoperte spaziali barocche. E queste a loro volta, come tentativi di associare più strettamente alla forma lineare e ai corpi (oggetto principale dell'attenzione dei classici) l'atmosfera e la luce, erano implicite, nel modo col quale si ritrovano sviluppate da Tintoretto a Rubens, nelle premesse del Quattrocento.» E perfino Turner, nei suoi quadri quasi astratti dell'ultimo decennio, più che non sembri non romperà lo schema prospettico tradizionale, conquistando tuttavia quella sovrana libertà di abitare la distanza come un tempo infinito. Il suo spazio scricchiola da ogni lato, sbanda e quasi si schianta, ma resiste. E ancora annota giustamente Francastel: «Il Romanticismo preferisce arricchire i domini della sensibilità e dell'immaginazione che mettere in causa le relazioni tra percezione e rappresentazione tradizionale delle cose.»

Cosicché Friedrich, assieme a Turner, costruisce inconsapevolmente, dal punto di vista programmatico, un'arte dei sentimenti, un'arte che fonda tutta la sua forza non su una malintesa confessione quasi espettorante, ma su un cuore che si deposita nel mondo, aderendovi. Da qui appunto il contemplare, che non può più essere dedicato solo ai fenomeni che si consumano, ma è un contemplare che mette nel conto l'eterno. Nasce una nuova idea di paesaggio, anzi nasce la nozione moderna

di paesaggio, che va oltre il verismo descrittivo e antologizzante e anche oltre qualsiasi naturalismo. E ancor prima che il naturalismo, massimamente con la Scuola di Barbizon in Francia, e lo vediamo con Corot e Millet in questa mostra, attinga le sue vette più alte. Il paesaggio con Friedrich diventa il tutto, è l'espressione del sacro, il luogo nel quale abita il divino. Egli baratta la scienza con la contemplazione. Per questo Friedrich è superbamente pittore di cieli, perché nel cielo si attua quell'incontro tra la luce, il colore, la materia e lo spirito. Carus annotava che «quando dipingeva il cielo, nessuno poteva entrare nel suo studio.» Cieli immensi e screziati, sui quali agisce sempre la luce della poesia. Cieli che si sospendono per coloro che li guardano, osservandoli con muto stupore, nell'atto della contemplazione silenziosa. Cieli sopra il mare, illuminato da un lieve o tutto annunciato chiarore di luna. Cieli sparsi di nuvole, di una luce più chiara o più scura, scossi dall'alba o dal tramonto, librati in una loro chiarità virginale. Cieli che attendono la stella della sera, mentre qualcuno dalla terra la saluta. Cieli che si spargono in brume, filamenti, bave di madreperla, ceneri e muschi. Cieli che sono l'apparizione e l'incanto, sono un volo di corvi come sarà per Van Gogh alla fine dei suoi giorni. Cieli che sono un viaggio senza fine e senza possibilità di soluzioni. Cieli.

È questa la vera religione per Friedrich, ciò che lo mette nell'obbligo di viaggiare camminando nella natura. In una condizione però di solitudine assoluta, quasi di vuoto, di assenza di tutto. Rispondendo a un amico che lo aveva invitato a trascorrere del tempo insieme, in una lettera così si legge: «Vuoi avermi con te, ma quell'io che ti piace non desidera stare con te. Devo essere solo e sapere che sono solo per poter vedere e sentire pienamente la natura. Devo compiere un atto di osmosi con quello che mi circonda, diventare una sola cosa con le mie nuvole e le mie montagne per poter essere quello che sono.» Non ci deve essere dunque frattura tra colui che dipinge, e per dipingere viaggia nella natura, e colui che quella natura sente. Come cosa propria e come respiro del mondo. Nessuna frattura, perché solo dall'ampiezza di un abbraccio cosmico può venire a piene mani la bellezza.

Se Carus ha detto di Friedrich che «il suo elemento era il crepuscolo», il viaggio tutto necessitato di Friedrich non è quello ampio, lontano e curiosissimo di Turner. Il suo viaggio, che poi si getta nell'interiorità, è il viaggio di chi perlustra la sua terra, la sua costa, il suo mare. Perlustra l'apparentemente già noto per trovare la strada dell'ignoto. Ascensioni sulle montagne, camminate nei boschi, soprattutto in quelle ore in cui non era la luce piena del giorno. Preferiva il momento in cui sorgeva la luna, prima bassa e poi alta nel cielo, quella luna inviolata dentro il groviglio e la matassa delle nuvole. Il momento in cui l'ultima luce buia della notte si trasformava nell'aurora gonfia di nebbie, tanto da rendere misterioso e segreto il teatro del mondo, lo spazio del vedere. E si attuava immediatamente una trasformazione tra la visione fisica e la visione interiore, tanto da chiedersi se forse quella visione non fosse già sorta dentro le profondità dell'anima anziché nel dominio della retina. Ci sono alcune belle frasi che sono state trovate e dedicate all'amore di Friedrich per la luna: «Fin dalla sua infanzia la luna esercitava una strana attrazione su di lui. Ed egli ne aveva coscienza. Diceva che se gli uomini dopo la loro morte venivano trasportati in un altro mondo, lui lo sarebbe stato sulla luna. Era per lui l'emanazione dell'anima del mondo, il ponte luminoso tra qui e l'universo.»

La luna diventa allora una sorta di voce interiore che chiama, e sinesteticamente una voce luminosa che invita al viaggio. Una scia gialla nel cielo, dentro il grande mantello che diventa quasi sera nell'azzurro. A quel punto è la profondità della natura, la profondità scoperta in essa, che si fa d'incanto profondità interiore, in una equivalenza del fuori e del dentro dello spazio. È forse questo il contributo più alto offerto da Friedrich al cammino della pittura nei secoli. E in effetti, in uno dei suoi *Aforismi sull'arte e sulla vita* così scrive: «Il pittore non dovrebbe limitarsi a dipingere ciò che gli sta di fronte, ma dovrebbe sforzarsi di dipingere ciò che vede dentro di sé. Ma se non scorge nulla dentro di sé, dovrebbe astenersi dal dipingere ciò che vede di fronte a sé.»

Così se il naturale diventa sacro e la natura trascendendo l'uomo ugualmente lo contiene, sillaba di un miracolo viaggiante, Friedrich può ulteriormente affermare, levando per una volta alta la voce: «L'arte è infinita», intendendo ovviamente come l'arte sia parte dell'infinito e dunque lo contenga. E se l'arte di cui l'uomo fa parte contiene l'infinito, anche l'uomo vive nell'infinito. Per cui, sulla scia di Schelling e della sua *Filosofia dell'arte*, Friedrich ci indica come la forma della pittura, questa sintesi miracolosa, ponga le basi per l'infinito dentro il finito della materia. Nel paragrafo 72 si legge: «La materia quindi diventa corpo o simbolo dell'arte nella misura in cui quest'ultima assume quale propria forma particolare la forma dell'informazione [*Einbildung*] dell'infinito nel finito.» E pur se Schelling, come da tradizione classica ripresa anche nel corso del XIX secolo, pone al primo posto la pittura di figura, Friedrich sembra andare al di là e assegnare definitivamente allo studio della natura una preminenza che gli fa trasformare, nell'immediatezza e nell'istantaneità, i suoi pellegrinaggi nella natura in visioni e contemplazioni.

Si comprende dunque benissimo come la soggettività riferita a questa visione sia uno degli elementi fondanti della visione friedrichiana. E che la sera e la notte siano i luoghi speciali della visione. Soggettività che non può che portare effetti diversi in ognuno di noi. Noi che ci troviamo a essere coloro che guardano il mondo, lo sentono proprio, ne ascoltano il respiro e vi si adeguano all'unisono. Respirando il mondo e respirando con il mondo. Dal che nasce quel comando gentile, che a questo punto giunge quasi ovvio nella sua articolazione, a riprodurre con la pittura non le cose nella loro realtà di segno impresso nello spazio, ma gli effetti che quelle stesse cose producono nell'anima. Non potrebbe essere più divaricato di così il punto di vista rispetto ai verismi e ai naturalismi, con il loro dogma sacro della descrizione e della rappresentazione del mondo. Quello che Friedrich adesso contempla nella sua visione nuova non è più solo il mondo, ma l'universo nella sua spaziata interezza, nella sua dilagante misura. E immisurabile misura. È in questo punto preciso, nell'infinitudine cosmica che il pittore ambiziosamente vuole descrivere, che l'interno e l'esterno coincidono. E il viaggio che ha condotto tanto lontano, si situa nella prossimità del cuore che pulsa al ritmo del mondo.

Ma come Friedrich rappresenta questa nuova visione? Se Turner interrompe, spezzandola e frantumandola, la forma dello spazio classico con le sue tempeste sul mare, le grandi nevicate, gli incendi, e facendo questo, più che non sembri, anche nella prima parte della sua vita, come si vede con il quadro in mostra del 1802 (cat. n. 64), Friedrich ancor meno modifica lo spazio prospettico tradizionale. Dalla tradizione tedesca gli viene appunto la secchezza e la nitidezza della linea e della composizione, che si salda in adamantina purezza. La visione di natura resta in una quasi metafisica oggettività che però poi, straordinariamente, diventa fuoco, scoscendersi delle onde, ribollire dei cieli. Lo spazio quasi sempre si dà in una partizione che nasce dall'incrocio tra le linee orizzontali e le linee verticali. Questo lo vediamo benissimo per esempio nella *Città al chiaro di luna* (1817, cat. n. 66) presente in mostra. Ma anche, sempre compresi nell'esposizione, in

Claude Monet
Camille sul letto di morte, 1879
Parigi, Musée d'Orsay

Notte di luna, barche in rada (1818 circa, cat. n. 68) e in *Notte di luna, pescatori sulla spiaggia* (1818 circa, cat. n. 67), che rappresentano una sorta di dittico nel quale le vele spiegate, o gli alberi delle navi, e la linea della costa, fungono da equilibrio tra verticali e orizzontali.

Ma soprattutto nella *Città al chiaro di luna*, le due torri, non del tutto rispondenti al vero, della città di Greifswald, si slanciano verso il cielo e hanno un loro punto di approdo nella "v" dell'ancora sulla spiaggia in basso. Di contro, a questa insistita verticalità fa da punto di equilibrio la linea orizzontale della città che si appoggia sull'acqua, a costituire il segno di una croce che Friedrich evoca in molti tra i suoi dipinti. Ma poi, dalla linea dell'orizzonte in là, accade il miracolo. La luce della luna si diffonde nell'atmosfera e tutta la pervade, mentre lo spazio da lì in avanti si moltiplica, assume su di sé un piano dopo l'altro, nel ribollire delle nuvole. E Friedrich inventa un'opera nella quale la precisione della natura, che è adesso una città di notte, la sua descrizione colma di mistero, si fonde con una profondità che tiene strette la natura stessa e la psiche. In una elaborazione fantastica, ma tutta vera, dello spazio romantico.

Non è un caso se il pittore di Greifswald ami così tanto anche le atmosfere nebbiose del primo mattino, quando la notte si sta allontanando, quello stato di sospensione dell'essere che Chateaubriand attribuisce all'esistenza umana. E Friedrich sentiva il bisogno, nel suo modo usuale venato di pudore, di argomentare circa le critiche che gli venivano dai "giudici dell'arte", i quali attribuivano ai suoi paesaggi nebbiosi un non so che di generico e inattendibile, paesaggi sparsi di un irriflesso grigiume che cancellava tutta la nitidezza della visione. Pertanto scriveva: «Quando una regione è avvolta nella nebbia, sembra più grande e sublime, stimola l'immaginazione e le aspettative come una ragazza nascosta da un velo.» E non farà proprio così Monet, nel ritrarre la prima moglie Camille sul letto di morte, raccolta in un velo? Un velo dal tono nebbiosamente violaceo che le copre il volto, da sembrare quasi una fioritura di glicini appena disseccata dal sole. È in questa regione misteriosa, eliotianamente abitata dai vivi come dai morti, che si attua quella fusione meravigliosa tra l'indistinto del paesaggio e l'indistinto degli sguardi. In una sovrapposizione di spirito e materia che Friedrich ha reso cosa certa.

In lui il paesaggio è la forma totale («L'unico modello assoluto è, e resterà in eterno, la natura»), che ogni cosa contiene. Il paesaggio è dall'unione tra la stessa natura, come luogo ospitante, l'uomo e Dio. Il suo consacrare la vita all'arte è stata la ricerca di un rapporto diretto con la natura, nella quale individuare la forma del divino. In questo senso la solitudine, e l'ascolto della voce interiore, hanno avuto un ruolo determinante nel processo creativo. Una voce interiore che evoca proprio quel divino in ognuno di noi. E questo ci fa comprendere la straordinaria modernità di un guardare alla natura sotto il segno di un vedere insieme razionale e partecipato. Come solo negli artisti più grandi, l'opera di Friedrich non mostra cedimenti o scadimenti di tono. Essa tiene una linea di stupefazione e bellezza dall'inizio alla fine, non si lascia travolgere o intimidire da nulla, resiste sempre, meravigliosa e scavata, sul ciglio di un burrone, in un perfetto equilibrio e senza scivolare mai. La notte, e soprattutto la luna che la abita in ogni anfratto con il suo chiarore, ne è la dichiarazione più alta, ciò che non si può scordare.

William Turner è il pittore che assieme a Caspar David Friedrich ha segnato in maniera indelebile l'età romantica. Se riferita all'esistenza monacale di Friedrich, quella di Turner è stata vissuta sotto il segno della grande avventura. Del grande gesto, plateale ed eroico, del dipingere, come quello fatto da Mosè davanti alle acque del mar Rosso che si dividono. Turner è pittore fluviale, per la gran quantità di opere tra dipinti, disegni e acquerelli che realizza nel corso della sua vita. Ed è un viaggiatore molto diverso rispetto a Friedrich. Se quest'ultimo sceglieva i luoghi dell'infanzia e poco di più, Turner ha invece viaggiato di continuo, prima in Inghilterra e poi in tutta Europa. I quaderni con gli acquerelli, riempiti senza interruzione, erano il solo tempo che si riservava per la sosta, continuamente sospinto via da una inquietudine che gli impediva di fermarsi troppo in un luogo, sempre desiderando conoscerne di nuovi. Così i suoi viaggi sono diventati l'inesauribile miniera a cui rivolgersi, condotto lui da una curiosità senza limiti a spostarsi fino a che la luce non si dissolvesse in miriadi di cascate. Dal Galles alla Scozia al Suffolk, e poi in Belgio, in Olanda, lungo il Reno, sulle Alpi svizzere, infine i

Joseph Mallord William Turner, *Il faro di Bell Rock* 1818, Edimburgo, Scottish National Gallery

Joseph Mallord William Turner, *Cascate a Terni* 1817 circa, Blackburn Museum and Art Gallery

tre importantissimi viaggi in Italia. Non c'è nulla che apparentemente sfugga alla sua immaginazione prodigiosa, che sempre segue la visione. Niente che sfugga a quella trasformazione operata dall'occhio sempre collegato alla creazione fantastica, che nasce da un cuore perennemente emozionato.

Perché Turner è prima di tutto un visionario e il suo viaggio nel mondo si conclude sempre nell'indistinto di una luce infinita. E non solo, come sembrerebbe logico dire, nei quadri dell'ultima parte della sua vita, ma anche in alcuni tra i più belli dei suoi primi anni. È il caso di quello compreso in questa mostra (*Pescatori a costa di sottovento con tempo burrascoso*, cat. n. 64) dal museo di Southampton, nel quale, nell'avvicinarsi della luce serale, fatta tutta un groviglio di nuvole e temporale, alcuni pescatori sono in difficoltà tra le onde. Pur partendo, così come era stato per Friedrich, dal dato della visione fisica, dal portato del bulbo oculare, egli senza sosta stravolge e sommuove la natura, la rende altra cosa da quella che è. La luce cui giunge altro non è se non una vertigine, uno sbilanciamento dell'io non più ancorato alla terra. E la sua luce serale e notturna è l'insieme della carne di quella stessa luce e della vertigine spirituale. Tanto che alla fine, questa non è più solo una vertigine di natura, non è più soltanto il sentimento romantico dei luoghi, ma è appunto calata nell'interiorità. E da essa si leva un suono, flebile ma distinto per chi voglia ascoltarlo, che è il canto dell'ora prima del mondo, un nuovo canto delle sirene.

Per dirla con le belle parole recenti di Jean Clair, «nel romanticismo è già presente l'esaltazione del genio creatore che sfugge alle regole, al *nomos*, e predilige lo scaturire spontaneo, istintivo, pulsionale della penna o del pennello, come se la mente umana godesse del privilegio di essere in presa diretta con la *Weltseele*, l'anima del mondo. Una sensibilità fusionale, questa del romanticismo, che le permetterebbe di tradurre direttamente, come un *medium*, le forze primitive dell'Universo. Questa nozione di primitivismo insito nella creazione, che tanto peserà nelle configurazioni della modernità, è l'ultimo avatar della fascinazione della *Naturphilosophie* nei confronti dell'*Ur*, il fenomeno primitivo originario. Tutto ciò, destinato a sovvertire radicalmente la creazione e ad assegnarle i suoi tratti moderni, è già presente nel romanticismo.» In questa ricerca poetica di contatto con il cuore del mondo, con il suo nucleo e la sua sostanza, Turner, così come Friedrich, ricerca «quella empatia originaria fra *Umwelt* e *Innenwelt*, fra mondo fisico e mondo spirituale.»

Così noi oggi possiamo dire come Turner abbia dipinto un grande vuoto dello spazio che non è solo un vuoto della o nella natura, ma anche, e talvolta sembrerebbe addirittura di più, un grande vuoto dell'uomo. O nell'uomo. Tale da riecheggiare le parole di Victor Hugo: «Cosa inaudita, è dentro di noi che dobbiamo guardare il di fuori. Il cupo specchio profondo è nell'intimo dell'uomo. Lì è il chiaroscuro terribile. Una cosa riflessa nell'anima è più vertiginosa che a vederla direttamente. E più che immagine, è simulacro. E nel simulacro c'è qualcosa dello spettro. Quel riflesso com-

plicato dell'Ombra è per il reale un accrescimento. Curvandoci su quel pozzo che è il nostro spirito, vi scorgiamo, in uno stretto cerchio, come in un abisso, il mondo immenso.»

Si è sempre parlato di un Turner interessato alla meteorologia, alla sua ansia di vivere dal di dentro i fenomeni naturali, anche i più violenti, per poterli poi dire nella pittura. Come le notti arrembanti, nelle quali non si mostravano lune ma restavano tatuati fuochi, biancori di nebbie sulla via di scomparire, tempeste nerissime. Ma occorre prestare bene attenzione al Turner dedito alla descrizione di quel viaggio interiore che, originatosi nel cuore dei fenomeni, sconvolge poi con tempeste altrettanto feroci la psiche umana. Per cui, alla fine, egli è pittore di bufere e di trasalimenti. Di vocazione empirica, associa però a questa caratteristica tipicamente inglese quell'afflato poetico che gli consente di non essere mai naturalista, nemmeno, come abbiamo visto in questo quadro, negli anni iniziali della sua carriera. Anche quando l'appoggio alla pittura olandese del Seicento, da Van de Velde a Jacob van Ruisdael, è più evidente.

Ci sono altre lune in questa sezione. Non poteva essere diversamente, perché nella luna, in questo secolo, i pittori riconoscono, leopardianamente, il segno del destino. Altre lune che intersecano gli anni, incrociano i luoghi, da una all'altra parte dell'oceano. Altre lune che si alzano nel cielo tra spirito e natura, prima legandosi addirittura al ricordo di certa pittura italiana cinquecentesca, soprattutto veneziana, poi al grande spazio della natura americana che si apre a un immenso. Frutto però più di simbolismo e trascendenza emersoniane che non del desiderio di descrivere il reale, come vedremo di qui a poco con i pittori della Hudson River School. Lune che troviamo subito dopo quelle di Friedrich, e lune con le quali, già nel Novecento, si chiuderà questa sezione, quando saranno diventate un incanto fatto di nascondimento e silenzio, da Mondrian a Klee a Andrew Wyeth.

Ma andiamo con ordine, perché adesso è il momento di cominciare a parlare della pittura americana del XIX secolo, e del suo rapporto con quella europea, anche sul tema della luna. Washington Allston, con il suo *Chiaro di luna* (1819, cat. n. 69), dipinto quindi negli stessi anni in cui Friedrich realizza i quattro quadri presenti in questa mostra, crea un'immagine che ritorna con la memoria ai paesaggi italiani conosciuti e vissuti al tempo del suo soggiorno romano poco dopo l'aprirsi dell'Ottocento. Mescolando la suggestione del colore di Tiziano, Bassano e Tintoretto, e dunque della vulgata manieristica veneziana con l'idea romantica che a lui saliva soprattutto dalla parola

Sanford Robinson Gifford
Tramonto sulla baia di New York
particolare, 1878
Syracuse, Collezione
dell'Everson Museum of Art
acquisto del museo

Martin Johnson Heade
Palude con due mucche al pascolo
1869, Columbus Museum of Art
acquisito per scambio, lascito
di J. Willard Loos

poetica di Coleridge, Allston dà una interpretazione del notturno molto particolare. Che non è quella
di Friedrich, della quale non ha l'incisività che introduce alla sua sublime profondità psicologica, ma
nemmeno quella che apparterrà ai pittori della Hudson River School, Church in testa. Il paesaggio
con la luna di Allston è sogno, incanto, visione che si dà come continua trasparenza, sorgere di luci
dal tessuto di una chiara oscurità.

   Mentre più compatta, organizzata attorno a un centro, adesso sì friedrichiana, è la visione della
luna che si specchia sull'acqua di Fitz Hugh Lane (*Pesca notturna*, cat. n. 70), uno dei pittori americani
che gravitano, da metà Ottocento in avanti, attorno alla stessa Hudson River School, senza però ap-
partenervi fino in fondo. Interessato com'è, lui al pari per esempio di Gifford e Heade, soprattutto alla
descrizione della sorgente luminosa da cui scaturisce l'incanto della visione. Luministi, infatti, vennero
detti quegli artisti, ma Hugh Lane con un tono ancora diverso dagli altri, teso a creare, pur partendo da
immagini della realtà, un universo che si specchia nella mente. Anche questa immagine, che sorge dal ricordo di un soggiorno lungo la costa del Maine – luogo deputato per tanta pittura americana da Church
a Homer, da Hopper a Wyeth –, non è la descrizione della realtà, ma piuttosto la presa di coscienza
rispetto a un mondo che si forma nell'anima dopo essere stato acceso dalla visione. L'idea romantica
europea, e soprattutto quella legata a Friedrich, non è per nulla secondaria nella visione di Hugh Lane,
e l'immagine dei pescatori sulla barca, in ombra rispetto al lume della luna, è un prestito proprio dal
grande pittore di Greifswald. Così come i riguardanti seduti sulla riva lontana, ammaliati anch'essi dalla
luna. Quel che è certo, è che noi sentiamo come anche in America questa tensione fortemente spirituale, sulla scia delle pagine soprattutto di Emerson, trovi terreno fertile. Prima che la pittura, e con essa

quella del tramonto e della notte, passi alla stagione della Hudson River School. Quella di Church in modo particolare, e di Whitman come poeta che canta proprio quell'America.

Emerson, il padre del Trascendentalismo che fu pensiero determinante per la formazione della nuova pittura americana da Cole a Church, fino poi a Homer e Hopper, individua, tra l'altro, nel senso e nel sentimento della solitudine uno dei motivi legati alla contemplazione di quell'immenso naturale che ha nel cielo uno dei suoi cardini. Nel cielo e nella luce serale e notturna, quando si manifestano le stelle. *Nature*, uscito nel 1836, è una sorta di Bibbia in questo senso, e le sue pagine hanno indirizzato l'opera di tantissimi tra scrittori, pensatori e artisti. Ascoltiamo Emerson in un passo nel quale lo spazio infinito, la solitudine, la notte e le stelle giungono a formare un equilibrio che crea, goethianamente, armonia: «Ma se un uomo vuole davvero stare solo, guardi le stelle. I raggi che provengono da quei mondi celesti stabiliranno una separazione tra lui e le cose tangibili. Si potrebbe pensare che l'atmosfera sia stata creata trasparente proprio allo scopo di dare all'uomo, attraverso i corpi celesti, la perpetua presenza del sublime. Quanto sono grandiosi, visti dalle strade delle città! Se le stelle apparissero una sola notte ogni mille anni, davvero potrebbero gli uomini credere e adorare, e serbare per tante generazioni il ricordo della città di Dio che è stata loro mostrata! Ma spuntano ogni notte questi messaggi della bellezza, e illuminano l'universo con il loro sorriso ammonitore. Le stelle destano una certa riverenza perché, seppur sempre presenti, sono inaccessibili; nondimeno, tutti gli oggetti naturali suscitano un'impressione analoga quando la mente è aperta alla loro influenza.»

Nel 1836 Thomas Cole, inglese di origine ma a buona ragione considerato il padre della moderna pittura americana di paesaggio, dà alle stampe il suo celeberrimo *Essay on American Scenery*, nel quale porta a compimento le sue osservazioni circa la nuova arte dedicata alla natura, introducendo il concetto di *sublime* come inedita categoria estetica. Per cui l'osservazione del paesaggio, spesso ripreso da un punto posto in alto e panoramico, non è più considerata solo come elemento legato a una sorta di terrore ancestrale davanti a ciò che proviene dal tempo dell'origine, ma si lascia contemplare come piena bellezza.

Il concetto fondamentale, quello di *Wilderness*, lo sentiamo espresso dalle parole che Cole

dedica alle cascate del Niagara, uno dei luoghi irrinunciabili della stessa *Wilderness* americana, prima che gli esiti di un turismo massiccio, già a partire dalla fine del XIX secolo, arrivino a sporcare quelle acque che cadevano tempestose: «E il Niagara! Quella meraviglia del mondo! Dove il sublime e il bello sono legati assieme da una indissolubile catena. A contemplarlo, abbiamo l'impressione che un grande vuoto venga colmato nelle nostre menti, e i nostri pensieri si dilatano, e noi diventiamo parte di ciò che ammiriamo. Ai nostri piedi traboccano i flutti di mille fiumi – il contenuto di vasti mari interni. Nel loro volume noi cogliamo immensità; nel loro scorrere, imperitura durata; nella loro impetuosità, incontrollabile potenza. Sono gli elementi della sublimità. La bellezza del Niagara si esalta nelle tante sfumature dell'acqua, nella schiuma che ascende al cielo, e in quell'arco senza pari che forma ininterrotta cintura tutt'attorno agli infaticati flutti.»

Il pittore, come Mosè che con il suo largo gesto divide le acque del mar Rosso perché le genti possano attraversare, stende la sua mano. E quasi il suo sguardo ugualmente si stende, e si posa, sulla natura vergine. E parla tra sé e sé solo, prima di cominciare quella lunga traversata tra sguardo che genera una scoperta e immagine del divino che in quella scoperta abita. Il paesaggio, dunque, si costruisce anche qui attorno alla nozione del divino, del divino in sé più che del divino fuori da sé. Plasmato nella prima ora del mondo a immagine e somiglianza di quel divino stesso, e all'uomo in un certo tempo è accaduto di scoprirlo. Al pittore di metterlo in immagine, affinché potesse essere compreso e ricordato. Le ore della sera e della notte, come già abbiamo visto per esempio in Washington Allston e Fitz Hugh Lane, sembrano essere particolarmente adatte a questa apparizione del divino e dello spirito che in questo modo nella natura si manifesta.

Negli stessi anni in cui il realismo europeo nasceva e si affermava, giungevano in America i quadri dei pittori di Barbizon. Anni in cui la realtà entrava di prepotenza nel racconto per immagini. E che in America aveva a che fare soprattutto con il senso dell'ignoto e del mistero, perché tali erano le caratteristiche di un paesaggio sconfinato, migliaia di miglia che si stendevano da un oceano all'altro. Migliaia di miglia che l'uomo sentiva come luogo abitato dalla divinità. Ecco, proprio il diventare parte di ciò che si ammira è l'idea che sopra ogni altra ha coinvolto tutti i grandi pittori americani del XIX secolo, e la notte, ancora una volta, avvolge più del giorno. La natura diventa, secondo la bella definizione di Claude Reichler, un «fatto antropologico totale», qualcosa che investe, insieme, il corpo e l'anima, intimamente fondendoli.

I pittori allora viaggiano da un capo all'altro della loro nuova, giovane nazione, appunto da oceano a oceano, da onda a onda, da luce a luce come si dice nelle Sacre Scritture. Il viaggio in questa natura eterna e primordiale, definitiva e però mutevole, ha generato la bellezza di una pittura che in Europa non è ancora così largamente conosciuta, e per questo si lascia scoprire in una sua dimensione di innocenza, dentro quella natura che è rimasta il giardino dell'Eden. C'è un breve passo, che Ralph Waldo Emerson scrive, sempre nel suo *Nature*, che esprime, quasi meglio di quanto avrebbe potuto fare un pittore che contemplava prima di dipingere, questa idea, anche whitmaniana poi, del rapporto panico tra uomo, Dio e natura. Idea che presiede a tutta la stagione della Hudson River School. Scrive Emerson: «In piedi sulla terra nuda, il capo sferzato dall'aria tersa, teso verso l'infinito dello spazio, ogni vile egotismo scompare. Divento un trasparente bulbo oculare; io sono nulla; io vedo tutto; le correnti dell'Essere Universale circolano attorno a me; sono una parte di Dio.» E in effetti Whitman, come abbiamo visto in uno dei capitoli precedenti, ritorna, con la sua poesia mirabile dell'ora del tramonto e della sera, su questo stesso tema che congiunge l'io all'infinito:

Di sera, sulla spiaggia, solo,

mentre la vecchia madre, i flutti ondeggiando, intona roca il suo canto,

osservo le sfavillanti stelle, formo un pensiero sulla chiave degli universi e del futuro.

Una vasta similitudine incastra tutto,

tutte le sfere, cresciute e non cresciute, piccole, grandi, soli, lune, pianeti,

tutte le distanze dello spazio, per quanto vaste,

tutte le distanze del tempo, tutte le forme inanimate,

tutte le anime, tutti i corpi viventi per diversi essi siano, o in mondi diversi essi vivano,

tutti i processi dei gas, dell'acqua, dei vegetali, dei minerali, i pesci, le bestie,

tutte le nazioni, colori, barbarie, civiltà, lingue,

tutte le somiglianze che siano esistite o possano esistere su questo mondo o in un mondo qualsiasi,

tutte le vite e le morti, in passato, presente, futuro,

questa ampia similitudine tutte le abbraccia, e sempre le ha abbracciate,

e per sempre le abbraccerà, mantenendole compatte, circonfondendole tutte.

Thomas Moran, *Il Grand Canyon dello Yellowstone* 1872, Washington Smithsonian American Art Museum
prestito del Department of the Interior Museum

Thomas Moran, *L'abisso del Colorado*, 1873-1874 Washington Smithsonian American Art Museum
prestito del Department of the Interior Museum

E in questo modo, lucrezianamente, Whitman, parlando della sera e dell'anticipo della notte, parla della vastità del tempo, del passato e del futuro, come farà anche Eliot un secolo dopo. La notte così concepita, e per come desidero mostrarla attraverso tutte le opere di questa esposizione, attraverso le pagine di questo libro, ha esattamente questa forte compromissione con il tempo.

E se tuttavia vogliamo comprendere bene lo sviluppo della pittura americana del XIX secolo, entro cui anche i temi notturni si inscrivono con prepotenza, occorre soffermarsi per un po' sulla storia, sulla successione degli avvenimenti, andando a ritroso nel tempo. Sembra quasi che l'acquisto, da parte del Governo degli Stati Uniti, nel 1872 e poi nel 1874, di due grandissime tele di Thomas Moran dedicate a Yellowstone, segni la conclusione anche ufficiale di un'epoca, quella raccolta sotto la formulazione, geografica e poetica insieme, di Hudson River School. Che se alla fine non identifica più completamente il luogo del dipingere, attiva relazioni tra i pittori appartenenti sostanzialmente a una generazione: da Church a Bierstadt, da Kensett a Cropsey, fino appunto a Moran, più giovane soltanto di qualche anno. A seguito delle spedizioni cui Thomas Moran partecipò, prima nel 1871 e poi nel 1873, nella zona di Yellowstone, il *Grand Canyon di Yellowstone* e *L'abisso del Colorado* entrarono a far parte della collezione del Congresso. E questa ufficializzazione dell'idea di *Wilderness*, questa sacralizzazione, e se vogliamo imbalsamazione, di un gusto, è il punto di non ritorno, la fine di un'epoca e di un'avventura inestimabile. L'America ufficiale ha codificato la sua tradizione di una pittura panoramica, nata dall'unione di romanticismo e naturalismo, in grado di glorificare lo spirito della nazione, proprio come avviene in Francia con gli artisti di Barbizon. E rappresentare quell'idea del sublime che fino a un certo momento è sempre stata la forza trainante di questa pittura.

Così non suonano strane le parole di Clarence Cook, quando, nel maggio del 1883, nella «Princeton Review» esce il suo *Art in America in 1883*, dove usa espressioni fortemente critiche verso la «nostra arte pastorale e cromolitografica», con questi due termini individuando precisamente un mondo. Da un lato il senso dell'idillio e dall'altro la disponibilità di molti tra gli artisti della Hudson River School a commercializzare la propria pittura sotto forma di stampa tirata in più copie. E dunque, secondo Cook, capace di svilirne il significato a favore di una melassa popolare che non incarnava più lo spirito con cui quella stessa pittura era nata, discendendo Thomas Cole, trascorsa

l'estate del 1825, dalle Catskill Mountains verso la città di New York.

Del resto, non era forse così esatto scrivere di «pastoral art», se è vero che anche nel corso degli anni estremi della Hudson River School alcune opere ancora molto belle e motivate continuano a venire alla luce. Ma ormai i tempi della modernità incalzavano ed era difficile, se non impossibile, sottrarsi al vento nuovo che soffiava. Un vento che sembrava annullare la caratterizzazione di un'arte di paesaggio americana legata all'idea del viaggio e del movimento nella propria terra d'origine, e invece mescolava le esigenze sempre più forti di un'arte internazionale, di derivazione soprattutto francese, agganciata all'impressionismo. E a conferma di ciò, Samuel W. Benjamin, autore di uno dei primi libri sull'arte americana, *Art in America: A Critical and Historical Sketch* uscito a New York nel 1880, scriveva: «Noi cominciamo a dipingere come dipingono gli altri popoli.» Indicando, in questa sua palese soddisfazione, il cammino, infine concluso, che aveva portato la pittura americana a incontrare la pittura europea, la pittura degli «altri popoli».

Una precisa indicazione di questo cambiamento era stata, nel 1876, la *Centennial Exposition* a Filadelfia. Il centenario degli Stati Uniti d'America diventava anche, in pittura, oltre che un iniziale tentativo di riassunto da Copley a Church fino ai primi impressionisti americani, l'occasione per un significativo confronto appunto tra la generazione di pittori legata alla Hudson River School e quella che dava le sue prove aurorali legate, con ogni evidenza, all'influenza soprattutto di Monet. La generazione che avrebbe poi giustificato il termine di "impressionismo americano". Fu quella una mostra, con scopi di carattere anche fortemente celebrativo, nella quale si assistette a una prima, forse ancora incerta, divaricazione tra la specificità nazionale americana in pittura e quel guardare, un poco timido, verso un uscio che si sarebbe mano a mano spalancato e avrebbe connesso l'America al mondo. Ma

alcuni decenni dopo, un grande pittore come Edward Hopper, che pur trascorse molto tempo a Parigi a studiare l'impressionismo e il postimpressionismo, una volta rientrato in patria si rivolse, come diretta conseguenza del sangue, non ai francesi ma a Church e ai suoi compagni. Tanta era la pertinenza specifica nel guardare quella luce che si incideva, notte e giorno, sui muri delle case come sui declivi d'erba.

Che alcuni artisti della Hudson River School venissero in quella mostra confinati in una sorta di sezione se non clandestina certamente laterale, la dice lunga su come le cose stessero cambiando. Il realismo e la forza naturale che dalla loro pittura emanavano, erano sul punto di essere abbandonati, a favore di un crepuscolarismo che prendeva spesso dall'impressionismo francese la nota "in minore". Come se i pittori americani, dopo la sbornia di una natura immensa nella quale avevano viaggiato per incontrare l'assoluto e l'elemento primitivo, la notte essa stessa assoluta, avessero avuto bisogno di rifiatare. E stessero per scegliere lo spazio ristretto del giardino, i suoi angoli più segreti, quelli meno evidenti. Al vociante clamore primordiale di natura delle acque rombanti del Niagara, e a quella manifestazione di potenza che evocava anche l'immensa forza della nazione, veniva sostituendosi la gioia quotidiana del piccolo specchio d'acqua contornato da bianchi vestiti intrisi di luce e vento. Un pittore come Frank W. Benson, solo per fare un esempio, incarnava bene questo spirito, che non favoleggiava più di grandi foreste e grandi mari, non ricordava più lo spirito di Emerson o Whitman, ma si concentrava sulla vita all'aria aperta. Attivando uno schema che alcuni decenni prima era stato quello di Claude Monet, nella sua mirabile serie di quadri nella seconda parte degli anni sessanta e nella prima parte della decade successiva.

Ancora nel 1881 poi, nell'Annual Exhibition della National Academy of Design di New York, il medesimo clima governava le scelte. L'Ovest del grande mito americano, nutrito anche della dimensione spesso enorme dei quadri, scompariva a vantaggio di molto più ridotti formati, che nella rinuncia all'adesione ferma e vigorosa alla realtà si concentrava invece su una rarefazione che talvolta indistingueva figure e paesaggio. Sotto questa vibrazione, che catturava la luce e la tratteneva nelle pieghe della materia, stava, anche se non esclusivamente, la nuova sostanza della pittura americana. Che assieme alle questioni culturali in senso più generale, ma anche ai fatti della politica, abbandonava sempre più l'influenza britannica che ne aveva contraddistinto le origini.

Il colpo finale, significativo quanto mai anche per le caratteristiche dell'opera che vi era coinvolta, fu il rifiuto, da parte della Giuria americana incaricata di selezionare le opere per l'Esposizione Universale di Parigi del 1889, della grande tela di Albert Bierstadt *L'ultimo bisonte*, dipinta l'anno precedente. I commissari destinati a questo giudizio rigettarono il quadro, poiché non in grado di rappresentare più le tendenze dell'arte americana, e inoltre esageratamente vasto come dimensioni. Quegli uomini che rifiutarono Bierstadt e il suo quadro sancirono in modo definitivo la chiusura di

un'epoca. Posero il simbolico sigillo sul superamento di un sentimento, quel sentimento che aveva mosso tanti pittori a risalire la valle del fiume Hudson e ne aveva mossi altrettanti a percorrere le piste verso Ovest, per andare incontro alla natura nella sua essenza immensa e sacra. Percorrere intere le notti, assaporare le stelle, le grandi lune sopra le Montagne Rocciose, i tramonti arrossati sulle acque dei fiumi. L'America non aveva quasi più una sua arte nazionale, ed è quanto mai significativo che ciò avvenisse in preparazione alla grande esposizione parigina. Proprio quella terra di Francia che mostrava di essere il nuovo riferimento, il privilegiato porto d'approdo.

E tuttavia, ironia della sorte, il quadro di Bierstadt non aveva nulla dell'intento celebrativo e trionfalistico, quanto piuttosto il tono di una riflessione finale, e oltremodo malinconica, sull'estinzione non solo di quegli animali prodigiosi e connaturati alla vita degli Indiani delle pianure, ma sull'estinzione della vita del West e nel West. L'eroismo di una finale battaglia dichiarava il veloce cambiamento di una nazione e di una civiltà, quella americana, che del resto era in fase di costante accelerazione. L'industrializzazione fece rapidamente crescere città come Pittsburgh e Chicago, così come crebbe una nuova classe sociale. La popolazione passò dai poco più di 5 milioni di abitanti all'inizio dell'Ottocento, ai 31 milioni attorno al 1860, fino ai 76 milioni all'affacciarsi del nuovo secolo. Gli stessi Stati, che erano 13 al momento della firma del 1776, diventarono 47 nel 1900. Massicce ondate di immigrazione da Irlanda, Italia, Germania e Est Europa, contribuirono a creare una comunità poliglotta con radici culturali e religiose le più varie.

Tutto congiurava insomma, sul finire del XIX secolo, affinché si spegnesse quasi del tutto quell'afflato perfino profetico che aveva nutrito la grande pittura americana che va sotto il nome di Hudson River School. Sembrava lontanissimo, pur essendo passato soltanto mezzo secolo, il tempo in cui Asher B. Durand, anch'egli come molti in Europa sotto l'influsso di Lorrain e degli Olandesi, poteva dipingere quel quadro program-

306

matico, *Spiriti affini*, per celebrare il suo maestro Thomas Cole appena scomparso. E lo rappresentava assieme all'amico poeta William Cullen Bryant, a parlare su uno sperone di roccia affacciato su quella natura che entrambi avevano posto al centro dei loro pensieri. L'uomo si fondeva armoniosamente con la natura, evocando la ricerca di quel divino che abbiamo visto essere in essa. E tutto questo sempre per quel senso del viaggio e del nomadismo che è intimamente connaturato al sentire americano.

La natura fu per quei pittori una enorme riserva di possibilità, luogo nel quale crebbe il senso dell'attesa e il senso del possibile. Ma anche del non atteso, dell'altrimenti mai ipotizzabile. Il luogo nel quale accade la meraviglia. Perché esplorando il mondo, conoscendo questa natura selvaggia, il pittore fa esperienza dello sconosciuto, tocca ciò che è nuovo. E sfiorando questa regione del mondo, dominando appena la natura incontaminata, mai toccata da mano d'uomo, mai da lui percorsa, il pittore rintraccia nuove dimensioni del proprio spirito. Abita se stesso in un modo mai sperimentato prima. Si muove nella natura e giunge a sé come parte di quella stessa natura. Corpo e pensiero stanno insieme in questa nuova unità, sono ciò che rimane dopo il confronto con la natura. E anche prima di quel confronto, come accade a Thomas Cole nel suo *Sera in Arcadia* (1843, cat. n. 71), quando, sulle tracce di Lorrain, ricostruisce il paesaggio crepuscolare di un'età dell'oro che discende dalle letture antiche. Per dire come l'ingresso nella vera natura serale americana si faccia anche attraverso la strada della mitologia, prima che, soprattutto con Edwin Church, l'impatto con la verità sia pressoché definitivo. Eppure anche in lui non totalizzante.

L'essere del nostro corpo sulla terra è forse un salire delle forme dal nulla e un ritornare poi allo stesso nulla. Eppure, senza che questo abbia a che fare con il dramma di una separazione, di un allontanarsi definitivo e irrimediabile. Non c'è un luogo da cui non si ritorni, perché non eravamo prima e non ci saremo poi. Il ritorno è piuttosto un passaggio che non conduce dalla vita alla morte, o dalla morte alla vita, ma reca da una vita a un'altra vita, e qualsiasi morte, sia essa quella dell'uomo o quella nel mondo vegetale e animale, è solo un mutamento di questo respiro. L'atto dell'inspirazione e dell'espirazione. Tutto dunque si genera e si rigenera per l'eternità, in un tempo che è la dilatazione del tempo, non ha un prima e un poi ma una contemporaneità di accadimenti e di visioni. Il viaggio viene da una circolarità dei passi, avanti e indietro su un solco che gira e si inarca. Ancora una volta, la notte è lo spazio in cui spesso questo accade.

È su questa idea di tempo, di una sua circolarità appunto, che i principali pittori della Hudson River School hanno costruito la loro arte maggiore. Edwin Church, come detto, sopra ogni altro. Nella tensione fatta di meraviglia e incanto, legata alla scoperta di una natura che senza sosta si rigenera, autorizza se stessa ad assumere le sembianze della morte soltanto perché quella morte è l'apparenza dove già sono contenute le forme di una nuova vita. L'essere nelle stagioni, nel farsi ciclico del tempo, nel suo ripetere lo stesso viaggio. L'idea greca del tempo, di una vita intesa come ripetizione che non ha fine. E in essa l'immortalità della natura. I greci vi assegnano il nome *zoé*, poiché in quella lingua *zên* sta per "vivere". Che è il vivere nel suo senso più largo, anche quello delle piante e degli animali. Emerson scriveva: «Chi sa quali dolcezze e quali virtù vi siano sulla terra, nelle acque, nelle piante, nei cieli, e sa come avvicinarsi a questi incanti, è uomo ricco e regale.» E mentre lo scriveva non poteva non pensare anche a quei pittori che cominciavano a trasformare la grande natura americana da un fatto di storia ancora di devozione europea, a un accadimento vero della vita e del tempo, sotto il segno della variazione e dell'immortalità.

Nessuna morte nella natura dipinta da Church interrompe il ciclo della vita, perché ciò che nella natura nasce non è un fine, e la sua morte giungente è solo un modificarsi del ritmo. Si tratta di lasciarsi andare alla terra, di lasciarsi da essa prendere. Lasciarsi andare all'acqua del mare, dell'oceano, alla luce infuocata del tramonto che sopra di essa si posa. E che in essa sprofonda, impastando acqua e luce, come vediamo nel bellissimo *L'isola di Grand Manan, baia di Fundy*, del 1852 (cat. n. 72). È quell'idea del vivere, e non del vedere soltanto, che Cole aveva da poco inaugurato. Ancora una volta, Emerson non può essere estraneo a questo atteggiamento tra vedere e vivere. L'uomo, ma il pittore in questo caso, stabilisce un rapporto con la natura, entra infine in sintonia, affinché quello spazio sia il luogo primo e il luogo ultimo, dove si consuma la sua eternità e il suo essere ugualmente forma transitoria.

Intesa così, la natura per il pittore americano è un momento di un viaggio eterno, della vita immortale. È potenza e forza, segno del mistero. Ciò che continuamente si trasforma per essere raccontato nella sua propria intimità. Era stato Thoreau a dire: «Non potrà mai deludere né recare danno l'osservazione intima della natura», indicando un percorso che si snodava dall'occhio alla partecipazione diretta del cuore e della conoscenza, e che non aveva altra mediazione se non lo stile. E «l'osservazione intima della natura» di Thoreau corrisponde al senso del venire al mondo, che in questa pittura è la disposizione all'entrare nell'aperto, a sentirsi parte di questo aperto, e dunque infine possedere la distanza, abitarla. Non temere la lontananza, ma vivere nella contemporaneità tra vicinanza e lontananza. E non c'è distanza più profonda, come abbiamo visto nei capitoli precedenti riflettendo su questo, della notte. Partendo da una simile situazione, il pittore di natura in America ha il mondo completamente aperto dinanzi a sé, e il vedere assieme al vivere coincide con il distendersi del possibile nel più vasto scenario del paesaggio. Non c'è nulla che non possa essere dipinto, ed è anzi la natura, infine, che cerca il pittore per essere portata alla luce, per nascere essa stessa a quella luce che garantisce l'immortalità.

La natura si consegna al pittore e il pittore si offre alla natura. Non c'è più stacco, più alcuna differenza o separazione. Anzi, colui che dipinge, nella sua irripetibile e irrinunciabile singolarità, dà vita a un suo spazio, a un suo ben definito luogo nella natura. Vive quello spazio nell'eterno della natura immensa. La cellula dell'uomo nella vastità del paesaggio. Ed è ancora Emerson a confermare, con le sue parole sempre fondamentali: «Le radici di tutte le cose sono nell'uomo.» Quel credere in se stessi che si misura nel contatto, e meglio ancora nello sprofondare nella natura. Che è l'autenticità proveniente dall'origine. Abbiamo già detto come notte e origine siano vicinissime.

Il celebre storico americano Frederick J. Turner, scriveva nel 1893, nel suo libro *The Frontier in American History*: «La frontiera è la linea dell'americanizzazione più rapida ed effettiva. La grande distesa solitaria domina il colono, s'impadronisce del suo animo. Egli è vestito all'europea, ha strumenti europei, viaggia e pensa all'europea. La grande distesa solitaria lo tira giù dalla carrozza ferroviaria e lo mette su una canoa di betulla. Lo spoglia dei vestiti della civiltà, lo veste con la casacca del cacciatore e gli mette ai piedi i mocassini di daino. Lo spinge nella capanna di tronchi d'albero del ciroki e dell'irokese e lo circonda di una palizzata indiana. Deve accettare le condizioni che trova o perire e così si adatta alla radura e segue le piste degli indiani. A poco a poco trasforma le solitudini deserte, ma il risultato non è la vecchia Europa, lo sviluppo dell'originario germe sassone, il ritorno all'antichissimo ceppo germanico. Nasce con lui un prodotto nuovo e genuino: l'americano. In principio la frontiera era rappresentata dalla costa atlantica ed era la frontiera dell'Europa, veramente, in ogni senso. Spostandosi verso ovest, essa divenne sempre più americana.»

Lo spostamento progressivo della frontiera verso l'Ovest determina dunque uno slittamento del concetto di identità americana. E se fino alla metà del secolo, o poco oltre, il teatro della pittura erano soprattutto le regioni dell'Est, e quelle del fiume Hudson in particolare, con l'affermazione incondizionata di Albert Bierstadt prima e Thomas Moran poi, la linea del confine pittorico si sposta, ed entrano in gioco due tra i santuari della natura, Yosemite prima e Yellowstone subito dopo. E sono allora notti piene di stelle, sparse di eternità. È l'occasione di celebrare quella bellezza che Emerson

Thomas Moran, *Lower Falls, Yellowstone Park (Grand Canyon di Yellowstone)*, 1893
Tulsa, Gilcrease Museum

aveva dichiarato essere in ogni particella del paesaggio della nuova nazione. La sua affermazione: «La bellezza irrompe dovunque», suona come l'atto fiducioso di colui che vede nel creato la rappresentazione divina, e chiede implicitamente allo scrittore e al pittore di fare racconto di questa presenza nella natura.

Il sublime nasce dunque dal guardare a essa come entità, fissa e mobile a un tempo, della storia. E precedendo di molto la vicenda dell'uomo, celebra del divino non solo la presenza ma anche una sorta di soffio vitale, di concretizzazione nelle forme del paesaggio. Che non è più il paesaggio addomesticato, pettinato e modellato dall'uomo di certa tradizione europea, ma è quello selvaggio che l'idea di *Wilderness* ha così bene definito. Appunto la natura selvaggia sparsa della presenza di Dio, natura preservata nei secoli per essere così affidata ai nuovi coloni. Il West verso cui si viaggia tutti insieme sui carri – pittori e coloni, geografi e fotografi, contadini e minatori, saltimbanchi e fuorilegge – diventa l'illimite delle possibilità, ciò che proviene dall'origine, è primitivo e ignoto. Eppure il pittore che racconta il West – Bierstadt che dipinge le incantate cattedrali di roccia di Yosemite, o Moran che dipinge i vuoti e gli abissi tra Wyoming e Colorado – non avrebbe mai potuto cantare questo regno dell'impossibile, né sentire sulla propria pelle e nella propria anima la lacerazione del non raggiungibile, se non avesse avuto come campo d'azione precedente il possibile.

(Faccio una breve pausa. Avevo deciso di salire fino a Yellowstone, per provare, io venuto da un altro Continente, quello che il pittore sentì davanti al tempo che pareva non avere fine. Davanti allo spazio stretto da montagne di roccia rossa e gialla, sparso di verdi vallate, e acque, e animali, e lune sorgenti dentro il luogo che è il terrore e la meraviglia. Cosa dovette provare Thomas Moran nel 1871, al primo scorgere da lontano queste montagne in una notte di luna? Si rincantucciò forse nel suo mantello nel freddo notturno della primavera? O si rivolse forse alle stelle indicandole con fatica una per una, dando a esse il loro nome e sentendosi ricambiato dentro tanta bellezza?)

Ancora una volta la pittura americana del XIX secolo ci dice come l'essere nel mondo non sia una relazione fissata una volta per sempre tra colui che dipinge e ciò che viene dipinto. Ma parla di un'arte, e di una vita, in continuo movimento, in costante cammino. Ed è chiaro come a questo senso del movimento non possa non associarsi quell'idea del tempo affidato non a una sequenza ma a una circolarità.

Così comprendiamo adesso bene, e fino in fondo in tutte le sue implicazioni che sono anche di natura politica e storica, come il realismo, e dunque il desiderio di essere fedeli al veduto e al vissuto, abbia rappresentato per i pittori della metà dell'Ottocento in America il massimo dell'adesione alla propria vita e alla propria storia. Quella vita che si svolgeva entro i confini sovranamente mobili di una nazione che era allo stesso tempo madre e padre. E che così consentiva, nell'attaccarsi a essa e alla sua tradizione naturale, di abbandonare gli schemi della pittura europea per imboccare una strada autonoma.

A questo in effetti sono serviti, a cavallo della metà del secolo, gli anni meravigliosi della Hudson River School, con gli artisti che ne hanno rappresentato i diversi sentimenti e le diverse istanze. Nell'attaccamento alle terre "antiche" dell'Est e nella scoperta delle terre "nuove" dell'Ovest. Da una storia parzialmente già scritta, al futuro. Da legami stabiliti, alla libertà. Da un legame forte con la cultura europea, che però mano a mano verso ovest scemava nella messa a punto di una nuova iconografia, ovviamente sconosciuta ai modelli d'oltreoceano, capace di costruire i tratti di una vera identità nazionale. Si trattava di tenere insieme – come fecero ad esempio sia Durand che Church, e più tardi Moran anche se in modo diverso e apertamente laico, e non così votato a una visione spirituale della natura – il dato di una conoscenza precisa, lenticolare, quasi scientifica della natura, con la forte carica di spiritualità che da essa proveniva. Come fosse un fumo, un fiato, un silenzio, o un piccolo suono nell'ora dell'alba o di un tramonto affocato. Come fosse una notte piena di stelle. Si trattava di stabilire l'unione più profonda che mai fosse stato dato anche solo immaginare, tra l'uomo e la natura. Questa unione era sostanzialmente quasi priva di regole fissate, e poteva avvenire ai piedi delle cascate del Niagara come nella luce vespertina del porto di New York, sulle Montagne Rocciose come davanti a un covone di fieno inalberato su una radura. In un tramonto nel Connecticut (*Tramonto, Black Rock, Connecticut*, di Martin Johnson Heade, cat. n. 74) o perfino in una *Sera ai Tropici* di Edwin Church (cat. n. 73). Ciò che importava era questo contatto, una presa di possesso, uno spazio garantito all'interno della natura. Una visione circolare che non lasciasse alcun punto escluso, alcun punto non toccato dallo sguardo del cuore, dallo sguardo della conoscenza.

E all'apice di tutte queste riflessioni sulla natura, sulla sera e sulla notte sta un pittore, l'ho nominato ormai molte volte, meraviglioso e sublime, come Frederic Edwin Church. Egli fa del poema della materia che si tramuta in spirito il suo interesse primo, e ancora una volta è Walt Whitman a darcene ragione con un suo verso fulminante: «Comporrò i poemi della materia, persuaso che saranno i poemi più spirituali.» Nasce nella materia dunque il canto disteso e infinito di Church sul paesaggio americano. È lui, più di ogni altro, a identificarne il carattere e la sostanza, a mostrarne l'unicità, la potenza e il mistero. L'affermazione di Friedrich pare entrare in fondo al mondo anche di Church: «Il compito dell'artista non consiste nella fedele rappresentazione del cielo, dell'acqua, delle rocce e degli alberi; la sua anima e la sua sensibilità devono al contrario rispecchiarsi nella natura. Riconoscere, penetrare, accogliere e riprodurre lo spirito della natura con tutto il cuore e con tutta l'anima è il compito di un'opera d'arte.»

Questa adesione totale, senza infingimenti, al mondo dei fenomeni è sì la costruzione di una nuova idea di nazione attraverso il paesaggio, ma è soprattutto pittura come poche altre se ne sono viste nel corso dell'Ottocento. E dentro la pittura, la complessità della luce e assieme la sua apparizione e scomparsa. E soprattutto quel suo restare nel grande scenario della natura come realtà generatrice del mondo, che galleggia nei cieli e li domina, sottraendoli a quel pulviscolo atmosferico che talvolta riconosciamo nella pittura europea del periodo. Una luce tersa, che presenta le cose e non le nasconde. Anche quando a essere dipinta è la sera. Luce legata ai primordi, al tempo primo del mondo. Luce che è rivelazione e incanto, sostanza assoluta della meraviglia. Fatta dei toni più aspri e violenti così come delle iridescenze più articolate, quando per esempio precipita nell'acqua tumultuosa e tempestante, tutta raggiante di bianco e azzurro e verde, delle cascate del Niagara. O quando accende in un crepuscolo senza paragoni il rosso bruciato e straziante sopra il fiume o il mare.

Ed è incredibile come questo pittore, lontanissimo da qualsiasi altro per i risultati che non reggono alcun paragone, concepisca l'immensità dello spazio come un atto di sfida, come un rischio. Come una creazione del pensiero che si appoggia alla vastità di quello stesso spazio. E non si è più vista nella pittura americana, prima di Hopper, prima di Rothko, questa capacità di governare lo spazio, di sentirlo come un azzardo tutto interno alla natura e tutto interno al pensiero. Un azzardo che però diventava pittura, nella creazione di un mondo che dal Niagara al Hudson, dalle coste del Maine alla Giamaica, dunque nel viaggio perenne, era sottoposto a questo potere stringente della realtà che si bloccava e si sospendeva nel momento stesso in cui veniva descritta. Una stesura minuta e lenticolare che dava luogo, partendo dall'infinitamente piccolo, all'infinitamente grande. Dava luogo alla vastità, a cieli e acque tempestosi, allo stracciarsi delle luci del mondo. Dava luogo all'infinito dei tramonti. Delle sere e delle notti giungenti. Ma anche al loro persistere come cosa vista nell'immenso. Sta in questo equilibrio apparentemente impossibile da raggiungere, e tuttavia da Church felicemente raggiunto per lunghi anni, il rapporto tra una pittura che nasca da una descrizione della verità vegetale e minerale e la vastità dei campi indagati. Di cieli, di acque, di terre, di fuochi e di venti.

Church si poneva nella condizione eroica di rappresentare il mondo nella sua interezza, nella sua complessità storica e di apparizione, e quell'apparire della natura bloccava in una eternità senza soluzioni. Che lasciava concretezza al fatto accaduto, ma in maniera diversa dagli artisti di Barbizon in Francia. Essi infatti non possedevano la dimensione dell'eroismo davanti alla natura, e sono sostanzialmente diversi rispetto a quelli di Church a Mount Desert i tramonti dipinti da Courbet negli anni finali della sua vita sul lago svizzero. Non si dirà quelli di Rousseau o Diaz. È la temerarietà di

concepire l'immenso, l'essere in grado di reggerne l'impatto spirituale e fisico insieme.

Così come i pittori del gruppo di Barbizon avevano condotto fuori dalle secche della pittura di storia l'arte francese, allo stesso modo Cole e Durand prima, e Church poi, avevano fatto entrare il mondo dei fenomeni nelle articolate scene di genere che essi stessi, al principio, vollero come mediazione con l'Europa. Ma alla studiata, sensibilissima quotidianità della pittura francese, alle sue brevi misure che sono talvolta l'incanto del sogno a occhi aperti, e il riflesso della lontana magia dell'*hortus conclusus*, corrisponde di qua dell'Atlantico la temerarietà di colui che si pianta fiducioso, nella luce del vento, davanti allo spettacolo, esistente da sempre, di una natura che non ha apparentemente confini. Così avviene per Church la scoperta della natura vera, e le luci d'America sono il dispiegarsi e la prosecuzione infinita della nascita del mondo. In un tempo che non ha fratture, e conduce dalla prima ora nel giardino dell'Eden fino al mare slabbrato, e ferito, sotto un cielo rosso di fuoco da cui precipita, per una larga fessura, una luce gialla che rivela l'azzurro diventato notte appena.

Poi si sale di pochi anni, non è nemmeno il cambio di una generazione, e giunge Winslow Homer, il più straordinario pittore di paesaggi e figure che l'America possieda tra la fine del secolo e il principio del nuovo. Da lui partirà Hopper, con la memoria di Church. Pittore la cui parola fatta immagine è una lama tagliente, affilatissima, che riconduce quest'arte americana ai primordi, proprio come aveva fatto Church nei suoi tramonti davanti alla costa del Maine. E ancora adesso la stessa costa, in Homer. Figure nei paesaggi, e d'altra parte paesaggi con figure. O paesaggi soli, come il bellissimo *Gloucester, barche da pesca al tramonto* (1884, cat. n. 75), uno dei suoi due quadri che vediamo nella mostra.

Viene maturando il senso della precarietà, della forza che a quella precarietà può opporsi. Come estremo canto di una natura che dentro di sé aveva conosciuto nascite e morti, luci infinite e profondissimi bui. Homer sente forte, fino in fondo, il legame di sangue con le sue terre, le sue acque, con le burrasche sull'oceano. Il legame intenso, spasmodico, con le luci del crepuscolo e le notti buie, talvolta perfino sorde. Torna indietro a quella che coglie come la sua vera tradizione. Percepisce incommensurabili i suoi antenati, pur essi ancora vicini, anzi pienamente operanti. Tiene alto, al passaggio del testimone, e fino al primo decennio del nuovo secolo, una linea americana di pittura stupefacente, da lasciare senza parole per la bellezza e la verità.

Rientrato da poco dal soggiorno, durato molto più dei tre mesi previsti, in Inghilterra, ha il desiderio di scansare definitivamente la vita della città. Così, facendo seguito all'estate trascorsa nel 1880 a Ten Pound Island, nel Massachusetts, e poi a Cullercoats sulla costa del mare del Nord vicino a Newcastle, Homer volge il proprio sguardo, ma l'intera sua vita, all'incontro definitivo con la luce e lo spazio del grande mare. Come fosse, quello, un appuntamento atteso da sempre, segnato nel suo libro del destino e delle ore, e tutte le stazioni precedenti non fossero state altro che una prepara-

zione a questi lunghi anni finali. Solitari, immensi e straziati come l'oceano e il cielo. Diversi dal suo quasi corotiano *Crepuscolo a Leeds, New York* (cat. n. 77), guarda caso dipinto nello stesso anno in cui muore il grande maestro francese.

C'è una bellissima fotografia, scattata probabilmente nel 1884, che ritrae Winslow Homer in piedi sulla terrazza del suo studio a Prout's Neck. Un edificio solido, disposto su un piano terra e un primo piano, di pianta poco più che quadrata e che su un lato e mezzo dispone di un grande affaccio coperto, strutturato in legno. Attorno, solo il cielo, l'oceano, e una brughiera spesso spazzata dal vento che ogni cosa della luce scompagina, in continui e incessanti movimenti. Bisogna venirci, su questa costa del Maine, come in un pellegrinaggio, lo stesso che fece nel 1936 un giovane pittore di straordinario e silenzioso talento come Andrew Wyeth. E che tra poco, tra pochissimo anzi, alla fine di questo capitolo, entrerà nelle pagine di questo libro. Bisogna venirci e guardare, per capire. Cosa sia la solitudine davanti all'immenso, cosa sia il fragore del vento che romba in grandi onde d'aria, prima chiara e poi sempre più scura. Onde che si spandono e mettono paura al cuore. Cosa sia il senso, e il

315

sentimento, del grande mare. Quello che dovette prendere Ismaele al largo dell'acqua minacciosa.

Il pittore guarda. Attorno a sé ha l'azzurro e il grigio e il bianco apparentemente senza confini. È l'ora del crepuscolo, l'oceano quasi lo circonda, e lui si volge verso più punti per abbracciare il gran teatro del mondo. Gli antichi greci, con un verbo bellissimo, *theaomai*, esso stesso denso di un vento che giunge dal mare, infinitamente protratto, designavano la possibilità di guardare abbracciando. Affinché ciò che restava fosse il senso di un'armonia, di una contemporaneità tra il guardare e il giungere della visione nell'interiorità. E poiché ciò che il pittore guarda è appunto il teatro del mondo, occorre ricordare che proprio da *theaomai* deriva la parola *theoria*, che nel suo significato originario di "processione sacra" accenna alle immagini che dopo essere state guardate, e per ciò stesso fatte nascere, venute alla luce una seconda volta, entrano, quasi danzando nell'aria, nell'occhio del pittore. Ma la radice indoeuropea della parola "vedere" e della parola "vivere" tiene in relazione tra loro queste due voci, per cui vedere è vivere, e ciò che viene a incastonarsi nell'occhio è subito patrimonio del sogno, della coscienza e della conoscenza.

Homer guarda il mare come una meraviglia che si rinnova, non ha mai fine, giunge a lui dal tempo remoto e si riproduce senza tempo. Anche barche che vanno sopra l'acqua silenziosa, e colma di un tramonto come di zolfo. Un silenzio che è prima e dopo il tempo, un silenzio mentre viene sera. Pochi altri pittori hanno dipinto come una tale meraviglia il momento del venire sera. Quasi nessuno come Winslow Homer, che ne ha descritto il peso e il profumo, la leggerezza e l'incanto.

Come abbiamo visto, la grande forza, e la bellezza ineguagliata, della pittura americana del XIX secolo, dopo che Cole e Durand hanno costruito, anche dal punto di vista teorico, i fondamenti dello studio del paesaggio, è il suo confronto con uno spazio che si tende nuovo, apparentemente privo di confini, svariante appunto verso l'infinito. Uno spazio che manifesta in sé continue e ripetute possibilità, che accenna al dato eroico, e primordiale, del vedere per la prima volta, senza fare ricorso alla già usurata visione europea. Pur se, chiaramente, il linguaggio artistico non può che derivare, almeno in una prima fase, da una forte compromissione con la pittura del Vecchio Continente. Ma il vedere per la prima volta è il brivido che unisce l'occhio al cuore, in una relazione ininterrotta e destinata a non finire mai. Il vedere per la prima volta stabilisce un contatto, mette in comunicazione. Connette chi guarda al tempo ancestrale dell'Origine, a un tempo edenico che sta in ognuno come memoria di una storia mai vissuta, ma appartenente a quel fluire del tempo che in moti circolari piuttosto che rettilinei si dispone.

È stato appunto Church, tra l'altro con alcuni quadri di incomparabile bellezza dipinti guardando nell'ora del tramonto a quella costa del Maine dove di lì a pochi anni sarebbe giunto Homer, a dire con fierezza, e profondissimo sentimento per i luoghi, la regalità naturale dell'America. La fierezza di sentirsi legato a uno spazio, al suo dilagare in ogni dove e tuttavia cercando confini, linee cui aggrapparsi, soste sulla terra e nel cielo, matasse e cicatrici morbide di nuvole e appunto tramonti. Church, l'abbiamo visto, introduce nella pittura americana l'idea di una dilatazione infinita, che tiene insieme in una sola parola, che è immagine, il tempo e lo spazio. E dall'unione di tempo e spazio, così come Whitman andava facendo in poesia, nasceva la necessità, insopprimibile, di allertare la coscienza sul pericolo delle distanze e sulla necessità di tracciare una strada che avesse torri di vedetta, punti di passaggio, esprimibili vicinanze. Church inventa così, nel viaggiare continuo, uno spazio articolato tra vicino e lontano, nel quale il cielo ha una sua fondamentale rilevanza. Perché è ciò che precipita, quanto s'insinua oltre la linea dell'orizzonte e sembrerebbe mettere in relazione gli emisferi: dove il sole si spegne, in altro luogo del mondo si alza. Dove la notte fiorisce d'un tratto, è solo l'alternarsi di un movimento. E il cielo è luce protratta, e il mare è luce che giunge dal cielo, in una duplice forza che annuncia il mondo.

Homer spinge più in là questo senso della visione, rende più moderno l'impatto dell'occhio

sulle cose. Fino a quel punto estremo della sua vita quando la natura non è ormai più soltanto frutto del vedere fisico, ma è incanto e costruzione di una distanza. Ciò che Homer sancisce è uno spazio che ha una funzione almeno doppia: quella di contenere, inscritti, i luoghi e quella di contenere, dilaganti, la storia e le emozioni. Questa duplicità dello spazio in movimento, questo tenere insieme ciò che resta con ciò che svanisce e si consuma, questo suo essere contemporaneamente eroico e quotidiano, di illividite luci e umanissimi sogni, ha il suo luogo d'elezione proprio davanti al grande mare. Scrutato come farebbe una vedetta da quella casa che è un baluardo, una torre di avvistamento, un avamposto prima dell'infinito. Il punto da cui si può vedere l'ultimo lembo di terra prima di partire. La salvezza per i naviganti. Rifugio che è casa, il punto da cui si parte per il viaggio e a cui sempre si torna, confidenti. E quando si torna non si è più gli stessi di prima, perché il viaggio si compie sul sentiero delle rose e nel tempo, tra le grandi onde e l'orizzonte che non si vede più.

Il viaggio ci cambia, noi non saremo mai più la stessa persona, saremo ciò che il viaggio ha deciso per noi. Degli incontri, delle parole, dei silenzi, l'eco e lo strascico delle visioni. Saremo tutto questo in una sola cosa, in una sola immagine. Saremo la progressione del tempo, il suo esito. Saremo la sua forma e la sua cenere. Tutto questo saremo, lì davanti al mare con il pittore, con colui che evoca le forme, fa vivere la memoria del futuro come fosse l'acqua del principio. Il pittore è solo, vive solo perché desidera vivere in questa condizione di semplicità assoluta. Ha desideri che manifesta come contatto con lo spazio che attorno a lui si muove. Perché lo spazio effettivamente si muove, dilaga e subito dopo si ritrae, al ritmo del vento e delle stagioni. Homer fissa le storie davanti all'acqua del mare, traccia una linea, s'inerpica su questa corda tesa nella luce spesso della tempesta. O del bianco dell'onda che va a rovesciarsi. Non c'è nulla che non sia nella sua pittura questo movimento nello spazio capovolto, quando la linea dell'orizzonte mano a mano scompare e cielo e mare sono una cosa sola. E mare e cielo sono uno, e chi ci vive dentro percepisce fino in fondo, come all'alba del mondo, questa unicità indivisibile dello spazio. Un blocco di luce e materia e colore che riporta all'indistinzione degli elementi, al loro essere connaturati con il giorno primo del mondo. L'indivisione di ciò che è luce e ciò che è forma, di ciò che è azione e sostanza di quell'azione. Il pittore si volge a quell'alba lontana, ne ripercorre le tracce, sparge alle sue spalle i segni per un ritorno. La pittura designa con la sua sospensione, il suo *status* di attesa incantata, il suo legarsi al momento in cui cielo e terra erano uno. Dipinge la pressione del tempo sulla storia. E ne ha consapevolezza.

Tornati, con un nuovo salto d'oceano, sul continente europeo, le luci del tramonto, e della sera e della notte, si diffondono, entro una corrente d'amore, nella pittura prima dei realisti di Barbizon da Corot a Millet, e poi in quella degli impressionisti e di Van Gogh soprattutto. Il quale, ancora una volta, nelle sue lettere scrive parole che sono una folgorazione, un ingresso immediato dentro la materia della natura nuova: «Penso al gruppo di Barbizon, alla sua storia sublime. Di coloro che iniziarono a lavorare laggiù, indubbiamente non tutti si mostravano come erano veramente. Fu il luogo a formarli, essi sapevano soltanto: "In città non va bene, devo andare in campagna." Immagino che abbiano pensato: "Devo imparare a lavorare, cambiare, diventare l'opposto di come sono ora." Dissero: "Non valgo niente, mi rinnoverò nella natura".» Terra di Francia, quindi, e non sarà inutile riandare, come ho fatto per la pittura americana, alle ragioni storiche di questo cambiamento, dopo i primi decenni dell'Ottocento, che sposta il pendolo dell'arte migliore dal romanticismo al realismo. Entro il quale ultimo si incidono le luci serali appunto di Millet e Corot, e del Van Gogh degli anni olandesi.

La pittura francese legata alla realtà, quella che informa di sé larghe parti dell'Europa, ma anche gli Stati Uniti, attorno alla metà del XIX secolo, e ben oltre fin quasi alla sua conclusione, è descritta da un nome ben preciso. Il termine "Scuola di Barbizon" venne ufficialmente coniato soltanto nel 1890, cioè quando tutto era finito da molto tempo. *The Barbizon School of Painters* si intitolava un libro, uscito appunto quell'anno, scritto non da un critico, ma da un mercante d'arte scozzese, David Croal Thomson. Questa definizione era comunque informalmente utilizzata anche prima di quel tempo, quando l'arte che aveva fatto scoprire la verità della natura era ormai dispersa in collezioni di mezza Europa e anche d'America. Per esempio, il pittore bostoniano William Morris Hunt, allievo di Millet e dal quale trasse quelle atmosfere di perenne tramonto che ne caratterizzarono la pittura, al ritorno dalla Francia portò con sé molte opere degli artisti di Barbizon. Ma come ben sappiamo, furono molti i collezionisti americani che varcarono l'oceano nell'ultimo quarto dell'Ottocento.

Il nome Scuola di Barbizon si riferiva a un gruppo di pittori che a partire dal 1830, e più o meno fino all'avvio del tempo impressionista attorno al 1870, usava riunirsi per dipingere, e disegnare, a sud-est di Parigi, nella foresta di Fontainebleau. Aveva, questo gruppo, il suo luogo di elezione nella parte ovest della foresta, nel villaggio appunto di Barbizon. I componenti di questo manipolo che con diversa assiduità frequentarono la foresta, e in alcuni casi veramente vissero a Barbizon per lunghi periodi, erano Rousseau, Huet, Millet, Jacque, Dupré, Diaz de la Peña, Troyon. Più sporadicamente si unirono a loro due dei maggiori pittori del paesaggio francese di metà Ottocento, Camille Corot e Charles Daubigny. Non fece parte del gruppo Gustave Courbet, che i suoi paesaggi li andò a cercare soprattutto nella natia Franca Contea, oltre che ovviamente lungo la costa di Normandia, con alcune delle marine più potenti che mai siano state dipinte nella storia dell'arte, e in Svizzera negli anni finali della sua vita. Ciò che si coglie nel lavoro di questi artisti è la rappresentazione dei vastissimi boschi

composti soprattutto di querce secolari e di parti assolutamente desolate, talvolta attraversate da rare persone o dal bestiame, come in certi quadri di Jacque o Troyon. E spesso proprio dentro atmosfere più che notturne, serali e di tramonto che scalda la terra.

La scelta di questo tipo di vita, e conseguentemente di nuove immagini per la pittura, era certamente dovuta alla crescita vertiginosa della città di Parigi, che raddoppiò la sua popolazione in pochi decenni. Era la necessità di sperimentare la vita della campagna, come reazione alla città. Una scelta, sotto una ben diversa specie, che poi compiranno pittori come Van Gogh e Gauguin. Dapprima vagheggiando l'*atelier del Sud* e poi, Gauguin, viaggiando prima verso la Martinica nel 1887 e successivamente, dal 1891, verso Tahiti prima e le isole Marchesi poi. Il mito del luogo incontaminato, del luogo edenico, se non del buon selvaggio come in America, resisteva quale *topos* per una presa di coscienza rispetto alla natura "primitiva", che poteva preservare l'animo dalle tensioni della città. A questo si aggiungeva una crescente richiesta, da parte degli strati più alti della borghesia parigina, di quadri che esaltassero gli aspetti soprattutto della ruralità, e non è un caso che Troyon fosse uno degli

artisti maggiormente acquistati. Per esempio, il tema del ritorno serale delle greggi e delle mandrie, era uno dei più amati dai collezionisti. Così come i soggetti bucolici e classicheggianti, colti al tramonto, in Corot, come bene si vede nel suo *Crepuscolo* presente in mostra (cat. n. 76). Tema che sapeva unire, in un'immagine rassicurante per il collezionismo alto borghese, i motivi del paesaggio accademico con quelli di una prima rivelazione della natura nella sua verità.

Camille Corot è uno dei grandi interpreti della natura prima degli impressionisti, colui che già alla fine degli anni quaranta Baudelaire individuava come il capofila dei pittori che dipingevano in un modo nuovo il paesaggio. Zola, nel 1868, in un articolo intitolato *I paesaggisti*, così si esprimeva rispetto a quella inedita idea di rappresentazione che aveva

del resto già visto entrare in campo i giovani impressionisti: «I nostri paesaggisti hanno rotto una volta per tutte con la tradizione. […] Il paesaggio
classico è morto, ucciso dalla vita e dalla verità. Nessuno oggi oserebbe sostenere che la natura deve essere idealizzata, che i cieli e le acque sono volgari,
e che è necessario rendere gli orizzonti armoniosi e corretti, se si vuole fare
opera d'arte. Abbiamo accettato il naturalismo senza tanto sforzo, perché
quasi mezzo secolo di letteratura e di gusto personale ci aveva preparato ad

Émile Zola

accettarlo. […] Nessuna scuola, se non quella olandese, ha amato, interrogato e compreso la natura a tal
punto. Semplice questione di ambiente e di circostanze. All'epoca di Poussin, sotto il grande re, la campagna era considerata brutta e di cattivo gusto; nei giardini regali era stata inventata una campagna ufficiale, in cui la bella sistemazione e la correttezza magistrale corrispondevano all'ideale del tempo. […]
Oggi i tempi sono cambiati. Vorremmo avere foreste vergini per poterci smarrire. Portiamo a spasso per
la campagna il nostro sistema nervoso malandato, impressionati dal minimo soffio d'aria, interessandoci
alle piccole onde azzurrognole di un lago, alle tinte rosate di un angolo di cielo".»

Pur seguendo il doppio binario della pittura da *Salon*, opportunamente corretta, come abbiamo appena visto in *Crepuscolo*, e della pittura, stupefacente, di *plein air*, Corot rappresenta perfettamente, prima dell'avvento di Monet e compagni, il paradigma di questo nuovo paesaggista. E infatti
è proprio a lui che Zola pensa: «Non ho da citare che Corot, un maestro il cui talento è talmente noto
che posso dispensarmi dal farne l'analisi. Confesso di preferire mille volte di più alle sue grandi tele,
dove egli sistema la natura in una gamma smorzata e sognante, gli studi più sinceri e più splendenti
che egli fa in aperta campagna.» È la poesia dell'ora, dell'*hic et nunc*, fatta con la purezza dell'occhio
e del cuore insieme, entro una castità di modi che non può essere paragonata ad alcuno tra i pittori di
Barbizon, più grassi e grevi di materia e di descrizione.

L'osservazione continua del reale, la costante applicazione di studio che si estrinseca anche nei disegni, porta Corot al risultato della tela, nella cui poesia leggera, imprendibile non traspare nulla di questa
fatica. Solo aria, solo luce, come prima assolutamente non era. E Corot è diverso da Constable, è diverso da
Turner, gli altri due grandi che a fine anni venti stanno descrivendo con molti capolavori la natura. Il suo è
un passo fatto in volo, è il farsi il paesaggio quale compagno, nominandolo senza appesantire la descrizione.
Allievo di Michallon e di Bertin, grandi interpreti del paesaggio storico, coglie in loro, comunque, il pro-
tendersi della luce, molto spesso serale, il suo essere attributo della natura. Michallon e Bertin che hanno
lasciato che nella natura fosse ugualmente un nitore, un candore luminoso, che il giovane Corot subito
trae a sé, come ciò che vivifica la natura, la scioglie in un canto segreto, pieno d'amore. Così egli inventa,
più di qualsiasi altro prima di Monet, una luce nuova, mai vista prima, che non è la luce piena e densa di

Achille-Etna Michallon
Democrito e gli Abderiti, 1817 circa
Parigi, École Nationale Supérieure
des Beaux-Arts

Constable né quella dispersa nell'infinito di Turner. È una luce che tocca le cose, le circonfonde, creando insieme la solidità della natura e la sua fugacità. Non c'è luce più moderna di quella di Corot a metà del XIX secolo. Con essa anche i più grandi, come Monet, dovranno fare i conti.

La pittura di paesaggio di Barbizon rappresentava il polo "del Nord", e i boschi di Troyon stesso, di Diaz o di Rousseau sono con una certa evidenza esemplati su quelli di Van Ruisdael e Hobbema nell'Olanda seicentesca. Ma anche un precursore a Barbizon, come Michel, nel suo lavorio drammatico tra luce e ombra, si richiamava alla stessa Olanda del XVII secolo, talvolta avvicinandosi a Seghers. Era la contrapposizione rispetto alla pittura "del Sud", legata ai modelli italiani e che aveva i suoi campioni soprattutto in Poussin e Lorrain. La memoria delle loro opere, e soprattutto di quelle del primo, rappresentarono un valido motivo per la creazione, nel 1816, del Prix de Rome per il paesaggio storico, l'altro lato rispetto alla volontà di cominciare a indagare la natura vera.

E Barbizon, all'inizio dell'Ottocento era un villaggio assai modesto come dimensione, con circa 3000 abitanti, la maggior parte dei quali lavoravano la terra, alcuni essendone anche i proprietari. L'inizio del suo allargamento si deve proprio agli artisti, che eleggono il villaggio, a partire da metà anni venti, a base per le scorribande nella vicina foresta. Il loro desiderio era quello di studiare la natura restandoci dentro. E proprio negli anni venti, un contadino particolarmente avvezzo agli affari, creò una prima locanda, l'Auberge Ganne, per rispondere alle esigenze di coloro che volessero fermarsi a mangiare e a dormire. Tra gli artisti-visitatori di quel periodo, il più celebre fu ovviamente Corot, che dipinse alcune visioni già molto innovative, dove il potere della luce si manifestava con estrema chiarezza. Ma anche Huet fu tra loro, entro uno spirito decisamente post-romantico, con grandi cieli officiati proprio dalla luce gialla e rossa del tramonto liquido che in questa mostra interessa, e poi Caruelle d'Aligny, pittore che mescolava le attitudini del *Salon* con una nitidezza di lumi che gli fece dipingere alcuni quadri molto belli. Ma la vera e propria presa di possesso della foresta di Fontainebleau avvenne negli anni quaranta, quando artisti come Rousseau, Jacque e infine Diaz e Millet vi si stabilirono. Quest'ultimo lasciata Parigi dopo i fatti del 1848. Alcuni tra essi anche acquistarono un pezzo di terreno con una casa. Il pensiero di uno tra loro, circa la nuova idea di natura, è bene indicato dalle parole di Rousseau, riferite dal suo biografo, Alfred Sensier: «Alberi che non siano la custodia di un'amadriade, bensì schiette querce di Fontainebleau, onesti olmi da ciglio stradale, semplici betulle di Ville-d'Avray, e il tutto senza il minimo tempio greco, senza Ulisse, senza la più piccola Nausicaa.»

All'inizio dell'Ottocento dunque, la natura assume in Francia un'importanza sempre mag-

giore. E questo riguarda non solo la pittura, ma anche altre forme d'arte più popolari. Già tra la fine degli anni venti e i primi anni trenta, si stampavano i primi opuscoli sulla campagna francese, utilizzati come piccole guide per le prime gite fuori porta. Ma la natura era anche, a Parigi, quella del Jardin des Plantes, e ancor di più quella delle spettacolarizzazioni quasi teatrali dei panorami e dei diorami, che saldavano così la nuova cultura del vedere tra Parigi e New York, dove questa nuova forma di spettacolo faceva scoprire gli sconfinati, e sconosciuti agli abitanti delle grandi città dell'Est, territori dell'Ovest. Le luci dissolte, spesso appunto serali e romantiche, dei primi diorami parigini, paiono influenzare pittori come Rousseau e il primo Diaz, nei loro cieli infiammati dai tramonti. Poi la natura compariva nelle incisioni e nelle prime porcellane dipinte. E in effetti alcuni tra i pittori di Barbizon, da Huet a Dupré, avevano iniziato la loro attività proprio come illustratori.

La rivoluzione liberale del luglio 1830 segna un momento effettivo e bene identificato di svolta nella diffusione della pittura naturalistica, che comincia a essere acquistata anche da industriali, aristocratici e finanzieri che formano la nuova amministrazione di Luigi Filippo. Per i nuovi artefici della pittura di paesaggio, è quindi importante una visione della natura diretta e non mediata dall'idea della Storia. Non si potrà dire che la meteorologia entri completamente nella pittura degli artisti francesi, ma notevoli passi in questo senso vengono fatti. E negli anni trenta il *Salon*, dunque il luogo

Narcisse Virgile Diaz de la Peña
*Le colline di Jean de Paris
(Foresta di Fontainebleau)*, 1867
Parigi, Musée d'Orsay
Collezione Chauchard

Georges Michel
Tempesta, 1820-1830 circa
Strasburgo, Musée des Beaux-Arts

La via principale di Barbizon

Claude-Félix-Théodore
Caruelle d'Aligny *Paesaggio
con l'entrata al castello*
Brema, Kunsthalle

Jardin des Plantes a Parigi

Gustave Le Gray
Ritratto di Napoleone III, 1852
Parigi, Bibliothèque nationale
de France, Département
Estampes et photographie

della ufficialità eletta, comincia a ospitare le prime opere di questa nuova pittura dedicata al paesaggio moderno. Molti dei nuovi pittori debuttarono al *Salon* del 1831. Théophile Gautier vi riconobbe «una rivoluzione», mentre Eugène Paletin scrisse che «il paesaggio è davvero la pittura del tempo.» La percezione della novità era piuttosto esplicita, e possono essere indicative alcune frasi del critico Victor Schoelcher, che nel 1831, dopo la visione dei quadri al *Salon*, così riassume in l'«Artiste»: «Una rivoluzione si è verificata nella pittura di paesaggio, come in tutte le altre branche dell'arte. Questi paesaggi di convenzione, questi paesaggi rispettabili ben bilanciati, ben modellati, senza nodi né spine, dalle linee pulite, ben cadenzate, non si vedono più al *Salon*. È la natura così com'è, il soggetto dei paesaggisti d'oggi e ciascuna opera, anziché essere incasellata in un modello sempre simile, marcato dallo stile di Poussin, evidenzia l'apporto individuale del talento del singolo pittore; in una parola, ogni opera è in generale un filone a sé, più o meno esplorato e tratto dalla ricchezza e dalla varietà della natura.» Nominando la parola «varietà», Schoelcher toccava un nodo di fondo di quella che sarebbe stata l'evoluzione nella descrizione della natura. Gli accademici criticavano la fattura dei quadri, la loro materia non levigata e rifinita come nei dipinti classici, ma una ruota si era messa in movimento. L'intimità con la natura, la comunione con essa, finalmente consentiva agli artisti di abbandonare i soggetti del Grand Tour e la devozione seicentesca e settecentesca per l'Italia. I luoghi natali, i paesaggi francesi, la foresta e poi il mare avevano una loro necessitata centralità. E le ore finali del giorno, con la luce che prima si accendeva e poi si spegneva dentro i primi colori della notte, erano uno dei punti di maggiore bellezza della pittura nuova.

Dopo la rivoluzione del 1848, l'idea della campagna come luogo di ritiro, come luogo di elezione dello spirito, quella sorta di ciceroniano spazio per la riflessione, un po' cede. Ma già alla fine del decennio successivo la vita in città non è più vista come il segno di un progresso a ogni costo, e la vita in campagna può quindi riacquistare una sua funzione attrattiva. A questo si associa, sotto Napoleone III, una diversa politica culturale, tra l'altro con la creazione del *Salon des Refusés* e la riorganizzazione del settore delle Belle Arti. Simbolica tra tutto, fu l'abolizione del Prix de Rome per il paesaggio storico, che era stato culla dell'accademismo più retrivo e ostinatamente chiuso al nuovo. Si intendeva quindi modificare una conduzione impositiva, per dare spazio maggiore alla creatività individuale. Nell'andare incontro al gusto della classe borghese dunque, la pittura di paesaggio seguitò a diventare sempre più importante. In questo decennio il lavoro dei pittori di Barbizon viene sempre più tenuto in considerazione e anche collezionato. La maggior parte di essi sarà quindi presente all'Esposizione universale del 1867. Non si avverò quindi la "profezia" di Barbey d'Aurevilly, che scrivendo nel 1864 circa le *Tendenze dell'arte contemporanea in occasione dell'Esposizione dell'Ecole des Beaux-Arts*, nauseato dalla presenza di duemila opere di paesaggio sulle nemmeno tremila in esposizione, sentenziava sicuro: «La moda dei paesaggi passerà, perché non ha come principio la vera intelligenza e lo studio filosofico della natura. Che dico passerà? È già passata.»

In quel momento invece, stava già avvenendo il nuovo passaggio, al cambio di generazione. E un passaggio ancor più dirompente che in passato. Anzi, probabilmente lo stacco più forte che nella storia dell'arte sia avvenuto, perché sulla scena già comparivano i giovani impressionisti, sulla scia di artisti come Corot, Millet e Courbet. Un lavoro corale quindi quello degli artisti di Barbizon. A ridefinire l'immagine della natura, farla nuova, renderla aderente alla contemporaneità. Che significava soprattutto un senso del vedere prensile sulle cose e sui fenomeni. E anche un senso di forte commozione, di densa umanità, di pensosità quasi verrebbe da dire. La natura aveva in sé la presenza forte, talvolta struggente, del destino.

Uno degli interpreti più alti di Barbizon, forse il maggiore tra tutti, Millet, unisce nel suo lavoro il vero della quotidianità e un alone di solitudine che ammanta il suo paesaggio, rendendolo malinconico, tutto interpretato, abitato da luci vespertine, dove l'epicità e l'umiltà sono una cosa sola. Non c'è nulla da esibire, nulla che stia sopra le righe, perché la natura è l'essenza, la natura è sentimento, appunto umile e quotidiana: «E se potessi fare ciò che voglio, o almeno tentarlo, non farei niente che non fosse il risultato di impressioni ricevute dall'aspetto della natura, sia in paesaggi, sia in figure. E non è mai il lato gioioso che mi appare; non so dov'è; non l'ho mai visto.»

Ed è soprattutto negli anni estremi del suo lavoro che entrano i paesaggi, paesaggi puri, pieni, anch'essi, di quella fortissima tensione emotiva che aveva contraddistinto le sue figure ambientate.

Jean-François Millet
Il giardino di Millet a Barbizon
1850-1851 circa, Bayonne
Musée Bonnat

Jean-François Millet, *Fattoria
a Vauville Normandia*, 1872-1874
Boston, Museum of Fine Arts
dono di Quincy Adams Shaw tramite
Quincy Adams Shaw, Jr., e Mrs.
Marian Shaw Haughton

Entra la natura in uno stracciarsi delle luci, nella dissoluzione dei cieli al tramonto come talvolta poteva essere anche in Daubigny. Sono visioni della costa di Normandia, dove si rifugia per scappare dalla guerra franco-prussiana. Sono i paesaggi suoi più belli, uno dei quali esposto in questa mostra. *Raffica di vento dopo il tramonto* (cat. n. 78) è il suo titolo, ed è stato realizzato entro il 1873, quindi nemmeno due anni prima della sua morte, che lo coglie a Barbizon nel pieno di un freddo inverno, sotto la neve che talvolta aveva dipinto, il 20 gennaio del 1875.

Una giornata si sta per concludere, il sole è appena tramontato oltre la linea dell'orizzonte, e un'ultima ansa d'oro illumina la terra più lontana, mentre il cielo si colora del primo indaco della sera. Un grande vento scuote lo spazio e quasi sradica un albero che tutto si piega proprio verso quella linea di tramonto. Corvi volano dentro quel primo buio, nero volo dentro l'oscurità giungente. La schiena di un uomo si piega a quel grande vento, dentro il giallo dell'oro, precisamente nel punto in cui la terra incontra il cielo. Nel punto in cui una strada bianca s'inerpica verso la luce morente del giorno, verso case che sono larve di luce, alabastro attraverso cui si vede una più lontana immensità.

È in questo modo che Millet porta a compimento, con un quadro bellissimo e tutto pieno di segreto mistero dell'ora, quel trapasso che aveva condotto il romanticismo dentro il realismo, e che in alcuni artisti straordinari, lui in testa, aveva generato una sorta di tempo comune, di luogo comune. Il senso del tramonto, il suo sentimento pieno e caldo, ma anche il senso della terra, il suo sentimento di forte, indiscutibile apparizione. Tutto questo dipinge Millet, aprendo la strada a un pittore che farà delle luci serali, di tutti i suoi colori, una stigmate rovente, lacerata.

Così, quando Vincent van Gogh realizza *Autunno, paesaggio al crepuscolo* (cat. n. 79), alla fine di ottobre del 1885, poche settimane prima della sua partenza per Anversa, quello è proprio l'esito, come una bava filante di luce arrossata, che gli viene da Millet. È la piaga languente di Dino Campana, un esito che per Van Gogh mette insieme la pittura olandese di paesaggio del Seicento, ovviamente il riferimento agli artisti di Barbizon e l'esempio, più vicino geograficamente, della Scuola dell'Aia, quel realismo che proprio da Barbizon deriva. Nell'aprile di quell'anno aveva scritto a Théo che «una delle cose più belle conseguite dai pittori di questo secolo è stata la raffigurazione dell'oscurità che è ancora colore.» Van Gogh in effetti

arriva alla fine di un secolo che, come abbiamo visto, si apre con l'eroica luce notturna di Turner e quella finemente spirituale e assoluta di Friedrich. E attraversando i fiumi, le terre e i mari della realtà, giunge fino a lui. Giunge fino a quel punto in cui la luce si offre, dilagando, nello spazio del cielo.

Il suo interesse per l'ora del crepuscolo si alimenta anche di molte fonti letterarie, dal momento che, come ben sappiamo, egli era un lettore forsennato e attento. Tra tutte, forse non così nota, risulta di estrema importanza una poesia di Jan van Beers, *The Evening Hour*, che nel 1873, dunque ben prima dell'inizio del suo lavoro di pittore, Vincent allegò a una lettera per alcuni amici di famiglia. Dà il senso del mondo che sta cercando, quasi invocandolo: «Accludo una copia di una poesia di Van Beers, che forse non conoscete. La nostra Elisabeth l'ha copiata per me l'ultima sera che abbiamo trascorso a Helvoirt, perché sapeva quanto mi piacesse. È il Brabante proprio com'è. Ho pensato che vi facesse piacere leggerla, così l'ho copiata per voi.»

In questa poesia noi sentiamo, in anticipo di qualche anno, ma come tutto fosse già chiaro in lui, la forza del rapporto spirituale con la natura, e soprattutto con il momento finale del giorno che apre al sentimento religioso. E non a caso in molte lettere, proprio parlando della sera, Van Gogh cita spesso, oltre a filosofi come Emile Souvestre, anche la Bibbia. Osservando *Autunno, paesaggio al crepuscolo*, noi sentiamo forte l'eco dei versi, come questi, di Van Beers:

Lento il rintocco della campana dell'angelus risuonò sui campi
beatamente immersi nell'oro del sole serale.
O solenne, commovente momento!

Eccolo lì, l'oro della sera, nel pieno dell'autunno, quella stagione che tanto amava: «Qui ora è straordinariamente bello, con gli effetti dell'autunno. Tra quindici giorni ci sarà la caduta delle foglie vera e propria e in poco tempo cadranno tutte dagli alberi.» L'orizzonte è lontano, il giallo e il rosso del cielo sono braci di ceneri colorate, accese, che spettinano di una luce sospesa le foglie degli alberi esili, svettanti, tutti inzuppati dell'ultimo colore del giorno. Mentre un piccolo oblò di sole si apre nel folto della vegetazione in primo piano. E una donna avanza silenziosa, volgendoci le spalle come un personaggio di Friedrich, sul largo sentiero bagnato da quella luce calda e soffusa. Mentre attorno al suo capo è una circonfusione, un alabastro attraversato dal lume della sera. Il paesaggio è solo luce che si sospende, galleggia nell'aria, senza depositarsi mai.

Ma la cosa straordinaria, quasi profetica, è che nella poesia di Van Beers, si parla di un pittore che in quell'atmosfera di crepuscolo si muove. E Van Gogh ricopia quei versi, sentendoli proprio come un annuncio per sé:

Anche all'artista, sul declivio di quell'ombrosa collina
assorto nella sua pittura dal sorgere del giorno
l'angelus indicava l'ora del rientro. Lento pulì
tavolozza e pennelli, che con la tela ripose in valigia,
piegò la seggiola e, sognando, seguì il sentiero
che giù, con lenti meandri, per la valle fiorita porta al villaggio.
[…] Scoprì che vagando era giunto, inconscio, al villaggio.
A occidente già il viola e il giallo volgevano al grigio
e a est, addosso alla piccola chiesa, era sorto il disco
cupreo della luna piena, avvolto nella foschia,
quando egli entrò nella locanda del Cigno, dove alloggiava.

Il tema del viaggio nello spazio, così stretto al sentimento della vita in Van Gogh, entra in maniera prepotente fin d'ora nella sua riflessione. Un viaggio che, a differenza di quello dell'amico Gauguin, non tocca i territori d'oltremare, ma si viene sigillando lungo le strade di Francia, dopo gli anni olandesi. E soprattutto quelli finali di Nuenen. Il partire e il ritornare. Gettarsi nello spazio, come fa il viandante che tutto lo attraversa, camminando, e dunque con il tempo lento di una quotidiana osservazione, che si centellina passo dopo passo, conoscendo delle cose anche le minime modificazioni. O il tempo delle stagioni, il tornare a un punto delle luci e delle maree, delle muffe e delle ceneri, dei venti e del sole. Chi cammina ha il privilegio di questa conquista del mondo fatta passo dopo passo, nel *lentamente* e nella *durata*, in piena sintonia con l'impianto più segreto e misterioso delle cose.

Io che cammino, sembra dire Van Gogh, vado incontro alle persone, le conosco e le riconosco, vado incontro alle cose. Io che cammino mi alzo ogni mattina per dare sempre vita al gesto del tendere la mano verso qualcuno che mi viene incontro, all'idea che lo sguardo possa vedere e abbracciare. Io che cammino so che da qualche parte troverò un punto dove sedermi sull'erba, un punto ombreggiato dove pormi al riparo dalla calura, oppure dalla pioggia o dal vento, dalla neve. Io che cammino so che non passerà giorno senza che abbia fatto un nuovo ed entusiasmante incontro, che qualcuno avrà gettato sulle mie spalle il mantello che mi ripara e mi protegge. Sarò felice o sarò malinconico, per questo.

Io che cammino so che qualcuno si leverà per me e verrà per capire chi sono, per rivolgermi la parola oppure conoscermi nel silenzio. Io che cammino so che troverò qualcuno che possa proteggermi, vedendomi ferito o bisognoso di conforto. Oppure sarò io a proteggere chi vedrò anche un po' discosto dalla mia strada. Io che cammino avrò lo sguardo limpido aperto sul mondo, pronto ad accogliere ogni visione e ogni colore, e nemmeno una mi sarà di sconforto, perché nella visione tutto si attua e nulla si esclude. Io che cammino mi metto in braccio al mondo, lo faccio a me compagno, lascio che mi segua a ogni ora del giorno e della notte. Non voglio fare differenza, perché tutto accolgo come un respiro e come un gesto d'amore. Io che cammino calzo scarpe adatte e poco per volta, camminando e camminando per le strade del mondo, quelle scarpe le consumo. Anche se ho scelto spiagge e sabbie sottilissime, bianche, anche se ho scelto di camminare leggero sulla superficie di un'erba verde e morbida, mentre ogni cosa intorno il vento scuoteva. Anche se ho posto ogni cura, e più di ogni cura, le mie scarpe si saranno consumate per il lungo cammino e resteranno come una nuova e diversa apparizione.

Ha scritto Gauguin: «Nella mia camera gialla c'è una piccola natura morta, violetta questa volta. Due scarpe enormi, consumate, deformate. Le scarpe di Vincent. Quel paio, allora ancora nuovo, che lui una bella mattina si mise per fare il suo viaggio a piedi dall'Olanda al Belgio.» Io che cammino non so cosa troverò camminando dall'Olanda al Belgio, dopo avere dipinto una donna davanti al tramonto. Né so chi incontrerò. Ma io che cammino so, almeno questo, che senza il cammino non

avrò incontrato nessuno, né avrò imparato a conoscere il mondo. Io che cammino, e anche disegno e anche dipingo e perfino scrivo, so che dovrò camminare ancora, e scendere verso il Sud, e abbracciare la luce e il colore, abbracciare calabroni e girasoli, notti e stelle, mari e ulivi. Soprattutto notti e stelle.

Io che cammino so che dovrò tornare al Nord per vedere campi di grano diversi, e corvi volarci sopra in giornate estive nelle quali si spande dal cielo una pioggia sottile e un poco fastidiosa. Io che cammino so che in un certo punto, che ancora non so, e in un certo momento, che ancora non so, dovrò per forza

329

smettere di camminare. E non sarò più colui che cammina. Non più colui che saluta togliendosi il cappello di paglia e mostrando limpidamente gli occhi chiari. Io che cammino sarò accolto nella notte del grande cipresso, sotto una stella gialla, immensa, e una luna che crepita in un suo fuoco.

Altre sere poi Van Gogh le dipingerà a Parigi, quando nel 1887 lavorerà in un piccolo parco a Montmartre, inquadrando la *Place Saint-Pierre al tramonto* (cat. n. 80), primo dipinto di una piccola serie di tre. Realizzato in un'unica seduta, con una pittura chiaramente rapida, a larghe pennellate su un disegno preparatorio, contiene, tutta sparsa nel cielo, quella luce gialla che nel quadro olandese si concentrava invece lungo la linea dell'orizzonte. Questa sera parigina, confidente e silenziosa, vuota di ogni presenza, divide lo spazio tra il calore cromatico del cielo e gli azzurri freddi e i verdi della vegetazione e della strada. Quella stessa intonazione del colore che incontriamo in una tela del gennaio del 1890, *Campo innevato con aratro, verso sera, da Millet* (cat. n. 81), nel momento in cui Van Gogh ha davanti agli occhi aspetti di una natura ben diversa. Sono quasi trenta quelle che vennero denominate le "interpretazioni a colori" da immagini soprattutto di Millet, specialmente desunte da stampe in bianco e nero. Ma il quadro originale, conservato oggi al Kunsthistorisches Museum di Vienna, da cui è tratta l'opera di Van Gogh adesso in mostra, aveva potuto vederlo a Parigi nella tarda primavera del 1887, in un'esposizione che celebrava, all'École Nationale des Beaux-Arts, proprio Millet dodici anni dopo la sua morte. Il pittore francese aveva ambientato il suo quadro nella pianura di Chailly, dandogli una intonazione calda, legata ai bruni della terra, mentre Van Gogh, pur considerando lo scolorimento intervenuto dei pigmenti naturali da lui utilizzati, gli aveva assegnato un tono più freddo, fatto di blu e verdi, che generano un ambiente più cupo e invernale. Sopra il quale però si manifesta quel cielo meraviglioso pieno del giallo sfumato di un tramonto appena avvenuto, nel quale vagano come portati dal vento i corvi in parata. Pulviscolo nero che si associa alla stilizzazione di alberi quasi giapponesi nella loro intenzione lineare, mentre al centro del quadro, affondando nella terra nuda, un aratro è come una barca alla deriva in quel mare periglioso.

Più o meno tre mesi dopo, Van Gogh dipinse l'ultima versione di un campo di grano ambientato nella luce del tramonto, anch'esso dentro un biancore che accennava alla neve. Questa strana neve, o questa trina fredda di cui è cosparsa la terra, la troviamo detta in una lettera scritta a Théo proprio nel momento in cui sta lavorando al *Campo innevato con aratro verso sera (da Millet)*: «Ah, mentre ero ammalato, cadeva un'umida neve molle, mi sono alzato di notte per guardare il paesaggio – mai, mai la natura mi è apparsa così toccante e così sensibile.» Il rapporto viscerale, simbiotico, di passione, felicità e dolore, tra Vincent van Gogh e la natura, si consuma dunque così, nel rigurgito della terra, nel suo essere sparsa di neve mista a fango, di neve mista a gelo. Sotto un cielo serale, sotto un cielo nel quale il tramonto è appena stato. In questa luce pare che il pittore tocchi i limiti della sua compromissione con il mondo.

Poi sulla parete vicina, per un contatto, e uno sfioramento, a lungo desiderato, una grande

tela di un pittore che lavora ancora oggi su questo affondare, e insieme galleggiare, nella materia della pittura. Vi sento la stessa forza cosmica, lo stesso provenire e procedere dal romanticismo, lo stesso trasporto verso l'orizzonte e la luce serale. Poi il governo delle stelle, lo spazio delle costellazioni e dei pianeti, il singhiozzo del cielo. Una materia e un colore che si spandevano oltre ogni limite, eppure si rastremavano in gorghi di zolle, di terra arsa, o umida di torba come furono certi paesaggi di Van Gogh. Un'adesione panica alla realtà, una quasi wagneriana immedesimazione nella potenza del tempo, nel suo distendersi e dilatarsi provenendo dalla Storia.

Nel gennaio del 1980 si apre a Aix-la-Chapelle una mostra nella quale quattro artisti sono accomunati sotto il nome *Die neuen Wilden*, "I nuovi Selvaggi". Assieme a Baselitz, Lüpertz e Penck, si offre con le sue opere anche Anselm Kiefer, nato a Donaueschingen nel 1945. Era, il suo, un lavoro fondato sulla memoria del passato tragico del regime nazista, all'interno di un percorso di riconsiderazione di quella catastrofe. Percorso che suscitava grandi polemiche tra gli stessi critici tedeschi, mentre in particolare il mercato americano sembrava ammirare senza riserve Kiefer. E quando, nell'estate di quello stesso 1980, egli venne scelto da Klaus Gallwitz, assieme a Baselitz, per rappresentare la Ger-

mania alla trentanovesima Biennale di Venezia, si videro quelle grandi tele che ricostruivano spazi che mentre erano dominati dalla materia, una materia anche retorica ed esagerata, si offrivano nel loro illusionismo che non mancava di far sentire le sue origini all'interno del tempo romantico. Riferimenti storici, letterari, mitici, attinti soprattutto dalla cultura tedesca, formavano la struttura di un mondo che veniva espresso attraverso quadri monumentali per la loro dimensione e che mimavano la tragedia della distruzione della Germania sotto il nazismo.

La sala alla Biennale, aveva il compito di riassumere gli anni settanta anche di Kiefer. Anni che si esprimevano nel rapporto continuo tra opposizioni, tra cui quelle fondamentali tra cielo e terra e tra luce e buio. Il sentimento profondo, doloroso, della sera e della notte, era già entrato nella sua pittura e si offriva come passo verso l'infinito. Quella meditazione sullo spazio, che per la via della sua partenza nella cultura romantica lo avvicinava proprio a Van Gogh, su certe immagini del quale egli ha del resto lavorato. E *Märkische Heide*, la grande tela di Kiefer compresa in questa mostra (cat. n. 82), se da un lato allude contemporaneamente al nome di un luogo del brandeburghese e al titolo di una marcia nazista, dall'altro lascia che il paesaggio desolato di una brughiera si impenni fino al limite del cielo al tramonto.

Con una larga strada bianca, per nulla morandiana, che salta la linea dell'orizzonte e s'infila nel trafficato nulla di quel finire del giorno. Kiefer, rispetto a Van Gogh, porta all'estremo confine plausibile, contemporaneo, la forza di una memoria che attraversa la storia e la svuota della presenza dell'uomo. La svuota per considerare soltanto i luoghi, prima abitati, che sono adesso non soltanto l'involucro ma di più il magma ribollente, lava nera ancora calda, entro cui si compongono le umane misure. Miti wagneriani, miti nibelungici, grado zero del tramonto: tutto conduce verso quell'eroico disporsi non soltanto davanti, ma dentro l'immenso della terra e del cielo, dentro l'immenso del giorno e della notte. In questa materia incatramata, fatta di emergenze e di fiotti di luce come era stato nei tramonti di Van Gogh in Olanda, nel Brabante, si crea un flusso, una corrente che riporta la luce della sera dentro i confini del cuore. Come era stato per Turner e per Friedrich prima, come è stato per Vincent poi. È in un simile drappeggiare delle luci serali che terre, acque e cieli si lasciano confondere, sostanza degli opposti che si annullano, nel vulcano di un crepuscolo fumigante.

E altri fumi, pieni soprattutto dell'azzurro di una prima sera
giungente sull'acqua della laguna,
sono quelli che Claude Monet aveva

dipinto, come un tappeto di pietre preziose, nell'autunno del 1908 a
Venezia. Il tema della notte, per come era uscito dal romanticismo, e
soprattutto dal pennello di Friedrich, si modifica, durante l'età del realismo, sia in Europa che in America, in una adesione massima all'ora invece del crepuscolo e del tramonto. In questo modo diranno la loro meraviglia davanti alla luce i pittori di Barbizon e così anche i pittori della
Hudson River School, come abbiamo visto. Così continueranno a fare
anche gli impressionisti, che solo in rare occasioni si approssimeranno
alla notte e alle sue luci. E molto di più anche loro si immergeranno nei
lumi arrossati del tramonto, in quelle dilatate distanze degli orizzonti
che diventeranno rive dei fiumi o campagne, ponti o roseti in fiore.

Il lungo soggiorno di Monet a Venezia, in compagnia della
moglie Alice, cosa del tutto infrequente nelle sue campagne di pittura,
copre interi i mesi di ottobre e novembre del 1908, fino alla partenza
del 7 dicembre. La presenza di Alice è comunque ovvia, dal momento
che l'invito a Venezia arriva da una sua amica americana, Mary Young
Hunter, che vive a Palazzo Barbaro, dove la coppia resterà ospite per le
prime due settimane. Ma ancora in una lettera di Alice alla figlia Ger-

Telegramma di Claude Monet a
Germaine Salerou, con l'annuncio
dell'arrivo a Venezia, 2 ottobre 1908

Alice Monet fotografata da Paul Nadar
verso il 1900

maine, del 24 settembre, si percepisce l'incertezza del pittore per la partenza: «Ho ricevuto una lettera
dalla signora Hunter, che ci attende e ci chiede l'ora in cui arriveremo. Però Monet non è del tutto convinto a partire e rimpiange già la sua Giverny.» Ma il giorno successivo, d'improvviso, Alice annuncia
sempre alla figlia che «partiremo da qui martedì.» In quello stesso 25 settembre, Monet scrive al suo
mercante, Paul Durand-Ruel, che essendo la bella stagione ormai alla fine, «mi sono deciso a partire.
Siamo ai preparativi per la partenza e non potrò incontrarvi che al mio ritorno, che non sarà troppo
lontano, penso. Entro un mese, senza dubbio.» Ancora una volta Monet si sbagliava, poiché il suo soggiorno veneziano doveva durare oltre due mesi, con la scoperta, giorno per giorno, di una luce che lo
ammalia, dopo le usuali difficoltà iniziali per entrare nello spirito dei luoghi.

Nell'imminenza del rientro, il mattino del 7 dicembre, indirizza a Geffroy una lettera rivelatrice:
«Mio caro Geffroy, preso dal lavoro non ho potuto scrivere, e ho lasciato alla mia signora la premura di

darvi mie notizie. Lei vi avrà detto del mio entusiasmo per Venezia, che sento aumentare ogni giorno di più. Mano a mano che si avvicina il momento di lasciare questa luce unica, mi rattristo. Tutto è così bello, ma bisogna pur farsene una ragione. Una serie di circostanze ci portano a rientrare. Mi consola il pensiero di poter tornare il prossimo anno. Fino ad ora non ho potuto fare che delle prove, degli esperimenti, iniziare alcuni lavori. Che guaio non essere potuto venire in questo posto magico quando ero più giovane, e più audace! Qui ho trascorso momenti deliziosi, sono riuscito a dimenticare il vecchio che oramai sono.»

La sera di giovedì 1 ottobre, Monet e Alice arrivano a Venezia, dopo essere transitati da Milano. Sono accolti dalle «infinite attenzioni» della signora Hunter, «in questo palazzo meraviglioso.» Ma il soggiorno in Palazzo Barbaro durerà solo fino al 15 del mese, poiché la padrona di casa deve improvvisamente lasciare Venezia per recarsi ad Aix. Per cui dal 16 ottobre i Monet si trasferiscono all'Hotel Britannia, dalla cui terrazza, oltrepassando con lo sguardo la Salute e la Punta della Dogana, si gode una vista meravigliosa verso San Giorgio Maggiore. Ed è proprio da lì che il pittore dipinge il quadro bellissimo, tutto pieno dell'azzurro profondo e luminoso di un tramonto appena avvenuto, presente in questa mostra (*San Giorgio Maggiore dopo il tramonto*, cat. n. 86). Perché con un percorso del doppio, Monet realizza da San Giorgio forse i primi quadri della sua permanenza veneziana, alcune vedute del Palazzo Ducale, assieme a qualche immagine del Canal Grande. Ma poi, trasferitosi appunto all'Hotel Britannia, è San Giorgio a diventare il soggetto di alcune tele, tra le quali la versione del museo di Cardiff è certamente la più alta e quella maggiormente intrisa di una luce che mentre viene ritirandosi dietro la linea dell'orizzonte, ugualmente rivela la presenza di un'assenza.

Recensendo la mostra che da Bernheim-Jeune si era aperta il 28 maggio del 1912, con le vedute veneziane, Geffroy afferma come Monet sia il pittore delle «grandiose sintesi degli spettacoli dell'universo», per toccare di Venezia «la sua forma essenziale.» Geffroy metteva perfettamente a fuoco, nel suo articolo, questi due punti fondamentali, dal momento in cui egli era venuto dipingendo i primi ponti giapponesi e subito dopo le prime ninfee: parlava infatti di spettacoli naturali, sottintendendo le luci che vi si inscrivevano, ma anche di essenzialità. A questa tessitura del colore, che nelle acque lagunari ricordava quella sul Mediterraneo a Bordighera e poi ad Antibes tra 1884 e 1888, contribuiva certamente in modo determinante la consuetudine, radicata in Monet ormai da trent'anni, di concludere nello studio quanto cominciato *en-plein-air*. Concludere non solo, ma anche modificare, proprio per giungere a quella sintesi tra atmosfericità e «forma essenziale». Che per Monet era soprattutto forma della luce.

L'esposizione parigina del 1912 veniva dopo un anno particolarmente difficile per il pittore, che nel 1911 aveva perduto anche la sua seconda moglie, proprio colei che lo aveva accompagnato a Venezia. E veniva tre anni dopo la mostra, che tanto successo ebbe nella galleria di Durand-Ruel, dedicata alle ninfee e ai cosiddetti paesaggi d'acqua. Octave Mirbeau, che introdusse il catalogo con un suo scritto, sentenziava come Venezia fosse «nulla più che una cartolina a colori», in questo del resto appaiandosi allo stesso pittore, che al principio della sua esperienza lagunare scriveva le medesime cose. Citando Hokusai, Mirbeau si appassionava ai temi della nascita e della morte, immaginando come Monet avesse «scoperto una forma», e come egli «fosse nato di nuovo in quelle precise variazioni dell'atmosfera.» Insomma, tutto convergeva verso quella riproducibilità del reale però interpretato, e rivisto nello studio, che ormai si scontrava con il dogma del *plein-air* che aveva invaso la mente e il cuore di Monet negli anni ormai lontani dell'impressionismo tra Parigi e Argenteuil. Per questo motivo, egli attese quasi quattro anni prima di rendere pubbliche le sue prove del 1908 a Venezia.

Nel *San Giorgio Maggiore dopo il tramonto* (cat. n. 86), dipinto quasi sicuramente nella seconda metà di ottobre di quell'anno, Monet realizza un piano spaziale straordinariamente nuovo, che risente certo di quella inedita idea dello stesso spazio che derivava dalla lavagna verticale delle

ninfee, che sempre di più, soprattutto nelle versioni del 1907 e dello stesso 1908, si andava disponendo come luogo di una naturalistica e spirituale, quasi astratta, verticalità. La luce del crepuscolo si spande sull'acqua del Bacino, il sole è appena tramontato. Il pittore vede tutto questo dalla terrazza dell'Hotel Britannia, dove soggiorna. Una calma, una *platitude*, mossa solo dal lento passaggio di due gondole. L'aria che precede la sera è invasa dall'azzurro che poco per volta tutto domina, dilagando. Mentre i riflessi del sole ancora salgono dalla linea dell'orizzonte, dando il senso di una cir-

colarità dello spazio celeste. Ultimi riflessi di giallo, di rosso, di rosa, e prima riflessi dell'indaco della sera. La perfezione delle luci, la loro meraviglia.

Monet inventa uno spazio quasi privo ormai di quella linea dell'orizzonte da cui pure si manifestano, slittando verso l'alto, gli ultimi bagliori del sole. Perché su quella linea immaginaria non stanno, ma appena galleggiano, sghembe e fluttuanti, le forme del campanile e della chiesa di San Giorgio Maggiore. Lo spazio nell'ora del tramonto è dato da una continuità che unisce cielo e terra, entro una mancanza di divisione, e invece all'interno di un luogo che è legato dal sentimento della sera giungente. Il cielo si specchia nell'acqua, ma ugualmente l'acqua si specchia nel cielo, come un riflesso capovolto. Monet lo farà nuovamente anche dipingendo alcuni glicini appesi nel cielo, circa un decennio dopo le pitture veneziane, chiuso nel suo santuario di Giverny.

È da quadri come questo, tutti invasi dalla luce del tramonto, e da quella luce benedetti, che partirà l'avventura della pittura astratta poco prima della metà del secolo specialmente in America. Fatta del gesto come della creazione del mondo. Da quadri come questi, e certamente dalle versioni sempre più rarefatte delle ninfee, sorgerà l'esperienza di certa pittura contemporanea, che senza dimenticare il reale ha provato a raccontarlo per altra via che non fosse solo quella della riproducibilità. L'occhio che vede e si immerge, acquisendo un potere di divinazione che non è più solo davanti alle cose e alla natura, ma dentro quel flusso ancestrale di materia. Dove l'apparire e l'affondare, la prossimità e la distanza siano una cosa sola. Monet dipinge Venezia al tramonto proprio in questo modo.

Su questa stessa linea che nasce da un naturalismo che prende le mosse nell'Olanda seicentesca, e poi risale fino a Constable e all'esperienza di Barbizon con le sue molteplici filiazioni, si colloca anche un altro pittore, la cui luce notturna si impone in alcuni quadri di bellezza segreta e spirituale, poco dopo la metà del primo decennio del Novecento. Dunque, nello stesso momento in cui Monet è occupato con la poesia delle ninfee e poi proprio con i quadri di Venezia. Questo pittore è Mondrian, il cui lavoro, a partire dal 1911, si volge alla costruzione di una griglia di natura che si origina nel tema dell'albero. E prima ancora nella scelta, proprio come nella bellissima *Notte d'estate* (1907, cat. n. 89), in mostra, di abolire il senso di quella descrizione fedele al reale che poteva per lui uscire dall'amore verso la Scuola dell'Aia. Questo a favore invece della disposizione notturna di vaste masse cromatiche, dal verde dell'erba al marrone scuro della terra, fino agli aloni attorno alla luna che ricordano anche il suo amore per l'opera di Vincent van Gogh, che si manifesta chiaro già a partire dal 1906. Sebbene un critico, amico dello stesso Mondrian, Conrad Kickert, avesse puntato, per descrivere questo quadro, proprio sulla fedeltà al reale. È quel clima serale nella campagna olandese, memore soprattutto dei paesaggi vangoghiani al crepuscolo del 1884 e del 1885, che in quello stesso 1907 dà anche altri capolavori, come la *Palude vicino Saasveld* e *Albero solitario sul Gein di sera*, anch'essi appartenenti alla collezione del Gemeentemuseum dell'Aia, prima di quel quadro di svolta che è *Avond, sera: l'albero rosso*, del 1910. Ormai aperto alla nascita dell'astrazione. Ed è per questo che dentro la luce serale colloco vicini Monet e Mondrian, nello stesso loro tempo.

In un testo riassuntivo sul suo lavoro, *Verso la visione vera della realtà*, del 1941, Mondrian scrive: «Quando vidi le opere degli impressionisti per la prima volta, Van Gogh, Van Dongen e i Fauves, ne fui ammirato. Ma, la vera strada, dovetti cercarla da solo.» E quando nel 1910 è a Parigi e conosce la pittura cubista, quella è per lui la conferma che la via già intrapresa sia quella giusta. La via imboccata almeno subito dopo il rientro del pittore Jan Toorop dalla capitale francese, avendo egli portato il verbo nuovo proprio dei Fauves. Quella parola da Mondrian ascoltata e fatta quasi subito quadro dall'anno successivo con le serie sulle *Dune* e sul *Faro* di Westkapelle, dipinte a Domburg. L'abbandono del colore naturale a favore del colore puro, poiché in esso risiedeva quella nota eterna che non faceva la natura preda della soggettività, che è quanto Mondrian da un certo tempo in avanti venne con ogni mezzo combattendo. La pittura, in effetti, aveva da cercare un modo diverso per esprimere la verità e la bellezza della natura. E questo non poteva avvenire seguendo i canoni della riproduzione, della descrizione, con l'appiattimento insomma sulle posizioni dei pittori, pur nobili e alti nel loro intento di ricerca della bellezza, della Scuola dell'Aia. Non poteva bastare quello sguardo sulla natura.

È l'uomo, sottintendendo certamente il pittore, che per Mondrian crea non una nuova natura ma una nuova bellezza. Diversa da quella delle forme cangianti che continuamente appaiono. Il desiderio è proprio quello di fuggire dalla mutevolezza e di rintracciare una misura invariabile, che non si presti a interpretazioni ma renda il creato al pari di una formula matematica. E tuttavia offerta con gli strumenti della tradizionale pittura. Non ci si può fermare alla descrizione, perfino all'imitazione, della natura. Par quasi che ciò che l'uomo possa opporre alla natura non sia un'altra immagine della natura, ma addirittura la propria immagine. Come se la lunga discesa del tempo dai suoi primordi avesse modellato quella

regola armonica universale, tale da intuire nell'interiorità dell'uomo la pregnanza e l'interiorità stessa del tempo. E per far questo, la luce serale, la luce notturna, creano le giuste risonanze.

Alla descrizione della natura, pur così articolata, degli impressionisti, Mondrian oppone dunque questa sostanza di forza plastica del pensiero che diventerà la sua pittura astratta. Che annulla l'immagine della natura nella sua disposizione sensibile per rivolgersi invece alla suddivisione dello spazio in piani intersecati da linee. Perché lo spazio così disposto è tutto, e in questo spazio così concepito appare la natura nella sua assolutezza.

La natura per Mondrian ha una caratteristica di totale oggettività, e soltanto il nostro sguardo la distorce e la deforma, proprio perché esso è intriso fino in fondo di quella soggettività che gli fece dipingere alcuni paesaggi in seguito da lui stesso aspramente criticati. E proprio perché viventi in questa luce di esagerata interpretazione: «L'arte naturalistica trova la sua espressione più perfetta in questa disordinata fantasia del tutto opposta allo spirito dell'arte astratta.» Paesaggi comunque, come la *Notte d'estate* in mostra, che possiedono una tale limpidezza di accento partecipato, già una tale carica di novità, che si può essere d'accordo con Mondrian solo perché il suo sguardo retrodatato rivede con gli occhi del poi anche tutto ciò che ha costituito elemento fondante del suo mondo perfetto, ma non algido.

L'immagine astratta è per lui il punto di perfetto equilibrio – anche nella "descrizione" della natura – tra la materia, che rappresenta l'elemento fisico, e lo spirito. Entro la misura di questo equilibrio sospeso, sta l'idea che l'arte non sia più in alcun modo *sporcata* dalla rappresentazione e dall'intromissione del soggettivo. Il punto finale è infatti la chiarezza, che Mondrian esprime con il termine suo famoso di *plasticità*. Termine che ricorre continuamente in tutti i suoi scritti teorici e che individua quel raggiungibile equilibrio che genera la spoliazione di ogni preesistente elemento, e conduce la natura a un assoluto che è forma della bellezza astratta.

L'invariabilità della natura. In effetti è proprio questa la strada definitiva per Mondrian, che ricerca ciò che permane. Ma non come ritorno all'istante primo della creazione, quanto la perfezione che risiede nella mente dell'uomo, nella quale è già contenuta l'idea dell'universale. Liberarsi infatti dal personale significa per il pittore eliminare tutta quella sovrastruttura naturalistica che secondo Mondrian inquina la vera visione della natura. Visione che deve essere scevra da elementi narrativi, non può contenere variazioni ed essere frutto invece di una *visione* diretta della bellezza: «Sarà una bellezza puramente plastica, ossia una bellezza espressa esclusivamente mediante linee, piani o volumi e mediante il colore – una bellezza senza forma naturale e senza rappresentazione.» *Notte d'estate*, non a caso scelta per questa parete della mostra assieme a Monet e prima di Klee, si pone esattamente in questo punto.

Nessun principio può sopravanzare l'altro nella nuova arte *paesaggistica* intuita da Mondrian. Tanto che a dominare non potrà più essere l'esteriore, che mette troppo in contatto lo sguardo e l'anima con quanto resta aggrappato all'esperienza sensoriale dell'uomo. Se la natura ha in dote la concretezza e la visibilità, l'arte astratta vi porta l'invisibilità, che si esprime in una geometria degli spazi che nella natura vista in apparenza non compare. La variabilità in natura obbliga il pittore a un continuo adeguamento dello sguardo, che non ha così modo di trovare quel suo centro permanente che è quanto Mondrian invece ricerca. Nel manifestarsi di una legge universale che identifichi la natura come svincolata dal tempo e dallo spazio.

E infine lo spazio evocato da Mondrian è il luogo in cui nascita e morte vengono annul-

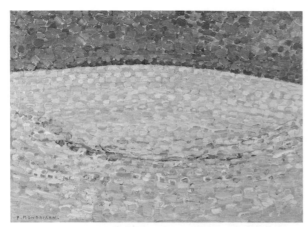

Piet Mondrian, *Studio
pointilliste di una duna
con crinale al centro*, 1909
L'Aia, collezione del
Gemeentemuseum

Piet Mondrian, *Faro
a Westkapelle in rosa*, 1909
L'Aia, collezione del
Gemeentemuseum

landosi, nella creazione di un tempo e di uno spazio che vanno al di là di quello stesso tempo e di quello stesso spazio. Toccando allora l'universale che è maestosità, flusso costante e ininterrotto, secondo un disegno dell'opera d'arte che resta però del tutto umano. Poiché l'immagine perfetta e immutabile della natura nasce nell'uomo, che è sede della chiarezza assoluta.

Il cubismo rimane comunque per Mondrian il punto di svolta nella definizione del nuovo spazio naturale. Pur se il cubismo annuncia il nuovo senza andare fino in fondo ai propri enunciati. E rimane per così dire un punto sospeso nell'articolazione dell'immagine di un nuovo paesaggio. Dalla tridimensionalità al piano come unico mezzo plastico, si compie il percorso che annulla la forza del reale che aveva dato luogo al naturalismo. Resta il colore puro ad accennare, e solo accennare, la terza dimensione. Per cui, non portando a compimento gli esiti delle proprie innovazioni, il cubismo rinuncia a quel grado di astrazione pura nella definizione dello spazio che invece Mondrian ricerca come forza creatrice dell'*immagine*. Astrazione che nasce dall'intuizione che governa i rapporti tesi a rilasciare l'immagine assoluta.

«Mi ci volle molto tempo per scoprire che le particolarità della forma e del colore naturale evocano stati di sentire soggettivo, che offuscano la *realtà pura*.» Resosi conto che la realtà rimane costante pur in presenza del mutamento e dell'apparenza della natura, Mondrian individua due motivi fondanti per la nuova pittura, per la nuova e moderna resa della natura: «Per creare plasticamente la realtà pura è necessario ridurre le forme naturali agli *elementi costanti* della forma e il colore naturale a *colore primario*.» Dunque non come per gli impressionisti l'invenzione di una forma e di un colore che si sostituiscano a quelli naturali, perché in questo modo, secondo Mondrian, si riprodurrebbero i loro limiti. Occorre invece «operare per la loro abolizione nell'interesse di un'unità maggiore.» Ed è ovvio che a un pensiero così chiaro, ma drastico, corrisponda in pittura uno svuotamento delle forme e una tensione verso la linea e i piani, avendo intuito come l'angolo retto sia l'unico rapporto costante. Quella costanza che a Mondrian pare la sola parola possibile da dire per non farsi travolgere dal soggettivismo.

Ora è molto difficile rileggere solo sotto questa lente stordente tutta quella meravigliosa stagione del Mondrian paesaggista che copre intero il primo decennio del XX secolo, e giunge fino ai primissimi anni del decennio successivo. Difficile perché sono così tanti i capolavori che è impossibile nominarli tutti solo come grammatica preventiva o passi verso il nuovo. Non infrequente scoprirvi già i segni di un procedere futuro, ma non possiamo in alcun modo negarci, ascoltando in modo asettico e acritico le parole di Mondrian, il piacere e la gioia immensi di sentire quei paesaggi come il canto sublime, e a sé bastante, di una bellezza che tocca i limiti di una perfezione del cuore e della mente che ha pochi eguali. Proprio la *Notte d'estate*, e l'*Albero solitario sul Gein di sera*, sono, appunto già nel 1907, l'incanto di un guardare la natura con occhi completamente nuovi, nella riduzione dei sentimenti all'assoluto di un tempo originario. Che nella pittura di Mondrian di quel periodo diventa lavoro sulle masse scure del colore, in una continua specchiatura che fa il cielo simile all'acqua, che fa la luna l'abitante di un cielo misterioso e cinereo. Con l'esperienza del dopo, è certo che in quadri come questi si possa scoprire un punto di passaggio fondamentale verso altri quadri, che attorno al tema dell'al-

Paul Klee
Stelle sulla città, 1917
collezione privata

bero organizzano una svolta non facilmente dimenticabile in questo percorso serrato e forsennato attorno a un'idea.

Eppure, nonostante questo desiderio di rendere astratta la bellezza, di renderla l'assoluto non toccato da nulla, noi sentiamo l'opera di Mondrian ancora oggi come qualcosa che tiene dentro di sé, benedetto, il fascino immutabile della verità. Soprattutto, il fascino inestinguibile della bellezza. Sentiamo la vastità della natura inscritta anche in quei rettangoli che nascono dall'intersecazione costante di linee verticali e orizzontali. Così come aveva fatto Friedrich un secolo prima, con le sue lune, come abbiamo visto all'inizio di questa sezione.

Tutto questo si mostrava già nei notturni del 1907, quando alla orizzontalità del fiume bagnato dalla luce della luna, si sommava la verticalità degli alberi appena incisi dentro la cenere grigia e azzurra di una notte segreta. Sentiamo che la natura lì vive e lì continuerà a vivere per sempre, nel tentativo che è stato dal pittore operato di *figurare* di quella natura l'immensità, l'estensione, l'unità. Di stringere e contenere, in quello spazio, il destino del mondo, del visibile, dell'attendibile. Di ciò che è atteso come un richiamo, una misura che dia senso al vivere.

Perché poi il visibile è effettivamente solo un limite e nella pittura nasce allora l'illimite contenuto dentro le linee, nascita di un nuovo spazio e di una nuova visione. La natura dipinta da Mondrian, bellissima, talvolta complessa nelle sue formulazioni, conseguente e contraddittoria, sorge e resta viva comunque attorno all'idea che di quella stessa natura non dobbiamo seguire l'aspetto suo esteriore, ma ciò che effettivamente è. Teniamo strette queste parole: la misura di un tempo eterno, protratto, mai più modificabile. Così è la natura, così è stata dipinta.

E così, nel modo suo caratteristico, l'ha dipinta anche Paul Klee, due opere del quale, ormai nel secondo decennio del Novecento, seguono quella di Mondrian. Tra l'altro, *Con la mezzaluna gialla e la stella blu* (1917, cat. n. 90) sembra essere l'esito di una memoria resistente del periodo trascorso in Tunisia nel 1914. Klee affascinato dal colore e in uscita ormai, attraverso la lezione di Delaunay, dalle regole del cubismo, per abbracciare quel grande mantello acceso di luci e colori che diventerà la sua pittura. Sono anche gli anni in cui una densa produzione poetica, che non può essere accantonata come una nota in minore, accompagna quella pittorica. In molti dei versi il tema della sera e della notte, della luna e delle stelle, si afferma con prepotenza e dolcezza, sempre a testimoniare quel desiderio cosmico che in Klee è alta spiritualità, ma anche desiderio della carne. Ugualmente la sua strepitosa produzione ad acquerello della seconda parte degli anni dieci spesso indugia sugli stessi temi. Come se un'eco silenziosa e profumata delle notti trascorse in Tunisia, i canti in lontananza, continuasse a vivere in lui mentre scorrevano le giornate della Prima guerra mondiale. Ma già nel 1905, in una poesia intitolata proprio *La luna*, aveva scritto:

La luna
stanotte era una perla,
e veramente significava lacrime.

Nessuna meraviglia in quest'aria di scirocco.

Una volta era
come se si fermasse il cuore.

Annebbiato il cervello.
Nessun pensiero
se non al cuore che stava
fermo.

Non cadere!
Con te crollerebbe il mondo,
e Beethoven vive attraverso te.

La voce della luna, la voce delle stelle, mette whitmanianamente in contatto con il tutto. Voci che conducono all'essere primordiale, astri alti nel cielo che dicono insieme l'essenza e il mistero, la descrizione e il canto. Nello stesso anno in cui realizza *Con la mezzaluna gialla e la stella blu*, Klee scrive questa poesia, una delle sue più belle:

Ci sono io e fioriscono i fiori,
pienezza è intorno a me perché io esisto.
Il canto dell'usignolo
m'incanta l'udito e il cuore.
Sono il padre di tutto,

di tutti sulle stelle
e nello spazio infinito.

Me ne sono andato
ed è calata la sera
e stracci di nubi
avvolgono la luce.
Me ne sono andato
e il Nulla è calato come un'ombra
su tutto.
Oh spina
dall'argenteo turgido frutto.

Per cui Mondrian e Klee dicono con la loro opera, dopo Monet, l'eguale lato cosmico della descrizione serale e notturna, ma giungendovi da una strada diversa, così fortemente legata al simbolo e allo spirito. Quel mostrare la luna e le stelle come si mostra l'essenza del tempo, l'essenza dello spazio. Il percorso della cancellazione dell'immagine della natura sembra giunto a un suo punto di svolta, ma non sarà, come vedremo nel prossimo capitolo, l'ultimo. La visione della notte, e della sera e di una prima luce dell'aurora, andrà di molto più innanzi.

Ma prima di incontrare, sul finire di questa sezione, un pittore che riscrive la descrizione della natura ottocentesca sotto altre e nuovissime forme, voglio fare una breve sosta non più dentro il paesaggio con le sue aperture, ma nelle città la notte. Perché la notte lì è un'altra cosa, se ne estraggono succhi e fiati inattesi, respiri di luci nel buio che non attendevi. Per questo motivo ho scelto due pittori, americani entrambi, che hanno dipinto Venezia e

New York. Città diversissime e in tempi diversi. Il primo, Venezia nel 1880 (*Blu e oro, San Marco, Venezia*, cat. n. 87) e il secondo, New York nel 1927 (*Emporio*, cat. n. 88).

Whistler vive in Laguna per poco più di un anno, dal settembre 1879 al novembre del 1880 e perlustra la città come non aveva fatto nessuno prima di lui. Non è pittore da Grand Tour, e infatti i suoi quadri veneziani non ottengono il successo di vedutisti in ritardo sui tempi. Oppure affannati nel descrivere, secondo i canoni del realismo, una città che fa da quinta all'affaccendarsi quotidiano. Egli non si affida soltanto all'identico *baedeker* che era stato di Canaletto, di Bellotto o di Guardi, ma penetra le fibre di una città non raffigurata prima e che gli si appiccica addosso come la nebbia di novembre: «Ho imparato a conoscere una Venezia nella Venezia che nessun altro sembra avere mai percepito.» È un'attitudine della mente e dell'emozione insieme, con l'interesse totalmente rivolto non alla cartografica ricostruzione dei luoghi, quanto invece all'atmosferico, e insieme simbolico, battito di gorghi di luce e ombra. Per cui in Whistler i luoghi sembrano non contare e anche quando si avvicina a uno dei soggetti che Canaletto aveva ovviamente reso celebre, la Piazza San Marco con la Basilica sullo sfondo, quello che coglie, e che lascia morbidamente si imprima, è il gomitolo morbidissimo dell'oro che viene spegnendosi nel blu della notte, che tutto in alto governa. E sono bellissime, commoventi, come stelle a rovescio, quelle luci dei fanali sparsi dentro una foschia, che appena annulla le forme dell'architettura e del silenzio.

Quel silenzio che domina, plasticato e quasi metafisico, in un'immagine tutta diversa, la New York notturna dipinta da Edward Hopper quasi cinquant'anni dopo. In occasione della vasta mostra antologica che al Whitney Museum di New York celebrò, nel 1964, l'arte dello stesso Hopper, Brian O'Doherty, critico del «New York Times», pubblicò in «Art in America» un ritratto del grande pittore, che conteneva anche molte e interessanti sue dichiarazioni. Parlando della luce in quanto possibilità, attraverso di essa, «di creare volume, densità, forza», O'Doherty fa il nome di Cézanne e Hopper risponde così: «No, molti Cézanne sono esilissimi. Non hanno peso.» Cosa vuol dire allora peso, incalza il critico. E Hopper: «Significa qualcosa che fa parte dell'uomo. Courbet e Homer hanno un peso specifico. In Homer quelle onde su onde ti vengono incontro con un peso tremendo.» Fare parte dell'uomo, ecco un'espressione che mette in comunicazione Hopper con Homer, da lui molto ammirato. E alle sue spalle con «gli olandesi del fiume Hudson», come definisce gli artisti della gene-

Due immagini tratte dal film
Sentieri selvaggi di John Ford
1956

razione di Church, che scandagliano il mondo dei fenomeni naturali e della luce in relazione ai luoghi americani. Anche se rifiuta di considerare il suo lavoro come essenzialmente americano: «Credo di non avere mai cercato di dipingere la scena americana; io cerco di dipingere me stesso. Non vedo perché mi si debba far rientrare a forza nella scena americana.»

L'uomo al centro della scena significa il trasbordo, da un secolo all'altro, di quella meravigliosa caratterizzazione psicologica che già Church e gli altri considerarono come essenziale nel momento in cui una figura umana si confronta con la vastità e la vertigine di uno spazio. E che poi Homer, come abbiamo visto, conduce in avanti, nel senso di un ormai completo rovesciamento dello spazio nell'interiorità. Hopper porta a compimento questo percorso, così da poter parlare, a proposito di questo spazio, di un vuoto pieno di significati. Egli riempie di significazioni mute il luogo che apparentemente è del nulla e che invece si agita fremendo, abitato dal mistero. In questo senso, il valore notturno di *Emporio* è un esempio perfetto. Quando solitudine, silenzio e mistero fondano l'idea di una notte e di uno spazio che sono l'assoluto disabitato dall'uomo. La cui presenza però con decisione si sente.

Lo spazio dunque non può essere solo il puro paesaggio, la grande visione di natura, l'*American Scenery*. Ma di più, il contorno della città, le sue strade, i suoi quartieri la notte, i caffè, gli interni borghesi, le stazioni di benzina, la sala di un teatro, un balcone inondato dal sole. Lo spazio è tutto questo e anche molto altro, perché in esso accade tutto il possibile, ogni gesto e ogni azione sono contemplati, nulla può essere escluso. Dentro questa visione includente che parte dall'apparente nulla, Hopper lavora per dar vita a quel grumo inestricabile che fa del viaggio nell'interiorità il suo punto più alto. Sono stanze disadorne della psiche, illuminate dalla luce di una notte che è della natura e della mente insieme, che non è mai naturale e non mai psicologica, ma sempre dal senso della dualità trae tutto il suo significato.

Hopper unisce quindi nella sua immagine la realtà con la visione, e questo certo gli viene anche in misura non indifferente dal suo amore per il cinema americano. Un critico sensibile, e molto amante del cinema, come Roberto Tassi, ha istituito un parallelo tra l'arte del pittore e quella di un grande regista come John Ford. Parlando dei tagli di immagine, dei controluce, del realismo, delle atmosfere evocate e di quell'ipercromatismo che è il senso più vero di certi paesaggi americani, a partire dai tramonti insanguinati di Church sul fiume Hudson o da quelli di Gifford sullo stesso fiume. Scrive Tassi: «Credo ricorderete l'inizio di *Sentieri selvaggi*; l'attesa degli indiani in quella casa isolata, la paura e la tensione che crescono con il crescere della luce nel tramonto, finché il rosso tragico dell'immenso cielo invisibile incendia ogni cosa, i volti, le mani, il legno delle pareti, i mobili e l'aria; poi di colpo sulla bambina fuggita nel campo vicino si alza l'ombra dell'indiano, gettatavi dalla luna che ha reso ormai tutto azzurro, impallidito e silenzioso. Se avete sentito la grande poesia che nasce in quel passar di colori, siete sulla buona strada per capire Hopper; allora l'eccesso cromatico non

sembrerà più "volgare" al vostro gusto europeo, ma emozionante, vero dramma della pittura.» Del resto, a scorci soprattutto urbani, come questo *Emporio*, hanno guardato grandi registi interessati al magistero compositivo di Hopper, da Hitchcock a Wim Wenders.

Ne discende quello che certamente è il grande interesse per una spazialità quasi astratta nelle sue isolate componenti, ma che vuole giungere a un intento rappresentativo, a spiegare la realtà e soprattutto la realtà interiore. Nel 1953 Hopper dichiara: «La grande arte è espressione esteriore della vita interiore dell'artista e questa vita interiore si tradurrà nella sua personale visione del mondo. La vita interiore di un essere umano è un regno sconfinato e vario.» Solo qualche anno prima, nel momento del suo passaggio alla più nota rappresentazione astratta, Rothko aveva potuto affermare: «Se le astrazioni precedenti riflettevano le preoccupazioni scientifiche e oggettive dei nostri tempi, le nostre sono l'equivalente pittorico della nuova conoscenza e consapevolezza dell'uomo nei confronti della propria interiorità.»

In questa coincidenza precisa tra due artisti che sembrerebbero in apparenza tanto distanti, sta quella congiunzione di spiriti che senza alcun dubbio unisce la visione romantica di Friedrich e Turner con la grande arte astratta dei pittori americani novecenteschi, e in modo particolare di Rothko. E in entrambi, in Hopper come in Rothko, l'importanza della luce, e al contrario dell'ombra e del buio, anche non naturalistico, viene segnata dalla delimitazione attraverso campi pittorici figurativi o astratti, da cui nasce il rapporto così importante tra un dentro e un fuori, tra la realtà e lo spirito. Molte figure che Hopper dipinge su un bilico di spazio, nel luogo che accade davanti a una finestra aperta, davanti a una luce che vasta si fissa su un muro, sul letto o su un pavimento, non sarebbero certamente nate senza l'esempio di Friedrich un secolo prima.

C'è un passo di Emerson, che pare perfetto per spiegare un'attitudine fondamentale di Hopper: «Esistono due poteri di immaginazione: uno consiste nel conoscere il carattere simbolico delle cose e trattarle come rappresentative; l'altro nel dimostrare che questo prodotto dell'immaginazione è in realtà un oggetto tangibile, come il terreno su cui poggia i piedi l'artista o come i muri delle case che lo circondano.» Da Rembrandt e poi da Manet e Degas, ma anche da Eakins, pittore americano che di poco generazionalmente lo precede, Hopper apprende il modo di una immaginazione che legandosi alla realtà poi la trascenda. Dando così il via a un processo di interiorizzazione che deve trasmettere l'autenticità della visione che abita e risiede nell'animo umano. Per cui nessun elemento di cui la realtà è

formata può risultare tanto banale da non poter essere descritto o diventare pittura, se poi ogni elemento del reale tende a quell'affondamento nella coscienza che è il fine ultimo e più vero di questa pittura. È lì che il viaggio dimostra di compiersi e ha il suo luogo finale di approdo. Una notte a New York, una notte nel 1927, è uno dei punti del viaggio così concepito. Tra i più affascinanti.

Sempre O'Doherty ricorda come Hopper tenesse nel portafoglio («Io porto con me le cose che mi piacciono») una frase di Goethe, da lui molto letto e ammirato, che recita: «Principio e fine di ogni attività letteraria [se sostituiamo «letteraria» con «artistica» va bene lo stesso] è la riproduzione del mondo che mi circonda attraverso il mondo che è in me, in modo che tutte le cose siano afferrate, raccordate, ricreate, plasmate e ricostruite in forma personale e originale.» È una porta aperta, è un viaggio continuo tra ciò che si manifesta alla vista e ciò che si nasconde nell'interiorità, ed è in questo tragitto, nuovo ogni volta che prende il via l'atto del dipingere, che si crea il fascino maggiore nell'opera di Hopper. Certo, egli ha parlato con entusiasmo del suo amore per il viaggio («La cosa più importante per me è il senso dell'andare via. Voi ricordate che bella cosa è quando si viaggia»), che è quanto di più connaturato all'animo americano vi sia. Sappiamo che proprio in quel 1927 in cui dipinge *Emporio*, grazie ai 1500 dollari guadagnati per la vendita del quadro *Due tra le poltrone*, acquista una Dodge di seconda mano. E sappiamo che subito dopo averla acquistata parte immediatamente per il primo, lunghissimo viaggio, guidando da New York fino al Messico. Da allora, ogni anno trascorse *on the road* diversi mesi, disegnando e dipingendo nell'aria libera, oppure in camere di anonimi motel di provincia o sul sedile posteriore della sua Dodge, che diventa quindi quello che per Monet fu il *bateau-atelier* che solcava placidamente la Senna, e poi l'Epte, mentre il suo inquilino cercava di catturare l'*impression*.

Sappiamo dunque di questo suo amore per il viaggio fisico, nel quale il pittore presta il suo corpo al mondo, lo offre in cambio di una visione, ma sappiamo soprattutto che il suo vero viaggio è quello che confluisce nel mondo dell'interiorità. E la notte rappresenta massimamente l'interiorità. Per questo, a un certo punto della sua vita, non ha nemmeno più bisogno di viaggiare. Il viaggio, che è partenza e movimento, e poi l'abbandono, diventa anche l'insediarsi in un luogo. Che come abbiamo visto non può essere il luogo fisico, e in effetti nel paesaggio vicino alla casa di Cape Cod, come dirà lo stesso Hopper, ormai tutti i motivi si sono esauriti. La pittura non può nascere che dalla mente. E si presentano allora gli esiti bellissimi di questo viaggio, e sono immagini di solitudine, di spazi vuoti, di paesaggi americani che incontrano una nuova idea del sublime. Che talvolta si svuotano di tutto, proprio come nella New York adesso in mostra. Usando il colore per esprimere la chiarezza e la densità di un'emozione. Usando i complementari così da ingigantire la forza e la risonanza dei colori. Ma soprattutto, è la risonanza dell'animo.

Così in certe notti nelle quali Hopper dipinge il silenzio, la solitudine e la malinconia, noi non troviamo più alcuna nota di realismo, ma sentiamo l'inquietudine di una bellezza che nasce dalla sospensione della realtà. Ciò che si manifesta, si nasconde. Ancora una volta, la notte pare perfetta per questa sospensione. Quanto appare e galleggia sulla superficie del quadro, per altra via scompare alla nostra vista, inabissandosi. Anche se permane nel cerchio della vista stessa. E tutto ciò perché Hopper inventa una luce che presenta e si presenta, oggetto medesimo del racconto, anzi più di tutto oggetto di quel dire con il colore. La luce, adesso notturna, che genera un cortocircuito, che accenna al mi-

stero della presentazione delle cose ma anche della loro sparizione. La presenza e l'assenza del mondo si sommano dentro il potere miracoloso e segreto della luce. In questo modo, e solo in questo modo, il pittore blocca il tempo una volta per sempre. Sente il fascino di dipingere la precisione dell'attimo che si fissa e si incide nella carne della pittura e della vita. Si incista nell'eternità.

Ma alla fine di questo capitolo, in un tempo che recupera una visione intrisa di realtà, eppure facendolo solo in apparenza, sta un pittore meraviglioso e immenso, che da

Hopper, alla metà del secolo, raccoglie in America il testimone di una pittura fondata sull'osservazione che si muta in assenza e sospensione. In una silenziosa, profumata, eterna e assoluta metafisica del quotidiano. Tra la Pennsylvania e il Maine, tra la campagna e la costa sull'oceano, tra le notti di luna e il buio dei cieli. Un pittore come poche altre volte si è visto in tutto il XX secolo, per la sua purezza di racconto e subito dopo la scomparsa di quel racconto, perché la storia in lui non ha mai chiuso la strada alla misura dell'immenso che ogni cosa pervade, e trascende.

C'è infatti in Andrew Wyeth una dolcissima ed estenuata capacità di far vibrare le corde di un'emozione infinita, quasi inattingibile, e molto spesso è proprio l'ora della notte e della luna che fa scoccare questa scintilla. Nel luogo in cui la vastità si offre come una dispersione, eppure fortemente ancorata, e da lì salpante, alla riva della vita. I due grandi acquerelli di Wyeth, *Plenilunio* (1975, cat. n. 92) e *Il riflesso della luna* (1986, cat. n. 93), che stanno alla fine di questa sezione, e la serrano come in un lago di buio e di silenzio, ma anche di tersità del bianco della luna, avrebbero potuto stare anche assieme a un'altra sua opera nella penultima sezione della mostra (*Verso sera d'inverno dai Kuerner*, cat. n. 96). Sarebbe stato più logico, forse, riunire le tre opere su un'unica parete. Ma li ho voluti qui, per dire invece, dopo il romanticismo, dopo il realismo, dopo l'impressionismo, dopo la nascita di una prima astrazione, cosa fosse diventata la pittura della notte in pieno Novecento, addirittura nel suo scorcio finale. Cosa fosse diventata grazie a Andrew Wyeth. E non avevo voglia di aspettare altre due stanze per farlo vedere. E a me stesso prima che a qualsiasi altro.

Anche Wyeth, come fu per Hopper – e sembra sia così a ogni passaggio di generazione tra questi sublimi artisti americani –, è affascinato dalla figura, dalla vita e dalle opere di Winslow Homer, due delle quali, come abbiamo visto, sono inserite in questa stessa sezione (cat. nn. 75, 77). I luoghi di Homer, li va a visitare nel 1936. Quella costa del Maine che è stata per oltre un secolo il luogo dell'invenzione continua nella pittura di paesaggio americana. Pittura strenuamente partecipata tra cuore e visione. Del resto, tutta la sua prima produzione, ispirata anche alla fondamentale figura del padre, N.C. Wyeth, pittore importante e anche grande illustratore, ha certamente Homer quale nume tutelare. E soprattutto la lunga serie dei suoi acquerelli, come un foglio del 1937 quale *Il pescatore di aragoste* testimonia con tutta la chiarezza possibile. Dell'anno precedente era già una mostra a Filadelfia con trenta acquerelli, che ottenne un notevolissimo successo e che convinse un mercante newyorkese, Robert Macbeth, a esporre nel 1937 ventitré ulteriori acquerelli nella sua galleria. Il successo fu ancora una volta enorme e già il secondo giorno tutte le opere risultavano vendute.

Wyeth però non sembrava soddisfatto: «Mi aggiravo attorno a un livello ancora superficiale, avevo bisogno di scendere più in profondità, entrare più intimamente in contatto con la natura.» Quel contatto con la natura che egli sentirà come un fatto di fascinazione segreta e misteriosa, suggestioni che andavano tutte al di là dell'immagine visibile. E questo attraverso un metodo che è stato definito del "naturalismo investigativo". Per cui alla sua precisione quasi lenticolare – e non a caso Dürer è uno dei suoi ovvi riferimenti – non corrisponde, esattamente com'era in Hopper, il dato della realtà rappresentata, ma piuttosto l'esito della realtà trasfigurata. Hopper incontrato a New York nel 1942, dal che nacque una frequentazione piuttosto saltuaria per i venticinque anni che portarono alla scomparsa dello stesso Hopper. L'ammirazione nei suoi confronti è dichiarata, e soprattutto per la sua capacità prodigiosa di creare e governare un nuovo spazio, sottomesso a quella ferma luce del sole che diventava pienamente luce dello spirito. O quella ferma luce della sera e della notte che diventava,

ugualmente, luce dello spirito. In questo senso comunque anche l'opera di Charles Sheeler, altro insigne interprete della realtà americana, non risultò indifferente a Wyeth, che seppe tuttavia ben presto trarsi verso una regione in cui la pittura divenne solo sua. Arrivando a riprodurre fedelmente ciò che vedeva, eppure aggiungendo ed eliminando continuamente. Costruendo dunque un mondo pieno di respiri che poi si sospendono.

N.C. Wyeth, 1940-1945

Questa della sospensione di tutto, dentro una specie di scatola fissa e mobile insieme, è la caratteristica principale dell'arte di Andrew Wyeth. Che concepisce il viaggio non come spostamento fisico – i suoi luoghi sono sempre gli stessi, Chadds Ford in Pennsylvania e la costa del Maine –, ma come circolarizzazione dell'immagine che l'assenza e il ricordo producono. Un viaggio nell'interiorità che, nato su esperienze vagamente surrealiste come nel quadro giovanile *Mattina di Natale* che incontreremo nell'ultima sezione della mostra, si fonda poi su un particolarissimo realismo magico, che immette nella realtà il segreto del mistero, evocando spazi quasi sovrannaturali. La sospensione dello spazio e del tempo, e dunque la creazione di un nuovo alfabeto visivo che va tutto imparato, fa nascere pitture che sembrano originarsi più nella mente che negli occhi: «Creo un grande spazio dentro me stesso, come se fossi una cassa di risonanza, continuamente pronta a cogliere una vibrazione, una nota da qualcosa o da qualcuno.»

Ma è innegabile come vi sia un fatto, e lo sentiremo subito dalle parole del pittore, che segni un vero spartiacque nella sua ancora giovane vita. Il 19 ottobre 1945, a un passaggio a livello, un treno travolge, uccidendoli, il padre N.C. Wyeth e il nipote di tre anni. Da quel momento la pittura di Andrew si attarderà sempre sul tema della morte e della perdita, come per una confessione muta. Tanto che i suoi quadri avranno da allora una funzione non soltanto rammemorativa ma anche di implicito e

N.C. Wyeth, *Il naufragio
della "Covenant"*, 1913
Chadds Ford, Brandywine River
Museum of Art
dono di George A. Weymouth e
suo figlio in memoria di Mr. e Mrs.
George T. Weymouth

Andrew Wyeth
Raccoglitore di more, 1943
collezione privata

silenzioso omaggio: «Penso che il vero punto di svolta nella mia vita – il momento in cui l'emozione è diventata la cosa più importante – sia stata la morte di mio padre, nel 1945. La nostra era una stupenda amicizia. Certo, era stato il mio unico insegnante ed era una persona magnifica e importante. Quando morì ero solo un bravo e impulsivo acquerellista. Quel giorno ero lì e avvertii una terribile urgenza di dimostrare che non aveva perso tempo con me, di fare qualcosa di serio, non sciocche caricature della natura. Ero molto triste. Ho sempre provato una forte emozione per il paesaggio, che, alla fine, con la sua morte, ha acquistato un significato, la sua vera essenza.»

Prima di quel 1945 Andrew Wyeth aveva dipinto già alcuni paesaggi molto belli, come *Raccoglitore di more*, *Vendita pubblica* o *Il cacciatore*. Che stavano però ancora sul terreno di una decorazione che illustrava spazi e figure in un loro squadernamento fin troppo evidente ed esibito, dove l'abilità tecnica prodigiosa ha uno scopo di meraviglia. L'eco di Sheeler si sente alitare come piccolo vento dal fondo. Ma subito dopo, tra il 1946 e il 1948, Andrew Wyeth dipinge i suoi primi capolavori, stretti entro gli affascinanti confini della dilatazione di un silenzio. Dapprima *Inverno 1946*, poi nel 1947 *Christina Olson* e *Vento dal mare*. Tutto è completamente cambiato. Le figure che abitano i paesaggi, o se ne stanno sul limitare osservando con tristezza il mondo, paiono, e forse sono, inanimate. D'incanto, e come per uno schianto – il ricordo del rumore fondo proprio dello schianto del treno che travolge il padre –, cede tutta la forza della realtà e si presenta un mondo diverso, bloccato, sospeso, inquieto. Che evoca il transitorio della vita e impone la forma del ricordo. Ha dichiarato Wyeth: «Molti sostengono che io abbia reintrodotto il realismo – mi paragonano a Eakins o a Winslow Homer. Ma si sbagliano. Sinceramente mi considero un astrattista. Le figure di Eakins respirano nella cornice. La mia gente, i miei oggetti respirano in modo diverso; c'è un'emozione astratta. Quando cominci a osservare veramente un semplice oggetto e a coglierne il significato profondo, se non provi nulla non

c'è scopo. Sono le mie fantasie romantiche sulle cose che cerco di dipingere, ma ci arrivo attraverso il realismo. Se non basi i tuoi sogni sulla realtà, la tua arte è imperfetta.»

L'emozione astratta non corrisponde, evidentemente, alla pittura astratta, ma piuttosto a un sollevarsi sul mondo e a renderlo attraverso l'essenza, l'assoluto, il crepitare di un sentimento che dà luogo, in questa pittura, a un vero e proprio viaggio nell'anima dei luoghi. Molto spesso serali o notturni, come vediamo adesso in mostra. Come per Hopper, la pittura mostra l'inconscio. Sia nei volti che nei luoghi silenziosi. E lo illustra, lo rende visibile, lo spalanca in quello spazio che non è del mondo e non è di un sovramondo. Creandosi invece un luogo intermedio, come un purgatorio dantesco, nel quale le anime dei morti abbiano accesso prima che sia un altro viaggio. E nel quale gli occhi di chi non è ancora morto possano guardare da lontano per ricordare ciò che era in vita. Possano guardare tutto questo, non visti, dentro un paesaggio notturno. Oppure, essere lo stesso pittore a vivere, non visto, nei confini di una notte che si apre verso l'immenso.

È precisamente per questo motivo che Wyeth è così interessato alla soglia, al punto di passaggio, al tema della finestra. La soglia è il luogo da attraversare per andare incontro a qualcuno, colui che è già passato. Qualcuno giunge e qualcuno parte, ciò che si può dipingere è un'assenza costante, un vuoto che percuote piano l'aria e tutto si conduce nella luce bianca e indefinita che viene da lontano. Nella luce bianca della luna che si spande sul mondo notturno creato mirabilmente da Wyeth.

È la qualità simbolica della sua pittura, con quell'idea famigliare che connette il ricordo al presente. Il tempo dell'infanzia è per lui una miniera inesauribile, e come poche altre volte il passato è un

Andrew Wyeth
Vento dal mare, 1947
Washington, National Gallery
of Art
dono di Charles H. Morgan

I Kuerner, 1971, collezione privata

Andrew Wyeth, *Brown swiss
(La casa dei Kuerner riflessa
nello stagno)*, 1957
collezione privata

elemento fondante del procedere. Parlare in assenza
è dipingere in assenza di qualcuno e questo genera il
fascino più alto nella pittura. Il vento dal mare porta
una presenza che è assente. La si può intuire ma non
c'è e nemmeno si dichiara, perché l'unica sua voce è
quella del silenzio. Le finestre di Wyeth sono quasi
le pupille spalancate sul mondo, e la soglia su cui sta
non la figura ma il pensiero muto che evoca la trasformazione. Rigenerazione di un possibile respiro,
di un possibile nuovo sguardo.

Wyeth ha scritto: «La gente parla della
malinconia dei miei dipinti. Sento il tempo che
passa e il mio desiderio di trattenerlo potrebbe essere interpretato come tristezza. Penso che il termine corretto non sia malinconico ma pensieroso.
Rifletto molto e proietto le cose in una dimensio-
ne onirica nel passato e nel futuro, quella senza tempo delle rocce e delle colline, popolata da tutti
coloro che vi hanno abitato. Preferisco l'autunno e l'inverno, quando si può percepire lo scheletro
del paesaggio, la sua solitudine, la sensazione di morte dell'inverno. Qualcosa sta aspettando in sor-
dina, la storia non è visibile nella sua integrità. Tutto ciò che in qualche modo assomiglia a questo,
contemplativo, silenzioso, con una solitaria presenza, verrebbe percepito come triste. Deriva forse
dal fatto che abbiamo disimparato l'arte di essere soli?»

Lo spazio di Andrew Wyeth è emozione, e lo vedremo tra poco parlando delle due visioni
notturne: «Quello che sto cercando di dire è che all'origine di ogni dipinto c'è un'emozione, che
devo tirare fuori. Queste raffigurazioni impeccabili vi faranno credere che io sia un tranquillo ma-
tematico. Quelle piccole pennellate frenano invece la mia vera natura, il disordine.» Così, a cavallo
tra la fine degli anni quaranta e l'inizio del decennio successivo, si fissano le coordinate di quel mondo che subirà minime variazioni quanto a forza e dichiarazione dell'emozione e del silenzio e che
nell'alternarsi di acquerello e tempera troverà anche un alternarsi di transitorietà e immortalità. I due
estremi entro i quali si tende il lavoro di Wyeth: «Nelle figure rivolte verso la luce di Rembrandt, il
movimento è cristallizzato; come se il tempo trattenesse il respiro per un istante – e per l'eternità. È
questo quello che sto cercando.»

Il suo mondo è tutto e sempre emozione: «Non so. Ho una sensazione. Dipingi fin dove

ti conducono le emozioni. E basta.» E pronunciando questo «e basta», si ha la convinzione che la pittura sia una necessità, impossibile da scansare. Ci si commuove davanti alla cenere in prossimità del mare, cenere ancora fumante sulla sabbia, con pezzi di legno non consumati e dei crostacei. Ci si commuove ripensando alle parole bellissime di Wyeth: «Mi elettrizza quell'incredibile silenzio. La conchiglia bianca di un mollusco su una sponda ghiaiosa del Maine mi emoziona, perché è tutto il mare, il gabbiano che l'ha trasportata lì, la pioggia, il sole che l'ha resa così bianca.» L'avrebbe potuto scrivere un secolo prima Walt Whitman. Ecco il senso di una continuità dell'anima e della visione. E si capisce davvero che la pittura non avrà mai fine se in qualsiasi angolo del mondo un pittore, raccontando di un bianco mollusco asciugato dal sole, racconta dell'oceano e delle sue acque, di tutta quella vastità che viene da Achab e giunge nell'ansa riparata di un golfo calmo e azzurro. Quando si scoprirà che la corrente di un piccolo fiume, segreto, sta per abbandonare la sua corsa, per sospendersi in un più vasto spazio dove tutto del ricordo sia chiamato. Il silenzio come la neve, la luce come la finestra, la barca come il sorriso.

E il silenzio è finalmente la notte, la luna, così tante volte dipinte da Wyeth. Come in una delle sue opere più celebri, *Plenilunio* (cat. n. 92), cui lo stesso Wyeth è stato molto legato, tanto da averla sempre proposta in ognuna delle sue esposizioni riepilogative, fino a quella del 2006, ad Atlanta e Filadelfia, meravigliosa nel suo aver costituito il corpo vivente di una rivelazione.

«Ci arrivai camminando sulla collina nel tardo pomeriggio di un novembre, e improvvisamente vidi la casa dei Kuerner e la collina che si rifletteva nello stagno. Mi colpì e per questo andai nel mio studio»: così Andrew Wyeth descrive, nel catalogo della mostra del 1995 al Nelson-Atkins Museum of Art di Kansas City, la prima visione, nel 1957, della casa di Karl e Anna Kuerner, in Pennsylvania, accanto alla sua a Chadds Ford. I Kuerner, al pari degli Olson nel Maine, sono i pilastri attorno a cui il pittore americano ha costruito tante delle sue immagini memorabili. Dopo alcuni disegni, sull'onda dell'emozione di quella visione, in una quasi sera di novembre preda già di una luce ghiacciata e cristallina, Wyeth realizza una grande tempera. Con uno spazio di collina tutto aperto e lisciato dal gelo, mentre sulla

Andrew Wyeth
Senza titolo, 1975
collezione privata

sinistra la casa bianca dei Kuerner specchia il suo candore nell'acqua di un piccolo lago, che ha sopra di sé una breve riva come di un cuoio più scuro della terra.

È quella la casa attorno alla quale Andrew si aggirerà per anni nella stagione autunnale e poi in quella invernale, prima di partire in primavera per Cushing, nel Maine, dove vive e lavora durante i mesi più caldi dell'anno. Attorno ma anche dentro la casa, perché tante volte ha disegnato e dipinto quella strana famiglia tedesca, che dopo la guerra si era trasferita in America. Fino a che, in una notte di luna piena, d'inverno, si compie il miracolo, e la perfezione dell'atmosfera giunge al suo culmine. Sempre nel catalogo di Kansas City, Wyeth spiega così: «Attorno all'una del mattino, ero alzato e stavo sul retro della casa dei Kuerner. C'era una luna piena che illuminava in maniera misteriosa le chiazze della neve sciolta sulla collina. Poi ascoltai un rumore morbido e regolare che proveniva dalla legnaia, dove c'era una luce, e mi accorsi che Anna tagliava della legna. Mio Dio, potevo sentire distintamente il rumore dei colpi con i quali tagliava i pezzi e li disponeva in un piccolo cesto per poter accendere il fuoco per la colazione la mattina seguente. Stetti lì al freddo, sotto la luce della luna. Alla fine, lei smise. La luce nella legnaia si spense e io seguii l'accendersi e lo spegnersi delle altre luci mentre saliva le scale. Feci dei piccoli schizzi a matita, tornai nello studio e dipinsi la scena all'acquerello più o meno in mezz'ora. Il tono del colore è ciò che amo di più. Per me rappresenta l'inverno, l'aria fredda e cristallina, il suono del ghiaccio che si sbriciola quando pattini di sera. Tutti i bianchi sono dalla pura carta. Queste macchie di neve hanno un tono selvaggio, quasi primitivo. I rumori dei lupi sono lì. Tu li puoi quasi sentire ululare.»

In un libro del 1978, sempre dialogando con Thomas Howing, aveva anche detto di un sentimento che dominava l'atmosfera di quella notte, nella quale «appariva un silenzio e solo la luna e la casa al di sotto e il grande distendersi della collina sopra di essa, con le chiazze di neve sciolta sulla stessa collina.» E poi aveva proseguito: «Rinforzai l'antenna della televisione ed eliminai le finestre sul lato sinistro della casa per enfatizzare la luce della luna che si posava proprio lì, e lavorai sul tono dorato della finestra per evidenziare la strana presenza di Anna. Usai un tono nero voluttuoso, per rendere la situazione quasi parlante.»

Wyeth ancora una volta usa la parola «astrazione» per designare l'atmosfera di una notte che non appartiene a un tempo preciso ma allo scorrere infinito di un tempo più vasto: «Una ragazza che viene qualche volta a fare le pulizie nella nostra casa, quando vide per la prima volta questo dipinto

disse: "È la terra Apache!" È interessante che lei sentisse questo, come un pensiero astratto. Il dipinto è come la faccia dipinta di un indiano, scura e poi abbagliante nel suo bianco. Ma *Plenilunio* è anche un ritratto di quella casa, una casa piena di strane qualità e non dipinta dall'esterno guardando dentro, ma dall'interno, guardando fuori e dentro nello stesso momento.»

È così che Andrew Wyeth conferma la sua attitudine stupefacente, indimenticabile, anche, e forse soprattutto, sotto la luce della luna. E lo conferma anche qui, o nell'altro suo acquerello meraviglioso, *Il riflesso della luna* (cat. n. 93). Lo spazio della natura, come era stato grandemente in Homer negli anni finali a Prout's Neck lungo la costa selvaggia del Maine, è lo spazio che accoglie, non viste, le persone. Negli spazi esse sono contenute, il loro spirito si raccoglie. Non esiste in Wyeth paesaggio puro. Mai. O meglio, esiste se lo si osservi come immagine che restituisce una semplice sembianza. Ma appena si scalfisca la sua pelle adamantina, perde la sua assolutezza di sola natura, per condurci sulla molto più affascinante via di una natura tutta partecipata, piena delle storie che hanno reso profumata e silenziosa la vita.

È in questo modo che la luna a Chadds Ford, sopra la casa dei Kuerner, una luna non vista, dilaga nel paesaggio notturno e rivela, sospende, dichiara, nasconde. Facendo tutte queste cose insieme, e nello stesso momento, la pittura genera presenza e assenza per la via di una levità che si offre, come una piuma, come un'ala di farfalla, come il rimbalzo lento di un suono. Nell'apparente semplicità del suo figurare, Andrew Wyeth ci consegna una delle pagine più alte di tutta la pittura del XX secolo, nella quale la notte diventa il luogo in cui tutto accade: il respiro e il sospendersi del respiro, l'intermittenza e il pulsare della luna, la sua assenza e il mistero che ne scaturisce.

È in questa dichiarazione d'inesistente esistenza, l'essere per il non essere, che questa pittura tocca un punto che pochi altri artisti hanno saputo raggiungere. Quel punto in cui il quotidiano e l'immenso convivono in una sola immagine, sotto un'unica luna. La luna che appariva agli Indiani delle pianure, la luna quando ululavano i lupi. *Wolf Moon*. O magari una notte d'inverno, in Pennsylvania. Una notte del tempo, mentre una donna si china per tagliare la legna e finestre di neve si accendono bianchissime, immacolate. Nell'eternità di un paesaggio che giunge dal tempo dell'origine. Proviene, o ritorna.

64. Joseph Mallord William Turner
Pescatori a costa di sottovento con tempo burrascoso, esposto nel 1802
olio su tela, cm 91,5 x 122
Southampton City Art Gallery

65. Caspar David Friedrich
Paesaggio costiero nella luce serale, 1815-1816
olio su tela, cm 22 x 31
Lubecca, die Lübecker Museen-Museum
Behnhaus Drägerhaus

66. Caspar David Friedrich
Città al chiaro di luna, 1817
olio su tela, cm 45,8 x 33
Winterthur, Museum Oskar Reinhart
am Stadtgarten

Pagina 362
67. Caspar David Friedrich
Notte di luna, pescatori sulla spiaggia, 1818 circa
olio su tela, cm 21 x 30
Lubecca, die Lübecker Museen-Museum
Behnhaus Drägerhaus
in prestito da collezione privata

Pagina 363
68. Caspar David Friedrich
Notte di luna, barche in rada, 1818 circa
olio su tela, cm 21 x 30
Lubecca, die Lübecker Museen-Museum
Behnhaus Drägerhaus
in prestito da collezione privata

69. Washington Allston
Chiaro di luna, 1819
olio su tela, cm 63,8 x 90,8
Boston, Museum of Fine Arts
William Sturgis Bigelow Collection

70. Fitz Hugh Lane
Pesca notturna, 1850
olio su tela, cm 49,9 x 76,8
Boston, Museum of Fine Arts
dono di Henry Lee Shattuck

71. Thomas Cole
Sera in Arcadia, 1843
olio su tela, cm 82,9 x 122,7
Hartford, Wadsworth Atheneum Museum of Art
lascito di Clara Hinton Gould

72. Frederic Edwin Church
L'isola di Grand Manan, baia di Fundy, 1852
olio su tela, cm 53,8 x 79,5
Hartford, Wadsworth Atheneum Museum of Art

Pagine seguenti
73. Frederic Edwin Church
Sera ai Tropici, 1881
olio su tela, cm 82,6 x 123,3
Hartford, Wadsworth Atheneum Museum of Art

74. Martin Johnson Heade
Tramonto, Black Rock, Connecticut, 1861 circa
olio su tela, cm 33,6 x 66,3
Boston, Museum of Fine Arts
dono di Maxim Karolik per la M. e M. Karolik Collection
of American Paintings, 1815-1865

75. Winslow Homer
Gloucester, barche da pesca al tramonto, 1884
olio su tavola, cm 39,7 x 95,9
Boston, Museum of Fine Arts
Henry H. e Zoë Oliver Sherman Fund e Mrs. James
J. Storrow, Jr.

76. Jean-Baptiste Camille Corot
Crepuscolo, 1845-1860
olio su tela, cm 50,2 x 37,1
Boston, Museum of Fine Arts
lascito di Mrs. Henry Lee Higginson
in memoria del marito

77. Winslow Homer
Crepuscolo a Leeds, New York, 1876
olio su tela, cm 61,3 x 71,1
Boston, Museum of Fine Arts
lascito di David P. Kimball in memoria della
moglie Clara Bertram Kimball

78. Jean-François Millet
Raffica di vento dopo il tramonto, 1871-1873
olio su tela, cm 90,5 x 117,5
Cardiff, Ar fenthyg gan/prestito dell'Amgueddfa
Cymru-National Museum Wales

79. Vincent van Gogh
Autunno, paesaggio al crepuscolo, 1885
olio su tela applicata su tavola, cm 53,3 x 92,6
Utrecht, Centraal Museum

80. Vincent van Gogh
Place Saint-Pierre al tramonto, 1887
olio su tela applicata su cartone, cm 32,5 x 42
Amsterdam, Van Gogh Museum
(Vincent van Gogh Foundation)

81. Vincent van Gogh
Campo innevato con aratro, verso sera (da Millet), 1890
olio su tela, cm 72 x 92
Amsterdam, Van Gogh Museum
(Vincent van Gogh Foundation)

82. Anselm Kiefer
Märkische Heide, 1974
olio, acrilico e gomma lacca su tela, cm 118 x 254
Eindhoven, collezione Van Abbemuseum

83. Claude Monet
Marina verso sera, Le Havre, 1866 circa
olio su tela, cm 43 x 59,5
Copenaghen, Ordrupgaard

84. Camille Pissarro
Tramonto, il porto di Rouen, 1898
olio su tela, cm 65 x 81,1
Cardiff, Ar fenthyg gan/prestito dell'Amgueddfa
Cymru-National Museum Wales

85. Claude Monet
Palazzo Dario dopo il tramonto, 1908
olio su tela, cm 92,3 x 73,2
Cardiff, Ar fenthyg gan/prestito dell'Amgueddfa
Cymru-National Museum Wales

86. Claude Monet
San Giorgio Maggiore dopo il tramonto, 1908
olio su tela, cm 59,2 x 81,2
Cardiff, Ar fenthyg gan/prestito dell'Amgueddfa
Cymru-National Museum Wales

87. James Abbott McNeill Whistler
Blu e oro, San Marco, Venezia, 1880
olio su tela, cm 44,5 x 59,7
Cardiff, Ar fenthyg gan/prestito dell'Amgueddfa
Cymru-National Museum Wales

88. Edward Hopper
Emporio, 1927
olio su tela, cm 73,7 x 101,9
Boston, Museum of Fine Arts
lascito di John T. Spaulding

89. Piet Mondrian
Notte d'estate, 1907
olio su tela, cm 71 x 110,5
L'Aia, collezione
del Gemeentemuseum

90. Paul Klee
Con la mezzaluna gialla e la stella blu, 1917
acquerello su carta, cm 19,5 x 14,3
Columbus Museum of Art
dono di Howard D. e Babette L. Sirak, donatori della
campagna per l'eccellenza continua, e del Derby Fund

91. Paul Klee
Ilfenburg, 1935
guazzo su carta, cm 30,3 x 26,2
Columbus Museum of Art
dono di Howard D. e Babette L. Sirak, donatori della
campagna per l'eccellenza continua, e del Derby Fund

Klee

92. Andrew Wyeth
Plenilunio, 1975
acquerello su carta, cm 101,9 x 73,6
collezione privata

93. Andrew Wyeth
Il riflesso della luna, 1986
acquerello su carta di stracci, cm 71 x 92
Mr. e Mrs. Frank E. Fowler

Sere e notti del Novecento

Il cielo e lo spirito

E quando miro in cielo arder le stelle,
dico fra me pensando:
a che tante facelle?
Che fa l'aria infinita, e quel profondo
infinito seren? Che vuol dir questa
solitudine immensa? Ed io che sono?

Giacomo Leopardi, *Canto notturno di un pastore errante dell'Asia*

«È come un miracolo che io riesca, a dispetto dello scoramento, a mantenere la mia linea, senza vacillare. Questo dono che ho ricevuto determina il mio cammino come un evento naturale», scrive Emil Nolde il 31 gennaio 1941. Sono gli anni per lui difficili della Seconda guerra mondiale, anni che fanno seguito agli avvenimenti del 1937, alla mostra dunque dell'arte degenerata. Nel 1940, la sua denuncia, all'ufficio delle tasse del Terzo Reich, relativa a incassi per 80.000 marchi, fa scattare una verifica da parte della commissione di vigilanza artistica. A seguito della quale, Nolde deve consegnare sette dipinti, quarantasei acquerelli e una litografia, «messi al sicuro dalla polizia competente come prodotti artistici scadenti.»

L'anno successivo, il 23 di agosto, il pittore riceve una raccomandata dal presidente della commissione: «Come risulta dalla presa visione delle sue opere originali che ci sono state recapitate, Lei è ancora oggi lontano dal patrimonio ideale del paese sollecitato da Hitler e oggi come già in precedenza il suo operato non corrisponde ai requisiti richiesti per consentire l'attività artistica all'interno del Reich e di conseguenza la sua appartenenza al mio dipartimento. Sulla base dell'articolo 10 del regolamento esecutivo annesso alla legge di ordinamento della Reichskulturkammer dell'1 novembre 1933,

Der Präsident
der Reichskammer der bildenden Künste

Berlin W35, den 23.August 1941.
Kurfürstenstr. 4-6

Aktenzeichen: II B/ M 2603/1236

Herrn
Emil Nolde   Einschreiben!
Berlin-Charlottenburg 9
Bayernallee 10

Anlässlich der mir s.Zt. vom Führer aufgetragenen Aussonderung
der Werke entarteter Kunst in den Museen mussten von Ihnen allein
1052 Werke beschlagnahmt werden. Eine Anzahl dieser Ihrer Werke
war auf den Ausstellungen "Entartete Kunst" in München, Dort-
mund und Berlin ausgestellt.

Aus diesen Tatsachen mussten Sie ersehen, dass Ihre Werke nicht
den Anforderungen entsprechen, die seit 1933 an das Kunstschaf-
fen aller in Deutschland tätigen bildenden Künstler – einschliess-
lich den im Reich lebenden Künstlern anderer Nationalitäten oder
Volkszugehörigkeit – gestellt sind. Die hierfür geltenden und
vom Führer in seinen programmatischen Reden anlässlich der Er-
öffnung der "Grossen Deutschen Kunstausstellungen" in München
seit Jahren wiederholt klar und eindeutig herausgestellten Richt-
linien zur künftigen künstlerischen Haltung und Zielsetzung kul-
tureller Förderung in Verantwortung gegenüber Volk und Reich,
mussten auch Ihnen bekannt sein.

Wie die Einsichtnahme Ihrer hergereichten Originalwerke der Letzt-
zeit ergab, stehen Sie jedoch auch heute noch diesem kulturellen
Gedankengut fern und entsprechen nach wie vor nicht den Voraus-
setzungen, die für Ihre künstlerische Tätigkeit im Reich und da-
mit für die Mitgliedschaft bei meiner Kammer erforderlich sind.

Auf Grund des § 10 der Ersten Durchführungsverordnung zum Reichs-
kulturkammergesetz vom 1.11.33 (RGBl.I, S.797) schliesse ich
Sie wegen mangelnder Zuverlässigkeit aus der Reichskammer der
bildenden Künste und untersage Ihnen mit sofortiger Wirkung
jede berufliche – auch nebenberufliche – Betätigung auf den
Gebieten der bildenden Künste.

Das auf Ihren Namen lautende Mitgliedsbuch M 2603 meiner Kammer
ist ungültig geworden; Sie wollen es umgehend an mich zurücksen-
den.

gez. Ziegler   Beglaubigt:

Lettera del Presidente della Reichskulturkammer a Emil Nolde con la proibizione di dipingere 23 agosto 1941

Joseph Goebbels visita la mostra sull'arte degenerata nel 1937. Sulla parete di sinistra si notano alcune opere di Nolde

Il quadro *Il peccatore* (1926) di Emil Nolde presente all'esposizione sull'arte degenerata a Monaco

la escludo pertanto per scarsa affidabilità dalla Reichskammer der Bildenden Künste e le proibisco con decorrenza immediata qualsiasi attività anche secondaria nel campo delle arti figurative.» Lo stesso procedimento scatta anche nel 1942, quando Nolde viene obbligato a far periziare dalla commissione venticinque opere dell'ultimo suo periodo di lavoro. Quello che a lui rimane, è il drammatico divieto di dipingere. Gli viene tolta la parola, quella parola colorata, scossa dal vento, che aveva sempre mosso i suoi passi nel mondo.

Nolde aveva già settant'anni, nel 1937, quando il regime sequestrò oltre mille delle sue opere presenti nelle collezioni dei musei tedeschi. Egli era di gran lunga l'artista tedesco più rappresentato, molto di più dei compagni espressionisti, dei quali era del resto più anziano. «Su espressa delega del Führer, di mettere al sicuro tutta l'arte corrotta presente dal 1910 nei musei tedeschi, allo scopo di allestire una esposizione», Goebbels fa aprire, il 19 luglio di quell'anno, nell'Istituto di Archeologia di Monaco, la cosiddetta mostra dell'arte degenerata. Già nella prima sala, Nolde era presente con sei dipinti, oltre al polittico sulla *Vita di Cristo*. Il commento che introduceva la sala era sprezzante: «Sotto il dominio del nucleo dello sfacciato dileggio della vita degli dei.» Successivamente, altre tre sue opere erano commentate in questo modo: «La nostalgia giudaica per il deserto si sfoga e il negro diviene in Germania l'ideale razziale di un'arte degenerata.» Erano i quadri nei quali l'artista evocava la sua nostalgia per luoghi e figure lontani, tali da apparire intollerabili per il regime nazista. Alla fine, con oltre trenta dipinti e una dozzina di acquerelli, Nolde era largamente l'artista più presente nella mostra. E tutto questo nonostante egli non avesse lesinato i tenta-

La casa con il giardino di
Emil Nolde a Seebüll, nello
Schleswig-Holstein

tivi, anche goffi e più che imbarazzanti talvolta, di stare
vicino all'ideologia di un'arte legata al mito della terra.

Ma ciò che alla fine emerge, è una vasta e dilagante solitudine, lui lì nella regione meravigliosa dello Schleswig-Holstein, nella casa in mezzo ai fiori di
Seebüll. Nella casa e nel giardino, a dipingere i «quadri
non dipinti», i quadri che non avrebbero mai dovuto
vedere la luce, poiché proibiti dal Reich. I quadri che
invece sono pieni di fiori, spesso colti nella luce della
sera e della notte, in mezzo al grande vento che attraversa quella terra tutta fatta di profumi, sospensioni e silenzi. Già, quella terra. Ho trovato una vecchia pagina di diario, che avevo scritto, ricordando,
dopo esserci passato ventisei anni fa. Era la meraviglia di un giorno della vita, nella sua chiarità estiva,
la scoperta del Nord. Visitare la casa del pittore, inaspettata in mezzo alla brughiera presa dal vento, la
sua casa, il pavimento di legno scricchiolante, gli orti pieni di fiori, di girasoli. Sì, proprio i suoi girasoli,
che ho posto su una parete all'inizio di questa sezione. Li ho posti lì, per il motivo che dirò. Ma intanto
voglio tornare a quell'estate ormai lontana, ripercorrere le stesse strade. Esserci, lì e allora, nel cuore del
tempo, nel cuore del mondo. Mi sembrava, ci sembrava, che ogni cosa, ogni luce, non potesse in alcun
modo essere nel posto sbagliato. Tutti pieni, noi, solo di stupore e meraviglia.

*(Proprio a metà strada tra Norlev e Strandev, in un giorno di luglio della nostra vita, si sta. In un
giorno al principio di luglio, attraversato da qualche ora il confine che dallo Schleswig-Holstein conduce
dalla Germania in Danimarca. Passato a una sbarra bianca e rossa il confine, come si doveva fare, io credo, tanto tempo prima. Tutto è perfetto, limpido, nella chiarità dei primi, inabissati cieli del Nord. Che
verso ogni dove si spandono. E il grande vento che spettina la brughiera, piega le alte erbe in un cerchio,
le distende sulla terra e le riporta in alto, con quel rimbalzo lento che avrebbe bisogno di una musica. E
tu che guardi hai di certo nel cuore questa musica, senti come essa appartenga alla terra, ma soprattutto
dilaghi nella piena e luminosa atmosfera. Toccando i fiori tutti colorati di questa stagione nel giardino
della casa di Nolde. A Seebüll. Qui è come un mare, dove le onde sono l'erba che si addormenta in un
respiro profondo, prolungato, al ritmo della risacca e del vento. Ciò che parte e ciò che resta, va al largo e
si sospende. Nel grande mare d'erba.*

*E prendendo la strada che da Skallerup Kirche porta verso l'acqua scura dello Skagerrak, non si
potrebbe prendere altra strada che questa. Non altra, perché verso quel mare conduce senza indugio. Si cammina e si arriva, non si potrebbe fare diversamente. Il senso del giungere, del cominciare un viaggio verso un*

punto, verso qualcosa. Intraprendere un viaggio. Essere nello stesso momento colui che è partito e colui che già è arrivato. E sulle dune di sabbia a Strandev si sta, davanti al mare. Bianco della sabbia, verde dei rami. L'acqua dolce e salata insieme, che unisce al mare del Nord il mar Baltico. A queste distanze noi siamo.

Chissà, forse così anche Vincent a Scheveningen, oltre un secolo fa. Lui seduto davanti a un'acqua fatta di correnti torbide, tormentate dal vento. Luce grattata di correnti e maree. Chissà perché viene questo pensiero del pittore seduto giovane sulle dune di sabbia, a guardare il movimento lento di colori assediati dal fango e dalla luna.

E si guarda quell'acqua maestosa, e piena di vento, e del colore della vita. E tutta piena di nuvole che s'intridono e vanno. Vanno. E sono esse stesse acqua del mare. Acqua che tu capisci appartenere a un immenso, ed è solo l'inizio del viaggio, la prima stazione, il momento in cui si sente di dover fare tanta strada, ma viene chiaro il sentimento pieno e largo della meraviglia davanti al mondo. Già, il mondo nel quale siamo. Meraviglia del mondo, il mondo come una meraviglia.

E ci si vorrebbe allora inginocchiare. E quasi pregare, con le ginocchia strette e posate sulla sabbia nell'ora più o meno del mezzogiorno. Con la luce che cade a picco e rivela le cose attorno, il mare nelle sue increspature dinanzi. E ci si chiede quale sarà la strada ancora. Quale potrà essere. Questo con ardore muto ci si chiede.

Il viaggio è appena cominciato, il tempo è quello della previsione e con questi occhi pieni di futuro si guarda il mare, si pensa al momento della traversata, fino a Kristiansand, quando su un'altra terra da questa riprenderemo il cammino. Verso nord, lontano, e più lunghe distanze, incontro a quella luce che non si conosce ancora ma si sa che resta, che rimane. Proprio quella. Il segno immenso di un permanere, di un resistere, galleggiare sul vasto teatro del mondo. Un segno che diventa sogno, e talvolta non puoi sapere se s'incida o svanisca. Nel momento dell'attraversare, in quel tempo che non si può dire istantaneo perché si perpetua di un poco, stanno vicini l'acqua del mare, la sabbia delle dune lontane appena e i cieli senza più confini. E non un unico cielo, ma più d'uno insieme. Tra altezza e vastità.

Eccolo, il Nord. Ciò che si presenta a noi, quanto avevamo sognato. Ciò per cui siamo partiti. Andare incontro al Nord, esserne avvolti, come da un mantello che non sia in alcun punto e in alcun modo lacerato. Ma soprattutto di muschio morbido sia, e sopra cui distendersi, mentre si guarda il cielo di una bianca luna. E s'immagina il buio tempestato e incatramato di stelle nelle lunghe e inarrivabili notti dell'inverno nel Nord. Il tempo che culla e sorprende mentre annotta, e da nessuna parte lo sguardo potrebbe andare se non ovunque in ogni momento. Nella contemporaneità e nell'assoluto di una presenza e di un'assenza.

Si pensava al Nord così, ci pensavamo. Un drappo steso sul mondo, nella vivezza di una luce inestinguibile. E d'altra parte, di un buio dentro cui, comunque, doversi orientare. Il troppo della luce e il troppo del buio, l'azzurro che tuona senza lampi e il blu profondo, quasi nero, che s'imprime. Materia dentro la materia, colore dentro il colore.

Ed essere lì, a galleggiare sospesi, senza sosta, su dune, rocce, alte colline, dorsi di montagne, fiordi scoscesi, rami d'alberi, tetti di case, finestre. Essere lì per vedere dall'alto il mondo, perché dall'alto quel mondo si vede meglio. Dove tutto è uno spandersi, accarezzare distanze, sentire che una foresta è d'improvviso l'occasione di essere contenuto, di tornare al punto che precede la nascita, quando la casa è l'utero della madre.

Il Nord l'abbiamo sentito così, nel movimento del doppio, l'incessante andare e tornare, correre all'immenso e tuttavia cercare un riparo. Un tetto dalla pioggia. Conoscere gli spazi più vasti, avere il desiderio di percorrerli e poi lo sguardo a un porto, da qualche parte, perché un porto potesse infine essere riconosciuto. Così abbiamo visto l'allungarsi di una strada, un nastro che si dipana e non si ferma mai, la distesa a perdita d'occhio della natura. Ma in un suo spazio, d'improvviso, la luce bassa di una casa che è il porto sicuro, e un piccolo giardino recintato. E nella casa, in quel porto sicuro, un uomo e una donna che sfogliano l'album delle fotografie e si riconoscono d'incanto anche se il tempo è passato. In una sera riparata, con il lume fioco, mentre fuori il vento è lo scrosciare. Un canto profondo, una filastrocca di bambini che si tengono per mano.

Il Nord si è fatto da noi conoscere così. Una storia da raccontare, niente da inventare. E sulla pelle e dentro i sogni è stato il silenzio della poesia. Posarsi candido nei giorni d'inverno, quando la lunga neve altro non ricopre se non la terra. E più in alto i rami degli alberi, i tetti delle case. I rami che sono gonfi di fiori rossi e gialli in estate, talvolta dell'azzurro del cielo. Azzurro che si specchia nell'azzurro. E ti volti come di soprassalto, per una sorpresa, perché mai ti è capitato di vedere come tutta questa terra sia di quel bianco infinito coperta, infine. Come quel bianco sia il mondo, il suo essere e il suo tempo. Sia un respiro profondo, che mentre quasi si spegne ugualmente rivive. Ciò che si presenta e ciò che non si vede, perché sembrerebbe inesatto dire che svanisca. O addirittura che è svanito. Una brace leggera, come di un fuoco non tutto consumato.

Senz'altro si nasconde e a ogni passaggio di stagione ritorna. In questo paesaggio, il tempo ancor di più, è. Mescolato al senso delle stagioni, al picchiettare di una pioggia che si fa neve, al transito benedetto dalla notte al giorno, si dichiara in tutta la sua potenza più per scomparsa che per presenza. O piuttosto in quell'assenza apparente che è densità molecolare nel tutto. Questo ho pensato, e amato, del Nord. L'essere

il limite e l'illimite, quanto di infinitamente piccolo si nasconda nel tutto. E come ciò sia nell'alternarsi senza fine dell'immensa notte e del giorno immenso.)

Emil Nolde è il più nordico tra i pittori tedeschi del Novecento. Ha vissuto in quelle terre lontane, dove il colore dell'estate si spegne poco per volta nell'imprimitura già fredda dell'autunno. E in quei luoghi, ai bordi di un immenso, mentre un mondo poco per volta, e poi con un tuono, andava in rovina, ha dipinto fiori e quasi solo fiori. Negli anni drammatici in cui in tutta Europa fiammeggiava una guerra distruttiva, egli stava concentrato sullo spazio del suo giardino sotto il cielo vasto del Nord. Dipingeva papaveri, peonie, clematis, dalie, girasoli, zinnie, gladioli, iris, e tra 1943 e 1944, nel cuore dello spregevole conflitto, quattro versioni dei girasoli presi dentro la luce della sera o della notte. Avviluppati a essa, nelle sue spire, e talvolta, come nel quadro dal museo di Columbus presente in questa mostra (*Girasoli in una tempesta di vento notturna*, cat. n. 94), spinti da un grande vento che muove superbe nuvole viola nel cielo scuro, con quei bottoni d'oro che sono i fiori scossi in un'ultima luce. Dipingeva la bellezza, e la bellezza della sera e della notte giungente, sparsa di stelle, accompagnata dal canto della luna, mentre si levavano alte le grida di chi moriva sterminato nei campi di battaglia. Di chi moriva nei campi di concentramento. Attaccato al suo piccolo giardino affacciato sulla brughiera, Nolde poneva un argine esile di bellezza a tutta quella violenza insensata. La brughiera non era Dachau.

Per questo motivo da qui riparte la mostra, per raccontare una notte diversa dopo quella del secolo della natura. Dopo quella romantica, quella dei realisti e degli impressionisti, dopo quella di alcuni pittori che l'hanno detta al principio del Novecento, da Mondrian a Klee. Riparte da Emil Nolde, scelto perché rappresenta una linea di resistenza della pittura in mezzo al diluvio. Una linea poetica della pittura. La pittura al di là di tutto, al di là anche del senso del destino. La pittura tutta intrecciata al destino, che fa a un uomo, pittore, decidere di dipingere fiori sotto un cielo sparso di nuvole viola, come egli fosse ancora sotto il cielo tropicale.

Cercavo un pittore così, per ricominciare dopo i tramonti di Van Gogh, le sue notti piene di stelle. Dopo i tramonti di Monet tutti azzurri a Venezia, dopo le notti di luna sul fiume di Mondrian. Cercavo un pittore così, che avesse sentito la grazia e l'incanto della natura e non avesse smesso mai di amarla e di raccontarla con il colore. Un pittore che a un certo punto, in un tempo della sua vita, avesse trovato come un inciampo, un baratro, un salto difficile da affrontare. Volevo che questo potesse essere, anzi fosse, l'inizio di un nuovo capitolo.

Che cosa voglio dire? Perché ho cercato un pittore così? Voglio dire questo, che la pittura vince su ogni male e si fa verità e strazio in immagine, trasalimento di bellezza. I girasoli alti su uno spalto da cui si domina un grande campo giallo, sul quale ancora non si è posata la luce della notte. Un quadro così, volevo in questo punto del cammino, ad aprire una sezione che sentivo stretta forte attorno al potere della vita, al suo essere il principio come la fine, e ancora una volta il principio. Una sezione come quella nella quale adesso stiamo, io volevo. E proprio qui, prima di un'ultima sala, nella quale ho desiderato porre come un riassunto di ciò che lungo la strada abbiamo visto, e spero tutti insieme amato. Perché Nolde è esattamente questo, colui che lascia fluire la pittura, e senza interrogarla nemmeno un momento, sente come essa sia la lingua, la sola lingua con la quale sia possibile esprimersi. Non c'è altro che questo nel destino.

Ho cercato un quadro così, nel quale la notte fosse dipinta, nel quale la notte fosse un'apparizione, niente più che un vento o un profumo. Volevo galleggiare io stesso in quella notte, tornare a quella brughiera, a tutta quella dilatazione di spazi che si apriva nell'oro e nell'azzurro di un vagante orizzonte. Il quadro di un pittore che aveva fatto parte di una delle principali avanguardie d'inizio Novecento, ma che continuava a dipingere, giunti quasi al mezzo secolo, nel segno di una fedeltà commovente alla pittura. Senza dimenticare quanto attorno a lui accadeva, sentiva dentro di sé questa possibilità infinita, che è la capacità di parlare in silenzio, oltre ogni clamore, oltre ogni fuoco acceso. La pittura dà questa occasione, di essere al centro del mondo, al centro dell'essere. E in ogni modo desideravo che fosse un pittore così a parlare, perché lui parlava in pittura dal centro esatto del dolore, dal punto preciso della disperazione, dell'annientamento dell'uomo.

Se un uomo continua a dipingere, mi dicevo, anche in quel tempo, anche in quel momento, significa che la pittura è infinita, e niente la può fermare. Avevo compreso perfettamente il punto da cui volevo che il mio racconto riprendesse, prima di abbracciare il lavoro di altri pittori, straordinari essi stessi. Ma avevo bisogno che la notte io la trovassi raccontata così, anche sotto quei cieli pericolosi, nei quali apparentemente tu senti che nessuna notte potrebbe manifestarsi. Non c'è tempo e non c'è modo, verrebbe da dire. E invece ci sono sia il tempo che il modo, e la pittura continua, la pittura va avanti, la pittura non si ferma mai. È lingua delle origini, parola primordiale, essenza e mistero, calore di un abbraccio, mantello che si stende. La pittura protegge, si prende cura. La pittura è spirito, è un sacro segreto, è il luogo in cui tutto accade e nulla è impossibile. Alla pittura ci si affida, si resta in essa avvolti e si capisce come vi sia compresa ugualmente la presenza e l'assenza. Niente le sfugge.

Ecco, proprio questo voglio raccontare, per il tramite bellissimo di alcuni pittori che amo, in questo punto della mostra. Quando la notte dipinta, o la sua sera, o le sue albe, sono parte del pieno Novecento, fin quasi alla sua conclusione. E tutto cambia, e le immagini sembrano scaturire da altro che non dalla sola visione dell'occhio fisico. Che non dalla sola adesione al fatto della natura. La notte diventa qualcosa di molto più grande, di molto più diffuso. La notte, e la sua sera, sono uno spazio ormai senza più limiti e confini, uno spazio che trova una sua dilagante profondità dentro il luogo dell'anima. Nuovo romanticismo, chissà. Creato da alcuni pittori facendo ancora una volta riferimento allo spettro del visibile – a certe notti di stelle, a tramonti nel mezzo della neve, a mari pieni dell'azzurro freddo che tramonta –, oppure no, toccando quello spazio nel quale ormai nessun visibile e nessun veduto sembra più accadere. In questo luogo, meraviglioso oltre ogni dire, celebriamo tutti insieme lo spirito di ciò che nel XX secolo abbiamo continuato a chiamare sera, a chiamare notte.

E come richiamo, come risonanza meravigliosa, come trionfo della pittura, in questa prima stanza di questa penultima sezione della mostra, assieme a Nolde stanno tre pittori che, ognuno dal suo punto nel mondo – uno in America, uno a Madrid e l'ultimo in Sicilia davanti al Mar Mediterraneo –, hanno dipinto il giungere della sera dopo il tramonto, e la notte, come un accadimento dello spirito. Senza allontanarsi mai, però, dal confronto quotidiano con la realtà. Stanno così, in questo punto sospesi, a dire come la pittura senza timore prosegua la sua strada, dentro misure di bellezza profonda e ineguagliabile.

Anche solo pronunciare i loro nomi, e scandirli nell'aria, mi dà emozione, poiché rappresentano per me l'equilibrio perfetto tra l'essere e lo svanire delle cose. Incarnano senza inganni lo spirito della modernità, dell'essere contemporanei, e facendolo con strumenti che spesso, o quasi sempre, sono invece associati a un malinteso gusto per il passato, che diventa, denigrato, passatismo. Andrew Wyeth e Antonio López García li abbiamo già incontrati lungo questo nostro cammino, e adesso li ri-troviamo con due opere ancora. Come una necessità del vedere e del respirare. Piero Guccione, invece, viene per la prima volta nominato, ed entra in questo manipolo di artisti umili eppure immensi. Coloro che non hanno bisogno di urlare, non hanno bisogno di grandi gesti, ma solo di concentrazione silenziosa davanti alla gloria del mondo, pur riparata e segreta. Che sia una terra coperta di neve nell'inverno della Pennsylvania, un giardino incantato sparso di stelle nella Mancia o un mare in Sicilia sopra cui le ombre della sera si stendano come un drappo.

López García dipinge nel 1980 il suo *Tomel-loso, giardino di notte* (cat. n. 95), e lo fa con la forza della verità che si incide nell'aria tutta colorata della notte. Un buio chiaro dentro cui galleggiano le stelle, e sono polvere e pulviscolo dorato nel cielo, mentre un lume più chiaro sbatte sul piccolo muro del giardino. Il giardino è la casa, il luogo di cono-sciute e usate misure, e la notte sopra la casa che non si vede è la notte delle care cose raccolte insieme nel cuore e nello spazio. Nessun crepuscolarismo, e invece l'ardire di nominare l'infinito e l'eterno per la via di muri sbrecciati nel buio, di alberi che dalla terra si arrampicano scuri verso l'aria notturna. Co-stellazioni sopra un breve orizzonte di piccola città, tatuaggi dell'atmosfera, battito del cuore. Il pittore spagnolo ha della realtà questa visione magica, e mentre cerca la verità in ogni cosa, in ogni anfratto del giardino, della terra e del cielo, la riconduce al motivo del sogno, della memoria notturna, come abbiamo visto nella prima sezione della mostra, con la sua meravigliosa *Donna addormentata*, sottoti-tolata appunto *Il sogno* (cat. n. 19). Il sogno pare essere per López García il luogo in cui si sommano, apparendo entrambi, l'anima e il mondo.

Ha detto Andrew Wyeth a proposito del suo *Verso sera d'inverno dai Kuerner* (cat. n. 96), che sta sulla stessa parete di *Tomelloso, giardino di notte*: «Betsy acquistò queste corna di caribù da qualche

parte e le appese nel granaio. Andai dietro a questa idea che potesse essere un ritratto di Karl Kuerner, che era un grande cacciatore. Le corna di caribù non furono mai in questo posto preciso, e così quest'opera è frutto completamente della mia immaginazione. Avevo disegnato queste corna così tante volte che le avevo perfettamente memorizzate, e così, quando vidi questa scena invernale prima di sera, le inserii. Amo il sentimento che si è creato.»

Dopo il tramonto, una luce in Pennsylvania mentre poco a poco viene la sera. Una luce di cenere, un pulviscolo di cui tutta l'aria è tessuta, un grande pino in primo piano, a un cui ramo stanno appese, come un trofeo di caccia, le corna di caribù acquistate dalla moglie Betsy. Quasi il solo elemento di realtà, perché tutto il resto, come è in López García, sembra molto più affidato al sogno, e non è un caso che Wyeth dica come l'opera sia frutto della sua immaginazione. Intendendo con questo non che il paesaggio presso la casa dei Kuerner, la stessa di *Plenilunio*, di cui abbiamo parlato a lungo nel capitolo precedente, fosse un'invenzione. Ma un'invenzione il collocare lì, nella luce di un tramonto avvenuto nel freddo inverno d'America, quel trofeo appeso e apparentemente fuori contesto. Perché poi, in un'aria quasi giapponese, con la diluizione dell'acquerello, tutto si raccoglie invece attorno a quel "mood" che Wyeth ama. L'incidersi lieve, dolcissimo, profumato di legna, della sera tutta bianca e grigia nel suo procedere. Sera che è un sogno, una sospensione, il leggero tocco silenzioso di quanto si manifesta come ignoto dentro l'universo noto.

Ma adesso è venuto il momento di introdurre il terzo pittore di quel breve manipolo, e di parlare un po' di lui, così come ho fatto ampiamente nei capitoli precedenti di López García e Wyeth. Di parlare di Piero Guccione e di quella sua instancabile volontà di dipingere il mare come un'essenza, come una verità. Avendolo fatto, soprattutto negli anni ottanta – lo stesso decennio in questa sala considerato per gli altri due –, dentro una luce di tramonto o serale. Non sarà inutile riandare a quegli anni della sua storia, che restano forse i più alti tra tutti, suggellati da una delle tante presenze alla Biennale veneziana, con la sala, che fu memorabile, introdotta dalle parole bellissime di Roberto Tassi.

Nel 1978, mentre è intento alla serie sugli *ibiscus*, Guccione dipinge due piccoli quadri, *La nave e l'ombra del mare* e *Piccolo mare con peschereccio*. Si tratta forse dell'ultimo, realistico contatto con il dato oggettivo, perché, come ha scritto benissimo Lorenza Trucchi, «per Guccione arte figurativa non significa ricalcare fedelmente il reale ma ripercorrere l'esperienza della percezione in tutta la sua complessità fisica e psichica.» A ciò si potrebbe aggiungere la nota osservazione di Friedrich: «Il pittore non deve soltanto dipingere ciò che vede davanti a sé ma anche ciò che vede in sé. Se però in sé non vede nulla, tralasci pure di dipingere ciò che vede davanti a sé.» E anche uno dei filosofi presocratici, Ippolito, in un frammento annota: «L'armonia invisibile vale più della visibile.»

Lo spazio di mare antistante la casa d'allora a Cava d'Aliga, sulla costa sud-orientale della Sicilia, sente per l'ultima volta passare, lungo la linea dell'orizzonte, una nave. Presenza immobile sopra la fluente immobilità del mare maestoso, che da qui tocca l'Africa. E quasi l'ultima presenza prima che siano poi solo la luce dell'azzurro e l'incavo sfibrato dell'ombra che da una nuvola si flette. O l'ombra della sera giungente. Mentre la sagoma della nave è ormai un bozzolo bianco ammainato.

Poiché il passo successivo sono due quadri già molto diversi, sia nell'intenzione che nella pittura. Il primo è proprio del 1978, e si intitola *Tre movimenti del mare*, mentre il secondo è del 1980: *Tre movimenti del mare, dedicato a F. Schubert*. È la stessa trama della pittura che porterà Guccione, tra il 1981 e il 1982, a realizzare *Ombre della sera* (cat. n. 97), uno dei suoi due quadri inclusi in questa sala. Si compie adesso, a dieci anni di distanza dal suo inizio, il tratto di un cammino che ha portato dalle prime spiagge fino a questa mimesi estrema, dove spirito e natura si fondono in una nuova unità. Guccione tocca il punto più lontano dal naturalismo: mari che non hanno il senso della veduta, dipinti sull'eredità di nessuno. Senza precedenti se non di sentimento, vivono soprattutto del motivo della contemplazione. Non inutile nominare Friedrich, tra l'altro da Guccione in quel momento appena riscoperto in una mostra parigina dedicata al romanticismo. Friedrich cui sarà dedicato, di qui a poco, un bellissimo ciclo di pastelli. Nordiche vastità siderali, fredde notti stellate, trasferite sulla spiaggia del Mediterraneo. Il nero sgocciolare delle acque baltiche si muta nella serale fissità di un mare che si muove dentro un disteso placarsi. Questa immagine, dopo Wyeth e dopo López García, è un'altra sera della modernità.

E la pittura da lontano si manifesta nella sua semplicità apparente. Vista da vicino è una trama fittissima di segni, significanti solo dall'unione dell'uno con l'altro, dalla loro nitida sovrapposizione. Tutti insieme evocano uno spazio assente. Lo spazio che prima era delimitato da un muretto in primo piano, oppure restava scandito dai cavi della linea telefonica, adesso si esprime per rilevanze diverse del colore, nell'azzurro mutante, nella corsa senza tempo delle correnti del mare. Non ci sono limiti, lo spazio pare senza confini, deborda da ogni lato seguendo il ritmo dell'onda. Appartiene all'interiorità più piena e profonda, evocando l'azzurro freddo di una sera sul mare. Non distante dalla grigità nevosa dell'inverno dipinto da Wyeth dopo la scomparsa del tramonto.

Guccione, con una ricerca lunghissima, da torturare la pelle della pittura, da renderla esito dell'ora e della stagione, ha impiegato dieci anni per modulare la varietà dentro l'uniformità. Per spiegare come il mutare si svolga sotto lo stesso, ma non identico, cielo. E la terra è il giallo di un campo di grano maturo, l'acquattarsi di un'ombra che spiove, lo sgretolarsi nel grigio di una cenere come di un fiore chiuso in un libro, o l'eczema di un costone di collina divorato dal fuoco e rimasto polvere, vuoto, nulla. Ormai inevitabile, si tocca anche qui il senso del limite. La pittura di Guccione non lascerà più questo spazio violato.

In una mostra a Parigi, nel 1983, da Claude Bernard, alcune opere erano ormai cosa completamente nuova. Almeno quattro restano come caposaldi: *Riflesso sul mare* (1979-1982), *Il cuore freddo del mare* (1980-1981), *Studio di mare* (1982-1983) e *L'ultimo mare* (1981-1983). Nel primo è quasi l'invadenza di un campo di grano sulla distesa d'acqua quando il sole acceca. Ma vive nel mezzo una ferita, e se lo spazio vi è sospeso, resta solo quello di una risonanza interiore, come un vuoto di Fontana. Guccione incide la superficie del mare, che mai come qui è strato denso di memoria, sostanza gialla su cui niente si specchia ma ogni cosa s'intride. E non mai luce mentale, invece natura spiata, il mare attraversato da uno sguardo d'amore.

Ancora altri, spesso attraversati da quel tono serale che ci interessa, quando il colore dell'acqua è freddo e più amalgamato, introducono a quella grande impresa che è *L'ultimo mare*. Da Guccione così chiamato non in maniera contenutistica, ma davvero immaginando che sarebbe stato l'ultimo mare dipinto. Finiva una stagione feconda per la pittura, e la pittura sul mare in maniera tutta particolare. Un'altra, altrettanto felice, ne era già cominciata sul versante del pastello, avviandosi intanto alla conclusione la serie dedicata a Friedrich. Fu una sosta che però durò poco, se già nel 1985 egli dava l'avvio a un altro ciclo fondamentale, che venne esposto nella sua interezza alla Biennale del 1988. E di cui in questa sala resta come esempio il bellissimo, colmo di assenze e presenze insieme, *Dopo il tramonto* (cat. n. 98).

Dare, attraverso il movimento del pennello, l'articolazione del colore. In maniera impercettibile e non violenta, l'articolazione dello spazio. Per creare infine una profondità che fugga verso l'infinito. Plasticità e infinitezza, senso della vastità: ecco quanto Guccione cerca di dipingere. Non è facile offrire il senso del consistere e allo stesso tempo dell'ineluttabile andare verso la lontananza. I motivi della sosta, della contemplazione e del viaggio. La sicurezza di un luogo noto e l'ignoto del mare.

Toccando questa polarità Guccione lascia che il mare sia l'eterno, l'immutabile, il "per sempre", ma anche si affanna per capire se da qualche parte la tela del mare, la tela della pittura si possano

Piero Guccione, *L'ombra sul
campo di grano II*, 1974-1983
collezione privata

smagliare, e la mutazione stessa avvenire sopra la distesa dell'azzurro. Per questo, profondità e visione, vicino e lontano, movimento e sosta, silenzio e clamore della luce o della sera, insieme concorrono a creare questa vasta unità. Che si esprime per via di tracciati, di apparenti vie sopra il mare. E sono il frutto di una lunga ossessione.

Nel 1985, mentre si andava esaurendo il ciclo sul *Vento d'Occidente* – ma almeno metà di quei pastelli è stata realizzata proprio in quell'anno –, Guccione riprende a dipingere. Per circa due anni, dalla conclusione di quadri come le quattro versioni del *Campo di grano*, *L'ultimo mare*, *Figura in un interno* e *Finestra con palma*, tutti realizzati, o terminati, nel 1983, la pittura era stata sospesa. Questo

nuovo inizio è il bisogno di una maggiore solidità, di una più lunga sedimentazione della materia e del tempo. Il desiderio di ricercare qualcosa di meno transitorio e sensuale del pastello, di meno caduco e immediato, e invece perenne. Si gioca proprio sul senso del tempo questo passaggio, e sulla concentrazione data a realtà che sono sempre più ridotte: il cielo e il mare. Due quadri del 1985 sono la ripresa di un dialogo interrotto, soprattutto con il mare. *Mare dopo il tramonto* e *Forme vaganti sul mare* riallacciano quel legame che pareva sopito, e invece lavorava come un tarlo anche quando non ve n'era traccia apparente.

È la sala alla Biennale, nel 1988, che racchiude il frutto di tre anni di lavoro. Allargata ulteriormente, quella scelta andrà a comporre la mostra personale di Guccione, nel maggio del 1989, alla James Goodman Gallery di New York. Vi è detto, in modo ancora più labile ed esile, ma con la forza di un guardare ormai ininterrotto, il progetto di Guccione sulla pittura. Ma soprattutto, in modo chiarissimo e non confutabile, come la pittura sia la realtà. Ma sia la realtà di un'ora vera, precisa, non generica. L'ombra e la luce sono attributi di questa tessitura costante, difesa da ogni assalto, riparata da tutto ciò che non sia l'eterno.

Così è la luce rosata in *Dopo il tramonto*, e l'accennarsi appena di un'onda nera sulla superficie mossa da un calmo vento serale. Da quando ha cominciato a dipingere il mare, pur essendosi modificata la visione, la temperatura del colore e la qualità stessa del silenzio, il tentativo, orgoglioso ma non velleitario, è stato quello di intervenire dentro l'immutabilità dell'eterno, recuperando spazi percorribili per la pittura. Rinvenire quotidiane misure dentro l'immensità. *Dopo il tramonto*, che è uno degli esempi più alti della serale, vischiosa densità dell'acqua, ha questo senso della contemplazione stupita e stremata, che, pur temendolo, affronta l'infinito.

Intermezzo

Nella stessa sala alla Biennale veneziana del 1988, sempre con l'auspicio critico di Roberto Tassi, comparivano anche alcune opere di Franco Sarnari. Belle di una bellezza ancestrale, quando la trama della pittura è insieme soffio del mondo, potenza e tessitura. Adesso si entra nella seconda parte di questa sezione, in questo punto della mostra, sotto le volte disegnate da Palladio, e si sta sotto un grande e nero cielo pieno di stelle sfrangiate, spaccature di luci, fiordi scoscesi, costellazioni. Incrinature di un ghiaccio che si rovescia, bianchissimo chiarore da altri emisferi. Ho chiesto a Sarnari di dipingere una tela, nuova, per questa occasione, di sei metri per tre, che volevo collocare come un tetto di cielo nella sala in cui, giù in basso, dialogano tra loro pittori sublimi come Nicolas de Staël, Morris Louis, Kenneth Noland, Mark Rothko.

Volevo sentirli raccolti sotto un cielo stellato, come una concentrazione di spirito, come il trattenere una dispersione che nei loro quadri talvolta appare, e si mescola al colore. Volevo questo, volevo diciotto metri quadrati di stelle sopra le loro teste, sopra le teste di coloro che di lì passeranno, guardando. Provando emozione. Volevo che quelle stelle fossero pittura, fossero la pittura, adesso dipinta da un grande artista contemporaneo. Non un quadro di prima, ma un quadro di adesso. Dipinto per questa circostanza. Nuovo. Ho chiesto quelle stelle, dentro questo cielo, a Franco Sarnari.

L'orizzonte del suo cielo è stretto, serrato, ormai trama del mistero. Restano quei piccoli falò delle stelle, fiamme che bruciano candide, costellazioni infinite, stracciate comete. Braci mai spente nel colmo della notte. Baci dati a chi si ama. Tu senti la resistenza del tempo, dietro un dilagare notturno di lampi, come se dietro il nero di quella notte fosse tutta intera una grande lavagna di gesso. E per congiungersi, aggrapparsi quasi, a questa dimensione del tempo, Sarnari ha utilizzato lo spazio come fosse una sindone, l'ultima e definitiva lucidatura di una sindone cosmica. Si è fatto viaggiatore su quelle tracce slabbrate e contuse di buio, lasciando che tutto attorno si manifestasse una polvere iridescente di stelle. Lui viaggiatore nel cielo, camminatore ardito dei sentieri oscuri.

Ma poi un luccichio, mille lanterne, lampare su un mare che è cielo. Una colata trattenuta e sparsa in varchi, fessure, anfratti. Da cui tutto proviene. E dove ogni cosa è pittura. E quello che adesso noi vediamo, meraviglioso, è un buissimo cielo stellato, dove ogni luce è profondità che giunge in superficie e galleggia. Si stende come un mantello. La pittura si prende cura, protegge, ripara da un immenso nel quale navighiamo. Innamorati e timorosi. A volte atterriti, ma sempre desiderosi di vita. Volevo che Sarnari dipingesse un cielo così. L'avevo immaginato così. L'ha infine dipinto. Perché la pittura è come un amore.

Poi dal guardare il cielo stellato si scende in basso, e si vede come hanno dipinto la sera e la notte quattro artisti che hanno interrogato quelle luci in modo accanito e straziante. Ognuno nel proprio modo. E hanno vissuto l'ora della pittura in modo eroico, privo di barriere ed esposti a ogni vento. Due di loro non hanno saputo reggere questa tensione. Il primo, Nicolas de Staël, è uno degli artisti più tormentati e meravigliosi che l'intera pittura del Novecento abbia tra le sue pur foltissime schiere. Egli, disperato e quasi annegato davanti al potere dello sguardo, della natura e delle cose. E ancor più dello spazio che si frange come un'onda violenta contro il luogo della coscienza. Sprofondando: «Solo, di fronte ai quadri, piango.» Appunto fino a quell'atto estremo e finale, gesto epico nella sua assolutezza e crudezza di dolore, del volo di un corpo, il suo, dagli spalti del Forte di Antibes, davanti al mare. Proprio quel Forte, e quel mare, dentro l'aria della sera che viene, che De Staël ha dipinto in uno dei due quadri che stanno appesi sulla prima parete di questa stanza (*Il Fort-Carré ad Antibes*, cat. n. 100).

Ha scritto in una delle sue lettere, bellissime e rivelatrici come quelle di Vincent van Gogh: «Per tutta la vita ho avuto bisogno di pensare pittura, di vedere dei quadri, di dipingere per aiutarmi a vivere, al fine di liberarmi da tutte le impressioni, da tutte le sensazioni, da tutte le inquietudini alle quali non trovo altra via d'uscita se non nella pittura.» Mentre veniva la luce di una intermittente tersità della sera sul mare e quell'inquietudine continuava ugualmente a manifestarsi. Quella luce che era rimasta imprigionata nella materia e sulla superficie dei suoi quadri, belli come doveva essere bella la prima ora del mondo, la terra al suo primo respiro: «Qui, sempre commosso di andare verso questa luce che non si vede perché è la luce medesima.»

De Staël ha rappresentato qualcosa di diverso nell'arte del Novecento, e bene lo intendiamo dalle parole di Roberto Tassi, scritte all'inizio di un bellissimo saggio sull'epistolario: «Il suo destino di artista irrequieto e avventuroso era di toccare, ovunque e in ogni campo si muovesse, l'immutabile, il duraturo, per quanto è concesso ai mortali, l'eterno. Nell'opera soprattutto; ma anche nei rapporti, negli amori e nelle lettere. Se si può dire di un uomo che porta in sé qualcosa di fatale, questo deve essere detto, più che per quasi ogni altro nel nostro tempo, per De Staël. Ce ne accorgiamo di fronte alla sua opera, tutta abitata da uno spirito e da una poesia che proseguono ininterrotti dall'inizio alla

La "Maison Ardouin" di fronte
al mare ad Antibes dove visse
Nicolas de Staël nel 1954-1955

Nicolas de Staël davanti
al Fort-Carré d'Antibes, pochi
giorni prima del suicidio

fine, e che la rendono unica al centro del XX secolo, molto ardua nella sua apparente semplicità, e non ancora studiata e capita nella sua interezza.»

Nel settembre del 1954 si stabilisce ad Antibes, in uno studio alto sulle mura della città. Si sente nel suo lavoro una più forte fluidità della materia pittorica, come uno slittamento liquido, dato dalla diluizione del colore con essenza di trementina, colore che poi veniva spesso steso sulla tela con dei tamponi di garza. De Staël si getta dalla finestra del suo *atelier*, uccidendosi, il 16 marzo del 1955. Le ultime settimane della sua vita sono state di lavoro febbricitante e allucinato, e i capolavori si susseguono. Due di questi, commoventi oltre ogni dire, sono adesso esposti qui, nella basilica disegnata da Palladio. Il giorno del suo andarsene dal mondo, aveva scritto al suo mercante, Jacques Dubourg: «Non ho la forza di ultimare i miei quadri.» Era il segnale della resa, il lasciarsi andare dentro le acque di un mare agitato: «So che la mia vita sarà un viaggio continuo su un mare sempre incerto.»

L'*atelier* del pittore ad Antibes possedeva una terrazza che si apriva sul mare e sulla porta Vauban, al di là della quale si poteva scorgere il profilo del Fort Carré. Egli è lì, sulla riva del mare, un mare levigato che si mostra in correnti dentro la luce del crepuscolo, di una prima sera. Egli è lì, a sentire su di sé e dentro di sé l'agire del mondo: «Non si dipinge mai ciò che si vede o ciò che si crede di vedere, si dipinge a mille vibrazioni il colpo ricevuto o ancora da ricevere.» E in questo modo le sue parole tornano al forte potere del tempo evocato da Eliot nei *Quattro quartetti*. Sembra anzi di sentire, scritte da Nicolas de Staël, le parole stesse del poeta: «La vera pittura tende sempre a tutti gli aspetti, cioè all'impossibile somma del presente, del passato e dell'avvenire.»

Così non dipinge la sera vista sul mare, ma il mare visto dalla parte dell'anima. È per questo che può mescolare il dato del figurare con quello dell'astrarre, perché la pittura ne risulti la somma: «Non contrappongo pittura astratta e pittura figurativa. Un quadro dovrebbe essere insieme astratto e figurativo.» Come fosse la Sainte-Victoire di Cézanne, un idolo nel mezzo del cielo e del mare nel blu della sera, il Fort Carré vive in uno spazio che è mobile e immobile al tempo stesso, in dilatate striature e scalinature di azzurro serale, grigio e bianco. Il pittore è se stesso ed è ugualmente lo spazio. È il principio del viaggio e la sua fine. È il viaggio e la sua essenza, il viaggio e chi ha incontrato. Il viaggio e il vuoto. Ha scritto Wang Yu: «Il vuoto puro, ecco lo stato al quale tende l'artista. È soltanto quando per prima cosa lo coglie nel suo cuore che può pervenirvi.»

E De Staël nei mesi finali della sua vita si incammina verso questo vuoto, che non casualmente genera pittura sofferta e meravigliosa. Il pittore dipinge il mare come lo schioccare della sera, è colui che costruisce una forma precaria, illividita, davanti alla costa. Chi guarda da quella terrazza sta nella posizione del pericolo, perché allo stesso tempo conosce il mondo e ne viene respinto. Chi guarda da quella stanza, aperta e infinita, sente l'inquietudine dell'atmosfera, un'aria che circola e si spacca. E sotto la linea del mare gorgoglia un orizzonte, uno sguardo. Che mentre abbraccia e circonfonde, sente pulsare forte una distanza. Una distanza che è nel vuoto, è nel mare. Ha scritto Baudelaire, in *Ossessione*, parole rivelatrici su questo, bene riconducibili all'opera di De Staël di cui sto parlando:

Ti detesto Oceano! In sé
ritrova le tempeste e i tuoi tumulti
il mio spirito; quell'amaro riso
dell'uomo vinto, pieno di singhiozzi
e d'insulti, lo ascolto nell'enorme
riso del mare. E come ti amerei,
Notte, se non ci fossero le stelle!
Ma il linguaggio che parla
il loro lume è noto,
mentre quello che io cerco
è il nero, il nudo, il vuoto.

Il cielo di De Staël, nella sua liquidità che si associa al mare, è l'unità dello spazio, proprio vuota di stelle. In quel vuoto sta tutta la pienezza di una nudità del paesaggio, il suo essere l'assoluto. Ed è così che la luce lunare si posa sul Forte, posto in cima a una grande onda bloccata e sospesa. Il pittore ha dipinto uno dei notturni più belli e misteriosi di tutto il XX secolo, rendendo sacra la notte, abitata dal segreto dell'ora, dal mistero di un'apparizione che si fa distanza, che si fa appunto nudità, essenza. Il Forte è come una nuvola, una foglia bianca che si adagia sotto e dentro il buio serale. Nel suo cerchio che fa uguale la tenebra nell'acqua e quella nel cielo.

Ma nello stesso momento in cui dipinge l'aperto della natura e il mare a sera, De Staël dipinge anche la notte di un non luogo, una notte della mente che tiene al suo interno una specie di natura morta memore di Chardin (*Natura morta su fondo blu*, cat. n. 101). Del resto, aveva scritto: «Si tratta sempre e soprattutto di fare della buona pittura tradizionale, rompendo allo stesso tempo la tradizione.» Così, su una linea esilissima sospesa nello spazio, come un trampolino nel vuoto di una notte cosmica, stanno posati degli oggetti. Una brocca, una caffettiera, forse tre bicchieri e infine un candelabro bianco con una bianchissima candela smozzicata. Sono presenze immemoriali, baluardi davanti al nulla e già dentro

Copertine dei cataloghi
delle mostre *Systemic Painting*
e *Post-Painterly Abstraction*

Pagina a fianco
Morris Louis, Helen Frankenthaler
e Kenneth Noland

Mark Rothko, *N. 19 (Senza titolo)*
1949, Hartford, Wadsworth
Atheneum Museum of Art

il nulla. Apparizioni, sostanze e materie dell'aria, dentro la forza e la costanza di una notte mai esistita, ed esistita solo in questa pittura. Mentre da una terrazza alta sul Mediterraneo a sera guarda la lontananza del mare, De Staël si volge ancora per un momento verso la sua stanza e vedendola invasa dalla notte dipinge quel grumo di buio come un blu elettrico, un viola con del rosso dentro la trama del colore. Dipinge la notte come mai l'aveva dipinta prima. Nella solitudine e nel silenzio di un luogo mai nato alla luce della natura.

Un decennio dopo la morte di De Staël, due mostre negli Stati Uniti, la prima nel 1964 e la seconda nel 1966, tracciano un bilancio sulla pittura del cosiddetto espressionismo astratto americano. La prima si svolge a Los Angeles, curata da Clement Greenberg, e ha per titolo *Post-Painterly Abstraction*, mentre la seconda si svolge a New York, curata da Lawrence Alloway, e ha per titolo *Systemic Painting*. L'approccio è molto diverso, dal momento che Greenberg riconosce alla pittura di Morris Louis, Helen Frankenthaler, Kenneth Noland e Jules Olitski, la caratteristica di un «disegno aperto, chiarezza lineare, contrasto di colori puri», che è cosa ben diversa dall'astrazione rigorosa di Mondrian e del Bauhaus, da cui invece Alloway fa derivare la pittura da lui definita sistemica.

Del resto, nel suo libro del 1960, *Modernist Painting*, Greenberg si era già espresso in modo assolutamente inequivocabile su questo punto: «La superficie piatta è l'unica condizione che la pittura non condivide con nessun'altra arte. Con Manet e l'impressionismo la questione cessò di essere definita in termini di colore *versus* disegno, per divenire l'esperienza ottica pura *versus* quella ottica modificata da associazioni tattili.» Da qui discende l'introduzione di un concetto molto importante, centrale nella mia scelta di inserire qui, a rappresentare una altrimenti irrappresentabile notte, alcuni pittori astratti. È il concetto di illusionismo. Ascoltiamo ancora le parole di Greenberg: «Se l'accresciuta sensibilità del piano pittorico non può più consentire l'illusionismo scultoreo o il *trompe-l'oeil*, essa può e deve consentire l'illusionismo ottico. La pittura astratta più recente cerca di soddisfare l'insistenza impressionista sul senso dell'ottica come l'unico inequivocabile della pittura.» In questo modo considerata, la pittura dell'espressionismo astratto americano sembrerebbe trovare le proprie radici non nel cubismo ma nell'impressionismo.

Barnett Newman, Clyfford Still e Mark Rothko già alla metà del secolo lavorano entro due elementi fondanti della pittura, che sono l'esporsi ampio e vibrante del colore e la sua dilatazione immensa. Al loro esempio si rifanno proprio Morris Louis e Kenneth Noland, adesso presenti in questa sala assie-

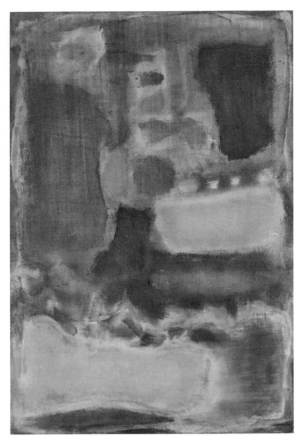

me a Rothko. E nel 1953 Greenberg accompagna i due giovani artisti nello studio di Helen Frankenthaler, dove possono ammirare il grande quadro *Montagne e mare*, da lei dipinto l'anno precedente, nel mese di ottobre. Su una imprimitura scabra della tela, di intonazione chiara, il colore, in alcune sue aree sospese e galleggianti, si disponeva come espressione di una materia che appunto non si sovrapponeva ma si imprimeva. I rosa, i verdi acquatici, gli azzurri tenui, i blu, un minimo giallo, tutto concorreva alla creazione di un'immagine che rovesciava il concetto di pittura sovrabbondante e materica. Greenberg spiegava: «Più il colore s'identifica con il fondo, più è libero da associazioni tatti-li; l'ideale è adattare la tecnica dell'acquerello all'olio e usare un sottile strato di pittura su una superficie assorbente. Il materiale, impregnato di pittura, diventa pittura e colore esso stesso, come un abito tinto; la sua trama è nel colore stesso.»

Soprattutto per Morris Louis quello fu un incontro importante, se a partire dall'anno successivo compaiono i primi *Veils*, quadri nei quali è come una economizzazione dei mezzi della pittura, un darsi in minore, per lasciare libero spazio alla tela nuda e a colature che rappresentavano mirabilmente il senso di una risonanza interiore. In essi si manifestava, prepotente e poetica, una forte interdipendenza, come era del resto in Rothko, tra profondità e superficie. La stagione dei *Veils* ha un suo riassunto nella mostra bellissima del 1959, a New York, da French & Company, nella quale spiccavano specialmente le opere della ripresa di questi soggetti, enormi quadri dipinti tra il 1958 e il 1959. Che, come ha scritto Adachiara Zevi, «sono diversi dai precedenti: il colore, versato dall'alto, costruisce una forma monumentale ton-deggiante che poggia su una base più larga; essa occupa l'intera superficie lasciando in vista la tela solo ai margini laterali e in quello superiore.»

È esattamente quello che vediamo nel grande dipinto adesso esposto (*Impending*, cat. n. 102), nel quale, per velature successive di colore, si scorge, immensa e dilagante eppure tutta concentrata in quel grande magma, l'imminenza della sera. Immagine che rimanda all'universo primordiale, al dato dell'ora prima del mondo e poi alla sua successione di luci, gas, particelle, riscaldamenti e raffreddamenti dell'atmosfera. In questo caso la pittura sembra appaiarsi alla fisica contemporanea, se ascoltiamo le pa-role di Sean Carroll nel suo bel libro *Dall'eternità a qui*: «In ogni dato istante dell'universo primordiale

413

abbiamo un gas di particelle di temperatura e densità pressoché costanti da un punto all'altro. In altri termini, una configurazione molto simile all'equilibrio termico. Non è esattamente equilibrio termico, però, perché all'equilibrio non cambia nulla, mentre nell'universo in espansione le cose si raffreddano e si diluiscono. Tuttavia, paragonata al tasso di collisione tra le particelle, l'espansione dello spazio è relativamente lenta, e dunque il raffreddamento è molto graduale. Se consideriamo solo la materia e la radiazione dell'universo primordiale, trascurando qualunque effetto della gravità a parte l'espansione globale, troviamo una sequenza di configurazioni molto vicine all'equilibrio termico, con temperatura e densità in lenta diminuzione.»

È il grande respiro del mondo, quello che Morris Louis dipinge in questo quadro. L'essere della sera che viene, un senso che è antinaturalistico ma incredibilmente anche naturalistico, quella «breathingness» (respirabilità) di cui parlava Rothko. Respirare l'ora nebbiosa di un tardo pomeriggio d'autunno, oppure il cadere delle foglie e il calpestarle su un sentiero, l'umidore notturno davanti a una laguna. Sentire il venire della sera in trascolorate trasparenze, sentire la flessuosità dell'ora e il grumo della notte, e sentire come la superficie del mondo sia nello stesso tempo sua profondità. Dipinta così, questa è una delle pitture che più si sono spinte in avanti nell'aderire a questo singulto del mondo, al suo meraviglioso sciogliere le vele e volare nell'aria fumigante della sera. Non c'è forma del veduto, e piuttosto sostanza cosmica che disegna uno spazio che è notte nello spazio e notte nel cuore. Nuovo romanticismo, modernissimo consistere di ciò che apparentemente si fa, poiché nato così, inconsistente. Poche altre volte si è visto, nell'intera storia dell'arte, un baluginare di luci e colori come Morris Louis ha designato nei suoi quadri della fine degli anni cinquanta. Avventure dello spirito, inabissate resistenze dell'aria, dove tu senti – avresti detto indescrivibile – il chiarore della sera. L'emozione senza limiti, ciò che insieme conduce e disperde.

Nello studio di Helen Frankenthaler assieme a lui giunse anche Noland, che adesso a Morris Louis è nuovamente accanto in questa mostra (*Drift*, cat. n. 103). Ancora una grande tela, questa volta

di formato più rettangolare, orizzontale. In un suo scritto del 1965, *Specific Objects*, Donald Judd annota: «Gli oggetti specifici assomigliano ovviamente più alla scultura che alla pittura ma sono più vicini a quest'ultima. Nei quadri di Pollock, Rothko, Still e Newman e, più recentemente, di Reinhardt e Noland, il rettangolo è enfatizzato. Le parti sono poche e talmente subordinate al tutto da non poter essere considerate tali. Il quadro è una totalità, non una somma di entità distinte.»

Noland dipingendo *Drift* compie una sua deriva che dalla notte lo conduce, sollevato, dentro l'omerica «alba dalle dita rosate.» Il quadro, nella sua infinita dimensione spaziale, totalizzante, è superficie che la pittura copre, interrogandosi su un percorso. Tutto quello spazio che Morris Louis aveva lasciato in alcune parti scoperto e poi ricoperto da veli notturni e chiaroscurati, Noland invece lo pigmenta di colore, rappresentando perfettamente l'effetto di un transito, appunto una deriva, dal buio all'aurora che si genera sopra il mondo. In questo modo, dipingendo la vastità dei luoghi, pur essi i luoghi dello spirito, Noland si pone, così come Rothko, al capo opposto di quella lunga stagione dello spazio americano che all'altro lato di questa strada meravigliosa ha prima Church, poi Homer, quindi Hopper e infine Wyeth. Tutti tesi, nei modi diversi del loro procedere, a dire l'epicità, la consistenza e la resistenza di quell'eroico passaggio che dapprima era stato il passaggio dei coloni dalla costa atlantica a quella pacifica nella vastità immisurabile delle pianure, dei fiumi, dei laghi e delle montagne. Poi la solitudine di angoli silenziosi d'America, infine, con i pittori astratti, la solitudine e il silenzio di un colore dell'anima. Che fosse la notte o in qualche modo, da qualche parte, facesse vela verso un'alba colma e distesa di rosa.

Per cui questo viaggio dentro la vertigine dello spazio americano, dello spazio del nulla, del vuoto, di orizzonti conosciuti e sconosciuti, di luci immemoriali e sacre, di penombre abbacinate e fluenti, muschiose e serali, questo viaggio si conclude adesso in questa sala con la presenza quasi sacra di Mark Rothko (*Senza titolo. Nero su grigio*, cat. n. 104). Che dal suo punto di sosta, variato nello spazio e nell'a-

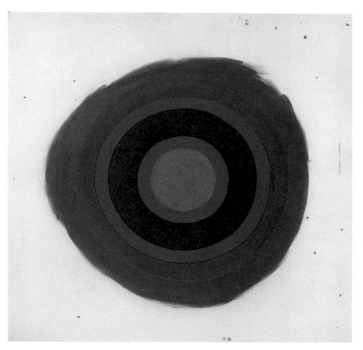

nima, nell'interesse per le soglie dipinte da Matisse, lascia che il transito interiore sia nella sua pittura un fatto privo di immagini sensibili. Rothko stesso riconosce quanto importante sia stato per lui vedere quelle opere di Matisse che mettono al centro il flusso di luce e notte da un dentro a un fuori dell'immagine. Tanto che nel 1954, in un anno per lui di colori chiari e di predominanza di giallo e arancio, dipingerà proprio un *Omaggio a Matisse* di formato molto allungato in verticale, con il nero trasparente di una immaginata finestra che pulsa della notte incombente, ma non ancora del tutto al suo ultimo quarto.

La derivazione francese della sua pittura, quella lastra di forte sensualità di superficie che gli deriva dall'aver guardato, e amato, la pelle dei Renoir, il tardo Monet affaccendato a Giverny, il morbido e articolato fiorire del colore di Bonnard e appunto Matisse, talvolta contrasta con l'elemento di forte sacralità e ascetismo che è intimamente connaturato all'arte di Rothko. Quel sacro che conduce quasi, come in Hopper e come in Wyeth, alla verità soprannaturale, all'eternità. È singolare, ma rimane nella sfera del possibile, che esperienze apparentemente così distanti tra loro ci comunichino la medesima tensione, fino a che ci accorgiamo che l'incisione della luce notturna a New York su un muro di Hopper corrisponde al tassello di nero che Rothko pone su una delle sue superfici, che si leggono nella loro quasi esagerata frontalità. Con una prospettiva che si tende verso lo spettatore e lo inchioda in quella posizione di osservazione e ancor più di ascolto. Perché un quadro di Rothko ha questo potere sommamente plurisensoriale, e quindi similmente alla musica esso avvolge nella profondità dell'essere sia lo spettatore/ascoltatore che il mondo dal quale proviene. Soggetto e mondo si tengono la mano e vivono insieme questa esperienza della dichiarazione di un luogo che non è solo superficie ma, molto di più, spazio dell'accadere.

In un intervento al convegno del marzo 1951, al Moma di New York, *How to combine Architecture, Painting and Sculpture*, Rothko tra l'altro afferma: «I quadri che dipingo sono molto grandi. So bene che, storicamente, dipingere grandi quadri ha significato assolvere una funzione legata alla

pompa e alla sontuosità. Tuttavia, la ragione per cui io li dipingo (e credo che questo valga anche per altri pittori di mia conoscenza) è diametralmente opposta: il mio intento è l'intimità e l'umanità. Dipingere un quadro piccolo significa situarsi al di fuori della propria esperienza, significa osservarla attraverso una lente che la rimpicciolisce e l'allontana. Un quadro di grandi dimensioni, in qualunque modo lo si dipinga, permette al contrario di entrare a far parte di esso. È ineluttabile.»

Questo far parte dello spazio ha, e non sembri un'eresia l'affermarlo, una derivazione da pittori come Church, come Heade, come Homer. E già un grande critico come Rosenblum l'aveva ipotizzato. Quanto a dire che la vastità dell'*American Scenery* traghettava il suo spirito dai quadri dei pittori della Hudson River School fino a Homer, e poi da lui fino a Hopper e Wyeth, e con giustificate motivazioni. Ma quel grande e leggendario spazio ottocentesco, quel grande vuoto che animava la cavalcata dei coloni verso l'Ovest della Frontiera, non mancò di dare i suoi frutti anche nell'idea di vastità luminosa o notturna, di spazio

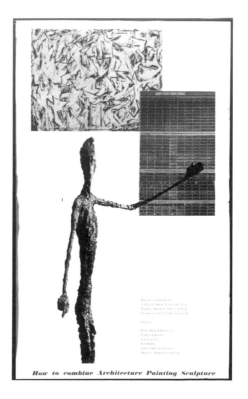

interiore e del tutto possibile, coniato da Rothko nei suoi assoluti dipinti. Luministi vennero chiamati anche quei pittori, e nel momento in cui inquadrano a distanza ravvicinatissima il sole e lo schiacciano sulla tela come una cenere colorata che ovunque si irraggia, danno il via a quella visione che non è più della realtà ma dello spirito. E anche Turner, in Europa, si era già comportato così.

Non poteva, Rothko, non essere interessato a quei suoi antenati che non dipingevano la potenza della sola luce o della sola luna dentro la notte, ma sapevano che quella luce e quella notte erano un fatto naturale. Ma poi lo trasformavano in una specie di sogno, sciolto dai vincoli del peso della materia. Come essere nel nucleo di un uragano, nel suo punto centrale, il suo occhio, e lì sentire la luce non più come un attributo della realtà ma come la forza primordiale di una visione che si affaccia nella psiche umana. Quando tempo primo del mondo e tempo ancestrale dell'uo-

Barnett Newman

mo coincidono per il tramite di un vedere sprofondato. Quella sorgente di luce sacra e universale che non cessa un momento, dall'alba dei tempi, di alimentare il mondo e i suoi fenomeni. Natura e spirito che all'unisono coincidono in se stessi.

John Graham, in un testo del 1937, dava un senso preciso al valore della pittura che si allontanava dal reale: «Astrarre significa trasformare i fenomeni osservati in termini più semplici, lineari, più evocativi.» E proseguiva: «Il fine dell'arte in generale è rivelare la verità, creare nuovi valori per mettere l'umanità faccia a faccia con un avvenimento nuovo, con una nuova meraviglia.» Evocare era una parola che si prestava benissimo a spiegare i quadri che Rothko andava realizzando a partire dagli iniziali anni cinquanta, prima che nel decennio successivo, e ultimo per il suo operare, egli virasse, pur con le dovute eccezioni, verso un occultamento della luce e del colore. A costruire appunto una notte. Come se il viaggio nella psiche stesse raggiungendo il suo punto più buio, un punto di vero non ritorno. E non in termini di luci simili, perché le loro non indulgono al buio e restano invece accese di splendori luminosi, ma anche Turner e Monet, nella fase finale della loro vita, spengono la spinta del mondo fisico per stare nel punto in cui a giganteggiare è lo spirito.

Così Turner può stare vicino a Rothko e ugualmente Rothko può stare vicino a Turner. Poiché in quest'ultimo, così come in Caspar David Friedrich, è palese la volontà, espressa nella luce della poesia cosmica, di fissare l'infinito presente in natura e farlo diventare immagine riflessa di quell'altro infinito che dilata il tempo e lo spazio. In una sorta di *romanticismo astratto*, Rothko segue questa strada, nel ricordo di due pittori come Friedrich e Turner che liberano gli elementi della natura dal peso del racconto e fanno diventare quegli elementi, e quella natura, pura luce e puro colore. Molto spesso, specialmente Friedrich come abbiamo visto, pura notte. Del resto, uno dei compagni di strada di Rothko, Barnett Newman, pubblicando sotto il titolo *Il Sublime è ora* un suo intervento nel «Tiger's Eye», così scriveva, certamente assecondando anche le idee dell'amico: «Stiamo riaffermando il desiderio dell'uomo per il sublime, per tutto ciò che riguarda le emozioni assolute [...]. Invece di costruire cattedrali a partire dall'idea del Cristo, dell'uomo e della vita, le edificheremo a partire da noi stessi e dai nostri sentimenti.» Sono parole che lo stesso Rothko avrebbe potuto perfettamente sottoscrivere.

E se i quadri sono pura luce e puro colore, la castità della pittura che Rothko immagina si confronta comunque con il senso della variazione. Come aveva fatto Whistler sulle superfici inabissate dei suoi notturni a Venezia. Come aveva fatto Monet, nell'ultimo decennio del XIX secolo, nelle sue "serie". Immerso nei fenomeni della luce evanescente e mutevole, anche Rothko sta in rapporto con la completa soggettività del dipingere. Nasce in lui qualcosa di straordinario, portato a compimento fino alla fine del

viaggio. Lo spazio che altre volte ho definito eroico nella pittura americana, trova in Rothko il suo vero compimento e il suo sprofondare, si direbbe definitivo, nei territori dell'interiorità più sconosciuta. Il grande spazio è fuori ma nel quadro lo spazio è limitato, per cui, lottando, si cerca nel viaggio dentro il quadro che il movimento e lo spostamento vadano contro questa limitazione. L'eroismo è comprendere questa difficoltà, e facendone esperienza temerariamente provare a superarla.

Scrive Rothko: «Per quanto riguarda il desiderio per il frontale, per il rivelato, per la superficie esperita, potrei affermare che i miei dipinti hanno spazio. Ovvero – nell'espressione che rende chiaro l'oscuro o, in senso metafisico, che rende prossimo il remoto – allo scopo di ricondurli all'ordine della mia comprensione intima e umana.» Quella comprensione è appunto sotto il segno dell'umanità e dell'intimità, e mai della dichiarazione altisonante. Soprattutto quando, negli anni finali della sua vita prima del suicidio nel febbraio del 1970, i colori e le luci si abbassano e il mondo ancor di più si sospende in una tenebra talvolta rischiarata da lumi di fango e notti ventose. Il dire si fa sempre di più con elementi minimi, asciugati nella luce bassa e nel vento. Si fa ormai con lo scheletro dello spazio, con attraversamenti pieni di nulla: «I miei dipinti sono in verità facciate (come sono state chiamate). A volte apro una porta e una finestra, altre volte due porte e due finestre. Procedo con cautela. Si trasmette più forza nel dire poco che nel dire molto.»

Questo poco è un'idea di un mondo che non è mondo, ma è il mondo stesso. Ciò che si scopre non fuori di noi ma dentro noi stessi. Uno stato dell'essere, mai radicato in un'esperienza precisa e nominabile, ma piuttosto un sapere atemporale, un affetto e un amore per l'atmosfera, per lo svariare delle luci, per il loro consistere e diventare pioggia o pozzanghera. Tempo prima del tempo, quello che Rothko evoca nei suoi quadri, costruzione di una forma che si sostiene attraverso il colore e la sola luce. Quel punto, adesso sì preciso, però ancora una volta non nominabile, verso cui il viaggio tende e che lascia dietro di sé la consapevolezza che il mondo, se possibile, sia quello che sgorgò in un tempo remoto da una cascata, dopo che venne battuta una roccia con la verga. Il punto in cui la notte oscura sta sollevata al di sopra di un immaginato orizzonte. Da un emisfero all'altro la notte procede, e quella notte non sarà più una qualsiasi descrizione di terra o di cielo, ma solo e soltanto la sospensione del respiro. Perché in questa notte dipinta da Rothko, il respiro è confine privo di confini.

Antonio López. 1980.

Pagina 421
94. Emil Nolde
Girasoli in una tempesta di vento notturna, 1943
olio su tavola, cm 72,6 x 88
Columbus Museum of Art
dono di Howard D. e Babette L. Sirak, donatori della
campagna per l'eccellenza continua, e del Derby Fund

Pagina 423
95. Antonio López García
Tomelloso, giardino di notte, 1980
olio su tavola, cm 99 x 82
Madrid, Fundación Obra Social y Monte de Piedad

96. Andrew Wyeth
Verso sera d'inverno dai Kuerner, 1983
acquerello su carta di stracci, cm 64,7 x 100,9
Mr. e Mrs. Frank E. Fowler

97. Piero Guccione
Ombre della sera, 1981-1982
olio su tela, cm 55 x 110
collezione privata

98. Piero Guccione
Dopo il tramonto, 1985-1987
olio su tela, cm 84 x 108
Milano, Collezione Giuseppe Iannaccone

Pagine 430-431
99. Franco Sarnari
Geometrie del cielo, 2014
olio su tela, cm 300 x 600
collezione privata

Ho chiesto a Sarnari di dipingere una tela, nuova, per questa

occasione, di sei metri per tre, che volevo collocare come un tetto di

cielo nella sala in cui, giù in basso, dialogano tra loro pittori sublimi

come Nicolas de Staël, Morris Louis, Kenneth Noland, Mark Rothko.

Volevo sentirli raccolti sotto un cielo stellato, come una

concentrazione di spirito, come il trattenere una dispersione che nei

loro quadri talvolta appare, e si mescola al colore. Volevo questo, volevo

diciotto metri quadrati di stelle sopra le loro teste, sopra le teste di

coloro che di lì passeranno, guardando. Provando emozione. Volevo

che quelle stelle fossero pittura, fossero la pittura, adesso dipinta da un

grande artista contemporaneo. Non un quadro di prima, ma un quadro

di adesso. Dipinto per questa circostanza. Nuovo. Ho chiesto quelle

stelle, dentro questo cielo, a Franco Sarnari.

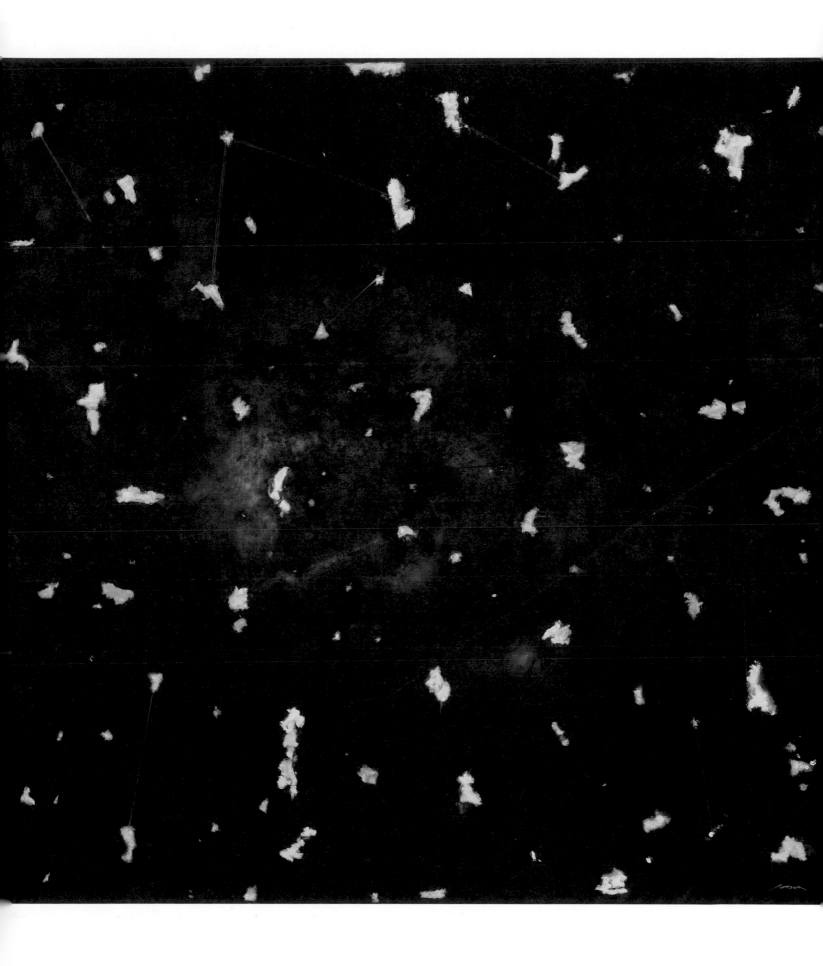

Pagine precedenti
100. Nicolas de Staël
Il Fort-Carré ad Antibes, 1955
olio su tela, cm 114 x 195
Antibes, Musée Picasso

101. Nicolas de Staël
Natura morta su fondo blu, 1955
olio su tela, cm 89 x 130
Antibes, Musée Picasso

102. Morris Louis
Impending, 1959
olio su tela, cm 252,7 x 354,3
Hartford, Wadsworth Atheneum
Museum of Art
The Ella Gallup Sumner e Mary Catlin Sumner
Collection Fund e grazie al generoso dono
di Marcella Louis Brenner

Pagine seguenti
103. Kenneth Noland
Drift, 1972
acrilico su tela, cm 198,8 x 366,6
Boston, Museum of Fine Arts
Sophie M. Friedman Fund e dono anonimo

Pagina 441
104. Mark Rothko
Senza titolo (Nero su grigio), 1969
acrilico su tela, cm 206,7 x 193
Washington, National Gallery of Art
dono della Mark Rothko Foundation, Inc.
1986.43.166

In queste sere e notti ci si perde

La mostra in una stanza

I ricordi cominciano nella sera
sotto il fiato del vento a levare il volto
e ascoltare la voce del fiume. L'acqua
è la stessa, nel buio, degli anni morti.

Nel silenzio del buio sale uno sciacquo
dove passano voci e risa remote;
s'accompagna al brusío un colore vano
che è di sole, di rive e di sguardi chiari.
Un'estate di voci. Ogni viso contiene
come un frutto maturo un sapore andato.

Ogni occhiata che torna, conserva un gusto
di erba e cose impregnate di sole a sera
sulla spiaggia. Conserva un fiato di mare.
Come un mare notturno è quest'ombra vaga
di ansie e brividi antichi, che il cielo sfiora
e ogni sera ritorna. Le voci morte
assomigliano al frangersi di quel mare.

Cesare Pavese, *Paesaggio VIII*

E infine si varca la soglia dell'ultima stanza. Il lungo viaggio dentro i silenzi, le voci e i colori della notte, sta per terminare. Se possibile, ho messo qui, ancor di più che in tutto il resto del cammino, il mio cuore. Oggi è il primo giorno di novembre, e da quasi quattro mesi ho iniziato a scrivere questo libro. L'ho capito solo pagina dopo pagina, ma è stata come una confessione, un flusso di coscienza appoggiato alla pittura, alle immagini. È il primo giorno di novembre, e in una mattina chiara, di cielo limpido e azzurro, stamattina sono partito da casa e ho portato a mio papà dei fiori bianchi, e li ho posati vicino a lui. Ci siamo parlati sotto i cipressi, e tutto attorno a noi c'era il verde di questo autunno ancora mite e pieno di sole. C'era silenzio e si potevano sentire le nostre voci stringersi attorno, si poteva sentire il darsi la mano ancora. Distinguersi nell'aria. Per un tempo né lungo né breve, siamo stati insieme. Né di più né di meno di quello che avremmo voluto. Il tempo perfetto per chi si vuole bene.

In questa stanza ho messo tutto il mio cuore. Per questo, la mostra in una stanza ha un titolo: "in queste sere e notti ci si perde". Ho immaginato la fine del cammino, come avrebbe potuto essere, cosa sarebbe potuto accadere. E cosa del cammino mi sarebbe rimasto addosso. Giorni di vento e giorni di sole, e piogge e burrasche e spiagge e montagne. E naturalmente cieli, e notti di luna e notti di nebbia quando non si vede, ma si sente che qualcuno attorno a noi si muove, respira. Mi sarebbe rimasta addosso la polvere delle strade in campagna, una sera al principio d'agosto seduto sulla sabbia davanti al mare Mediterraneo in Francia, il diluvio delle stelle su una costa sperduta d'Australia pochi giorni dopo, cambiata la stagione in un soffio. E la luce specchiata di un lago di montagna raggiunto con la bicicletta. Tutto questo, pensavo, mi sarebbe rimasto addosso.

E mi chiedevo come sarei entrato nell'ultima stanza della mostra, con che cosa nello zaino, con quali pezzi di vita dentro agli occhi. Si trattava di scegliere dei quadri che insieme potessero essere un riassunto di tutto il mio viaggio in immagine. E rappresentare la forza di un'emozione che continuava a non darmi tregua, mentre pensavo alla sera e alla notte, alla presenza e all'assenza, alla concentrazione e alla dispersione. Pensavo al motivo per cui avevo deciso, un giorno, di levarmi nello spazio del mondo, del mio mondo, e provare a raccontare, con le parole e con i colori, che cos'era per me la notte. E prima della notte, la sera. E prima della sera, la brace del tramonto. Mi sentivo come trafitto da questa emozione esagerata, e la sola cura che ho trovato è stata quella di raccontare, proprio come avviene per un flusso di coscienza. E alla fine, ci si sente meglio.

Così, al termine di questo viaggio, c'è un'ultima stanza, dove ho raccolto i temi che hanno segnato la mostra, ne hanno scandito il senso. Come a voler tendere il braccio nel segno del saluto verso chi da me si congeda, uscendo dalla mostra. Un saluto come un segno di rispetto, e di condivisione. Un saluto che ha in sé l'amore semplice di un contemplare il cosmo mentre si riconosce il sentimento del vivere. Dire: siamo stati insieme lungo un simile cammino, ed ecco, questo è quanto desidero lasciarti. La commossa bellezza di una notte toccata da ogni lato. Spinta verso di te, che sei giunto fin qui per vedere, per provare un'emozione.

E ho voluto farlo solo con quadri meravigliosi, alcuni tra essi veri capolavori. Soprattutto raccolti attorno al sentimento che genera un corpo che sta, o si leva, nello spazio serale e notturno. O nel momento in cui la notte cede il posto a una prima luce del giorno. E come quella luce nello spazio della natura possa diventare, sia diventata, espressione piena di un colore che si offre. Naturalismo di un antinaturalismo. Perché poi, e infine, ogni cosa è compresa in un quadro, che è natura, è paesaggio, ma è soprattutto luogo nel quale sembra unirsi, nella dimensione del sacro, lo spirito dell'uomo e il vasto dilagare dell'immenso. Ecco, facciamo tutti insieme questi ultimi passi nella notte, mentre vengono le pagine finali di questo libro, che così tanto ho amato scrivere.

Per primo, quindi, il corpo che compie il suo viaggio nella luce della notte. Spesso un viaggio estremo. Il viaggio del corpo che viene tolto dalla croce e deposto nel sepolcro, come in Luca Giordano. Il viaggio del corpo di una donna che sta per essere assassinata, come in Cézanne. Il viaggio del corpo accovacciato dentro una gabbia quasi circense, come in Bacon. Il viaggio del corpo di una ragazza tahitiana seduta sul rosso tramonto di una spiaggia, come in Gauguin. Il viaggio parte nel momento preciso in cui il corpo si leva o viene condotto, e prende una strada, seguendo la direzione nota o non nota. Viaggio preparato da lungo o venuto d'improvviso, come un'esigenza indifferibile. Il levarsi del corpo, o il suo essere deposto, e da cui il viaggio ha origine, non conduce in un altro mondo, perché tutto nel viaggio è compreso. Anche un mondo diverso, l'infinito della morte per esempio. Il viaggio è il mondo stesso, l'essere e la sua proiezione. Il viaggio è lo spazio della solitudine, la richiesta di non essere accompagnati, di muoversi soli. O di essere semplicemente seguiti, ma appunto non accompagnati. E nella notte il viaggio del corpo sembra compiersi in modo più pieno, dentro quel luogo che sintetizza in unico spazio la consistenza e la disgregazione cosmica di tutto.

Nell'*Edipo a Colono*, Sofocle fa pronunciare a Edipo queste parole, mentre egli si allontana per il suo viaggio verso quel bosco dal quale non farà ritorno: «Venite, senza toccarmi.» Che è l'evangelico: «Noli me tangere.» Perché il viaggio deve trasformarsi nella ricerca di un territorio nuovo rispetto a quello di partenza, un territorio nato nel pensiero formatosi nella terra d'origine. Ma di quell'origine trattenendo solo il vincolo di un transito nel mondo. Quello che al corpo accade, dopo la partenza, appare tuttavia sciolto dalle leggi del mondo e invece collegato molto di più alla visione del cuore. Lo spazio che il viaggio occupa con il suo percorso dà senso a un toccare, talvolta appunto uno sfiorare, un circonfondere. Non più quello spazio, ma addirittura l'eternità. Ed è in questa moltiplicazione di senso, nell'eco continua e ininterrotta, che l'esperienza dello spostamento del corpo tocca il suo culmine. Quando il luogo e l'ora, per usare un linguaggio eliotiano, si sommano in una superiore, sembrerebbe definitiva, armonia. Se non fosse che il viaggio è partenza continua e dunque, per sua stessa natura, indefinibile e non comprimibile nella regola del senso comune.

Il viaggio visibile a chi resta è solo nell'atto della partenza. La partenza è tutto. Per questo il tema della deposizione, e per di più nelle luci serali e notturne, ha avuto tanta importanza in questa mostra. Per questo la grande deposizione di Luca Giordano (*Sepoltura di Cristo*, cat. n. 105) apre, sulla prima parete, quest'ultima stanza. Per questo, accanto, ho deciso di porre una sorta di deposizione ottocentesca, come *L'omicidio* (cat. n. 106) dipinto da Paul Cézanne nel 1867. La partenza dal mondo presuppone una decisione eroica, come eroico è il viaggio, l'abbandono di una terra conosciuta, di un luogo noto per l'incerto del mare aperto. Si lascia la patria. Partendo dalla bella ed evocativa espressione tedesca, *Heimat*, diventa *heimatlos* il senza patria, il privo di luogo, l'errante, colui che quasi per fato deve farsi viandante e quindi viaggiatore. Anche Cristo disceso dalla croce e condotto nel luogo del sepolcro. È una condizione del destino. Colui che non può differire mai la partenza perché la vita è viaggio continuo, è ricerca di un luogo ogni volta diverso e nuovo, perché solo così, nella ripetizione del gesto, si crea l'esatta giunzione tra il tempo della nascita e il tempo della morte.

Dunque il viaggio, e quello nel tempo in modo incomparabile, ha una connotazione insieme di intimità e vertigine, e perciò, poiché tocca questi due opposti della vita, ci è così caro come immagine simbolica. Ci colpisce e ci strazia. Il percorso circolare dall'utero che ci ha tutti contenuti, fino al liquido vischioso nel quale si sa di dover essere nuovamente accolti. Il confine da attraversare e quanto, prima di quel confine fa, e ha fatto, parte della vita. Il giardino dell'infanzia, la stanza dei compiti per casa, il campo di grano nel sussidiario, le fessure di sole dalle tapparelle abbassate, e il disteso, forse illimitato spazio. Il lume basso mentre si legge, per non disturbare il fratello o la sorella che dormono accanto su un piccolo letto da bambini. E la luce infinita, immensa di una dilatazione del corpo.

Il viaggio è un abbraccio dato alle persone, alle cose, alla natura, al cosmo. Un abbraccio è il segno di un amore, di un sigillo che stringe una vita in un'altra, si dà come qualcosa che annulla la distanza. Per questo il viaggio a cui si predispone il corpo è un abbraccio, è l'amore infinito per il mondo e già la decisione del partire, del levarsi, tiene in sé tutto l'amore possibile e niente vi può essere escluso. La totalità dei gesti è nel viaggio compresa, niente sfugge a questa corrente d'amore e d'energia che si riverbera nello spazio, e lo fa completamente pieno del senso dell'essere nel mondo.

Il mondo serale e notturno, illividito o fatto d'ombre cieche, striato di fuochi come ceneri. La consapevolezza del viaggio che ci porta lontano, o del viaggio che ci tiene nella nostra stanza e ci muove dentro quei minimi confini, è la consapevolezza dell'essere. Una magia e un miracolo.

Chi parte per il viaggio, e ha preso la sua decisione, non vuole essere trattenuto. Questo è Cristo deposto nella notte, che sa di dover proseguire il cammino, anche dopo Emmaus. Trattenere chi sta partendo per un viaggio, ha a che fare con il trattenere la sua immagine definita, credere sia quella la sembianza da serbare per sé. Mentre è quanto accade dopo, sconosciuto a chi sta sul molo d'imbarco, ciò che, di più, attiene al viaggio. Viaggio nello spazio del cosmo notturno, viaggio nel luogo della notte interiore. Il buio di Caravaggio sarà il buio di Rothko.

Il viaggio si fa più sull'assenza che sulla presenza, più sul silenzio che sulla parola pronunciata, più sul vuoto che sul pieno. È in questo modo, che si agita nella categoria del mistero e del segreto, che il viaggio reca di sé la parte più piena e vera, quella che ritorna come un riverbero, un'onda di luce che ci venga restituita indietro. E si formi una nuova, mai prima espressa, pienezza. La presenza di colui che viaggia, del corpo che nella notte si muove o sta, è presenza di un istante, e subito dopo svanisce via. Inesatto quindi concentrarsi solo sul viaggiatore e invece determinante stare al senso del viaggio. Alla sua origine, al suo compimento, ai luoghi attraversati, all'idea che quel movimento porta con sé. Il perché ci si muova da un punto verso un altro punto. Perché si sia scelta una direzione, nella consapevolezza o meno di un luogo da raggiungere, di una corrente da seguire. Ancora una volta la sera e la notte diventano lo spazio misterioso nel quale si viaggia.

Notizie allora giungono dalla distanza, non dalla prossimità. E da quella lontananza di mondi e visioni si affaccia la possibilità di dare voce al viaggio, di renderlo infine immagine. Giordano, Cézanne, Bacon, Gauguin l'hanno fatto ognuno a suo modo, creando figure diverse che si confrontano con le luci del mondo serale e notturno. Hanno creato immagini nella loro più esatta figurazione, o nella loro apparentemente inesatta dissoluzione, fatta solo di luce e materia della luce, pulviscolo e struttura. L'apparizione di chi torna dal viaggio, raccontando di sé e della sua esperienza, è l'apparizione sopra a tutto. Lo stupore infantile di rivedere il padre che torna, torna dopo avere percorso molta strada, percorso nuova distanza che subito sarà l'oggetto del racconto. Cristo dopo essere stato deposto, risorge, e la pietra del sepolcro rotola via.

Colui che torna dalla notte, come Cristo – e così è anche il padre per un bambino –, è l'eroe buono che è riuscito a vincere il regno del male, ciò che si nasconde nella lontananza non conosciuta. Perché la notte è anche questo, come in Cézanne: un luogo nero che è un non luogo, impossibile da essere riconosciuto, perché non esistente. E tornare è come riemergere alla vita, essersi protesi verso l'ignoto ma non averne subìto la legge di scomparsa. Ma il padre che torna dal viaggio è la conferma,

ogni volta nuova, che nella distanza agiscono anche le forze del bene, perché dal viaggio notturno non si torna sempre soccombenti e soprattutto talvolta si torna. L'epifania ogni volta rinnovata di un volto caro e amato, è la consapevolezza di una delle ragioni più profonde del viaggiare, anche quello del corpo nella notte: partire per ritornare.

Però Francis Bacon, il cui bellissimo *Studio per nudo accovacciato sotto il cielo serale* (1952, cat. n. 107) sta accanto al corpo assassinato di Cézanne, dimostrava di non amare il grande pittore francese. In un'intervista del giugno 1973, egli istituisce un confronto tra Cézanne e Velázquez: «Non credo che le persone di Cézanne siano molto intense, le sue mele sono più intense delle persone, le mele sono tra le mele migliori mai dipinte [*ridendo*]. La sua forza d'invenzione nel dar forma a una mela non ha mai penetrato la sua rappresentazione degli esseri umani, egli tende a far di loro degli oggetti inanimati, non estende la sua invenzione alla psiche dell'essere umano. Se guardi Velázquez, la sua grandezza è il suo interesse per la gente. Egli considerò la condizione umana e la rese grande ed eroica senza essere ampolloso. Prese una situazione letterale e ne fece un'immagine: un fatto e un'immagine allo stesso tempo. Il *Papa Innocenzo X* è come l'arte egizia: reale, potentemente formale, capace di provocare sensazioni a tutti i livelli.»

Opinione ovviamente esagerata e non condivisibile, ma ben la si comprende se pensiamo a come egli avvertisse potente, fortissima e presente, la bellezza della vita. Ma ugualmente sentisse la paura per la sua transitorietà. Nasciamo e moriamo senza motivo, ha più volte detto, riecheggiando i due versi del poeta a lui più caro dopo Shakespeare, T.S. Eliot:

La nascita, la copulazione e la morte.
È tutto qui quando vieni ai fatti.

Dopo la morte, il niente. La morte è la cessazione definitiva della vita, che non si trasferisce altrove in forma diversa. Una notte che inghiotte, senza luna e senza stelle. Nessuna consolazione religiosa, solo la consapevolezza che il corrompimento della carne segni la fine di tutto. La forma cancellata è la forma fuori dalla vita. Essere costretto a vivere, con la certezza della scomparsa, porta Bacon a dipingere per una salvezza momentanea. Per questo la vita erompe in tutti i modi nella sua opera – bellezza dal fango – e sopravanza la morte. La pittura è un canto al contempo frastagliato, spappolato e disteso, dentro quel sontuoso colore che ci fa tornare ai fasti soprattutto del Cinquecento. Nella pittura, la sola parola possibile per contrastare il vuoto del poi, accendendo in ogni modo – con la golosità parossistica del vivere – il senso dell'esistere. Aveva dichiarato: «Siamo nati e moriamo, e nel breve intervallo di mezzo possiamo tentare di realizzare qualcosa di straordinario. Ma veniamo dal nulla e andiamo nel nulla.» La notte per Francis Bacon è questo nulla primordiale, galassia che si autodistrugge.

Radicalizzare il senso di questa notte, è stato per lui partire da un corpo e trasformarlo nell'assoluto del tempo. Trasformarlo in un'eternità che violasse e vincesse il tempo della morte. La carne votata alla decomposizione diventava, sull'altare esposto agli sguardi, il baluardo della stessa scomposizione di se stessa. Utilizzando il linguaggio della morte, Bacon ha inteso evocare il concetto della durata: «Penso piuttosto alla durata. Si potrebbe ottenere un'immagine meravigliosa da una materia che scomparirà in poche ore, ma la potenza dell'immagine è anche legata a quanto potrà durare. È naturale: più un'immagine accumula sensazioni, più dura.» Costruire il passaggio verso l'eternità, e di più, costruire la stessa eternità, serve non solo a vincere la morte attraverso la resistenza dello sguardo, pur

tumefatto, e del corpo, ma serve anche a introdurre nella pittura l'idea del sacro. Ed ecco il corpo esposto sotto la luce di una sera chiara. Come il corpo deposto dalla croce.

Il corpo è per Bacon una presenza senza fine. Il senso delle cose, dei corpi che popolano il mondo, dei volti sparsi che si fanno teste, e poi teste senza corpo, esattamente come in questa grande tela. Tutto questo non può esaurirsi in una presenza corporea che dia luogo al solo visibile. Esiste, in uno spazio del visibile, un corpo diventato d'incanto invisibile, come questo trasparente e d'alabastro, e che proprio grazie a questa sua invisibilità si offre, e prima ancora si organizza. Anche Florenskij riconosce nell'icona sacra il rifiuto di una rappresentazione

451

realistica, l'annullamento di un'ottocentesca e rassicurante visione borghese. Bacon lavora per il dubbio, per la certezza mai. Per lo sconquasso della domanda che non cessa di risuonare. Fino a toccare il fondo di una visione che giunge ai limiti quasi di un tollerabile realismo, per diffondersi poi nello spazio assoluto. Tutto concentrato su una nuova visione del corpo, che non ammette se non il tempo della creazione e della restituzione dell'eterno. Il cielo serale sopra quel corpo potrebbe diventare l'eterno. Ma solo potrebbe, perché in verità l'eterno per Bacon non esiste.

È chiaro quindi come si fissi questa idea del sacro nella sua immagine. Da un lato la processione delle carni lasciate distese per l'osservazione, per la frantumazione, per la poltiglia bestiale e dall'altro il desiderio, ma di più la forza immisurabile, di garantire a quelle carni una consistenza. Usare la morte nel corpo, per andare oltre la morte. Non per annullarla, cosa impossibile, ma per renderla evidente dentro la dimensione dell'eterno, precarissimo e instabile, e non solo del disfacimento.

Letta così, la linea che separa il cerchio, o la scatola, dello spazio baconiano dal secondo piano nel quale si alza un ulteriore spazio, è la riga di un confine. E sopra, questo strano cielo. Un confine che non è solo tra un prima e un poi – rinnovata e immaginata prospettiva – di un luogo, ma un prima e un poi del tempo. Lungo il filo sottilissimo di quella riga, che conduce alla *seralità* del cielo in equilibrio precario ma fermo, si fissano, si ficcano quasi, le figure dipinte da Bacon, i suoi corpi accovacciati. Come una moderna Pietà, o una moderna, appunto, deposizione. Partecipando di due mondi contemporaneamente, quello che si conosce e quello per sua natura inconoscibile. La carne per questo dipinta come un tramonto appena avvenuto.

Poi si cambia parete e si torna indietro di qualche decennio. Un arancione e un rosso che si spalancano improvvisi, non attesi. Un posarsi del rosso solc del tramonto su una spiaggia lontana, nello spazio ma anche nel tempo. Un posarsi di quel sole, che s'imprime ma non si vede, non solo sulla sabbia di Tahiti ma anche sulle gote di una ragazza, sulle dita e sulla pianta dei suoi piedi. E adagia i suoi riflessi sulla schiena arcuata, come quella di un'antica divinità. Quel rosso che domina il mondo

Henri Lemasson, Riproduzione del quadro di Gauguin *Da dove veniamo? Chi siamo? Dove andiamo?* visto dal suo studio, Tahiti, 2 giugno 1898
Tahiti, Ministero della Cultura

Mette e Paul Gauguin a Copenaghen nel 1885, Saint-Germain-en-Laye, Musée départemental du Prieuré

Paul Gauguin e la figlia Aline

e fiorisce poi nell'arancio e nel giallo di un albero davanti al mare, quando si rovesciano calme onde del verde e del viola di una sera che presto verrà. C'è questo manifestarsi del colore, di un fuoco, un drappo del giorno al suo finire sopra cui un corpo si posa.

Paul Gauguin dipinge *Donna di Tahiti* (cat. n. 108) nci mesi stessi in cui è impegnato a ritoccare la tela epocale *Da dove veniamo? Chi siamo? Dove andiamo?*, che spedirà in Francia all'inizio di giugno del 1898. Conosciamo una foto, scattata nella capanna-studio il 2 giugno da Henri Lemasson, nella quale il dipinto è messo in posa sopra una specie di giaciglio rivestito di una tela a righe tutta strappata. La figura della donna nell'opera di Copenaghen è chiaramente ripresa proprio dall'immagine femminile all'estrema destra del grande quadro del Museum of Fine Arts di Boston. Ma andiamo per ordine, ricostruendo i fatti della vita del pittore francese, che lo portano, nel 1897, a dipingere quell'opera. Da cui poi ne discendono altre che saranno esposte, tutte insieme, e con un forte legame l'una con l'altra, a partire dal 17 novembre 1898 da Vollard a Parigi.

Il 1897 si apre, il 19 gennaio, con la morte a Copenaghen dell'amata figlia Aline, per le complicazioni seguite a una polmonite. Di questa morte Gauguin verrà a conoscenza soltanto tre mesi dopo, con una lettera, «breve e brutale», che la moglie Mette gli invia e che lo farà da un lato infuriare per il tono e dall'altro lo getterà in uno stato di sconforto e prostrazione. In agosto, risponde con una sua lettera a Mette, che dopo averla ricevuta troncherà per sempre ogni rapporto con Paul. È una missiva durissima:

«Leggo alle spalle di un amico che sta scrivendo: Signora, vi chiesi che il 7 giugno, giorno del mio compleanno, i miei figli mi scrivessero "caro papà", e la firma. E voi rispondete: "Non avete denaro, non contateci." Non vi dirò "che Dio vi protegga", ma più semplicemente "che la vostra coscienza dorma, e vi impedisca di attendere la morte come una liberazione."

Vostro marito

Sempre quest'amico mi scrive: "Ho perduto da poco mia figlia, maledico Dio. Si chiamava Aline come mia madre, ognuno ama a suo modo. Per certuni l'amore si esalta nella morte, per altri… non so. E laggiù la sua tomba, qualche fiore, solo apparenza. La sua tomba è qui, vicino a me, le mie lacrime sono quei fiori".»

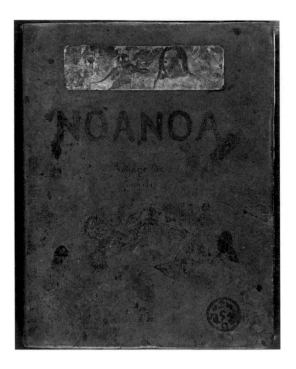

Paul Gauguin, *Noa Noa, Viaggio a Tahiti*, copertina dell'album decorata con l'acquerello *Te nave nave fenua* (Terra deliziosa) e con motivi decorativi Parigi, Musée d'Orsay, Département des Arts graphiques del Musée du Louvre dono di Georges-Daniel de Monfreid e dei figli dell'artista «in ricordo della loro sorella» 1927

Paul Gauguin, *Da dove veniamo? Chi siamo? Dove andiamo?*, 1897-1898 Boston, Museum of Fine Arts Tompkins Collection - Arthur Gordon Tompkins Fund

Paul Gauguin, *Vairumati*, 1897 Parigi, Musée d'Orsay collezione Kojiro Matsukata, entrato al Musée du Louvre in seguito al trattato di pace con il Giappone, 1959

L'attaccamento verso Aline gli aveva fatto riempire, durante il primo soggiorno tahitiano, nel 1892, un piccolo quaderno con note, schizzi e alcuni disegni. Era il *Quaderno per Aline*: «Dedico questo quaderno a mia figlia Aline. Queste riflessioni sono lo specchio della mia anima. Anche lei è una selvaggia, capirà. Grazie a Dio, Aline ha un animo così nobile da non essere turbata né corrotta da questa mente demoniaca che la natura mi ha dato.» Nel quaderno pure una frase perfettamente in linea con quanto Gauguin, seguito con più fatica in questo da Van Gogh, da sempre professava: «Anche l'artista [se davvero vuol fare opera creatrice e divina] non deve copiare la natura ma usare i suoi elementi e crearne di nuovi.»

Nell'estate di quel 1897 la sua salute decisamente peggiora e si trova a fronteggiare contemporaneamente un'infezione all'occhio, i postumi di una frattura alla caviglia che non guarisce, un fortissimo eczema e la sifilide che aveva scoperto di avere due anni prima e che complica tutto il quadro clinico. Delle violentissime eruzioni cutanee legate alle ultime due patologie vengono addirittura scambiate dagli abitanti indigeni di Tahiti per lebbra. Il 14 luglio aveva in effetti scritto a Monfreid di essere malato, sempre a letto e «senza alcuna speranza». In settembre l'amico poeta Charles Morice riceve a Parigi la versione definitiva di *Noa Noa* e subito la invia a Félix Fénéon, redattore de «La Revue Blanche». Un mese dopo Gauguin, vittima di un attacco cardiaco, scrive a Morice che probabilmente morirà prima di vedere *Noa Noa* pubblicato. La prima parte del manoscritto esce in «La Revue Blanche» il 15 ottobre, mentre la seconda il primo novembre.

All'inizio di dicembre, colpito da una nuova crisi cardiaca, Gauguin decide di farsi ricoverare nell'ospedale francese di Tahiti. Vi rimane solo qualche giorno e appena uscito comincia a lavorare a un grande quadro, che egli considera il suo "testamento": «Prima di morire volevo dipingere una vasta tela che avevo in mente e lavorai giorno e notte per l'intero mese, come preso nel vortice di una profondissima febbre», scrive a Monfreid nella lettera del febbraio 1898. *Da dove veniamo? Chi siamo? Dove andiamo?* è terminato il 30 dicembre, proprio nel momento in cui la posta reca da Parigi il primo fascicolo stampato di *Noa Noa*, ma nessun pagamento. Gauguin lascia la sua capanna e si dirige verso le montagne, dove tenterebbe, e il condizionale è d'obbligo, di suicidarsi ingerendo dell'arsenico. Secondo Gauguin, che ne riferisce a Monfreid, l'eccessiva quantità assunta

viene quasi immediatamente rigettata, per cui dopo essere rimasto preda di convulsioni in mezzo alla boscaglia, la mattina dopo fa ritorno al villaggio, in pessime condizioni ma vivo.

Questo dipinto capitale ha assorbito tutte le energie di Gauguin, e nei lunghi mesi in cui lo custodisce nella sua capanna, ritoccandolo e approfondendolo più volte, si trova a guardarlo e ad ammirarlo senza sosta. Come se una corrente misteriosa lo portasse e lo riportasse sempre a quella vicenda nella quale aveva rischiato la vita. E a conferma di ciò, noi sappiamo bene che nella mente del pittore questo quadro è stato realizzato come punto centrale e di snodo di un nucleo intero di opere, altre otto, che poi vengono effettivamente esposte da Vollard. Come se Gauguin sentisse il bisogno insopprimibile di approfondire quella grandezza, di rilevarla meglio, di renderla ancora più chiara, e ai suoi occhi prima ancora che a quelli dei possibili spettatori.

Quanto fosse forte questa volontà di approfondire il capolavoro è detto dal fatto che, nonostante la spossatezza che gli deriva dall'immersione febbrile nella pittura e dal tentativo di suicidio, all'inizio

della primavera di quel 1898, come in preda a un'altra febbre e a un altro slancio creativo, dipinge tutti i quadri, e non di piccolo formato in alcuni casi, che poi invierà a Parigi. Prima della partenza, il 2 giugno come detto viene fatto uno scatto fotografico che immortala il *Da dove veniamo?*, che nel frattempo Gauguin aveva rinforzato con alcuni ritocchi a pastello nero. Ancora oggi parzialmente visibili e realizzati affinché i contorni apparissero più netti, e dunque la superficie pittorica fosse maggiormente sensibile in quella che avrebbe poi dovuto essere la resa dell'immagine fotografata. È probabilmente in questa circo-

Isidore van Kinsbergen
Rilievi del Tempio di Borobudur.
Buddha incontra tre monaci sulla
strada per Bénarès, 1874
Papeete, collezione Fabrice
Fourmanoir, Galerie Faaturuma

Henri Lemasson
La casa del pittore a Punaauia 1896
Parigi, Musée du quai Branly

Pierre Puvis de Chavannes
Tra le Arti e la Natura, 1888-1891
Rouen, Musée des Beaux-Arts

stanza che Gauguin esegue un piccolo disegno della grande tela, disegno che dovette funzionare come ricordo e quasi santino devozionale prima che essa prendesse la via del mare. Solo Richard Brettell pare propendere per una interpretazione che vede il disegno come preparatorio e non di rammemorazione.

Gauguin, preciso come sempre, nella lettera di accompagnamento al quadro, inviata a Daniel de Monfreid, suggerisce che tutte le opere, da lui pensate quasi come un'operazione di arte totale, si sarebbero potute esporre o nella galleria di Durand-Ruel, dove Monet aveva mostrato alcune tra le sue *Serie* in quegli anni novanta, o da Sigfried Bing, mercante di stampe giapponesi e paladino dell'Art Nouveau. Ricevute le tele con enorme ritardo e soltanto all'inizio di novembre – e tra l'altro il quadro maggiore dovette subire durante l'avventuroso viaggio alcuni danneggiamenti, dal momento che da un'analisi condotta sulla tela dal Museum of Fine Arts di Boston risultano ridipinture in particolare nella zona delle gambe dell'idolo –, Monfreid si accorda invece con il giovane Vollard, che da poco aveva aperto la sua galleria parigina. Gli cede i dipinti per la somma di mille franchi, cosa che farà ovviamente arrabbiare non poco Gauguin, una volta che sarà venuto a saperlo. Il *Da dove veniamo?* viene stretto in una cornice di legno dipinta di bianco e così, per accompagnarle allo stesso modo, vengono adattate in bianco anche vecchie cornici per le altre opere che Gauguin aveva inviato insieme. Alle otto concepite come parte di un ciclo, tra le quali proprio la *Donna tahitiana* in questa stanza esposta, se ne aggiunsero poche altre che già erano presenti a Parigi. Ma come il pittore aveva previsto, la critica giudicò migliori i risultati ottenuti nei dipinti di accompagnamento. Piacevano di più i particolari isolati nei singoli quadri che non la sovrabbondanza dell'insieme. Anche se Gauguin aveva lavorato per approfondire, e non per dividere in altre otto tele le parti che erano andate a comporre il grande quadro.

Su questa sabbia tatuata della luce piena del tramonto ai Tropici, sta dunque quel corpo che

abbiamo appena visto raccontato prima da Luca Giordano e poi da Paul Cézanne e Francis Bacon. In Gauguin entro quel clima riflessivo e sospeso che stacca dal mondo dei fenomeni conosciuti la vita, e la tiene in uno spazio unicamente creato dalla pittura, in una larghissima brace di tramonto che coniuga sogno e memoria. È quella ricerca non solo dello spazio ma anche della forma ancestrale. Ispirata, nella forma appunto ma anche nella disposizione, alla posa dei discepoli del Buddha nella serie, risalente all'VIII secolo, dei rilievi di Borobudur nell'isola di Giava. Rilievi che Gauguin conosce da materiale fotografico che utilizza già a partire dalla fine del decennio precedente e che porta con sé a Tahiti.

Come è noto infatti, l'ultima parte del XIX secolo è il momento dell'espansione coloniale. Le varie esposizioni universali fungevano da vetrine, che se da un lato glorificavano le nazioni dominanti, dall'altro diffondevano usi, costumi e immagini di quei Paesi lontani. Ma anche, e qui Gauguin non poteva restare indifferente dato il suo interesse per le culture non ufficiali, presentavano le più recenti scoperte archeologiche. Nell'ottobre del 1887 aveva scritto a Bernard parole che segnalavano questo interesse: «Abbiate sempre davanti a voi i Persiani, i Cambogiani e anche qualcosa degli Egiziani.» E possedeva già diverse immagini che rappresentavano appunto i rilievi giavanesi del tempio di Borobudur, riprodotti e pubblicati nel 1874 dall'olandese Isidore van Kinsbergen. Questo album fotografico venne esposto a Parigi nel 1878 e anche offerto a qualche illustre amatore della materia. È possibile, come hanno supposto Douglas Druick e Peter Zegers nel loro preziosissimo lavoro del 2001 *The Studio of the South*, che tra questi vi fosse anche Gustave Arosa, tutore di Gauguin, egli stesso proprietario di una tipografia a Saint-Cloud e tra l'altro specializzato nella riproduzione di sculture antiche. Questo spiegherebbe per quale motivo Gauguin avesse potuto disporre di tali immagini.

Victor Segalen, dopo la morte di Gauguin, giungendo da Tahiti alle Marchesi, fu in grado di trovare, tra gli oggetti del pittore nella *Maison du Jouir*, anche due fotografie dei rilievi di Borobudur, *L'attacco di Mara* e *Buddha incontra tre monaci sulla strada per Bénarès*. Esse sono un riferimento molto utile per comprendere sia la disposizione nello spazio, sia gli atteggiamenti di posa di tante figure dipinte da Gauguin, tra le quali anche la *Donna di Tahiti* appoggiata sul sole al tramonto. Si sparge un senso di fierezza e ieraticità, in un tempo che non appartiene al presente ma ha l'ambizione di collocarsi in quell'età dell'oro che Gauguin andava cercando nei Paesi d'oltremare. E che altri artisti, più modestamente, cercavano nella riproduzione di idilli pastorali che sostituissero il viaggio oltre il canale di Suez e Aden, prima che fosse la vastità dell'oceano Indiano. Non era forse questa l'ambizione, dopo Puvis de Chavannes molto ammirato anche da Gauguin, di tanti quadri dei Nabis, da Denis a Vuillard a Sérusier (per esempio il suo *Trittico di Pont-Aven* del 1892-1893)? E finanche di Paul Signac che nel 1894, per evocare un futuro vissuto tra idillio e anarchia, dipinge una tela enorme intitolandola *Tempo d'armonia*, dove in un paesaggio di sogno alcune figure sono intente agli svaghi, dal ballo al gioco delle bocce. Mentre un pittore, sulla riva di un mare solcato da bianchi velieri, lavora alla sua tela posata sul cavalletto.

Ma – ed è quello che ancor più mi interessa, per la grande novità del colore in Gauguin, tale da farmi concepire una relazione con il quadro che in mostra gli sta a fianco sulla parete – occorre adesso soffermarsi un momento proprio sul colore. Nei mesi stessi in cui realizzava la tela con la *Donna di Tahiti*, egli proponeva alcune interessanti riflessioni su questo tema fondamentale: «Ci resta da parlare del colore dall'unico punto di vista dell'arte. Del colore come linguaggio dell'occhio che ascolta, del suo valore suggestivo [come direbbe A. Delaroche] che stimola l'immaginazione, arricchendo il nostro sogno e aprendo nuovi orizzonti verso l'infinito e l'ignoto. Cimabue cercò di indicare ai posteri le porte di questo Eden, ma questi non lo seguirono. Orientali, persiani, e altri popoli hanno lasciato un lessico completo sul linguaggio dell'occhio che ascolta. Hanno saputo dare ai loro tappeti un linguaggio mirabile [...]. Ho cercato di parlare e di spiegare il colore come materia viva; come il corpo di un essere animato. Mi rimane il suo spirito, il suo fluido inafferrabile e tutto ciò che ha saputo creare per mezzo del talento e della sensibilità: parlare del colore che stimola l'immaginazione arricchendo il nostro sogno e aprendo nuovi orizzonti verso l'infinito e l'ignoto. Il colore così ambiguo nelle sensazioni che ci offre, non può che essere impiegato in modo ambiguo ogni volta che è necessario non per disegnare, ma per tradurre le emozioni musicali che si liberano dalla sua natura, dal suo centro misterioso ed enigmatico.»

A un colore di questo tipo, tutto allusivo e segreto, mirava Gauguin. Nel momento in cui, superato ormai da tempo il naturalismo descrittivo della linea Barbizon-impressionismo, poteva dipingere con la più sovrana libertà la ricchezza sfolgorante di un sole al tramonto a Tahiti. Dipingendo quel sole non più come attributo del paesaggio ma come sostanza della profondità interiore, una risonanza. E facendolo anche dentro una nuova, e così moderna, strutturazione spaziale, dove la natura veniva annullandosi a favore di un luogo piuttosto mentale. Costruito su regole diverse, che innalzavano la pittura verso un dialogo misterioso di superfici, entro cui però agivano segrete, non viste, spinte nuovissime. Una profondità che non era più quella prospettica rinascimentale, ma quella fortemente agganciata all'interiorità.

E se Gauguin poteva dire che con il colore apriva «nuovi orizzonti verso l'infinito e l'ignoto», facendo diventare il colore un simbolo; e se meravigliosamente lavorava su questa superficie della pittura, mi è sembrato naturale, anche se magari non confessionale, rivolgermi a un pittore, già incontrato alla fine della precedente sezione, che mezzo secolo dopo cominciò a percorrere, dentro l'assoluto proprio del colore, quella stessa strada «verso l'infinito e l'ignoto.» Questo pittore, l'avete capito, è Mark Rothko. Il quale, lontano da qualsiasi ipotesi di naturalistica descrizione del tramonto affocato, idealmente prende in mano quella coperta arrossata della sabbia di Tahiti – proprio come la piaga languente della sera di Campana – e la pone sulla verticalità di una nuova superficie, titolando *Arancione e marrone* (cat. n. 109) il suo quadro, nel 1963. Un drappo arancione, una sera annunciata che dilaga come un tramonto di Kerouac che bacia l'oceano a Big Sur. Tra la mimesi e l'assenza dell'immagine si gioca questa stupefacente unione di significati tra Gauguin e Rothko, tra il colore dell'uno e il colore dell'altro.

Nella sua partizione dello spazio, Rothko definisce la primordialità dell'immagine, proprio quella ancestralità che Gauguin faceva pervenire dalle millenarie culture alle sue spalle. L'immagine è dunque simbolo, icona, e il colore assolve a questa funzione di disvelamento, che è ricerca sempre della superficie ma anche ingresso dentro un'alterità. Così il velo arancione amplifica il ruolo che gli aveva assegnato Gauguin, avendolo lui posto come una sorta di tappeto sul quale la donna tahitiana sedeva. Quel colore così strutturato – che Rothko disegna in tutta la parte centrale della vasta tela – si apre a una nuova idea di spazio, che mentre occulta e nasconde, ugualmente annuncia. Il suo tramonto non è solo una lastra poggiata *sopra* quello spazio, ma anche un velo che immette *dentro*, lasciando così che sia insieme la presenza e l'assenza. La presenza dell'essere nel

Tioka, che aiutò Gauguin a costruire la sua *Maison du jouir* ad Atuona, 1901 Papeari, Archivi Danielsson

primo piano e l'assenza che conduce verso il non visto e il non visibile, che solo la pittura potrà trarre dal suo regno misterioso.

Ha scritto Thomas Bernard, in una bella pagina di *Perturbamento*: «Quello che c'è di essenziale in una persona viene alla luce soltanto quando dobbiamo considerarla perduta per noi.» È una frase, splendente, che però si può certamente associare anche a un luogo che abbiamo amato. Lo spazio si manifesta a noi nella sua essenzialità quando l'abbiamo lasciato per sempre, e nulla più potrebbe riportarcelo nella sua verità di carne e luce.

«Queste valli meravigliose, allora, appaiono strade di morte a mano a mano che si addentrano nel cuore sterile delle isole: disseminate di capanne di legno sprofondate sulle terrazze di pietra anch'esse crollate, cosparse di pae-pae sacre, dove, nella cinta di basalti rotolati si immolavano le vittime, hanno visto morire gli dei autoctoni, poi gli uomini. Gauguin anche vi è morto, in un chiaro mattino della stagione fresca. Il fedele Tioka, il suo amico indigeno, lo ha circondato di fiori profumati, lo ha spalmato di olio monoico, secondo l'usanza, e poi ha detto tristemente: "Ora non ci sono più uomini".» Sono le parole toccanti con le quali Victor Segalen chiude la sua prefazione, nel gennaio del 1904, a una edizione di *Noa Noa*, pochi mesi dopo la morte di Paul Gauguin, avvenuta alle Isole Marchesi nel maggio del 1903. Il libro che rievoca l'esperienza del primo soggiorno tahitiano, e che venne pubblicato in due distinti momenti nell'autunno del 1897 ne «La Revue Blanche» a Parigi.

È la fine, ingloriosa e tristissima, di un'esperienza che aveva dentro di sé il desiderio di recuperare il senso più profondo delle antiche radici dell'uomo. La ricerca della forma prima, della natura primordiale, del contatto con i *selvaggi* che all'uomo occidentale, giunto dalla grande città, avrebbero dovuto far recuperare la sconosciuta armonia del mondo. Forse, l'esperienza più alta e significativa di un viaggio votato alla creazione che si possa ricordare. Viaggio alle radici delle civiltà, nella regione dello spirito in cui tutto ha avuto origine, nella regione geografica in cui la modernità sembrava ancora non essere giunta. Lì dove il senso compiuto dell'esperienza dell'uomo nel mondo si dava in immagine senza alcuna mediazione possibile. Ecco la parola: mediazione. Il pittore non voleva che essa si potesse frapporre tra la visione del cuore e il cuore rappresentato, fosse esso natura o corpo immacolato sulla sabbia davanti al grande mare. Suono e profumo, vento e rumore della sera, notte, canto melodioso rivolto all'infinito. Aveva scritto Gauguin alla moglie da Parigi, nel febbraio del 1890: «Verrà un giorno, e presto, che mi rifugerò nella foresta in un'isola dell'Oceania a vivere d'arte, seguendo in pace la mia ispirazione. Circondato da una nuova famiglia, lontano da questa lotta europea per il denaro. A Tahiti, nel silenzio delle notti tropicali, potrò ascoltare il ritmo dolce e suadente del mio cuore in armonia con le presenze misteriose che mi circondano. Libero, senza problemi di denaro, potrò amare, cantare, morire.»

Ma l'ultimo capitolo di *Noa Noa*, mentre all'inizio di giugno del 1893 Gauguin si imbarca a Tahiti per tornare in Francia dopo i suoi primi due anni nelle terre lontane, è già un po' la disillusione e soprattutto la forte malinconia: «Fui costretto a tornare in Francia. Urgenti affari di famiglia mi richiamavano. Addio, terra ospitale, terra meravigliosa, patria di libertà e di bellezza! Parto con due anni di più, ringiovanito di venti, più barbaro anche di quando sono arrivato eppure più sapiente. Sì, i selvaggi hanno insegnato molte cose al vecchio civilizzato, molte cose, quegli ignoranti, della scienza del vivere e dell'arte di essere felici.

Quando lasciai la banchina, al momento di prendere il mare, guardai per l'ultima volta Teura. Aveva pianto per tante notti. Ora stanca e triste, ma calma, si era seduta sulla pietra, con le gambe penzoloni e i piedi larghi e solidi che sfioravano l'acqua salata. Il fiore che poco prima aveva sull'orecchio, le era caduto sulle ginocchia, appassito. A varia distanza, altre, stanche come lei, in silenzio, senza pensieri, guardavano il fumo pesante del piroscafo che ci portava via tutti, gli amanti di un giorno. E dal piroscafo, per lungo tempo ancora, ci sembrò di leggere con il binocolo, sulle loro labbra, l'antica preghiera Maori: *"Voi, brezze leggere del Sud e dell'Est, che vi unite per giocare e accarezzarvi sulla mia testa, correte in fretta all'altra isola; vi troverete colui che mi ha abbandonato seduto all'ombra del suo albero preferito. Ditegli che mi avete visto in lacrime"*.»

Non sarà più così. La gioia e la felicità nel cuore del suo primo soggiorno a Tahiti. L'illusione di poter toccare la parte più inviolata della propria anima e dell'anima del mondo. L'illusione di poter costruire quell'*atelier dei Tropici* dopo che si era spezzata l'altra speranza, quella di poter costruire, con l'amico Vincent, l'*atelier del Sud*. La vagheggiata, e sognata, isola del tesoro, non aveva dunque alcuna possibilità di sconfiggere la burocrazia delle relazioni, la pesantezza dei rapporti, l'incapacità appunto di sognare. Molte cose erano accadute, molte altre avevano impedito che questo progetto potesse infine realizzarsi. Una verità che si era manifestata solo a brandelli, a piccole bandiere stracciate dal vento, minimi profumi però da inebriare, giovani corpi ambrati da stordire sotto il sole o nell'ora del tramonto, all'ombra della foresta o nella capanna o la notte. Una verità che aveva il racconto della pittura al suo culmine, una cima arroventata da scalare e pareti ripidissime su cui arrampicare. L'armonia era il tutto nell'anima, non più alcuna frattura tra il tempo dell'alba e il tempo del tramonto, e solo unione tra il paradiso e il paradiso sulla terra. Un'età dell'oro che doveva scorrere come sangue nelle vene e solo in questo modo nutrire del corpo la visione e dell'anima il respiro. No, non sarebbe stato così, e per questo Gauguin partiva, e scappava, e poi tornava per scappare ancora. Gauguin il marinaio, colui che aveva navigato tutti i mari, fino al più alto capo del Nord, aveva solcato gli oceani verso ovest e verso est, ha trovato più difficoltà nel navigare tra l'anima e il mondo.

Nel pieno di questa disillusione finale della vita, trasferitosi da Tahiti alle Isole Marchesi per venirci infine a morire, Gauguin sta nella sua capanna, seguito dal fedele Tioka. I malanni, del corpo e dell'anima, non sono pochi e il pittore cerca di combatterne gli effetti con l'alcol, e negli ultimi mesi anche con la morfina. Esplorando il pozzo che si trovava nei pressi della *Maison du Jouir*, Caroline Boyle-Turner ha scoperto le tracce delle gravi sofferenze di Gauguin nei mesi tra la fine del 1902 e la primavera del 1903: siringhe, fiale di morfina, boccette di un rimedio omeopatico contro l'emicrania e una bottiglia di olio di serpente, proveniente dall'America, contro i dolori intestinali. E pur in una situazione così compromessa dal punto di vista fisico, con la pittura ormai relegata in un angolo, continuano anche le preoccupazioni della vita reale e non quella del sognatore. Sorvegliato dalla polizia, viene anche condannato a tre mesi di prigione e al pagamento di cinquecento franchi di multa per i suoi discorsi diffamatori contro il governo. In una delle ultime lettere della sua vita, nell'aprile del

Paul Gauguin, *Lollichon e la chiesa di Pont-Aven*, 1886, Messico
JAPS Collection

1903, scriveva a Monfreid lamentandosi del fatto che avrebbe dovuto prendere la nave fino a Papeete per fare ricorso in appello.

In mezzo a queste tensioni, a questi dolori, assieme a una manciata di altre tele dipinge un quadro toccante, umanissimo, straziato oltre ogni dire, la *Notte di Natale* (cat. n. 110). E nell'affermare questo accetto la tesi di uno dei maggiori studiosi di Gauguin, Ronald Pickvance, e anche l'opinione importante di un altro storico dell'arte fondamentale per la vicenda gauguiniana, Charles Stuckey, circa il fatto che questa tela sia stata realizzata proprio negli ultimi mesi di vita. Pickvance si basava anche sulla testimonianza di Victor Segalen, che acquistò quest'opera, assieme ad altre sei, all'asta dei beni di Gauguin, svoltasi a Papeete il 2 settembre 1903. Il soggetto, fortemente legato alla religiosità cristiana, non può essere infatti disgiunto dalla pubblicazione, nel 1902, di un testo scritto dall'artista, *L'esprit moderne et le catholicisme*. Scrive Stuckey: «Durante il suo secondo soggiorno tahitiano, per ragioni non ancora comprese appieno, Gauguin è ossessionato dal tema della natività. Già nel 1896, utilizza modelle tahitiane per due dipinti che rappresentano la mangiatoia con maiali e buoi a riposo, mentre la Vergine Maria si riprende dalle fatiche del parto e il Cristo bambino, adorato da un angelo alato, viene accudito da un'altra donna. Giuseppe è assente, come in altre opere di Gauguin di tema analogo, forse a commentare il fatto che l'artista aveva perso il padre durante l'infanzia.» Per cui noi possiamo immaginare Gauguin nella sua capanna alle Isole Marchesi. Lo possiamo immaginare, come scrive Thomas Bernard, nel dolore di una perdita definitiva, quella dei luoghi incantati di Bretagna, dove aveva dipinto molti tra i suoi capolavori, di totale e completo annuncio dei quadri tahitiani. Lo immaginiamo alzarsi dal suo giaciglio e andare verso il cavalletto, con fatica. E pensare a una scena come questa, da dipingere infine. Dipingere insieme, dentro la stessa immagine, lo strazio di un luogo lontano, lontanissimo e irraggiungibile ormai, e la presenza, nel suo blu notturno, di una Madonna tahitiana inginocchiata dentro un presepio. In una luce rosata che pare più quella di un tramonto da poco avvenuto che non quella di una notte. Una luce meravigliosa, soffusa e soffiata, la luce di una giornata serena dopo che è venuta la neve. Così, dentro quella tersità della sera, si vede un paesaggio di Bretagna con la neve, i tetti tipici di paglia, il campanile di una chiesa, i comignoli. Si vede, tutto dipinto, tutto sospeso, il senso di una nostalgia, il principio di una malinconia senza soluzioni.

Proviamo a pensare: Gauguin dipinge in mezzo alla lussureggiante vegetazione tropicale una scena di neve, una luce ammantata del rosso tramonto. Dipinge la dilatazione del tempo, lo spirito che galleggia in quello spazio. *La notte di Natale* unisce i calvari bretoni ai presepi tahitiani, attuando quella situazione di sincretismo religioso da lui sempre vagheggiata. Realizzato alla fine del suo tempo terreno, questo quadro ha una tale forza di annuncio e di presentazione che noi sentiamo, ancora oggi, come in esso sia contenuto tutto lo spirito dell'uomo, tutto lo spirito del mondo. È una notte in cui tutte le notti accadono, in cui le distanze per un momento si annullano, le storie si sommano. È una notte in cui crepitano silenzi, profumi, incrinature del ghiaccio. Una notte che è l'ultimo ricordo, il gesto di un saluto, l'emozione che dilaga. Non è possibile trattenerla. Non si riesce. Gauguin ha dipinto questa notte come il transito dalla vita all'immenso.

E non per caso, ho voluto accanto a questo dipinto un'altra opera misteriosa, che nello scorrere delle ore del giorno sta in avanti solo di poco, perché dalla *Notte di Natale* si passa alla *Mattina di Natale* (cat. n. 111), dipinta da Andrew Wyeth nel 1944, in una fase molto particolare della sua attività. Quella che segue, come abbiamo visto nel capitolo sul paesaggio, un primo tempo rivolto sia alla figura del padre, N.C. Wyeth, sia a quella di Winslow Homer. Dunque quell'adesione al realismo e alla visione naturale che successivamente gli farà definire come «aberrazioni» alcuni quadri ispirati al surrealismo e a una sorta di realismo magico.

Quelle esperienze vagamente surrealiste che si manifestano proprio nel bellissimo quadro giovanile *Mattina di Natale*, che immette nella realtà una magia e un mistero che evocano spazi quasi sovrannaturali. La sospensione dello spazio e del tempo, e dunque la creazione di un nuovo alfabeto visivo che va tutto imparato, fa nascere pitture che sembrano originarsi più nella mente che negli occhi: «Creo un grande spazio dentro me stesso, come se fossi una cassa di risonanza, continuamente pronta a cogliere una vibrazione, una nota da qualcosa o da qualcuno.»

Pur se Wyeth ha dichiarato a Thomas Howing, a proposito di *Mattina di Natale*, di aver «dipinto questo esclusivamente dalla memoria», sappiamo che le cose sono andate diversamente. O almeno in parte. Nel 1943 egli partecipa, a New York, alla mostra *American Realists and Magic Realists*, nella quale sono incluse anche otto opere di Clarence Holbrook Carter, tra cui, molto famosa, la *Signora di Shalott* (1927). I lavori dell'artista erano soprattutto ispirati alla sua adolescenza vissuta lungo la valle del fiume Ohio, e tra questi *Jane Reed e Dora Hunt*, che Wyeth ritenne il più bel quadro di tutta la mostra newyorkese. Gli influssi del simbolismo e della pittura dei preraffaelliti crearono un profondo effetto nel giovane Wyeth, tale da fargli fare uno scatto rispetto alle prime sue scene di paesaggio, come per esempio *La piccola isola di Caldwell*, *Campi in inverno* e *Raccoglitore di more*. Nelle quali comunque un realismo memore forse più di Sheeler che di Hopper, teneva in sé anche un non so che di metafisico.

«Il mio primo collegamento con la morte», definì Wyeth la sua *Mattina di Natale*, che nasceva

dalla morte, la mattina di Natale del 1943, della madre di un suo insegnante molto amato. La signora Hannah Sanderson giaceva nel paesaggio innevato della Pennsylvania, alla maniera di Clarence Holbrook Carter. La notte era appena passata e in alto nel cielo levata, la prima stella del mattino. Noi non vediamo il volto di Hannah e la sua testa è rivolta verso la stella, appoggiata su un cuscino di neve bianchissima. Tutto il bianco del mondo scacciava il buio della notte, il buio della morte. Wyeth dipingeva quella figura nell'atto di un'immediata rigenerazione, perché il corpo della signora Sanderson era già terra, era già neve, era già traccia di quella prima luce che scivolava su curve di sentiero sulle ondulazioni della Pennsylvania. Dal terreno, come ispidi fiori nella neve, salivano rami, come era accaduto l'anno precedente nel bellissimo *Raccoglitore di more*. Noi sentiamo che lo sguardo di quella donna è preso dalla stella e che tutto si svolge nel punto flessuoso in cui, sopra una linea esilissima, il giorno nasce dalla notte e la notte perde il suo potere. Per questo, fortemente, ho voluto vicini i due quadri di Gauguin e Wyeth.

E come questa immagine abbia continuato a manifestarsi quale esigenza dello spirito in Wyeth, lo vediamo bene, ancora una volta con emozione, nell'immagine bellissima del 1978, una grande tempera intitolata *Primavera*. Alla base di uno spigolo di collina, nel tempo senza tempo di una primavera che sta giungendo, il corpo di Karl Kuerner sta raccolto, disteso, nel mezzo di un'ultima neve che si scioglie. Quel corpo disteso è la memoria dell'anno estremo di vita dell'amico, passato a letto mentre la malattia lo consumava. E noi così rivediamo in quel bianco che presto tornerà a essere terra nella rigenerazione delle cose e delle forme, rivediamo il candore di una notte di luna. Che ci ricordiamo di avere già incontrato in questa mostra, lungo queste pagine. Quella luna che splendeva sopra la casa dei Kuerner solo tre anni prima, mentre Anna risaliva dalla stalla le scale e Karl dormiva nel suo letto. Il bianco che era nella notte, come un avvento, come una presentazione al tempio. Il bianco che esce

Clarence Holbrook Carter
La signora di Shalott, 1927
collezione privata

Andrew Wyeth
Mattina di Natale, 1944
cat. n. 111

Andrew Wyeth, *Primavera*, 1978
Chadds Ford, Collezione del
Brandywine River Museum
dono anonimo, 1987

dalla notte e conduce nel viaggio. Il bianco della luna, il bianco della neve sotto il bianco della luna. La notte è questa meraviglia che si fa mistero. E pittori sublimi l'hanno raccontata.

Poi si trova un'ultima parete, ed è venuto il tempo del congedo. Mi è difficile staccarmi da questi pittori, dai quadri. Vorrei prolungare per un momento infinito il tempo del saluto, e aggirarmi ancora un po' in mezzo a tutti loro. Non sarà facile, tanto presto, riunirli nuovamente insieme. Allora ho pensato a come avrei voluto l'attimo in cui, dopo avere finito il viaggio, ci si gira un'ultima volta per guardare indietro, e si vorrebbe con un'ultima immagine ricordare tutto. Portarlo via dentro il proprio cuore. Ho pensato a questo, a come avrei voluto l'istante in cui si prende congedo da qualcosa, da qualcuno. E ho pensato a un'ultima parete, sulla quale fossero appesi dei quadri a raccontare, proprio lì, quasi sulla soglia, il motivo stesso del racconto. Solo due quadri, non di più. A dire della notte il senso di una rifrazione nell'anima, o il suo essere il tutto e il nulla, il luogo in cui ogni cosa della vita e del destino sta raccolta, quasi sigillata. Allora ho scelto questi due quadri.

«Nel *Narciso* – scrive Roberto Longhi – un melanconico vagabondo, desunto ancora dallo schema a morsetto del *Davide* di Madrid, non ha ormai che riflettersi nell'acqua torba in tono di violaciocche (ricordo ultimo del Savoldo); ma il lume invisibile che spiove dall'alto imprime ancor vivido il damasco impresso a fiori del corsetto e, sulla manica, prolifera, in madreperla, succhi già rembrandtiani; mentre il sentimento introverso già allude al giocatore perplesso della *Vocazione*.» Questo quadro di Caravaggio, non citato nell'antica letteratura (ma un «Narciso in tela d'imperatore di mano di Michelangiolo da Caravaggio» fu mandato a Savona l'8 maggio del 1645 da G.B. Valtabelze), venne identificato nel 1913 da Longhi, come realizzato dal pittore, in una collezione milanese, quella di Paolo D'Ancona, e subito acquistato da Basile Kvoshinsky e da lui donato alla Galleria Nazionale di Arte Antica di Roma nel 1914. Da allora il dibattito sulla sua attribuzione è sempre proseguito serrato tra studiosi che si sono contrapposti nell'affermare o negare la paternità di Caravaggio, anche dopo il restauro eseguito vent'anni fa e ben documentato nelle sue comunica-

Vincent van Gogh
Schizzo per *Sentiero di notte*
in Provenza in una lettera
a Gauguin del 17 giugno 1890
Amsterdam, Van Gogh Museum
(Vincent van Gogh Foundation)

Vincent van Gogh, *Notte stellata*
1889, New York, MOMA - The
Museum of Modern Art
acquisito tramite il lascito Lillie P. Bliss

zioni da Rossella Vodret. La quale, assieme ad altri studiosi, proprio in virtù dello studio originato dal restauro, conferma la mano caravaggesca. Il forte tono savoldesco, e comunque lombardo del dipinto, assieme a tanti particolari che rimandano ad altri dipinti dell'artista – per esempio il ginocchio illuminato del Narciso, che ci riporta al ginocchio illuminato dell'angelo in *L'estasi di San Francesco d'Assisi* di Hartford, anch'esso presente in questa mostra (cat. n. 40) –, sembrerebbero far propendere per l'attribuzione longhiana di partenza, ma non è certo questa la sede per riaprire tale dibattito.

Il soggetto, ispirato al terzo libro delle *Metamorfosi* di Ovidio, pone l'accento sul momento in cui il giovane, specchiandosi in un'acqua scura, riconosce un'immagine della quale s'innamora, situazione che porterà alla sua fine e alla sua trasformazione nel fiore che reca il suo nome. Quadro tra i più belli e segreti della pittura italiana tra il secondo Cinquecento e il primo Seicento, il *Narciso* (cat. n. 112) apre, con tono quasi pre-romantico, al rapporto tra il buio e l'interiorità, e per questo motivo si affaccia qui, sull'ultima parete della mostra. Condensando in un'immagine famosa il mistero del rapporto tra l'interiorità dell'uomo e lo spazio della notte, rapporto di cui a lungo ho parlato in questo libro. E che soprattutto è diventato nei quadri figura e luogo.

Caravaggio apre alla dimensione dell'umano, in anni nei quali «quasi non attende ad altro che ad innovare nel campo del *sacro* ch'era pure il più severamente cintato», come ha scritto Roberto Lon-

ghi. Nella sua religiosità popolare, forte e sublime, c'è però spazio per questa figura chinata sull'acqua di una irresistibile rifrazione della coscienza e dell'anima. L'interrogarsi non solo sulla bellezza, la propria, ma anche sul senso del destino. L'essere quella la notte dentro cui accadono cose, entrano nella profondità, ne accolgono il mistero e i suoni, i profumi e i silenzi, lo sciabordio sotto la luna. Se nei cieli di Friedrich si specchiavano lune come astri interroganti, in questa pozza scura passa d'incanto e d'un tratto tutta la profezia della vita. E la notte oscura appare come il luogo in cui, per echi dilaganti, si manifesti il timoroso affacciarsi dell'uomo davanti all'immenso dell'anima. E tutto questo passa miracolosamente attraverso il peso di una realtà che mentre viene descritta, e quasi incisa, lascia che su di essa scivoli, inafferrabile, la luce buia di una rivelazione interiore.

Poi si vede un quadro, l'ultimo. Da dove la mostra ha avuto inizio, nel mio cuore. Un quadro nel quale tutto di essa sta raccolto, principio e fine al tempo stesso. Scrive Van Gogh a Gauguin, da Auvers-sur-Oise, il 17 giugno 1890, solo quaranta giorni prima del suicidio: «Laggiù ho lasciato ancora un cipresso con una stella, un ultimo tentativo – un cielo notturno con la luna tenue, niente più che una gobba sottile che sale dall'ombra scura della terra, una stella con un bagliore eccessivo, per così dire, una dolce luce rosa e verde nel cielo oltremare solcato da nuvole. In basso una viuzza, con canne alte e gialle ai lati, e dietro basse Alpines blu; un vecchio rifugio con le finestrelle illuminate di arancione e un alto cipresso per intero, verticale e molto scuro. Sulla via una carrozza gialla tirata da un cavallo bianco, e due figure nella notte. Molto romantico, se vuoi, ma anche provenzale, secondo me. Probabilmente di questo e di altri paesaggi e motivi che ricordano la Provenza, realizzerò alcune incisioni e mi farebbe enormemente piacere inviartene un sunto che sia tuttavia un po' elaborato.»

Nel parlare di «un ultimo tentativo», Van Gogh si riferisce chiaramente al fatto che questa scena notturna non sia la riproduzione davanti al vero della natura, bensì una ricostruzione nata come sintesi nella sua mente. E questo meraviglioso *Sentiero di notte in Provenza* (cat. n. 113), che Van Gogh dipinge, tra il 12 e il 15 maggio del 1890, mentre si accingeva a lasciare la sua stanza nell'istituto di Saint-Rémy, è davvero la sintesi estrema, anche irrisolta, della sua visione della notte. Del resto, sia Gauguin che Bernard lo avevano sempre spinto sulla strada dell'interpretazione piuttosto che su quella derivante dal naturalismo e dall'impressionismo.

In una lettera programmatica, inviata da Arles a Émile Bernard nell'aprile del 1888, Van Gogh si sofferma su questo aspetto, e proprio in relazione a un progetto di notte stellata. Ascoltiamo le sue parole: «Certo, l'immaginazione è una capacità che va sviluppata, essa soltanto ci consente di creare una natura più esaltante e più consolatrice di quella che un semplice sguardo alla realtà (che vediamo mutare, passare rapida come il lampo) ci concede di scorgere. Un cielo stellato, per esempio, ecco – è una cosa che vorrei provare a fare.» E scrivendo a Théo nella stessa giornata, diventa

Vincent van Gogh, *Paesaggio con covoni e luna nascente*, 1889, Otterlo, collezione del Kröller-Müller Museum

Saint-Paul-de-Mausole a Saint-Rémy con le Alpille sullo sfondo Amsterdam, Van Gogh Museum (Vincent van Gogh Foundation)

ancora più esplicito, quasi disegnando nella mente il futuro quadro: «Una notte stellata con cipressi o eventualmente su un campo di grano maturo.»

Ma è a Saint-Rémy, quindi tra il maggio del 1889 e il maggio del 1890, che Van Gogh giunge a pensieri decisivi sulla possibilità di dipingere non soltanto partendo dal potere e dalla forza miracolosa della natura. Non dipingere dunque dal vero. Sono tre, in quei dodici mesi così problematici e febbrili, folli per la dedizione squassata alla pittura, e devastati dalle continue crisi, i quadri che sopra gli altri si staccano. Se parliamo di pittura nata dalla suggestione enorme del paesaggio provenzale, ma poi condotta come rielaborazione di una memoria allucinata.

Era questa la cosa sulla quale lo incalzava Gauguin nelle settimane vissute insieme ad Arles, nella casa gialla, nell'autunno del 1888. E questi tre quadri hanno tutti a che fare con la sera e con la notte. Sono la *Notte stellata* e il *Paesaggio con covoni e luna nascente*, dipinti a Saint-Rémy tra giugno e luglio del 1889, e naturalmente il *Sentiero di notte in Provenza*, l'opera che chiude questa mostra e questo viaggio. Vi si sente un respiro affannoso, eccitato, mentre l'occhio cerca di governare tutto quel senso di immensità che appare molto più essere un grumo dell'interiorità che non dello spazio cosmico. E dunque, proprio nel momento in cui Van Gogh sembra officiare la danza del mondo, proprio in quel momento egli più si rincantuccia in se stesso, aprendo alla sublime intersezione tra cielo e anima.

Il 25 giugno del 1890, quando Vincent è a Auvers ormai da un mese, riceve il *Sentiero di notte in Provenza*, che aveva lasciato ancora fresco di colore nella sua stanza nell'istituto di Saint-Paul-de-Mausole, lì dove lo aveva accolto, e seguito per quanto possibile, il dottor Peyron. Vi era giunto l'8 maggio dell'anno precedente, dopo una camminata di mezz'ora dal centro della città. Si trattava di un antico monastero romanico, che già nel 1605 era stato utilizzato per malati mentali, mentre all'inizio del XIX secolo venne del tutto trasformato in un istituto solo dedicato a questo, con un reparto maschile e uno femminile. Van Gogh vi arrivò accompagnato dal reverendo Frédéric Salles di Arles, il quale scrisse a Théo che «il signor Vincent era del tutto tranquillo e spiegò da solo al direttore il suo caso, come

un uomo completamente consapevole della propria condizione.» Il dottor Peyron espresse, il giorno dopo, la sua prima impressione, arrivando alla conclusione che il paziente soffrisse di gravi attacchi di epilessia, che avvenivano con intervalli molto irregolari. Il suo avviso fu che il paziente dovesse rimanere a lungo sotto osservazione nell'istituto. Teneva Théo regolarmente aggiornato sullo stato di salute del fratello, il quale sembrava convinto di questa sua decisione volontaria di ricovero: «Potrà essere una cosa buona, lo stare qui per un tempo anche lungo. Non mi sono mai sentito così bene come qui e come in ospedale ad Arles.» La sua camera era al primo piano, da dove poteva vedere un campo di grano recintato da un muretto e sullo sfondo la piccola catena delle Alpilles, che lui chiamava Alpines. I pazienti non erano molti, così il dottor Peyron concesse a Vincent una seconda stanza, al pianoterra, da usare come studio.

Dopo il primo mese nel quale non gli venne permesso di uscire dal giardino – mese nel quale compì alcuni studi disegnati molto belli e i primissimi quadri che nascevano da ciò che il suo sguardo poteva incontrare, come il giardino stesso e il campo di grano recintato con le montagne al di là – , finalmente poté avventurarsi al di fuori delle mura, alla ricerca di nuovi soggetti per la sua pittura. I cipressi e gli uliveti divennero centrali nel suo lavoro, poiché gli sembravano contenere tutti i veri motivi provenzali, che egli rendeva con un impasto di materia alta e grassa. Ma poi si esprimeva anche attraverso dipinti più stilizzati, realizzati con tratti curvilinei che lo riportavano alle prove bretoni di Gauguin e Bernard. Quel che è certo è che Van Gogh, alla ricerca di un suo stile personale, raggiunse l'apice del suo sforzo, con molti capolavori, proprio nei dodici mesi di Saint-Rémy.

Ma la salute mentale era sempre precaria, tanto che in quella stessa estate venne colto da diversi attacchi mentre dipingeva nei pressi delle montagne. Per oltre un mese non riuscì a dipingere e a Théo scrisse il 22 agosto 1889: «Per giorni mi sono trovato in una condizione di completa confusione, come ad Arles, e presumibilmente questi attacchi torneranno anche in futuro. È abominevole. Sembra che io raccolga spazzatura dal terreno e la mangi, sebbene non abbia dei ricordi precisi di quei terribili momenti. Ho la sensazione che qualcosa non vada bene. Non c'è nulla che possa risollevare il mio spirito o darmi speranza, ma in ogni caso noi sapevamo da lungo tempo che questo mestiere non era così allegro.» Ma per riemergere da questa situazione così triste e dolorosa, l'unico modo è come sempre la pittura, la sua pratica quotidiana. Non c'è altra via, non esistono per Van Gogh altre strade.

In autunno lavorò spesso nel giardino, ma anche riprese la strada verso le montagne per alcuni nuovi quadri, mentre in dicembre furono inedite versioni degli ulivi nella luce del tramonto. In una lettera del 4 ottobre, Théo, molto preoccupato per la salute del fratello, per la prima volta, pur senza nominarlo, fa entrare in scena il dottor Gachet, che seguirà Vincent a Auvers negli ultimi settanta giorni della sua vita. Aveva chiesto consiglio a Pissarro, perfino chiedendogli di ospitarlo nella sua casa

proprio a Auvers. La risposta è negativa, ma arriva un consiglio e Théo lo riferisce a Vincent: «Egli conosce una persona a Auvers, un dottore, che tra l'altro nei momenti liberi dipinge. Pissarro pensa che per te sarebbe possibile stare con lui.» È il motivo per cui, alla fine, Van Gogh lascerà Saint-Rémy e la Provenza. Perché nel frattempo le crisi si presentano con incredibile frequenza, tanto che alla fine dell'anno tenta di mangiare del colore. Alla fine di gennaio arrivano nuovi attacchi, ed è il momento in cui, non potendo lavorare nella natura, si dedica con quasi trenta dipinti al ricordo di Millet, le cosiddette «interpretazioni a colori.» Uno di questi quadri, bellissimo, è compreso in questa mostra e ne ho parlato in uno dei capitoli precedenti (*Campo innevato con aratro, verso sera, da Millet*, cat. n. 81).

In due occasioni, prima il 19 gennaio e poi il 22 febbraio, torna ad Arles, per incontrare la signora Ginoux, che già era stata dipinta da Gauguin nel corso del suo soggiorno provenzale. A lei Van Gogh dedica ugualmente alcuni ritratti. Il dottor Peyron, dopo la seconda visita, non lo vede ritornare ed è costretto ad inviare ad Arles due infermieri per riportarlo a Saint-Rémy. Aveva avuto un collasso. Le crisi persistono e sarà solo alla fine di aprile che Van Gogh tornerà a rispondere alle lettere del fratello e di altri che gli scrivevano.

In questo periodo il lavoro non si sospende del tutto, ma viene affidato al disegno o a certi quadri legati all'immaginazione e non allo studio forsennato della natura. Nella natura. Alcuni di questi li definisce "ricordi del Nord". Nel frattempo, il desiderio di lasciare l'istituto di Saint-Paul-de-Mausole diventava sempre maggiore, anche per il desiderio di vedere il nipote nato il 31 gennaio e che Théo aveva chiamato come lui. Quale dono regale sulla soglia della vita, Vincent dipinge i bellissimi *Rami di mandorlo in fiore*. Théo, assieme agli auguri per il compleanno, in una lettera del 29 marzo 1890 fa sapere a Vincent che il piccolo «è affascinato soprattutto dall'albero in fiore appeso sopra il nostro letto.»

Nelle ultime settimane trascorse a Saint-Rémy, Van Gogh fu molto produttivo, lavorando senza sosta, quasi a voler recuperare il terreno perduto nei due mesi della malattia. Furono visioni

470

Vincent van Gogh, *Uliveto con due figure*, 1889 Otterlo, collezione del Kröller-Müller Museum

Vincent van Gogh, *L'arlesiana (Ritratto di Madame Ginoux)* 1890, Otterlo, collezione del Kröller-Müller Museum

Vincent van Gogh, *Rami di mandorlo in fiore*, 1890 Amsterdam, Van Gogh Museum (Vincent van Gogh Foundation)

Vincent van Gogh, *Natura morta con iris*, 1890 Amsterdam, Van Gogh Museum (Vincent van Gogh Foundation)

dell'erba primaverile nei prati vicino all'istituto, oppure nature morte come i celebri *Iris*, dove egli lavora sui colori complementari. Il blu-viola dei fiori sta in contrasto con l'arancio del vaso e del piano di appoggio e con il giallo del fondo, che diventa una sorta di tappezzeria astratta.

Ma alla fine di tutto, alla fine dei due anni nel Sud, dipinge, in preda a una febbre insieme di morte e d'infinito, un testamento. Il quadro meraviglioso che in sé tutto raccoglie di quell'esperienza soffertissima e tracimante. Un quadro che non solo rappresenta, ma ancor di più evoca, la notte. Il quadro da cui questa mostra è nata e davanti al quale, inginocchiati come su un'immagine sacra, si chiude. Un canto delle sirene, la folgorazione per la precarietà e l'eterno, dentro l'incandescente bellezza di una notte dove alte stanno la luna al suo primo quarto e una stella.

Venne dato un annuncio, dai circoli astronomici francesi nel 1890. Tra le ore 19 e le ore 20.20 del 20 aprile, si sarebbero visti Mercurio e Venere in congiunzione con la luna crescente. Van Gogh osservò questa scena dalla sua piccola postazione nel mondo, laggiù in Provenza. La vide e la trattenne nella memoria, e poco più di un mese dopo,

specularmente, la dipinse. Con quella stella che «sembra un universo in se stessa.» Il 25 giugno, quindi, ricevette il quadro ad Auvers. Mentre dipingeva le opere ultime della sua vita, rilavorò anche a questa, dopo aver inviato, il 17 di quello stesso mese, la lettera nella quale, con uno schizzo, descriveva a Gauguin la tela. Non a caso, il disegno e il quadro nella sua versione definitiva in alcuni particolari non coincidono. Da un'analisi radiografica condotta dal Kröller-Müller Museum, dove l'opera è conservata, risulta che Van Gogh modificò soprattutto la parte in basso, dove le figure vennero decisamente rimpicciolite e portate quindi in una posizione più decentrata rispetto a prima. In questo modo tutto lo spazio, molto meno occupato da quelle figure, si apre entro nuove e dilaganti misure. Il carretto e la casa che scorrono sopra ai due uomini che tornano dal lavoro, sono elementi che rimandano ai cosiddetti "ricordi del Nord". Ad Auvers, Van Gogh aggiunse anche l'arancione con cui contornò, accanto al giallo, l'arco della luna. Con

un approfondimento legato a questo colore che già era avvenuto nel *Paesaggio con covoni e luna nascente* del luglio 1889 e in *Pini al tramonto* del dicembre dello stesso anno.

Un canto finale per i due anni vissuti nel Sud, quindi. Un quadro che fa da testamento. Per questo motivo Van Gogh vi inserisce tutti gli elementi che avevano caratterizzato in modo tanto forte la sua pittura in Provenza. A cominciare dal grande cipresso che mette in contatto la terra con il cielo notturno, nel tentativo di vincere quella morte che simbolicamente il cipresso rappresenta. Aveva scritto a Bernard, alla fine di novembre del 1889: «La mia ambizione è limitata a poche zolle di terra, al grano che cresce, a un cipresso – che tra l'altro non è facile a farsi.» Ma già nel mese di giugno aveva scritto a Théo che i cipressi continuavano a preoccuparlo, «belli come un obelisco egizio.» Si trattava per lui di «uno spruzzo di nero in un paesaggio soleggiato, ma è un punto di nero tra i più interessanti e tra i più difficili da rendere esattamente, che io possa immaginare.» E anche Albert Aurier, giovane poeta e critico che scrisse il primo vero intervento, molto lusinghiero, sul lavoro di Van Gogh – nel «Mercure de France» del gennaio 1890 –, aveva manifestato grande entusiasmo per quei «cipressi che proiettavano la loro ossessionante sagoma di fiamme nere.» Così, attraverso Théo, donerà ad Aurier, quale ringraziamento, i *Cipressi con due figure*, oggi nella collezione del Kröller-Müller Museum, dipinto nel giugno del 1889 e poi rilavorato proprio in occasione di questo regalo. Ma quanto Van Gogh tenesse al tema dei cipressi, è dimostrato anche dal fatto che, prima di inviare questo dipinto, ne realizzò una copia più piccola da tenere per sé. Il cipresso sembrava avere per lui delle connotazioni e dei tratti quasi umani, nella ricerca, costante e straziante oltre ogni dire, del respiro dell'uomo dentro la natura. Era il tentativo, mai venuto meno, di ascoltare, nel paesaggio, il movimento dell'essere e dello scomparire.

Vincent van Gogh, *Cipressi con due figure*, 1890, Otterlo collezione del Kröller-Müller Museum

Vincent van Gogh, *Cipressi con due figure*, 1889, Otterlo collezione del Kröller-Müller Museum

Vincent van Gogh *Pini al tramonto*, 1889 Otterlo, collezione del Kröller-Müller Museum

A questo doveva servire la continua relazione tra il giallo dei campi di grano e l'azzurro del cielo.

Perché infine, quando a maggio del 1890 mette mano al suo capolavoro riassuntivo, oltre al cipresso inserisce nello spazio verticale della tela proprio un campo di grano e un cielo fatto di anse blu e azzurre e bianche, con qualche tocco di viola e di giallo, oltre all'arancio della luna. E più in basso, sotto a quel cielo insieme vorace e abbandonato, in striature ugualmente blu, apparivano le amate Alpilles. In una sola immagine, prima di partire, aveva dunque racchiuso tutti i motivi del Sud. Né uno di più, né uno di meno. Ma molto più che i motivi, sapeva di avere rappresentato la propria anima lacerata, i propri occhi azzurri come il cielo che quegli occhi guardavano. Sapeva di avere dipinto la presenza e la vicinanza di quel giallo di spighe increspate come in un mare, come fosse giorno pieno e non la notte del destino. Il grano dentro cui si era perduto, avvolto nel canto delle cicale, nella calura dell'estate ad Arles. Nella calura dell'estate a Auvers, quando si è sparato al cuore sotto un albero, accanto al grano. L'oro della notte, ciò che resiste, frusciando in suoni di vento, nel mezzo di un dilagare dello spazio. Ciò che si fissa e infine è, si oppone al tempo.

Perché invece, più in alto, come un drappo di pietre preziose, tessuto di luna e di stelle, il cielo spalanca nel suo azzurro una lontananza. Ed è lì, in quel fuoco di notte, che il pittore si perde. Fiammelle, barbagli, fessure brevi o immense di luci che in quella notte si accendono. La trama del colore si tende da ogni lato, sbanda, si flette, si rovescia. È il luogo che tutto accoglie e tutto rinomina nel respiro dell'essere. Passato e futuro, una storia intera: tutto in questa notte di Provenza e del tempo, vive. Tu puoi sentire come niente vi sia escluso, niente manchi, nulla sfugga. Puoi sentire la commozione e la pietà, l'inizio e la fine del viaggio, la nascita del mondo e il suo giorno estremo. Insieme, raccolti sotto questo cielo, dipinto da un pittore che sapeva amare. Questa notte, una notte così, che per tutta la vita andiamo cercando.

luglio - novembre 2014

Pagina precedente
105. Luca Giordano
Sepoltura di Cristo, 1659-1660 circa
olio su tela, cm 212,1 x 159,4
Detroit Institute of Arts
acquisto della Founders Society, Robert
H. Tannahill Foundation Fund

106. Paul Cézanne
L'omicidio, 1867 circa
olio su tela, cm 65,4 x 81,2
National Museums of Liverpool
Walker Art Gallery
acquistato con il contributo dell'Arts Fund, 1964

107. Francis Bacon
*Studio per nudo accovacciato
sotto il cielo serale*, 1952
olio e sabbia su tela, cm 198 x 137,2
Detroit Institute of Arts
dono di Dr. Wilheim R. Valentiner

108. Paul Gauguin
Donna di Tahiti, 1898
olio su tela, cm 72,5 x 93,5
Copenaghen, Ordrupgaard

109. Mark Rothko
N. 202 (Arancione e marrone), 1963
olio su tela, cm 228,6 x 175,3
Detroit Institute of Arts
acquisto della Founders Society, W. Hawkins Ferry Fund

110. Paul Gauguin
Notte di Natale, 1902-1903
olio su tela, cm 71 x 82,5
Indianapolis Museum of Art
Samuel Josefowitz Collection of the School

of Pont-Aven, grazie alla generosità del Lilly
Endowment Inc., della Josefowitz Family, di Mr. e
Mrs. James M. Cornelius, di Mr. e Mrs. Leonard J.
Betley, di Lori e Dan Efroymson e di altri Friends
of the Museum, 1998.169

111. Andrew Wyeth
Mattina di Natale, 1944
tempera su tavola, cm 60,3 x 98,5
Minneapolis, MN, Curtis Galleries

Pagina 483
112. Michelangelo Merisi da Caravaggio
Narciso, 1597-1599 circa
olio su tela, cm 113 x 95
Roma, Galleria Nazionale di Arte Antica
Palazzo Barberini

Pagina 485
113. Vincent van Gogh
Sentiero di notte in Provenza, 1890
olio su tela, cm 90,6 x 72
Otterlo, collezione del Kröller-
Müller Museum

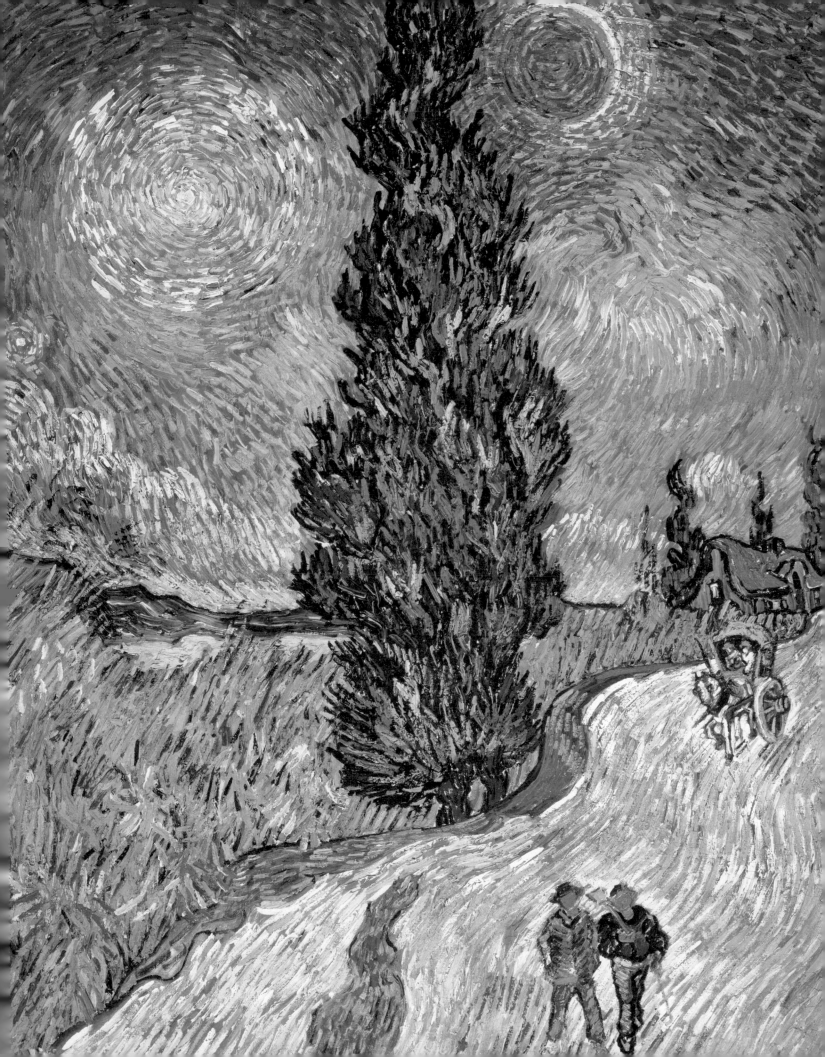

Catalogo delle opere esposte

La notte segue il fiume.
Gli Egizi e il lungo viaggio

1. *Ritratto funerario di giovane uomo*
Egitto, Periodo imperiale romano,
III secolo
tempera su legno, cm 31 x 16,5
Boston, Museum of Fine Arts
Abbott Lawrence Fund

La pratica di sepoltura della tradizione egizia si protrasse a lungo anche nel periodo della dominazione romana, durante il quale si dipinsero pregevoli ritratti realistici su tavola da inserire nel bendaggio della mummia. Il giovane, soggetto di questo ritratto, ha una folta capigliatura nera e riccia, una densa barba e baffi; la testa è lievemente volta verso destra. Il suo abbigliamento è costituito da una tunica bianca (chitone) con un motivo a triangoli intorno al collo e da un mantello violaceo (clamide) fissato sulla spalla destra con una fibbia o spilla in cui è incastonata una pietra rossa.
Il ritratto presenta un'immagine commovente, suggestivamente nostalgica, del defunto quale egli appariva in vita. I capelli, i gioielli e le vesti sono accuratamente raffigurati secondo la moda dell'epoca. La modulazione e la resa meticolosa di dettagli quali il colorito cutaneo, la peluria del volto e la struttura ossea evidenziano un profondo senso dell'individualità del soggetto e, con esso, un inevitabile senso della mortalità.
Presenti soltanto in Egitto, queste effigi sono tradizionalmente designate come "ritratti del Fayum", in quanto la maggior parte è stata rinvenuta appunto nei cimiteri del Fayum, una vasta oasi a sudovest del Cairo, in cui viveva una numerosa popolazione di discendenti dei soldati greco-macedoni, che si erano insediati in quel luogo all'inizio del periodo tolemaico. Ritrovamenti in altri siti indicano, tuttavia, che tale pratica pittorica aveva una più ampia diffusione.
Nel 1887 l'antiquario viennese Theodor Graf acquistò circa trecento ritratti dipinti prelevati dalle rispettive mummie nel sito di el-Rubayat nel Fayum. Graf allestì, a fini di vendita, un'esposizione di novantasei ritratti che viaggiò in tutta Europa e nel Nordamerica. Da scaltro mercante qual era, se ne guardò dal pubblicizzare le opere come ritratti di mummie egizie, invece le definì ritratti greci del periodo ellenistico.
I ritratti funerari erano, tuttavia, eseguiti con uno scopo ben preciso, ossia dovevano coprire la testa dell'individuo mummificato riprodotto nell'effigie. Allorché completata, la mummia romana provvista del suo ritratto presentava un aspetto del tutto diverso: il corpo era coperto con strati di bende di lino avvolte dall'alto in basso secondo uno schema geometrico e decorate con borchie di stucco dorato, i piedi erano contenuti in una specie di cassa di *cartonnage* (un materiale simile alla cartapesta, ottenuto tuttavia utilizzando il lino invece della carta) adorna di motivi funerari tradizionali eseguiti nell'antica maniera egizia. I ritratti delle mummie romane sono sempre stati molto apprezzati da collezionisti altrimenti non attratti dall'arte egizia o ad essa indifferenti. In un ambiente museale, è possibile trovare "ritratti del Fayum", privati del bendaggio, montati, incorniciati e appesi alla parete, tanto in una galleria dedicata all'arte classica quanto in una sezione di arte egizia.
Le mummie con ritratto non erano collocate entro sarcofaghi, né venivano sepolte, comunque non subito. Gli autori classici menzionano la consuetudine degli Egizi di pranzare insieme ai morti, e sembra che le mummie bendate dei parenti fossero conservate in casa come oggetto di culto per una o due generazioni prima di essere consegnate alla sepoltura.

Lawrence M. Berman
Norma Jean Calderwood

2. *Babaef rappresentato in veste di scriba*
Egitto, Antico Regno, tarda IV Dinastia-inizio V Dinastia, 2472-2458 a.C.
granodiorite, cm 36 x 25,2 x 19
Boston, Museum of Fine Arts
Harvard University-Boston Museum
of Fine Arts Expedition

Babaef visse durante l'era delle piramidi, negli ultimi anni della IV Dinastia e nella prima fase della V Dinastia, in un periodo in cui l'Egitto prosperava sotto la guida di un potente governo centrale. Nel corso della sua vita, Babaef fu uno degli uomini più importanti del paese. Gli studiosi ritengono che fosse il nipote del faraone Khufu (Cheope), costruttore della seconda delle tre piramidi di Giza e della Sfinge, e che avesse rivestito una carica ufficiale anche durante il regno di un sovrano successivo. Molti furono i suoi titoli, fra cui "principe ereditario, conte, unico compagno, supervisore di tutti i lavori reali, direttore del palazzo, primo giudice e visir"; a essi si aggiunge una serie di titoli sacerdotali. Come sembra appropriato per un personaggio che rivestiva il ruolo di supervisore dei lavori pubblici, la tomba di Babaef, situata nel prestigioso cimitero occidentale di Giza, è una delle più grandiose mastabe non reali del sito, oltre che una delle meglio conservate. Nella tomba e intorno a essa l'Harvard University-Boston Museum of Fine Arts Expedition ha rinvenuto frammenti di almeno trenta statue di Babaef realizzate in varie dimensioni, pose e materiali, fra cui la pietra calcare, il travertino (alabastro egiziano) e la granodiorite. Questa statua in granodiorite fu trovata nel 1914 all'esterno del suo sepolcro, frammentata in tre pezzi e gettata in un pozzo dai predatori di tombe. Nella zona furono rinvenuti inoltre i resti di altre statue rotte, alcuni blocchi di calcare destinati all'involucro della tomba e mazzuoli di legno probabilmente usati dai predatori per distruggere i monumenti in modo da riutilizzarne le pietre.
La statua raffigura Babaef in veste di scriba intento al suo lavoro. Seduto a gambe incrociate, egli tiene un rotolo di papiro svolto sopra il gonnellino teso. Le dita dei piedi girati sul dorso sono rese con realismo. La parrucca svasata, lunga fino alle spalle, dalla quale fuoriescono i lobi delle orecchie, è di un tipo in voga tra gli uomini ricchi dell'Antico Regno. Nella mano sinistra Babaef regge una specie di tavoletta rettangolare nella quale sono sistemati due contenitori, uno con inchiostro nero, l'altro con inchiostro rosso. La mano destra è atteggiata con il pollice e l'indice a contatto, come se le due dita stessero reggendo un pennello di giunco, anche se tale pennello non è in realtà rappresentato, poiché a causa della sua esilità si sarebbe facilmente rotto. La posa di Babaef fa pensare che egli sia sul punto di scrivere sotto dettatura. Il corpo è lievemente inclinato in avanti e verso destra; lo sguardo, intensamente attento, è rivolto verso l'alto in direzione dell'osservatore. Un'iscrizione sulla parte anteriore della base lo dichiara «Babaef, principe ereditario e conoscente reale.»
Nel ritrarsi in veste di scribi, i funzionari dimostravano la loro saggezza e la loro cultura. L'alfabetismo era un requisito indispensabile per fare carriera nella gerarchia del governo, perciò nell'antico Egitto, in un'epoca in cui la maggior parte della popolazione non era in grado né di leggere né di scrivere, gli scribi godevano di una posizione sociale particolar-

mente elevata. Quasi a mettere in risalto l'età e l'esperienza di Babaef, lo scultore non ritrae il suo personaggio con le sembianze di un uomo giovane e muscoloso, quale egli appare in molte altre raffigurazioni. La sua muscolatura è resa invece con un aspetto delicato, mentre sul volto alcune rughe si presentano come segni dell'età. Le notevoli dimensioni degli occhi e di altri tratti facciali sono un aspetto tipico delle sculture di Babaef. La posa lievemente asimmetrica è insolita nell'arte egizia.

Denise M. Doxey

3. *Testa del re Menkaure (Micerino)*
Egitto, Antico Regno, IV Dinastia, regno di Menkaure, 2490-2472 a.C.
alabastro egiziano, cm 29,2 x 19,6 x 21,9
Boston, Museum of Fine Arts
Harvard University-Boston Museum of Fine Arts Expedition

Il re Menkaure, che presumibilmente rimase sul trono per 18 anni, è il costruttore della terza (e più piccola) piramide di Giza. Già prima del suo regno durante la IV Dinastia dell'era delle piramidi o Antico Regno, gli artisti egizi perfezionarono il loro ideale di bellezza che vediamo elegantemente espresso in questa raffigurazione. Si tratta di una delle molte teste del sovrano rinvenute nel Tempio della Valle del suo complesso funerario; in essa sono riconoscibili i tratti distintivi del re: il volto tondo, i sopraccigli naturalistici, gli occhi a mandorla sporgenti con pronunciati angoli palpebrali interni, il naso rincagnato e serio, la bocca dritta con il labbro superiore lievemente in fuori. Una luce radente mette in risalto la prominenza abilmente modellata interposta fra la zona del sopracciglio e della palpebra superiore e il lieve solco che dal culmine delle narici corre diagonalmente verso le labbra. Diversamente da quanto avveniva per solito nella raffigurazione del re prima di quest'epoca, Menkaure non indossa alcun copricapo né parrucca, è bensì proposto con la propria capigliatura, in cui linee incavate stanno a indicare le singole ciocche. L'ureo, o cobra sacro, con la sua testa e il suo cappuccio allargato nasce dall'attaccatura dei capelli del re, mentre il corpo del serpente si attorciglia in strette spire sulla sommità della testa reale. Una barba posticcia è inserita sotto il mento del sovrano. Menkaure appare senza età e senza emozioni, con lo sguardo rivolto oltre l'osservatore verso una realtà trascendentale. Sulla base di altri esemplari rinvenuti nella stessa zona, è stato ipotizzato che la testa appartenesse a una statua seduta, anche se mancano prove a conferma di questa tesi.

C'è motivo di ritenere che la statua, al pari di altre rinvenute nel Tempio della Valle, non sia mai stata finita. Benché il volto sia completo e perfettamente levigato, i capelli sono striati soltanto in parte e anche quella parte è talora approssimativa e irregolare, soprattutto in rapporto al volto. Le striature mancano in ampie zone, ad esempio dietro l'orecchio destro, intorno all'orecchio sinistro e in una chiazza più o meno circolare sulla sommità della testa. Il ciuffo di capelli davanti all'orecchio sinistro reca deboli tracce verticali di scalpello, che tuttavia mancano sul ciuffo a destra, indicato da un unico solco profondo. È significativo che l'orecchio destro sia scolpito e levigato ad arte. Quanto al sinistro, abbiamo a prima vista l'impressione che sia stato volutamente distrutto, in realtà un'analisi più attenta dimostra che non fu mai finito. È possibile che, mentre gli scultori erano all'opera, la testa sia caduta sul suo lato sinistro e che tale incidente abbia danneggiato sia la parte al di sopra dell'orecchio sia la pietra da cui l'orecchio doveva essere ricavato. Tale danno avrebbe costretto gli scultori ad abbandonare la testa, nonostante la straordinaria bellezza del volto. Spesso le sculture in pietra tenera venivano dipinte ed è ipotizzabile che, se la testa fosse stata finita, dettagli quali i sopraccigli, le iridi, forse i baffi e i nastri della barba sarebbero stati aggiunti con il colore. Lo scavatore non trovò tracce di colore all'epoca della sua scoperta, né alcuna traccia di tal genere è emersa oggi con i metodi scientifici attuali. Nonostante la sua incompletezza, questa testa a grandezza quasi naturale rappresenta la perfezione della regalità nell'era delle piramidi.

Rita E. Freed
John F. Cogan Jr.
Mary L. Cornille

4. *Statuetta incompleta del re Menkaure (Micerino)*
Egitto, Antico Regno, IV Dinastia, regno di Menkaure, 2490-2472 a.C.
gneiss anortositico, cm 43 x 16 x 24,7
Boston, Museum of Fine Arts
Harvard University-Boston Museum of Fine Arts Expedition

5. *Statuetta incompleta del re Menkaure (Micerino)*
Egitto, Antico Regno, IV Dinastia, regno di Menkaure, 2490-2472 a.C.
gneiss anortositico, cm 36 x 16 x 23,2
Boston, Museum of Fine Arts
Harvard University-Boston Museum of Fine Arts Expedition

In queste due statuette, Menkaure, costruttore della terza piramide di Giza, siede su un trono cubico con la mano sinistra aperta sulla gamba e la mano destra chiusa a pugno. Nella più piccola delle due statue, che è anche la più completa, il sovrano indossa un *nemes* (tradizionale copricapo reale) con l'ureo (cobra sacro) sul davanti, ha una barba posticcia ed è abbigliato con il corto gonnellino pieghettato noto con il nome di *shendyt*. Entrambe le statue appartengono a una straordinaria serie di quindici effigi reali in vari stadi di completamento. Tutti questi esemplari vennero rinvenuti nel Tempio della Valle incluso nel complesso piramidale di Menkaure, dove furono probabilmente utilizzati dagli scultori come modelli per l'esecuzione di statue analoghe di più grandi dimensioni. È possibile che siano stati abbandonati nel Tempio della Valle alla morte del sovrano, dopo che l'edificio era stato frettolosamente completato con mattoni di fango invece che con pietra, materiale dal costo più elevato. In quello stesso luogo furono trovate anche statue a grandezza naturale di Menkaure sia finite sia incomplete. Prove archeologiche attestano che tali effigi erano venerate da *squatter* presenti nel Tempio in un'epoca successiva.

Sebbene esistano molte statue egizie incomplete, questo è l'unico esempio di una serie basata sullo stesso soggetto nella quale siano osservabili fasi diverse della lavorazione scultoria. Sempre animati da uno spirito pratico, gli scalpellini sbozzavano la statua già nella cava in modo da non dover trasportare più pietra di quanto fosse necessario. Al fine di garantire un'analogia di proporzioni in tutte le statue, indipendentemente dalla loro dimensione, gli artisti egizi ricorrevano all'uso di griglie per scolpire sia in rilievo sia a tutto tondo. Nelle statue più grandi, meno finite, una griglia di linee rosse orizzontali e verticali definiva elementi risaltanti quali la dimensione del volto, la lunghezza della barba, la divisione tra le spalle e il resto del corpo. Dopo che tali zone erano state ulteriormente scolpite e raffinate, le linee scomparivano e veniva tracciata una nuova griglia. Questo procedimento era poi ripetuto finché la statua non avesse raggiunto la sua forma definitiva.

Nell'Antico Regno si utilizzavano griglie costituite soltanto da poche linee, successivamente invece la griglia fu arricchita, cosicché una figura seduta di qualsiasi dimensione era creata sulla base di 14 quadrati dall'attaccatura dei capelli ai piedi. Per una figura in piedi si tracciavano 18 quadrati.

Date l'eccelsa modellatura e la raffinatezza del dettaglio cui erano pervenuti gli artisti egizi già all'epoca delle piramidi, è facile dimenticare la semplicità degli strumenti usati. Queste statue furono lavorate con pestelli di pietra dura, scalpelli di rame e materiali abrasivi.

Delle due statue esposte in mostra, quella più piccola, nella quale soltanto alcuni elementi minori non furono scolpiti, ad esempio l'iscrizione con il nome, è quasi pronta per la levigatura finale, che sarebbe stata effettuata con qualche abrasivo.

La pietra utilizzata per queste due statue (benché non per l'intera serie di quindici esemplari) è lo gneiss anortositico, un tipo di roccia particolarmente dura e rara, estratta soltanto nel deserto occidentale, giusto a nord della seconda cateratta del Nilo, a nordovest di Abu Simbel e lontano da Giza. Gli Egizi l'apprezzavano per il suo colore e per l'intensa lucentezza che raggiungeva dopo la levigatura. Entro la fine dell'Antico Regno la vena delle cave si era praticamente esaurita. Anche la famosa statua di Chefren, predecessore di Menkaure, adorna di un falco posto dietro il capo a protezione del sovrano (ora conservata al Museo Egizio del Cairo) è realizzata in gneiss anortositico. Il fatto che la più completa delle due statue qui esposte presenti una levigatura nella parte sottostante della base, un lavoro superfluo e scomodo da eseguire, fa supporre che l'effigie sia stata ottenuta riducendo una statua di più grandi dimensioni, forse una raffigurazione di Chefren.

Rita E. Freed
John F. Cogan Jr.
Mary L. Cornille

6. *Bassorilievo di un falco Horus*
Egitto, Medio Regno, XII Dinastia, regno di Sesostri I, 1971-1926 a.C.
calcare, cm 73 x 61 x 19,8
Boston, Museum of Fine Arts
pervenuto dal Metropolitan Museum of Art in seguito a scambio

Horus, l'antico dio egizio ritratto in forma di falco oppure di uomo con testa di falco, emerse nel tardo periodo predinastico, prima del 3000 a.C., come divinità protettrice del sito di Nekhen (Ieracompoli) nell'Egitto meridionale. Durante l'epoca faraonica egli divenne sia una divinità del sole sia il dio della regalità. Nella mitologia Horus era il figlio di Osiride, originario sovrano dell'Egitto nonché fondatore dell'agricoltura e della civiltà, e di sua moglie Iside. Dopo l'assassinio di Osiride da parte del fratello Seth, dio del caos, Iside riuscì a riportare in vita il consorte e in seguito partorì Horus, che difese con successo contro Seth fermamente intenzionato a trovare e uccidere il nipote. Infine Horus si vendicò dello zio e occupò il suo legittimo posto sul trono, mentre Osiride divenne il signore dell'Oltretomba. Perciò il sovrano vivente fu associato a Horus e il re defunto a Osiride. Siccome si credeva che il re fosse la manifestazione vivente di Horus, uno dei suoi titoli principali era appunto "l'Horus". Fin dai primi sovrani dell'Egitto il "nome Horus" del re fu scritto in un *serekh*, raffigurazione stilizzata della facciata di un palazzo reale su cui siede Horus nella sua forma di falco.

Il bassorilievo proviene dal sito di el-Lisht, sulla riva occidentale del Nilo a circa cinquanta chilometri a sud del Cairo. È qui che Amenemhat I e Sesostri I, i primi due sovrani della prospera XII Dinastia egizia, furono sepolti in elaborati complessi piramidali. La capitale di quell'epoca, Itjtawy, sorgeva probabilmente lì nei pressi e ora si trova al di sotto di una città moderna. Il Metropolitan Museum of Art effettuò scavi a el-Lisht tra il 1908 e il 1936, rinvenendo questo bassorilievo nel distrutto complesso tombale di Sesostri I. Oltre alla piramide, il complesso comprendeva anche un tempio sul lato est di quest'ultima, un muro di cinta interno, un muro di cinta esterno e un percorso rialzato che portava a un altro tempio, ormai perduto, situato a più breve distanza dalla città. Il muro di cinta interno vantava cento colossali pannelli a rilievo di pietra calcare decorati alla base con figure simboleg-gianti la fertilità, al di sopra delle quali vi erano enormi *serekh* che recavano il nome del re ed erano sovrastati da figure di Horus. Questo frammento, scoperto nel 1932, costituiva in origine la parte superiore di uno dei pannelli. A Boston giunse nel 1937 in seguito a uno scambio di oggetti tra il Museum of Fine Arts e il Metropolitan Museum of Art.

La forma molto scavata e lo stile audace del rilievo, insieme ai dettagli accuratamente scolpiti dei tratti facciali e delle piume del falco, sono aspetti tipici dell'arte praticata durante il regno di Sesostri. Horus, data la sua associazione alla regalità divina, porta sul capo la doppia corona simbolo dell'autorità sull'Egitto Superiore, o meridionale, e sull'Egitto Inferiore, o settentrionale. Di tale copricapo rimane la parte bassa, la corona rossa, mentre manca quasi completamente la parte alta, o corona bianca.

Denise M. Doxey

7. *Ritratto di un nobile della XII Dinastia (Testa Josephson)*
Egitto, Medio Regno, tarda XII Dinastia, regno di Sesostri III, 1878-1841 a.C.
quarzite, cm 24 x 18,5 x 21
Boston, Museum of Fine Arts
dono parziale di Magda Saleh e Jack A. Josephson e acquisto del Museo con fondi donati dai Florence E. and Horace L. Mayer Funds, Norma Jean and Stanford Calderwood Discretionary Fund, Norma Jean Calderwood Acquisition Fund, Marilyn M. Simpson Fund, Otis Norcross Fund, Helen and Alice Colburn Fund, William E. Nickerson Fund, Egyptian Curator's Fund, Frederick Brown Fund, Elizabeth Marie Paramino Fund in ricordo di John F. Paramino, scultore di Boston, Morris and Louise Rosenthal Fund, Arthur Tracy Cabot Fund, Walter and Celia Gilbert Acquisition Fund, Marshall H. Gould Fund, Arthur Mason Knapp Fund, John Wheelock Elliot and John Morse Elliot Fund, Miguel and Barbara de Bragança Fund, Brian J. Brille Acquisition Fund, Barbara W. and Joanne A. Herman Fund, MFA Senior Associates and MFA Associates Fund for Egyptian Acquisitions e mediante scambio di un dono anonimo

Per gli antichi Egizi di quasi ogni epoca dall'Antico Regno in poi l'ideale di bellezza consisteva in un volto giovane, privo di rughe, senza età e senza tempo, e in un corpo snello ritratto nel fiore degli anni con una

491

snellezza e muscolosità al limite del credibile. Questo principio valeva tanto per il re e il nobile quanto per la persona comune. L'eccezione a tale regola si presentò per la prima volta verso la metà della XII Dinastia durante il Medio Regno, raggiunse il culmine verso la fine di tale dinastia e proseguì in quella successiva. All'inizio del Nuovo Regno l'ideale di bellezza era ormai ritornato al concetto di gioventù in voga nell'Antico Regno.

Questa testa magnificamente scolpita è uno dei migliori esempi di scultura della fase tarda della XII Dinastia, epoca in cui la raffigurazione dell'età avanzata era una pratica corrente. È quasi indubbio che questo sia l'austero ritratto di un uomo anziano. Una parrucca molto semplice, che doveva giungere almeno alle spalle, incornicia il volto pesantemente segnato da rughe e spinge in avanti le grandi orecchie, esaltandole con ulteriore evidenza. Sotto i sopraccigli fortemente modellati sporgono gli occhi resi in modo naturalistico, delineati da un bordo superiore e inferiore accuratamente definito e messi in maggior risalto dalle sottostanti borse carnose. Il ponte del naso è affossato rispetto al bordo sopracciliare, mentre il naso appare lievemente aquilino, un attributo non presente in altre effigi dell'epoca. Solchi profondi si estendono diagonalmente dall'alto della narice alla bocca. La bocca, chiusa con fermezza, è formata da labbra curvilinee, quasi sensuali, che si assottigliano verso le estremità sino a diventare una fine linea dritta. Ai due angoli, lievi incavi diagonali corrono paralleli ai solchi segnati sulle guance. Una linea semicircolare dà evidenza al mento. Più sotto, sul collo, è visibile il leggero rigonfiamento del pomo d'Adamo. In breve, il personaggio si rivela una personificazione della maturità e della saggezza.

La testa fu scolpita in quarzite, una pietra rara apprezzata per il suo colore. La durezza di questo materiale comportò un'ulteriore difficoltà nell'esecuzione. Il tipo di pietra, il pregio del lavoro e tratti peculiari quali il naso aquilino indicano che lo scultore era un vero maestro, il Michelangelo della sua epoca. Per quanto riguarda la qualità della modellazione, il raffronto più stretto può essere con talune sculture di Sesostri III, il sovrano al cui servizio era il nobile in questione; è dunque possibile che lo scultore di questa testa lavorasse anche per la casa reale. Tali elementi fanno ritenere che il personaggio raffigurato fosse un importante funzionario vissuto durante il regno di Sesostri III.

In base a un'ulteriore ipotesi, egli avrebbe potuto forse essere un visir, ossia un alto amministratore investito della carica più importante dopo quella del re. Del regno di Sesostri III conosciamo due visir ed entrambi sono sepolti accanto al cenotafio del sovrano a Dahshur, nel nord del paese. Forse questa testa raffigura uno dei due? Non possiamo averne la certezza. Certo invece è che questa scultura costituisce un autentico capolavoro artistico, uno dei rari esempi dell'arte egizia in cui sono presenti le qualità proprie del ritratto.

Rita E. Freed
John F. Cogan Jr.
Mary L. Cornille

8. *Ushabti di Pinedjem I*
Egitto, Terzo Periodo Intermedio, XXI Dinastia, regno di Pinedjem I, 1070-1032 a.C.
faïence egizia, altezza cm 10,6
Boston, Museum of Fine Arts
dono di Horace L. Mayer

9. *Ushabti del Gran Sacerdote Masuharte*
Egitto, Terzo Periodo Intermedio, XXI Dinastia, pontificato di Masuharte, 1054-1046 a.C.
faïence egizia, altezza cm 9,8
Boston, Museum of Fine Arts
dono di Horace L. Mayer

10. *Ushabti di Maatkara "moglie del dio"*
Egitto, Terzo Periodo Intermedio, XXI Dinastia, regno di Pinedjem I, 1070-1032 a.C.
faïence egizia con dettagli neri dipinti, altezza cm 11,8
Boston, Museum of Fine Arts
dono di Horace L. Mayer

11. *Ushabti di Pinedjem II*
Egitto, Terzo Periodo Intermedio, XXI Dinastia, regno di Pinedjem II, 990-969 a.C.
faïence egizia, altezza cm 17,2
Boston, Museum of Fine Arts
dono di Horace L. Mayer

12. *Ushabti di Nestanebisheru*
Egitto, Terzo Periodo Intermedio, XXI Dinastia, 990-969 a.C.
faïence egizia, altezza cm 15
Boston, Museum of Fine Arts
dono di Horace L. Mayer

13. *Ankh (Chiave della vita)*
Egitto, Nuovo Regno, XVIII Dinastia, regno di Thutmose IV, 1400-1390 a.C.
faïence egizia, cm 23,5 x 12,8
Boston, Museum of Fine Arts
dono di Theodore M. Davis

14. *Vasetto rituale (vasetto nemset)*
con coperchio
Egitto, Nuovo Regno, XVIII Dinastia, regno di Thutmose IV, 1400-1390 a.C.
faïence egizia, cm 19 x 16
Boston, Museum of Fine Arts
dono di Theodore M. Davis

15. *Rotolo di papiro in miniatura*
Egitto, Nuovo Regno, XVIII Dinastia, regno di Thutmose IV, 1400-1390 a.C.
faïence egizia, cm 14 x 2,8
Boston, Museum of Fine Arts
dono di Theodore M. Davis

16. *Bastone da lancio in miniatura*
Egitto, Nuovo Regno, XVIII Dinastia, regno di Thutmose IV, 1400-1390 a.C.
faïence egizia, cm 26 x 4,1
Boston, Museum of Fine Arts
dono di Theodore M. Davis

Tutti questi oggetti sono in faïence egizia, un tipo di ceramica invetriata a base non di argilla ma di silice derivata da quarzo friabile o sabbia. Il suo tipico colore azzurro-verde è dato dall'elemento di rame utilizzato nell'invetriatura. Gli Egizi chiamavano la faïence *tjehenet*, ossia «ciò che è brillante, sfolgorante», come il sole. Il fatto che si trattasse di un prodotto ottenuto artificialmente nulla toglieva al suo valore. Al contrario, vi era qualcosa di magico nella trasformazione della semplice sabbia del deserto in una sostanza carica di luce che splendeva come l'oro. Per le sue associazioni solari, la faïence era ritenuta particolarmente adatta per gli oggetti funerari.

Il modellino di bastone da lancio, l'*ankh*, il rotolo di papiro in miniatura e il vasetto rituale provengono dalla tomba di Thutmose IV, che si trova nella Valle dei Re a Tebe. Nel 1903 il governo egiziano concesse a Theodore M. Davis, un milionario americano in pensione, il diritto di eseguire scavi nella valle reale. Davis non effettuò lui stesso gli scavi, ma aveva bravi collaboratori che lavoravano per lui, primo fra tutti il giovane Howard Carter. Carter conquistò fama internazionale nel 1922 quando, per conto non di Davis bensì di un altro mecenate, il conte di Carnarvon, scoprì la tomba di Tutankhamon con i suoi tesori. Come tutti i sepolcri reali, a eccezione di quello di Tutankhamon, la tomba di Thutmose IV era stata depredata nell'antichità. Fra quanto rimaneva vi erano alcuni vasi e oggetti rituali in faïence sui quali erano incisi i nomi del re.

Alla fine del Nuovo Regno, l'Egitto fu fondamentalmente diviso in due territori. I sovrani vissero nella parte settentrionale e lì furono sepolti, cosicché dopo quattro secoli veniva abbandonata la tradizione della loro sepoltura nella Valle dei Re. Il Sud fu governato da generali dell'esercito libico, che assunsero il titolo di Gran Sacerdoti di Amon. Alcuni di essi, ad esempio Pinedjem I e Pinedjem II, vollero essere chiamati faraoni. È in questo periodo che le mummie reali della Valle dei Re vennero spostate dalle loro singole tombe e collocate in siti centralizzati, affinché fossero più al sicuro. Durante il trasferimento furono spogliate del loro oro, che venne riciclato a beneficio delle casse statali.

Nel 1881 fu rinvenuto un gruppo di mummie reali in una tomba ben nascosta nei dirupi di Deir el-Bahri. I cinque *ushabti* (statuette mummiformi) esposti in mostra provengono da questa tomba, originariamente creata per i Gran Sacerdoti di Amon e per i loro familiari. L'agricoltura e la divisione del lavoro agricolo, base per l'organizzazione della vita quotidiana, furono anche la base della vita nell'aldilà. Per gli Egizi la vita ultraterrena era vista come un tempo trascorso nell'esecuzione di lavori agricoli al servizio degli dei. Per evitare di doversi impegnare personalmente, il defunto poteva assumere un sostituto incaricato di agire in sua vece. Queste statuette, definite *ushabti*, assolvevano magicamente agli obblighi dei proprietari e in tal modo consentivano loro di avere pace e riposo nell'aldilà. Pronta per il lavoro, ogni statuetta ha con sé un paio di zappe per dissodare il terreno. Non sorprende che gli *ushabti* siano diventati elementi essenziali dell'arredo funerario; alcuni personaggi ne avevano uno o due, altri ne possedevano centinaia. La faïence, non soltanto perché associabile all'idea della rinascita, ma anche perché facilmente modellabile, fu il mezzo ideale per produrre *ushabti* in quantità.

Gli *ushabti* di Pinedjem I, di Maatkara e di Masuharte recano sul davanti una singola iscrizione verticale che inizia: «l'illuminato, l'Osiride», quale riferimento allo stato glorificato del personaggio nell'aldilà, e continua con la menzione di ciascun nome. Sulle statuette di Pinedjem II e di sua figlia Nestanebisheru è invece riportata una formula magica tratta dal Libro dei morti: «O ushabti, se l'Osiride Tal dei tali è chiamato in causa o se gli verrà chiesto di eseguire qualche lavoro nella necropoli, per esempio irrigare le rive, trasportare la sabbia da ovest a est, […] dirai: "Eccomi, lo faccio io".»

Lawrence M. Berman
Norma Jean Calderwood

17. *Busto del re Ramesse III*
Egitto, Nuovo Regno, XX Dinastia, regno di Ramesse III, 1187-1156 a.C.
granito, altezza cm 46
Boston, Museum of Fine Arts
Maria Antoinette Evans Fund

Per gli antichi Egizi, ciò che dava un'identità alla statua era il nome indicato sulla sua iscrizione, non i tratti facciali del personaggio ritratto. La presenza del nemes, dell'ureo e della lunga barba reale attesta che questa è senza dubbio la raffigurazione di un sovrano. Due cartigli (forme ovali che racchiudono un nome reale) incisi sulle spalle e il nome di Horus (uno dei cinque appellativi attribuiti a ogni re) riportato sul pilastro retrostante identificano questo re come Ramesse III, il secondo sovrano della XX Dinastia, spesso definito l'ultimo grande re del Nuovo Regno d'Egitto.

Ramesse III, che regnò per 31 anni prima di morire forse assassinato in una congiura dell'harem, è noto soprattutto per avere difeso l'Egitto dall'invasione dei "Popoli del Mare" e dai Libici. Queste battaglie sono raffigurate nel suo tempio mortuario edificato con l'aspetto di fortezza nella Tebe occidentale. Ramesse si fece costruire una splendida tomba nella Valle dei Re, tuttavia non molto tempo dopo la sepoltura del sovrano il sepolcro fu saccheggiato e la sua mummia, insieme ad altre mummie reali, fu spostata in un luogo segreto a Deir el Bahari. Il nascondiglio venne scoperto nel 1886 e la mummia di Ramesse fu, poco dopo, trasferita nel Museo Egizio del Cairo.

Questo busto di granito reso in grandezza quasi naturale, molto probabilmente la metà superiore di una statua in piedi, ha una lunga storia interessante. Sebbene rechi il nome di Ramesse III, fu di fatto scolpito 200 anni prima per il re Amenhotep III della XVIII Dinastia. Gli stilizzati occhi a mandorla, accompagnati da sopraccigli e palpebre superiori sporgenti, ricordano molte opere raffiguranti quel sovrano ricco e potente. Lo stesso vale per la bocca, definita da una netta cresta labiale, da un profondo filtro sottonasale e da un labbro superiore a forma d'arco. A quanto sembra, gli artisti di Ramesse III usurparono la scultura non soltanto riportando su di essa il nome del re posteriore, ma anche operando ritocchi mirati in modo da adeguare la statua alla moda del tempo. Amenhotep III viene solitamente ritratto, soprattutto nelle sue ultime raffigurazioni, con un aspetto grassoccio. Un attento esame della superficie della statua rivela zone grezze sotto il mento, nella parte superiore delle braccia e al centro del torace, indicando così che in questi punti è stato tolto uno spessore di pietra rispetto alla modellazione originaria in modo da conferire maggiore esilità alla figura. È inoltre significativo che la tipica forma a "V" al centro del labbro superiore di Amenhotep III, la quale produce un'impressione di sovramorso, sia stata accuratamente appiattita. Lo scultore ha infine aggiunto striature nella barba. Con tale usurpazione Ramesse III si adeguava a una prassi ampiamente seguita dall'illustre predecessore, suo omonimo, Ramesse II.

Non si ha notizia né della collocazione cui Amenhotep III destinò inizialmente questa statua né del luogo in cui Ramesse III ordinò di trasferirla. Sappiamo, comunque, che 800 o più anni dopo fu portata ad Alessandria, la città fondata da Alessandro Magno sulle rive del Mediterraneo. Lì rimase fino agli anni cinquanta del XIX secolo, allorché un capitano marittimo degli Stati Uniti la caricò, insieme ad altre statue, a bordo della sua nave come zavorra. Era, quella, l'epoca della Guerra civile americana e la nave fu catturata dai Sudisti che la condussero alla Customs House di New Orleans. Dopo la sconfitta del Sud, a capo della Customs House fu messo un nordista proveniente da una città vicina a Boston; questi, dopo il pensionamento, portò le statue con sé a Lowell, in Massachusetts, e le collocò nel proprio giardino. Nel 1906 esse attirarono l'attenzione del Museum of Fine Arts, il quale nel 1929 acquistò questa e tutte le altre statue.

Rita E. Freed
John F. Cogan Jr.
Mary L. Cornille

18. *Testa del re Tutankhamon*
Egitto, Nuovo Regno, XVIII Dinastia, regno
di Tutankhamon, 1336-1327 a.C.
arenaria, cm 29,6 x 26,5
Boston, Museum of Fine Arts
acquisto del museo grazie ai fondi donati
da Miss Mary S. Ames

Tutankhamon è il sovrano più famoso nella storia dell'antico Egitto dal momento in cui Howard Carter, nel novembre del 1922, scoprì la sua tomba e lo spettacolare tesoro in essa racchiuso. Il ritrovamento provocò una sensazionale eccitazione nel pubblico e nei mezzi di comunicazione suscitando una vera e propria "Egittomania" in tutto il mondo. Oggi pochi oggetti egizi sono più famosi dei sarcofaghi e della maschera funeraria d'oro di Tutankhamon. A dispetto di tanta fama, tuttavia, molti interrogativi sulla vita di questo re sono ancora senza risposta. Tutankhamon era probabilmente il figlio di Akhenaton, l'eretico sovrano che bandì la venerazione delle tradizionali divinità egizie a favore del dio Aten, ossia il disco solare, trasferì la capitale e rivoluzionò l'arte del paese. L'identità della madre di Tutankhamon rimane un argomento tuttora dibattuto. Prima di accedere al trono all'età di nove o dieci anni, il faraone trascorse la sua prima infanzia, durante la quale veniva chiamato con il nome di Tutankhaten, presumibilmente ad Akhetaten (l'attuale el-Amarna), la nuova capitale fondata dal padre. Divenuto re, egli, indubbiamente influenzato dai tradizionalisti della sua amministrazione, disconobbe le riforme religiose introdotte dal padre, abbandonò Akhetaten e restituì all'Egitto la sua religione tradizionale, i suoi templi e la sua antica capitale. Morì prima di giungere all'età di vent'anni senza lasciare eredi. I successori si adoprarono per eliminare il ricordo di Akhenaton e dei suoi familiari, fra cui lo stesso Tutankhamon, usurpandone le statue e modificando le iscrizioni. Riuscirono così bene nella loro impresa che questo sovrano rimase praticamente sconosciuto fino alla scoperta dei magnifici oggetti del suo sepolcro.
Sebbene la testa esposta in mostra non rechi alcuna iscrizione, la sua somiglianza con le molte raffigurazioni di Tutankhamon rinvenute nella sua tomba e altrove non lascia dubbi sull'identità. Il volto triangolare del sovrano, le sue gote piene, i sopraccigli inarcati e le orecchie forate sono tratti facilmente riconoscibili; i grandi occhi a mandorla e le carnose labbra

sensuali caratterizzano la fase più tarda dell'epoca Amarna e ricorrono poi fino al primo periodo della XIX Dinastia. Il volto conserva tracce dei colori originari, per esempio il blu intorno agli occhi e il rosso sulle narici e sulle labbra. Un tempo la statua era, infatti, dipinta a tinte vivaci. Il blu è il tipico "blu egizio", un pigmento sintetico molto diffuso nel mondo antico. Altri pigmenti usati sono l'ematite per il rosso e l'ocra per il giallo.
Sul capo, Tutankhamon porta il tipico nemes, un tempo decorato a strisce gialle e blu secondo lo stesso schema cromatico utilizzato per la sua maschera funeraria e i suoi sarcofaghi. Sono tuttora visibili deboli tracce di pigmento giallo e blu. In questo caso sul nemes poggia una corona rossa, elemento inferiore della doppia corona dell'Alto e Basso Egitto. La parte superiore, la corona bianca, fu eseguita separatamente ed è andata perduta. Sulla fronte del re è presente un incavo verticale previsto per l'inserimento dell'ureo, il cobra eretto che simboleggiava la regalità egizia. Le spire del serpente sono appena visibili su entrambi i lati della fenditura, mentre al suo interno rimangono residui dell'antica malta usata per fissare l'ureo alla sua sede. La barba posticcia si è rotta e staccata, ma ne rimane ben chiara la traccia.
La testa faceva parte di una statua in grandezza appena più piccola del naturale; è tuttavia impossibile, sulla base della sola testa, stabilire se il re ritratto fosse in piedi o seduto, da solo o insieme alla regina oppure a una divinità. Anche il luogo del ritrovamento rimane un mistero. Sappiamo che Tutankhamon ricostruì o arricchì molti templi dopo l'apostasia di Akhenaton, può dunque essere che la statua si trovasse in uno di essi.

Denise M. Doxey

19. Antonio López García
(Tomelloso, 1936)
Donna addormentata (Il sogno), 1963
legno policromo, cm 121 x 205 x 12
Madrid, Museo Nacional Centro de Arte
Reina Sofía

Già da giovanissimo, Antonio López fu attratto dal mondo antico e precisamente dall'età di tredici anni quando, giunto a Madrid, entrò in contatto con l'arte antica al Museo de Reproducciones, che all'epoca aveva sede al Casón

del Buen Retiro. Vi si recava quotidianamente a disegnare le riproduzioni di sculture antiche per preparare il proprio ingresso all'Academia de Bellas Artes di San Fernando, che avvenne nel 1950, all'età di quattordici anni. Fu proprio al Museo de Reproducciones che scoprì l'arte l'antica, quella greco-romana ma anche quella egizia, così come la scultura italiana del Rinascimento e di altri periodi e da quel momento l'arte greca è diventata una delle basi sulle quali egli ha fondato il proprio percorso creativo, oltre alla pittura dello zio Antonio López Torres. Lo stesso Antonio López ha confessato che fin da allora aveva iniziato a subire il fascino della scultura, che rafforzò con lo studio della modellatura in creta durante il primo corso all'Accademia. Tuttavia, solo dopo la fine dei suoi studi osò le prime esperienze di scultore.
Mentre la grande maggioranza dei giovani artisti spagnoli degli anni cinquanta e sessanta vennero sviluppando la propria arte nelle diverse correnti dell'astrattismo – molti di loro unendosi in gruppi –, Antonio López continuò a dedicarsi all'arte figurativa, sperimentando varie soluzioni plastiche ed estetiche. Senza dubbio, il decennio degli anni sessanta fu determinante nell'evoluzione della sua arte, poiché – come lui stesso ha spiegato in varie occasioni – in quegli anni venne liberando la propria pittura dagli elementi surrealisti o fantasiosi, con i quali intendeva dare forza alle proprie creazioni artistiche, per sostituirli progressivamente con l'oggettività del reale. Tale processo non fu né semplice né diretto, ma piuttosto altalenante: talvolta si lanciava in opere tese all'oggettività e prive di orpelli mentre, quando non si sentiva sufficientemente sicuro, tornava a quegli elementi di supporto.
È nella scultura che ha coltivato maggiormente il tema della figura umana, benché lo abbia fatto anche in diverse opere pittoriche, soprattutto nei primi tempi e fino alla metà degli anni settanta, quando cominciarono a passare in secondo piano. Alla fine degli anni cinquanta cominciò a realizzare dei rilievi, che inizialmente faceva in gesso e poi scolpiva in legno, che poi rendeva policromi. Il primo, *Donna che si lava*, lo comprò il gallerista newyorchese George Steampfli presso la galleria Biosca, allora diretta da Juana Mordó. A Steampfli piacque talmente che propose alla Mordó di organizzare un'esposizione individuale di Antonio López nella sua galleria di New York,

includendovi rilievi policromi e quadri: l'idea si concretizzò nel 1965. Tali rilievi, compresa *Donna addormentata*, ottennero grandi consensi presso i collezionisti e i critici nordamericani. Partendo dalla tradizione della scultura policroma, presente sia nell'arte antica che nella scultura in legno spagnola tradizionale, attraverso questi rilievi Antonio López ottenne risultati al tempo stesso nuovi e assolutamente familiari.

Donna addormentata rappresenta il lato dolce della notte, quello che accoglie il sogno e il piacere, che trovano spazio nel letto e sono entrambi attività consustanziali all'essere umano, e perciò parti inevitabili della vita. Non sappiamo che cosa sogni la donna, ma sembra essere qualcosa di piacevole; l'opera è un vano di accesso ai sogni portati dalla notte e, anche se non lo si può vedere, si può sentire che sono lì.

Beatriz Hidalgo Caldas

20. *Osiride*
Egitto, Tardo Regno, XXVI Dinastia
664-525 a.C.
grovacca, cm 20 x 15,5 x 29 (parte bassa)
cm 55 (parte alta)
Boston, Museum of Fine Arts
acquisto del museo grazie ai fondi donati da Stanford Calderwood in onore di Norma Jean Calderwood, membro del Visiting Committee of Art of the Ancient World
Harvard University - Boston Museum of Fine Arts Expedition

Secondo la mitologia, Osiride era l'originario sovrano dell'Egitto e la sua magnanimità portò la civiltà nel mondo. Gli Egizi credevano inoltre che l'agricoltura fosse stata introdotta da questa divinità, che, mediante il controllo delle annuali inondazioni del Nilo, regolava la fertilità della terra. Spinto dalla gelosia, suo fratello Seth, dio del caos e della distruzione, uccise Osiride e, dopo averlo smembrato, sparpagliò nel Nilo i pezzi del corpo. Fortunatamente Iside, la moglie di Osiride, era una divinità abbastanza potente da riuscire a recuperare i vari resti e ricomporre il corpo di Osiride, trasformandolo così nella prima mummia. La ricomposizione fu talmente perfetta che Iside poté concepire un figlio, Horus, il quale vendicò la morte del padre sconfiggendo Seth dopo un lungo scontro e sostituendosi a quest'ultimo sul trono come legittimo erede. Osiride diven-

ne allora sovrano dell'Oltretomba e, in quanto tale, fu preposto a gestire un momento critico del viaggio del defunto nell'aldilà valutando, in veste di giudice, se la persona fosse vissuta o meno secondo il maat, ossia il concetto di giustizia e ordine cosmico in vigore nell'antico Egitto, e dunque se avesse meritato o meno l'ingresso nella vita eterna.

In questa magistrale statua del Tardo Regno, Osiride è facilmente riconoscibile grazie alla posa, alla veste e agli attributi regali. Il dio ci appare avvolto in bende come una mummia, anche se queste bende stilizzate sono rese con tale levigatezza da consentire al mento, alle rotule, alle braccia e ai gomiti di sporgere con evidenza. Sulla testa, egli porta la tipica corona atef, un alto copricapo a bulbo, con una piuma di struzzo su ciascun lato e con il cobra ureo, simbolo della regalità, sul davanti. In mano tiene il pastorale e il flagello, i due scettri associati alla maestà egizia.

Sul retro della statua è presente un'iscrizione a nome di un "conoscente del re", un certo Ptahirdis, figlio di Wepwawetemsaf e Merptahites, il quale rivolge a Osiride una preghiera: «Possa tu darmi pane e birra e ogni cosa buona; possa tu salvarmi dal male e possa tu rendermi potente.» Al momento attuale non conosciamo alcun altro monumento o iscrizione di Ptahirdis.

La statuetta ha una storia affascinante. La parte superiore, dalle ginocchia in su, fu rinvenuta nel 1928 dall'Harvard University-Boston Museum of Fine Arts Expedition nel condotto di una tomba di Giza, il sito della Grande Piramide, che già all'epoca di Ptahirdis era considerato un luogo sacro. La tomba era stata depredata nell'antichità e la collocazione originaria della statua non ci è nota. All'insaputa degli scavatori, la parte inferiore della statua, che comprendeva la base, i piedi e le caviglie, era stata trovata oltre cent'anni prima dal generale Jean Lannes, un ufficiale al seguito di Napoleone durante la campagna d'Egitto del 1798-1801. Se tale campagna fu un fallimento militare, l'annessa missione scientifica portò alla pubblicazione della *Description de l'Egypte*, un monumentale insieme di volumi che preannunciano la nascita dell'egittologia scientifica. I piedi di Osiride rimasero nella famiglia del generale Lannes per quasi due secoli, fino a quando l'egittologo Olivier Perdu comprese che tale frammento apparteneva alla statua del Museum of Fine Arts. Una generosa donazione consentì al Museo di acquistare

i piedi e di riunire la parte superiore e quella inferiore per la prima volta dopo la loro separazione nei tempi antichi.

Denise M. Doxey

21. *Khonsuiraa*
Egitto, Tardo Regno, XXV Dinastia,
760-660 a.C.
pietra nera, cm 43,5 x 12,6 x 13,5
Boston, Museum of Fine Arts
Julia Bradford Huntington James Fund e acquisto del museo con fondi provenienti da elargizioni

Khonsuiraa è qui rappresentato con le braccia allungate lungo i fianchi e il piede sinistro spostato in avanti secondo la classica posa adottata dagli Egizi per le figure maschili. Le mani chiuse a pugno stringono oggetti cilindrici che tanto spesso suscitano la curiosità dei visitatori e che presumibilmente sono pezzuole di lino ripiegate, utilizzate come fazzoletti. Quello che sembra essere un copricapo molto aderente è con ogni probabilità la traccia della capigliatura naturale. Khonsuiraa indossa un corto gonnellino pieghettato, chiuso a portafoglio, con un lembo che scende sul davanti, al centro. Questo tipo di "grembiule", detto *shendyt*, era in origine un indumento riservato al re, ma già nel XXI secolo a.C. era stato adottato dalle persone comuni per le statue delle proprie tombe e nel Tardo Regno fu ripreso per le statue dei loro templi.

L'iscrizione geroglifica presente sulla cintura definisce il personaggio «Khonsuiraa, profeta di Amen.» Anche lo "spazio negativo", ossia lo spicchio di pietra tra il retrostante pilastro e la gamba sinistra spostata in avanti, nonché il pilastro stesso recano un'iscrizione. I geroglifici ci informano che la madre del sacerdote si chiamava Nesnebetisheru. Mancano i piedi e la base della statua con la fine dell'iscrizione. Nella cachette di Karnak fu trovata una statua molto simile di Khonsuiraa, ora conservata al Museo Egizio del Cairo. La cachette si rivelò un grande forziere pieno di statue e altri oggetti – fra cui 751 statue di pietra e 17.000 bronzi – rinvenuti tra il 1903 e il 1905 sotto il selciato di un cortile del tempio di Amon a Karnak. Benché non sappiamo dove sia stata trovata la statua di Khonsuiraa del museo di Boston, riteniamo che con molta probabilità essa provenga da Karnak, forse proprio dalla cachette. Le divinità principali adorate a Karnak erano Amon, la dea Mut, sua consorte e il loro figlio Khonsu. Khonsuiraa era un sacerdote di Amon. Il nome di sua madre, il cui significato è «Colei che appartiene alla Signora di Isheru», racchiude un riferimento alla dea Mut, la quale è anche chiamata «Signora di Isheru» – Isheru è appunto il tempio a lei dedicato nella località di Karnak. Il nome di Khonsuiraa contiene a sua volta un richiamo al nome del dio Khonsu, cosicché nelle iscrizioni incise sulla statua sono citati tutti e tre i membri della divina triade di Karnak.

Khonsuiraa ha quello che potremmo definire un fisico da nuotatore, con spalle ampie, il busto a "V", la vita esile e i fianchi stretti. Le proporzioni della figura evidenziano un ritorno al concetto di forma maschile ideale stabilito dagli scultori menfiti della IV Dinastia, i quali eseguirono le statue dei costruttori di piramidi Chefren e Menkaure. Tradizionali sono anche la posa, l'abbigliamento e la muscolatura in tensione. Gli scultori del Tardo Regno avevano una particolare predilezione per le superfici levigate delle dure pietre scure; in questo caso il lavoro rivela un'estrema abilità e raffinatezza. Che la statua guardasse all'arte in voga diciotto secoli prima, nell'era delle piramidi, è più che comprensibile. Khonsuiraa visse durante la dominazione dei Kushiti, faraoni nubiani regnanti nel Sudan, i quali governarono l'Egitto come XXV Dinastia (760-660 a.C.). I Kushiti erano stranieri, ma praticavano la religione egizia e si identificavano con il passato dell'Egitto. In un certo senso si consideravano i veri custodi della tradizione di quel paese, più ortodossi della popolazione originaria. Essi ricostruirono e ampliarono il tempio di Amon edificato nel Nuovo Regno a Gebel Barkal nel Sudan settentrionale e lo trasformarono in un secondo Karnak. La città di Menfi, antica capitale dell'Egitto situata nel nord del paese, esercitava un fascino particolare sui faraoni kushiti. Ispirandosi alle piramidi reali della vasta necropoli menfita, essi ripresero la forma piramidale per le proprie tombe. Da ormai ottocento anni nessun sovrano egizio veniva più sepolto in una piramide. I re e le regine kushiti continuarono a costruire piramidi anche dopo la loro espulsione dall'Egitto da parte degli Assiri e proseguirono in tale pratica fino al 350 d.C., cosicché oggi il Sudan settentrionale vanta un numero doppio di piramidi rispetto all'intero Egitto.

Lawrence M. Berman
Norma Jean Calderwood

22. *Maschera di mummia*
Egitto, Periodo imperiale romano, probabilmente I secolo d.C.
gesso dorato, cm 19 x 16,5
Boston, Museum of Fine Arts
Edward J. e Mary S. Holmes Fund

La sepoltura nell'Egitto romano consentiva un'ampia gamma di possibilità e, come alternativa a un ritratto di mummia dipinto su legno, si poteva scegliere una maschera funeraria di gesso simile a questa, esposta in mostra. Nonostante l'aspetto realistico ben modellato secondo lo stile classico, la doratura della superficie ha lontane radici nella tradizione egizia. Gli antichi Egizi rappresentavano i loro dei come se avessero una carne d'oro, ossa d'argento e capelli di lapislazzuli. È in questo modo che i testi li descrivono, e per l'esecuzione delle rare statue rituali di divinità in nostro possesso sono stati utilizzati appunto tali materiali preziosi. Si credeva inoltre che, dopo la mummificazione e un'adeguata sepoltura, anche i defunti divenissero dei. La presenza di una maschera d'oro sta dunque a significare la trasformazione della persona morta in un essere divino, splendente e incorruttibile. La più famosa fra tutte le maschere di mummie egizie, ovviamente realizzata in oro massiccio intarsiato di autentico lapislazzuli, è quella del re Tutankhamon. Personaggi meno importanti dovevano accontentarsi invece di legno o gesso decorato con foglia d'oro e vetro colorato.

La maggior parte delle maschere di mummie romane era dipinta con colori naturalistici, ma almeno un terzo di quelle in nostro possesso era stato dorato; non sorprende che fossero destinate a individui benestanti, per quanto di loro sappiamo. Le maschere erano prodotte in serie utilizzando stampi con fori per gli occhi. La maschera in mostra è un esemplare particolarmente bello con molti tratti personalizzati. I capelli, la barba e i baffi sono accuratamente definiti da spirali e sono dorati come il volto. Il contrasto fra il volto dorato e gli occhi intarsiati è avvincente. Il bianco degli occhi è in travertino, le iridi sono di vetro chiaro dipinto sul retro, mentre le pupille sono di ossidiana. Punti di colore rosso all'interno degli occhi servono a indicare le caruncole. Le palpebre, in rame, hanno bordi seghettati per suggerire le ciglia. Le sottili sopracciglia sono elegantemente arcuate. Le narici sono di un rosa carneo.

Sebbene in passato si attribuisse questa maschera all'inizio del terzo secolo per via della barba e del tipo di capigliatura, effigi di uomini barbuti sono presenti anche nell'arte egizia anteriore a quel periodo; gli esemplari più simili risalgono al primo secolo. La consuetudine di eseguire tali maschere sembra comunque tramontata dopo il secondo secolo.

Lawrence M. Berman
Norma Jean Calderwood

23. *Statuetta a blocco di Djedptahiufankh*
Egitto, Tardo Regno, XXV Dinastia
760-660 a.C.
quarzite, cm 26,7 x 12,5 x 15
Boston, Museum of Fine Arts
dono di Mr. e Mrs. Donald Edgar

Djedptahiufankh, sacerdote del dio Montu, è accosciato al suolo con le gambe piegate al livello delle spalle e le braccia conserte sopra le ginocchia. La figura è avvolta in un lungo mantello, dal quale emergono soltanto la testa e le mani, cosicché il corpo assomiglia a un blocco o a un cubo. Questo tipo di statua, che definiamo "a blocco", fa la sua prima apparizione nel Medio Regno, intorno al 2000 a.C. La sua forma compatta conquistò il favore degli scultori egizi del Tardo Regno, quando la statua a blocco divenne il tipo più popolare di scultura scelto per la raffigurazione di individui privati (i re non compaiono mai in tale posa).

Il sacerdote porta una collana da cui pende il simbolo della dea Bat, costituito da una testa bovina vista di fronte con corna ricurve verso l'interno. Nella mano destra regge un cespo di lattuga. La lattuga era associata a Min, dio della fertilità, e dunque si trattava di un appropriato simbolo della rinascita.

La pietra da cui è ricavata la statua, un'arenaria silicea nota con il nome di quarzite, è dura e compatta, ma diversamente dalle altre pietre predilette dagli scultori egizi dell'Antico Regno non perviene a un'elevata lucidatura. Il suo caldo colore bruno rossastro e la sua granulosità contrastano con la superficie fredda, scura e levigata di altre effigi quali la statua a gambe sfalsate di Khonsuiraa, presente anch'essa in questo catalogo. Inoltre, per gli antichi Egizi la quarzite aveva particolari richiami religiosi. Le sue sfumature rossastre – variabili dal bruno al rosso, al violaceo – ricordavano l'alba e il tramonto, che, a loro volta, evocavano il ciclo solare della nascita e della resurrezione. Nell'epoca dei faraoni, la principale cava di quarzite si trovava a Gebel Ahmar, la "Montagna rossa", nei sobborghi dell'attuale Cairo. Non per puro caso l'antica Eliopoli, il principale santuario del dio Sole, si trovava in quei pressi.

I lati piatti delle statue a blocco costituivano superfici ideali per testi geroglifici. In questo caso ci sono quattro distinte iscrizioni: una sulla parte anteriore della statua, una su quella posteriore, una sulla base e una sul bordo superiore del blocco. Le cinque righe orizzontali incise sul davanti contengono una preghiera per ottenere offerte da parte del dio Amon-Ra a favore dello spirito di Djedptahiufankh. Gli Egizi del Tardo Regno prediligevano nomi lunghi nei quali veniva incluso il nome di una divinità. Djedptahiufankh significa «(il dio) Ptah dice: "egli vivrà".» Ankhpakhered, padre di Djedptahiufankh, anche lui menzionato nell'iscrizione, era un sacerdote di Amon; il suo nome significa «Possa il bambino vivere.» Le tre colonne dell'iscrizione sul retro racchiudono una preghiera che sollecita la protezione divina. Un'altra preghiera si sviluppa sui quattro lati della base, la quale è danneggiata negli angoli anteriore e posteriore di sinistra. Una riga di geroglifici lungo il bordo superiore del blocco ci informa che la statua era stata dedicata da Ankhpakhered, figlio maggiore di Djedptahiufankh, chiamato con lo stesso nome del nonno. Come il padre, anche Ankhpakhered era un sacerdote di Montu. Apprendiamo inoltre che il nome della madre di Ankhpakhered e moglie di Djedptahiufankh era la Signora Djedasetiusankh, nome che significa «Isis dice: "Lei vivrà".»

Le preghiere con la richiesta di protezione divina e di offerte da parte degli dei ci consentono qualche supposizione sullo scopo e sulla funzione delle statue nell'antico Egitto. Gli antichi Egizi non facevano statue soltanto per il piacere di apprezzarle come opere d'arte, anche se sicuramente le ammiravano. La statua era innanzitutto il luogo in cui poteva abitare lo spirito del defunto. Il rito dell'"apertura della bocca", durante il quale un sacerdote rivestito di una pelle di leopardo toccava la statua con un'ascia di carpentiere, riportava in vita i sensi della statua, cosicché lo spirito al suo interno poteva ricevere le offerte in una tomba o in un tempio per sempre e in tal modo vivere in eterno.

Lawrence M. Berman
Norma Jean Calderwood

Figure sul limitare della vita. Da una finestra viene la notte

24. Giorgio da Castelfranco detto Giorgione

(Castelfranco Veneto, 1478 circa - Venezia, 1510)
Doppio ritratto, 1502 circa
olio su tela, cm 80 x 75
Roma, Museo Nazionale del Palazzo di Venezia

La luce radente che cade obliquamente dall'alto investe con intensa chiarezza la mano sinistra del giovane in primo piano, posata sul parapetto, che mostra un frutto riconoscibile come un melangolo. Il frutto dolceamaro allude al tema d'amore che – in modo diverso – coinvolge i due personaggi ritratti. È il frutto di Venere, noto presso i Greci e descritto negli *Emblemata* di Andrea Alciati del 1531, simbolo della malinconia legata alle pene amorose. Il giovane è elegantemente abbigliato, la sottile camicia dallo scollo finemente ornato, le finiture in oro della veste, il berretto con due nappine pure d'oro a trattenere i lunghi capelli. Il suo sguardo è immerso nell'ombra e poggia il capo sulla mano nell'atteggiamento tipico del malinconico, reiterato nella famosa incisione di Albrecht Dürer, *Melencolia I*. La luce rischiara invece e porta l'attenzione sul volto più pieno e sensuale del secondo giovane, meno raffinato nelle fattezze e nell'abbigliamento, che volge lo sguardo franco ma pensieroso oltre le sue spalle, verso l'osservatore. L'uso significativo e naturale della luce si accompagna all'espediente iconografico del parapetto, elemento consueto di mediazione tra spazio interno ed esterno al quadro e sede di dettagli simbolicamente rilevanti.

Ballarin ha dedicato un'ampia analisi al dipinto,[1] legandolo alla cultura neoplatonica e neopetrarchesca coltivata nell'ambito della Compagnia degli Amici, fondata nei primissimi anni del Cinquecento a Venezia da Pietro Bembo con altri giovani nobili letterati. Le colte riflessioni sul sentimento amoroso, la pratica musicale e poetica, gli ideali di mutua condivisione intellettuale e affettiva della Compagnia – che raccomandava peraltro che i soci si facessero fare ritratti da scambiare e conservare – si attagliano ai valori intimi e sentimentali dell'opera. Che i due personaggi alludano o meno a Gismondo e Perottino, che

negli *Asolani* del Bembo incarnano il contrasto tra l'amore felice e infelice, il *Doppio ritratto* mostra un dialogo emotivo e intellettuale tra i due compagni, tra i quali non sembra ravvisarsi una relazione gerarchica ma piuttosto un solidale e dialettico compatimento.

La storia critica del dipinto è complessa e controversa, fatto non isolato nel difficile catalogo dell'artista. L'assegnazione del quadro al pittore di Castelfranco compare negli inventari seicenteschi delle collezioni Pio di Savoia (1624) e Ludovisi (1633), salvo cedere in favore di Dosso Dossi dopo l'ingresso nella collezione ferrarese del cardinale Ruffo, dove è così registrato nel 1734. Emerso all'attenzione della critica dopo la donazione al Museo da parte del principe Fabrizio Ruffo di Motta Bagnara (1919), *Doppio ritratto* passa da un riferimento a Sebastiano del Piombo a quello a Domenico Mancini e a Francesco Torbido, per tornare al maestro su proposta di Roberto Longhi.[2] L'attribuzione a Giorgione, seppure con differenti collocazioni cronologiche nel corso del primo decennio del Cinquecento, in parallelo ad altre prove quali il *Cavaliere e scudiero* degli Uffizi e l'*Alabardiere* del Kunsthistorisches Museum di Vienna, è ormai condivisa da molti studiosi, sebbene trovi sostenitori anche il riferimento a un più tardo ma anonimo seguace. La datazione intorno al 1502, proposta da Ballarin, implica una precoce elaborazione di quella maniera moderna elogiata da Vasari, e la recezione di un leonardismo di prima mano. E d'altra parte il dipinto, per le qualità di fusione cromatica e atmosferica, l'originalità di invenzione e la potenza allusiva, si pone come un elemento di forte novità nella storia della ritrattistica dell'età moderna.

Simona Ciofetta

[1] A. Ballarin, *Giorgione e la Compagnia degli Amici: il "Doppio ritratto" Ludovisi*, in *Storia dell'arte italiana*, parte II, vol. V, Torino 1983, pp. 481-541; da ultimo Id., *Generazione al bivio*, in *Pietro Bembo e le arti*, Venezia 2013, pp. 281-284. Cfr. anche *Pietro Bembo e l'invenzione del Rinascimento*, Venezia 2013.

[2] Per i necessari riferimenti bibliografici si rimanda almeno alla scheda di A. Zamperini in *Giorgione*, a cura di E.M. Dal Pozzolo e L. Puppi, Milano 2009, pp. 424-425; a E. Dal Pozzolo *Un libro, undici corde e un pennello*, con *Nota bibliografica*, in *Giorgione e Savoldo. Note di un ritratto amoroso*, Genova 2014, pp. 13-33; alla scheda di F. Cocchiara, ivi, pp. 35-39. Agli ultimi anni della vita lo riferiscono Lon-

ghi, Tschmelitsch (v. Cocchiara, *ibid.*, p. 39) e, con qualche riserva sull'attribuzione, A. Gentili, *Giorgio (Zorzi, Zorzo) da Castelfranco, detto Giorgione*, in *Dizionario Biografico degli Italiani*, LV, Roma 2000, pp. 360; all'inizio del secolo Ballarin, *ibid.* e Dal Pozzolo, *ibid.* Si veda anche L. Puppi, *Tracce e scommesse per una biografia impossibile*, in *Giorgione* cit., pp. 207-224.

25. Tiziano Vecellio

(Pieve di Cadore, 1480/1485 - Venezia, 1576)
Santa Caterina d'Alessandria in preghiera
1567 circa
olio su tela, cm 119,1 x 100
Boston, Museum of Fine Arts
1948 Fund e Otis Norcross Fund

In questa tela Santa Caterina d'Alessandria è facilmente riconoscibile: una principessa, inginocchiata su un frammento della ruota lignea del suo mancato supplizio, dinanzi alla lucente spada che infine l'uccise e accanto alla palma del suo martirio. Eppure la scena raffigurata da Tiziano è estremamente insolita; in questo caso non è proposto il matrimonio mistico o il martirio della santa, viene invece ritratta una donna in fervente preghiera all'interno di un sovrastante ambiente architettonico per lo più vuoto, nel quale sono presenti un alto crocifisso, un teschio e un sarcofago di pietra, decorato con un bassorilievo raffigurante la deposizione di Cristo nel sepolcro. Dietro al corpo di Cristo in croce, alcune nuvole tinte di rosa e giallo suggeriscono l'approssimarsi della sera. Caterina, con le braccia incrociate sul petto e uno sguardo estatico rivolto verso il crocifisso, pone la sua fiducia nel sacrificio di Gesù. Il dipinto è firmato sul bugnato della colonna a sinistra.
Santa Caterina d'Alessandria in preghiera, una tela quasi del tutto sconosciuta al pubblico europeo, ha una genesi interessante e una rimarchevole provenienza. Una serie di lettere attesta l'esecuzione di quest'opera intorno al 1567. Una lettera inviata da Tiziano al cardinal Alessandro Farnese il 10 dicembre 1568 rivela che da qualche tempo il dipinto apparteneva a un parente di quest'ultimo, il frate domenicano Michele di Bonelli, noto con il nome di cardinal Alessandrino («il quale dopo aver ricevuto da me già molti mesi una pittura di Santa Cattarina...»). *Santa Caterina* era uno dei tre quadri che il pittore aveva inviato al

cardinal Alessandrino nel tentativo di ottenere fondi per il proprio figlio Pomponio, il quale, pur godendo di una pensione concessagli nel 1551 da Carlo V, non ne aveva mai ricevuto il pagamento. In un inventario dei beni di Bonelli redatto nel 1598 è inclusa una voce verosimilmente riferita a questo quadro. Nel XVII secolo il dipinto si trovava a Madrid e proprietario ne era Gaspar de Haro, settimo marchese di Carpio; in seguito la tela fece probabilmente parte della collezione reale spagnola conservata al Real Monasterio del Escorial.
L'anomala iconografia della santa intensamente concentrata sul crocifisso è stata spiegata con riferimento a un'altra Caterina, Caterina de' Ricci, una monaca di Prato che, ogni settimana tra il 1542 e il 1552, rivisse, rapita in estasi, la Passione di Cristo. La posa inginocchiata, le braccia incrociate e lo sguardo implorante di Caterina sono congruenti con gli intensi esercizi spirituali di una monaca. L'idea di fondere il personaggio di Caterina d'Alessandria con quello di Caterina de' Ricci fu forse suggerita da Bonelli, in quanto egli aveva conosciuto la religiosa e desiderava onorare questa sua consorella domenicana (il cui nome era di fatto Alessandra). In base a tale lettura, *Santa Caterina d'Alessandria in preghiera* andrebbe vista come la convergenza tra lo specifico intento iconografico di un mecenate e la continua preoccupazione di Tiziano per le finanze del proprio inetto figlio.
Un'analisi della tela rivela che, nonostante l'importanza della commissione e l'illustre provenienza, l'opera non fu eseguita interamente da Tiziano. Alcuni elementi, precisamente il bassorilievo sul sarcofago, l'intenso cielo nuvoloso intorno al crocifisso, il sontuoso tendaggio rosso, parti dell'abbigliamento e dei tratti di Caterina sono resi con mirabile maestria e, dunque, possono essere attribuiti allo stesso Tiziano. Invece, gran parte dell'architettura, fra cui il discutibile pavimento a scacchi e la deludente volta a botte, è opera di qualche aiuto scarsamente esperto. La disomogeneità nell'uso del colore e la banalità dell'ambientazione hanno spinto alcuni critici a scartare ingiustamente l'intera opera, che è stata così esclusa da quei cataloghi ragionati che hanno accolto versioni plurime di soggetti frequentemente ripetuti, spesso eseguiti in gran parte da membri della bottega.
Sebbene per l'ambiente architettonico, con il suo aspetto pesante e la prospettiva accelera-

ta, l'opera sia paragonabile all'*Annunciazione* di Treviso del 1520-1523, essa non è tuttavia il rifacimento di un dipinto iniziato decenni prima (un esame ai raggi X ha escluso una tale ipotesi), si tratta invece di una composizione originale risalente alla metà del decennio 1560-1570. La sorprendente architettura di questa *Santa Caterina* non è affatto un riciclaggio di opere molto precedenti, è bensì il lavoro di un artista anziano che rispose a un dipinto decisamente nuovo, quale *Il trafugamento del corpo di San Marco* (1564 circa) di Tintoretto, pittore ormai della generazione successiva.

Frederick Ilchman
Russell W. Baker

26. Antonio López García

(Tomelloso, 1936)
Grande finestra, 1972-1973
olio su tavola, cm 241 x 187
collezione privata

In *Grande finestra* la notte si vede attraverso una finestra chiusa; sono i suoi primi momenti, ancora di un blu intenso ma non così scuro come quello della notte fonda. L'inquadratura della finestra – vista dal basso e leggermente decentrata – le conferisce una maggior carica psicologica, per cui ci rendiamo conto con più forza che siamo all'interno di una stanza, al chiuso, al riparo dalla notte. La maniglia è in una posizione intermedia, il che intensifica la sensazione di inquietudine, perché non si sa se quella finestra si aprirà o si chiuderà definitivamente. Nel contempo, sul vetro si riflettono alcuni elementi della stanza leggermente deformati dalla luce elettrica. Nelle opere di Antonio López la luce è sempre un fattore fondamentale, e qui non lo è certo meno, sebbene in questo caso non si tratti di luce naturale.
Antonio López ha scelto qui come tema la finestra di uno spazio architettonico vuoto e incompleto, che è il suo luogo di lavoro, in una casa nuova situata in una zona anch'essa nuova di una città contemporanea. Tale contemporaneità è fortemente presente nel quadro, non solo perché tutti gli elementi rappresentati sono riconoscibili, ma perché la si coglie anche nell'atmosfera ricreata. Il vuoto che si percepisce è un tratto della vita attuale, e per questo ci raggiunge con tanta forza.

Intanto, la notte incombe – perché a volte è così, la notte si presenta con tutta la sua forza per alimentare le nostre ansie e le nostre paure. Qui la finestra non si apre sullo sfondo, né vi si affacciano delle figure, com'era consueto nelle raffigurazioni antiche, ma c'è solo la finestra a occupare lo spazio principale della composizione. La carica emotiva è intensa, grazie alla struttura compositiva e all'uso dei diversi toni di blu nella finestra, dove si mescolano gli elementi esterni – come gli alberi – e quelli interni – la porta o la lampada, che sembra sorgere da quegli stessi alberi –, creando sui vetri una scena misteriosa. Non è stato necessario aggiungere alcun elemento decorativo per rafforzare la composizione con degli elementi magici, visto che era già tutto lì. Negli anni tra il 1966 e il 1982 l'artista realizza circa una ventina di opere, tra oli e disegni, raffigurando spazi diversi del suo studio e abitazione che, salva qualche eccezione, non comprendono alcuna figura. Sono sette i disegni che rappresentano i bagni e lo studio vuoti, con i vani delle porte a occupare lo spazio principale della composizione, lasciando vedere le finestre chiuse in fondo. La maggior parte di questi disegni è estremamente particolareggiata e costituisce un autentico esempio di studio sulla luce, il riflesso e l'ombra. Nei dipinti le finestre figurano come protagoniste e normalmente sono aperte sul paesaggio; tra i quadri conclusi e non, una dozzina circa è dedicata esclusivamente alle finestre.

Dalla metà degli anni sessanta e per circa un decennio, Antonio López si dedicò molto al disegno, cosa che – secondo lo stesso artista – influì direttamente sul suo modo di dipingere, alleggerendo il carico materico della superficie, che fino alla fine degli anni sessanta era stata piuttosto densa. Questo effetto è visibile in *Grande finestra* poiché, avendo liberato il dipinto dall'eccesso di materia pittorica per dare maggior risalto alla composizione, è possibile vedere il disegno, le linee. Al tempo stesso, a partire dagli anni settanta Antonio López spoglia i suoi quadri di figure e trasforma le sue stanze o le sue vedute in protagoniste. Sono luoghi abitati e percorsi dall'essere umano, le cui tracce si osservano in alcuni elementi che compaiono in questi dipinti – come, tra le altre cose, la luce elettrica, il profilo delle costruzioni o il mobilio. Il pittore aveva rappresentato questa stessa finestra alcuni anni prima, nel 1966, mostrando attraverso di essa il giardino sul retro con una delle

sue figlie piccole di sotto, e dunque con un cambiamento completo della scena, in quanto sono diversi i punti di vista su cui concentrare l'attenzione.

La pittura di Antonio López capta il mondo. Per questo siamo davanti a un'opera realistica, perché si nutre essenzialmente della realtà, caricandosi di emozione – ed è questo che le conferisce il suo grande potere comunicativo, di "arrivare" allo spettatore –; non è una semplice copia del reale, di quello che il pittore ha davanti a sé.

Beatriz Hidalgo Caldas

27. Giovanni Gerolamo Savoldo

(Brescia, 1480 circa - dopo il 1548)
Adorazione dei pastori, 1540
olio su tavola, cm 192 x 178
Brescia, Pinacoteca Tosio Martinengo

La grande tavola ornava anticamente una delle cappelle laterali della chiesa agostiniana di San Barnaba, a Brescia: da qui fu rimossa nel 1869, quando fu trasferita nella Pinacoteca cittadina.[1] La datazione al 1540, attestata da un'iscrizione vergata per due volte con un pennello bianco sul retro del dipinto, lascia pensare che a commissionarla sia stato il patrizio bresciano Bartolomeo Bargnani, che nel 1536 aveva promosso i lavori per la costruzione della cappella e che era molto attivo sul fronte devozionale, partecipando assiduamente alla vita della confraternita del Santissimo Sacramento che si riuniva nel Duomo della città.[2] La composizione coniuga il tema dell'adorazione del Bambino da parte della Madonna, di San Giuseppe e di alcuni pastori con quello dell'annuncio miracoloso, evocato dalla presenza dell'angelo, che appare sullo sfondo tra le nubi squarciate da bagliori soprannaturali. La scena è ambientata nella capanna, costruita con sconnesse assicelle di legno e con pietre solcate da crepe e ravvivate dalla crescita spontanea di qualche erbaccia e di un fico; dal buio emergono le sagome del bue e dell'asinello. Sul primo piano, inondato di luce, si stagliano le austere figure della Madonna e di San Giuseppe, avvolte in solidi panneggi sui quali la luce crea effetti preziosi, dai neri profondi delle pieghe alle accensioni improvvise di bianco, fino ai cangianti del velo che copre le spalle della Vergine. Al centro il Bambino, adagiato entro la mangiatoia

riadattata con un candido lenzuolo, sgambetta vivacemente. Il secondo piano si apre sul paesaggio: sulla sinistra, un pastore solleva il cappellaccio di feltro con gesto noncurante e si volge verso la scena principale con attitudine raccolta. Al di là di una finestra – concepita come un vero e proprio quadro nel quadro – fanno capolino due altri pastori, anch'essi presentati dal pittore come partecipi spettatori di una scena nella quale l'osservatore è a sua volta coinvolto.

Il dipinto si basa sul continuo contrapporsi di ombra e di luce, e sugli effetti che questo contrasto genera: in tal senso l'opera di Savoldo si pone nel solco della tradizione lombarda, che a partire dalle sollecitazioni di Leonardo e sulla scorta del profondo influsso della pittura nordica sviluppa un interesse spiccato per questo tema.[3] A tale tradizione rimanda inoltre il robusto naturalismo, che si sottrae a ogni rappresentazione idealizzata e a ogni invenzione virtuosistica. Queste caratteristiche individuano in Savoldo un punto di riferimento imprescindibile per la genesi in chiave lombarda della pittura di Caravaggio, al quale non di meno rimanda anche una certa «violenza gestuale»[4] che accompagna all'irrompere e al dilatarsi della luce una stesura a tratti corsiva, incurante della perfezione anatomica delle figure ed evidente per esempio nelle mani della Vergine, «individuate solo a colpi di luce e colore.»[5] La forza e la rapidità del procedere del pittore si evincono anche dai numerosi *pentimenti*, in gran parte visibili a occhio nudo (i più evidenti riguardano il gomito della Vergine e la gamba del Bambino) anche in virtù di un generale impoverimento della pellicola pittorica, che fa sì che in più punti emergano le tracce del pennello scuro con il quale l'artista delineò i contorni delle forme e le pieghe dei panneggi. Altra traccia del lavoro del pittore si trova sul verso della tavola, dove Savoldo scrisse di suo pugno una nota con un conto di colori e di altri materiali.

Roberta D'Adda

[1] E. Lucchesi Ragni, R. D'Adda, *La Natività: dipinti cinquecenteschi della Pinacoteca Tosio Martinengo*, in *Lorenzo Lotto. La Natività*, catalogo della mostra (Milano 2009-2010) a cura di P. Biscottin, Cinisello Balsamo 2009, pp. 47-59.
[2] F. Frangi in *Pinacoteca Tosio Martinengo. Catalogo delle opere secoli XII-XVI*, in corso di stampa.
[3] M. Gregori, *I temi della luce artificiale nel Savoldo e le radici lombarde di Caravaggio*, in *Giovanni*

Gerolamo Savoldo tra Foppa Giorgione e Caravaggio, catalogo della mostra (Brescia 1990), Milano 1990, pp. 87-91.

[4] Ivi.

[5] F. Frangi, *Savoldo. Catalogo completo dei dipinti*, Firenze 1992, p. 128.

28. Antonio López García

(Tomelloso, 1936)
Finestra di notte, Chamartín
1980 (ritoccato nel 2010-2011)
olio su tavola, cm 139 x 117
collezione privata

In *Finestra di notte, Chamartín*, la finestra spalancata rappresenta un invito ad affacciarsi sulla notte nella pienezza della sua oscurità, che contrasta con il colore vivo della parete illuminata da un'intensa luce biancastra, sottolineando il ruolo centrale della stessa finestra e di ciò che attraverso di essa si vede. Dall'altra parte, dietro una spianata tenebrosa, appaiono una strada illuminata e un'infinità di luci che rivelano la presenza della città. La vita urbana, dura e aspra, si mostra in tutta la sua intensità, tanto dentro quanto fuori da questa finestra, in una stanza che pare vuota e incompleta.

Verso la metà degli anni settanta, Antonio López cominciò a collocare la linea dell'orizzonte delle sue vedute a metà del quadro, dedicando metà della superficie pittorica al cielo e l'altra alla città o al panorama. Questo si può già osservare tanto in questa finestra aperta sulla notte madrilena quanto nel notturno di Tomelloso (si veda cat. n. 95). In entrambi i dipinti si apprezza come l'artista abbia collocato il punto di vista frontalmente, riflettendo al tempo stesso il vuoto del cielo nella parte superiore e la città o il paese in quella inferiore. La fedeltà di Antonio López al proprio motivo pittorico deriva dal suo desiderio di oggettività e dal rispetto che ha per la realtà, il che lo porta, mentre il soggetto continua a interessarlo, a imporsi delle condizioni di lavoro rigorose che gli garantiscano di potersi esprimere senza alterare la realtà. Per questo gli è necessario porsi davanti al motivo raffigurato rispettando le stesse condizioni atmosferiche e di luce, il che gli permette di captare la luce e l'ambiente del momento in cui ha iniziato l'opera. È proprio il mettersi più volte di fronte a questa finestra – e quello che lì vede e sente – ciò che trasmette come un senso di quiete alla superficie pittorica. La scelta di temi o vedute in cui sono assenti tanto la figura umana quanto oggetti in movimento è dovuta, come lui stesso ha spiegato, precisamente a questa ragione: li ha messi da parte perché si muovono, perché cambiano troppo rapidamente, e ha deciso di concentrarsi su ciò che è fermo, il che gli permette di porsi di fronte al suo tema giorno dopo giorno, senza alterazioni brusche o accelerazioni. Eppure, nelle sue opere l'uomo continua a esserci, poiché i luoghi che dipinge o gli oggetti che raffigura sono quelli attraversati e usati dalle persone. Ciò che lui rappresenta è la vita umana.

Molte volte l'approccio oggettivo o figurativo nelle arti plastiche viene confuso con l'accademismo, e l'opera di Antonio López non è affatto accademica, nonostante egli si sia formato nel solco della tradizione artistica della Escuela de Bellas Artes di San Fernando, passando per molti degli stessi corsi istituiti fin dalla fondazione di istituzioni di questo tipo. Tuttavia, la sua opera non ha niente a che vedere con quello che si è definito come accademismo, perché nelle sue creazioni c'è spazio per temi nuovi e per affrontarne di già noti in maniera personale, senza adottare uno stile convenzionale. Non è neppure presente il concetto di completamento dell'opera, che era così chiaro nei secoli XVIII e XIX, e che adesso è molto più soggettivo, dipendendo dall'artista stesso e non da regole comuni, valide per tutti. Quante notti ci vogliono per riprodurre una visione e una sensazione legate a un luogo? Questo fatto è stato per lui importante, benché non nella stessa misura per tutti i temi da lui rappresentati. Alcuni di essi, come i bambini o i fiori, rendono inevitabile un punto conclusivo, in quanto i loro protagonisti si trasformano rapidamente.

È proprio l'elevata qualità tecnica di Antonio López quella che, inopinatamente, diventa una barriera per la comprensione della sua opera, anche guardando ad essa solo in superficie. È innegabile che le sue opere risaltino per la grande perizia tecnica, che tuttavia non raggiunge in tutte le sue opere il limite delle sue possibilità. In esse c'è un sentimento personale del mondo in cui vive, una ricerca della verità nella rappresentazione e nell'emozione, molto profonda.

Beatriz Hidalgo Caldas

29. Doménikos Theotokópoulos detto El Greco

(Candia, 1541 - Toledo, 1614)
Adorazione dei pastori, 1596 circa
olio su tela, cm 111 x 47
Roma, Galleria Nazionale di Arte Antica,
Palazzo Barberini

La tela, assieme al suo *pendant* con il *Battesimo di Cristo*, pure esposto alla Galleria Nazionale di Arte Antica di Palazzo Barberini, rappresenta, molto verosimilmente, un bozzetto in scala ridotta preparatorio per il grande retablo commissionato a El Greco dalle monache agostiniane del Colegio de la Encarnación (anche noto come Colegio de doña María de Aragón) di Madrid, nel 1596. Solo nel luglio del 1600 il pittore consegnò i vari pezzi che dovevano comporre la monumentale macchina, insieme opera di pittura, scultura e architettura, purtroppo smantellata nel 1813, in seguito alla chiusura dei conventi in età napoleonica. La configurazione originale dell'insieme è stata a lungo oggetto di congetture e ipotesi diverse, sebbene prevalga oggi l'idea che il sontuoso retablo doveva essere strutturato su un triplo registro, per un totale di sette tele: in basso, al centro, l'*Annunciazione*, evidentemente motivata dall'intitolazione del convento, fiancheggiata a sinistra dall'*Adorazione dei pastori* e, a destra, dal *Battesimo*; in alto erano invece collocate, da sinistra a destra, la *Resurrezione*, la *Crocifissione* e la *Pentecoste*; e a coronamento della possente struttura l'*Incoronazione della Vergine*. A parte quest'ultima, andata perduta, e l'*Adorazione*, che oggi si trova al Muzeul Naţional de Artă di Bucarest, le restanti cinque tele finirono tutte al Prado di Madrid, dove sono conservate tuttora.

Il dipinto Barberini, acquisito nel 1908 per volere dell'allora direttore della Galleria, Federico Hermanin, è assai fedele alla tela rumena, tanto nel disegno generale della composizione quanto nei dettagli, benché le radiografie abbiano evidenziato alcuni *pentimenti* e la tecnica pittorica riveli qui una velocità esecutiva e un carattere compendiario ancora più spinti che nell'opera finale, peraltro ugualmente distintivi della piena padronanza della maniera matura di El Greco nella sua stagione toledana. Ma se il linguaggio della pittura è ormai quello fiammeggiante e corrusco così caratteristico dell'artista, la costruzione dell'immagine è non per questo meno attentamente ponderata e calibrata, da un punto di vista figurativo e semantico. E la dialettica tra luce e tenebra ne costituisce evidentemente il nucleo esegetico dominante. El Greco, infatti, ha sfruttato l'andamento fortemente verticalizzato della tela non solo per assecondare il tipico allungamento delle sue figure, ma anche per costruire la scena su due registri o, meglio, su due poli, insieme spaziali e luministici. In alto, *in excelsis*, la gloria angelica è illuminata dal fulgore soprannaturale che squarcia l'oscurità della notte, memore del lampo tizianesco nell'*Annunciazione* veneziana di San Salvador. Ma in basso, sulla terra, un lume ancora più splendente e non meno miracoloso si irradia dal corpo del Bambino e rischiara l'umile presepe notturno. Al centro, sullo sfondo, attraverso le rovine di un'evanescente architettura classico-gotica, balena un lampo, quasi la scintilla scoccata nel contatto tra il cielo e la terra, che ricorda l'epifania dell'angelo comparso ai pastori per rivelare al mondo l'avvento.

E di "rivelazione" letteralmente si tratta. El Greco rimedita qui la propria esperienza veneziana, in particolare le invenzioni bassanesche – basti pensare all'*Adorazione* Corsini di Roma – e assegna alla Vergine il gesto ostensivo e dottrinalmente eloquente della *revelatio*, con cui Maria mediatrice accoglie i primi fedeli. Ma altri gesti fanno corona al Cristo neonato, con altrettanta eloquenza: l'angelo al centro, con le mani incrociate, fa da contrappunto alle braccia spalancate dell'uomo a destra e a quelle della Vergine, ma "rispecchia" anche, chiasticamente, le zampe incrociate dell'agnello, ingenuo omaggio dell'umile pastore ma pure profetica allusione al destino sacrificale del Messia. D'altra parte, nel retablo originale la scena dell'*Adorazione* era progettata per "dialogare" con le altre immagini, in particolare con quelle del registro superiore che "compivano" il ciclo cristologico, e ciò può spiegare allora perché il candido lenzuolo dispiegato dalla Madonna richiami visivamente il luminoso vessillo di Cristo nella *Resurrezione* (che sovrastava la tela) e persino perché l'uomo a destra con le mani distese assomigli molto più a San Pietro (come appare nella *Pentecoste*) che a un povero mandriano, prefigurando dunque un ben altro "pastore".

Così, la rutilante epifania notturna di El Greco accende luci diverse, che si diffondono nell'ordine del visibile e dell'invisibile, e diversamente illuminano, come quella «otra luz y guía» misticamente invocata da Juan de la Cruz nella *Noche oscura del alma*, solo qualche anno prima, proprio a Toledo.

Michele Di Monte

30. Jacopo Negretti, detto Palma il Vecchio

(Serina, 1480 - Venezia, 1528)
Marte, Venere e Cupido nella luce del tramonto
1518-1520
olio su tela, cm 91,4 x 137,2
Cardiff, Ar fenthyg gan/prestito
dell'Amgueddfa Cymru-National Museum
Wales

Nato a Serina, in Val Brembana, intorno al 1480, Jacopo Negretti lavora quasi esclusivamente a Venezia, dove la sua presenza è documentata a partire dal 1510. Poco si conosce dei primi anni della sua attività, ma la sua formazione avviene sicuramente nell'ambito di Giovanni Bellini. Accanto a Bellini, due grandi pittori sono di fondamentale importanza per la sua pittura: Giorgione e Tiziano. Il primo, in particolare nei dipinti di soggetto mitologico, il secondo nei richiami alla monumentalità solenne e al tonalismo delle opere di soggetto sacro del pittore bergamasco. E proprio con Giorgione e Tiziano, Palma riesce a interpretare in chiave nuova la pittura di Bellini, attraverso le sue opere caratterizzate da un'atmosfera distesa e da brillanti superfici cromatiche.

Le prime notizie sulla sua opera sono di Giorgio Vasari, secondo il quale il Palma era «molto più ne' colori unito, sfumato e paziente: che gagliardo nel disegno. E quegli maneggiò con grazia e pulitezza grandissima.» Una valutazione condivisa dalla critica moderna, che considera come risultati migliori i lavori nei quali Palma consegue una sapiente imitazione della natura e della sua armonia e un paziente lavoro sul colore.

Il critico più autorevole del pittore, Gyorgy Gombosi, ha suddiviso l'itinerario artistico di Palma in tre periodi, uno belliniano, nel quale lavora sotto Francesco di Simone da Santacroce fino al 1508; un periodo giorgionesco fino al 1516, quando cioè Palma si rivolge a soggetti arcadici, mettendo a punto un'ambientazione serena e sognanti chiaroscuri; e infine dal 1516 in poi un periodo tizianesco dominato dalla maestosità della forma e dalla tensione dinamica.

La comparsa della pittura di Giorgione influisce sul periodo di formazione di Palma e difatti intorno al 1510 si apre la fase che prefigura l'evoluzione della maturità, con la meditazione giorgionesca in cui esegue alcuni splendidi quadri di ambientazione mitologica, *Marte, Venere e Cupido*, *Il Pastore e la ninfa*, *Due ninfe*.

In tutti questi quadri dominano, dal punto di vista tematico, le pose e le figure languide, le teste reclinate, i movimenti trasognati e sospesi, i pastori con il capo incorniciato d'alloro. Dal punto di vista pittorico è un momento importante per l'evoluzione artistica di Palma, le cui opere sono caratterizzate dall'armonia di luci e di forme, mentre la sua fantasia, raggiunto il traguardo di una sua autonomia poetica ed espressiva, tende a cristallizzarsi.

In questo dipinto si nota come l'artista sia estremamente sensibile alla resa delle figure femminili, frutto dell'elaborazione di un ideale di bellezza di grande fascino e sensualità, raffigurato nella freschezza degli incarnati e nella preziosità delle acconciature e delle vesti. La luminosità del colore, la chiarezza dell'illuminazione e una predilezione per i lussureggianti tipi di donne bionde sono caratteristici del suo stile personale, come risulta anche dal dipinto su tavola *Donna bionda*, del 1520 circa, conservato alla National Gallery d Londra.

Marte, Venere e Cupido nella luce del tramonto è uno splendido esempio della maestria di Palma come colorista, per l'intensità con la quale dà espressione alla sua particolare e originale variazione del sentimento giorgionesco. La composizione segue, a grandi linee, quella della *Sacra conversazione* che Palma aveva realizzato. La lunga distesa della catena montuosa che scende da una vetta solitaria e le sagome contro il cielo al tramonto sono tutti elementi che Palma amava sottolineare nei suoi sfondi paesaggistici, con un effetto di crepuscolo fortemente sottolineato.

Il filo narrativo preciso è sfuggente, mentre lo sfondo suggestivo del paesaggio è caratteristico della Scuola veneziana. La cornice dorata e decorata è un bell'esempio di "cornice alla Sansovino", una fra le tipologie più note del Cinquecento, caratterizzata da un'esuberanza di motivi decorativi tratti dall'antichità classica parzialmente sovrapposti, che danno luogo a un complesso ricco e fastoso. Durante il XIX secolo questo quadro faceva parte della collezione del re di Francia Luigi Filippo.

Silvia Zancanella

31. Annibale Carracci
(Bologna, 1560 - Roma, 1609)
Cristo e la samaritana, 1596-1597 circa
olio su tela, cm 76,5 x 63,5
Budapest, Szépmúvészeti Múzeum
acquistato da Goudstikker, Amsterdam 1908

Dopo una disputa durata vari decenni, gli esperti sono oggi concordi sul fatto che questo quadro così grandioso non sia stato realizzato per un concorso bensì rappresenti un'opera a sé. Una versione databile attorno al 1596-1597, di dimensioni notevolmente minori e con una disposizione in verticale rispetto al dipinto *Cristo e la samaritana al pozzo* del 1594-1595 (Milano, Pinacoteca di Brera) destinato al Palazzo Sampieri di Bologna. L'esecuzione dell'opera era stata commissionata all'artista dal possidente perugino Lodovico degli Oddi, non molto dopo aver iniziato a lavorare agli affreschi di Palazzo Farnese a Roma, su incarico del cardinale Odoardo Farnese; un'imperdibile opportunità per mettere in luce il proprio talento, maturare lo stile e, non ultimo, per dare slancio alla propria carriera. Solamente dal 2001 si conosce il modello in base al quale è stato realizzato il quadro. Eseguito con la tecnica del *camaïeu*, pressoché simile nelle dimensioni, venne probabilmente realizzato dal Carracci su commissione e rappresenta una transizione tra la versione di Milano e quella di Budapest (posto all'asta da Tajan, Hôtel Drouot, il 23 novembre 2001, lotto n. 16). Il quadro di Budapest differisce dalla versione di Milano in alcuni piccoli dettagli (come ad esempio l'assenza della brocca per attingere l'acqua o la posa della mano sinistra di Cristo) e per la maggiore eleganza delle proporzioni, la precisione della composizione e la delicatezza delle tinte.
L'enorme successo del quadro, già molto apprezzato nel XVII secolo e paragonabile forse solo alla notorietà delle opere di Raffaello, è attestato dalle sei incisioni a esso ispirate, dalle innumerevoli copie eseguite, dalle trascrizioni e dalle produzioni a cui ha dato spunto. Tra le incisioni, la più antica è quella effettuata nel 1649 dal romano Carlo Maratta, in omaggio al Carracci e al barocco classicista bolognese. Il quadro incarna perfettamente l'*ars poetica* di Annibale Carracci, riconosciuto come il padre del classicismo moderno. L'influenza dei grandi maestri Raffaello e Correggio si nota nelle forme arrotondate delle figure, nella sobrietà dei sentimenti espressi e nella nobiltà della composizione, mentre l'esperienza della pittura paesaggistica veneziana del Cinquecento viene rievocata dal paesaggio sconfinato, che si estende oltre la città lontana appena abbozzata, nonché dallo splendore del cielo striato di nubi che sovrasta l'immagine.
Carracci ha elaborato due versioni del tema descritto nel Vangelo di Giovanni (4, 1-42), dalla chiara lettura iconografica e compositiva. La scena raffigurata nel dipinto di Budapest e in quello di Milano rappresenta l'ultimo istante del dialogo tra Cristo e la samaritana, quell'attimo carico di intensità emotiva in cui la donna, certa dell'identità del Messia, lascia la brocca e si dirige in città per annunciare agli uomini la venuta del Redentore. La versione di Vienna (Kunsthistorisches Museum), dipinta intorno al 1605, d'ispirazione più classicista, raffigura invece il momento dell'insegnamento di Cristo sull'acqua della vita.
Carracci compone il quadro collocando sull'asse verticale la figura della samaritana in procinto di muoversi, mettendo in risalto la sua presenza fisica e conferendole una posa che esprime allo stesso tempo «l'attenzione, il rispetto e il timore» (Malvasia) nonché la purificazione interiore della donna, il carisma appena ricevuto. Il gesto con il quale Cristo rivela la propria identità e avvia la donna al suo percorso apostolico, non è reso in maniera accademica né eccessivamente retorica. L'anfora al centro, rimasta vuota, che unisce e al contempo separa le due figure, può essere interpretata anche come metafora della vacuità dell'anima. I gesti e le espressioni del volto degli apostoli, che ritornati al pozzo di Giacobbe non riescono a dissimulare la propria sorpresa e curiosità, evocano il dialogo dei due personaggi principali.

Zsuzsanna Dobos

32. Michelangelo Merisi da Caravaggio
(Milano, 1571 - Porto Ercole, 1610)
Marta e Maria Maddalena, 1598 circa
olio e tempera su tela, cm 100 x 134,5
Detroit Institute of Arts
dono della Kresge Foundation e di Mrs. Edsel B. Ford

L'influenza esercitata da Caravaggio è smisurata in rapporto al numero piuttosto esiguo di opere da lui prodotte nella sua alquanto breve – e violenta – vita. In particolare il suo sensazionale uso del chiaroscuro contagiò direttamente o indirettamente pittori di ogni angolo d'Europa, fra cui giganti quali Rembrandt e Velázquez. Nato a Milano o nei pressi di quella città, l'artista giunse a Roma in provenienza dal paese di Caravaggio in un qualche momento prima del 1592. Le sue prime opere romane, principalmente di carattere laico, raffigurano giovani uomini di bell'aspetto con attributi che suggeriscono sottesi significati moralizzanti sulla fugacità della vita e dell'amore. Chiaramente ambizioso, intorno al 1597 il giovane Caravaggio, sostenuto da un piccolo gruppo di mecenati illuminati, si avventurò in quel tipo di composizione che gli avrebbe procurato fama e avrebbe poi influenzato gli sviluppi della pittura europea: una o più figure religiose in primo piano, impegnate in attività che implicano intensa concentrazione e un senso di rivelazione finale, tutte rese con meticolosa cura nei minimi dettagli e investite da un'aspra luce obliqua. *Marta e Maria Maddalena* è fra i primi tentativi di tal genere. Le due sorelle sono qui presentate in una specie di conversazione. Maria, sfarzosamente abbigliata, volge lo sguardo verso il basso, uno sguardo lievemente indefinito, mentre Marta, più modestamente vestita – in tutti i sensi del termine – tocca la punta del dito, infervorata, come sembra, in una predica. Dinanzi a Maria, che con la mano sinistra trattiene un grande specchio concavo, vi sono un pettine, un vasetto d'unguento e una spugna, oggetti che, nel loro insieme, possono essere visti come allusioni alla precedente vita di vanità e appagamento della donna. Tuttavia, Maria porta al terzo dito della mano sinistra un anello e stringe al seno un fiore d'arancio, due elementi che capovolgono una lettura incentrata sul concetto di *vanitas* e propongono questa figura come la sposa di Cristo, perciò il pesante specchio diviene ora simbolo della riflessione, dell'autocoscienza e persino dell'amore di Dio. Assistiamo qui al momento di conversione di Maria allorché le parole di Marta colpiscono infine la sorella, la cui espressione rivela la nascente consapevolezza della possibilità di salvezza. La bocca aperta di Marta suggerisce il turbamento della donna nell'osservare, ormai ammutolita, tale conversione. La fonte – un lucernario – della luce divina che inonda la Maddalena è riflessa nello specchio, proprio al di sotto del dito in cui è infilato l'anello.

Alcuni sostengono che il dipinto sia più di una raffigurazione possentemente espressiva del momento di rivelazione e che rappresenti invece una stoccata nella polemica tra protestanti e cattolici, contesa in cui il Cattolicesimo affermava che è possibile pervenire a uno stato di grazia mediante la riflessione e la presa di coscienza. Di conseguenza Marta, tradizionalmente simbolo della "ragione", rappresenta ora la Chiesa Militante, mentre Maria, tradizionalmente simbolo della "fede" superiore, diviene la personificazione della Chiesa Trionfante. Non si sa per certo se l'immagine abbia o no un tale pesante carico dottrinale, è invece indubbia l'identità della donna che posò nelle vesti di Maria: la famigerata cortigiana romana Fillide Melandroni che, molto affermata nel suo mestiere, sicuramente era subito riconosciuta dalla maggior parte di coloro che vedevano l'opera di Caravaggio. Melandroni è presente in due altri dipinti di quest'epoca *Santa Caterina d'Alessandria* e *Giuditta e Oloferne*. In *Santa Caterina d'Alessandria* è una magnifica donna sontuosamente vestita che tiene lo sguardo rivolto direttamente verso l'osservatore ed è circondata dai tipici attributi della santa: la ruota, la spada e la palma del martirio. In *Giuditta e Oloferne*, dove indossa abiti più semplici, appare con un'espressione accigliata in volto mentre, decisa, trancia la testa del re filisteo. In nessuna di tali opere è ragionevole scorgere un qualche collegamento personale tra la modella e il soggetto raffigurato, tuttavia il fatto che la donna ritratta conducesse una vita simile a quella della Maddalena un tempo peccatrice deve aver suscitato un brivido di piacere in alcuni osservatori bene informati.

Ben presto Caravaggio ricevette prestigiose commissioni da parte di chiese e clienti privati, ma l'ascesa della sua fama fu accompagnata, nell'artista, da un aumento di esplosioni violente culminate, nel 1606, in un duello in cui egli uccise un suo rivale durante una par-

tita di pallacorda. Costretto ad abbandonare Roma, intraprese una vita di fuggiasco che lo portò a Napoli, a Malta, in Sicilia e nuovamente a Napoli. Nel contempo continuò a dipingere, talvolta tele enormi, con uno stile sempre più cupo e inquietante. Le circostanze della sua morte rimangono avvolte nel mistero. Sappiamo che, appresa la notizia di un imminente perdono papale per il crimine del 1606, l'artista caricò il suo bagaglio su un'imbarcazione, che tuttavia partì senza di lui. Caravaggio non giunse mai a Roma, morì in solitudine – secondo alcuni, maledicendo la sorte e le autorità – sulla costa italiana, probabilmente di malaria.

Graham Beal

33. Giovanni Francesco Barbieri detto Guercino

(Cento, 1591 - Bologna, 1666)
Agonia di Cristo nell'orto, 1640-1645 circa
olio su tela, cm 232,1 x 162,5
Cardiff, Ar fenthyg gan/prestito
dell'Amgueddfa Cymru-National Museum Wales

Giovanni Francesco Barbieri, detto il Guercino, nasce nel 1591 a Cento, piccolo paese ai confini tra Ferrara e Bologna. Sebbene autodidatta – la sua preparazione locale consisteva in un semplice avviamento tecnico –, viene educato e cresce su quegli esempi di pittura moderna che poteva ammirare nella nativa Cento, in particolare la Pala dei Cappuccini di Ludovico Carracci, che fu probabilmente all'origine della sua formazione, indirizzandolo verso suggestivi effetti luministici, di resa atmosferica, di appassionato naturalismo. Se il Guercino guarda inizialmente a Ludovico Carracci (e costui, dal canto suo, s'accorge subito delle capacità del giovane, scrivendo in una lettera del 25 ottobre 1617: «Qua vi è un giovane di patria di Cento, che dipinge con somma felicità d'invenzione. È gran disegnatore, e felicissimo coloritore: è mostro di natura, e miracolo da far stupire chi vede le sue opere. Non dico nulla: ei fa rimaner stupidi li primi pittori.»), a partire dal 1630 è la gamma coloristica tenue e delicata del Reni, la sua ricerca della bellezza fatta anche di una tensione spirituale verso l'astrattezza dell'idea, ad affascinare l'artista, che però non si apre mai allo spazio metafisi-

co, ma sembra invece più incline a ricercare la bellezza nella realtà.

Nel 1642 si trasferisce a Bologna, dove realizza un gran numero di dipinti che appartengono a quello che la critica generalmente identifica come il periodo tardo della sua produzione.

Sir Denis Mahon fa iniziare la produzione tarda del pittore dall'anno 1632 e suddivide tale fase matura in diverse tappe. La prima, dal 1632 al 1645 circa, vede il pittore indirizzarsi sempre più verso lo stile classico e impegnarsi in una ricerca decisamente sperimentale. Secondo Mahon, il problema che gli si presentava era se poteva o no conservare in qualche grado il colorito potente, intenso e la fattura ampia, robusta che era stata un tempo così caratteristica della sua opera, o se dovesse invece ricercare le possibilità di una gamma cromatica più pallida, più chiara e un tipo di fattura più delicata, nel complesso più adatti al suo nuovo orientamento, sull'esempio del Reni, morto poco tempo prima che il pittore si trasferisse a Bologna. E di fatto, i suoi quadri sembrano oscillare tra queste due alternative.

Ma c'è di più, c'è oramai nella pittura di Guercino un impegno didascalico-devozionale e la presenza di un dettato dottrinale che costringono il pittore a muoversi entro precisi itinerari figurativi, a tutto vantaggio di un più ponderato approccio al tema religioso, come nei quadri realizzati negli anni che vanno dal 1640 al 1645, nei quali compare il granitico cubo a sottolineare, si direbbe, la ricerca di un preciso significato, di una iterata valenza semantica.[1]

Il cubo ha un grande significato religioso; su di esso poggiano sovente le personificazioni della Fede, della Storia, della Saggezza. In senso mistico l'angolare pietra cubica è simbolo di saggezza, di verità, di perfezione morale; rappresenta il solido fondamento su cui deve poggiare la vita di un uomo. Compito dell'angelo è di aiutarci a conservarci fermi nei grandi valori della fede e della saggezza dell'agire, immersi nella luce che viene dall'alto anche nei momenti di maggiore difficoltà, come accade, in questo quadro, a Gesù.

Gesù è raffigurato mentre sta pregando nel Giardino del Getsemani prima del suo arresto e nell'agonia del dubbio si rivolge al Padre: «Padre, se tu vuoi, allontana da me questo calice! Però, non la mia volontà, ma la tua sia fatta. E un angelo gli apparve dal cielo a confortarlo. Ed essendo in agonia, egli pregava

503

vieppiù intensamente; e il suo sudore divenne simile a grosse gocce di sangue che cadevano a terra» (Luca 22:42-52).

Sembra che questo quadro fosse stato inizialmente una commissione per una pala d'altare, forse per una cappella di un palazzo privato. Tuttavia per ragioni non note non fu mai consegnato, né pagato e rimase così in possesso dell'artista.

Silvia Zancanella

[1] *La visione di San Gerolamo* (1641), *San Francesco riceve le stimmate* (1642), *Agonia di Cristo nell'orto* (1640-1645 circa), *San Francesco in piedi con Crocifisso in mano* (1643-1645 circa), *San Francesco inginocchiato in contemplazione del Crocifisso* (1645).

34. Jacopo da Ponte, detto Jacopo Bassano

(Bassano del Grappa, 1510 circa-1592)
Salita al Calvario, 1552 circa
olio su tela, cm 94 x 114
Budapest, Szépmuvészeti Muzeum
dono di Jenö Boross, New York

Il tema raffigurato in questo quadro dipinto intorno al 1552 è conosciuto già per le sue quattro precedenti versioni, tutte attualmente in Inghilterra. La prima composizione (1536 circa, collezione privata inglese), analogamente all'esemplare della collezione Christie di Glyndebourne (1548), è fortemente legata a un'incisione di Agostino Veneziano d'ispirazione raffaellita. Entrambe le opere costituiscono un'importante testimonianza del dialogo fruttuoso tra la pittura della Scuola veneziana e quella dell'Italia centrale. Una delle peculiarità della versione conservata nel museo Fitzwilliam di Cambridge (1543-1544) è che l'azione viene presentata in quattro episodi e anche l'elemento paesaggistico svolge un ruolo importante nell'effetto d'insieme. Nella versione della National Gallery di Londra (1545 circa) l'episodio apocrifo dell'incontro di Cristo e Veronica diventa motivo centrale, mentre l'immagine di Maria Addolorata, raffigurata sul modello di un'incisione del Dürer, le pesanti figure plasticamente modellate, i contorni sinuosi, i colori accesi, nonché il raggruppamento dei personaggi complesso e affollato, contribuiscono ad accrescere la tensione drammatica del racconto. Questa tensione, che non si risolve affatto, assume invece

nel quadro di Budapest delle caratteristiche che divergono radicalmente, poiché al momento della creazione dell'opera il maestro di Bassano, dopo le influenze toscane e romane, si era dimostrato sensibile all'influsso della Scuola parmigiana. L'impareggiabile eleganza del manierismo del Parmigianino si fonde con il linguaggio formale del pittore attraverso la mediazione delle opere di Andrea Schiavone, artista dalmata-veneziano. Nel manierismo di Bassano, come attesta magistralmente questo quadro, non si riscontrano tratti accademici e formalistici, bensì piuttosto mistici ed espressivi. Nell'intera produzione del Cinquecento italiano non esiste probabilmente una rappresentazione della scena della salita al monte Calvario paragonabile a quest'opera per la profondità, la modernità e l'universalità dei suoi contenuti. Bassano offre uno spaccato da vicino della processione che si snoda da destra verso sinistra e i personaggi ci appaiono solo per un istante, come in un incubo. Cristo, quasi crollato a terra, senza alcun segno esteriore di sofferenza, si volta verso le "figlie di Gerusalemme". Non vediamo il volto di Veronica, e ciò nonostante la sua maestosa figura, che porge al Cristo il velo della pietà, diviene l'incarnazione della bontà identificata con la bellezza. La Vergine Maria e le figure che l'accompagnano sono allegorie del dolore, esseri trasfigurati, dai corpi allungati, tra i quali il velo bianco serpeggia funereo. Cavalli, soldati con elmo e armatura luccicanti, sgherri muscolosi e senza volto transitano sulla scena ammassati, creando una muraglia umana che lascia intravedere soltanto un lembo di cielo, squarciato dai dardi e dalla frusta pronta allo schiocco. In questa massa che vaga impotente guidata dal destino, in questo caos disposto magistralmente, si fa sentire con voce potente il tema dell'abbandono di Cristo. La composizione viene coordinata da Bassano con padronanza magistrale: le proporzioni deformate che anticipano El Greco, i moti dell'amore, ma al contempo anche dell'amarezza e della brutalità, le luci che si riflettono sui toni metallici dei marroni, sui rossi ramati, sul verde muschio, sulle armature e sui vestiti che recano i segni del tormento ne sanciscono, tra tutte le opere di Bassano, la rappresentazione più matura e più valida del tema della Passione. Nonostante i richiami e le influenze di opere precedenti, questa visione allarmante, tragica, ma al contempo sublimante, è unica e propria dell'artista. Quale sarebbe il signifi-

cato di questa visione? Per quanto vi sia sempre il rischio di una forzatura, e appellandosi all'innegabile diritto di interpretare l'opera, si può azzardare l'ipotesi che il tema di fondo sia il profondo stato di assoggettamento della nostra esistenza terrena, definita dai credenti come volontà divina, da chi non crede semplicemente destino.

Vilmos Tátrai

35. Nicolas Poussin

(Les Andelys, 1594 - Roma, 1665)
Crocifissione, 1645-1646
olio su tela, cm 148,6 x 218
Hartford, Wadsworth Atheneum Museum of Art
The Ella Gallup Sumner e Mary Catlin Sumner Collection Fund

Crocifissione, citato in diversi documenti epistolari, dai quali risulta commissionato prima del 1644 dal presidente De Thou, viene iniziato il 12 novembre 1645 e finito il 3 giugno 1646; appartiene dunque al periodo della piena maturità dell'artista (1642-1652) e segna un momento alto dell'ispirazione di Poussin che rinnova plasticamente e liricamente uno dei temi classici dell'arte occidentale.

Così l'artista scrive a Jacques Stella quando, dopo la *Crocifissione* dipinta per De Thou, gli commissiona una Salita al Calvario: «Non ho più abbastanza allegria né salute per impegnarmi in soggetti tristi. La Crocifissione mi ha fatto stare male, ho provato molta pena, ma un Cristo portacroce finirebbe con l'uccidermi. Non potrei resistere ai pensieri penosi e seri di cui bisogna riempire lo spirito e il cuore per riuscire in soggetti di per sé così tristi e lugubri. Dunque risparmiatemi, per favore.» Questo quadro viene realizzato nei primi anni quaranta e dunque nel periodo in cui la natura compare con sempre maggiore evidenza nei suoi quadri e sostituisce gradatamente i paesaggi. Si tratta di paesaggi costruiti e organizzati in accordo con la prospettiva e che acquistano una dimensione eroica, atemporale, attraverso il disporsi orizzontale dei piani, resi ritmici dalla presenza, in *Crocifissione*, delle tre croci. Strumenti essenziali nella costruzione dello spazio, le tre croci servono per contenere la scena, realizzano un contrasto luce-ombra che crea profondità tra ciò che viene presentato in primissimo piano, il gruppo di persone nel piano medio e l'orizzonte più lontano. Le croci contribuiscono a definire la scala delle proporzioni del quadro e a strutturare lo spazio.

In questo quadro, Poussin rappresenta l'eclissi solare verificatasi al momento della morte di Gesù, ma nessuno sembra notare l'assenza di luce, durata tre ore, tranne il personaggio nudo che, avvolto in un sudario, vediamo emergere dal suolo. La scena si richiama al Vangelo secondo Matteo, che, in pochi versetti annuncia sei fenomeni straordinari: «E Gesù, emesso un alto grido, spirò. Ed ecco il velo del tempio si squarciò in due da cima a fondo, la terra si scosse, le rocce si spezzarono, i sepolcri si aprirono e molti corpi di santi morti risuscitarono. E uscendo dai sepolcri, dopo la sua risurrezione, entrarono nella città santa e apparvero a molti» (Mt 27:50-53). Tutt'intorno, alcuni giocatori di dadi, indifferenti a una notte sopraggiunta troppo presto, sono infervorati in una lite. Alle spalle di uno di loro, un personaggio leva in alto un'arma tagliente, mentre un soldato avverte la vittima del pericolo. Entrambi osservano il resuscitato.

Il quadro versava in pessimo stato per l'aspetto sempre più scuro e torbido; le forme spettrali dell'opera, avvolte in un'atmosfera tetra, si sono inspiegabilmente scurite ben oltre il colore volutamente cupo della tavolozza scelta in origine dall'artista.

Ora, grazie a un importante progetto conservativo durato due anni, le figure in precedenza fantasmiche sono emerse dalle fosche brume. La causa di questo annerimento fu probabilmente l'intervento di qualche ignoto restauratore, probabilmente nel corso dell'Ottocento, per schiarire con balsamo di copaive la scena naturalmente scura della tela di Poussin. Tuttavia, invece di produrre toni più chiari, queste soluzioni detergenti avevano procurato abrasioni alla superficie della tela.

Grazie al recente restauro, l'osservatore ha nuovamente la possibilità di vedere il modo in cui Poussin ha messo in relazione i suoi personaggi – Cristo sulla croce, la Vergine Maria, Maria Maddalena, i soldati romani intenti a giocarsi ai dadi la tunica di Cristo, un centurione su un cavallo impennato, i ladroni crocifissi, un corpo risorto che irrompe dalla tomba nella roccia e altri personaggi presenti nella scena sul Calvario – creando un possente insieme scenico.

Silvia Zancanella

36. Paolo Caliari, detto Veronese

(Verona, 1528 - Venezia, 1588)
Crocifissione, 1580 circa
olio su tela, cm 149 x 90
Budapest, Szépmúvészeti Múzeum
Collezione Esterházy, 1871

Paolo Veronese è considerato il pittore delle cene caratterizzate dal trionfo del colore, il fasto dei personaggi e la sensualità delle nobildonne. Tuttavia, verso la fine della sua vita – in parte ispirato dal rinnovamento religioso derivante dal Concilio di Trento, in parte per reazione all'arte del suo grande rivale Tintoretto – si rivolse ai temi sacri con uno spirito diverso. Un tono più sommesso e un'intimità più profonda connotano i suoi dipinti più tardi. L'approccio si sposta dalla mondanità alla spiritualità: ora, l'artista pone l'enfasi sull'intensità emotiva e sulla compostezza, più che sul fasto/ricercatezza e sul movimento della composizione. Sono ormai lontani quegli elementi complementari, aneddotici e narrativi che in precedenza affollavano le opere dell'artista, pesando sulla sua fama, mentre la composizione viene depurata e resa più sintetica. Al posto dell'abbondanza di colori brillanti e galleggianti nella luce solare, subentra una tavolozza più fosca, che ricorda però Tintoretto, accendendo decisi contrasti di luce. Il graduale sviluppo di questo stile tardo si può forse osservare in maniera più evidente nelle tre interpretazioni del tema del Cristo crocifisso. È quasi incredibile quanta strada abbia percorso il maestro, ormai alle soglie della vecchiaia: dalla composizione retorica e teatrale, intrisa della dorata luce autunnale della prima versione dipinta per la famiglia Garzoni (1565-1570 circa, Venezia, San Sebastiano), alla seconda pala d'altare, statica e arcaica (1575 circa, Venezia, San Lazzaro dei Mendicanti), per arrivare infine al dramma che cova come fuoco sotto la cenere, straordinariamente vivo seppur sommesso, del dipinto di Budapest.

Il Vangelo di Luca (23:44-46) narra così la morte di Cristo: «Era verso mezzogiorno, quando il sole si eclissò e si fece buio su tutta la terra fino alle tre del pomeriggio. Il velo del tempio si squarciò nel mezzo. Gesù, gridando a gran voce, disse: "Padre, nelle tue mani consegno il mio spirito". Detto questo spirò.» Conformemente al testo, Veronese copre la scena con una coltre d'oscurità: il cielo è pervaso da nubi nere e plumbee, dalle quali filtra soltanto qualche piccolo raggio di luce,

mentre il profilo di Gerusalemme è appena visibile sullo sfondo. L'aureola, che nella forma ricorda la mandorla bizantina, squarcia violentemente il nero silenzio del lutto con una luminosità intensa che circonda la figura di Cristo. Il contrasto deciso ci fa intuire che ci troviamo di fronte a una catarsi: il momento in cui si compie la passione di Cristo. Sebbene il cielo non si sia ancora schiarito, la porta del Paradiso è già aperta per accogliere lo spirito che si allontana dal corpo del Figlio.

La raffigurazione del Cristo crocifisso è rigorosamente frontale e disposta sull'asse verticale, sebbene i pittori della prima metà del Cinquecento evitassero questo modello perché lo giudicavano eccessivamente statico e iconico. Al tempo della formazione del movimento del rinnovamento cattolico, Tintoretto e Jacopo Bassano reinterpretarono tale formula. Veronese riduce la composizione quasi al solo crocifisso; anche le figure di Maria, Giovanni e Maddalena si stringono alla croce, quasi avvolgendosi attorno a essa in una linea serpeggiante che sembra voler richiamare il serpente di bronzo di Mosè. Lungo questa linea, l'intensità emotiva cresce progressivamente, raggiungendo l'apice nella figura sofferente del Cristo.

Axel Vécsey

37. Francis Bacon

(Dublino, 1909 - Madrid, 1992)
Frammento di una Crocifissione, 1950
olio e cotone grezzo su tela, cm 139,7 x 108,6
Eindhoven, collezione Van Abbemuseum

Se, come dichiara lo stesso Bacon, «l'arte è un'ossessione della vita», allora deve senz'altro essere alimentata da una passione irrefrenabile e tuttavia lucida, per la ricerca della verità, esperita attraverso un'indagine indiretta e laterale, che si serve di molteplici mezzi e supporti: dalla fotografia al ricorso al caso, dalla poesia a una liberissima lettura di opere d'arte del passato. Davanti ai nostri occhi c'è uno sfacelo non sempre comprensibile, ma che bisogna comunque accettare come tale. Per questo Bacon non illustra né racconta: egli registra e documenta e dunque la sua opera è aliena da implicazioni metafisiche o etiche.

«Voglio dipingere il grido più dell'orrore»: ecco da dove deriva l'interesse per la fisio-

505

gnomica – giungere all'uomo, alla sua personalità, attraverso l'aspetto fisico –, l'importanza estrema data all'espressione. Bacon sorprende i suoi personaggi nel pieno della loro vita istintuale, tenendosi in un equilibrio precario tra adesione e distacco, espressionismo e acuta analisi strutturale.

L'uomo di Bacon grida ma nessuno sembra prestargli ascolto. Nella sua drammaturgia interiore Bacon, rispetto alla sua pittura, è testimone privilegiato e l'arte non è un'efficace operazione di salvezza bensì una pantomima sublime in bilico sull'orlo dell'abisso. Trionfo e declino, gloria e sacrificio: il destino delle figure di Bacon oscilla tra questi estremi.

La lotta dell'anima contro i tormenti della sua incarnazione trova l'incarnazione ultima nel volto di Cristo. L'olocausto del personaggio tragico – vittima innocente – è una replica lievemente parodistica della Passione. L'uomo diviene il doppio emblematico del Cristo oltraggiato.

Frammento di una Crocifissione appartiene a una serie di lavori con i quali Bacon intendeva esaminare la scena della Crocifissione biblica, anche se incorpora il mito greco nel suo trattamento della crocifissione, in particolare il racconto di Eschilo sulle Eumenidi o le Furie contenuto nell'*Orestea*, con riferimento alle ampie ali della chimera. Il tema delle bocche spalancate richiama due immagini: quella della bambinaia nel film *La corazzata Potëmkin* di Sergej Ejzenštein del 1925, che Bacon vide nel 1953, e quella della madre in primo piano in *Massacro degli innocenti* di Poussin.

Questo della crocifissione è un tema che Bacon inizia nel 1933 e riprende in innumerevoli versioni e che presto assurge a valore di denuncia contro qualsiasi assassinio alla vita, in senso non solo fisico ma anche psicologico e morale. Le crocifissioni non sono simbolo né di redenzione né di fede, ma un perenne *memento* del rischio che tutti corriamo.

«Faccio spesso delle crocifissioni, non ho trovato un tema che copra in maniera altrettanto soddisfacente certe aree di comportamento e di sentimenti umani […]. Ogni volta che mi reco dal macellaio, mi stupisco sempre del fatto di non trovarmi lì, al posto dell'animale.»

Le due figure rappresentate – in primo piano e al centro della tela – sono alla fine di una lotta sanguinosa, con uno (un cane maschio massiccio) posizionato al punto di uccidere. Il grido dell'animale morente (una forma femminile, probabilmente una chimera) costituisce il fulcro del lavoro.

Una forma orizzontale angolare geometrica è schizzata in bianco e grigio nel piano mediano, e rappresenta un primo abbozzo dell'accorgimento spaziale che Bacon avrebbe sviluppato e perfezionato nel corso degli anni cinquanta, quando diventa effettivamente una gabbia usata per inquadrare le figure ritratte in primo piano. Il corpo della chimera è reso con colore chiaro, e da esso pendono gocce rosse di pittura, che indicano lo sgocciolamento del sangue. Il legame con la Crocifissione biblica viene effettuato attraverso le braccia alzate della creatura inferiore e la croce a forma di "T". Nel piano di mezzo, l'artista ha tracciato una scena di strada, con una serie di figure a piedi e automobili. I pedoni appaiono disinteressati al massacro che si sta consumando davanti a loro.

Quasi due terzi della superficie pittorica di *Frammento* rimangono tela grezza; il volume e il movimento sono accennati in modo spettrale da figure indistinte e sfocate. Bacon rifiuta la tecnica della messa a fuoco nitida della rappresentazione meticolosa dei dettagli, a favore di uno stile più sciolto, indistinto e sfocato.

Silvia Zancanella

38. Ambrogio da Fossano, detto Bergognone
(Fossano, 1453-1523)
Compianto sul Cristo morto, 1485 circa
tempera e olio su tavola, cm 64,7 x 49,3
Budapest, Szépművészeti Múzeum
collezione Esterházy 1871

Le dimensioni relativamente piccole del dipinto fanno presumere che fosse destinato al culto privato; purtroppo non è nota l'identità del committente, che avrebbe permesso di spiegare alcune particolarità iconografiche della raffigurazione. Si prenda, ad esempio, la figura del monaco sulla sinistra, con in mano la corona di spine. Forse il committente era un monaco ed era devoto al culto della corona di spine? Si potrebbe anche azzardare un'ipotesi su chi sia il personaggio sulla destra, con il lungo mantello dalle maniche larghe e la collana d'oro: potrebbe trattarsi di Nicodemo che, come di consueto, compare assieme a Giuseppe di Arimatea mentre sorregge il capo di Cristo. La composizione potrebbe nascondere anche altri ritratti, ad esempio le figure che assistono il Compianto paiono i membri di una comunità dell'epoca del quadro, come se fossero appena giunte dal monte Calvario. Sapendo chi era il committente, si potrebbe ricavare qualche informazione in più anche sulla città di Gerusalemme che compare sullo sfondo, che sembra piuttosto una veduta stilizzata di qualche città lombarda. Per quanto concerne il resto del dipinto, l'autore è più strettamente legato alle tradizionali scene del Compianto, sebbene a partire da Giotto i temi più ricorrenti nell'iconografia cristiana siano stati costantemente rielaborati in variazioni pressoché infinite. La collocazione e i gesti di San Giovanni e di Maria Maddalena inginocchiata risultano più consueti rispetto al modo in cui Maria di Cleofa e Maria Salomè appaiono al centro della scena. Simili alla Vergine, anche nelle vesti, le due Marie sorreggono la Madre di Gesù, come è tipico nelle scene delle crocifissioni. Altro aspetto non convenzionale rispetto alla tradizione iconografica è la rappresentazione del sepolcro scavato nella roccia e quella del monte Calvario con le tre croci vuote a controbilanciare la composizione.

La critica considera questo quadro tra le prime opere dell'autore (databile intorno alla metà degli anni ottanta), in cui la scena della Passione assume un'impronta più malinconica che drammatica. È importante sottolineare la soggettività di questa interpretazione dato che nel 1488, quando il nome dell'artista apparve per la prima volta nei documenti relativi alla decorazione della Certosa di Pavia, il maestro lombardo aveva già 35 anni, con almeno quindici anni di attività alle spalle; sui quindici anni di lavoro precedenti possiamo dunque formulare soltanto delle ipotesi. È invece certo che in questo *Compianto* l'influsso della pittura fiamminga si manifesta chiaramente come in nessun'altra opera. Osservando in particolare il corpo esile e fragile del Cristo morto, la postura degli altri personaggi chinati o la minuziosa resa dei particolari, si comprende facilmente perché i ricercatori abbiano menzionato soprattutto il nome di Rogier van der Weyden in relazione a questo dipinto. Dai ricchi ornamenti, si intuisce anche l'eredità del gotico lombardo. Pare che Bergognone, pur essendo contemporaneo di Leonardo, fosse più fortemente legato alla tradizione gotica, come il suo predecessore Vincenzo Foppa, che apparteneva alla generazione subito precedente e che per molti aspetti era stato per lui un punto di riferimento. Per comprendere appieno questa tendenza alla decorazione, basta fare riferimento all'uso raffinato e diffuso della doratura a conchiglia. La doratura delle nuvole che sovrastano i monti evoca la luce del crepuscolo: l'oro illumina i palazzi della città che circondano l'ampia piazza e brilla sugli alberi, sui pendii rocciosi, sui capelli di Giovanni e di Maddalena, sui nimbi e sui motivi ricamati degli orli delle vesti. L'effetto decorativo dei drappeggi e soprattutto il panneggio della tunica di San Giovanni, simile a una pergamena, testimoniano l'influsso della scultura lombarda del tempo, in primo luogo degli altorilievi di Cristoforo e Antonio Mantegazza, ricordando all'osservatore che la contaminazione tra le varie arti era molto consueta all'epoca.

Vilmos Tátrai

39. Jacopo Da Ponte, detto Jacopo Bassano

(Bassano del Grappa, 1510 circa-1592)
Deposizione, 1580 circa
olio su tela, cm 258 x 143
Diocesi di Vicenza, Parrocchia di Santa Croce in San Giacomo Maggiore detta dei Carmini

La pala è replica, con leggere varianti e in forma centinata, del noto dipinto di identico soggetto della chiesa padovana di Santa Maria in Vanzo, opera firmata e datata di Jacopo del 1574. L'impaginazione delle due tele, praticamente identica nel gruppo dei dolenti in basso sulla sinistra, differisce nella versione vicentina per il taglio più verticale e angolato impresso alla composizione, ottenuto sacrificando alcuni particolari sul margine destro e impostando la quinta arborea del fondo secondo una direttrice meno centrale e più dilatata diagonalmente. Diversa inoltre nelle due tele, superbi esemplari di "lume artificiale", la soluzione illuministica adottata, per la presenza a Vicenza di due fiaccole anziché di una a rischiarare le tenebre notturne.
Rispetto al prototipo padovano la materia si denuncia più tormentata e nervosa, agitata da un segno che si ingorga e si arrovella; la stesura del colore, più discontinua e accidentata, alterna momenti di densità pasto-

sa e scintillante a zone dove la pennellata magrissima rivela l'imprimitura della tela. L'aspetto fortemente materico del dipinto è ribadito, nel gruppo dei personaggi, da corposi rialzi di bianco, stesi a catturare la luce, e dalla particolare lavorazione del colore, quasi una sorta di graffito, ottenuto con il calamo del pennello sulla materia ancora fresca, come risulta visibile negli scialli della Vergine e della dolente in basso a sinistra.
Si percepiscono nella tela la riflessione sui notturni dell'ultimo Tiziano, il riferimento a Tintoretto nella figura di Giuseppe d'Arimatea, lo studio dei disegni di Raffaello e, infine, i principali elementi della sintassi manierista: «i chiasmi, le torsioni, la costruzione estremamente plastica delle figure, gli scorci ricercati e il rifiuto della rappresentazione dello spazio secondo la concezione rinascimentale.» Il restauro parrebbe dare definitivo credito all'ipotesi dell'autografia sostenuta da Magagnato, Sgarbi, Ballarin e Avagnina, contrariamente ai pareri di Arslan, che vi vedeva il contributo di Leandro, e di Pallucchini e Rearick, che ravvisavano nell'opera una collaborazione estesa di Francesco.
Secondo alcuni studiosi l'esecuzione del dipinto segue da vicino la redazione di Santa Maria in Vanzo, secondo altri va collocata più avanti, anche se comunque non oltre il 1580.

Maria Elisa Avagnina

40. Michelangelo Merisi da Caravaggio

(Milano, 1571 - Porto Ercole, 1610)
L'estasi di San Francesco d'Assisi, 1594 circa
olio su tela, cm 93,9 x 129,5
Hartford, Wadsworth Atheneum Museum of Art
The Ella Gallup Sumner e Mary Catlin Sumner Collection Fund

Caravaggio è generalmente considerato il più originale e influente pittore italiano del XVII secolo. Dopo una prima fase in cui si dedicò al ritratto, alla natura morta e alla scena di genere, divenne il più convincente pittore di temi religiosi della sua epoca. L'audace naturalismo dell'artista ben si accordava con le aspirazioni della Chiesa controriformistica, mentre il suo intenso chiaroscuro intensificava il mistero delle scene rappresentate. La sua "idea

militantemente realistica", le sue ambizioni naturalistiche e il suo rivoluzionario metodo artistico attrassero un vasto seguito in tutta Europa.[1] La vita di Caravaggio è ben documentata, almeno secondo le consuetudini del XVII secolo. Esistono documenti relativi alle sue comparizioni di fronte al giudice per aggressione, danni, diffamazione e omicidio; fatture destinate ai suoi committenti; vari profili biografici scritti a quell'epoca.
Questo dipinto, che raffigura il momento in cui San Francesco in estasi viene confortato dall'angelo dopo aver miracolosamente ricevuto le stigmate, è per lo più datato intorno al 1594-1596, periodo in cui Caravaggio si stava affermando come il più importante artista di temi religiosi nella città di Roma.
Francesco d'Assisi (1181-1226), fondatore dell'ordine dei Frati Minori o francescani, era oggetto di diffusa venerazione fin dal Medioevo, quando almeno quattro biografie furono scritte dai suoi contemporanei. Uno degli episodi più famosi della vita del santo è la sua esperienza delle stigmate ricevute nel 1224 sul monte La Verna, negli Appennini. L'evento si verificò allorché Francesco, recatosi a pregare sul monte in compagnia di frate Leone, ebbe la visione di un serafino crocifisso, un angelo con sei ali, il quale impresse sul suo corpo le stigmate, ossia le ferite lasciate in Cristo dai chiodi e dalla lancia durante la crocifissione. Caravaggio allude esplicitamente all'impressione delle stigmate in Francesco tracciando una ferita sul costato del santo, ambientando la scena sulla sommità di una collina, includendo la presenza di frate Leone (la figura incappucciata sotto un albero in secondo piano, a sinistra) e inserendo in lontananza una scenetta con alcuni pastori riuniti intorno a un fuoco i quali con grande agitazione indicano raggi di luce nel cielo. Tuttavia il modo in cui l'artista interpreta l'estasi che accompagnò la morte metaforica di Francesco e la sua rinascita spirituale nell'immagine di Cristo è alquanto insolita per l'assenza del serafino celeste, per la posa del santo non inginocchiato in preghiera bensì riverso e per la presenza del grazioso angelo fanciullesco. Caravaggio volle chiaramente alludere alla morte metaforica di Francesco e alla sua rinascita spirituale nell'immagine di Cristo. Nel dipinto sono proposte in modo esplicito le analogie tra la vita di Francesco e quella di Cristo: le figure intorno al fuoco ricordano l'annuncio della nascita di Gesù ai pastori, l'abbraccio di

sostegno da parte dell'angelo è basato sulle rappresentazioni dell'agonia nell'Orto degli Ulivi e la posa di Francesco, atteggiato come il corpo della Pietà, richiama l'immagine di Cristo morto sostenuto dagli angeli. Durante il periodo della Controriforma i francescani introdussero alcuni cambiamenti nell'iconografia di San Francesco, fra cui immagini con l'angelo che conforta il santo in estasi dopo l'impressione delle stigmate.[2] È dunque probabile che il dipinto dell'Atheneum mirasse a soddisfare le esigenze devozionali di un membro della Confraternita della Cintura di San Francesco, un movimento, fondato nel 1585, ispirato alle idee della Riforma.[3] Il gesto dell'angelo, con l'indice e il pollice agganciati intorno al cordiglio del santo in modo da volgerlo verso l'osservatore per rendere visibili le ferite, sottolinea, insieme all'estatico mancamento della morte e della rinascita spirituale di Francesco, il ruolo di quest'ultimo come imitatore di Cristo.[4]

In *L'estasi di San Francesco d'Assisi* quasi ogni aspetto è eccezionale e innovativo. Come osserva Alfred Moir, «il modo di rappresentare l'impressione delle stigmate in San Francesco, nel suo aspetto sia mistico sia personale, sembra essere stato inventato in questa immagine.»[5] Quest'opera è la prima composizione di Caravaggio impostata su più figure, è il suo primo dipinto di carattere religioso, il suo primo esperimento di ambientazione paesaggistica e uno dei primi esempi in cui l'artista utilizza la luce sia in senso letterale, per illuminare la scena, sia in senso figurativo, come metafora della presenza divina. Il massimo livello di riuscita dell'artista è nell'interpretazione del miracolo di Francesco come esperienza interiorizzata. Con una scelta analoga a quella attuata nella precedente raffigurazione della Maddalena penitente (1593-1594 circa; Galleria Doria Pamphili, Roma), Caravaggio propone qui San Francesco nell'atto della conversione, con un occhio chiuso e l'altro aperto in tremula palpitazione, mentre la sua mano sinistra comincia a sentire la traccia della ferita: un'immagine che doveva suscitare un sentimento di devozione nell'osservatore.[6]

Per molto tempo si è pensato che questo quadro fosse appartenuto a uno dei primi mecenati romani che sostenevano Caravaggio, il cardinale del Monte;[7] ora, tuttavia, si ritiene che l'opera con tale soggetto posseduta dal cardinale sia passata alla famiglia Filomarino di Napoli ed è stata identificata con altri di-

pinti.[8] Questo *San Francesco* era, invece, uno dei vari Caravaggio posseduti da Ottavio Costa, banchiere genovese residente a Roma. La provenienza è complicata dal fatto che nell'agosto del 1606, nel corso di una grave malattia, Costa redasse un testamento in cui lasciava il dipinto a un amico, l'abate Ruggerio Tritonio di Udine. Costa, tuttavia, riacquistò la salute e a Tritonio diede quella che con ogni probabilità era una copia dell'originale in suo possesso. Sia il testamento di Tritonio stilato nell'ottobre del 1607 (egli, però, non sarebbe morto che nel 1612), sia l'inventario postumo della collezione di Costa compilato nel gennaio del 1639 designano le opere in essi elencate come originali di Caravaggio.[9] Poiché il dipinto di Tritonio, poi incluso nelle collezioni del Museo Civico di Udine nel 1894, è chiaramente una copia,[10] quello di Costa, che egli esplicitamente proibì ai propri eredi di vendere, rimase in possesso di questi ultimi fino al 1857, poi entrò nel mercato dell'arte e infine pervenne a Hartford.

Eric M. Zafran

[1] J. Gash, *Michelangelo Merisi da Caravaggio*, in *Dictionary of Art*, 1996, p. 702; un'eccellente introduzione alla vita, alle opere, alla tecnica, alla personalità e alle influenze di Caravaggio nonché alla ricezione critica e alla fama postuma.

[2] P. Askew, *The Angelic Consolation of St. Francis of Assisi in Post-Tridentine Italian Painting*, in «Journal of the Warburg and Courtald Institutes», 1969, pp. 280-306.

[3] B. Treffers, in «Mitteilungen des Kunsthistorischen Institutes in Florenz», 1988, pp. 161-164.

[4] R.E. Spear, *Caravaggio and His Followers*, Cleveland 1971, p. 69, nn. 3 e 4; J.T. Spike, *Caravaggio*, New York-Londra 2001, pp. 55-57, n. 72; C. Puglisi, *Caravaggio*, Londra 1998, p. 124.

[5] A. Moir, *Caravaggio*, New York 1989, p. 58.

[6] Puglisi, *Caravaggio* cit., p. 124.

[7] Si veda L. Lorizzo, *Cardinal Ascanio Filomarino's purchases of works of art in Rome: Poussin, Caravaggio, Vouet, and Valentin*, in «The Burlington Magazine», 2001, pp. 408-409.

[8] Si veda F. Bologna, *L'incredulità del Caravaggio e l'esperienza delle cose naturali*, Milano 2006, pp. 237-262, 465-471.

[9] La questione è stata studiata in modo approfondito da Luigi Spezzaferro in due saggi: *The Documentary Findings: Ottavio Costa as a Patron of Caravaggio*, in «The Burlington Magazine», ottobre 1974, pp. 580-581; e *Ottavio Costa e Caravaggio: certezze e problemi*, in *Novità sul Caravaggio, Saggi e contributi*, Milano 1975, pp. 113-114.

[10] Le novità più recenti sul dipinto di Udine si trovano nel catalogo della mostra *Caravaggio: L'immagine del Divino*, Trapani, Museo Regionale, 2007, pp. 196-200, n. 1.

41. Doménikos Theotokópoulos detto El Greco

(Candia, 1541 - Toledo, 1614)
San Francesco in preghiera davanti al Crocifisso, 1585 circa
olio su tela, cm 105,5 x 86,5
Museo de Bellas Artes de Bilbao

Dopo aver vissuto a Venezia e a Roma per circa dieci anni, nel 1577 El Greco si trasferisce in Spagna per lavorare ai grandi cicli decorativi che il re Filippo II desiderava fossero realizzati all'Escorial. Non ottenendo tuttavia il risultato desiderato, si stabilisce definitivamente a Toledo, città dove rimane fino alla morte e dove realizza le sue opere migliori.

Circondato da un ambiente colto e raffinato, dove non mancano di certo i committenti, l'artista si distingue nella raffigurazione di santi penitenti, che evocano l'esperienza del pentimento imposto dalla Controriforma, come San Francesco, la Maddalena, San Pietro o San Girolamo, cosa che ben si accordava al gusto di una Spagna dalle radicate convinzioni religiose. Tra tutti questi, il suo preferito, e quello che ottiene maggior risonanza, è il santo di Assisi (canonizzato da Gregorio IX nel 1228), come dimostra il fatto che la bottega dell'artista ne produce circa un centinaio di versioni, tutte raffiguranti Francesco in diversi momenti della sua vita, mentre prega, medita o riceve le stigmate – modelli che saranno copiati e replicati da allievi e seguaci di El Greco per tutto il XVII secolo.

In *San Francesco in preghiera davanti al Crocifisso* – una delle opere più riuscite e innovative –, il pittore rappresenta il celebre *poverello* raccolto in preghiera davanti a un crocifisso. Vestito con il grezzo saio legato con la corda a tre nodi, simbolo dei tre voti dell'ordine francescano, incrocia sul petto le mani ancora prive delle stigmate, che avrebbe ricevuto a immagine e somiglianza di Gesù Cristo nella grotta del Monte della Verna, dove si ritirerà in preghiera due anni prima di morire nel 1224. El Greco lo rappresenta a figura intera, di tre quarti e con tratti mistici, che si staglia sul fondo scuro della grotta, il viso emaciato, la barba rada, la mandibola marcata e la pelle livida, tutti particolari che gli conferiscono un aspetto quasi spettrale. Accanto a lui, un crocifisso, un teschio e un breviario sono posati sopra una roccia a mo' di altare improvvisato, e di per sé formano già una magnifica natura morta. Il dipinto è firmato con lettere minuscole greche, su un foglio bianco incollato al suolo con della ceralacca, soluzione che il pittore adotta in questa fase della sua carriera. Il tema si presta all'utilizzo di una sobria gamma cromatica, animata solo dall'azzurro del cielo nella fenditura della caverna, e dal verde di un tralcio di edera, simbolo di Cristo e di Salvezza. È dipinto con l'estro tipico di questo pittore originale e straordinario, in un momento in cui aveva raggiunto tutto lo splendore della sua prodigiosa tecnica: lo si può vedere dal modo di raffigurare il volto e le mani, così espressive, il mantello e il crocifisso, ottenuti mediante fluide pennellate che si mescolano e s'intrecciano producendo un effetto vibrante. Di quest'opera ci sono pervenute circa venti versioni, tra quelle autografe, quelle provenienti dalla sua bottega e quelle realizzate dai suoi seguaci. Conservata nel Museo de Bellas Artes di Bilbao, è una delle opere migliori e delle più precoci, in cui la figura del santo è rappresentata con un più spiccato spirito naturalistico e proporzioni più vicine alla realtà, a differenza delle versioni successive in cui la figura tende ad allungarsi.

Il quadro fu riscattato dall'oblio quando, nel 1939, venne alla luce e fu acquisito dal Museo di Bilbao, dopo la fine della Guerra civile spagnola e dopo essere rimasto praticamente ignorato per secoli nel convento di clausura delle carmelitane scalze di Cuerva (Toledo), per cui era stato realizzato.

Ana Sánchez-Lassa de los Santos

42. Antonio Zoran Music
(Boccavizza, Gorizia, 1909 - Venezia, 2005)
Anacoreta, 1994
olio su tela, cm 162 x 130
collezione privata

43. Antonio Zoran Music
(Boccavizza, Gorizia, 1909 - Venezia, 2005)
Anacoreta, 1994
olio su tela, cm 162 x 130
collezione privata

Attitudine di chi sta seduto e non attende nulla. Seduto – a capo chino – la schiena curva – le gambe accavallano – le braccia lunghe appoggiano e incrociano. Raccolto nel corpo. Isolato. In nessun dove. Non più luogo: solo spazio.
Nello spazio vuoto, su fondali monocromi, su insistite gassosità; sta l'Anacoreta.
Sta: ha resistenza nel permanere. Muove statico nell'ascolto. Non narra – non racconta – non è in rapporto con niente se non con lo spazio che non sfiorandolo lo contiene. È pura Attesa fatta d'ascolto.
Nell'etimo l'invito. *Anachorein*: tirarsi in disparte. Ritirarsi (ri-trarsi?).
Chòra: spazio. Il dilatato dello stare senza tempo. Il tutto possibile di una figura nello spazio. Il limite esausto di una figura nello spazio. E la densità si spande in una zona non figurativa. La figura sottratta al dire, si dà, semplicemente.
Figura che dice un ritiro, un raccoglimento. L'Anacoreta accade nella distanza del formato che lo accoglie. Nella ripetizione di un gesto sempre-identico. Potenza della ripetizione.
Una nebula fitta/estesa dilaga e circonfonde.
L'attimo dopo Music scenderà a patti con la forza di gravità, che minaccia i contorni, disgrega, conduce al basso, incurva e sfacela: disfa la figura nei suoi ultimi sembianti: quelli Estremi. L'attimo prima è figura ieratica in posizione eretta, verticale: il filosofo. I nudi che affiorano nei primissimi anni novanta (avvertiti in primo movimento dall'urgenza del disegno). Nell'imminenza di un cedere. Nudi che a tratti agitano, come a scacciare qualcosa di invisibile che minaccia.
Il volto coperto da un braccio che allunga, fuori proporzione. Gli organi disorganizzano, movimentano un disagio. Sono miriadi i nudi che Music disegna. Assistere implacabile alla propria disgregazione. Incombere d'ombra, minaccia di oscurità definitive. Nudi di mole massiccia, battuti dalle intemperie. In piedi, le braccia lunghissime, nell'atto di avanzare ancora. Dipinti in tonalità sabbiose. Nel 1991, le *Abluzioni mattutine*. Il corpo devolve con evidente fatica le sue intime mansioni: una minima superstite manutenzione, tutta biologica. Accettazione ineluttabile di una resa. La pittura, il segno, la eternizza, la dona; forse, la esorcizza.
Motivato dalla stessa urgenza disegnava internato a Dachau per resistere all'orrore, così disegna e dipinge giunto alla fine della vita. *Anacoreti* (1992-1994). Esseri che appartengono al Deserto. Separati. La tonalità che li decide è desertica. La temperatura neutra.
Music ama ripetere «Vado verso il deserto». Apposta in questo elemento di sabbia-ascolto. Senza più attese. Nessun tendere a, nessuno sforzo. Il corpo resta, nel cuore di un Deserto senza suono.
Music è da sempre *Heimatlos*, senza patria, sospinto da altre ventilazioni nel punto d'immobilità, l'unico a cui attingere, l'unico vero. Tuorlo pulsante e carsico. Il Carso: paesaggio d'origine, matrice del suo dipingere.
Music è lo *Xenos*, lo straniero per antonomasia, colui che non rivendica appartenenza perché trova in sé tutto quello di cui ha bisogno. Che nulla condivide perché sa che nulla può appartenergli. Un'interiorità ferma. Regole interne governano l'agire, non ha bisogno del sostegno di un luogo determinato, non rivendica appartenenza. Resta dove viene condotto, si adegua. Resiste.
Un senza colore nell'utilizzo dei Pigmenti, primigeni: terra d'umbria, terra d'ombra, nero fumo, grigio aptico-lavico, gli ocra, le matite sfumate, polverizzate, l'impermanenza di un carboncino nero pece, gli inchiostri.
L'anima secca, eraclitea, si nutre di spoliazioni estreme. Non le racconta. Le abita. In un incamminamento tutto minerale.

Giovanna Dal Bon

44. Orazio Gentileschi
(Pisa, 1563 - Londra, 1639)
San Francesco sorretto da un angelo
1600 circa
olio su tela, cm 139,4 x 101
Boston, Museum of Fine Arts
Charles H. Bayley Picture e Painting Fund

Quest'immagine di San Francesco che, colto da svenimento, è sorretto dall'abbraccio dell'angelo ricorda precedenti raffigurazioni della Lamentazione, soprattutto la figura di Cristo nell'Orto del Getsemani, classica scena biblica notturna. L'adattamento di tale schema all'immagine di San Francesco rispecchia la tendenza dell'epoca di associare il santo alla Passione di Cristo, un accostamento che si sarebbe manifestato materialmente nella presenza delle stigmate – ferite alle mani, ai piedi e al fianco di Francesco corrispondenti a quelle subite da Gesù durante la crocifissione –, che contrassegnano il santo come modello attraverso cui è possibile comprendere meglio l'umanità di Cristo.

Orazio Gentileschi è probabilmente il pittore caravaggesco di maggior talento attivo a Roma nei primi decenni del Seicento. Il suo interesse per la rappresentazione naturalistica della figura dal vero gli consentì di dipingere commoventi versioni di storie bibliche con uno stile che le rese attuali per il pubblico di quell'epoca. In questo dipinto piuttosto giovanile, Orazio ricorre al suo possente uso della luce e del colore per evocare un ambiente notturno entro il quale egli immette, accuratamente definiti, oggetti di varia consistenza in modo da esaltarne la tattilità.

Questa tela è la prima di almeno quattro versioni con tale soggetto eseguite da Gentileschi nei primi anni del Seicento. Anche se ciascuna versione presenta una diversa disposizione delle figure, vi è tuttavia una notevole uniformità per quanto riguarda i dettagli, per esempio le lunghe nervature e la chiazzatura triangolare evidenti nelle penne delle ali dell'angelo. Tali somiglianze sembrano indicare che nel dipingere questi particolari Orazio si sia basato su oggetti disponibili nel suo atelier. Di fatto, in una dichiarazione resa il 14 settembre 1603 durante il processo conseguente alla querela sporta dal pittore Giovanni Baglione (1566-1643) contro Gentileschi, i pittori Caravaggio (1571-1610) e Filippo Trisegni e l'architetto Onorio Longhi, Orazio affermò che Caravaggio aveva giusto di

recente chiesto in prestito un saio da cappuccino e un paio di ali. Sebbene non sia possibile confermare tale eventualità con certezza, è tuttavia credibile che si tratti proprio della veste e delle ali raffigurate nel dipinto e nelle sue altre versioni.

Il soggetto deriva da una visione che San Francesco ebbe nel settembre del 1224 durante un momento di preghiera a La Verna, l'eremo di montagna il cui ambiente roccioso è visibile sullo sfondo del dipinto. Secondo la testimonianza oculare di un confratello, Francesco ebbe l'improvvisa visione di un serafino con sei ali sopra una croce il quale impresse su di lui le stigmate. San Bonaventura, un teologo e filosofo francescano del XIII secolo, approfondì in seguito l'argomento precisando che le stigmate erano comparse soltanto dopo la visione del serafino. È stato plausibilmente ipotizzato che la forte luce di cui è investita la figura del santo sia forse la luce serafica che sta scemando nel decisivo momento prima della comparsa delle stigmate.

San Francesco colto nell'attimo precedente l'impressione delle stigmate è un tema molto caro agli artisti italiani nella seconda metà del Cinquecento e all'inizio del Seicento. Dopo il Concilio di Trento (1545-1563), la Chiesa cattolica riaffermò la devozione e un rapporto personale con Cristo come baluardi contro il protestantesimo. Nel porre l'accento sull'umanità del Poverello e sul suo incontro emotivo con Cristo, piuttosto che sui segni fisici impressi nel santo, Orazio invita l'osservatore a concentrarsi sull'esperienza spirituale di Francesco piuttosto che sulle ferite da essa derivate.

John Hawley

45. Jacopo Robusti, detto Tintoretto
(Venezia, 1519-1594)
Ercole scaccia il fauno dal letto di Onfale
1585 circa
olio su tela, cm 112 x 106
Budapest, Szépművészeti Múzeum
dalle collezioni imperiali degli Asburgo, 1932

Nel 1576 sale al trono imperiale degli Asburgo una personalità particolare e introversa: Rodolfo II, cultore dell'arte, della scienza e dell'occulto. Il nuovo sovrano si era formato presso la corte dello zio Filippo II a Madrid, dove era rimasto impressionato dalle sugge-

stive creazioni di Tiziano. Anche gli artisti della corte di Rodolfo II a Praga rievocavano nelle loro opere il mondo poetico e le scene mitologiche cariche di sensualità delle opere dipinte per Filippo II. L'imperatore stesso aveva commissionato ai grandi eredi di Tiziano, al Veronese e al Tintoretto, opere dalle simili caratteristiche.

Tra queste, la più importante è sicuramente la serie dipinta dal Tintoretto per il palazzo di Praga. Quest'opera apparteneva con molta probabilità a tale serie, che all'epoca comprendeva altre tre composizioni: il capolavoro *L'origine della Via Lattea* (oggi alla National Gallery di Londra), una scena della storia di Ercole e Onfale, andata perduta, e una raffigurazione delle Muse. Anche se finora non si è riusciti a decifrare il filo conduttore che unisce le opere, merita particolare menzione il tema della metamorfosi: i personaggi passano dal mondo dei mortali a quello dei semidei, da quello femminile a quello maschile. Nel dipinto di Londra viene raffigurato il momento in cui Ercole, nato mortale, si trasforma in un semidio, mentre in questa versione di Budapest viene ritratto l'attimo in cui, spogliatosi delle vesti femminili, riprende le sue sembianze maschili. L'altro esemplare perduto ritraeva invece la sua trasformazione in donna.

Dalle fonti antiche che ci sono pervenute, non risulta chiaro perché l'eroe, considerato l'incarnazione della virilità, indossasse vesti femminili. Secondo la leggenda, Ercole era stato fatto schiavo dalla figlia del dio dei fiumi per espiare un omicidio commesso in un momento di follia. Secondo Apollodoro, l'umiliazione di svolgere lavori femminili travestito da donna faceva parte del castigo. Nei *Fasti* di Ovidio si narra tuttavia che Ercole e Onfale si fossero scambiati le vesti per scherzo, per una burla amorosa. Pan, il dio dei boschi, rapito dalla passione per Onfale, si era introdotto nella camera da letto dei due e, ingannato dalle vesti femminili, si era sdraiato accanto a Ercole. Pan venne cacciato fuori a calci, diventando oggetto del sarcasmo e delle risate umilianti dei servi accorsi.

Nel dipinto viene raffigurato proprio questo episodio, creando una composizione particolarmente movimentata. Mentre sullo sfondo, nella camera da letto, si svolge l'azione principale, il primo piano è dominato da due nudi femminili: sulla destra Onfale, con la pelle di leone e la clava di Ercole, mentre sull'altro lato una figura femminile, trascurabile ai fini della storia, il cui scopo è quello di equilibrare la composizione. Queste due figure, per la loro posizione leggermente defilata dalla scena principale e per l'intensa luce che le avvolge, sembrano uscire dal piano del dipinto; un'antica tecnica pittorica per accrescere l'effetto illusorio e creare, in tal modo, un collegamento tra il mondo del dipinto e la realtà. I pittori non affidavano in genere questo ruolo a dei nudi, ma a delle figure secondarie che volgevano lo sguardo fuori del quadro, instaurando un contatto visivo con l'osservatore. Nella soluzione scelta da Tintoretto, il coinvolgimento di chi guarda non deriva tanto dall'episodio narrato in sé, bensì – in linea con il carattere lascivo della storia – dall'attrazione sensuale che esercitano i corpi nudi. La raffinata composizione conduce lo sguardo dell'osservatore lungo una spirale, partendo dai due nudi per arrivare poi ai personaggi principali. La composizione movimentata e asimmetrica, la visione dall'alto della scena, il contrasto tra il buio della notte e le luci misteriose delle fiaccole, sono alcuni dei tratti distintivi della pittura di Tintoretto. Data la comicità della scena, tali effetti svolgono qui una funzione particolare, ovvero mettere in ridicolo l'eroe principale il quale, spinto dai propri istinti vili, finisce per essere umiliato e bistrattato.

Axel Vécsey

46. Francisco de Zurbarán

(Fuente de Cantos, 1598 - Madrid, 1664)
San Francesco, 1640-1645 circa
olio su tela, cm 207 x 106,7
Boston, Museum of Fine Arts
Herbert James Pratt Fund

Francisco de Zurbarán fu un importante pittore di soggetti religiosi di grandi dimensioni fortemente richiesti sia da chiese e monasteri della Spagna e del Nuovo Mondo sia da collezionisti privati interessati a oggetti sacri. L'artista utilizzava una tavolozza ridotta, per lo più costituita da colori terrosi che accentuavano il carattere introspettivo e meditativo dei suoi personaggi, i cui occhi, spesso chiusi, nascosti o rivolti verso l'alto, emanano un'intensa spiritualità. Con il suo sguardo levato verso il cielo, San Francesco appare immerso in un momento di misurata estasi. Il santo indossa un lungo

saio bruno con una grande toppa sul gomito destro, intesa come riferimento al voto di povertà. Dalla cintola scende un cordiglio con quattro nodi, tre dei quali di tipo francescano, probabilmente per simboleggiare i voti di povertà, castità e obbedienza formulati dal santo. Il pittore ha curiosamente omesso ogni riferimento tradizionale alle stigmate di Francesco, in genere rappresentate da ferite sanguinanti sulle mani, sui piedi e sul fianco. In questo caso, invece, le mani quasi invisibili sono infilate all'interno di voluminose maniche, mentre il saio copre tutto a eccezione della punta di alcune dita del piede sinistro.

Questa commovente immagine di San Francesco a grandezza naturale è una delle più belle tra le quattro versioni note di tale soggetto eseguite da Zurbarán o dalla sua bottega. I lineamenti quasi ritrattistici del volto di Francesco hanno suggerito a qualcuno l'idea che l'artista avesse basato la sua raffigurazione su un modello reale. Altrettanto accettabile è la possibilità che l'immagine, pregna di una plasticità scultorea, derivi in gran parte da figure policrome a tutto tondo di analoga dimensione. In effetti, gli scultori spagnoli di Siviglia e dintorni cominciarono a produrre questo tipo di scultura durante il primo quarto del XVII secolo. Zurbarán, che iniziò il suo apprendistato in quella città, doveva ben conoscere tali opere. L'influenza di questo genere di scultura è particolarmente evidente nel modo in cui l'artista ha concepito il panneggio e negli ampi passaggi chiaroscurali che conferiscono ad esso una tipica consistenza. Inoltre, Zurbarán ha scelto di collocare la sua immagine dipinta di San Francesco all'interno di una struttura architettonica volutamente essenziale, costituita soltanto da una nicchia a volta di scarsa profondità, tipico sfondo per una scultura concepita a tutto tondo.

La rappresentazione di Francesco scelta da Zurbarán, con le mani del santo infilate nelle maniche, derivò con ogni probabilità dal resoconto secentesco di un leggendario evento mistico verificatosi oltre duecento anni dopo la morte del santo. Nel 1449 il pontefice Nicola V (1397-1455) si recò in visita al monastero di Assisi e qui, si dice, scese una mattina presto nella cripta al lume di una torcia. D'un tratto, la luce che egli aveva con sé cadde al suolo e illuminò il corpo di San Francesco, che, a quanto si racconta, apparve come fosse in piedi, con gli occhi rivolti verso il cielo. L'intensa illuminazione del fianco destro del santo, nell'imma-

gine di Zurbarán, e la relativa ombra proiettata all'interno della nicchia sono un possibile richiamo alla luce concentrata prodotta dalla torcia di Nicola. Si dice che il papa, caduto in ginocchio, abbia poi sollevato delicatamente un lembo del saio di Francesco scoprendo un piede insanguinato. Nel mostrare soltanto la punta delle dita dei piedi del santo, Zurbarán stimola l'osservatore a condividere la leggenda e ad avere un ruolo attivo nel momento decisivo della rivelazione.

John Hawley

47. Thomas Gainsborough

(Sudbury, 1727 - Londra, 1788)
Isabella, viscontessa Molyneux, 1769
olio su tela, cm 236 x 155
National Museums of Liverpool, Walker Art Gallery
donato da H.M. Government, 1975

Pur essendo stato un pittore principalmente paesaggista – è noto l'amore di John Constable per i suoi lavori – Thomas Gainsborough diviene famoso soprattutto come ritrattista, dato che i committenti inglesi dell'epoca affidavano ai pittori quasi esclusivamente ritratti.

Egli avvia il suo lavoro come ritrattista a Bath dall'ottobre del 1758, dove si trova per la stagione termale e dove il conte di Jersey e il figlio posano per lui. Benché ancora sconosciuto a Londra, a Bath la sua opera di ritrattista è molto richiesta e apprezzata per l'accuratezza d'osservazione e per lo stile pittorico. Malgrado non amasse particolarmente eseguire ritratti («se la gente mi lasciasse un po' in pace con i suoi dannati ritratti», scrive nel 1768), Gainsborough era tuttavia un artista coscienzioso e onesto; a differenza di molti suoi contemporanei, eseguiva la maggior parte dei dipinti completamente da solo, senza l'aiuto di assistenti di bottega, o di pittori specializzati nei panneggi.

Solitamente Gainsborough non ritrae i suoi soggetti nel loro contesto quotidiano, ma ambienta i suoi lavori nello studio, con pochi elementi di arredo, spesso con ricchi tendaggi e con accessori appropriati. Evita il ricorso generalizzato a panneggi classicheggianti come invece amava fare Reynolds, soprattutto per i dipinti destinati alle esposizioni pubbliche. Così commenta nel 1773 le esposizioni pubbliche in occasione delle quali la maggior parte dei pittori ricorreva a mille espedienti cromatici pur di catturare l'attenzione del pubblico: «Predominano un gusto artificioso e uno stile impudente che sconcerterebbero Van Dyck se fosse ancora vivo [...]. La natura è modesta e l'artista dovrebbe fare altrettanto quando si rivolge a lei.»

Lo stile di Gainsborough si sviluppa enormemente proprio dal periodo in cui viveva a Bath, influenzato in particolare dall'esempio di Van Dyck, del quale ebbe occasione di ammirare le opere presenti nelle collezioni degli aristocratici. L'influenza di Van Dyck nella ritrattistica inglese del Settecento fu molto più profonda rispetto a quella di altri artisti, poiché i suoi ritratti erano penetrati persino negli ambienti più remoti della nobiltà. La sua pittura veniva considerata non letteraria, poiché non dimostrava interesse nei contenuti iconografici ma nelle variazioni pittoriche delle pose eleganti della corte. E il primo ritratto a figura intera di Gainsborough – il ritratto di Ann Ford del 1760 – richiama nella posa la pittura di Van Dyck.

Anche *Isabella, viscontessa Molyneux*, realizzato una decina di anni più tardi, è una reinterpretazione delle pose, della grazia di Van Dyck, declinato però nel suo personale stile impressionistico, come noterà Reynolds commentando la sua pittura: «quei bizzarri graffi e segni che, a un attento esame, sono così visibili nei dipinti di Gainsborough [...] questo "caos", questa apparenza grossolana e informe, per una sorta di magia, a una certa distanza, prende forma e ogni cosa sembra andare al proprio posto.»

Il dipinto – uno splendido ritratto nuziale a figura intera di Isabella, figlia di William secondo conte di Harrington e Charles, ottavo visconte Molyneux, che si sposano nel 1768 a Londra – viene inviato da Gainsborough alla prima mostra della Royal Academy nell'anno seguente e presenta alcune caratteristiche tipiche del quadro da esposizione: qui l'artista ricorre in modo deliberato alla pittura di Van Dyck nella posa regale della donna, con la mano sinistra posata sul petto; il trattamento dello sfondo non distoglie l'attenzione dalla figura e presenta dunque tratti generici. La grandiosità della composizione che si estende in verticale verso l'alto, l'importante acconciatura e la fisionomia altezzosa della figura contribuiscono a creare quell'aura sofisticata che rimanda alle ascendenze familiari della donna.

Silvia Zancanella

Il bianco e il nero della notte. Una mano incide una lastra

48. Rembrandt van Rijn

(Leida, 1606 - Amsterdam, 1669)
La resurrezione di Lazzaro, 1632 circa
acquaforte e puntasecca, mm 362 x 258
Rotterdam, Museum Boijmans
Van Beuningen

Si tratta della prima stampa di grande formato realizzata da Rembrandt, o almeno la prima che si possa considerare riuscita. Il tentativo precedente di lavorare su grande formato, del 1628 circa, era fallito e in seguito Rembrandt si era dedicato per anni alla realizzazione di piccole acqueforti, affinando la propria tecnica grafica e sviluppando un linguaggio del tutto personale, caratterizzato da linee essenziali e spontanee e da un tratteggio in grado di creare suggestivi effetti di luce. In *La resurrezione di Lazzaro* del 1632 circa, l'artista sperimentò per la prima volta questo linguaggio in un grande formato. I chiaroscuri decisi e il movimento delle figure conferiscono alla composizione una drammaticità del tutto nuova.

Il racconto della resurrezione di Lazzaro era un motivo che affascinava molto gli artisti, per la drammaticità dell'evento che culminava in un lieto fine e perché descritto nella Bibbia con ricchezza di dettagli. Le sorelle Maria e Marta chiamano Gesù perché il fratello Lazzaro è ammalato. Spinto dalla profonda amicizia che li lega, Gesù decide di recarsi a Betania, il villaggio dove vivono. Al suo arrivo, tuttavia, Gesù scopre che Lazzaro è già morto ed è stato sepolto quattro giorni prima. Cristo chiede allora di rimuovere la roccia che chiudeva la tomba e risveglia Lazzaro dalla morte (Giovanni 11:1-44). Rembrandt rappresenta proprio questo istante, davanti al sepolcro, scegliendo una prospettiva particolare che ci coinvolge direttamente nella scena, rendendo l'osservatore stesso spettatore dell'episodio biblico. Vediamo Cristo lateralmente, di spalle, con la mano sollevata con fermezza da sopra la lapide che chiude la tomba di Lazzaro. Maria e Marta, ai lati del sepolcro, si chinano in avanti per riuscire a vedere bene Lazzaro. Cristo è per metà al buio mentre gli spettatori, sul lato opposto, sono completamente illuminati. Lo sguardo dell'osservatore viene condotto su queste figure, che reagiscono con

sgomento e incredulità al miracolo che si compie dinanzi ai loro occhi. Rembrandt riserva una particolare attenzione a questo gruppo di spettatori. Tra i cinque stati che l'artista dovette realizzare per completare l'acquaforte, questo è quello in cui fece più modifiche. Rembrandt realizzò la sua *Resurrezione di Lazzaro* in un "dialogo artistico" con l'amico e collega di Leida Jan Lievens, del quale è nota un'acquaforte di grande formato sullo stesso tema. I due artisti optarono per una soluzione diametralmente opposta. Lievens posiziona infatti Cristo all'altro lato della tomba, e non visto di spalle bensì frontalmente, con le mani congiunte anziché col braccio teso, completamente illuminato e non per metà al buio. Mentre Rembrandt raffigura il Cristo come soggetto attivo, ponendo in evidenza il suo gesto e l'atteggiamento, Lievens usa la luce e l'espressione del volto per rappresentare il miracolo come conseguenza di un intenso raccoglimento.

Peter van der Coelen

49. Rembrandt van Rijn

(Leida, 1606 - Amsterdam, 1669)
La morte di Maria, 1639
acquaforte e puntasecca, mm 393 x 313
Rotterdam, Museum Boijmans
Van Beuningen

In *La morte di Maria*, del 1639, Rembrandt utilizza per la prima volta in modo massiccio la tecnica della puntasecca, per definire i contorni e ottenere un effetto tonale vigoroso. L'artista alterna le campiture scure, ottenute mediante la sbavatura delle linee tracciate a puntasecca, al segno disinvolto e stilizzato dell'acquaforte, ben visibile nei campi chiari, come il cielo squarciato con gli angeli.

La morte di Maria non è descritta nella Bibbia, bensì nei testi apocrifi narrati successivamente nella *Legenda aurea* di Jacopo da Varagine. Gli apostoli giunsero dai quattro angoli della terra e si riunirono attorno al capezzale di Maria. Durante la notte, Cristo apparve con gli angeli per portare con sé l'anima della Madre. Il motivo principale che spinse Rembrandt a rappresentare questo episodio apocrifo fu probabilmente il fatto che anche incisori noti, come Martin Schongauer e Albrecht Dürer, l'avessero fatto. Azzardando la rappresentazione dello stesso soggetto, Rembrandt ebbe l'occasione di misurarsi con i suoi predecessori, cercando di migliorare il loro modello. Nell'acquaforte di Rembrandt tutto gravita attorno all'imponente capezzale della Vergine, rialzato sopra una sorta di podio. Un letto analogo, visto in obliquo e a baldacchino, si ritrova anche nelle incisioni di Schongauer e Dürer, anche se questi artisti tedeschi avevano raffigurato solo gli apostoli attorno al capezzale. Rembrandt, invece, affolla la stanza con una ventina di persone. A lato del capezzale, dalla parte dell'osservatore, un sacerdote e i suoi assistenti, dei quali uno regge un enorme bastone cerimoniale e un altro legge un passo della Bibbia, offrono assistenza spirituale alla Vergine, che dalla parte opposta del letto è invece sostenuta fisicamente da un uomo più anziano, probabilmente l'apostolo Pietro, che le sistema il cuscino mentre un medico le tasta il polso. Notevole è il gran numero di donne oranti e piangenti, un soggetto che Rembrandt riprese da un'incisione con lo stesso soggetto di Pieter Bruegel il Vecchio.

Nelle opere menzionate di Schongauer, Dürer e Bruegel, cui si ispirò Rembrandt, manca il motivo dell'apparizione dell'angelo, che invece nella versione dell'artista di *La morte di Maria* occupa quasi la metà della composizione ed è di fondamentale importanza per gli effetti di luce. Nella rappresentazione notturna di Rembrandt mancano le candele o le lanterne e la scena è rischiarata solamente da questo evento soprannaturale. Gli astanti non se ne rendono ancora conto, hanno lo sguardo rivolto verso Maria terrena, la cui anima sarà assunta in cielo di lì a poco.

Peter van der Coelen

50. Rembrandt van Rijn

(Leida, 1606 - Amsterdam, 1669)
L'annuncio ai pastori, 1634
acquaforte, bulino e puntasecca
mm 260 x 218
Rotterdam, Museum Boijmans
Van Beuningen

51. Rembrandt van Rijn

(Leida, 1606 - Amsterdam, 1669)
L'adorazione dei pastori con la lanterna
1654 circa
acquaforte, mm 103 x 128
Rotterdam, Museum Boijmans
Van Beuningen

52. Rembrandt van Rijn

(Leida, 1606 - Amsterdam, 1669)
Riposo durante la fuga in Egitto, notturno
1644 circa
acquaforte e puntasecca, mm 91 x 58
Rotterdam, Museum Boijmans
Van Beuningen

Rembrandt realizzò numerose stampe sulla nascita e l'infanzia di Cristo, temi tra più diffusi nella storia dell'arte. L'artista olandese, nato nel 1606, aveva appreso la tecnica dell'acquaforte da autodidatta con grande perseveranza, nella seconda metà degli anni venti, e con *L'annuncio ai pastori* del 1634 riuscì a dimostrare la piena padronanza di tale tecnica. In questo notturno, Rembrandt rappresenta con maestria il gioco di luci e ombre, con i pastori «avvolti dalla luce radiosa del Signore» (Luca 2:9). Alla vista della luce celeste, apparsa come un fulmine nella notte, i pastori sono presi da grande sgomento. Ma un angelo li rassicura, dicendo loro di non temere e annunciando la nascita di Cristo. Alla lieta novella, appare una moltitudine di angeli che lodano Dio. La composizione di Rembrandt è dominata da un paesaggio scuro che va diradandosi verso una valle profonda, in basso a sinistra. Il bagliore celeste della schiera di angeli dona movimento alla vegetazione e rischiara come un raggio di luce i pastori e le loro greggi. La prospettiva dall'alto verso il basso fa apparire le figure particolarmente piccole, quasi a sottolineare la consapevolezza dei pastori di essere nulla di fronte all'evento soprannaturale che li sorprende nel cuore della notte. L'uomo al centro rimane immobile, quasi pietrificato, mentre un altro accanto a lui si china sgomento sulle ginocchia e un terzo tenta di fuggire. Anche il bestiame è inquieto: vacche e pecore scalpitano.

Dopo aver ricevuto la lieta novella dall'angelo, i pastori si affrettano verso Betlemme, dove incontrano Maria e Giuseppe con il neonato e raccontano loro quello che l'angelo aveva detto: il bambino è il Messia (Luca 2:15-19). In questa acquaforte del 1654 circa, Rembrandt ambienta l'adorazione dei pastori in una semplice stalla. Al centro della composizione, il bimbo giace sulla paglia avvolto in una coperta con il capo appoggiato su un piccolo cuscino, mentre la madre lo cinge con le braccia e Giuseppe, alla sua destra, sta seduto sulla sponda di un vecchio carretto. I pastori si protendono verso il bimbo che Ma-

ria mostra loro sollevando la coperta. La scena notturna è rischiarata da un'unica fonte di luce, che si trova nel centro esatto della composizione: una modesta lanterna a olio che riverbera una luce fioca racchiude in un semicerchio il capo della madre e del bambino. La luce, lo stile schietto segnato dal tratteggio rado delle campiture e le linee decisamente spontanee differenziano totalmente questa acquaforte da *L'annuncio ai pastori* realizzata vent'anni prima.

Riposo durante la fuga in Egitto, notturno si colloca esattamente nel mezzo, sia cronologicamente sia stilisticamente. Come in *L'annuncio ai pastori*, si tratta di un notturno segnato dal contrasto netto tra le campiture chiare e il buio che prevale, ottenuto attraverso un fitto tratteggio. Le linee fortemente disomogenee sono grafiche e spontanee, come in *L'adorazione dei pastori con la lanterna*. Anche in questa rappresentazione, la luce proviene solo da una lampada: la grande lanterna che Giuseppe ha appeso al ramo di un albero. Maria è seduta in primo piano e si appoggia al ginocchio del marito. Tiene la mano sollevata per proteggersi il viso e soprattutto per evitare che la luce intensa svegli il bimbo che tiene in grembo. Tra tutti i temi del Nuovo Testamento, quello che Rembrandt rappresentò più spesso nelle sue stampe è la fuga in Egitto, del quale realizzò ben otto acqueforti. Oltre alla stampa qui presentata, ve ne sono altre due dedicate al riposo della Sacra Famiglia durante questo viaggio, un episodio che nella Bibbia non è nemmeno descritto.

Peter van der Coelen

53. Rembrandt van Rijn

(Leida, 1606 - Amsterdam, 1669)
Cristo benedice i fanciulli e guarisce gli infermi (La stampa da Cento fiorini)
1648 circa
acquaforte, bulino e puntasecca
mm 278 x 392
Rotterdam, Museum Boijmans
Van Beuningen

La Stampa da Cento fiorini combina egregiamente la ricerca di un tratto disinvolto con la perfezione dei toni. Tecnicamente e artisticamente mostra il grande sforzo compiuto dall'artista attraverso la sapiente alternanza di acquaforte, puntasecca e bulino. Le campiture scure dai tratti fitti e regolari contrastano con quelle chiare, definite dai segni rapidi ed essenziali dell'acquaforte. L'incisione si presenta molto diversificata nel contenuto, le espressioni dei volti si fanno vivide, mentre la gestualità è ricca di *pathos*. Tuttavia l'atmosfera è meno estatica e molto più sommessa rispetto all'opera grafica precedente di Rembrandt, come ad esempio l'incisione sull'annuncio ai pastori del 1634. Tutta la scena gravita intorno alla figura centrale del Cristo, con sottili e ricercati passaggi dall'ombra alla luce. Rembrandt rappresenta una quarantina di persone, alcune stanno in piedi, altre sono sedute o ancora inginocchiate o sdraiate. La folla circonda la figura di Cristo, che si trova in posizione leggermente più elevata davanti a un muricciolo o forse a una balaustra. Cristo viene accolto nei modi più diversi, alcuni dei presenti paiono stupiti, altri reagiscono con timore o con una fede profonda, in altri ancora si leggono l'indifferenza e il disprezzo. In *La Stampa da Cento fiorini*, Rembrandt riesce a fondere con grande maestria, in un'unica scena, protagonisti ed episodi diversi del diciannovesimo capitolo del Vangelo di Matteo, tra i quali la benedizione dei fanciulli (Matteo 19:13-15), la guarigione degli infermi (19:2) e il giovane ricco (19:16-24). Il baricentro della scena si sposta sul lato sinistro della rappresentazione, dove una donna corre incontro a Cristo con un fanciullo tra le braccia. Uno degli apostoli, con barba e fronte stempiata, prova a fermarla con la mano, mentre Cristo la incoraggia: «Lasciate che i fanciulli vengano a me.» Il ragazzino in basso a sinistra coglie perfettamente questo messaggio e tira per un braccio la madre dietro di sé, per ricevere la benedizione di Cristo. Sul lato destro della composizione, si accalca la folla degli ammalati: storpi, paralitici, ciechi e indemoniati. In secondo piano, spunta da una porta d'ingresso un uomo a dorso di cammello, un chiaro riferimento alla frase pronunciata da Cristo «è più facile che un cammello passi per la cruna di un ago che un ricco entri nel regno di Dio.» Nel gruppo a sinistra c'è anche il giovane ricco al quale Gesù aveva risposto con questa metafora. Sta seduto con sguardo pensoso e indossa un prezioso mantello e gli stivali. Mentre Rembrandt era ancora in vita, in più occasioni questa preziosa incisione venne pagata cento fiorini, un vero e proprio patrimonio per l'epoca. E anche dopo la morte dell'artista la *Stampa da Cento fiorini* conti-

nuò a essere molto richiesta e venne ristampata da altri. Anche l'esemplare qui presentato è una ristampa successiva della lastra di rame originale. Degno di nota è il pesante effetto plate-tone dello sfondo che definisce chiaramente le sagome delle figure. Sebbene Rembrandt utilizzasse già l'effetto plate-tone per dare una velatura grigia alle sue incisioni, la tonalità più scura rispondeva al gusto tipico di inizio Settecento.

Peter van der Coelen

54. Rembrandt van Rijn

(Leida, 1606 - Amsterdam, 1669)
Cristo nell'orto di Getsemani, 1652 circa
acquaforte e puntasecca, mm 118 x 84
Rotterdam, Museum Boijmans
Van Beuningen

55. Rembrandt van Rijn

(Leida, 1606 - Amsterdam, 1669)
Le tre croci, 1653-1655 circa
puntasecca, mm 384 x 451
Rotterdam, Museum Boijmans
Van Beuningen

La storia della Passione e della Risurrezione di Cristo è stata raffigurata in innumerevoli stampe, che nel corso dei secoli hanno risvegliato la compassione e la devozione di molti fedeli. Inoltre, fu tra i temi prediletti scelti da artisti quali Albrecht Dürer, Lucas van Leyden e Peter Paul Rubens per presentarsi al pubblico internazionale. Rembrandt dedicò quindici stampe alla Passione di Cristo, quattro delle quali sono annoverate tra le più note e ambiziose. Egli riuscì a ottenere risultati notevoli anche sul formato più piccolo, come in *Cristo nell'orto di Getsemani* (1652 circa), scena notturna nella quale egli riuscì a ritrarre magistralmente l'angelo che consola Cristo dopo che il Figlio aveva chiesto a Dio di allontanare da sé il calice (Matteo 26:36-46). L'angelo squarcia letteralmente le tenebre con la luce, raffigurata dalle linee diagonali che si dipartono in secondo piano. L'angelo si protende verso Cristo per abbracciarlo, mentre i tre apostoli che lo avevano accompagnato nell'orto degli ulivi continuano a dormire ignari.
Cristo nell'orto di Getsemani deve la sua forza espressiva, innanzitutto, all'alternanza ritmica tra le campiture ampie e luminose e i piani

scuri ottenuti con la puntasecca. Nella fase finale della sua carriera di incisore, Rembrandt decise di tralasciare l'acquaforte limitandosi alla tecnica della puntasecca. *Le tre croci* è l'opera che simboleggia questa transizione stilistica e rappresenta l'apoteosi dell'abilità artistica di Rembrandt. Questa incisione è ricca di figure grafiche e spigolose, linee "vellutate" ed effetti tonali. La composizione, disegnata direttamente con la puntasecca, sfrutta al massimo le potenzialità di questa tecnica artistica e assurge a paradigma della cosiddetta "fase sperimentale" della carriera grafica di Rembrandt, nella prima metà degli anni cinquanta, epoca in cui l'artista realizzò anche la sua magistrale opera *Cristo mostrato al popolo*.

Rembrandt ultimò la prima versione delle *Tre croci* nel 1653. Con il passare del tempo, la lastra di rame si usurò perché, a causa delle sbavature, la puntasecca consente di realizzare solo poche decine di copie buone. Rembrandt riprese allora in mano la lastra e la rielaborò radicalmente. Nella prima versione era visibile una numerosa folla di persone ai due lati della croce: a sinistra i soldati e i carnefici romani, a destra i seguaci di Cristo, tra i quali la madre, Giovanni e Maria Maddalena. Nella versione successiva, Rembrandt sostituì la maggior parte di queste figure con altre a malapena visibili, poiché aveva scurito all'estremo i lati della composizione con la puntasecca: nel buio cupo si percepiscono qua e là alcune figure. Solo Cristo è quasi completamente in luce. I ladroni crocifissi con lui sono per metà al buio. Tra il gruppo di soldati a cavallo, uno si distingue per il singolare copricapo, anche se l'identità resta incerta. Nella seconda versione di *Le tre croci*, Rembrandt non si concentrò sui dettagli bensì sull'effetto complessivo tumultuoso. Portando all'estremo l'uso delle tecniche artistiche, Rembrandt mette in scena il momento più buio della storia dell'umanità, il caos scaturito dalla crocifissione e la natura che irrompe violentemente attraverso un'eclissi solare e un terremoto. La forte espressività di *Le tre croci* rende quest'opera una pietra miliare nella storia della stampa artistica. Questo approccio radicale non trovò inizialmente seguito, ma venne ripreso successivamente, circa un secolo più tardi, dal Piranesi nel secondo stato delle sue *Carceri*.

Peter van der Coelen

Giovanni Battista Piranesi
(Venezia, 1720 - Roma, 1778)

56. *Capriccio con scale e pilone circolare*
da *Le carceri d'invenzione*, 1761
(Ed. 1835-1839)
incisione all'acquaforte e bulino su rame
mm 560 x 420
Venezia, Fondazione Giorgio Cini
Gabinetto dei Disegni e delle Stampe

57. *Capriccio con arcate e piazza monumentale*
da *Le carceri d'invenzione*, 1761
(Ed. 1835-1839)
incisione all'acquaforte e bulino su rame
mm 560 x 420
Venezia, Fondazione Giorgio Cini
Gabinetto dei Disegni e delle Stampe

58. *Capriccio di scale e arcate con fumo bianco*
da *Le carceri d'invenzione*, 1761
(Ed. 1835-1839)
incisione all'acquaforte e bulino su rame
mm 560 x 420
Venezia, Fondazione Giorgio Cini
Gabinetto dei Disegni e delle Stampe

59. *Capriccio con arcata ornata da conchiglia*
da *Le carceri d'invenzione*, 1761
(Ed. 1835-1839)
incisione all'acquaforte e bulino su rame
mm 560 x 420
Venezia, Fondazione Giorgio Cini
Gabinetto dei Disegni e delle Stampe

60. *Capriccio con scale e ponte levatoio*
da *Le carceri d'invenzione*, 1761
(Ed. 1835-1839)
incisione all'acquaforte e bulino su rame
mm 560 x 420
Venezia, Fondazione Giorgio Cini
Gabinetto dei Disegni e delle Stampe

61. *Capriccio con scalone e trofei*
da *Le carceri d'invenzione*, 1761
(Ed. 1835-1839)
incisione all'acquaforte e bulino su rame
mm 560 x 420
Venezia, Fondazione Giorgio Cini
Gabinetto dei Disegni e delle Stampe

62. *Capriccio con pozzo*
da *Le carceri d'invenzione*, 1761
(Ed. 1835-1839)
incisione all'acquaforte e bulino su rame
mm 560 x 420

Venezia, Fondazione Giorgio Cini
Gabinetto dei Disegni e delle Stampe

63. *Capriccio di scale, arcate e capriate*
da *Le carceri d'invenzione*, 1761
(Ed. 1835-1839)
incisione all'acquaforte e bulino su rame
mm 560 x 420
Venezia, Fondazione Giorgio Cini
Gabinetto dei Disegni e delle Stampe

"Opera al nero"; capolavoro "notturno", di sperimentalismo sovraeccitato e di inesauribile polisemia, è la serie dei "capricci" piranesiani. Incisioni di tale suggestione e forza evocativa da consacrare la fama del geniale artista veneziano presso i posteri entro una mitopoiesi romantica che ancora oggi ne determina l'interpretazione più ricorrente. Percorrere con l'occhio della mente i vertiginosi spazi inventati da Piranesi significa sondare le dilatazioni e le condensazioni della materia onirica, come rapiti dall'estasi che procura la sensazione di camminare sull'orlo dell'abisso. Come per la serie dei quattro *Grotteschi*, viraggio in macabro del segno *rocaille*, tra ermetismo iniziatico e *vanitas* "rovinistica", da leggersi in sintonia con gli *Scherzi tiepoleschi*,[1] le *Carceri* hanno rappresentato per gli esegeti del Romanticismo, e per quelli moderni sedotti dalle brume interiori e crepuscolari, il porto franco di una mente visionaria, complice il dato biografico tramandato da uno dei primi biografi del Piranesi, il Legrand (1799), sulla malaria contratta dall'artista nel 1742 che qualche effetto patologico dovette produrre sulla personalità narcisistica del veneziano. *Le Confessions of an English Opium Eater* (1818) di Thomas de Quincey, che riportano le impressioni dell'amico Coleridge innanzi alle incisioni, «called his Dreams», rappresentano il *fiat* genetico di tale linea interpretativa, rivelando che le "gotiche" costruzioni piranesiane furono concepite registrando sul rame «his own visions during the delirium of a fever.» L'accostamento onirico e la struttura della Babele labirintica individuata nelle allucinazioni piranesiane, immagine psichica del cervello percorso da una vertigine angosciosa, permeano la letteratura romantica francese, da Nodier a Musset, da Balzac a Baudelaire («architectures impossibles et mystérieuses»): è Hugo a definire le *Carceri* «effrayantes Babels» (*Les Rayons et les ombres*, 1830), «incommensurable Babel»

di scale, torri, colonne, parto allucinato di un «noir cervau» (poema lirico *Le Mages*, in *Les Contemplations*, 1856); e nel romanzo di Gautier *Mademoiselle Dafné* (1866), Lotario percorre i sotterranei della villa Pandolfi a Roma perdendosi nel dedalo di scale che è debitore dell'incubo architettonico all'acquaforte di Piranesi. L'Inghilterra del *gothic revival* e dell'orrorifico ipernutrito di Walpole e Beckford trovò del resto nell'opera piranesiana un fondamento poetico.

Le inquietudini del secolo breve, con la perdita esistenziale di ogni referente oggettivo di centralità umanistica, sposano in pieno questa esegesi, che trova una delle più celebri consacrazioni letterarie nel geniale contributo di Marguerite Yourcenar del 1962: una sottile analisi tesa a restituire la pregnanza espressiva delle *Carceri*, che la scrittrice non esita a definire «una delle opere più segrete che ci abbia lasciato in eredità un uomo del XVIII secolo»,[2] insieme ai *Caprichos* di Goya. Nella storiografia artistica è Briganti (1977) a riservare alle *Carceri* un ruolo centrale nella fenomenologia e sintomatologia visionarie legate allo Sturm und Drang, alla "rivoluzione psicologica" preromantica e all'intuizione informe dell'abisso interiore (l'*Unbewusstsein* della psicanalisi), collocando Piranesi nella schiera dei "pittori dell'immaginario", accanto a Füssli e Blake, e scorgendo nelle *Carceri* «la prima concreta attuazione del Sublime»[3] teorizzata dall'*Enquiry* (1757) di Burke: un *sublime* della *magnificenza* e della smisurata grandezza, che alla perdita del centro, all'ambiguità spaziale e alla destrutturazione della geometria euclidea, già *in nuce* nella spazialità barocca, affida il messaggio del primato morale degli antichi.[4] Nel ricostruire le infinite derivazioni, influenze, citazioni nell'arte e nell'architettura del Novecento, nel segno dello straniamento e della vertigine, i contributi di Tafuri, Kupfer, Dal Co, Purini, Rosenthal proseguono su questo cammino.[5] E quanto persistente sia il mito di Piranesi esploratore "inconsapevole" dell'inconscio e pregnanti le sollecitazioni oniriche che la sua enigmatica opera produce nella cultura novecentesca, lo dimostra la recente lettura operata dallo psichiatra e psicanalista Fausto Petrella sui rapporti tra Freud e Piranesi.[6] Elaborate probabilmente a Venezia tra 1745 e 1747, durante il secondo rientro presso la città natale, le 14 tavole delle *Invenzioni capric di Carceri* vengono pubblicate a Roma da

Giovanni Bouchard tra 1749 e 1750, incluse poi nelle *Opere varie* (1750); Piranesi continua negli anni successivi a rilavorare le matrici (per alcune tavole si contano sino a otto stati), in direzione di una più spessa e addensata inchiostrazione nelle zone d'ombra, dovuta a un sapiente dosaggio di morsure in acido e di interventi diretti sulla lastra con il bulino, sino a che nel 1761 l'artista pubblica una seconda edizione, le *Carceri d'invenzione,* stampate presso il suo laboratorio calcografico a Palazzo Tomati, con l'aggiunta di due nuove tavole.[7] Un'attenzione costante che dimostra l'importanza che la serie assunse per Piranesi nell'evoluzione del suo stile e della sua poetica. Portando alle estreme conseguenze l'idea dei giovanili "capricci", Piranesi, nell'edizione del 1761, moltiplica le fughe prospettiche e i piani spaziali, potenzia l'effetto labirintico e ossessivo delle camere, arricchisce gli ambienti di ingranaggi, ruote, catene, funi, patiboli (tra i quali scorgiamo quelli in uso nella Roma pontificia), animando l'inferno carcerario con un accresciuto numero di figure, come se volesse rendere maggiormente esplicita, nell'accumulo dei referenti oggettivi, la dimensione di una topografia sotterranea connessa al tema della pena e dell'espiazione. Calvesi non ha dubbi nel ritenere i luoghi piranesiani una libera ricostruzione, in una chiave onirica non scevra di ammiccamenti alla simbologia della *Libera Muratoria*, del Carcere Mamertino (o Tulliano) e degli edifici capitolini, intendendo la serie da un lato come *memento* poetico e trasfigurante della grandezza e superiorità della civiltà e dell'architettura romana, in linea con lo scritto polemico della *Magnificenza*, pubblicato nel 1761 insieme a un nutrito *corpus* di tavole esplicative, riconnettendola dall'altro a un saldo sistema teorico settecentesco sulla *lex* romana, che coinvolge il pensiero di Gravina, Guarnacci, Montesquicu, Vico, Filangieri. A conferma di un ancoraggio al dibattito illuminista sull'*auctoritas* civile del diritto e dell'architettura romana *pro publica utilitate*, con i suoi acquedotti, le sue fogne, le sue mura, le sue carceri, Calvesi ricorda le iscrizioni tratte da Tito Livio e aggiunte all'ultima tavola, una delle quali si lega esplicitamente proprio alla figura di Anco Marzio, il re che fece edificare il Carcere Mamertino.[8] Una lettura, quella di Calvesi, spesso contestata, ma che ha il pregio di collocare nella giusta prospettiva storica e nel contesto settecentesco l'opera del veneziano.

Spetta ai più importanti esegeti piranesiani del Novecento, tra i primi Focillon seguito da Hind, Vogt-Göknil, Scott, Wilton Ely,[9] e tra gli italiani Mariani, Praz, Bevilacqua,[10] la corretta contestualizzazione delle *Carceri* entro la cultura coeva all'artista, che in relazione alla primissima formazione di Piranesi si declina in particolare nell'esperienza della scenografia e dell'esercitazione prospettico-quadraturistica. Già Samuel, nel 1910, li collegava alla serie dei disegni teatrali di Daniel Marot per le *Prison d'Amadis*.[11] I contatti con i *pensionnaires* dell'Accademia di Francia e dunque con Pannini, l'apprendistato presso gli scenografi romani Giuseppe e Domenico Valeriani, le frequentazioni con i bolognesi Bibiena, ma anche il portato della cultura artistica veneziana, da Marco Ricci a Canaletto, si sedimentano già nella prima opera completamente autonoma pubblicata nel 1743, la *Prima parte di architetture, e prospettive*, serie di vedute "ideate" che agli esercizi bibieneschi nel campo della scenografia, *in primis* quelli di Giuseppe Bibiena, devono trama e ossatura – oltre al nome, dato che nel 1740 quest'ultimo pubblica ad Augusta il volume, con tavole incise, *Architetture e Prospettive*.

È dunque nell'ambito della sperimentazione prospettica e scenografica che nascono le *Carceri*, che con la loro ubriacatura moltiplicatoria di piani che si rincorrono all'infinito, la "veduta per angolo" di matrice bibienesca, l'esaltazione del fuori scala nel rapporto tra il gigantismo delle architetture e le minuscole *dramatis personae*, esse si collocano perfettamente in un preciso *côté* di genere, dal repertorio collaudato e facilmente individuabile che anche i disegni preparatori per la serie ben rivelano.[12] E per chi avesse dubbi sull'apporto diretto dei Bibiena, non resta che confrontare lo straordinario disegno di Piranesi conservato alla Pierpont Morgan Library,[13] raffigurante una camera carceraria con archi a sesto ribassato e oculi a grate sulle volte, con il disegno di un *Carcere* di Alessandro Galli Bibiena conservato a Monaco, generatore della prova piranesiana;[14] o ancora notare le analogie tra le tavole XIII e XIV delle *Carceri* con il disegno di Francesco Bibiena recante un *Cortile di fortezza* e conservato a Lisbona, forse scena di dotazione per l'*Arsace*, allestito al Teatro Filarmonico di Verona nel 1733. E a ribadire ulteriormente il legame inequivocabile con il teatro e i capricci della scenografia barocca e tardobarocca, che Piranesi vira, in una

chiave personalissima, entro le segrete note di un parossistico spazio d'ombra, si considerino le tante imitazioni delle tavole piranesiane nella scenografia della seconda metà del Settecento (da Prospero Zanichelli a Francesco Fontanesi, da Mauro Tesi a Vincenzo Mazzi, da Domenico Fossati a Pietro Gonzaga); la naturale vocazione "teatrale" delle *Carceri* nei secoli successivi, spesso usate come fonti per la messinscena (nella prosa e nell'opera); e si tenga a mente, infine, la notizia che proprio nel 1761, anno della pubblicazione della nuova serie "in nero", le scene carcerarie di Antoine de Machy per uno spettacolo all'Opéra di Parigi furono esaltate come «uno dei più begli esempi di prospettiva che si sia mai vista sul palcoscenico [...] tratta dalle incisioni del celebre Piranesi.»[15]

Alessandro Martoni

[1] A. Mariuz, *Giambattista Tiepolo*, in *La Gloria di Venezia. L'arte nel diciottesimo secolo*, catalogo della mostra (Londra, Royal Academy of Arts; Washington, National Gallery of Art), Milano 1994, p. 197 (171-217).

[2] M. Yourcenar, *Le Cerveau noir de Piranese*, in *Sous bénéfice d'inventaire*, Parigi 1962 (trad. it. *La mente nera di Piranesi*, in M. Yourcenar, *Saggi e memorie*, Milano 2001, p. 102 [82-118]).

[3] G. Briganti, *I pittori dell'immaginario. Arte e rivoluzione psicologica*, Milano 1977, p. 87.

[4] R. Barilli, *Piranesi e Burke*, in *Piranesi tra Venezia e l'Europa*, Atti del Convegno (Venezia, Fondazione Giorgio Cini, Istituto di Storia dell'Arte, 13-15 ottobre 1978) a cura di A. Bettagno, Firenze 1983, pp. 325-338; S.F. MacLaren, *La magnificenza e il suo doppio: il pensiero estetico di Giovanni Battista Piranesi*, Milano 2005.

[5] M. Tafuri, *La sfera e il labirinto. Avanguardie e architettura da Piranesi agli anni '70*, Torino 1980; A. Kupfer, *Piranesis Carceri: Enge und Unendlichkeit in den Gefangnissen der Phantasie*, Stoccarda-Zurigo-Belser 1992; F. Dal Co, *G.B. Piranesi, 1720-1778. La malinconia del libertino*, in *Storia dell'architettura italiana. Il Settecento*, a cura di G. Curcio e E. Kieven, II, Milano 2000, pp. 580-613; F. Purini, *Attualità di Giovanni Battista Piranesi*, Melfi 2008; N. Rosenthal, *Giambattista Piranesi e le ricorrenti prigioni dell'arte*, in *Le arti di Piranesi: architetto, incisore, antiquario, vedutista, designer*, catalogo della mostra (Venezia, Fondazione Giorgio Cini) a cura di G. Pavanello, Venezia 2010, pp. 115-121.

[6] F. Petrella, *Freud sogna Piranesi. Le Carceri d'invenzione e l'altra scena della Città ideale*, in *La lente di Freud. Una galleria dell'inconscio*, catalogo della

mostra (Siena, Complesso Museale Santa Maria della Scala) a cura di G. Bedoni, Milano 2008, pp. 71-107.

[7] A. Robison, *Piranesi: early architectural fantasies. A catalogue raisonne of the etchings*, Washington-Londra 1986, pp. 139-211; G. Scaloni, *Carceri*, in *Giambattista Piranesi. Matrici incise 1743-1753*, a cura di G. Mariani, Milano 2010, pp. 52-53 (52-69).

[8] M. Calvesi, *Saggio introduttivo*, in H. Focillon, *Giovanni Battista Piranesi*, ed. it. a cura di M. Calvesi e A. Monferini, Bologna 1967, pp. V-XLII; Id., *Lettura ideologica delle Carceri*, in *Piranesi nei luoghi di Piranesi*, catalogo della mostra, Roma 1979, pp. 17-22; Id., *Ideologia e riferimenti delle "Carceri"*, in *Piranesi tra Venezia e l'Europa*, Atti del Convegno (Venezia, Fondazione Giorgio Cini, Istituto di Storia dell'Arte, 13-15 ottobre 1978) a cura di A. Bettagno, Firenze 1983, pp. 339-360.

[9] H. Focillon, *Giovanni-Battista Piranesi: essai de catalogue raisonne de son oeuvre*, Parigi 1918; A.M. Hind, *Giovanni Battista Piranesi. A Critical Study with a List oh His Published Works and Detailed catalogue of the Prisons and the Views of Rome*, Londra 1922; U. Vogt-Göknil, *Giovanni Battista Piranesi: "Carceri"*, in «Kunstchronik», 1959, 12, pp. 190-198; J. Scott, *Piranesi*, Londra 1975; J. Wilton-Ely, *The mind and art of Giovanni Battista Piranesi*, Londra 1978; Id., *Piranesi as architect and designer*, New York -New Haven-Londra 1993; Id., *Piranesi*, Milano 1994.

[10] V. Mariani, *Studiando Piranesi*, Roma 1938; M. Praz, *I volti del tempo*, Napoli 1964; M Bevilacqua, *Piranesi, I Taccuini di Modena. Nella mente creativa del genio*, in *Piranesi. Taccuini di Modena*, a cura di M. Bevilacqua, Roma 2008, pp. 3-98.

[11] A. Samuel, *Piranesi*, Londra 1910, p. 105.

[12] C. Höper, *Giovanni Battista Piranesi. Die poetische Wahrheit*, Stoccarda 1999, pp. 129-146.

[13] F. Stampfle, *Giovanni Battista Piranesi. Drawings in the Pierpont Morgan Library*, New York 1978. p. 22, cat. 16.

[14] Vogt-Göknil, *Giovanni Battista Piranesi* cit., pp. 190-198; J. Garms, *Considérations sur la Prima Parte*, in *Piranèse et les français*, Atti del Convegno (Roma, Villa Medici; 12-14 maggio 1976), Roma 1978, pp. 265-280; D. Lenzi, in *I Bibiena: una famiglia europea*, catalogo della mostra a cura di D. Lenzi e J. Bentini, Venezia 2000, p. 272, cat. 44.

[15] A. Jarrard, *Perspectives on Piranesi and the theater*, in *Piranesi as designer*, catalogo della mostra (New York, Cooper-Hewitt National Design Museum) a cura di S.E. Lawrence e J. Wilton-Ely, New York 2007, p. 213 (203-219).

Di lune e di stelle.
E di tramonti prima.
Il secolo della natura mentre viene sera

64. Joseph Mallord William Turner
(Londra, 1775 - Chelsea, 1851)
Pescatori a costa di sottovento con tempo burrascoso, esposto nel 1802
olio su tela, cm 91,5 x 122
Southampton City Art Gallery

Già con *Barche olandesi durante una burrasca, pescatori che cercano di tirare a bordo il pesce. Marina di Bridgewater*, esposto alla Royal Academy nel 1801, Turner aveva iniziato ad allontanarsi dalla tradizione delle marine inglesi della seconda metà del Settecento, che si richiamava principalmente alla pittura olandese del Seicento. Qui c'è una maggiore libertà di tocco e una mancanza di contorno delle forme. Pur ispirandosi a Van de Velde, Turner ottiene la profondità attraverso il gioco dei riflessi luminosi sulle onde.

Nel 1802 presenta altre due marine, tra le quali *Pescatori a costa di sottovento con tempo burrascoso*, e *Navi che accostano per l'ancoraggio*.

In questo quadro Turner è ancora vicino ai *topoi* del gusto romantico: l'interesse per lo scatenarsi violento degli elementi naturali secondo i principi dell'estetica del sublime. Si nota comunque che il paesaggio rimane preponderante all'interno della raffigurazione. Ogni evento che Turner intende narrare viene inserito in una composizione di derivazione classica, ma a prevalere sono la natura e la luce che hanno la funzione di creare lo spazio del quadro.

È proprio a partire dal 1802 e fino al 1819 che il percorso di Turner si avvia sempre più decisamente verso il colore, rinunciando alle ombre e ai contorni.

La scena raffigura con vigore un'interpretazione delle diverse forme del sublime, espresso mirabilmente da un cielo scuro e minaccioso che occupa più della metà del quadro, mentre le nuvole che si squarciano al centro in un bagliore mosso e bianco-dorato consentono all'artista di giocare con il colore riflettendolo nel mare sottostante e nella schiuma delle onde che si riversano con forza a riva. Alla figura umana – qualche pescatore in difficoltà su una piccola barca che si sta arenando sulla spiaggia – Turner dedica una piccola porzione

di spazio, evidenziando come il suo interesse principale sia nel raffigurare il fenomeno meteorologico ricreato attraverso un uso mosso ed emotivo del colore.

La tempesta, il temporale, la burrasca formulano gli stati della figurazione la cui complessità descrittiva si manifesta, per l'osservatore, attraverso lo sconvolgimento dei circuiti della comunicazione di fronte alla repentinità, all'istantaneità degli scatenamenti inseriti in un tempo lento, tanto più rallentato in quanto è quello dell'attesa.

Rappresentando la tempesta vengono messi in crisi i due grandi principi tradizionali di esposizione plastica nati nella cultura occidentale: la narrazione e la descrizione. Il sentimento psicologico si proietta nella percezione attraverso l'insorgere di timori e paure ancestrali. Temporali e tempeste provocano così un'accelerazione nei processi di rappresentazione, che mettono in crisi le tecniche e gli artifici illusionistici della prospettiva geometrica. Lo sguardo è trascinato in un'esperienza forte che impone la propria condizione e satura i sensi. La pittura si fa sempre più fisica e lo sfondo scuro – che Turner abbandonerà in seguito – consente un fulgore abbagliante caro al romanticismo.

Nonostante la sua lealtà alla Royal Academy, Turner rompe in modo deciso con i precetti di tale istituzione per quanto riguarda l'uso del colore. Gli insegnamenti accademici tendevano a manifestare una sorta di "cromofobia", di timore del colore. Davano invece la precedenza al disegno e al contorno, giudicati razionali e oggettivi. Il colore veniva trattato con sospetto in quanto si riteneva che agisse sulle emozioni, non sull'intelletto; dunque, pur essendo gradevole, era potenzialmente imprevedibile, inquietante nei suoi effetti, irrazionale e altamente soggettivo. E tuttavia, uno degli aspetti principali della modernità sarà proprio una crescente enfasi sulla soggettività, cosicché invece di vedere il colore come qualità "decorativa" i pittori modernisti, da Gauguin a Rothko, lo tratteranno come un indispensabile mezzo di autoespressione. Il prezzo da pagare fu, nel caso di Turner, una sempre maggior incomprensione da parte della critica, soprattutto dinanzi ai suoi lavori della maturità.

Silvia Zancanella

65. Caspar David Friedrich

(Greifswald, 1774 - Dresda, 1840)
Paesaggio costiero nella luce serale, 1815-1816
olio su tela, cm 22 x 31
Lubecca, die Lübecker Museen-Museum
Behnhaus Drägerhaus

In questa rappresentazione della costa al crepuscolo con pescatori, risalente al 1817 circa, Friedrich ricorre a un contrasto chiaro-scuro d'ispirazione rembrandtiana. Mentre sulla riva fangosa in primo piano è già calata l'oscurità della sera, il cielo ancora illuminato si riflette sulla superficie calma dell'acqua che, nell'incanto della luce del crepuscolo, assume suggestive tonalità cromatiche che spaziano dal rosso-violaceo all'arancione, dal giallo al blu. La scena è ambientata lungo la riva del Baltico, dove l'atmosfera e gli effetti di luce erano familiari all'artista sin dall'infanzia. Nato nel 1774 a Greifswald sul Baltico, l'artista faceva spesso ritorno alla sua città natale, anche dopo aver lasciato Dresda nel 1798. Da Greifswald era solito partire per le sue frequenti passeggiate sull'isola di Rügen, sono in tutto otto quelle documentate tra il 1801 e il 1826. L'arte di Friedrich si basava sullo studio della natura selvaggia, che egli considerava la sua principale "maestra". L'obiettivo dei suoi viaggi era appunto lo studio del paesaggio e dei suoi dettagli: riempiva i suoi taccuini di viaggio con numerosi schizzi dove raffigurava la natura e gli elementi che osservava in essa. Da questo ricco repertorio di soggetti creato nel corso degli anni, Friedrich sceglieva poi nel suo *atelier* i singoli studi da utilizzare nelle sue composizioni, a prescindere dal luogo e dalla data della loro realizzazione.

Quando nell'estate del 1815 si recò a Greifswald e da lì, in agosto, partì per una gita sull'isola di Rügen, Friedrich disegnò per lo più soggetti legati alla vita dei pescatori: osservò le loro barche e i loro attrezzi di lavoro, reti, nasse e ancore, persino i semplicissimi pali per appendere ad asciugare le reti (forcelle per reti). Per questo dipinto, Friedrich utilizzò alcuni soggetti tratti dai suoi studi a matita del 1815: le casette dei pescatori con i tetti in canna, che l'artista aveva ritratto alla foce del Ryck, fiume che sfociava nel Baltico proprio a Greifswald.[1] Altri temi ricorrenti tratti dai suoi schizzi sono la lunga rete appesa ad asciugare, collocata verso il bordo destro del quadro, le nasse di vimini al centro e l'àncora della barca, distinguibile a mala pena, in primo piano.[2]

Sebbene Friedrich corredasse i disegni che realizzava nella natura con appunti molto precisi su data, luogo, condizioni meteorologiche, colori osservati e persino sul suo stato d'animo, le sue composizioni non erano affatto tese a raffigurare un determinato paesaggio in maniera realistica, bensì la sua personale visione e percezione della natura: «Il compito dell'artista non è la rappresentazione veritiera dell'aria, dell'acqua, delle rocce e degli alberi, bensì riflettere in essa la propria anima e le proprie sensazioni. Riconoscere lo spirito della natura, percorrerla con il cuore e con l'anima, ispirarsi ad essa e riprodurre, questo è lo scopo dell'opera d'arte.»[3] Friedrich pensava che, nel suo operato, l'artista dovesse sempre tenere ben presente anche il proprio "io artistico", diversamente non avrebbe potuto sviluppare un «proprio linguaggio formale.»[4] Secondo Friedrich, anche l'espressione del sentimento religioso apparteneva al paesaggio, quale «luogo di un intenso dialogo intimo.»[5] Che Dio si manifestasse nella natura l'aveva appreso presto, essendo cresciuto in una famiglia pietista, dal poeta Ludwig Gotthard Kosegarten (1758-1818), parroco dell'isola di Rügen, che teneva le sue famose prediche per i pescatori all'aperto.[6] Kosegarten era amico del primo insegnante di disegno di Friedrich a Greifswald, Johann Gottfried Quistorp (1755-1835), ed era considerato il poeta più influente di Rügen. Egli descriveva la bellezza del paesaggio intorno, creando una sorta di affinità con le poesie di Ossian. Friedrich si recò più volte a visitare Kosegarten durante le sue gite a Rügen.

Jenns Howoldt

[1] *Veliero nella baia di Wieck a Greifswald*, Collezioni d'Arte Statali di Dresda, Kupferstichkabinet, riprodotto in *Caspar David Friedrich. Die Erfindung der Romantik*, catalogo della mostra, Museum Folkwang, Essen, Hamburger Kunsthalle, Amburgo, Monaco 2006, p. 176.
[2] *Caspar David Friedrich 1774-1840*, catalogo della mostra, Hamburger Kunsthalle 1974, Monaco 1974, p. 209.
[3] *Caspar David Freidrich, Kritische Edition der Schriften des Künstlers und seiner Zeitzeugen*, Parte 1, «Äußerungen bei Betrachtung einer Sammlung von Gemählden von größtentheils noch lebenden und unlängst verstorbenen Künstlern», a cura di G. Eimer in collaborazione con G. Rath, Francoforte 1999, p. 29.
[4] C. Grummt, *Der Wald bei Caspar David Friedrich.*

Kunst als religiöse Umdeutung der Natur?, in U. Jung-Kaiser (a cura di), *Der Wald als romantischer Topos*, Berna 2008, pp. 107-128. (p. 124).
[5] S. Schulze, *Landschaft*, in *Von Lucas Cranach bis Caspar David Friedrich. Deutsche Malerei aus der Ermitage*, catalogo della mostra, Kunsthalle Schirn Frankfurt, Monaco 1991, pp. 162-169 (p. 169).
[6] L.T. Kosegarten, *Rapsodie*, Lipsia 1794.

66. Caspar David Friedrich

(Greifswald, 1774 - Dresda, 1840)
Città al chiaro di luna, 1817
olio su tela, cm 45,8 x 33
Winterthur, Museum Oskar Reinhart
am Stadtgarten

La composizione pittorica è divisa in tre parti: in basso, la parte più vicina all'osservatore, è rappresentato un tratto di argine spoglio con alcuni grandi massi, dal quale si staccano le sagome di alcuni attrezzi per la pesca e di una grande àncora. Le tonalità scure della zona in primo piano sono riprese nei toni blu-notte del cielo, nella parte superiore del dipinto. Tra queste due zone scure spicca una fascia chiara rischiarata da una luce lunare giallognola. In controluce appare il profilo filigranato di una città, movimentato dalla presenza dei molti campanili che si stagliano contro il cielo. La luna, la sorgente di luce del dipinto, è incorniciata dai due campanili più alti che si trovano al centro della composizione, mentre le loro punte raggiungono le nuvole più basse che in questo punto si aprono «come la cupola di un duomo, creando una luminosa forma ellittica che ricorda un occhio.»[1] Un corso d'acqua, che riflette il cielo illuminato dalla luna, separa la città dalla zona in primo piano.

Il dipinto, privo di figure umane, rappresenta soltanto attrezzi da pesca, tipici del paese d'origine di Friedrich, e la città lontana. Le reti e le nasse, disposte casualmente, creano una sorta di barriera rispetto allo sfondo, mentre la pesante àncora collocata a sinistra rispetto al centro della scena è un elemento unificante delle diverse aree del dipinto. L'àncora spicca per le sue dimensioni, mentre il suo ceppo squadrato si sovrappone alla linea della città innalzandosi fino al cielo rischiarato. L'àncora ha una doppia funzione: rappresenta il mondo dei pescatori, con un mestiere faticoso e talvolta pericoloso, ed è collocata sulla terra aspra che rappresenta il cammino mortale dell'uomo, aspro e ostacolato da pietre. Friedrich assegna all'àncora una posizione di rilievo, la eleva a simbolo, alludendo alla tradizionale immagine cristiana della speranza. Il ceppo dell'àncora si alza in diagonale verso il cielo svolgendo la funzione di *repoussoir* e sottolineandone la distanza incolmabile dalla città. L'effetto che ne deriva è ambivalente, in quanto ostacola la visione dell'osservatore e allo stesso tempo ne guida lo sguardo verso la città. Esso marca una differenza sostanziale: mentre la vita terrena con i suoi oggetti appare misera e votata alla morte, la città lontana interpretata da Friedrich con i suoi maestosi edifici religiosi in stile gotico si presenta intatta e artisticamente compiuta.

Benché non fosse un vedutista, Friedrich ha rappresentato la città in una serie di dipinti. Le chiese raffigurate sono quasi sempre identificabili dal punto di vista topografico, soprattutto quelle di Greifswald, sua città natale, oppure di Dresda, sua città di residenza. Ciò nonostante Friedrich le dispone liberamente nel quadro, spesso idealizzandole secondo criteri neogotici.[2] Le sue città sono composizioni vere e proprie, tranne poche eccezioni, come *Pascoli nei pressi di Greifswald* (1821-1822, Hamburger Kunsthalle), e rivelano visioni di città ideali, prevalentemente in stile gotico. Queste città appaiono sempre come un profilo in lontananza, collocate in profondità rispetto allo spazio pittorico. Nessuna strada vi conduce, è possibile raggiungerle solo con lo sguardo. Mentre le rovine gotiche nei quadri di Friedrich rappresentano simboli del passato, la città gotica intatta è una metafora dell'aldilà, visione della divina Gerusalemme. Friedrich integra il concetto della speranza cristiana di salvezza rappresentando la luna (anch'essa da intendere quale simbolo di Cristo) dietro una sorta di portone formato da campanili, che può essere interpretato come una «porta della Fede.»[3]

Jenns Howoldt

[1] *Von Caspar David Friedrich bis Ferdinand Hodler. Meisterwerke aus dem Museum Stiftung Oskar Reinhart Winterthur*, catalogo della mostra, Alte Nationalgalerie Berlin 1993, Francoforte 1993, p. 74.
[2] Nel 1817 Friedrich stesso ha fornito progetti per il restauro dell'interno della Marienkirche a Stralsund.
[3] Si veda la nota 1.

67. Caspar David Friedrich

(Greifswald, 1774 - Dresda, 1840)
Notte di luna, pescatori sulla spiaggia
1818 circa
olio su tela, cm 21 x 30
Lubecca, die Lübecker Museen-Museum Behnhaus Drägerhaus
in prestito da collezione privata

Le figure in primo piano, assorte nella contemplazione della natura, sono tra i soggetti preferiti da Friedrich; sono raffigurate di spalle e simboleggiano la nostalgia romantica. La loro collocazione al centro del dipinto fa sì che la visuale dell'osservatore si sovrapponga a quella dei soggetti stessi rappresentati nel dipinto. Friedrich invita l'osservatore a identificarsi con le figure concentrate nei propri pensieri: due pescatori sulla spiaggia, con lo sguardo rivolto alla luna che sta sorgendo. Indossano il costume tipico di Mönchgut, un villaggio sull'isola di Rügen. I lunghi bastoni che tengono in mano ricordano le fiocine per la pesca alle anguille. Friedrich li inserisce come elementi compositivi verticali, che con i profili degli alberi e delle vele creano una struttura piramidale. Allo stesso tempo, questi scuri elementi verticali di evidente significato simbolico vanno a costituire una griglia o una sorta di barriera, un espediente che Friedrich usa spesso per delimitare lo spazio materiale dell'uomo come contrapposto a un punto in lontananza raggiungibile solo dallo sguardo.

Al contrario delle navi sospinte dal vento e che si dirigono verso il porto, i pescatori in silenziosa contemplazione rivolgono lo sguardo verso il mare sconfinato, illuminato dalla luna. Le loro sagome risaltano nel cielo notturno e costituiscono l'elemento di maggiore contrasto rispetto al bianco disco lunare, conferendo al dipinto una magica tensione.

Per le sue passeggiate quotidiane Friedrich prediligeva il crepuscolo del mattino e della sera.

«Il crepuscolo era il suo elemento», scrisse il suo amico, medico e pittore Carl Gustav Carus (1789-1869), «egli faceva una passeggiata solitaria al mattino presto, alle prime luci del giorno e una seconda alla sera, durante oppure dopo il tramonto, momento in cui gradiva la compagnia di un amico; queste erano le sue uniche distrazioni; il resto della giornata egli meditava sulle sue creazioni artistiche avvolto nell'ombra della sua stanza.»[1]

Lo scorrere ciclico del tempo, attraverso i diversi momenti della giornata, è un tema trattato in molti dei dipinti di Friedrich; per esprimerlo in maniera più efficace, Friedrich si concentrava soprattutto sul momento di passaggio dal giorno alla notte, il che spiega la preferenza di Friedrich per i paesaggi al chiaro di luna. Durante una visita all'*atelier* di Peter Cornelius (1783-1864) nel 1820, Friedrich arrivò persino a ironizzare sulla propria passione per la luna come soggetto pittorico, affermando che «se le persone dopo la morte venissero portate in un altro mondo, sarebbe sicuramente sulla luna.»[2]

In realtà, dietro questa sua affermazione, Friedrich nascondeva una certa diversità di vedute, essendo lui estremamente critico nei confronti della pittura religiosa dei Nazareni che si ispirava a Raffaello e il cui principale rappresentante era Cornelius. Per Friedrich, infatti, il dialogo con la natura assumeva una dimensione religiosa. Superando l'influenza estetica dei Romantici, secondo i quali il mondo terreno avrebbe assunto un'aura fantastica sotto la luce della luna, Friedrich simboleggia la luce divina attraverso la luna, che rappresenta e può essere identificata come simbolo di Cristo e segno di redenzione.[3]

Jenns Howoldt

[1] S. Hinz (a cura di), *Caspar David Friedrich in Briefen und Bekenntnissen*, Berlino 1984, p. 202.
[2] *Ibid.*, p. 219.
[3] H. Börsch-Supan, *Caspar David Friedrich. Gefühl als Gesetz*, Monaco 2008, p. 189.

68. Caspar David Friedrich

(Greifswald, 1774 - Dresda, 1840)
Notte di luna, barche in rada, 1818 circa
olio su tela, cm 21 x 30
Lubecca, die Lübecker Museen-Museum Behnhaus Drägerhaus
in prestito da collezione privata

Questo dipinto è complementare a *Notte di luna, pescatori sulla spiaggia*; entrambe le opere rievocano il viaggio di nozze a Rügen fatto da Friedrich con la moglie nel 1818.

In primo piano, sulla spiaggia limacciosa, si notano alcuni attrezzi da pesca. Le nasse e le reti sono appese ad asciugare, simbolo di una giornata di lavoro appena conclusa. Al centro della composizione, tra le forcelle delle reti che si alzano leggermente sulla sinistra e l'àncora collocata in primo piano sulla destra, si scorge la luna. I pali in legno, nella loro forma essenziale, ricordano gli strumenti della Passione di Cristo. L'àncora, un semplice ancorotto composto da un blocco di roccia e una croce, riunisce in sé «i simboli delle tre virtù cristiane: fede, amore e speranza»,[1] come afferma Börsch-Supan.

Le grandi barche da pesca hanno la prua rivolta verso lo sfondo, mentre le aste di fiocco puntano sulla linea mediana, proprio da dove proviene la luce. La luminosità del cielo in lontananza si contrappone, come una sorta di «promessa ultraterrena di redenzione»,[2] ai colori cupi in primo piano, che recano i simboli dell'esistenza terrena. Il dipinto è un esempio della tipica composizione di Friedrich, studiata nei minimi dettagli, in grado di elevare la quotidianità a un'esperienza trascendente.

La produzione di Friedrich comprende un numero sorprendente di opere concepite dall'artista come "coppia". Sfruttando il concetto dei complementari, Friedrich ha la possibilità di «fissare e precisare il significato profondo della singola opera attraverso il suo equivalente opposto.»[3]

Friedrich ha reinterpretato il tradizionale ricorso all'antitesi nell'arte in maniera innovativa: si sforzava di «rendere visibile nello spazio compositivo anche il tempo, inteso come dimensione dell'esistenza umana.»[4] Friedrich si riallaccia a quella tradizione figurativa che amava rappresentare i vari momenti della giornata, nella quale la contrapposizione tra il giorno e la notte era una convenzione da tempo consolidata per la raffigurazione del tempo. Contemporaneamente, l'artista era riuscito a spingersi ben oltre, alludendo alla crisi dell'individuo, all'assoluta incertezza e solitudine della sua esistenza, come avevano suggerito i romantici. Le composizioni nelle quali l'artista utilizza dei simboli ispirati alla natura, o comunque tradizionali come la barca, non si limitano a creare delle mere analogie tra la natura e l'evoluzione dell'uomo; al contrario, Friedrich ha saputo sviluppare, a partire da elementi tradizionali, un nuovo linguaggio figurativo con un punto di vista assolutamente individuale.

Per la coppia di dipinti in questione, l'artista ha scelto un paesaggio al chiaro di luna praticamente identico, tuttavia una delle due opere esprime in particolare la tensione tra la caducità dell'esistenza terrena e la morte, intesa come passaggio verso una nuova vita nell'aldilà. Nel primo dipinto, l'accento è posto sull'esistenza terrena, rappresentata dal lavoro quotidiano dei pescatori, mentre nel secondo i segni della presenza umana sono ridotti al minimo. Qui domina chiaramente il pensiero dell'aldilà mentre le maestose barche da pesca simboleggiano la fine del viaggio terreno e il passaggio nell'altro mondo.

Jenns Howoldt

[1] H. Börsch-Supan, *Caspar David Friedrich. Gefühl als Gesetz*, Monaco 2008, p. 345.

[2] *Ibid.*

[3] *Caspar David Friedrich. Die Erfindung der Romantik*, catalogo della mostra, Museum Folkwang, Essen, Hamburger Kunsthalle, Amburgo, Monaco 2006, p. 275.

[4] *Ibid.*, pp. 275-276.

69. Washington Allston

(Waccamaw, 1779 - Cambridge, 1843)
Chiaro di luna, 1819
olio su tela, cm 63,8 x 90,8
Boston, Museum of Fine Arts
William Sturgis Bigelow Collection

Pittore e poeta, Washington Allston (1779-1843), artista visionario ed eccentrico, è il primo pittore romantico americano che rappresenta con le sue opere il nascente interesse per la natura e il paesaggio, soggetti nuovi che prendono il posto di mitologia, storia e ritratto. La sua pittura si colloca in quella fase di transizione che segna il passaggio dal Settecento all'Ottocento, periodo nel quale in America si diffondono le teorie del Romanticismo. Dopo gli studi all'Università di Harvard, la più antica università degli Stati Uniti, Allston si dedica alla pittura e alla poesia e parte per l'Europa alla ricerca di una identità che derivi dal Vecchio Continente e che allo stesso tempo se ne differenzi. Nel 1801 è a Londra dove è allievo di Benjamin West alla Royal Academy, di cui West è presidente, il secondo, dopo Sir Joshua Reynolds. Nel 1803 Allston è a Parigi e ha l'occasione di visitare con assiduità il Louvre; nel 1804 è in Svizzera quindi finalmente arriva in Italia, a Roma, dove rimane quattro anni a studiare Raffaello, Michelangelo e gli altri maestri del Rinascimento italiano e dove conosce lo scrittore e poeta inglese Samuel Taylor Coleridge, uno dei fondatori del Movimento romantico inglese, con il quale stringe un'amicizia che sarà molto importante per gli ulteriori svilup-

pi della sua poetica. La comunità dei pittori e degli intellettuali stranieri si incontra spesso al Caffè Greco in via Condotti e quando Coleridge da Firenze scrive ad Allston il 17 giugno 1806 gli fa recapitare la lettera proprio in quel caffè dove si erano incontrati tante volte durante il loro soggiorno romano. Ritornato a Boston nel 1808, si sposa e poco dopo torna insieme alla moglie in Inghilterra. Nel 1818 si stabilisce definitivamente in America ma si trova isolato e insoddisfatto. Proprio in questo momento della sua vita, nella malinconica rielaborazione creativa dei suoi ricordi italiani, Allston dipinge *Chiaro di luna*, un'immagine suggestiva e visionaria che rievoca le colline romane attraverso un'intuizione lirica che esprime una profonda comunione mistica con la realtà naturale, propria della sensibilità romantica, e l'espressione della vibrazione soggettiva di fronte alla scoperta della luce lunare e del paesaggio italiano. Il sapiente uso del colore rivela una crescente ammirazione per i maestri del Rinascimento, soprattutto Tiziano: per dare luminosità e calore al dipinto, Allston elabora una tecnica basata su diversi strati di colore sovrapposti, più un velo di vernice trasparente. L'esperienza del paesaggio italiano espresso in questo dipinto così celebre, ispirato alla poetica di Coleridge, appare mediata dallo studio della pittura olandese della metà del Seicento, in particolare dal pittore Jan Asselijn, autore di una veduta del Tevere dal titolo *Paesaggio con un gregge che attraversa un fiume* (1646 circa, Musée du Louvre, Parigi), di cui Allston possedeva una riproduzione incisa. Nella poesia di Allston *Sonnet to Coleridge* l'artista spiega che la barca rappresenta l'anima e il viaggio nella notte evoca la ricerca della verità. L'opera viene venduta a Henry Pickering, poeta di Salem, Massachusetts, amico dell'artista e in una lettera scritta da Allston all'acquirente del 10 agosto 1819 lo ringrazia per l'arrivo dei trecentoquaranta dollari e gli dice che il quadro gli verrà spedito il giorno successivo. Il poeta scriverà nel 1822 tre poesie dedicate al dipinto di Allston: *Reflections on viewing the beautiful Moonlight by the Same Artist*, *Moonlight, an Italian Scene* e *On a Picture by Allston: painted for the author*: la prima pubblicata in *The Ruins of Paestum and Other Compositions in Verse* (Salem 1822), le altre due in *Poems by an American* (Boston 1830). Il dipinto, dopo diversi passaggi di proprietà, viene donato nel 1921 al Museum of Fine Arts di Boston dove è tuttora conservato.

Roberta Bernabei

70. Fitz Hugh Lane

(Gloucester, 1804 - Duncan's Point, 1865)
Pesca notturna, 1850
olio su tela, cm 49,9 x 76,8
Boston, Museum of Fine Arts
dono di Henry Lee Shattuck

Fitz Hugh Lane, insieme a John Frederick Kensett, Martin Johnson Heade e Stanford Robinson Gifford, è uno dei principali rappresentanti del Luminismo, uno stile che si afferma nella pittura di paesaggio americana nella seconda metà dell'Ottocento, e che non costituisce una scuola o un movimento, ma piuttosto una particolare sensibilità che si riscontra in alcuni artisti verso gli effetti luminosi e atmosferici, un'attenzione per i particolari della natura, una resa pittorica dettagliata e una qualità cromatica ricca e ricercata, che è considerata un'espressione della tranquilla attitudine propria della società vittoriana. Fitz Hugh Lane (1804-1865) è un pittore legato alla cultura trascendentalista, ma appare del tutto disinteressato al realismo scientifico che accomuna gli artisti dell'Hudson River School. Nato nel porto di Gloucester, si forma a Boston dove, dal 1832 al 1837, lavora come incisore e litografo. Negli anni quaranta si avvicina alla pittura e inizia a dipingere marine: visto il successo che riscontra la sua produzione pittorica decide di abbandonare l'incisione e si dedica esclusivamente a questa tecnica artistica. I dipinti di Lane, capaci di emanare una silenziosa tranquillità, permeati da atmosfere calme e rassicuranti, rappresentano una realtà non documentaria ma di natura evocativa, una dimensione sospesa, silenziosa e quasi metafisica. Nell'agosto 1850 Fitz Hugh Lane, all'apice della sua carriera, si reca lungo la costa del Maine, tra Ram Island e Indian Bar presso il villaggio di Castine. Qui realizza due dipinti: questo *Pesca notturna* e *Veduta di Indian Bar Cove, Brooksville*. Nonostante i suoi viaggi siano molto limitati e infrequenti a causa della poliomielite contratta da bambino, tra il 1850 e il 1855 torna altre due volte nel Maine. Gli scenari naturali, osservati lungo il litorale atlantico, diventano, negli anni successivi, il soggetto di numerosi altri dipinti a olio. *Pesca notturna* è un dipinto che sa cogliere l'identità di questa intensa composizione illuminata dalla luce della luna piena, una veduta ripresa dalla riva del fiume Bagaduce, un luogo dove l'artista si reca in compagnia dell'amico Joseph L. Stevens Jr.

Lo stile luminista e la visione romantica dei dipinti di Lane sono profondamente influenzati dalla filosofia trascendentalista di Ralph Waldo Emerson. Sono infatti diverse le correlazioni, sia visuali sia teoriche, tra la rappresentazione della natura che appare nei dipinti dell'artista e la visione della natura espressa negli scritti del filosofo. Lane viene a contatto con il pensiero trascendentalista nel Lyceum di Gloucester, centro portuale del Massachusetts. Nel 1849 e poi nel 1851 e nel 1858 Lane è eletto direttore di questa istituzione culturale cittadina dove diversi intellettuali e filosofi dell'epoca sono invitati a tenere conferenze; tra questi lo stesso Emerson e Henry David Thoreau. La stampa locale deride il misticismo poetico di Emerson e Thoreau mentre una ristretta cerchia di scrittori e di artisti esprime una profonda partecipazione e un pieno apprezzamento per il pensiero dei due filosofi padri del Trascendentalismo. Le loro teorie influiscono sull'espressività artistica di Lane, che si arricchisce di una riflessione sulla corrispondenza simbolica fra visibile e invisibile, fra materiale e immateriale. Nelle sue suggestive opere, quasi sospese nel tempo per la loro immobilità contemplativa, la natura è vista attraverso il filtro della spiritualità romantica e diviene metafora di una realtà spirituale trascendente.

Roberta Bernabei

71. Thomas Cole

(Bolton, 1801 - Catskill, 1848)
Sera in Arcadia, 1843
olio su tela, cm 82,9 x 122,7
Hartford, Wadsworth Atheneum Museum of Art
lascito di Clara Hinton Gould

Il tema del dipinto – la raffigurazione di una visione arcadica, idealizzata della natura – offre all'artista, su un piano consapevolmente illusorio e nostalgico, ma anche elitario e moraleggiante, l'occasione per esprimere un'idea del paesaggio che aspira al recupero di una dimensione idealistica e letteraria. Cole, appartenente alla prima generazione di americani nati ed educati dopo la Dichiarazione d'indipendenza, colloca la rappresentazione dello scenario naturale in una dimensione a se stante, quale sintesi suprema di realtà e di immaginazione, di vocazione pragmatica e moralità.

Thomas Cole, padre della scuola di paesaggio americana denominata Hudson River School, in questo dipinto, come in numerose altre sue opere, evidenzia il suo debito nei confronti di modelli derivanti dall'arte europea, in particolar modo la tradizione "arcadica" e pastorale di Claude Lorrain, come anche la pittura "di rovine", tipica della poetica romantica. In questa veduta – che coniuga con maestria attente notazioni naturalistiche con una nostalgica aspirazione alla qualità sentimentale del paesaggio – l'artista allude a un'età dell'oro in cui l'uomo viveva dei frutti della terra, pacificamente, con semplicità primitiva. Questo sogno pittorico trae ispirazione dall'antichità classica, come è evidente dal titolo e dalle due piccole figure che, vestite con abiti antichi, sul volgere della sera, riparate in un sorta di radura protetta da alte rocce, vivono in perfetta armonia con la natura. Il quadro esprime una compostezza classica, la beatitudine di una scena arcadica, uno stato di perfetto connubio tra l'uomo e l'ambiente, dimensione minacciata dalla modernità e dall'avanzare della tecnologia. Cole, come molti artisti a lui contemporanei, vive il dilemma tra natura e progresso, tra l'aspirazione verso l'industrializzazione e le tradizioni dei padri fondatori, un dilemma che il popolo americano si trova ad affrontare nel XIX secolo, un'età caratterizzata da un'imponente espansione territoriale verso ovest e dall'affermazione di un'unica identità nazionale. Nella contemplazione del paesaggio e della sua selvaggia bellezza, Cole esprime l'affermazione di un culto nazionalistico che ha per oggetto proprio la natura, ma anche il disagio provocato dal progresso e dall'incivilimento che minaccia l'arcadico splendore della wilderness americana. Chiara l'allusione, per quest'opera, come per altri dipinti dell'artista di analogo soggetto, alle descrizioni dell'Età dell'Oro, di un tempo mitico di prosperità e abbondanza, un periodo di immensa e perpetua felicità, paradiso originario dell'uomo, contenute nelle *Metamorfosi* di Ovidio. Cole, che oltre a essere un devoto protestante, è un massone iscritto alla loggia di Zanesville, Ohio, combina in questa suggestiva visione, allusiva e carica di significati simbolici, il bello e il sublime della natura con evocazioni desunte dalla letteratura classica ma anche dalla mitologia e dal simbolismo massonico. La montagna, come anche la grotta, sono immagini simboliche care alla tradizione massonica: mentre la montagna allude al centro, all'asse dell'universo, emblema dell'alleanza tra l'uomo e la divinità, rifugio delle genti elette, la caverna, antro luminoso, allude al mistero della dialettica tra luce e tenebre, alla luce a cui tende l'uomo.

Roberta Bernabei

72. Frederic Edwin Church

(Hartford, 1826 - New York, 1900)
L'isola di Grand Manan, baia di Fundy, 1852
olio su tela, cm 53,8 x 79,5
Hartford, Wadsworth Atheneum Museum of Art
The Gallery Fund

Dopo essersi recato nell'isola di Mount Desert nel Maine, nel 1850 e poi nel 1851, Church si spinge più a nord e raggiunge l'isola Grand Manan in Canada, proprio al confine col Maine, realizzando molti schizzi e studi geologici delle rocce e degli scogli della zona. Church dipinge *L'isola di Grand Manan, Baia di Fundy* – una baia dell'isola canadese al tramonto, con il mare calmo – basandosi su due disegni eseguiti dal vero e oggi conservati allo Smithsonian Istitution's N.M.o. D. (Cooper Hewitt Museum) di New York. Quello dipinto da Church con meticolosa attenzione per il dettaglio è un paesaggio edenico, intenso e rassicurante, invaso dalla luce rossa del tramonto declinata in tutta l'intensità cromatica della luce del sole che si attenua, quale preludio della fine di una giornata sulla costa atlantica. Frederic Church è l'artista che più di ogni altro, prima di Winslow Homer, ha saputo raffigurare i paesaggi del Maine, dove si reca la prima volta nel 1850. Prima di lui, altri pittori si erano cimentati nella raffigurazione di questo tratto della costa atlantica: tra questi il suo maestro, Thomas Cole, ma anche Thomas Doughty, che vi aveva dipinto negli anni trenta dell'Ottocento, esponendo poi le sue vedute del faro di Mount Desert Island al Boston Athenaeum, e Fitz Hugh Lane, che nel 1849 espone a New York, presso l'American Art Union, due vedute del Maine, opere che Church certamente conosce e che probabilmente creano in lui il desiderio di visitare quei luoghi di intensa e poetica bellezza. Nella mostra del 1849 presso l'American Art Union Church ha modo di vedere anche un altro dipinto che ha su di lui un grande influsso per l'originale combinazione di un soggetto romantico, di una concezione della luce di grande impatto emotivo e di un'attenzione meticolosa per il dato naturalistico, per la resa dettagliata dei particolari: *Schiarita, costa della Sicilia* (1847, Baltimora, Walters Art Gallery), una veduta del pittore tedesco Andreas Achenbach, il più importante rappresentante della Scuola di paesaggio di Düsseldorf. In quest'opera, così importante per l'ulteriore evoluzione della pittura di Church, è raffigurato lo spettacolo del mare in tempesta e dei flutti illuminati da una intensa e drammatica luce crepuscolare: una raffigurazione di quei grandi sconvolgimenti e di quei fenomeni naturali che suscitano nell'uomo il senso della sua fragilità e finitezza, temi che sono al centro della poetica romantica del sublime. Anche in Church la rappresentazione della natura è intesa come proiezione del sentimento individuale, soggetto che sollecita alla riflessione spiriti affini ed eletti, che stimola in chi guarda la presa di coscienza di determinati sentimenti che scaturiscono dall'empatico coinvolgimento che l'immagine del paesaggio riesce a suggerire. A motivare l'artista a raggiungere il Maine hanno contribuito senza dubbio anche i contemporanei saggi di Henry David Thoreau come *Ktaadn and the Maine Woods*, pubblicato nel luglio del 1848 dall'«Union Magazine»: «... non solo per trarre forza, ma anche per avvicinarsi alla bellezza, il poeta dovrebbe talvolta seguire il sentiero del taglialegna o la pista dell'indiano, per attingere a qualche più vigorosa sorgente d'ispirazione, nei profondi recessi della natura incontaminata» (Henry David Thoreau, *Le foreste del Maine*, Chesuncook 1999, p. 100). Alla base di queste visioni naturali nate da una sorta di venerazione per la natura selvaggia, per la wilderness, quale luogo incontaminato pervaso dalla presenza di Dio, è il pensiero trascendentalista di Ralph Waldo Emerson, filosofo bostoniano, che nel 1836 pubblica il saggio *Nature*, opera miliare nella quale teorizza una visione religiosa della natura.

Roberta Bernabei

73. Frederic Edwin Church

(Hartford, 1826 - New York, 1900)
Sera ai Tropici, 1881
olio su tela, cm 82,6 x 123,3
Hartford, Wadsworth Atheneum Museum of Art
lascito di Clara Hinton Gould

Paesaggio soffuso e nostalgico, *Sera ai Tropici*, dipinto della maturità dell'artista, è un'opera basata sui disegni realizzati dal vero durante i viaggi in Sud America compiuti da Church negli anni cinquanta dell'Ottocento e da suggestioni atmosferiche legate all'espressione della modulazione dell'intensità della luce derivate dai dipinti del pittore inglese William Turner. Nel 1880 l'artista americano riceve l'incarico da parte di Frederick Billings e di sua moglie Julia Parmly Billings di realizzare una grande veduta dei tropici. Billings è il presidente della Northern Pacific Railroad Company, la società ferroviaria che opera negli Stati centrali del Nord degli Stati Uniti (Idaho, Minnesota, Montana, North Dakota, Oregon, Washington e Wisconsin). Billings è un energico fautore della necessità di tutelare la wilderness americana, è tra i primi sostenitori dell'istituzione dello Yosemite National Park e il promotore della riforestazione del Vermont come membro più influente della Vermont Forestry Commission. Il Vermont è lo stato dove Billings era nato e dove torna a vivere nel 1881, abbandonando il suo prestigioso incarico. Frederick Billings abita con la famiglia a Woodstock in Vermont ma nel 1881 acquista una casa a New York, al 274 di Madison Avenue. Commissiona a Church questo dipinto per la nuova residenza in città. Billings aveva scelto una veduta dei tropici in ricordo di un avventuroso viaggio che aveva compiuto nel 1849 a Panama. In quell'occasione, aveva percorso in canoa il fiume Chagres con la sorella Laura che, tornata dal viaggio, era morta di malaria o di febbre gialla, probabilmente contratta durante il viaggio. Church, che fa da intermediario anche nella vendita a Billings di tre opere di Thomas Cole, inizia a dipingere *Sera ai Tropici* nel febbraio del 1880 nel suo studio newyorkese, al Tenth Street Studio Building; nel novembre dello stesso anno scrive a Billings spiegandogli che si trasferirà con la tela che sta dipingendo nel suo studio di Olana, nella valle dell'Hudson, perché lì può lavorare più tranquillamente e perché nella casa di Olana conserva numerosi studi dal vero realizzati durante i viaggi in Sud America. Church aveva iniziato a progettare la sua nuova abitazione con annesso lo studio ad Olana nella valle dell'Hudson presso le Catskill Mountains nel 1870 ed aveva eseguito numerosi schizzi per le decorazioni esterne e interne, ispirate all'architettura medio-orientale e persiana, ai decori islamici, suggestioni che aveva ricevuto durante il viaggio compiuto con la moglie e il figlio Frederic Jr dall'autunno del 1867 all'estate del 1869 in Europa e in Medio Oriente.

Church consegna a Frederick Billings il dipinto *Sera ai Tropici* nel febbraio del 1881. La poetica veduta è pervasa da una calda luce gialla che crea un'atmosfera evocativa e sospesa della rigogliosa e selvaggia natura sudamericana. Rispetto alla forza espressiva dei paesaggi tropicali realizzati negli anni sessanta dell'Ottocento, come *La valle di St. Thomas, Giamaica*, in quest'opera appaiono evidenti una naturalità di visione e una scrupolosa sincerità che sono proprie della contemporanea pittura di paesaggio francese della Scuola di Barbizon. L'opera è caratterizzata come al solito da una meticolosa precisione botanica, geologica e meteorologica, espressa attraverso una precisione lenticolare dei particolari anche i più minuti, e da una vivida inventiva compositiva. Nel dipinto, sulla sinistra, Church raffigura una ragazza che si inoltra nella fitta foresta: è un'allusione figurativa alla sorella del committente, Laura, e alla sua tragica scomparsa.

Roberta Bernabei

74. Martin Johnson Heade

(Lumberville, 1819 - St. Augustine, 1904)
Tramonto, Black Rock, Connecticut, 1861 circa
olio su tela, cm 33,6 x 66,3
Boston, Museum of Fine Arts
dono di Maxim Karolik per la M. e M. Karolik
Collection of American Paintings, 1815-1865

Martin Johnson Heade, pittore dell'Hudson River School e uno dei massimi esponenti del Luminismo, inizia a dedicarsi alla pittura di paesaggio dopo il suo secondo viaggio in Europa. Tornato a New York, nel 1859 l'artista prende uno studio nel celebre Tenth Street Studio Building, dove avevano uno studio anche diversi esponenti dell'Hudson River School, artisti come Albert Bierstadt, Sanford Gifford, John Frederick Kensett e Frederic

Edwin Church, con il quale stringe un'amicizia che durerà tutta la vita e che sarà fertile di conseguenze per l'evoluzione della sua pittura. In questo periodo Heade, alla ricerca del suo stile personale, si reca spesso lungo la costa del Rhode Island, del Connecticut o del Massachusetts specializzandosi in vedute marine e palustri, opere che raffigurano sempre scenari naturali avvolti da un costante ed intenso misticismo. I suoi paesaggi, in cui appare evidente un influsso del Trascendentalismo di Emerson, sono caratterizzati da una particolare attenzione per la luce e per la resa minuziosa dei particolari, per il succedersi dei mutamenti atmosferici. Heade dipinge quasi sempre su tele di piccole dimensioni, dal taglio accentuatamente orizzontale, un formato spesso adottato dai pittori luministi per enfatizzare il senso dell'infinito delle loro vedute. Come tutti i pittori dell'Hudson River School l'artista osserva il paesaggio nelle diverse ore del giorno, nelle diverse stagioni, in condizioni climatiche differenti, per esprimere una concezione mistica e poetica della luce, l'intensità e la forza spirituale della natura, per raffigurare la variabilità del mondo naturale come fonte di intensa commozione. Le vedute della costa del New England, uno dei soggetti più amati dal pittore, sono sempre calibrate e meditate, intimiste, paesaggi nei quali il mare è sempre una presenza rassicurante e rasserenante e nei quali è sempre inserito l'uomo, elemento centrale di ogni composizione. In questo dipinto che raffigura la costa del Connecticut, presso Black Rock, sicuramente basato su schizzi e disegni eseguiti dal vero, Heade enfatizza l'ampiezza della veduta dedicando una particolare attenzione al cielo arrossato del tramonto, solcato da alcune nuvole che catturano in un gioco di riflessi luminosi gli ultimi raggi del sole, un cielo che occupa, come in molti dipinti di pittori olandesi del Seicento, certamente osservati durante i suoi soggiorni in Europa, i due terzi della tela. Molto importante per l'evoluzione del suo stile, minuziosamente attento ai particolari e ai mutamenti della luce, appare la conoscenza della pittura preraffaellita inglese che Heade ha occasione di conoscere in una mostra itinerante curata da John Ruskin, esposta a New York, Filadelfia e Boston tra il 1857 e 1858 e comprendente circa duecento dipinti. Oltre al notevole influsso della coeva pittura inglese Heade fa riferimento anche ai paesaggi realizzati in questo periodo da

Kensett unendo a una particolare attenzione al dettaglio una essenzialità espressiva, un'accentuata economia nella composizione – una tendenza minimalista che è comune a diversi pittori di paesaggio americani di questo periodo – per conferire alle sue vedute marine un senso di armonia e di delicatezza. Nel dipinto *Tramonto, Black Rock, Connecticut* la scelta di ridurre l'immagine agli elementi essenziali e quella di raffigurare l'ora del tramonto sono senza dubbio suggerite dal desiderio di esprimere un sentimento di simbiosi tra natura e spirito: il quadro è la raffigurazione pittorica di questo sentimento che solo il paesaggio sa suscitare. Il quadro, un invito per colui che guarda ad immedesimarsi nella visione, descrive con un delicato lirismo, non solo uno scenario naturale ma un'atmosfera interiore, un moto dell'animo originato dalla capacità contemplativa dell'artista di fronte alla natura.

Roberta Bernabei

75. Winslow Homer

(Boston, 1836 - Prout's Neck, 1910)
Gloucester, barche da pesca al tramonto, 1884
olio su tavola, cm 39,7 x 95,9
Boston, Museum of Fine Arts
Henry H. e Zoë Oliver Sherman Fund e Mrs. James J. Storrow, Jr.

Homer si reca a Gloucester nel Massachusetts la prima volta nell'estate del 1873 e qui inizia ad utilizzare per la prima volta la tecnica dell'acquerello, un mezzo espressivo a lui molto congeniale anche perché permette all'artista di raffigurare il paesaggio *en-plein-air*, come aveva appreso nel suo soggiorno parigino. Il mare è un tema ricorrente nell'opera di Homer e, se appare spesso come sfondo in diverse tele della giovinezza, esso diviene, col trascorrere del tempo, il soggetto principale, il tema prediletto dall'artista che, per questo motivo, spesso viene definito il "poeta del mare". Homer compirà nella sua vita numerosi viaggi che gli daranno la possibilità di essere aggiornato sulle ultime tendenze dell'arte europea, in particolar modo francese e inglese. Nel 1881 si reca nell'Inghilterra del nord, in un paese di pescatori, Cullercoats, vicino Tynemouth, una scelta che anticipa la sua decisione, nel 1883, di ritirarsi a dipingere di fronte all'oceano, a Prout's Neck, nel Maine, piccolo centro situato sulla costa nord atlantica, dove la sua famiglia possiede una residenza estiva e dove, negli anni novanta, realizzerà i suoi più celebri capolavori. Questa piccola opera dipinta a olio su tavola, dagli spazi essenziali, di serena ed evocativa luminosità, rappresenta pescherecci al largo di Glouchester al tramonto quando, dopo una giornata in mezzo al mare, fanno ritorno con il loro carico di pesce. La suggestiva veduta, di pacata e solenne serenità, è dipinta con una tecnica agile e disinvolta, con pennellate larghe e pastose che lasciano intravedere il supporto. Durante il viaggio in Inghilterra Homer visita Londra dove ha l'occasione di conoscere le opere di William Turner, di John Constable e dei pittori preraffaelliti. Le opere di questo periodo, incini verso una raffigurazione della realtà più intima e poetica, dimostrano l'influsso dell'arte inglese di fine secolo. Al suo ritorno negli Stati Uniti Homer sceglie la solitudine delle coste del Maine dove nasceranno numerosissimi capolavori che lo hanno reso uno dei più celebri e celebrati pittori americani del secondo Ottocento. Il soggetto prediletto dei dipinti

realizzati in questo periodo, opere influenzate profondamente dal lirismo di Turner, è il mare e la vita di coloro che vi abitano. In *Gloucester, barche da pesca al tramonto* appare una luminosità diffusa che denota un'attenzione per il valore atmosferico, la tavolozza appare notevolmente schiarita, la modellazione per masse, la semplicità compositiva, l'istantaneità della visione, appaiono eseguite sotto l'influsso diretto della pittura francese e inglese contemporanea, ma esprimono al contempo il forte desiderio di raffigurare la realtà dell'ambiente americano, escludendo tutto ciò che trascende da una rapida trascrizione pittorica di una visione colta nella sua immediatezza. La vita a diretto contatto con la vastità e la forza vitale dell'oceano muta la sua attitudine verso il soggetto, e l'obiettività di visione delle sue opere precedenti viene lentamente sostituita da una partecipazione emotiva e sentimentale che connota le sue opere più mature, nate proprio osservando il mare: una fonte inesauribile di motivi pittorici che offrono all'artista la possibilità di esplorare la profonda relazione tra l'uomo e la natura. Alla fine degli anni ottanta Homer compie alcuni viaggi, tra le foreste di Adirondacks nel Maine, in Canada e ai Carabi: Bahamas, Cuba, Florida e Bermuda. Negli ultimi anni

vive isolato e sereno, indifferente alla fama, agli onori e ai premi che gli vengono conferiti per la sua opera.

Roberta Bernabei

76. Jean-Baptiste Camille Corot
(Parigi, 1796 - Ville-d'Avray, 1875)
Crepuscolo, 1845-1860
olio su tela, cm 50,2 x 37,1
Boston, Museum of Fine Arts
lascito di Mrs. Henry Lee Higginson in memoria del marito

Fedele ai precetti del maestro putativo Pierre-Henri de Valenciennes («è essenziale fare degli *studi* a memoria»), Corot si dedica, in particolare a partire dagli anni cinquanta, alla realizzazione di *souvenir*, ovvero di quei paesaggi che, partendo da un'osservazione diretta della natura, la superano con l'espressione del sentimento associato al ricordo della visione. La natura infatti deve sì essere studiata *en-plein-air*, ma, altrettanto obbligatoriamente, reinterpretata *a posteriori* in studio. La memoria della visione diretta va tradotta con il sentimento che quel ricordo genera, ci dice Corot nei suoi *carnet*: «bisogna interpretare la natura con *naïveté* e secondo il proprio sentimento personale, distinguendosi completamente da quello che si conosce dei maestri antichi o contemporanei. Solamente facendo così si riuscirà a commuovere. […] Interpreto con il cuore nella stessa misura in cui lo faccio con gli occhi. […] Il bello nell'arte è la verità bagnata nell'impressione che abbiamo ricevuto dell'aspetto della natura. Io sono colpito vedendo un luogo qualunque. Sempre cercando l'imitazione coscienziosa, non perdo mai l'emozione che mi ha colto. Il reale è una parte dell'arte; il sentimento completa.»
Dunque l'espressione del sentimento in Corot diventa l'obiettivo principale della creatività di un paesaggista, in questo superando i dettami accademici di una ricostruzione ideale della natura. Precetti ai quali per altro, in ragione di temi letterari e religiosi imposti, egli pure si era adeguato nelle composizioni destinate al *Salon*. Quando invece si dedica ai *souvenir*, l'artista di Ville d'Avray è libero di esprimere la sua vena più lirica e romantica, come non mancò di cogliere già la critica a lui contemporanea: «I paesaggi di Corot forse non sono di quelli che si vedono, ma sono senza dubbio

quelli che si sognano» (Maxime Du Camp in «La revue de Paris», 1855).
Il *Crepuscolo* qui esposto appartiene dunque al genere dei "ricordi" e, pur non databile con precisione, è un'opera che nello spirito compositivo si avvicina a capolavori come *Ricordo di Mortefontaine* (1864) e *L'isola felice* (1865-1868 circa). In queste tele Corot immagina, in un contesto naturale di tenue lirismo, delle figure femminili intente nella raccolta di frutti. Se tuttavia in quelle opere tutto è accordato a un generale tono idilliaco, in *Crepuscolo* la dimensione squisitamente pastorale lascia il posto a una più franca adesione al dato naturalistico. Senza peraltro mai abdicare all'espressione di un sentimento di pace che dalla luce crepuscolare discende.
Non sappiamo se Corot si sia ispirato a un paesaggio visto nel Morvan, a Fontainebleau o nei dintorni di Roma esplorati durante il suo terzo soggiorno italiano nel 1843, ma il brano di paesaggio, così come le donne che in quello spazio si muovono, sono qui resi con un supplemento di veridicità. Se infatti nelle opere prima citate la composizione si dava per netta successione di piani, in questo paesaggio l'impressione è quella di un naturale digradare della visione in profondità, dando allo spettatore la sensazione di trovarsi di fronte non a una quinta scenica, ma a un reale brano di natura. Lo testimoniano anche sulla sinistra il tronco tortuoso con rami secchi e spezzati e, sulla destra, le due giovani, vestite con abiti del loro tempo, intente alla raccolta dei frutti, nella prosaicità di un gesto altrove preso a pretesto per l'espressione di una pura armonia.

Davide Martinelli

77. Winslow Homer
(Boston, 1836 - Prout's Neck, 1910)
Crepuscolo a Leeds, New York, 1876
olio su tela, cm 61,3 x 71,1
Boston, Museum of Fine Arts
lascito di David P. Kimball in memoria della moglie Clara Bertram Kimball

Winslow Homer nasce a Boston nel 1836, all'età di diciannove anni inizia a lavorare presso il litografo John H. Bufford dedicandosi all'illustrazione con notevoli capacità, tali da essere assunto nel 1859 dalla rivista «Harper's Weekly» di New York che, allo scoppio della Guerra civile (1861), lo invia in Virginia sul fronte varie volte. Le illustrazioni che realizza offrono del conflitto un resoconto veritiero e intenso, un documento così obiettivo e realistico da essere messo in relazione con il reportage fotografico sulla guerra eseguito da Mathew B. Brady. Homer si dedica alla pittura relativamente tardi dopo aver frequentato per un breve periodo, nel 1861, i corsi serali di disegno della National Academy of Design di New York – dove si era trasferito nel 1859 aprendo uno studio a Washington Square insieme a Eastman Johnson – e per un mese lezioni di pittura presso il pittore di paesaggio Frédéric Rondel, dedicandosi alla raffigurazione del mondo contadino realizzando autentiche scene dell'ambiente americano scevre da qualsiasi forma di idealismo o di sentimentalismo. Alla fine del 1866 Homer si reca a Parigi dove ha occasione di vedere l'Esposizione Universale tenutasi l'anno seguente. Qui entra in contatto con l'ambiente artistico parigino, conosce l'opera dei paesaggisti di Barbizon, in particolar modo Jean-François Millet, e la pittura realista di Gustave Courbet, oltre ad ammirare le opere di Eduard Manet e degli artisti poco più tardi definiti Impressionisti, si appassiona alle stampe giapponesi, anche se probabilmente già le aveva viste a Boston negli anni sessanta dell'Ottocento. Nel 1867 torna negli Stati Uniti, a New York: le opere di questo periodo riflettono notevolmente l'influsso dell'arte francese. Se per gli artisti della Hudson River School il paesaggio americano è uno scenario naturale da contemplare con profonda partecipazione emotiva, per Homer, pittore realista, il paesaggio è l'ambiente in cui vivono le persone, e va raffigurato concretamente, senza idealizzazioni, con vitalità ed energia, con obiettività. Winslow Homer, insieme a Thomas Eakins, è il più autorevole e influente pittore realista americano del secondo Ottocento, testimone e interprete di un'epoca di grandi cambiamenti. I suoi dipinti sono raffigurazioni incisive e obiettive della vita quotidiana e del paesaggio americani ritratti con acuta sensibilità e con sincera partecipazione, senza idealizzazioni, un ritratto del vero spirito americano. Homer sceglie la via del realismo, un'attenta osservazione dei fenomeni empirici e la loro trascrizione fedele, supportato da una tecnica veloce, agile, svincolata dalle regole accademiche, che tende alla semplificazione formale, capace di cogliere l'essenza, il momento, la visione istantanea. In *Crepuscolo a Leeds,*

New York Homer raffigura una scena rurale, mucche al pascolo al tramonto, a Leeds, nello stato di New York, non lontano da Catskill, con un'obiettività del tutto priva di concessioni al pittoresco o al sentimentalismo ma piuttosto con una evidente aspirazione alla verosimiglianza. Di questa visione agreste Homer dà un'immagine spontanea, che nasce dalla notazione oggettiva e fedele del reale, senza risonanze mistiche, solo la verità senza concessioni neppure al virtuosismo tecnico. Nella trascrizione pittorica del paesaggio Homer utilizza pennellate sommarie, aspira a una definizione immediata dell'insieme, adotta una tecnica agile e disinvolta, elementi che accentuano la stringatezza della notazione, la concretezza del soggetto ritratto.

Roberta Bernabei

78. Jean-François Millet

(Gréville-Hague, 1814 - Barbizon, 1875)
Raffica di vento dopo il tramonto, 1871-1873
olio su tela, cm 90,5 x 117,5
Cardiff, Ar fenthyg gan/prestito
dell'Amgueddfa Cymru-National Museum
Wales

La quercia e la canna è una delle più celebri *Fiabe* di La Fontaine, il libro che alcuni artisti di Barbizon progettavano di illustrare e pubblicare nel 1853. Millet, Barye, Diaz, Daumier, Dupré, Ziem e Rousseau preparano ciascuno dei lavori per questa edizione che tuttavia non vedrà mai i tipi della stampa. Nel breve apologo, la canna, che era stata compatita dalla quercia per il suo essere esposta senza ripari al vento, così le risponde: «I venti per me sono meno temibili. Mi piego e non mi spezzo. Voi fino ad adesso avete resistito senza curvare la schiena, ma aspettiamo la fine". Pronunciate che ebbe queste parole, dall'orizzonte lontano cominciò a spirare un vento furioso. L'albero resisteva, mentre la canna si piegava. Il vento allora raddoppiò i suoi sforzi, e tanto fece che sradicò colui che aveva la testa vicina al cielo e i piedi che arrivavano nel regno dei morti.»
Per questa fiaba Rousseau realizza nel 1852 circa un disegno, oggi conservato al museo di Digione, che, nella vendita seguita alla sua morte, fu acquistato nella primavera del 1868 da Alfred Sensier, l'amico più intimo, nonché primo biografo, di Millet.
Forse anche per averlo rivisto dopo tanto tem-

po nelle mani di Sensier, quando progetta di dipingere *Raffica di vento dopo il tramonto*, Millet sembra avere ancora in mente, più che il racconto di La Fontaine, proprio il disegno dell'amato collega. Esiste infatti uno studio preparatorio (Parigi, Musée d'Orsay), in cui il pittore, a matita tratteggia sommariamente un albero che sta per essere sradicato dal vento, in una composizione del tutto simile alla quercia di Rousseau. Manca tuttavia in questo disegno ogni altro elemento di descrizione. Per contro, nella tela dipinta tra il 1871, quando l'artista torna nella natia Gréville, e il 1873, la scena si arricchisce di diversi particolari, tutti funzionali a enfatizzare l'effetto devastante della tempesta che si sta per abbattere sulla campagna normanna. Non c'è elemento, se non le nude rocce affioranti dal terreno, che non si pieghi alla violenza del vento: dall'acqua di un rigagnolo in primo piano, all'erba sconvolta dei prati, fino al gregge in fuga, seguito dal pastore che, nel suo curvarsi, identico ripete il movimento della quercia.
L'albero, nel quale, secondo il biografo Moreau-Nelaton, l'artista avrebbe rappresentato se stesso vecchio e ormai prossimo alla morte, è l'assoluto protagonista della composizione. Il vento ha già spogliato buona parte dei rami, altri li ha spezzati, trascinandoli senza peso nell'aria, ma soprattutto il suo continuo sferzare sta per avere ragione del tronco, ormai quasi completamente sradicato. All'orizzonte un brano di cielo ancora illuminato dalla luce del sole al tramonto indica, per contrasto, la rapidità minacciosa con cui si sta avvicinando la tempesta.
Il soggetto del "colpo di vento", fino ad allora quasi inedito nella pittura di paesaggio (lo avevano affrontato oltre a Rousseau, anche Ziem e Corot), per la prima volta viene interpretato non come pretesto aneddotico, addirittura con connotazioni bucoliche, ma con una lirica e sincera adesione da parte dell'artista. Se è indubbio infatti, come ha scritto Vincent Pomarède, che Millet negli ultimi anni della sua vita, «lascia sempre più spesso che il suo temperamento malinconico e tormentato trovi espressione nei suoi quadri», è altrettanto vero che, lungi da qualunque fantasticheria romantica o panteista, questo magnifico cantore della realtà rurale sa benissimo quali nefaste conseguenze una tempesta infligga alla campagna, vanificando l'operoso lavoro dell'uomo.
Millet, che aveva orgogliosamente dichiarato «sono nato contadino e morirò contadino», della natura celebra con commossa parteci-

pazione ogni aspetto, quando essa si mostra benevola, ma anche quando, indifferente al destino dell'uomo, si manifesta nella sua forza distruttrice. «Il dramma è avvolto di splendori, non è una mia invenzione, ed è da molto tempo che è stata trovata questa espressione: "il grido della terra".»

Davide Martinelli

79. Vincent van Gogh

(Zundert, 1853 - Auvers-sur-Oise, 1890)
Autunno, paesaggio al crepuscolo, 1885
olio su tela applicata su tavola, cm 53,3 x 92,6
Utrecht, Centraal Museum

Van Gogh ama la natia terra del Brabante e ammira la vita di campagna. Conosce bene i cambiamenti stagionali e dipinge in molte sue opere i mutevoli colori della natura. Sicuramente si ispira ad altri artisti, in particolar modo a quelli della Scuola di Barbizon, che prima di lui nelle loro opere avevano dipinto le stagioni dell'anno. La stagione preferita da Van Gogh è l'autunno; ama la luce dorata, le foglie colorate che cadono, e il clima tempestoso. Spesso commenta questa sua passione nelle lettere, come nell'ottobre del 1884: «Qui ora è straordinariamente bello, con gli effetti dell'autunno. Tra quindici giorni ci sarà la caduta delle foglie vera e propria e in pochi giorni tutte le foglie cadranno dagli alberi» (382). Secondo l'artista, la luce dorata dell'autunno aumenta di sera, un momento che suggerisce la quiete e il riposo dopo la giornata di lavoro. Anche per il soggetto di quest'opera Van Gogh si ispira a composizioni dei pittori della Scuola di Barbizon. Cita spesso con ammirazione *Le quattro ore del giorno* di Jean-François Millet, oltre alle scene serali di Léon Lhermitte e Jules Dupré. Nella primavera del 1884 Van Gogh copia alcune poesie di Jules Breton, tra cui *Canto della sera*, *Tramonto* e *Autunno*. In un'altra poesia, intitolata *Crepuscolo*, alcuni versi ricordano una scena simile a quella del dipinto: «La lumière pâle et diffuse / Baigne d'un charme tous les corps / Et la silhouette s'accuse / Par un fil doré sur les bords.» Nei dintorni di Nuenen, Van Gogh ricerca gli aspetti caratteristici del paesaggio, come un sentiero fiancheggiato da pioppi, che dipinge in numerose occasioni. Oltre che dalla natura del luogo, sarà anche ispirato dai paesaggi – a lui ben noti – dell'arte olandese del XVII se-

colo. In questo paesaggio autunnale, realizzato nel 1885, appare sullo sfondo un filare di pioppi dalle foglie ormai gialle. In linea con le sue preferenze, Van Gogh decide di dipingere il paesaggio al crepuscolo. Il cielo si è già scurito, ma il sole illumina ancora l'orizzonte di raggi rossi e dorati. L'artista fa riflettere la luce sulle foglie gialle dei pioppi e sul sentiero di campagna, dove cammina una donna che indossa un cappello bianco sul quale si riflette il riverbero della luce. Van Gogh inserisce spesso una figura nei suoi paesaggi; una contadina che torna a casa dopo il lavoro, o una figura che, come in questo dipinto, attraversa il paesaggio.

Cornelia Homburg

80. Vincent van Gogh

(Zundert, 1853 - Auvers-sur-Oise, 1890)
Place Saint-Pierre al tramonto, 1887
olio su tela applicata su cartone, cm 32,5 x 42
Amsterdam, Van Gogh Museum
(Vincent van Gogh Foundation)

Van Gogh nutriva un tale amore per la natura, tanto da ricercarla anche all'interno dell'ambiente urbano, ovvero nei giardini e nei parchi cittadini di Parigi (città dove visse da fine febbraio del 1886 al 19 febbraio del 1888). Trovava questi luoghi confortanti, e in tal senso li utilizzò anche nella sua opera. Durante il periodo trascorso a Nuenen, nel Brabante, era rimasto affascinato dal giardino della canonica in cui vivevano i genitori; da qui aveva tratto ispirazione per un soggetto che sarebbe divenuto ricorrente nella sua produzione artistica: quello di figure, singole o coppia, ritratte tra il verde e gli alberi. Nell'ottobre del 1885, Van Gogh realizzò un disegno ad acquerello e una delle sue tele di dimensioni più grandi (andata distrutta durante la Seconda guerra mondiale), utilizzando il medesimo soggetto inserito nel giardino della canonica.
Nel maggio 1887, Van Gogh lavorò in un piccolo parco a Montmartre nella Place Saint-Pierre, dove dipinse tre tele delle quali l'impressionista *Place Saint-Pierre al tramonto* rappresenta la prima opera. Successivamente realizzò uno studio di dimensioni più grandi in stile neoimpressionista, attualmente conservato presso la Yale University Art Gallery (New Haven) e infine l'ambizioso *Giardino con coppie d'innamorati: Place Saint-Pierre*,

sempre neoimpressionista ma con un puntinismo meno marcato (Van Gogh Museum, Amsterdam). Le tre tele ben evidenziano la passione di Van Gogh per la sperimentazione di tecniche diverse, alla ricerca di uno stile pittorico personale. Dopo la partenza da Parigi, tuttavia, l'artista prese completamente le distanze dall'approccio neoimpressionista.
Nella tela qui presentata, di piccolo formato, si intravvedono alcune minuscole figure stilizzate, mentre nella seconda opera vi è solo una donna che passeggia. La terza veduta del parco presenta tre coppie di innamorati e fu definita dallo stesso Van Gogh «il giardino degli innamorati.»[1] Van Gogh amava dipingere soggetti che potessero donare all'osservatore momenti di conforto, e gli innamorati al parco ne sono un esempio eloquente. Quando iniziò a lavorare ad Arles, nel 1888, Van Gogh trovò anche in questa città un parco, che ben si prestava a ripetere il tema che aveva iniziato a sperimentare già a Nuenen.
La pennellata rapida in *Place Saint-Pierre al tramonto* lascia intuire come Van Gogh provasse a fissare sulla tela anche l'effetto del crepuscolo. La luce all'imbrunire era un tema che aveva appassionato diversi pittori della Scuola di Barbizon, molto apprezzati da Van Gogh, e in particolare Daubigny. Il crepuscolo e la sera sono momenti in cui la tensione della giornata tende a dissolversi, lasciando posto alla quiete e al raccoglimento: Van Gogh associava lo stato d'animo della sera alla poesia, e in tal senso egli ne interpretava l'accostamento con le coppie di innamorati. Alla fine, tuttavia, egli decise di ritrarre il suo «giardino degli innamorati» alla luce del giorno, mentre per due successive opere analoghe egli scelse un'ambientazione serale. Nel settembre del 1888, ad Arles, Van Gogh dipinse una notte stellata carica di poesia con una coppia di innamorati in primo piano (Musée d'Orsay, Parigi). Nel maggio del 1890, a Saint-Rémy, l'artista dipinse un paesaggio all'imbrunire con una coppia a passeggio (Museu de Arte de São Paulo).

Sjraar van Heugten

[1] Lettera 592, contenuta in L. Jansen, H. Luijten e N. Bakker (a cura di), *Vincent van Gogh - The Letters. The Complete Illustrated and Annotated Edition*, Amsterdam etc. 2009.

81. Vincent van Gogh

(Zundert, 1853 - Auvers-sur-Oise, 1890)
Campo innevato con aratro, verso sera
(da Millet), 1890
olio su tela, cm 72 x 92
Amsterdam, Van Gogh Museum
(Vincent van Gogh Foundation)

Nel maggio del 1889 Van Gogh aveva spontaneamente chiesto di essere ricoverato presso l'istituto Saint-Paul a Saint-Rémy. Dipingeva e disegnava nei pressi o nel giardino dell'istituto, ma quando non si sentiva abbastanza in forze, lavorava nella sua stanza. Nel settembre del 1889, in un periodo in cui non si sentiva molto bene, iniziò a realizzare copie a colori o, meglio, interpretazioni di stampe in bianco e nero delle opere dei suoi predecessori prediletti. Nel 1880, aveva già riprodotto parecchie di quelle stampe, con disegni in bianco e nero, per esercitare il proprio talento artistico. Ora invece, Van Gogh si confortava usando in maniera singolare questa forma grafica: «Rappresento davanti a me in bianco e nero il motivo di un Delacroix o Millet. E poi improvviso, con il colore, ma ovviamente non come lo farei io, bensì ricercando i ricordi dei loro dipinti – tuttavia il ricordo, la vaga armonia di colori che sfiora il sentimento, non sono proprio esatti – è una mia interpretazione.»[1]
Van Gogh realizzò complessivamente 28 delle cosiddette «interpretazioni» a colori, prevalentemente di opere di Jean-François Millet. Questo pittore della civiltà contadina aveva affascinato Van Gogh ancor prima che egli decidesse di diventare pittore, e ne volle seguire consapevolmente le orme. Millet rimase un punto di riferimento per tutta la carriera artistica di Van Gogh.
Tra le opere di Millet riprodotte da Van Gogh vi è anche *Campo innevato con aratro*, che l'artista dipinse nel gennaio del 1890 ispirandosi alla stampa di un'opera di Millet realizzata da Adrien Lavieille. Van Gogh aveva visto il dipinto originale e una versione a pastello (entrambi intitolati *Corvi d'inverno*) nel maggio-giugno del 1887, in occasione di una mostra dedicata a Millet presso l'École Nationale des Beaux-Arts a Parigi. Entrambe le opere rimasero indubbiamente ben impresse nella memoria dell'artista. Millet aveva scelto di ambientare la sua rappresentazione nella pianura di Chailly, dove spesso lavorava, un desolato paesaggio invernale al crepuscolo, nel quale dei corvi cercano cibo. Nel dipinto di

Millet prevalgono le tonalità brune della terra, mentre la versione qui presentata è apparentemente molto diversa; Van Gogh vi utilizzò prevalentemente tonalità blu verdastre che conferiscono un carattere gelido, tipicamente invernale. Non era questo, tuttavia, l'aspetto originale della tela. Nei due anni trascorsi a Parigi (febbraio 1886 - febbraio 1888), Van Gogh aveva iniziato a utilizzare pigmenti organici rossi, cosa che continuò a fare per tutta la sua carriera. Tuttavia, nel corso degli anni, pigmenti naturali quali la cocciniglia, rimasero esposti all'influenza della luce. Anche in *Campo innevato con erpice* Van Gogh aveva utilizzato una quantità notevole di cocciniglia su tutto il dipinto; ai bordi della tela (protetti dalla cornice, dunque non esposti alla luce) è ancora possibile vedere il colore grigio-viola originale. Quando realizzò quest'opera, dunque, Van Gogh rimase molto più aderente al carattere pittorico dell'opera di Millet rispetto a come si presenta oggi la tela.

Sjraar van Heugten

[1] Lettera 805, contenuta in L. Jansen, H. Luijten e N. Bakker (a cura di), *Vincent van Gogh - The Letters. The Complete Illustrated and Annotated Edition*, Amsterdam etc. 2009.

82. Anselm Kiefer

(Donaueschingen, 1945)
Märkische Heide, 1974
olio, acrilico e gomma lacca su tela
cm 118 x 254
Eindhoven, collezione Van Abbemuseum

Autore eclettico e attento al passato e alle sue ombre, Anselm Kiefer nasce a Donaueschingen nel 1945 subito dopo la guerra, appena in tempo per vedere la difficile situazione del suo paese costretto a riemergere dalle macerie. Nel 1965 intraprende gli studi di legge ma l'anno successivo decide di dedicarsi alla pittura, la sua vera passione. Gli anni settanta sono anni in cui Kiefer inizia una serie di azioni artistiche, le *Besetzungen* (Occupazioni), nelle quali si fa fotografare provocatoriamente col braccio teso nel saluto hitleriano davanti a una serie di luoghi della Germania che per lui hanno significato dal punto di vista mitologico e storico.
Per questa sua provocatorietà e per il fatto di rievocare nei suoi lavori un passato doloroso

e da dimenticare, una parte della critica tedesca lo taccia di neo-nazismo, e tale etichetta lo accompagnerà per molti anni creandogli non pochi problemi dal punto di vista espositivo, mentre un'altra parte della critica tedesca esalta il suo coraggio di parlare di quello che è stato l'incubo della Germania nazista.
Nel 1973, apre lo studio a Ornbach e inizia una serie di grandi opere pittoriche, *Deutschlands Geisteshelden* (Germania Eroica).
Narrare la storia, in particolare quella scomoda, è da sempre l'interesse principale di Kiefer, che ha fatto del passato dell'Europa degli ultimi anni i suoi principi di studio e i suoi motivi di rappresentazione (nella seconda metà degli anni ottanta, dedica una serie di opere alla storia ebraica, e in particolare alle donne ebree, quelle che hanno perduto la vita nei campi di sterminio hitleriani).
Il dipinto *Märkische Heide* mostra un sentiero sporco in un paesaggio di brughiera, che inizia nel centro della parte inferiore del quadro e verticalmente sale fino a confondersi con la linea dell'orizzonte, dove terra e cielo si fondono senza soluzione di continuità. Sul lato destro sono visibili tre tronchi sottili di betulle. I toni bianchi del sentiero e le betulle contrastano con le tonalità di giallo e marrone scuro della brughiera deserta. Circa alla metà del percorso inferiore troviamo le parole scritte "Märkische Heide", che alludono sia a una cittadina tedesca del Brandeburgo, sia al titolo di una marcia nazista.
Questo toccare e alludere a luoghi o elementi simbolo del nazismo accentua il *pathos*, la tensione emozionale presente nel quadro e che fa sì che ci si perda nei ricordi di ciò che è stato. La storia, quella così amata dall'artista, è fatta dagli esseri umani ma essi non compaiono mai, al loro posto vengono rappresentati i luoghi, i paesaggi, gli ambienti dove le tragedie di questa storia si sono consumate.
In *Märkische Heide* Kiefer cerca di risolvere il binomio fatale mito - politica, facendo interagire una contro l'altra la materialità desolata del paesaggio con l'allusività della sua iscrizione. La collisione di motivi eterogenei attiva un'analisi discorsiva con la storia e la sua riflessione sul mito.
Egli è convinto, infatti, che l'arte – se è vera e sincera – deve avere la forza di guardare in faccia tutte le tragedie e i drammi, nelle loro forme politiche e ideologiche, per poi poterli trascendere. Solo nell'abbracciare queste opposizioni – espresse dalla dialettica cielo e ter-

ra, Himmel und Erde –, l'arte diviene reale e capace di tenerle insieme. Essa si fa mediatrice di opposti, cerca di mantenerli e approfondirli entrambi, perché qualsiasi limitazione esclude tutto ciò che è infinito.

Anche in questo quadro campeggiano il potere della luce e quello delle tenebre, i due poteri che regolano l'universo: per trovare la luce e la sorgente della vita è necessario discendere e immergersi nel magma oscuro del paesaggio, nella materia terrestre.

Questo è il motivo per cui l'oscurità e la scritta "Markische Heide" si trasformano nell'epifania di un riassorbimento di devastazione, orrore e tragedia, nello sprofondare delle radici nelle ombre e nel dolore di un'identità che non può essere trasfigurata ma esiste attraverso la sofferenza. L'enfasi posta sul soggetto storico viene trascesa da Kiefer, perché bene e male sono le due facce di una stessa medaglia.

Silvia Zancanella

83. Claude Monet

(Parigi, 1840 - Giverny, 1926)
Marina verso sera, Le Havre, 1866 circa
olio su tela, cm 43 x 59,5
Copenaghen, Ordrupgaard

Tra le tele più fiduciosamente dipinte da Monet alla fine degli anni sessanta figurano le marine. In esse il pittore si fa partecipe della tradizione dei "quadri delle vacanze" nei quali si erano distinti Manet, Whistler, Courbet, Daubigny, Jongkind e Boudin nello stesso decennio, quando il mare come soggetto veniva associato a una rappresentazione veloce con una trascrizione diretta nella pittura e nella fotografia.

Ed è proprio con due grandi tele raffiguranti due paesaggi di mare che, nel 1865, Monet ottiene il suo primo successo al Salon: *Foce della Senna, Honfleur* (W51), una veduta del porto di Honfleur con alcune barche in lontananza, e *Punta di la Heve con la bassa marea* (W52), una composizione raffigurante la spiaggia di Sainte-Addresse. In queste tele Monet amplifica la marina olandese, sceglie vedute prospettiche molto profonde, sposta le barche e le figure nella media distanza.

Questi due lavori attirano l'attenzione della critica per l'arditezza della pennellata, ottenuta grazie a una sapiente modulazione delle combinazioni cromatiche tra la brillantezza della luce

solare del porto e la riva oscurata dal cielo tempestoso. Paul Mantz elogia i quadri sulla «Gazette des Beaux-Arts» e lo scrittore Émile Zola ne parla con entusiasmo: «Nelle sue opere l'acqua è viva, profonda, soprattutto vera […]. Lungi dall'essere l'acqua artificiosa, cristallina e pura dei pittori di marine da camera, è invece l'acqua sonnolenta dei porti, chiazzata da macchie oleose, è la grande acqua livida dell'enorme oceano che si srotola smuovendo schiuma sporca.»

Ma sebbene lodate, queste due marine vengono altresì viste con un pizzico d'incertezza: «Giovani e ingenue» scrive un critico; «opache nelle tonalità, come i quadri di Courbet ma con grande semplicità di aspetto» commenta un altro. In pratica queste tele non erano facilmente collocabili e i critici avrebbero faticato non poco per trovare una categoria estetica o stilistica nella quale inserirli. Monet aveva già iniziato a prendere una strada diversa rispetto a quella dei suoi predecessori realisti.

Sempre attratto dal tema delle marine, intorno al 1866 Monet organizza il suo *atelier* presso l'Hotel du Chaval-Blanc e lavora con entusiasmo nel porto e sulla riva del mare, realizzando una serie di marine,[1] tra le quali *Marina verso sera, Le Havre*.

Il mare e il cielo sono dominati da un unico registro tonale: grigio violetto più marcato nella parte superiore e più chiaro nella parte inferiore dove rappresenta il mare. Il bianco dorato che si apre in alto e che sembra proseguire oltre il margine della tela è uno squarcio frastagliato; il mare è formato da una moltitudine di archi aperti in molteplici ombre di grigio e blu. Il colore caldo è limitato per lo più a pochi bagliori sulla superficie dell'acqua. L'orizzonte, oltre la metà del quadro, è l'unico punto in cui, grazie alla collocazione di quattro minuscole macchie nere che indicano la presenza di alcune barche, si trova un accenno alla profondità. La linea d'orizzonte si stende come una sottile fascia che divide la superficie mossa dell'acqua dal grigio-viola più carico del cielo. Il risultato è il prevalere della superficie del mare dipinta densamente.

Se con questo quadro Monet sembra interessato a ricreare in pittura le energie del vento e dell'acqua, più in generale in questo periodo il pittore trova la via dell'impressionismo studiando i riflessi dell'acqua. Al profilo netto è sostituito il tremolare della sfumatura; al colorismo atomico è sostituita l'armonia. È un *plein air* concreto. Ma, a questa data, i quadri di Monet sono ancora leggibili in quanto il si-

stema delle pennellate brevi, delle svirgolate, delle macchie colorate è, di fatto, ancora inserito in un ordine figurativo e il modo di situare le forme fa ancora riferimento all'ordine della prospettiva tradizionale. Lo spazio è ancora uno spazio unitario, misurato dagli oggetti collocati nella profondità. Si tratta di un impressionismo iniziale che propone un modo nuovo di figurazione dello spazio ma non ancora un nuovo modo di visione, come invece accadrà nella produzione della maturità.

Silvia Zancanella

[1] *Marina, effetto notturno* (W71), *Marina* (W72), *L'onda verde* (W73), *Barca di pescatori a Honfleur* (W74), *Barca a Honfleur* (W75), *Barca di pescatori* (W76).

84. Camille Pissarro

(Charlotte Amalie, 1830 - Parigi, 1903)
Tramonto, il porto di Rouen, 1898
olio su tela, cm 65 x 81,1
Cardiff, Ar fenthyg gan/prestito dell'Amgueddfa Cymru-National Museum Wales

Su consiglio di Monet, il cui fratello viveva a Rouen, Pissarro arriva in questa città del nord della Francia per la prima volta nel 1883. In quel momento stava cercando di rinnovare il repertorio dei suoi motivi, fino ad allora prevalentemente corrispondenti a dei paesaggi rurali, e resta affascinato dalla brulicante vita urbana che anima sia il centro storico che il porto fluviale.

Dopo questo primo soggiorno, Renoir torna a Rouen nel 1895, realizzando però solo qualche acquerello. Al suo rientro a Parigi, vede alla Galleria Durand-Ruel la serie delle *Cattedrali* dipinte da Monet nel 1892 e nel 1893. Di fronte a quelle tele rimane colpito sì dall'abilità dell'amico di catturare «l'impalpabile *nuance* degli effetti», ma soprattutto dall'«unità superba che io ho tanto cercato» e che sola si comprende guardando «nel loro insieme» quei quadri. Sulla spinta di questo stimolo, Pissarro si decide a tornare nuovamente a Rouen nel 1896 e, un'ultima volta, nel 1898. Al termine dei quattro soggiorni avrà complessivamente dipinto sessantanove tele, un *corpus* davvero straordinario che, se sommato ai quadri dipinti a Dieppe, Le Havre e Parigi, porta il totale a oltre trecento vedute urbane, facendo così di

Pissarro l'artista che più di ogni altro impressionista ha concentrato la sua attenzione sulla vita della città.

Affetto da problemi alla vista, nel soggiorno del 1898 Pissarro alloggia, dal 23 luglio al 17 ottobre, all'Hotel d'Angleterre, in cours Boieldieu, dipingendo prevalentemente, come si deduce anche dall'inquadratura dall'alto dei suoi soggetti, dalla camera dell'albergo. Da lì il suo sguardo poteva percorrere da sinistra a destra tutta la *rive gauche* della Senna: dal ponte Corneille fin oltre le banchine.

Pissarro è affascinato dalla vivace attività del porto fluviale, e desideroso di mostrare gli aspetti dinamici della vita moderna, privilegia l'attività laboriosa che si svolge lungo il corso della Senna, lasciandosi alle spalle, anche in senso metaforico, le bellezze dell'antica città medievale. I suoi soggetti ora sono i ponti Boieldieu e Corneille, le banchine, la nuovissima stazione d'Orléans sulla riva sinistra. L'obiettivo è studiare e tradurre sulla tela l'atmosfera dei luoghi e le infinite variazioni luminose, lavorando su più quadri in contemporanea. Così infatti scrive al figlio Lucien: «Ho cercato di dare un'idea del movimento, della vita, dell'atmosfera del porto così popolato da battelli fumanti, dei ponti e delle vie, dei quartieri della città con la bruma, la nebbia, il sole al tramonto. […] Ho fatto quello che ho visto e che ho sentito.»

Il Quai de la Bourse, ritratto in questa e in altre sette tele del 1898, è teatro di continui lavori con barche ormeggiate per scaricare sulla banchina grandi cataste di tronchi o che stazionano con i motori accesi, liberando nell'aria fumi che si dissolvono in un cielo arrossato da un caldo tramonto. È indubbio che Pissarro abbia mutuato da Monet il concetto di *serie* e che, al di là dell'interesse specifico per il motivo, l'obiettivo dell'artista sia la resa, fedele all'*impressione*, dell'effetto cangiante del tempo sulla realtà percepita. La bellezza non sta nel motivo in sé, ma nel come luce e atmosfera agiscono su di esso, rendendolo continuamente diverso, e per questo vivo. Ancora una volta è l'artista per primo a esserne consapevole: quanto vedono i suoi occhi è «brutto e banale», ma – sono le sue parole – può essere «bello come Venezia».

Davide Martinelli

85. Claude Monet

(Parigi, 1840 - Giverny, 1926)
Palazzo Dario dopo il tramonto, 1908
olio su tela, cm 92,3 x 73,2
Cardiff, Ar fenthyg gan/prestito dell'Amgueddfa Cymru-National Museum Wales

Recensendo su «La Vie» dell'1 giugno 1912 la mostra *Venise*, inaugurata alla Galerie Bernheim-Jeune il 15 maggio, Gustave Geffroy offre una lettura illuminante delle opere realizzate da Monet nella città lagunare: «Monet è non un pittore dell'oggetto, ma un pittore della luce, egli mostra le cose nello spazio, scevre di qualsiasi definizione accidentale, egli non rappresenta che la loro sostanza e l'atmosfera luminosa che la vivifica. […] Non è più la Venezia precisa che i maestri antichi hanno visto nella sua bellezza nuova e solida, né la Venezia in pittoresca decadenza degli artisti del XVIII secolo, è una Venezia vista attraverso lo sguardo a un tempo più ingenuo e più sapiente, che orna la vetustà delle pietre con la *parure* eterna e cangiante delle ore.»

Palazzo Dario, esposto allora con il n. 21 nella galleria parigina, è stato dipinto quasi sicuramente nella seconda settimana di ottobre del 1908, quando Monet, prima di spostarsi all'Hotel Britannia, era ancora ospite di Mary Young Hunter a Palazzo Barbaro. A poca distanza da lì, Monet poteva infatti dipingere, su una gondola ormeggiata in Canal Grande, il bellissimo Palazzo Dario, un *unicum* tra i palazzi veneziani per la peculiarità dei marmi policromi di cui è intarsiata la facciata. Un elemento, quello della varietà dei colori, di particolare interesse per l'artista che sceglie di non raffigurare l'edificio nella sua interezza, ma di concentrarsi sul ritmo della luce che vive tra i pieni dei marmi e i vuoti delle quadrifore dei piani superiori e dagli spazi di aria tra palazzo e palazzo.

Quasi metà della tela è riservata all'acqua che interessa a Monet tanto quanto la singolarità del palazzo, perché da quell'elemento nasce, e grazie ad esso continuamente vive. Sulla tela tutto viene rappresentato come la composizione unica di un paesaggio, studiato non per la specificità degli elementi, ma per come essi vengono trasformati dalla luce in una particolare ora del giorno. Si spiega così perché il modo di condurre il colore, al di là della definizione diversa dei volumi, è sostanzialmente uguale in tutta la tela. Non c'è

in modo alcuno un'intenzione descrittiva, ma un'analisi, assolutamente rivoluzionaria, della realtà nel suo vivere in un momento esatto del tempo. Per Monet tutto è natura, le ninfee galleggianti nello stagno di Giverny così come i palazzi magicamente emersi dalle acque della laguna. Ne è consapevole l'artista che, ringraziando Geffroy per la recensione alla mostra con i suoi quadri veneziani, in una lettera del 7 giugno 1912 scrive: «Non sono un grande artista. Grande poeta, non so. So solamente che faccio ciò che posso per rendere quello che provo di fronte alla natura e che la maggior parte delle volte, per arrivare a rendere quello che sento, dimentico completamente le regole più elementari della pittura, se per altro ne esistono. In breve, lascio apparire chiaramente degli errori per fissare le mie sensazioni. Sarà sempre così, e questo è per me motivo di disperazione.»

In opere come questa quello che potrebbe essere confuso con il miraggio delle apparenze altro non è che la più lucida visione della sostanza delle cose, di cui l'artista, sono ancora le parole di Geffroy, offre «un'interpretazione che aggiunge il sogno al reale.»

Davide Martinelli

86. Claude Monet

(Parigi, 1840 - Giverny, 1926)
San Giorgio Maggiore dopo il tramonto, 1908
olio su tela, cm 59,2 x 81,2
Cardiff, Ar fenthyg gan/prestito dell'Amgueddfa Cymru-National Museum Wales

Quando, il 14 novembre 1908, Monet festeggia il suo sessantottesimo compleanno, si trova a Venezia da ormai più di un mese. Vi era arrivato infatti il primo ottobre, invitato, insieme alla moglie Alice, da Mary Young Hunter, una ricca signora inglese, che aveva offerto loro ospitalità presso Palazzo Barbaro sul Canal Grande. Qui l'artista sarebbe rimasto due settimane, prima di trasferirsi all'Hotel Britannia, dal 16 ottobre al 7 dicembre, data ultima del suo soggiorno veneziano. In questo hotel, come racconta la moglie nella sua corrispondenza quotidiana con la figlia, Monet «ogni giorno comincia delle nuove tele con entusiasmo.» I motivi di ispirazione sono davvero molti e, dopo le iniziali difficoltà nel selezionarli, l'artista inizia a lavorare, suddividendo la giornata lavorativa, dalle 8 alle 18, in quattro momenti, così da lavorare ogni giorno su quattro motivi diversi, corrispondenti a una o più tele.

Affacciato sul Bacino di San Marco, il Grand Hotel Britannia consente a Monet di lavorare direttamente nella sua camera dalla quale può ammirare San Giorgio Maggiore con il refettorio palladiano del monastero. A questo complesso, studiato nei diversi momenti della giornata, Monet dedica otto tele, cogliendone i diversi *stati*, generati dalle differenti condizioni di luce e di atmosfera. Tersi mattini o caldi tramonti, colti anche da una gondola ormeggiata a est del Bacino di San Marco, si alternano alle tenui brume crepuscolari come quella rappresentata in questa tela, con ogni probabilità corrispondente al quarto motivo della giornata lavorativa dell'artista.

Al termine del soggiorno Monet riporterà a Giverny trentasette quadri, su molti dei quali continuerà a lavorare anche negli anni a venire. Di questo *corpus*, del quale i fratelli Bernheim si erano assicurati l'esclusiva andando a trovare l'artista il 18 dicembre 1908, ventinove tele, questa compresa, saranno esposte nella loro galleria parigina dal 28 maggio al 15 giugno 1912, suscitando l'entusiasmo della critica e del pubblico che, ormai da tre anni, ovvero dall'ultima mostra dedicata da Durand-Ruel alle *ninfee*, attendeva impaziente di vedere delle nuove opere del grande maestro impressionista.

Monet, complice anche un lungo periodo di sconforto, generato dalle inondazioni del 1910 che distrussero il giardino e il Bacino di Giverny, e dalla scomparsa, il 19 maggio 1911, della moglie Alice Hoscedé, con l'approssimarsi dell'esposizione *Venise*, dichiara ripetutamente la sua insoddisfazione per le tele veneziane sulle quali continua a lavorare. Il 10 maggio 1912 scrive all'amico Durand-Ruel: «So bene che giudicherete perfette le mie tele. So anche che, esponendole, avranno un grande successo, ma questo mi è indifferente, perché per me non sono buone.»

È indubbio tuttavia che egli fosse consapevole anche dei grandi risultati raggiunti in quello che fu il suo ultimo soggiorno fuori da Giverny. Nella città lagunare, resa mitica da artisti come Whistler, Turner o Renoir, per restare ai suoi contemporanei, Monet non tradisce la poetica fin lì maturata nello studio del paesaggio e l'interesse primario per la luce. Lo riconoscerà per primo Octave Mirbeau, nella prefazione della mostra del 1912: «È davvero commovente che [a Venezia] Claude Monet, che ha rinnovato la pittura del XIX secolo, abbia potuto rinnovarsi lui stesso. [...] Si direbbe che la mano si abbandoni a seguire la luce. Essa rinuncia allo sforzo di catturarla. Scivola sulla tela, come la luce ha sfiorato le cose. Monet non cattura più la luce con la gioia della conquista [...] la traduce come la più intelligente ballerina traduce un sentimento. Dei movimenti si combinano e noi non capiamo come si scompongano. Sono così ben legati gli uni agli altri che sembrano essere un solo movimento. La danza è perfetta e conclusa come un cerchio. La luce ordina e rivela gli oggetti. [...] Si direbbe che l'acqua e la luce si appoggino e si raffermino alle facciate. [...] Una barca, dei palazzi, la chiesa nascono ed appaiono, a seconda che la luce li autorizzi.»

Davide Martinelli

87. James Abbott McNeill Whistler
(Lowell, 1834 - Londra, 1903)
Blu e oro, San Marco, Venezia, 1880
olio su tela, cm 44,5 x 59,7
Cardiff, Ar fenthyg gan/prestito dell'Amgueddfa Cymru-National Museum Wales

Whistler soggiorna a Venezia dal settembre 1879 al novembre 1880: quattordici mesi straordinariamente creativi, durante i quali realizza circa 50 acqueforti, un centinaio di pastelli e una dozzina di tele.

Tra la fine degli anni settanta e i primi anni ottanta dell'Ottocento i quadri con soggetti veneziani sono estremamente popolari a Londra: Venezia è famosa per le sue vedute notturne, in particolare quelle realizzate da Byron e da Turner, autori sensibili nel sottolineare questo aspetto dell'immaginario romantico della città, la cui attrattiva è ancora molto forte quando Whistler vi giunge.

Nel novembre 1882 la Fine Art Society organizza un'ampia esposizione di soggetti veneziani realizzati da numerosi artisti, tra i quali John Wharlton Bunney e Myles Birket Foster ma non Whistler, probabilmente perché le sue vedute della città sono molto diverse da quelle dei contemporanei, dai quali egli stesso desidera prendere le distanze.

Al collezionista Charles August Howell Whistler scrive da Venezia il 26 gennaio 1880: «Il lavoro che ho fatto è delizioso e nessuno ha idea di ciò che io vedo con estrema chiarezza.» Circa nello stesso periodo scrive anche a Marcus Bourne Huish, direttore della Fine Arts Society: «Ho imparato a conoscere una Venezia nella Venezia che nessun altro sembra avere mai percepito.»

E di fatto la sua visione di Venezia è completamente nuova; è il primo artista che raffigura i canali secondari oltre il Canal Grande; il primo a penetrare i cortili nascosti e i saloni spogli di palazzi decaduti; dipinge la laguna nelle notti senza luna, dove l'unica luce sono i bagliori di lampade ondeggianti sulle prue delle gondole. E tuttavia Whistler non raffigura solo la Venezia poetica e misteriosa, ma anche la città viva e brulicante, colta in un'ampia varietà di attività umane, una città che semplicemente non riconosciamo nei lavori di Turner o di Ruskin ma che è invece più affine a quella "modernità" magistralmente ritratta da Charles Baudelaire, primo critico d'arte che si era avvicinato con simpatia alla sua pittura.

Blu e oro, San Marco, Venezia è una veduta presa davanti al Florian, dove lo sguardo si estende in diagonale oltre la piazza in direzione nord-est, verso la facciata della basilica e la piazzetta dei leoni. Whistler raffigura quattro delle cinque campate della basilica e conclude la sua veduta, sulla sinistra, con la Torre dell'Orologio. I basamenti lucidi rilucono, la pietra d'Istria sulla cima scintilla contro il cielo notturno, la luce dei lampioni a gas non riesce a illuminare gli interni dei sottoportici e lo sguardo dell'osservatore è sollecitato a spostarsi sulla sinistra verso la luce più forte che giunge dall'ingresso alle Mercerie sotto la Torre dell'Orologio.

La scelta di una simile veduta di Piazza San Marco è originale e insolita per il periodo; gli artisti contemporanei tendevano piuttosto a farne lo sfondo per scene di vita sociale, come ad esempio *Piazza San Marco, Venezia* (1883) di William Logsdail, eletto "quadro dell'anno" dalla Royal Academy nel 1883. La diversità rispetto ai lavori di Whistler è evidente: si tratta di una tela affollata di persone intente nelle loro attività o ritratte nel loro stile di vita, mentre quella di Whistler, al contrario, si concentra sulla scelta di pochi elementi.

Vero soggetto di questo quadro è forse il semplice fatto che si tratta di un dipinto a olio, una tecnica della quale Whistler intendeva rivelare ed esaltare le qualità peculiari, in una città – Venezia – dove da ben quattro secoli i pittori ne sperimentavano le grandi possibilità espressive. Le pennellate che scorrono liberamente non hanno funzione di resa naturalistica, ma sono un modo attraverso il quale il pittore suscita emozioni trasferendo sulla tela i bagliori luminosi di una scena notturna. Whistler mira a un effetto armonico complessivo, ottenuto calibrando i toni di uno stesso colore in modo sempre più raffinato; una ricerca del resto già evidente nei suoi primi lavori e che lo aveva portato – nel 1864 con il quadro *Sinfonia in bianco n. 2, la ragazza bianca* – alla rottura con il realismo di Courbet: a prevalere sull'aspetto di denuncia sociale è e sarà per Whistler l'estetica, la bellezza espressa nella tela.

Silvia Zancanella

88. Edward Hopper

(Nyack, 1882 - New York, 1967)
Emporio, 1927
olio su tela, cm 73,7 x 101,9
Boston, Museum of Fine Arts
lascito di John T. Spaulding

I dipinti di Hopper, inquietanti ed emblematici simboli della vita contemporanea, «poesia silenziosa», come la definì Charles Burchfield, sono immagini cariche di suggestioni metafisiche, di atmosfere assorte ed enigmatiche. In un articolo del 1927 il critico Lloyd Goodrich scrisse: «È difficile trovare un pittore che nei suoi quadri esprima l'America meglio di Hopper.» Nell'iconografia dell'artista, fin dall'inizio della sua lunga carriera, ricorrono i temi a lui più cari: le vedute urbane, la campagna, il mare, il lavoro, la solitudine, l'architettura, nudi di donna in interni, il teatro, il cinema. Hopper, il pittore americano per antonomasia, il poeta della solitudine, ritrae gli scenari più comuni della mitologia statunitense moderna attraverso un linguaggio evocativo e assorto, capace di fermare il tempo, di concretizzare attimi sospesi della vita quotidiana. Le sue opere raccontano, con un'efficacia espressiva di rara intensità, l'incomunicabilità, l'attesa, il silenzio, la solitudine, il mistero, risonanze emotive intense, mai banali. Un posto di primo piano nella produzione di Hopper spetta ai ritratti urbani, immagini realizzate attraverso un realismo attento ad ogni variazione luminosa e tonale, che conduce colui che guarda a un altro livello di lettura dell'opera, più profondo e introspettivo: ogni immagine diviene la trascrizione di sentimenti e stati d'animo archetipici,

latenti. Il realismo di Hopper, persuasivo e coinvolgente, non è mai semplice riproduzione della realtà, perché nei suoi quadri, come in un gioco di specchi, l'immagine dà origine a molteplici decodificazioni, a diverse percezioni anche inconsce, mettendo in moto un processo interattivo: maggiore è l'illusionismo pittorico, il mimetismo, l'autenticità della visione rappresentata, maggiore è lo straniamento percettivo che essa provoca in chi osserva, che è indotto a interrogarsi introspettivamente sul significato, cercando di decifrare il codice nascosto nei dipinti, episodi tutti collegati fra loro, di un unico, allusivo racconto.

In *Emporio*, un dipinto realizzato nel 1927, l'ambientazione è notturna, la città è deserta, non passa nessuno, l'atmosfera è sospesa, desolante, quasi metafisica, permeata d'ansia, l'illuminazione non fa che accentuare il senso di estraniamento e di laconica solitudine che emana dal dipinto. Il buio avvolge la città, non passa nessuno sulla strada, ogni azione è bloccata, il tempo appare cristallizzato nell'evidente e inquietante isolamento che genera la notte. Il negozio che di giorno accoglie i clienti in un via vai frettoloso appare remoto, lontano e il silenzio che avvolge lo sguardo mentre ci si accinge a guardare in quella vetrina illuminata sembra accrescere il senso di calma inquietante che pervade l'opera, un'immagine che volutamente esclude qualsiasi specifico evento narrativo. L'angolo di visuale scelto dall'artista – un frammento di New York, la città più amata da Hopper – ricorda una scenografia cinematografica: è questo il motivo per il quale molti registi, da Alfred Hitchcock a Wim Wenders, hanno trovato ispirazione nelle visioni di Hopper, composizioni di onirica essenzialità, capaci di generare una sensazione di tensione emotiva, di profonda alienazione, di mistero e di solitudine. Nella sua silenziosa sospensione questo dipinto, giocato sul contrasto tra il buio avvolgente della notte e l'intensa illuminazione che irradia dalla vetrina dell'emporio, perde il connotato di ritratto urbano per collocarsi in una dimensione più ambigua ed evocativa, suscettibile di innumerevoli interpretazioni.

Roberta Bernabei

89. Piet Mondrian

(Amersfoort, 1872 - New York, 1944)
Notte d'estate, 1907
olio su tela, cm 71 x 110,5
L'Aia, collezione del Gemeentemuseum

Iscrittosi all'Accademia di Belle Arti di Amsterdam nel 1892, tra il 1895 e il 1907 Mondrian dipinge i primi paesaggi influenzato dal naturalismo della tradizione olandese.
Il suo esordio pittorico tuttavia è tutt'altro che incoraggiante: nel 1898 e nel 1901 concorre al "Prix de Rome", il premio più prestigioso in Olanda, ma fallisce e la giuria attesta la sua mancanza di talento per il disegno. Nel 1904 lascia la città e si trasferisce a Uden nel Brabante con l'amico Albert van den Briel.
Qui, in campagna e in completa solitudine, comincia a dipingere alcuni quadri che avrebbero indirizzato la sua arte verso un nuovo percorso. Sebbene si dedicasse a dipingere all'aperto, secondo una pratica cara all'impressionismo, completamente diversa è in Mondrian la resa dei colori – verdi opachi, marroni, grigi-azzurri –, disposti non tanto in modo da esaltare la luce quanto piuttosto per filtrarla.
Gradualmente Mondrian riduce i suoi paesaggi (tramonti e mulini, notti al chiaro di luna e viste sul mare e sulle dune) sempre più a colori e forme e sviluppa una predilezione per il crepuscolo, momento in cui sono i contorni e non tanto gli oggetti ad avere più significato. Questo perché l'opera d'arte, secondo Mondrian, deve consentire il passaggio a piani più sottili di realtà, guidando «in un percorso che si eleva dalla materia».
Il luminismo – versione olandese del fauvismo – gli indica il modo per svincolare il colore dalla sua connotazione realistica; ne sono splendidi esempi *Bosco vicino Oele, Mulino al sole: il mulino Winkel, Devozione*, tutti del 1908.
Quando nel 1909 Mondrian li espone allo Stedelijk Museum di Amsterdam, insieme ai lavori di Kees Spoor e di Jan Sluijters, vengono accolti con enormi riserve e solamente il critico Israel Querido riesce a intuire in queste opere un risultato significativo: Mondrian si lasciava definitivamente alle spalle la Scuola dell'Aia in nome di una ricerca pittorica che approderà all'astrazione (un'altra tappa cruciale di questo percorso avverrà a Parigi nel 1912 quando Mondrian scoprirà l'arte cubista).
Verso il 1906 si fa sentire in Mondrian la prima eco nei confronti dell'opera di Van Gogh:

nel 1907-1908 dipinge *Paesaggio notturno I* nel quale le forme del cielo con i cumuli di nuvole richiamano i turbinii dei cieli di Van Gogh in *Notte stellata*. Ma va ricordato come la "citazione" di Van Gogh non illustri tanto la concezione della natura di Mondrian, quanto piuttosto il suo desiderio di diventare un grande artista.

In *Notte d'estate* lavora sulla base di un dipinto che probabilmente aveva eseguito all'aperto e rielabora il disegno in una versione più elegante, dove le forme si fanno più ampie e il fiume si snoda con maggiore sinuosità. Il dipinto raffigura una scena notturna: una notte illuminata dalla luce della luna circondata da un doppio alone che riflette il suo chiarore sulle acque rilucenti di un fiume. Il cielo risulta confuso e si presenta come una superficie piatta di un colore tra il rossiccio e il marrone chiaro. Nel cielo domina la luce bianco-argentata. Nel corso d'acqua, che riflette la luminosità della luce lunare, si distinguono le tracce delle pennellate stese sulla tela. In questo, come in altri quadri del 1906-1907, si precisa per la prima volta quel tipo di pittura apparentemente trascurata e poco professionale che caratterizza anche le opere successive.

In *Notte d'estate*, che figura tra le opere esposte all'Associazione "Artes" nel 1907 e che viene accolta favorevolmente dal critico Conrad Kickert, Mondrian "dimentica" volontariamente le nozioni apprese, malgrado avesse alle spalle un'approfondita preparazione tecnica acquisita negli anni di Accademia. A mano a mano che Mondrian prosegue il suo percorso, si abbandona con sempre maggiore libertà ai colori rifulgenti sulla tela come ad esempio in *Bosco vicino Oele* (1908), in cui dominano colori brillanti, blu, giallo, violetto, rosso. È con dipinti come questi che Mondrian diventa improvvisamente famoso in Olanda nel 1909 come un esponente dell'avanguardia.

Silvia Zancanella

90. Paul Klee

(Münchenbuchsee, 1879 - Muralto, 1940)
Con la mezzaluna gialla e la stella blu, 1917
acquerello su carta, cm 19,5 x 14,3
Columbus Museum of Art
dono di Howard D. e Babette L. Sirak, donatori della campagna per l'eccellenza continua, e del Derby Fund

La conquista di uno stile personale ricavato dai molti e dissimili stili del modernismo praticati a Parigi e a Monaco nel primo decennio del XX secolo coincise in Paul Klee con l'accettazione del colore come mezzo fondamentale per generare l'impatto emotivo dell'opera. Se da un lato Klee cercò sostegno e incoraggiamento in Vasilij Kandinskij, la sua assimilazione degli elementi spaziali del cubismo fu un passo importante per lo sviluppo della propria arte e l'abbandono della figurazione. Generalmente il colore e la sua forza emotiva non suscitavano grande interesse nella maggior parte dei pittori cubisti. Di massima importanza, quale mezzo per riconciliare colore e cubismo, fu il grande rispetto di Klee per Robert Delaunay, al quale rese visita a Parigi nel 1912. Delaunay aveva rotto con i suoi colleghi cubisti preferendo sperimentare dipinti astratti, prismatici e intensamente colorati, che preannunciano le successive opere di Klee. Quest'ultimo fu infatti talmente colpito dalla teoria e dalla pratica artistica di Delaunay che ne tradusse il saggio *La lumière* e lo pubblicò a Berlino sulla rivista «Der Sturm» nel gennaio del 1913.

L'anno successivo vide Klee in Tunisia per un viaggio di dodici giorni che lo avrebbe confermato nella sua conversione all'importanza del colore e della luce nella propria arte. Le opere eseguite nella città costiera di Saint-Germain (oggi nota con il nome di Ezzahra) nei pressi di Tunisi, mostrano l'artista impegnato a estrarre aspetti essenziali dell'ambiente – le forme e i colori degli edifici, il paesaggio, gli alberi, il cielo – controbilanciandoli con aspetti più formali del cubismo. Lo scoppio della prima guerra mondiale nell'agosto di quell'anno non sembra aver avuto inizialmente un grande effetto su Klee, il quale non fu arruolato fino al marzo del 1916. Dopo una fase di addestramento militare, fu assegnato al reparto Manutenzione Velivoli e all'inizio del 1917 venne trasferito, con un incarico impiegatizio, presso la Real Scuola d'Aviazione bavarese. Questo lavoro in ufficio, lontano dal

conflitto militare, gli consentì di continuare a dipingere e a meditare sulla propria arte. È a tale data che risale l'acquerello esposto in mostra.

A prima vista *Con la mezzaluna gialla e la stella blu* ci appare come una composizione astratta scarsamente collegata alla realtà visiva, più che altro un puzzle di tessere senza una grande relazione tra loro. Tuttavia, come indicato dal titolo, nell'acquerello, eseguito in origine su un foglio più grande poi ridotto alle attuali dimensioni dallo stesso Klee, si può scorgere la forma di una mezzaluna gialla e di una stella a sei punte di colore lavanda pallido, insieme a una lacrima o goccia di pioggia. Altre forme suggeriscono l'idea di case o edifici con tetti spioventi, cosicché la composizione può essere percepita come il patchwork di un paesaggio visto forse dall'alto. In generale gli azzurri, i lavanda e i neri sono colori della notte, mentre le poche zone di giallo presenti nell'immagine possono far pensare alla luce emanata da una lampada. Riconsideriamo l'importanza della mezzaluna e della stella, che sollevano una questione interessante. Una delle bandiere della Tunisia precedente quella attuale, che Klee deve aver certamente visto durante il suo viaggio del 1914 in quel paese, era il vessillo della Marina tunisina sul quale spicca una stella bianca all'interno di una falce di luna. Questi due forti simboli – la luna e la stella – compaiono in diversi acquerelli eseguiti da Klee a Saint-Germain nel 1914 e negli anni successivi (ad esempio, *Il Niesen*, 1915, Berna, collezione privata, e *La discesa della colomba*, 1918, Monaco, collezione privata). La luna e la stella sono due temi che l'artista ha probabilmente utilizzato come mezzo per riaccendere e tener vivo il senso di magia provato a Tunisi, ma anche come elementi chiave di un lessico altamente personale di pittogrammi che egli stava allora creando.

Dominique H. Vasseur

91. Paul Klee

(Münchenbuchsee, 1879 - Muralto, 1940)
Ilfenburg, 1935
guazzo su carta, cm 30,3 x 26,2
Columbus Museum of Art
dono di Howard D. e Babette L. Sirak, donatori
della campagna per l'eccellenza continua, e del
Derby Fund

«Si impara a vedere dietro la facciata, a cogliere le cose alla radice. Si impara a riconoscere
quel che fluisce al di sotto, la preistoria del
visibile. Si impara a scavare in profondità, a
mettere a nudo, a trovare le cause, ad analizza-
re» (Paul Klee, Dessau 1929).
Nel 1931 Paul Klee, allora cinquantenne, insegnava al Bauhaus di Berlino e produceva opere a un ritmo sorprendente. La sua arte aveva
conquistato grande risalto e riconoscimento
internazionale, per esempio negli Stati Uniti in
varie esposizioni al Museum of Modern Art di
New York, alla Braxton Gallery di Hollywood
in California e a Cambridge nel Massachusetts. Sotto ogni aspetto la carriera artistica
di Klee godeva dunque di grande successo e
avrebbe continuato la sua ascesa, se non fosse intervenuto un radicale cambiamento nella
politica tedesca dopo la nomina di Hitler a
Cancelliere del Reich nel 1933 e se non si fosse
manifestata nell'artista una dolorosa malattia,
in seguito diagnosticata come sclerodermia,
che infine portò Klee alla morte.
Sebbene avesse chiesto un certificato attestan-
te la sua origine ariana, l'artista fu marchiato
come ebreo dai nazisti, la sua casa venne sac-
cheggiata dalla Gestapo e nel 1933 gli fu tolto
l'incarico di docenza presso la Kunstakademie
di Düsseldorf. Scarsa era in Klee la speranza
che lui e la sua arte potessero avere un qualche futuro in Germania, perciò egli decise
di emigrare con la famiglia a Berna, sua città
natale. Dopo il trasferimento in Svizzera la
produzione solitamente prodigiosa di Klee cominciò a ridursi con il deteriorarsi della salute
e l'umore dell'artista passò dall'ottimismo al
pessimismo. In generale le sue opere risalenti
agli anni trenta tendono a essere complesse nel
loro punto di partenza, a rispecchiare temi di
precedenti lavori di Klee e a prediligere spesso
composizioni costruite con forme più grandi,
più scure e più audaci.
Ilfenburg, che ci appare come una specie di
antica struttura architettonica, forse una
tomba, è situabile in un punto di congiunzione tra opere precedenti quali *Castello da*
costruire nel bosco del 1926 (Berlino, collezione privata) e *Donna maledicente* del 1939
(Svizzera, collezione privata), in cui le zone
interconnesse dell'immagine rappresentano
non un'architettura ma una figura umana.
Di fatto, i sinistri blocchi che compongono la
cupa struttura di *Ilfenburg* sembrano stranamente vivi – o vivi in un tempo anteriore – e
creano l'impressione delle forme sovrapposte
di un serpente che riposa avvolto nelle sue
spire. Tuttavia, benché l'atmosfera generale
di quest'opera suggerisca l'idea della morte o
di una fortezza impenetrabile, Klee inserisce
quattro piccole piante verdi sul bordo inferiore dell'immagine, mentre dietro e al di sopra
della sinistra struttura si mostra trionfalmente
un probabile albero verde. Nella realtà non
esiste un luogo come Ilfenburg, anche se in
Germania, sui monti Harz, si trova un'antica
città di nome Ilsenburg. In tedesco il termine
"elfen" ha il significato di "elfi", creature as-
sociate ai nani e ai minatori. Le immagini di
Klee sono un curioso insieme di realtà personale frammista a un lessico universale di forme e simboli. È allora inevitabile chiedersi, in
questo caso, che cosa mai abbia portato l'artista a ricordare Ilsenburg.
Ora che Klee risiedeva nuovamente a Berna,
sicuramente aveva familiarità con la più famosa struttura del luogo, la Zytglogge, una
maestosa torre dell'orologio nonché guardiola
del XIII secolo, utilizzata un tempo come prigione. Edificata con grandi blocchi di calcare, la Zytglogge presenta pochissime finestre,
mentre alla sua base si apre una delle porte
principali della città. Forse non a caso sullo
stemma di Islenburg è raffigurata una sche-
matica torre di castello proprio con una simile
porta alla sua base (quale riferimento all'antico Schloss) fiancheggiata da due grandi alberi
verdi. Sorge spontanea l'idea che, di ritorno a
Berna, nel vedere l'imponente torre dell'orologio, Klee ritrovasse in sé il ricordo della sua
visita a Ilsenburg in Germania. Sebbene sia
un'immagine di silenzio impenetrabile e forse
di morte, *Ilfenburg* svela una promessa di vita
nelle piante verdi che nascono alla sua base e
nell'albero che conclude la sinistra sommità
della struttura.

Dominique H. Vasseur

92. Andrew Wyeth

(Chadds Ford, 1917-2009)
Plenilunio, 1975
acquerello su carta, cm 101,9 x 73,6
collezione privata

Figlio del famoso illustratore N.C. Wyeth,
Andrew Wyeth dà voce nella sua lunga attività
pittorica a uno degli episodi più affascinanti
di quel realismo naturalistico americano che
discende dai grandi pittori di metà Ottocento
e ha un suo precedente, al di là di Hopper, nella pittura di Winslow Homer («Adoro l'opera
di Winslow Homer, ho studiato a fondo i suoi
acquerelli… è il pittore più sensibile d'America» dice Wyeth) e di Thomas Eakins.
E tuttavia, le sue meticolose rappresentazioni
di scene di vita rurale americana vanno ben
oltre la mera rappresentazione estetica e possono definirsi come "momenti di silenzio",
nei quali la componente riflessiva domina il
quadro e trasmette un senso di quiete. Il tema
principale, la meditazione sulla vita e sull'incombere della morte, è sostenuto da una
composizione lineare, essenziale, e si snoda
sostanzialmente in due grandi serie narrative
raffigurate nell'arco intero della sua vita. Una
è collegata alla vita della famiglia Kuerner a
Chadds Ford, l'altra è legata alla famiglia degli
Olson nel Maine e sono ugualmente importanti nella carriera di Andrew Wyeth. Nel suo
libro sui pittori americani del XX secolo, John
Baur scrive: «Questi due luoghi, dove praticamente si svolse tutta la vita di Wyeth, sono
importanti per il suo lavoro. Non solo hanno
fornito i soggetti per i suoi quadri, ma hanno
profondamente colorato la sua visione, conferendole qualcosa della loro spartana semplicità, una comprensione delle cose battute dalle
intemperie di sole e di aria e della tragedia
sottostante di tempi difficili e solitari. Lo stile
microscopicamente realista di Wyeth […] non
è mai usato per stupire, né per la pura gioia
di imitazione. È uno strumento per rispecchiare, nel modo più integrale possibile, gli umori
sottili e il dramma riservato e poco visibile dei
temi scelti. I suoi quadri sono spesso simbolici nel sentimento, ma il simbolismo è essenzialmente pittorico, antiletterario e raramente
esplicito.»
Case rurali, granai, boschi, sentieri abitati da
uomini e animali, luoghi a pochi minuti di
cammino da casa e persone che abitavano nei
dintorni e che per anni si sono prestate a posare come modelli. Wyeth ha dipinto ciò che

meglio conosceva, restituendo e al contempo rendendo universale una visione intima e personale, fatta di cose e persone a lui vicine. Le persone compiono atti semplicissimi, primari, e hanno tutte un nome, anche se non sono ritratti. Le cose accompagnano le persone, o, con ugual valore e dignità, riempiono l'immagine in loro vece, come in *Verso sera d'inverno dai Kuerner*.

La precisione di quelle realtà non è né descrittiva, né fotografica, né verista; è una specie di diario poetico; un racconto della terra. Nelle opere di Andrew Wyeth non brillano i colori; i toni vi risultano un poco spenti, malinconici; i cieli sono grigi, nuvolosi, appena cerulei.

L'aspetto realistico ma al contempo magico e sognante è evidente nell'acquerello *Plenilunio*, dove dominano i toni scuri ma luminosi di una notte invernale che si stende con il suo silenzio e i suoi bagliori bianchi, accentuati dalla luna piena e dalla linea obliqua che funge da orizzonte delimitando la linea curva della collina. Con queste parole Wyeth racconta la composizione di questo lavoro: «Circa l'una del mattino. Ero sveglio e mi trovavo sul retro della casa dei Kuerner. C'era la luna piena che illuminava le macchie sciolte della neve sulla collina in modo misterioso. Quindi udii un suono morbido, regolare provenire dalla legnaia dove una luce era accesa, e mi accorsi che Anna stava tagliando la legna. Mio Dio! Potevo sentire distintamente il suono dei colpi con i quali tagliava i pezzi e li riponeva in un piccolo cesto per poter accendere il fuoco in cucina la mattina seguente. Rimasi lì al freddo e al chiaro di luna. Alla fine Anna terminò. La luce nella legnaia si spense e seguii l'accendersi e lo spegnersi delle altre luci mentre saliva di sopra. Feci dei piccoli schizzi a matita, tornai nello studio e dipinsi quella scena con l'acquerello, in circa mezz'ora. La tonalità del colore è quella che preferisco. Per me rappresenta l'inverno, la sua aria fresca e cristallina, il suono del ghiaccio che scricchiola quando pattini di sera. Tutti i bianchi sono puri fogli di carta. Queste macchie di neve hanno qualcosa di selvaggio, quasi primitivo. Si possono quasi sentire ululare i lupi.»

Silvia Zancanella

93. Andrew Wyeth
(Chadds Ford, 1917-2009)
Il riflesso della luna, 1986
acquerello su carta di stracci, cm 71 x 92
Mr. e Mrs. Frank E. Fowler

Il riflesso della luna è una delle numerose raffigurazioni dello studio dell'artista a Chadds Ford. Costruito nel 1875, in origine come scuola, è il luogo dove Wyeth vive e lavora dal 1940 al 1961. Successivamente, ha mantenuto l'edificio esclusivamente come studio fino al 2008. Migliaia di opere di Wyeth, molte raffiguranti i terreni agricoli e gli spazi aperti della Brandywine Valley, sono state dipinte qui, così come i famosi dipinti con Helga e quelli della fattoria dei Kuerner.

Nel maggio del 1940 Andrew Wyeth sposa Betsy James, una giovane donna di Aurora, New York, i cui genitori, come quelli di Wyeth, possedevano una proprietà estiva nel Maine. Andrew e Betsy tornano a Chadds Ford nel mese di ottobre, per arredare la loro casa nello stesso edificio che Andrew usava come studio.

Lo studio era separato dalla parte dedicata alla famiglia – una famiglia che nel 1946 comprendeva anche due figli, Nicholas e Jamie – solo da una porta tra il salotto e il suo studio.

Nel 1961, la famiglia Wyeth si trasferisce a Brandywine Creek, in un complesso con un mulino storico che Betsy Wyeth aveva accuratamente rinnovato. L'ex casa viene così trasformata esclusivamente nello studio di Wyeth ed è nota oggi come "Studio".

Per i successivi quarant'anni, "lo Studio" è di dominio privato di Andrew Wyeth. Non dovendo più destinare parti dell'edificio a usi diversi, Wyeth creò spazi compatibili con le sue inclinazioni e con le sue esigenze artistiche.

L'edificio conserva l'essenza sia dell'uomo che dell'artista: Wyeth ha fatto in modo che la costruzione venisse praticamente nascosta dagli alberi circostanti. Questo espediente, insieme all'avviso di non disturbare affisso sulla porta d'entrata, gli permise di lavorare con tranquillità, per la maggior parte del tempo.

L'interno presenta alcune stranezze affascinanti: in un armadio si trova un rotolo a grandezza umana di carta da acquerello italiana, il tipo preferito da Wyeth, e due pareti conservano dei numeri telefonici scarabocchiati dall'artista mentre prendeva nota, con grande disappunto della moglie. La sala più grande è piena di costumi e delle migliaia di soldatini

che Wyeth raccolse per tutta la vita. In fondo c'è una parte della casa che il figlio Jamie, anch'egli pittore, utilizzò per un certo periodo negli ultimi anni sessanta.

Lo studio sul retro è dove Andrew lavorava. Ci sono due grandi finestre affacciate su quella che l'artista considera la luce più consistente, quella proveniente da nord: «Preferisco l'inverno e l'autunno, quando si sente la struttura ossea del paesaggio – la sua solitudine, la sensazione dell'inverno. Qualcosa aspetta sotto di esso, la storia nella sua completezza non si mostra.»

E difatti, Andrew Wyeth ha speso ogni autunno e inverno a Chadds Ford. Ha lavorato in una casa che conteneva il suo studio, con la luce proveniente da nord.

Lo studio è cambiato poco nel corso degli anni, e malgrado il trascorrere del tempo abbia causato un inevitabile deterioramento delle superfici murarie e la progressiva rottura degli intonaci, Wyeth ha continuato a lavorarvi dall'inizio di ogni anno fino all'estate, senza alcuna preoccupazione di ristrutturarne il "décor".

Silvia Zancanella

Sere e notti del Novecento. Il cielo e lo spirito

94. Emil Nolde

(Nolde, presso Burkhall, 1867 - Seebüll, 1956)
Girasoli in una tempesta di vento notturna
1943
olio su tavola, cm 72,6 x 88
Columbus Museum of Art
dono di Howard D. e Babette L. Sirak, donatori della campagna per l'eccellenza continua, e del Derby Fund

La gioventù di Emil Nolde fu tormentata dalla solitudine e dall'incertezza, mitigate tuttavia da una spiritualità profondamente personale che avrebbe avuto per l'artista un'importanza fondamentale durante tutta la vita. Il percorso di Nolde fu tutt'altro che tradizionale o facile. Il breve tempo da lui trascorso nel 1899 all'Académie Julian di Parigi sotto la guida di Jules-Joseph Lefebvre lo deluse profondamente; così come trovò nell'impressionismo ben poco che toccasse la sua anima. Fu invece colpito dalle colorate opere espressioniste di Paul Gauguin e di Vincent van Gogh. Non sorprende che il colore sia diventato in seguito il suo massimo veicolo di espressione e che proprio questa caratteristica lo abbia messo in luce presso il gruppo di artisti noto con il nome Die Brücke.
Nel 1906 Nolde si aggregò a Karl Schmidt-Rottluff, Ernst Ludwig Kirchner, Erich Heckel e Max Pechstein e con loro espose in tutta la Germania, ma questa associazione fu di breve durata e ancora una volta la riservatezza di Nolde portò l'artista su una strada solitaria. I soggetti dei suoi dipinti in questo periodo volgono in due direzioni: una verso temi biblici e cristiani, l'altra verso celebrazioni selvaggiamente edonistiche se non, addirittura, pagane. Per quanto riguarda il primo impulso, Nolde portò avanti l'antica tradizione nordeuropea della pittura religiosa risalente all'epoca medievale, mentre nel secondo caso l'artista volle, come Gauguin, scoprire e accogliere la verità dei cosiddetti popoli primitivi. Nel 1913, con la moglie Ada, attraversò la Russia e la Cina per visitare Manila, la Nuova Guinea e la Nuova Irlanda. Diversamente da altri modernisti europei, che nelle loro opere inclusero elementi stilistici dell'arte oceanica e africana, Nolde preferì assorbire nel suo lavoro lo spirito dell'esperienza. Quei viaggi nei Mari del Sud contribuirono a intensificare la sua identificazione con il colore e la natura, soprattutto con il mare. La nascita del Partito Nazionalsocialista cambiò la vita di Nolde così come quella di centinaia di altri artisti. Ingenuo in materia politica, egli si era in un primo tempo iscritto al Partito Nazista, con il quale tuttavia si scontrò ben presto a causa delle loro contrapposte idee sull'arte moderna. Tutti i suoi dipinti furono tolti dalle pareti di musei e gallerie, mentre durante la mostra *Arte Degenerata* allestita a Monaco nel 1937 ventisette suoi dipinti, insieme a decine di opere di altri artisti suoi contemporanei, furono dileggiati come il prodotto di un incompetente o di un pazzo. Sebbene Nolde continuasse ottimisticamente a credere che la verità sarebbe prevalsa e che la sua arte sarebbe stata nuovamente accettata, nel 1941 giunse l'ordine che gli proibiva per sempre di dipingere.
Nell'impossibilità di rinunciare alla propria arte Nolde si ritirò nella casa circondata da un magnifico giardino che possedeva a Seebüll, vicino al Mare del Nord. È un fatto significativo che nel 1940 egli abbia dipinto ventidue tele e nel 1941, invece, soltanto tre. Questa drastica riduzione del suo lavoro permase fino al termine della guerra, nel 1945, quando poté riprendere ufficialmente a dipingere. Durante questo periodo di autoesilio cominciò a eseguire piccoli studi ad acquerello o guazzo che definì «quadri non dipinti» e che tenne segreti per non incorrere in un'ulteriore censura del governo. Tuttavia, la naturale propensione dell'artista per il colore a olio, il suo medium preferito, non si estinse mai completamente.
Nel 1943 dipinse cinque lavori, fra cui *Girasoli in una tempesta di vento*. Benché il soggetto non sembri avere alcun carattere politico, il dipinto è comunque un eloquente riferimento agli orrori della guerra e alla capacità di reazione e ottimismo dello spirito umano. In quest'opera Nolde raffigura alcuni girasoli, fiori solitamente rivolti verso il sole, in questo caso scossi da una bufera, mentre il cielo, in alto, è carico di minacciose nuvole viola, con un accenno di tramonto sul basso orizzonte. Nell'angolo inferiore a destra sono presenti, quasi invisibili, due imbarcazioni che cercano di allontanarsi dalla tempesta; quelle vele sono una probabile allusione all'artista stesso e all'amata e sofferente moglie Ada, poi deceduta nel 1946.

Dominique H. Vasseur

95. Antonio López García

(Tomelloso, 1936)
Tomelloso, giardino di notte, 1980
olio su tavola, cm 99 x 82
Madrid, Fundación Obra Social y Monte de Piedad

In questo dipinto l'oscurità ha sfumato i profili e i contorni degli elementi del giardino in primo piano e del paese che si intravede in lontananza: vi si possono infatti soltanto distinguere i volumi degli alberi e di qualche muro. Il colore della notte avvolge tutto, distendendosi fino all'orizzonte illuminato dalle stelle, elementi magici del mondo notturno, che diffondono una tenue luce che aiuta a distinguere questi elementi. Nell'oscurità si colgono tonalità diverse, ci sono le ombre riflesse sul muro o sul terreno, il cielo di un blu scuro molto intenso, gli alberi trascolorati che ora sono neri; la notte ha trasformato la realtà, dando un tono romantico alla scena. Questo dipinto risulta romantico per l'emozione che trasmette, che poi era uno degli obiettivi principali della pittura del romanticismo ottocentesco. Peraltro, in quest'opera non vi è alcun segno di drammatizzazione o idealizzazione del paesaggio, né di un significato simbolico, elementi che ricorrevano spesso nei notturni dipinti con quello stile che contribuì fortemente all'affermazione del paesaggio come genere pittorico.
Se si confronta *Tomelloso, giardino di notte* con alcuni dei paesaggi notturni di Van Gogh, si possono notare alcuni elementi in comune, come gli alberi e le stelle, che peraltro sono raffigurati in modo completamente diverso. Mentre Van Gogh ricrea il movimento decisamente sfolgorante dei corpi celesti, Antonio López ha rappresentato delle stelle discrete, che illuminano con una luce delicata. Gli alberi, che nelle opere di Van Gogh sono di grandi dimensioni e normalmente vengono messi in grande evidenza, nella pittura di López occupano invece uno spazio contenuto e non spezzano la visuale, che si prolunga verso l'orizzonte. In ogni caso, entrambi gli artisti riescono a farci ammirare la natura, sempre mutevole secondo le condizioni di luce.
Questa scena è dipinta a Tomelloso, il paese natale dell'artista, con il quale egli mantiene un legame speciale, non solo per gli affetti familiari e il ricordo di un'infanzia felice, ma perché per vari anni è stato uno dei temi principali della sua pittura, prima come sfondo

delle sue opere figurative o delle sue nature morte, e in seguito come tema principale, sotto forma di vedute o paesaggi.

Le vedute sono un tema molto importante nella produzione pittorica di Antonio López benché rare volte – come in questa occasione – le abbia dipinte di notte. La maggior parte dei suoi notturni furono realizzati tra la metà degli anni cinquanta e l'inizio dei sessanta, benché questo dipinto sia piuttosto tardo, essendo stato realizzato verso il 1980. Peraltro, l'opera in questione si ricollega a diverse finestre che l'artista dipinse nel corso degli anni settanta e agli inizi degli anni ottanta, alcune delle quali erano visioni notturne che riflettevano un paesaggio urbano. In questo dipinto, invece, troviamo uno spazio aperto in cui si può sentire il peso della notte. Essa qui si presenta quieta e riservata, tranquilla, contrariamente alla notte della città, con le sue luci e le automobili, che non sta mai in silenzio. In quegli anni la pittura di Antonio López si concentrò sulle vedute e sulle rappresentazioni di elementi vegetali e floreali, mentre nei suoi disegni predominavano gli interni, anche se ne esiste pure qualcuno raffigurante le strade del suo paese natale, in cui era la prospettiva a fare da protagonista. Anche in *Tomelloso, giardino di notte*, è presente lo studio della prospettiva, che viene accentuata da un punto di illuminazione elettrica che non coincide con il punto di fuga.

La notte è un tema che si collega alla sua produzione artistica dei primi anni, non solo per essere stata frequentemente raffigurata durante quella fase, ma anche perché questo momento del giorno apre la strada alla fantasticheria e al sogno, che a loro volta si ricollegano alla dimensione magica, elemento costante di molti dei suoi dipinti e dei suoi rilievi policromi di quel periodo. È nella notte che le attività di tutti i giorni giungono a conclusione e la mente può lasciare campo libero all'immaginazione e dedicarsi a contemplare, a pensare. È, paradossalmente, un momento quotidiano in cui ci si può sottrarre alla realtà, dando spazio al sentimento, all'emozione, come quella che si manifesta nel contemplare questo paesaggio.

Beatriz Hidalgo Caldas

96. Andrew Wyeth
(Chadds Ford, 1917-2009)
Verso sera d'inverno dai Kuerner, 1983
acquerello su carta di stracci, cm 64,7 x 100,9
Mr. e Mrs. Frank E. Fowler

Camminando nella campagna di Chadds Ford, Wyeth ragazzo scopre la fattoria dei Kuerner, leggermente a est della casa della sua famiglia. Qui viene accolto da Karl Kuerner – emigrato tedesco, che subito lo affascina per il suo carattere forte e perché aveva combattuto nell'esercito durante la Prima guerra mondiale – e dalla moglie Anna. La coppia gli permette di vagare ovunque nella proprietà. Wyeth è affascinato dalla fattoria, dai metodi di allevamento, e soprattutto dalle persone e dalle loro tradizioni alle quali i Kuerner, che in casa parlavano ancora il tedesco, non avevano rinunciato. Il legame che si crea tra l'artista e il luogo, e tra l'artista e la famiglia Kuerner sarebbe durato tutta la vita. Da adulto, Wyeth realizza dipinti e acquerelli dalla fattoria, che diventa il centro di uno dei mondi da lui raffigurati.

Così disse a Thomas Hoving nel 1976: «Non sono andato in quella fattoria perché era in qualche modo bucolica. In realtà non sono così interessato all'agricoltura. La qualità astratta, quasi militare di tale azienda mi affascinò e mi affascina ancora. Tutto viene utilizzato. Se uccidono una marmotta, la tagliano a pezzi e con le sue interiora fanno salsicce […]. Entrare in quella casa con i muri spessi e pesanti e avere birra alla spina o sidro scuro era una cosa emozionante […]. Quando avevo circa dieci anni, ho avuto voglia di dipingerla […]. Non è mai diventata un tentativo cosciente […]. Io non penso a essa come a uno studio. Penso a essa come a un ambiente, libero, organico e naturale.»

Mentre Wyeth frequenta e raffigura la fattoria dei Kuerner dipinge anche Alvaro e Christina Olson nella loro fattoria di Cushing, nel Maine. Se i Kuerner mantenevano la loro fattoria pulita e ordinata, la fattoria Olson rappresentava il declino di una casa di famiglia del New England attraverso molte generazioni.

Lo stesso Wyeth ha commentato le differenze tra i Kuerner e gli Olson. «Attraverso gli Olson ho davvero cominciato a vedere il New England come realmente era. È stato proprio l'opposto rispetto ai Kuerner. La differenza tra Anna Kuerner e Christina Olson è abbastanza grande. Christina è un tipo schietto di Yankee del Maine, New England, mentre l'altra è straniera e sì, piccola e tranquilla, ma sotto sotto, ovviamente, tremendamente combattiva. Una bella differenza. E la differenza, naturalmente, è una cosa che mi interessa molto.»

Anche in *Verso sera d'inverno dai Kuernes*, come in *Plenilunio*, siamo immersi in un paesaggio invernale, dominato da un grande abete e da una linea obliqua che accompagna lo sguardo sino alla casa dei Kuerner, mimetizzata tra la neve in lontananza. Protagonisti sono il silenzio, la malinconia di persone, cose, animali immersi in una natura spoglia, risonante d'echi lontani; attendono sospesi fra il presente e la memoria del passato.

I palchi di caribù che campeggiano in primo piano appesi a un ramo dell'albero sono in qualche modo un "ritratto" di Karl Kuerner, appassionato cacciatore, e testimoniano un procedimento pittorico frequente in Wyeth: ossia, le persone sono assenti e le cose spesso riempiono l'immagine al posto loro, con uguale dignità e valore. Il quadro allora sembra disporsi a restituire la realtà, ma in verità ne crea una seconda, diversa, dove l'oggetto – in questo caso i palchi di caribù – viene isolato in un suo spazio di attesa e di silenzio, grazie a una composizione geometrizzante, definita da linee nette ortogonali sopra le quali balenano profondi tagli prospettici diagonali.

Così il pittore commenta questo suo lavoro: «Betsy comprò da qualche parte questi palchi di caribù e li appese nel granaio e io impazzivo all'idea di farne una tempera come ritratto di Karl Kuerner, che era un grande cacciatore. I palchi non si trovavano esattamente in questo posto e dunque questo lavoro è completamente frutto della mia immaginazione. Avevo disegnato i palchi così tante volte da averli memorizzati visivamente e così quando vidi la scena invernale li collocai al suo interno. Mi piace la sua atmosfera.»

Silvia Zancanella

97. Piero Guccione
(Scicli, Ragusa, 1935)
Ombre della sera, 1981-1982
olio su tela, cm 55 x 110
collezione privata

98. Piero Guccione
(Scicli, Ragusa, 1935)
Dopo il tramonto, 1985-1987
olio su tela, cm 84 x 108
Milano, Collezione Giuseppe Iannaccone

Nato a Scicli (Ragusa) nel 1935, Piero Guccione studia prima all'Istituto d'Arte di Catania, e in seguito all'Accademia di Belle Arti di Roma, dove si trasferisce nel 1954 e dove tiene la sua prima personale alla Galleria L'Elmo nel 1960. Dal 1966 al 1969 è assistente di Renato Guttuso alla cattedra di Pittura dell'Accademia di Belle Arti. Roma rappresenta per il giovane artista la possibilità di fare le esperienze artistiche più varie ed eterogenee e di venire a contatto con gli avvenimenti dell'arte del tempo, in particolare con la pittura realista di artisti quali Pirandello, Guttuso, Vespignani.
Se in questo periodo dipinge paesaggi romani, ritratti, esterni-interni, nel 1962 i due quadri *Rondini* e *Primavera* annunciano, in modo espressionistico, la qualità lirica della sua pittura. Intorno al 1970, la definitiva presa di coscienza sulla visione e sullo sguardo come frutto di lunga meditazione è annunciata dal quadro *Le linee del mare e della terra*, dove Guccione coniuga due tra i temi più cari del suo universo pittorico: l'azzurro del mare e del cielo e i toni ramati della terra iblea; un universo sempre più semplificato, dove la ricerca dell'essenzialità porterà coerentemente il pittore a concentrarsi solamente su alcuni elementi del paesaggio siciliano. È un passaggio già ravvisabile in alcuni quadri degli anni settanta; *La nave e l'ombra del mare, Piccolo mare con peschereccio*, entrambi del 1978, contengono gli ultimi cenni a riferimenti oggettivi prima che l'attenzione dell'artista si concentri esclusivamente sui colori del mare e del cielo, come in *Tre movimenti del mare*. Con *L'ultimo mare*, 1981-1983, Guccione riduce progressivamente le linee in un procedimento che crea attraverso continue sottrazioni e concentrando l'attenzione sui movimenti interiori. Raggiunge, così, un punto di arrivo importante: "raccontare" la concentrazione assoluta dell'azzurro e della luce affidandosi esclusivamente alla forza della poesia. A proposito di questo quadro, così commenta, nel 1995: «Nel 1983 dipinsi l'ultimo mare e pensavo che non avrei più continuato. E invece non solo non ho ancora smesso ma ho l'impressione che non smetterò mai più, perché mi accorgo che ho tanto ancora da scavare nell'acqua.» Si apre, in questo modo, un universo infinito, perché «scavare nell'acqua», concentrandosi sull'«assoluta immobilità del mare, che però è costantemente in movimento», consente alla pittura variazioni infinite.
Dai primi quadri con il mare come soggetto, iniziati dalla seconda metà degli anni settanta, fino a quelli realizzati nei primi anni ottanta, prende avvio un processo di lenta trasformazione durante il quale il mare accentua il suo protagonismo, perde la sua solidità per trasformarsi nella vibratilità multiforme del suo movimento continuo, come in *Ombre della sera* e in *Dopo il tramonto*.
Punto di partenza è sempre il lavoro sul vero, nel senso che a Guccione interessano i paesaggi ai quali è legato da consuetudine e nel senso che, partendo magari solo da una notazione di colore, o da uno schizzo, il soggetto prende corpo, mentre la pittura cresce in modo stratificato, senza smarrire nulla di quella prima notazione dal vero. Nel corso di questo processo, spesso lungo mesi – o qualche volta anni, come nel caso di questi due quadri –, il pittore non perde mai il contatto con il motivo. La pittura diviene un modo per penetrare la realtà, interpretandone anche lo scorrere fuggevole di un'ombra, il baluginio di una luce o di un riflesso che si posa sulla superficie increspata del mare. Ma si tratta, come in questi due lavori, di descrizioni appena accennate poiché l'obiettivo di Guccione è esprimere l'ampiezza massima di significati attraverso l'eliminazione progressiva degli episodi accidentali a favore delle poche cose essenziali capaci di esprimere la vastità della vita. Del paesaggio della Sicilia, ora Guccione sceglie esclusivamente alcuni elementi, che vengono sempre più spogliati di caratteristiche particolari, si offrono allo sguardo interiore e si colmano di senso profondo; di un tempo che è il tempo della durata. La pennellata è ormai insufficiente, la superficie pittorica viene ricoperta di strati sopra strati, quasi a raccontare un tempo lungo, nato per sedimentazioni successive.
Nel 1985 – dopo un'interruzione di qualche anno durante la quale si era dedicato al pastello, realizzando le raccolte *Viaggio intorno a Caspar David Friedrich* (1981-1984) e *Dopo il vento d'occidente* –, mentre è ancora impegnato nella seconda serie di pastelli, Guccione riprende a dipingere il mare. Ora si volge più che mai alla ricerca della perennità, attraverso una più lunga sedimentazione della materia e del tempo.
La concentrazione necessaria per realizzare *Dopo il tramonto* è enorme; il mare viene ricreato nella sua atemporalità, ombre e luci sono ciò che resta, che dura, ciò che apre uno spazio dove si mescolano la memoria e il sogno, la vita e la pittura. La ricerca è quella dell'essenzialità. Sull'ampia superficie della tela è adombrata l'ampiezza del mare e quella del cielo e bisogna porsi alla giusta distanza per cogliere i brevi segmenti di onda che, muovendosi dal primo piano all'orizzonte, sono un accenno di prospettiva. Ora, sull'azzurra distesa del mare le uniche presenze sono la luce e le correnti, segni di spazio e di lontananza. Non è più, o non solo, il mare nella sua naturalità a interessare l'artista, quanto piuttosto l'idea di esso. «Principalmente il mare è stato un contatto quotidiano con il mio occhio. Man mano che lo dipingevo… pensavo che esso potesse esaurirsi. Ma il mare è una cosa infinita, ed è infinito anche dal punto di vista della pittura. Difatti mi accorgo che, se faccio riferimento ai primi mari che ho dipinto intorno alla fine degli anni settanta e quelli che dipingo oggi, c'è un'enorme differenza. Ma non perché io sono più vecchio, o più maturo, o disegno meglio, ma perché il concetto del mare è cambiato. Mentre prima il mio era un rapporto fisico, più legato alla superficie, adesso per me il mare è diventato un motivo di esplorazione molto più ampio che implica anche tutti i vari significati, i vari valori che non vorrei definire di natura filosofica, sentimentale, ma di natura spaziale e coloristica.»
Dinanzi a questi mari, per la prima volta la critica ha messo in rilievo l'aspetto contemplativo della pittura di Guccione, grazie al quale ci sono solo la vastità e solo l'azzurro.
Entrambi questi quadri sono inoltre collegati alla ricerca di Guccione di rendere pittoricamente l'ombra, quel «segno e regno del mistero».
«Da sempre cerco di dipingere l'ombra. Non solo quella portata, ma quella presente nelle cose, che germina in esse, più che da esse generata, quando tutto è luce. L'ombra azzurrina che si espande dopo il tramonto, sul ciglio di una collina, sull'orizzonte del mare o in una strada di città, prima che varchi quella più vasta e stellare della notte, è ciò che ho inseguito per anni.» E le ombre percorrono silenziose le

superfici dei quadri, ora increspandosi nel movimento di una piccola onda, ora accennando alle ombre più decise dello scendere della sera, con quel tocco appassionato e rigoroso che contraddistingue la pittura dell'artista. Il segreto della poesia del suo lavoro è nella combinazione di esattezza e infinitezza, due concetti contrapposti che giungono a Guccione dalle parole di Natalia Ginzburg sulla poesia («La poesia ha qualcosa di esatto e di infinito») e che così ha più volte commentato il pittore: «Mi pare sia la cosa più vicina e più perfetta che si possa dire sull'essenza stessa della poesia. È ciò che io cerco di fare. Forse per questo i miei quadri diventano sempre più rarefatti e difficili da fare. Ma sento che posso fare "questo". Che devo fare "questo": riunire questi due termini antitetici che sono l'esattezza e l'infinitezza.»

Silvia Zancanella

99. Franco Sarnari
(Roma, 1933)
Geometrie del cielo, 2014
olio su tela, cm 300 x 600
collezione privata

Il dittico *Geometrie del cielo* appare più come impatto con un tetto di stelle che come finestra sul cielo stellato. Così già i suoi *Frammenti* o le *Cancellazioni* e naturalmente i *Neri*.
Questo perché la traduzione dell'emozione, nelle opere di Sarnari, è sempre stata legata alle strutture di relazione corporea e meno alle speculazioni concettuali.
Sarnari ha costruito questo grande cielo su un'idea di Marco Goldin, così come procede un cieco alla scoperta del mondo circostante. Ha ordinato delle grandi tele, ne è rimasto intimidito per qualche giorno, le ha sporcate di buio, poi raschiate, poi macchiate di bianco. L'ansia di essere travolto da quelle tele, ogni mattina al ritorno in studio, lo ha reso umile spettatore di un mondo più grande di quanto si possa comprendere, gli ha tolto le certezze e lo ha fatto camminare a carponi. Poco importa se questo ha arricchito ogni gesto di dolore e amarezza, poco importa se l'opera vibra ora di verità e sudore, nella profondità delle materie, nella pienezza dei punti di tensione. Quello di Sarnari è uno scontro con il progetto, non un programma ma un groviglio di energie, infine in equilibrio inaspettato.

Le due grandi tele sono ciascuna una porzione individuale del dittico, due frammenti del suo cielo autonomi e vicini, caratteristica anch'essa tipica del lavoro di Sarnari. Due frammenti che definiscono letteralmente la loro individualità parziale, così com'è lo sguardo umano rivolto agli astri, incapace di raccogliere tutto in un solo sospiro, e giustamente perduto in un cielo.
Sarnari ha racchiuso in quest'opera, secondo i suoi parametri pittorici, un buon dizionario di pittura contemporanea, a cominciare da materie e strutture proromenti, per continuare con plasticità bidimensionale e volume corporeo, per finire con una neo-figurazione contemporanea, che da sé meriterebbe una riflessione sulla moderna interpretazione sociale dell'espressione artistica.
Il ciclo *Geometrie del cielo* proviene dai più noti *Controluce*, accecanti raggi di sole che filtrano tra gli ulivi e i carrubi della casa a Gerrantini; opere che Sarnari, sin dai primi anni ottanta, ha dedicato "A Monet e Pollock". In queste opere, la dilatazione dello spazio agisce da relazione corporea e l'autore la usa come espressione di imminenza.
L'opera *Geometrie del cielo*, realizzata per questa mostra, applica quindi questa ricerca, per tradurre l'emozione di stare sotto un cielo stellato e disegna un'ideale geometria tra i punti di luce, immaginata forse tra i profili degli alberi in controluce, come illuministico dialogo tra le stelle.
Così l'opera, di un grande artista ermetico, sembrerebbe svelata nei suoi intimi e fragili segreti, quelli di un poeta artigiano, che attorno a sé trasforma un bastone in bacchetta magica, mio padre.

Antonio Sarnari

100. Nicolas de Staël
(San Pietroburgo, 1914 - Antibes, 1955)
Il Fort-Carré ad Antibes, 1955
olio su tela, cm 114 x 195
Antibes, Musée Picasso

Nei primi anni cinquanta Nicolas de Staël raggiunge un considerevole successo sia in città europee (Londra, Parigi), sia negli Stati Uniti. Sono questi gli anni in cui cresce la sua forza creativa e si amplia il tessuto della sua poesia. Una poesia da sempre presente nella sua vita: in parte grazie ai suoi studi classici

per cui già da ragazzo amava leggere i tragici greci, Eschilo e Sofocle; in parte per la salda amicizia con uno dei maggiori poeti del suo tempo, René Char, conosciuto nel 1951; ma forse soprattutto grazie a una sua profonda inclinazione naturale che lo portava a esprimersi poeticamente sia in pittura sia nelle numerosissime lettere.
La bella immagine contenuta nella lettera inviata a Pierre Lecuire il 3 dicembre 1949 («Lo spazio della pittura è un muro, ma tutti gli uccelli del mondo vi possono volare liberamente. A tutte le profondità») contiene anche un importante principio della sua poetica, generalmente valida per l'arte moderna: il concetto di "ambiguità" dello spazio in pittura. Lo spazio è piatto, un «muro», ma nello stesso tempo contiene numerosi strati che gli danno profondità. Non è mai bidimensionale anche quando lo sembra; e la grande frattura tra lo spazio in superficie del moderno e lo spazio in profondità dell'antico non sta in una perdita di dimensione, ma nella possibilità di dipingerla *suggerendola*, anziché imitandola.
Il percorso artistico di De Staël si trasforma sempre più in un viaggio verso il colore, verso una sorta di sostanzialità autonoma della materia cromatica e della luce dell'immagine in cui la trama descrittiva si perde, ma resta imprigionata l'anima della visione: «c'è sempre un soggetto, sempre...», scrive. Per questa via arriva a spingere il colore sino a consistenze di bellezza straniata: «la pittura non deve essere solo un muro su un muro. La pittura deve figurare nello spazio», perché quelle sue asprezze non possono giustificarsi se non come tensione verso una nuova figurazione possibile, verso una necessità più intima.
Il 1954 è il momento in cui la sua pittura è il centro della modernità; De Staël ha raggiunto il massimo; e oltre non può andare.
Nello stesso anno si trasferisce con la famiglia in rue de Revely, in un'abitazione affacciata sul Mediterraneo nella parte vecchia di Antibes. Lo studio è situato sulle mura, con vista sul mare. Come molti altri artisti prima di lui, anche De Staël era incantato dalla luce e dai colori della Costa Azzurra. Antibes, il suo porto e le sue spiagge, il forte e l'incessante traffico marino vengono tratteggiati nei suoi ultimi lavori, ma egli li ha caratterizzati con il suo stile.
Il Fort-Carrè ad Antibes è un quadro che sfugge a ogni classificazione. È astratto, ma al contempo, reca le tracce di ciò che raffigu-

ra. Anche se lavorato in modo estremamente moderno, rivela echi delle icone russe e dei mosaici dell'Italia bizantina. La tecnica d'esecuzione è energica, con colori forti, dense pennellate di colore a olio. Le tonalità scure evocano una luminosità temporalesca, che consente di indovinare il riquadro massiccio del forte che s'innalza al di sopra di un vuoto d'onde. Profondamente intriso di una dominante blu, distesa come un notturno armonico, il dipinto costruisce un paesaggio per piani successivi: nella parte bassa, una grande spiaggia blu scuro digrada da sinistra verso destra. La sua forma complessiva viene raddoppiata nella successiva zona più chiara, sottolineata dal biancore della schiuma. Lo stesso tono fluido tratteggia il mare ed è sufficiente per introdurre un ritmo tra la parte bianca e la parte grigio-blu che si alternano fino alla roccia sulla quale s'innalzano i bastioni del forte. La sagoma del forte si distacca bruscamente dal cielo crepuscolare, della stessa tonalità dell'acqua: esso è circondato da un alone di chiarore che lo integra all'interno del paesaggio.

Nella primavera del 1955 inizia due grandi tele, *Il pianoforte* e *Il concerto*, ma non le porta a termine; si suicida gettandosi dalla finestra del suo *atelier*. Quello stesso giorno scrive a Jacques Dubourg: «Non ho la forza di finire i miei quadri.»

Silvia Zancanella

101. Nicolas de Staël

(San Pietroburgo, 1914 - Antibes, 1955)
Natura morta su fondo blu, 1955
olio su tela, cm 89 x 130
Antibes, Musée Picasso

Intorno alla metà degli anni quaranta la pittura di De Staël si concentra sui colori, in particolare sull'uso della massa cromatica, che l'artista lavora usando un raschietto con il quale preme una consistenza spessa di colore evidenziando la potenza della massa con colori infuocati. In questo modo dimostra che è possibile usare in pittura una tecnica pesante senza alterare la vivacità della composizione.

In seguito, la sua pittura acquista una nuova leggerezza, forse dovuta all'interesse per l'arte di Bonnard, così come per l'eleganza stilistica di Jean-Baptiste-Siméon Chardin. Di Chardin De Staël ama le nature morte composite, nelle quali oggetti semplici sono prelevati dal loro ambiente umile e immersi in un'atmosfera di contemplazione e in una consistenza sempre più sfumata.

Nei primi anni cinquanta l'artista si avvia dunque verso una pittura "più luminosa" e più figurativa, cosa che gli consente di esercitare un'azione nitida, controllata e rigorosa sulla forma. L'impasto, usato in precedenza, lascia il posto a una tecnica più fluida e semplificata. I soggetti scelti, trattati con grande libertà, sono i più vari: nature morte, paesaggi, ritratti. In particolare la visita a Madrid del 1954, e la sua ammirazione per Velázquez, spiegano il carattere armonioso e fluente delle sue nature morte.

Gli elementi costitutivi di tali dipinti sono isolati visualmente in modo da assumere una singola identità e tuttavia sono legati intimamente nella stessa sfera, grazie ai rapporti sottili che si tessono nello spazio della rappresentazione. La natura morta possiede una spazialità che, negando la profondità in nome di un universo che si proietta sempre più in avanti, e generando un eccesso delle apparenze del reale, colloca l'osservatore in condizioni di "presenza". Più precisamente, la natura morta si muove nella geografia del mondo contornando oggetti che, pur sotto gli occhi di tutti, sarebbero consegnati al silenzio se l'irruzione della finzione spaziale non li ponesse sotto l'occhio dell'osservatore.

In *Natura morta su fondo blu* De Staël fa propria una variante compositiva dei quadri del genere, ossia quella di presentare gli oggetti su una mensola: vera e propria costruzione di uno spazio "a portata di mano", con effetti prensili, di richiamo all'azione.

È presente nel quadro quella componente che André Chastel aveva già notato, nell'arte di De Staël, ossia «l'ossessione per le frontali e per le verticali, nella costruzione del piano situato davanti agli occhi dell'osservatore.»

Inserito nel blu, un blu profondo, un ripiano sembra fluttuare. Esso andrebbe sicuramente alla deriva se la sua estremità sinistra non si ancorasse al margine della tela e se il gesto della pennellata non fosse orizzontale: l'asse sembra poggiare sugli spessori di pittura lasciati dalle setole del pennello. Tuttavia, ciò che più probabilmente la sostiene, e non importa l'artificio, il trucco usato, sono gli oggetti che De Staël colloca sopra, come la scrittura di note su un pentagramma. A sinistra una brocca grigia con un manico ipertrofico per meglio farle giocare il ruolo di contrappeso; quindi una caffettiera nera dalla superficie ruvida, di profilo e della stessa grandezza della brocca precedente. Dopo una pausa di blu, tre o quattro piccole macchie dense rapide e assemblate come doppie crome. Infine il candeliere, il cui biancore può solo combattere contro la luminosità e il calore paradossali che emanano dal nero della caffettiera.

Silvia Zancanella

102. Morris Louis

(Baltimora, 1912 - Washington, 1962)
Impending, 1959
olio su tela, cm 252,7 x 354,3
Hartford, Wadsworth Atheneum Museum of Art
The Ella Gallup Sumner e Mary Catlin Sumner Collection Fund e grazie al generoso dono di Marcella Louis Brenner

Dopo una prima fase figurativa, aperta agli influssi del cubismo e della pittura murale messicana (a New York, dove si stabilisce dal 1936 al 1940, frequenta il laboratorio ideato per lo studio e l'applicazione di nuove tecniche di David Alfaro Siqueiros) e un successivo periodo di sperimentazione astratta, Morris Louis si trasferisce a Washington, dove frequenta il Washington Workshop Center of the Arts e dove conosce Kenneth Noland. Insieme a lui e al critico Clement Greenberg – sostenitore della corrente artistica detta Colour Field Painting – nel 1953 visita l'*atelier* newyorkese di Helen Frankenthaler e rimane colpito dalla sua pittura, dall'uso innovativo di grandi campiture di colore a olio diluito e steso sulla tela grezza, visibile in particolare nell'opera *Mountains and Sea*, del 1952. Da quel momento Louis inizia a sperimentare col colore a olio diluito, lasciandolo colare sulla tela per ottenere suggestivi effetti velati e traslucidi e avvia, di fatto, la fase più innovativa della sua ricerca.

All'interno dei pochi anni che gli rimangono – muore a soli cinquant'anni nel 1962 – Louis realizza i suoi quadri più belli e convincenti, si tratta della serie dei *Veils* (1958-1959), lavori di grandi dimensioni e innovativi al punto da potersi considerare una delle più intense e singolari avventure che il colore, nel Novecento, abbia vissuto.

Adottando una tecnica definita "a velo", che consiste nel depositare i pigmenti direttamente dal barattolo sulla tela, Louis riesce a ottenere una gran varietà di accostamenti inclinando semplicemente il supporto. Il suo intervento stabilisce il percorso e l'alternanza dei colori, spesso diluiti per connotare liricamente le trasparenze e le vibrazioni cromatiche. Louis crea in questo modo, per la prima e ultima volta dai tempi di Pollock, un'immagine "automatica" nell'esecuzione e compatta nell'aspetto. Eliminato il gesto fisico irruento, e le pennellate vigorose caratteristici dell'Action Painting, realizza larghe linee omogenee di colore che, sovrapponendosi sui bordi, creano inediti effetti cromatici. Il suo innovativo procedimento di applicazione della pittura gli permette infatti di eliminare il gesto manuale, sintetizzando gli elementi tradizionalmente antitetici di colore e disegno e dando vita a immagini estremamente potenti e originali.

Anche in *Impending*, la tecnica di versare colore su colore porta alla creazione di un'insolita mistura ottica all'interno della stessa tela, tramite versature successive. La forma che così si determina occupa la superficie della tela come un enorme siparo di ombra, proponendosi all'osservatore quasi come una figura archetipica, misteriosa e inquietante. I toni scuri ma velati e pieni di trasparenze occupano quasi completamente la superficie della tela allargandosi sino all'estremità superiore e a quella inferiore del dipinto, quasi a negare l'esistenza di qualsivoglia confine. Come risultato di questo processo, i brillanti residui delle prime macchiature filtrano tutto intorno e dalla superficie trasparente dei veli.

Come negli altri quadri appartenenti a questa serie, anche in *Impending* Louis stabilisce una stretta relazione fra superficie e profondità. La vasta gamma di aggregazioni cromatiche, attingendo all'essenziale espressività del colore, emotiva e simbolica a un tempo, esprime purezza e assolutezza.

Sono questi i lavori più convincenti dell'artista che, dal 1960, influenzato dalla ricerca di Kenneth Noland, inizia a utilizzare colori puri e intensi adagiandoli sulla tela in linee giustapposte, talvolta oblique, altre parallele e verticali. Nasce la serie *Unfurleds*, dove il colore, pur essendo ancora l'unico strumento d'immagine, è questa volta sgargiante e brillante, e, messa da parte l'ambizione di suscitare una risonanza lirica in chi guarda, dichiara esclusivamente se stesso.

Silvia Zancanella

103. Kenneth Noland

(Asheville, 1924 - Port Clyde, 2010)
Drift, 1972
acrilico su tela, cm 198,8 x 366,6
Boston, Museum of Fine Arts
Sophie M. Friedman Fund e dono anonimo

Nato e cresciuto a Asheville, North Carolina, Kenneth Noland si avvicina presto all'arte. Dopo il servizio nell'aeronautica militare, dal 1946 al 1948 frequenta il Black Mountain College, una scuola aperta alla sperimentazione e a un approccio interdisciplinare alla didattica dell'arte. Qui il professor Ilya Bolotowsky avvicina Noland al neo-plasticismo e all'astrazione geometrica di Piet Mondrian, mentre Josef Albers gli fa conoscere il lavoro di Paul Klee, del quale Noland apprezza in particolare il ricorso a sottili sfumature di colore combinate con audaci contrasti spaziali. Le ricerche intorno al colore di Albers, che nel 1932 si era trasferito dal Bauhaus negli Stati Uniti, sono un antecedente fondamentale per la pittura di Noland e più in generale per la pittura delle nuove correnti astratte.

Nel 1949, dopo un soggiorno a Parigi dove organizza la sua prima personale, si stabilisce a Washington DC, e insegna pittura all'Institute of Contemporary Arts dal 1949 al 1951 e alla Catholic University dal 1951 al 1960. Nel 1953 insieme a Morris Louis e al critico Clement Greenberg, visita l'*atelier* della pittrice Helen Frankenthaler, la prima artista che stava sperimentando la cosiddetta staining-thechnique (tecnica a macchie), che consisteva nell'eliminare qualsiasi traccia di pennellata dalla tela tramite il ricorso a macchie e zone di colore puro, sature di pigmento, con cui venivano realizzate zone cromatiche diverse e contrapposte interagenti. La risposta entusiastica di Greenberg ai lavori della Frankenthaler indusse Noland e Louis a sperimentare insieme la tecnica delle macchie e della colatura di colore, usando una gran varietà di procedimenti. Louis stese colate di colore in veli vaporosi; in seguito, ampliò l'ampiezza della tela, allungando la superficie pittorica oltre il campo visivo. Noland utilizzò le immagini ripetute dei bersagli, targets e strisce per esplorare il colore e gli effetti ottici con varie tecniche che vanno dall'impasto tipico dell'espressionismo astratto alle macchie di colore acquerellato. Le prime tele della maturità risalgono al 1958: si tratta di dischi concentrici di colore, dai confini irregolari, collocati al centro della tela,

come fossero bersagli. Dalla fine degli anni cinquanta, la sua ricerca approda alla creazione di un'arte geometrica, essenziale e rigorosa. Nel 1961 si trasferisce a New York e inizia la serie dei dipinti a "V", in cui l'ampiezza delle strisce di colore, nonché la spinta e la tensione delle forme, fanno sì che queste fasce di colore si estendano fino ai limiti del campo pittorico. Durante gli anni sessanta Noland matura sempre più un linguaggio fortemente personale, geometrico e essenziale.

Nei lavori successivi, come in *Drift* del 1972, Noland realizza una pittura impersonale, bidimensionale, ad alta precisione, caratterizzata da economia di forme, pienezza del colore e nitore della superficie senza richiamare necessariamente alla memoria la precedente arte geometrica. L'intero dipinto si trasforma così in un'unità, mentre le forme sono ridotte a due sfumature. L'obiettivo di questa limitatezza è quello di evitare l'effetto spaziale delle figure in un campo. In *Drift*, una morbida superficie macchiata di gradazioni tonali è delineata con strisce increspate i cui bordi leggermente sollevati indicano che è stato usato nastro adesivo o qualche altra guida. Il contrasto tra vernice lucida e opaca intensifica la tensione tra la superficie e le linee taglienti.

Noland stesso, nel 1977, descriverà questa ricerca, comune agli artisti della Color Field Painting: «Stavamo creando arte astratta, ma volevamo semplificare la scelta dei materiali... Per arrivare alla tela grezza, da utilizzare nei modi più rudi e essenziali, per usarla come tessuto piuttosto che come una superficie ben distesa. Per usare la pittura in modo più parco e sottile, per trovare nuove modalità pittoriche.» Se infatti per i pittori astrattisti della prima generazione l'essenzialità di un quadro era considerata la garanzia migliore perché un significato si facesse strada nell'osservatore, nei pittori successivi la semplificazione non sembra alludere a nessuna ricerca di un significato nascosto ma viene invece considerata come ricerca sperimentale in se stessa.

Silvia Zancanella

104. Mark Rothko

(Daugavpils, 1903 - New York, 1970)
Senza titolo (Nero su grigio), 1969
acrilico su tela, cm 206,7 x 193
Washington, National Gallery of Art
dono della Mark Rothko Foundation, Inc.
1986.43.166

Considerato dalla critica l'artista che, insieme a Clifford Still e Barnett Newman, avviò la cosiddetta Color Field Painting (pittura a campiture di colore), Rothko, a partire dal 1946, abbandona il surrealismo, le fluttuanti forme biomorfiche e gli elementi figurativi per approdare ai "multiforms", caratterizzati da sottili strati di colore velato, giustapposti, sfumati da macchie di colore che si compenetrano e che annunciano lo stile della maturità. Due sono i concetti attorno ai quali ruota la sua ricerca: il concetto di misura e quello di "breathingness", respirabilità. Il primo è collegato alla sua idea di proporzione e d'intimità che riguarda l'uomo nella sua totalità. L'espressione «la dimensione dell'immagine come misura della grandezza di un uomo» istituisce una relazione tra grandezza fisica effettiva e statura morale. Il fine ultimo della sua ricerca della misura esatta è dunque l'espressione del valore morale. Se l'uomo determina le dimensioni del quadro, d'altro canto, le dimensioni del quadro diventano espressione della grandezza umana.

Il secondo concetto, quello di "respirabilità", sostituisce quello di "spazio" poiché, per Rothko, il concetto di spazio sottintende una costruzione formale che non corrisponde a quell'immediatezza alla quale tende invece la sua pittura. Essendo fedele al vero, egli ricerca piuttosto un equilibrio dinamico di moto trattenuto, sempre passibile di cambiamento. Le forme sono così sospese in un equilibrio precario, sempre sull'orlo della rottura.

I dipinti del 1946-1947 traducono questo nuovo e personale concetto di "respirabilità" dissolvendo pittoricamente gli elementi del paesaggio. L'artista prende le distanze dalla pittura tradizionale concretizzando le idee che aveva esposto in un volume di teoria artistica, *The Artist's Reality* (1940-1941) che originariamente s'intitolava *Plasticity*. Analizzando la pittura di Giotto, Rothko osserva come siano gli stimoli tattili a rendere la visione dello spazio e non la sua costruzione illusionistica. La realtà pittorica emergerebbe allora dalla successione ritmica dei movimenti all'interno del quadro. L'elaborazione di una simile spazialità dinamica e l'uso magistrale del mezzo pittorico sono ulteriormente sviluppati in accordo con l'idea di giusta misura.

«Dipingo quadri molto grandi, anche se mi rendo conto che storicamente questo tipo di dipinti ha un che di grandioso e di pomposo. Se lo faccio tuttavia è perché voglio essere intimo e umano. Dipingere un quadro piccolo significa porsi al di fuori della propria esperienza, considerarla attraverso una lente magica o una lente riducente. Invece quando dipingi un quadro più grande, in qualsiasi modo lo fai, ci sei dentro. Non è una cosa che puoi governare.»

L'ultima fase creativa di Rothko si apre nel 1964 ed è caratterizzata da una progressiva riduzione delle forme. In particolare nei *Black on Gray Paintings*, la limitatezza autoimposta dei mezzi fa sì che l'osservatore colga solo a poco a poco gli strati più profondi del colore, le variazioni dei riflessi.

Comunemente associati all'evento tragico che li seguì (Rothko si suicidò nel febbraio del 1970), in realtà non sono una sorta di anticamera al suicidio, ma piuttosto vicini a quella preoccupazione per la morte come condizione esistenziale specificamente umana, che Rothko evocava sin dal 1958 («La dimensione tragica dell'immagine è sempre presente nella mia mente quando dipingo»).

In *Senza titolo* porta la sua pittura alla rarefazione, a una sottrazione di spazio, di luce e di colore in favore di una profondità in cui la dimensione psicologica e intimista assorbe quella antropologica e collettiva. Il quadro è diviso nettamente in due fasce orizzontali, la nera – sempre nella zona superiore per evitare qualsiasi richiamo naturalistico – e la metà inferiore grigia; manca una forma interna vera e propria e si nota un saldo radicamento nella superficie del dipinto che l'incorniciatura bianca, comune a tutti i quadri della serie, fa risaltare, sottolineando, nell'asprezza dei contrasti, un effetto di delimitazione e inquadramento. L'osservatore, avvolto in una sorta d'isolamento, non è più indotto a entrare nel dipinto, quanto piuttosto a volgersi alla propria interiorità mentre osserva il quadro.

Silvia Zancanella

In queste sere e notti ci si perde. La mostra in una stanza

105. Luca Giordano

(Napoli, 1634-1705)
Sepoltura di Cristo, 1659-1660 circa
olio su tela, cm 212,1 x 159,4
Detroit Institute of Arts
acquisto della Founders Society, Robert H. Tannahill Foundation Fund

Luca Giordano, il più importante artista partenopeo del tardo Seicento, nacque a Napoli dal pittore Antonio Giordano, nella cui bottega intraprese probabilmente la sua prima formazione. Si dice inoltre che sia stato apprendista presso José de Ribera, ma non esistono prove documentali a sostegno di questa tesi. Artista straordinariamente versatile, capace di lavorare in diversi modi e stili, Giordano era talmente veloce nell'esecuzione da meritare il soprannome di "Luca Fapresto". Non soltanto assorbì l'influenza di giganti della pittura cinquecentesca e secentesca quali Tiziano, Veronese, Rubens, Caravaggio e Ribera, ma da alcuni inventari apprendiamo dell'esistenza di suoi dipinti eseguiti «alla maniera di Dürer, Raffaello, Correggio e Reni.» Se da un lato tale attività proteiforme ha suscitato accuse di eclettismo e superficialità, dall'altro un atteggiamento più tollerante sostiene che l'artista utilizzò il suo talento in modo accurato e selettivo tenendo conto di fattori quali il committente, il soggetto e la collocazione dell'opera. Perciò, dinanzi alla sfida di affrescare il grandioso soffitto di Palazzo Medici-Ricardi a Firenze, Giordano abbandonò completamente l'aspra semplicità provocatoria evidente in *Sepoltura di Cristo* in favore di un'eleganza vigorosa e decorativa alla maniera di Veronese, dei Carracci e di Pietro da Cortona. A prima vista, il rimando più ovvio per *Sepoltura di Cristo* sembra essere a Caravaggio e José de Ribera; del primo infatti viene subito in mente la *Deposizione* conservata in Vaticano. Tuttavia vi sono importanti differenze. Le due figure che reggono tutto il peso del corpo livido di Cristo sono presumibilmente i discepoli Nicodemo e Giuseppe d'Arimatea, mentre il personaggio sullo sfondo con le braccia allargate potrebbe essere il discepolo Giovanni. Colpisce l'assenza delle due Marie: la Vergine e la Maddalena. Anomala è inoltre la sottostante figura intenta a osservare il santo gruppo più in alto. Se questa è una sepoltura, l'uomo dovrebbe essere in piedi sul sarcofago. La posa del personaggio non ci fornisce alcun indizio sul suo ruolo nel dramma in corso; di certo non è un discepolo, in quanto indossa un'armatura. La possibilità che il dipinto sia una variante della *Deposizione* è inammissibile per via della mancanza di elementi tipici, quali la scala, la croce, i chiodi ecc. Inoltre, l'assenza di figure in pianto – soprattutto delle due Marie – esclude la lamentazione.

Ignote sono le precise circostanze della commissione del dipinto; è probabile che Giordano si sia adeguato alle esigenze di un particolare donatore e abbia creato un'immagine ibrida in cui è trattato il tema della redenzione. Più che sul punto di calare il corpo nel terreno, i discepoli, in piedi dietro un muro a gradini, sembrano presentare il Salvatore al soldato in basso che, stringendo un bastone in mano, osserva la sovrastante visione davanti a sé. Sebbene l'uomo sia mostrato di spalle soltanto per tre quarti, non è difficile immaginarlo a bocca aperta, colto da stupore. Questa sepoltura associa dunque elementi dell'"Ecce Homo" (presentazione di Gesù alla moltitudine), quando Cristo è rifiutato dalla folla, e l'episodio del centurione che al momento della crocifissione ammette: «Davvero costui era Figlio di Dio.» La figura in basso rappresenta noi tutti – è il peccatore di questo mondo dinanzi alla fonte della sua salvezza.

Fortemente influenzato da Caravaggio e Ribera, per le sue opere di maggiori dimensioni Giordano guardò anche al veneziano Paolo Veronese, oltre che ai Carracci e a Pietro da Cortona, includendo in molte delle sue commissioni elementi del loro "grandioso stile" più ornamentale. Va tuttavia osservato che la sintesi presente in *Sepoltura* non sarebbe stata possibile senza l'influsso di un pittore calabrese molto meno noto (oggi), Mattia Preti, il quale giunse a Napoli nel 1653 e pervenne a una propria sintesi dell'arte di Caravaggio, Ribera e Rubens. Di Preti particolarmente significativo è *Ecce Homo*, in cui un Cristo seminudo è presentato in primo piano con un punto di vista dal basso, mentre rappresentanti della plebaglia occupano la posizione in cui si trova il soldato in *Sepoltura*.

Negli anni tra il 1680 e il 1690 Giordano lavorò a Firenze e a Roma, dove assimilò l'influenza classicheggiante di Poussin, quindi si recò a Venezia con un presumibile intento di autoformazione. Trascorse il decennio tra il 1692 e il 1702 in Spagna, impegnato per conto del

re Carlo II nell'esecuzione di tele e affreschi destinati all'Escorial e al Palacio Real; dopo la morte del sovrano, avvenuta nel 1700, fu al servizio di committenti privati. Rientrato a Napoli, lavorò con immutata energia fino alla morte nel 1705.

Graham Beal

106. Paul Cézanne

(Aix-en-Provence, 1839-1906)
L'omicidio, 1867 circa
olio su tela, cm 65,4 x 81,2
National Museums of Liverpool, Walker Art Gallery
acquistato con il contributo del Arts Fund, 1964

Il 29 novembre 1895, con riferimento alle opere appena viste alla personale di Cézanne organizzata da Vollard, la nipote di Manet, Julie, scrive di aver acquistato un piccolo acquerello «raffigurante un omicidio nel Midi che non ha nulla di pauroso; le figure risaltano per dei toni molto belli, rossi, blu e viola, su un paesaggio che somiglia alla Bretagna o al Midi; ci sono alberi dalla chioma tonda e terreni che si stagliano su un mare blu con, sullo sfondo, delle isole.» L'acquerello, datato 1874-1875, costituisce una ripresa de *L'omicidio*, dipinto da Cézanne nella seconda metà degli anni sessanta. Se sostanzialmente identiche sono le tre figure che animano la scena, del tutto diversi sono invece significato e *temperatura* delle due opere. L'episodio dell'assassinio, infatti, nell'acquerello è narrato senza «nulla di pauroso», mentre nel dipinto a olio, qui esposto, la superficie è interamente occupata dall'*azione*, espressa in tutta la sua drammatica violenza. Il paesaggio del Midi [e non della Bretagna dove Cézanne non si era mai recato], così ben riconoscibile nell'acquerello, è in questo quadro un'ambientazione senza riferimenti esatti, costituendo solo un fondale perfettamente accordato alla cupa tragicità della scena.

Il confronto tra le due opere, al di là delle differenze, consente di verificare come l'artista non sia stato diretto testimone del fatto descritto, ma abbia preso a pretesto, dalla letteratura e dall'arte, un motivo che, come altri indagati nella seconda metà degli anni sessanta, gli permetteva di misurarsi con le passioni che attraversano l'uomo. Ricorrono, infatti, in questi anni sostanzialmente ancora di studio e di debiti dichiarati verso artisti come Rubens,

Delacroix, Géricault, Daumier e Courbet, le opere in cui Cézanne raffigura scene erotiche o violente, con al centro prevalentemente la donna come oggetto di desiderio. A questi temi, interpretati con uno stile dichiaratamente romantico e dai vigorosi impasti di materia, appartengono quadri come *Satiro e ninfe* (1867), *L'orgia* (1867), *Il rapimento* (1867 circa), *L'autopsia* (1869), *I banditi e l'asino* (1869-1870), *Una moderna Olympia* (1870), *Pastorale* (1870), ai quali va aggiunto il più tardo *La donna strangolata* (1875-1876).

L'omicidio qui descritto avviene in circostanze che restano misteriose, la sua raffigurazione conservando forse memoria delle illustrazioni che corredavano gli articoli di cronaca nera sulle riviste alle quali era abbonata la sorella Marie. Un'altra fonte di ispirazione può essere stata l'opera letteraria dell'amico Zola con il quale Cézanne da anni condivideva, come risulta dal ricco epistolario, un universo di sogni e incubi. In *Del Sangue*, penultimo racconto de *I misteri di Marsiglia*, pubblicato da Zola nel 1867, si possono trovare indubbi elementi di suggestione per *L'omicidio*: «In una luce che non è di giorno, ma che rischiara le tenebre senza dissipare gli incubi muti [...] vidi che le pietre erano nere. I miei piedi scivolarono e mi accorsi che erano neri di sangue. [...] Qui dei padri immolano le loro figlie il cui sangue era stato promesso a qualche divinità mostruosa. Le bionde teste si reclinavano sotto il coltello, impallidendo al bacio della morte.»

Con *L'omicidio* Cézanne dipinge un'immagine di violenza pura in cui, sotto un cielo torvo, un uomo e una donna mettono a morte, con crudeltà efferata, una donna distesa in primo piano. In una sordità di suoni e di luci, tutto – cielo, terra e acqua, nel loro disporsi in diagonale da sinistra verso destra – concorre a precipitare verso il baratro i destini di quelle esistenze. Quello della vittima *in primis*, il cui capo è orientato, in una torsione innaturale, lungo la diagonale disegnata dalle braccia e dalle chiome sparse. Ma anche quello dei carnefici, animati da una brutalità ferina. Un'aria cupa spira in tutto lo spazio, agitando le nuvole basse e la camicia dell'assassino le cui energie sono tutte spasmodicamente concentrate nell'atto di pugnalare. Gli fa muta eco la donna complice, risolta pittoricamente in gravi volumi e in deformi fattezze, mentre affonda vesti e piedi nell'oscurità di un terreno dal quale sembra essere stata generata.

Davide Martinelli

107. Francis Bacon
(Dublino, 1909 - Madrid, 1992)
Studio per nudo accovacciato sotto il cielo serale, 1952
olio e sabbia su tela, cm 198 x 137,2
Detroit Institute of Arts
dono di Dr. Wilheim R. Valentiner

Nato in Irlanda da famiglia anglo-irlandese, Francis Bacon se ne andò di casa dopo che il padre lo sorprese mentre provava gli abiti della madre – indizio della direzione che l'artista avrebbe intrapreso nella scelta dei soggetti per i suoi dipinti. Nel 1926 Bacon si trasferì a Londra, dove svolse una serie di lavori per mantenersi mentre vagolava nel *demi monde* della capitale. Nel 1927 un ricco mecenate lo portò con sé a Berlino e qui, alloggiato nel lussuoso Hotel Adlon, Bacon venne a diretto contatto con la vita decadente e permissiva della prima città della Repubblica di Weimar. A Parigi, dove soggiornò poi per un anno e mezzo, il suo interesse fu stimolato dalla vitale scena artistica dominata da Picasso e dai surrealisti. Al ritorno a Londra divenne in qualche modo un designer d'interni, i cui tappeti e mobili con inserti cromati evidenziano l'influenza dello stile internazionale che il pittore aveva visto a Berlino per la prima volta. Affascinato dal surrealismo, Bacon attrasse l'attenzione dei principali commentatori d'arte britannici e nel 1937 fu incluso nella mostra *Young British Painters*, insieme a Graham Sutherland e Victor Passmore. Da anni egli accumulava immagini che per tutta la vita sarebbero state al centro della sua arte: foto tratte da libri di medicina incentrate sulle malattie, fotografie del movimento scattate da Edweard Muybridge e fotogrammi di film – in particolare l'urlo dell'infermiera con gli occhiali infranti nella *Corazzata Potëmkin* di Sergej Ejzenštein. Tutti questi spunti trovarono un'espressione coerente per la prima volta nel trittico del 1944 *Tre Studi per figure alla base di una Crocifissione* (ora alla Tate Britain di Londra) e, in conseguenza del successo riscosso da quest'opera, Bacon ripudiò ogni suo precedente lavoro. Il dipinto pone le basi per le scelte future dell'artista: pallidi corpi contorti, spesso con volti urlanti o ringhiosi, su sedie o altri arredi minimalisti, all'interno di imprecisati ambienti intensamente colorati. Durante tutta la carriera il trittico rimase per Bacon uno dei formati preferiti.
Nel 1946, con i soldi ottenuti dalla vendita di *Tre Studi per figure*, l'artista si trasferì a Mon-

tecarlo e da lì si recò in visita a Parigi dove strinse amicizia con Alberto Giacometti, che, a ragione o a torto, associava al movimento esistenzialista allora in voga. Rientrato a Londra nel 1948, Bacon espose i frutti del suo "esilio", tra cui la prima delle serie di teste basate sul *Ritratto di Innocenzo X* di Diego Velázquez. Nell'immagine baconiana il pacato pontefice è trasformato in una vittima urlante, imprigionato fra pareti di vetro come un detenuto in attesa di giudizio. In molte opere degli anni cinquanta l'artista colloca le sue figure in spazi interni, limitati da un qualche arredo e da un accenno di tendaggi davanti o dietro. Il senso di claustrofobia è soverchiante. In *Studio per nudo accovacciato sotto il cielo serale*, sebbene l'effetto generale sia claustrofobico come in ogni altra immagine dell'artista, lo scenario presenta importanti differenze. Nel 1950 Bacon, recatosi in Sudafrica per far visita alla madre, era rimasto profondamente colpito dal paesaggio e dalla fauna locali. Le conseguenze sono visibili in *Studio per nudo*, dove invece del tendaggio ricadente, le pennellate verticali sullo sfondo alludono alle alte erbe della savana, dietro cui si scorge il profilo di un paesaggio montuoso. La stessa figura, benché rinchiusa nella scatola di vetro, appare normalmente seduta su una strana e sinuosa struttura che sporge dalle pareti della scatola e che, in questo caso, non sembra imporre alcuna costrizione. Se vi è un accenno all'evasione, esso rimane soltanto ciò che è: un semplice accenno. In un'annotazione "antimodernista" in seguito aggiunta, Bacon ribadì che i suoi dipinti dovevano essere provvisti di cornice e vetro, come fossero opere di un Antico Maestro. Ne consegue che l'osservatore si vede invariabilmente riflesso e, dunque, integrato nell'immagine insieme alla figura rappresentata.
Con dipinti come questo *Studio per nudo*, Bacon aveva stabilito quello schema di base che avrebbe poi elaborato per il resto della sua carriera: grandi tele minimamente dipinte, in cui sono raffigurati corpi e volti contorti. Per un certo periodo Bacon sembrò essere un artista isolato, impegnato a dipingere scene figurative in un'epoca dominata dall'astrazione; in realtà faceva parte di tutta una generazione di artisti londinesi che comprendeva Lucian Freud, Frank Auerbach e Leon Kossoff. Inoltre la sua influenza ebbe un peso notevole, evidente in artisti britannici più giovani, soprattutto in David Hockney, inizialmente collegati alla pop art.

Graham Beal

108. Paul Gauguin
(Parigi, 1848 - Hiva Oa, 1903)
Donna di Tahiti, 1898
olio su tela, cm 72,5 x 93,5
Copenhagen, Ordrupgaard

Nel 1895 Gauguin decide di tornare a Tahiti. La vendita delle sue opere organizzata all'Hotel Drouot è un disastro (ne vende solo 9 su 47). Mallarmé osserva: «È straordinario come si possa infondere tanto mistero in tanta luminosità.»
Dopo aver rinunciato a trasferirsi alle isole Marchesi, sceglie di farsi costruire una grande casa tradizionale su un terreno affittato a Punaauia, vicino Papeete, sulla costa occidentale. Così la descrive con entusiasmo all'amico Daniel de Monfreid: «Una delle due parti funge da camera da letto con pochissima luce per avere un po' di fresco. L'altra parte ha una grande finestra in alto per fungere da atelier.» In questa ampia stanza Gauguin si mette al lavoro e inizia parecchie tele di grandi dimensioni.
Si tratta di composizioni orizzontali, raffiguranti tahitiani a grandezza quasi naturale a gruppi o isolati, colti in pose aggraziate e avvolte da una grande malinconia. Un'atmosfera misteriosa pervade queste scene di vita quotidiana, magnificate dalla sontuosità dei colori. Dopo aver celebrato la meraviglia dell'isola e tentato di far rivivere un mondo scomparso, Gauguin mette in scena personaggi tristi e pensosi in un'armonia di colori smorzati.
Già nel 1891, durante il suo primo soggiorno tahitiano, Gauguin aveva iniziato a ritrarre le donne del luogo, massicce figure ieratiche in un'armonia perfettamente organizzata. Le figure sono definite da una spessa linea di contorno, elegante e decorativa, che l'artista traccia con perfetta padronanza, come nel dipinto *Parau Api (Novità)*, di cui realizza nel 1892 un'altra versione (*Parau Api*, Dresda, Staatliche Kunstsammlungen).
I quadri di donne tahitiane che Gauguin dipinge nel suo soggiorno a Tahiti si somigliano per una composizione monumentale anche se le dimensioni della tela non sono particolarmente grandi. Le figure così ampie in primo piano possiedono un volume e una massa imponenti, riempiendo gran parte della superficie del quadro.
In *Donna di Tahiti* risuona una nota coloristica più cupa. Gauguin equilibra lo sfondo elaborato con la semplice monumentalità del nudo

possente, la cui forza deve molto all'essenzialità del modellato. La donna ricorda quella raffigurata in *Parau Api* (*Novità*): una gamba piegata, l'altra allungata con il peso del corpo sostenuto su un braccio; lo sguardo rivolto verso il basso, il volto ritratto quasi di profilo. E anche la posa della donna raffigurata in *Vahine no te miti* (*La donna del mare*), sebbene questa volta completamente di schiena.

Proprio nei quadri di Tahiti è possibile cogliere in modo più tangibile gli effetti della ricerca pittorica di Gauguin, che s'inoltra quanto può sulla via della concretezza formale. È nel dominio dello spazio che Gauguin apporta le novità più importanti. Il pittore per primo allarga gli orizzonti figurativi del suo tempo, non solo perché è l'iniziatore dell'esotismo moderno. Quando vuole rappresentare una natura in cui i rapporti visivi sono diversi da quelli noti, egli non si limita a trasporre le sue impressioni nello stile della figurazione classica, ma elabora un nuovo sistema di visualizzazione. Le qualità dello spazio si concretano in una scansione non più basata sulle scale differenziali della veduta – quelle che combinano le due tracce della prospettiva lineare e della sorgente unica di luce – ma invece sulla nuova ambiguità spaziale della tela contrapposta ai valori autonomi del colore puro. Per mezzo del colore e del tema la superficie decorativa si allarga in dimensioni immaginarie. Questo nuovo sistema spaziale si basa su un frazionamento della superficie del supporto; sulle quantità intrinseche della linea che staglia la figura e registra la densità e su un utilizzo del colore che parallelamente crea un sistema spaziale completo. Gauguin proietta il colore nello spazio facendo sì che esso annulli o scavalchi lo spazio stesso aprendo spazi immaginari. Per fare questo sopprime le relazioni di profondità, arrivando così a trasferire la rappresentazione su una superfice piatta, limitandone l'estensione al piano verticale e a quello orizzontale.

Questi quadri possiedono una maggiore fluidità tecnica in quanto la linea perde le caratteristiche angolose e rigide, la tensione aggressiva si ammorbidisce e si fa più flessibile.

Silvia Zancanella

109. Mark Rothko
(Daugavpils, 1903 - New York, 1970)
N. 202 (Arancione e marrone), 1963
olio su tela, cm 228,6 x 175,3
Detroit Institute of Arts
acquisto della Founders Society, W. Hawkins
Ferry Fund

Nato nel 1903 a Dvinsk, città dell'Impero russo (oggi Daugavpils, Lettonia), Mark Rothko emigrò negli Stati Uniti all'età di dieci anni e con la famiglia si stabilì a Portland, nell'Oregon. La morte del padre, sopravvenuta a distanza di pochi mesi, costrinse il giovane Rothko a lavorare in un emporio per contribuire al sostentamento della famiglia, ma il ragazzo era uno studente precoce e riuscì a vincere una borsa di studio per l'accesso alla Yale University. Dopo due anni abbandonò gli studi e si trasferì a New York, dove ben presto intraprese la strada dell'arte. Dapprima si iscrisse all'Art Students League, dove insegnava il futuro espressionista astratto Arshile Gorky, e successivamente frequentò la New York School of Design sotto la guida di Max Weber, un pittore americano che si era molto impegnato nella Parigi modernista, soprattutto nei tardi sviluppi del cubismo. In quegli anni di formazione un'importante influenza fu l'arte di Milton Avery.

Negli anni trenta, Rothko, insieme ad altri futuri espressionisti astratti, quali Jackson Pollock e William De Kooning, lavorò per la Works Progress Administration nell'ambito del "New Deal". Alla fine del decennio la sua pittura si spostò da una vaga figurazione verso composizioni ispirate al fregio e influenzate dalla mitologia dell'antichità classica. Ben presto questo stile cedette il passo a forme altamente astratte, in cui è evidente l'ascendenza del surrealista Max Ernst, che, fuggito dall'Europa, viveva allora a New York. Nel contempo dipinti raffiguranti forme biomorfiche fluttuanti in uno spazio indefinito mostrano chiaramente l'influenza di Joan Miró. Ogni tipo di figurazione scomparve entro il 1947, periodo in cui l'artista creò i suoi dipinti "multiforms" nei quali è possibile scorgere, fuso in un coerente insieme, l'influsso delle disparate anime di Piet Mondrian, Hans Hoffman e Clifford Still. Intanto Rothko aveva da tempo stretto amicizia con Barnett Newman, con il quale aveva cominciato a eliminare dalla pittura ogni elemento decorativo e a creare opere che in qualche modo parlassero del mistero e dell'immensità dell'universo. Diversamente da Newman che

per i suoi dipinti sempre più austeri sceglieva titoli pomposamente formulati, Rothko preferiva definire le sue opere utilizzando numeri sequenziali, un banale "senza titolo" oppure un esplicito elenco dei colori presenti in ogni singola tela. Gradualmente semplificò le forme tassellate dei suoi "multiforms" riducendole a due o tre blocchi di colore, uno sopra l'altro, in sospensione entro uno sfondo di colore diverso su tele via via più grandi. L'artista affermava che i blocchi colorati «… sono cose. Li metto sulla superficie. Non arrivano al bordo, si fermano prima del bordo». Diceva anche: «L'arte astratta non mi ha mai interessato. Ho sempre dipinto realisticamente. I miei quadri attuali sono realistici.»

Rothko – ultimo di una lunga stirpe di cui facevano parte Vasilij Kandinskij, Franz Marc e Mondrian – era comunque convinto che il colore recasse in sé un significato spirituale e, frustrato nel constatare che la sua pittura era considerata da alcuni per lo più decorativa o concentrata esclusivamente sulle relazioni formali, sottolineava gli aspetti emotivi e spirituali. «Mi interessa soltanto esprimere le emozioni umane basilari – la tragedia, l'estasi, il destino.» Coloro che si dichiaravano attratti dai rapporti cromatici perdevano, a suo avviso, il significato più vero della sua arte. «La persona che piange dinanzi ai miei quadri vive la stessa esperienza religiosa che ho vissuto io quando li ho dipinti.» Queste affermazioni dell'artista stimolarono altri a parlare in termini spirituali ugualmente estremi («Cicli orfici», «Morte e resurrezione», «Un'interezza nel senso junghiano del termine») tanto che in un'occasione il critico Robert Hughes paragonò lo scrivere su Rothko a una grandiosa musica sinfonica: «ed ecco i violini, i legni, i timpani, tutto.»

Rothko, naturalmente, era in primo luogo un pittore, un creatore di narrazioni visive. Le sue tele migliori mettono insieme colori talvolta strettamente collegati, altre volte straordinariamente diversi – applicati con una serie di leggeri strati in modo da creare qualcosa che è inevitabilmente un oggetto, un oggetto che tuttavia sembra parlare di uno spazio indeterminato o di una rapsodica assenza di gravità. Accostandosi a una delle grandi tele di Rothko l'osservatore può effettivamente sentirsi avvolto in uno spazio ultraterreno, pervaso della luce di un mondo mistico. I suoi dipinti possono essere sia austeri sia voluttuosi e, in tal senso, Rothko è l'ultimo di una serie di trascendentalisti americani, presenti nell'arte fin dal XIX secolo, i quali cercavano ispirazione nei vasti paesaggi dell'America, le cui acque, foreste, monti e luce sono convertibili in forme che comunicano qualcosa sull'inconoscibile mistero della creazione.

Oppresso da una cattiva salute e dalla depressione, forte bevitore e farmacodipendente, Rothko sprofondò in una visione sempre più fosca. Negli anni sessanta predominano ormai in lui i neri, i grigi, i bruni e densi rossastri. Qualunque esagerazione si sia detta sul lavoro giovanile dell'artista, è comunque difficile non vedere in queste opere un preannuncio di morte. E nella notte tra il 24 e il 25 febbraio del 1970 Mark Rothko si tolse la vita.

Graham Beal

110. Paul Gauguin

(Parigi, 1848 - Hiva Oa, 1903)
Notte di Natale, 1902-1903
olio su tela, cm 71 x 82,5
Indianapolis Museum of Art
Samuel Josefowitz Collection of the School of Pont-Aven, grazie alla generosità del Lilly Endowment Inc., della Josefowitz Family, di Mr. e Mrs. James M. Cornelius, di Mr. e Mrs. Leonard J. Betley, di Lori e Dan Efroymson e di altri Friends of the Museum, 1998.169

Notte di Natale fa parte delle sette opere acquistate da Victor Segalen all'asta dei beni di Gauguin, il 2 settembre 1903 a Papeete.[1] L'opera rappresenta due donne bretoni che curano una coppia di buoi nei pressi di un piccolo santuario (o calvaire) sulla strada, con sculture in pietra nuda a grandezza naturale di un personaggio in piedi che compie un gesto di benedizione buddhista verso il Cristo appena nato, seduto in grembo alla madre. Sullo sfondo, si distinguono chiaramente i tetti innevati di alcuni cascinali a nord di Pont-Aven con il campanile della chiesa gotica della città. Nel 1886, durante il primo soggiorno in Bretagna, Gauguin dipinge gli stessi casolari, inserendo proprio una donna del posto che bada alle mucche.[2] L'artista dipinge una composizione con tetti innevati anche quando ritorna a Pont-Aven all'inizio del 1888.[3] In termini di stile, però, *Notte di Natale* sembra un'opera successiva al 1888. In ogni caso, al suo ritorno a Pont-Aven nel 1889, Gauguin esegue due dipinti che presentano calvari lungo la strada con gruppi scultorei, tra cui una crocifissio-

ne e una deposizione.[4] Tuttavia, è opinione condivisa dalla critica ritenere che Gauguin abbia dipinto *Notte di Natale*, insieme ad altre versioni della stessa scena innevata (senza buoi, donne e calvario) durante il suo ultimo soggiorno in Bretagna, dall'aprile al novembre del 1894. Pur avendo dipinto i tetti innevati di Parigi all'inizio del 1894, sembra molto improbabile che abbia incontrato la neve in Bretagna,[5] per cui è naturale pensare che Gauguin non abbia dipinto la scena dal vero; in più i buoi sembrano basarsi su antichi rilievi egiziani.[6] Supponendo quindi che *Notte di Natale* – e le relative scene innevate – siano state dipinte prima che l'artista lasciasse la Francia, si presume che li abbia portati con sé come ricordo al ritorno in Polinesia nel 1895, forse per mostrare gli effetti della neve agli amici polinesiani e marchesani.

Naturalmente, non si esclude che Gauguin abbia dipinto *Notte di Natale* (o vi abbia aggiunto i buoi, le donne e il calvario) a memoria, una volta tornato nei Mari del Sud. Alla fine degli anni novanta, Gauguin è in uno stato di profonda depressione e manifesta tendenze suicide; può quindi aver inteso questa scena di tramonto invernale come commento sull'imminente fine della sua carriera lontano dalla Francia, riprendendo un dipinto estivo eseguito all'inizio della sua avventura d'artista post-impressionista a Pont-Aven. Mentre non è chiaro se *Notte di Natale* possa essere inteso come una sorta di meditazione spirituale nello spirito del testo *Avant et Après*, in cui sono presenti aneddoti della sua vita pre-tahitiana, il tema esplicitamente cristiano ha dichiaratamente un legame con il testo che l'artista scrive nel 1902, *L'esprit moderne et le catholicisme*.[7] Il retro della copertina del manoscritto è una decalcomania di una donna con bambino circondata da altre donne, tutte in posa per un artista. Durante il suo secondo soggiorno tahitiano poi, per ragioni non ancora comprese appieno, Gauguin è ossessionato dal tema della natività. Già nel 1896, utilizza modelle tahitiane per due dipinti che rappresentano la mangiatoia con maiali e buoi a riposo, mentre la Vergine Maria si riprende dalle fatiche del parto e il Cristo bambino, adorato da un angelo alato, viene accudito da un'altra donna.[8] Giuseppe è assente, come in altre opere di Gauguin di tema analogo (Forse a commentare il fatto che l'artista aveva perso il padre durante l'infanzia). Sembra improbabile l'ipotesi di Danielsson,

per il quale questi particolari dipinti sono da collegare alla nascita di una figlia di Gauguin, messa alla luce nel mese di dicembre del 1896 dall'amante Pau'ura, dal momento che la bambina morirà dopo pochi giorni.[9] Inoltre, Gauguin ritornerà al tema della natività anche nel 1900, quando vi dedicherà una delle sue sorprendenti decalcomanie, questa volta con i buoi sullo sfondo.[10]

Kornfeld suggerisce che, data la forte somiglianza tra *Notte di Natale* e le due incisioni su legno della *Suite* che Gauguin realizza nel 1898, l'artista potrebbe aver portato a termine il dipinto alla fine del secolo.[11] Le stampe comprendono anche l'immagine di Pont-Aven con i tetti innevati e i buoi, e in una compare un calvario lungo la strada; la scultura rappresenta però la Lamentazione invece che la Natività, la morte invece della vita. Pickvance, infine, suggerisce di collocare *Notte di Natale* tra il 1902 e il 1903, ben dopo le due stampe, ponendo il quadro, come già Segalen, fra le ultime opere dell'artista.

Charles Stuckey

[1] G. Manceron, *Segalen et Gauguin*, in *Gauguin, Actes du colloque Gauguin*, Parigi 1989, pp. 40, 47 (n. 38).

[2] S. Crussard, M. Heudron, *Gauguin, Premier itinéraire d'un sauvage, Catalogue de l'oeuvre peint (1873-1888)*, Parigi 2001, vol. I, n. 225.

[3] *Ibid.*, vol. I, n. 264.

[4] G. Wildenstein, *Gauguin*, Parigi 1964, nn. 327, 328.

[5] *Ibid.*, nn. 524, 525, 529.

[6] Y. le Pichon, *Sur les traces de Gauguin*, Parigi 1986, p. 192.

[7] Si veda R.S. Field, *Paul Gauguin: Monotypes*, Filadelfia 1973, nn. 81-85, 122-123; R. Brettell, in *The Art of Paul Gauguin*, Washington, D. C. 1984, pp. 466-471 (nn. 260-263); E.C. Childs, *"Catholicism and the Modern Mind": The Painter as Writer in Late Career*, in *Gauguin Tahiti*, Boston 2003, pp. 224-241.

[8] Wildenstein, *Gauguin* cit., nn. 540 e 541.

[9] B. Danielsson, *Gauguin in the South Seas*, New York 1966, pp. 195 e 203.

[10] Field, *Paul Gauguin: Monotypes* cit., n. 68. "The oxen" nell'immagine sono collegate alle immagini di figure maschili con maschere con corna in cui posa lo stesso modello per due soggetti pagani della stessa serie di disegni (nn. 66-67).

[11] E. Mongan, E.W. Kornfeld, *Paul Gauguin: Catalogue Raisonné of His Prints*, Berna 1988, nn. 50-51.

111. Andrew Wyeth

(Chadds Ford, 1917-2009)
Mattina di Natale, 1944
tempera su tavola, cm 60,3 x 98,5
Minneapolis, MN, Curtis Galleries

Benché la grande maggioranza delle opere di Wyeth si basi sull'osservazione diretta del mondo naturale, pur filtrato dai ricordi dell'infanzia e dalle esperienze della propria vita, ci sono anche dei quadri, come *Mattina di Natale*, dove il tema principale – la meditazione sulla vita e sull'incombere della morte – è espresso con modalità che richiamano il mondo dei sogni e dell'immaginazione e nei quali si può individuare l'influsso del realismo magico. Nel 1943, infatti, Wyeth aveva partecipato alla grande mostra tenutasi a New York al Museum of Modern Art, *American Realists and Magic Realists*, con il quadro *Christina's World*. La mostra colpì molto il pittore e l'anno seguente realizzò *Mattina di Natale*. Anche se sostenne in seguito che si trattava di un quadro della memoria («Il mio primo collegamento con la morte. Una donna che conoscevo era morta. Ho dipinto questo esclusivamente dalla memoria. È un quadro strano. Stavo lottando per ottenere un effetto complessivo di alba nella tonalità di colori argentei»), in realtà è possibile che si sia ispirato a *La signora di Shalott* di Clarence Holbrook Carter, un'artista che aveva partecipato alla mostra *American Realists* con ben otto opere, molte delle quali basate sui suoi ricordi e le sue esperienze di bambina cresciuta nella Ohio River Valley. Tra queste, *Jane Reed e Dora Hunt* (1941), fu considerata da Wyeth come l'opera migliore della mostra.

Mattina di Natale rappresenta un allontanamento piuttosto radicale dalle sue diverse scene di paesaggio. La variazione del titolo, *Morte di Mrs Sanderson a Natale*, identifica la figura eterea dalla testa fasciata con Hannah Sanderson, madre di Christian Sanderson, un insegnante che Wyeth aveva ritratto nel 1937. Il quadro rappresenta la prima risposta dell'artista al tema della morte. In questa tela Wyeth fonde il ricordo del corpo morto di Hannah con la sua fervida immaginazione, stimolata dalla visione del quadro della Carter. I temi collegati di vita/morte, tempo/eternità sempre presenti in Wyeth – e che normalmente egli realizza grazie a composizioni lineari ed essenziali – sono in questo caso mescolati a elementi immaginativi. Qui la figura, avvol-

ta e immersa in toni argentei, è collocata in un cumulo di neve che sostituisce un letto o una tomba, poiché non si capisce dove finisce il corpo della donna distesa e dove iniziano i campi invernali.

Questa voluta ambiguità consente a Wyeth di accentuare il senso di silenzio e di mistero della morte rispetto al quadro della Carter poiché la figura impallidisce sempre più come un ricordo illuminato da una stella solitaria. Wyeth aveva incluso in un primo momento nel quadro la figura del figlio Christian che scendeva dalla strada, ma in seguito lo cancellò, cosicché lo sguardo della donna non si concentra su un punto ma oltrepassa il paesaggio collinare e gli alberi in lontananza. Le striature di neve che si sollevano dal suo corpo conducono lo sguardo verso lo sfondo, facendolo convergere nel punto in cui prima aveva dipinto Christian. La decisione di semplificare la composizione eliminando la figura maschile è in linea con il metodo di Wyeth che consiste nel cogliere l'essenza di una scena o di una situazione.

In seguito Wyeth avrebbe considerato quadri come questa *Mattina di Natale* e altre opere apparentemente ispirate al surrealismo e al realismo magico, come aberrazioni lungo il suo percorso.

Silvia Zancanella

112. Michelangelo Merisi da Caravaggio

(Milano, 1571 - Porto Ercole, 1610)
Narciso, 1597-1599 circa
olio su tela, cm 113 x 95
Roma, Galleria Nazionale d'Arte Antica
Palazzo Barberini

Il dipinto raffigura il bellissimo giovinetto Narciso, che aveva respinto tutti coloro che si innamoravano di lui, tra questi, anche la ninfa Eco, la quale, disperata per il rifiuto, errò tra boschi e montagne fino a che non diventò altro che voce. Narciso fu per questo punito dagli dei, che lo fecero innamorare della sua stessa immagine riflessa nella limpida fonte in cui si stava chinando per bere. Struggendosi nell'impossibilità di possedere il suo riflesso, Narciso si lasciò morire accanto alla fonte e si trasformò nel fiore che porta il suo stesso nome. Il soggetto raffigurato, conosciuto in varie versioni, è tratto dalle *Metamorfosi* di Ovidio (libro III) ed è un tema particolarmente diffuso nella letteratura del Cinquecento

e del Seicento, come allegoria dell'inganno dell'immagine.

Il *Narciso* tradizionalmente riferito a Caravaggio è un capolavoro assoluto, uno dei quadri più suggestivi e ammalianti della pittura italiana di tutti i tempi. L'eccezionale invenzione della sua struttura compositiva affascina fin dal primo sguardo, attrae e imprigiona nel cerchio quasi perfetto tracciato dalle due figure speculari.

L'originalità compositiva della figura è stata più volte sottolineata dagli studiosi, soprattutto per l'eccezionale invenzione della doppia figura "a carta da gioco" di cui è fulcro ideale il ginocchio in piena luce. Del tutto nuova è anche la concezione generale dell'opera che, eliminando i particolari descrittivi (il paesaggio, la ninfa Eco, l'arco e le frecce, attributi iconografici di Narciso ecc.) e utilizzando il fondo scuro che proietta in primo piano la figura illuminata da un potente fascio di luce, concentra qui l'attenzione sul dramma del protagonista, confermando il carattere astratto e concettuale del dipinto.

Per la realizzazione della figura Caravaggio ha seguito con precisione il suggestivo testo ovidiano delle *Metamorfosi* e in particolare sembra aver fissato sulla tela il momento più drammatico del racconto di Narciso: il giovane cacciatore attratto in maniera irresistibile dalla sua immagine riflessa cerca di accostarsi a essa per abbracciarla e baciarla. La particolare raffigurazione delle labbra evidentemente protese e socchiuse per baciare la sua immagine riflessa, e la mano sinistra chiaramente stesa nell'acqua rappresentano il tentativo di abbracciare il riflesso. Il momento che Caravaggio qui raffigura non è, come a lungo creduto, quello in cui, chinandosi per dissetarsi, vede il suo riflesso nell'acqua e si innamora di se stesso, ma quello, ben più complesso, in cui cerca di accostarsi al suo riflesso per baciarlo e abbracciarlo.

Caravaggio non si è limitato qui a "raccontare" la storia di Narciso, ma, da suo pari, ha voluto trasmetterci un'emozione rappresentando il momento più intenso e sensuale, il più difficile da rendere, quello dell'acme del desiderio del giovane cacciatore verso il suo riflesso; in una parola il desiderio di possederlo («Quante volte non dà vani baci alla fonte ingannatrice! Quante volte non tuffa nell'acqua le braccia per gettarle attorno al collo che vede, ma nell'acqua non si afferra! [...] E lui vorrebbe essere preso! Tutte le volte infatti che porgo baci alla limpida onda, tutte le volte si protende verso di me offrendo la bocca»).

Stilisticamente il *Narciso* è un'opera di geniale complessità compositiva e concettuale che appartiene pienamente ai caratteri stilistici e formali di Caravaggio ed è riconducibile agli ultimi anni del Cinquecento quando il grande pittore lombardo predilige le atmosfere magiche, sospese, introspettive ancora fortemente influenzate dalla pittura lombarda, ma in cui sonda le infinite possibilità del rapporto luce-ombra.

Rossella Vodret

113. Vincent van Gogh
(Zundert, 1853 - Auvers-sur-Oise, 1890)
Sentiero di notte in Provenza, 1890
olio su tela, cm 90,6 x 72
Otterlo, collezione del Kröller-Müller Museum

Van Gogh lavorò a quest'opera mentre si stava già preparando a lasciare l'istituto; si ritiene infatti che si tratti del suo ultimo dipinto a Saint-Rémy, datato tra il 12 e il 15 maggio 1890. Sembra addirittura che, non riuscendo a portare con sé il dipinto ancora bagnato, gli sia stato spedito un mese più tardi a Auverssur-Oise. Nel frattempo Van Gogh l'aveva già descritto con entusiasmo a Gauguin, in una lettera: «Laggiù ho lasciato ancora un cipresso con una stella, un ultimo tentativo – un cielo notturno con la luna tenue, niente più che una gobba sottile che sale dall'ombra scura della terra, una stella con un bagliore eccessivo, per così dire, una dolce luce rosa e verde nel cielo oltremare solcato da nuvole. In basso una viuzza, con canne alte e gialle ai lati, e dietro basse Alpines blu; un vecchio rifugio con le finestrelle illuminate di arancione e un alto cipresso per intero, verticale e molto scuro. Sulla via una carrozza gialla tirata da un cavallo bianco, e due figure nella notte. Molto romantico, se vuoi, ma anche provenzale, secondo me. Probabilmente di questo e di altri paesaggi e motivi che ricordano la Provenza, farò alcune incisioni e mi farebbe enormemente piacere inviartene un sunto che sia tuttavia un po' elaborato.»[1] La citazione iniziale «un ultimo tentativo» allude probabilmente al fatto che non si tratta della riproduzione di una scena reale, bensì di una immaginaria. Gauguin

gli consigliò di dipingere più frequentemente in questo modo e sebbene Van Gogh non si sentisse all'altezza, alcuni tentativi gli riuscirono piuttosto bene.[2] In questo caso riprese studi disegnati liberamente di una carrozza con cavallo, persone a passeggio e altri studi simili. Il rifugio sullo sfondo riprende chiaramente gli oli su tela piccoli che fece in aprile e ai quali lui stesso si riferisce come a «ricordi del nord». La stella straordinariamente chiara, la sagoma pulita della luna e una seconda stella a sinistra lungo il bordo del quadro vanno a formare un lieve arco che apparve realmente il 20 aprile 1890 nel firmamento della Provenza, sebbene nell'ordine inverso rispetto alla rappresentazione di Van Gogh.[3] Proprio perché lavorò basandosi sui ricordi e forse anche per ragioni legate alla composizione, Van Gogh dipinse una scena speculare rispetto a quella reale. Inoltre, l'impressione complessiva è che quest'opera sia molto più stilizzata rispetto a quelle che ritraggono una situazione reale, nelle quali la natura o comunque il motivo sono di fronte agli occhi dell'artista. Sempre alla ricerca di uno stile personale, anche questo dipinto può considerarsi una delle opere sperimentali che Van Gogh realizzò per confrontarsi con altri artisti dell'epoca come Gauguin ed Émile Bernard.

Inoltre, questo «ultimo tentativo» raggruppa i motivi più importanti durante il periodo trascorso a Saint-Rémy. Ciò che lui descrive come canne, per distinguerle dal sentiero, fa ripensare piuttosto ai campi di frumento maturo che ritrasse in più occasioni. Il cipresso, inoltre, rappresentava per lui un motivo così maestoso e così caratteristico della Provenza, da volerne realizzare una serie intera. Se si aggiunge infine la *silhouette* blu scuro sullo sfondo delle sue amate Alpilles – che van Gogh chiamava sempre «Alpines» –, si può affermare che questo dipinto racchiude l'essenza del periodo trascorso in quel luogo. Nell'autunno 1889 scrisse a Théo che il suo lavoro nel sud della Francia avrebbe dovuto essere raggruppato sotto il titolo *Impressioni della Provenza*.[4] Impressioni che sono magistralmente racchiuse in questo quadro.

Teio Meedendorp

[1] Lettera 893/643, 17 giugno 1890 circa; si tratta di un abbozzo.
[2] Fatta eccezione per l'opera in questione, ad esempio, anche *De sterrennacht*, F612 / JH1731 (Museum of Modern Art, New York) del giugno 1890.

Eloquente è il fatto che entrambe le opere rappresentano paesaggi notturni, data la difficoltà di dipingere al buio una scena reale.

[3] Si veda D.W. Olson, R. Doescher, *Van Gogh, Two Planets, and the Moon*, in «Sky & Telescope», ottobre 1988, pp. 406-408; concerne la congiunzione della luna con i pianeti Venere e Mercurio.
[4] Lettera 809/609, 5 ottobre 1889. Per le lettere si fa riferimento al lavoro di H. van Crimpen, M. Berends-Albert (a cura di), *De brieven van Vincent van Gogh,* 4 voll., L'Aia 1990.

Indice dei nomi

(redatto con l'esclusione delle schede critiche)

Crediti fotografici

Finito di stampare per conto di
Linea d'ombra
da Grafiche Antiga spa
Crocetta del Montello (Treviso)
dicembre 2014